欧亚历史文化文库

总策划 张余胜

兰州大学出版社

20世纪内陆欧亚历史文化研究论文选粹

（第一辑）

丛书主编 余太山

李锦绣 编

图书在版编目（CIP）数据

20世纪内陆欧亚历史文化研究论文选粹. 第1辑 ／ 李
锦绣编. —兰州：兰州大学出版社,2014.12
（欧亚历史文化文库／余太山主编）
ISBN 978-7-311-04654-5

Ⅰ. ①2… Ⅱ. ①李… Ⅲ. ①东方学—文集 Ⅳ.
①K107.8－53

中国版本图书馆 CIP 数据核字（2014）第 299689 号

策划编辑　施援平
责任编辑　高燕平　施援平
装帧设计　张友乾

书　　名　20世纪内陆欧亚历史文化研究论文选粹（第一辑）
丛书主编　余太山
作　　者　李锦绣　编
出版发行　兰州大学出版社　（地址：兰州市天水南路 222 号　730000）
电　　话　0931－8912613（总编办公室）　　0931－8617156（营销中心）
　　　　　0931－8914298（读者服务部）
网　　址　http：//www. onbook. com. cn
电子信箱　press@lzu. edu. cn
网上销售　http：//lzup. taobao. com
印　　刷　兰州人民印刷厂
开　　本　700 mm×1000 mm　1/16
印　　张　34（插页2）
字　　数　454 千
版　　次　2014 年 12 月第 1 版
印　　次　2014 年 12 月第 1 次印刷
书　　号　ISBN 978-7-311-04654-5
定　　价　108.00 元

出版说明

随着 20 世纪以来联系地、整体地看待世界和事物的系统科学理念的深入人心，人文社会学科也出现了整合的趋势，熔东北亚、北亚、中亚和中、东欧历史文化研究于一炉的内陆欧亚学于是应运而生。时至今日，内陆欧亚学研究取得的成果已成为人类不可多得的宝贵财富。

当下，日益高涨的全球化和区域化呼声，既要求世界范围内的广泛合作，也强调区域内的协调发展。我国作为内陆欧亚的大国之一，加之 20 世纪末欧亚大陆桥再度开通，深入开展内陆欧亚历史文化的研究已是责无旁贷；而为改革开放的深入和中国特色社会主义建设创造有利周边环境的需要，亦使得内陆欧亚历史文化研究的现实意义更为突出和迫切。因此，将针对古代活动于内陆欧亚这一广泛区域的诸民族的历史文化研究成果呈现给广大的读者，不仅是实现当今该地区各国共赢的历史基础，也是这一地区各族人民共同进步与发展的需求。

甘肃作为古代西北丝绸之路的必经之地与重要组

1

成部分,历史上曾经是草原文明与农耕文明交汇的锋面,是多民族历史文化交融的历史舞台,世界几大文明(希腊—罗马文明、阿拉伯—波斯文明、印度文明和中华文明)在此交汇、碰撞,域内多民族文化在此融合。同时,甘肃也是现代欧亚大陆桥的必经之地与重要组成部分,是现代内陆欧亚商贸流通、文化交流的主要通道。

基于上述考虑,甘肃省新闻出版局将这套《欧亚历史文化文库》确定为2009—2012年重点出版项目,依此展开甘版图书的品牌建设,确实是既有眼光,亦有气魄的。

丛书主编余太山先生出于对自己耕耘了大半辈子的学科的热爱与执著,联络、组织这个领域国内外的知名专家和学者,把他们的研究成果呈现给了各位读者,其兢兢业业、如临如履的工作态度,令人感动。谨在此表示我们的谢意。

出版《欧亚历史文化文库》这样一套书,对于我们这样一个立足学术与教育出版的出版社来说,既是机遇,也是挑战。我们本着重点图书重点做的原则,严格于每一个环节和过程,力争不负作者、对得起读者。

我们更希望通过这套丛书的出版,使我们的学术出版在这个领域里与学界的发展相偕相伴,这是我们的理想,是我们的不懈追求。当然,我们最根本的目的,是向读者提交一份出色的答卷。

我们期待着读者的回声。

总 序

　　本文库所称"欧亚"(Eurasia)是指内陆欧亚,这是一个地理概念。其范围大致东起黑龙江、松花江流域,西抵多瑙河、伏尔加河流域,具体而言除中欧和东欧外,主要包括我国东三省、内蒙古自治区、新疆维吾尔自治区,以及蒙古高原、西伯利亚、哈萨克斯坦、乌兹别克斯坦、吉尔吉斯斯坦、土库曼斯坦、塔吉克斯坦、阿富汗斯坦、巴基斯坦和西北印度。其核心地带即所谓欧亚草原(Eurasian Steppes)。

　　内陆欧亚历史文化研究的对象主要是历史上活动于欧亚草原及其周邻地区(我国甘肃、宁夏、青海、西藏,以及小亚、伊朗、阿拉伯、印度、日本、朝鲜乃至西欧、北非等地)的诸民族本身,及其与世界其他地区在经济、政治、文化各方面的交流和交涉。由于内陆欧亚自然地理环境的特殊性,其历史文化呈现出鲜明的特色。

　　内陆欧亚历史文化研究是世界历史文化研究中不可或缺的组成部分,东亚、西亚、南亚以及欧洲、美洲历史文化上的许多疑难问题,都必须通过加强内陆欧亚历史文化的研究,特别是将内陆欧亚历史文化视做一个整体加以研究，才能获得确解。

中国作为内陆欧亚的大国，其历史进程从一开始就和内陆欧亚有千丝万缕的联系。我们只要注意到历代王朝的创建者中有一半以上有内陆欧亚渊源就不难理解这一点了。可以说，今后中国史研究要有大的突破，在很大程度上有待于内陆欧亚史研究的进展。

古代内陆欧亚对于古代中外关系史的发展具有不同寻常的意义。古代中国与位于它东北、西北和北方，乃至西北次大陆的国家和地区的关系，无疑是古代中外关系史最主要的篇章，而只有通过研究内陆欧亚史，才能真正把握之。

内陆欧亚历史文化研究既饶有学术趣味，也是加深睦邻关系，为改革开放和建设有中国特色的社会主义创造有利周边环境的需要，因而亦具有重要的现实政治意义。由此可见，我国深入开展内陆欧亚历史文化的研究责无旁贷。

为了联合全国内陆欧亚学的研究力量，更好地建设和发展内陆欧亚学这一新学科，繁荣社会主义文化，适应打造学术精品的战略要求，在深思熟虑和广泛征求意见后，我们决定编辑出版这套《欧亚历史文化文库》。

本文库所收大别为三类：一，研究专著；二，译著；三，知识性丛书。其中，研究专著旨在收辑有关诸课题的各种研究成果；译著旨在介绍国外学术界高质量的研究专著；知识性丛书收辑有关的通俗读物。不言而喻，这三类著作对于一个学科的发展都是不可或缺的。

构建和发展中国的内陆欧亚学，任重道远。衷心希望全国各族学者共同努力，一起推进内陆欧亚研究的发展。愿本文库有蓬勃的生命力，拥有越来越多的作者和读者。

最后，甘肃省新闻出版局支持这一文库编辑出版，确实需要眼光和魄力，特此致敬、致谢。

余太山

2010 年 6 月 30 日

目 录

1 和林三唐碑跋

沈曾植

1.1 阙特勤碑跋

故阙特勤碑　御制御书

彼苍者天，罔不覆焘。天人相合，寰宇大同。以其气隔阴阳，是用别为君长。彼君长者，本□□四裔也。首自中国，雄飞北荒。来朝甘泉，愿保光禄，则恩好之深旧矣。洎我高祖，肇兴皇业。太宗之遂荒帝载，文教施于八方，武功成于七德。彼或变故相革，荣号迭称。终能代哩□□，□□□□，各修边贡，爰逮朕躬，结为父子，使寇患不作，弓矢载橐。尔无我虞，我无尔诈。边鄙□不□□□之赖欤？君讳阙特勤，骨咄禄可汗之次子，今苾伽可令弟也。孝友闻于远方，威□[1]摄□□俗。斯岂由曾祖伊地米驼匐积厚德于上，而身克终之，祖骨咄禄颉斤行深仁于下，而子□□之，不然，何以生此贤也？故能承顺友爱，辅成规略，北燹眩雷之境，西邻处月之郊，尊撑黎之□□，受屠耆之宠任，以亲我有唐也。我是用嘉尔诚绩，大开恩信。而遥图不骞，促景俄尽，永言悼惜，疚于朕心。且特勤，可汗之弟也，可汗，犹朕之子也。父子之义，既在敦崇；兄弟之亲，得无连类。俱为子爱，再感深情。是用故制作丰碑，发挥退微，使千古之下，休光日新。词曰：

沙塞之国，丁零之乡。雄武郁起，于尔先□。尔君克长，载赫

---

[1]下半微露石形，疑"略"字。

·欧·亚·历·史·文·化·文·库·

殊方。尔道克顺,谋亲我唐。孰谓若人,闾保延长。高碑山立,垂裕无疆。

大唐开元廿年岁次壬申十二月辛丑朔七日丁未书[1]

右《阙特勤碑》,唐玄宗御制御书。事见《唐书·突厥传》云:"默啜既为拔曳固残卒所杀,骨咄禄子阙特勤合故部攻杀小可汗及宗族略尽,立其兄默棘连,是为毗伽可汗。默棘连本蕃称小杀,性仁友,自以立非己功,让于阙特勤,特勤不敢受,乃嗣位。开元四年,以特勤为左贤王,专制其兵。开元八年,败拔悉密兵,又败凉州都督杨敬述,突厥遂大振。九年,天子东巡,张说议调兵备边,裴光庭不可,说曰:突厥虽请和,难以信结也。其可汗仁而爱人,阙特勤善战,暾欲谷愈老愈智,李靖、世勣流也。十九年,阙特勤卒,使金吾将军张去逸、都官郎中吕向奉玺诏吊祭,帝为刻辞于碑,仍立庙像,四垣图战阵状,诏高手工六人往,绘写精肖,其国人以为未尝有,[2]默棘连视之,心悲哽。未几,默棘连卒,帝遣宗正李佺为立庙,诏史官李融文其碑。"不若待阙特勤之优渥矣。

碑在鄂尔昆河侧,元之和林路,而《辽史·太祖本纪》所谓古回鹘城之地。耶律铸《双溪醉隐集·取和林》诗注云:"和林城,苾伽可汗之故地也。太宗于此起万安宫。城西北七十里,有苾伽可汗宫城遗址。城东北七十里,有唐明皇开元壬申御制书《阙特勤碑》。新、旧《唐书》书特勤皆作衔勒之勒,误也。诸突厥遗俗,犹呼其可汗之子弟为特勤、特谨字。"按:突厥语无可考,而蒙古口语,历久相沿,可敦之为哈屯,达干之为答尔罕,叶护之为详稳、为桑昆、为想昆,旧语斑斑,可相证合。然则古之所谓特勤,即《元史》之的斤,亦即今蒙语所谓台吉矣。阙特勤树立毗伽,专其兵柄。开元十年以后,北边无警,实赖其功,故玄宗待之,恩礼优隆,迥逾恒等。《全唐文》录玄宗《吊突厥可汗弟阙特勤书》,有"追念痛惜,何可为怀,今申吊赗,并遣致祭"之语,盖即吕向等所奉玺书。而此碑不传,独耶律双溪一人见之耳。此碑为考据和林之坚证,

---

[1] 似"建"字。

[2]《旧唐书》阙特勤卒于开元二十年,毗伽即于是年被弑。又云:"上自为碑文,刻石为像。"

2

得此碑而和林所在，异说纷纷，不待攻而自破矣。

附：阙特勤碑释文跋

蒙古语与突厥语不同，然名号相沿，旧解固犹有存者。尝谓阙特勤之阙，即《辽史》阙遏可汗之阙遏，即耶律大石称为葛儿汗之葛儿，即《元秘史》诸部立札木为局儿汗之局儿。《秘史》蒙文释局儿之义曰普，此即阙之释义。径切言之，阙特勤犹言总台吉欤？此当就东土耳其人访之。若西土耳其，虑或不能纪远矣。光绪丙申十一月壬辰朔二十四日乙卯，嘉兴沈曾植敬题记。

1.2　突厥苾伽可汗碑跋

右《突厥苾伽可汗碑》，唐开元二十三年敕赐建立，起居舍人李融文。书人无名，而字体于《阙特勤碑》甚相似。彼为明皇御书，或疑此碑亦当然。顾御书不应无题识，碑多断蚀，不能臆决矣。

碑在鄂尔坤河旁，与《阙特勤碑》相近，土人称《阙特勤》为秋王，称此碑为莫纪邻王陵碑，莫纪邻即默棘连，亦作默矩。苾伽之名，唐人又谓之小杀，开元诏书初称为突厥煞，后称为儿可汗。《贤力毗伽公主墓志》谓之三十姓天上得毗伽煞可汗。新、旧《唐书》暨唐人文字皆作毗伽，唯《张曲江文集》作苾伽，与耶律铸《双溪集》合。今题为苾伽可汗者，依《双溪集》文也。碑文残剥特甚，文句难可创通。所以知为苾伽碑者，第藉首行撰人衔名及文末"使佺立庙"云云，与《唐书》"默棘连死，帝为发哀，使宗正卿李佺吊祭，因立庙，史官李融文其碑"相证合耳。《双溪集》言苾伽可汗宫城，言《阙特勤碑》，独不言此碑。当时不应不见，或亦以其残泐不可省视而忽之。计碑坏之时，固在元代以前矣。

突厥盛于周、隋之间，至颉利被擒亡国。唐太宗欲建思摩缵阿史那统绪，而不克有成。骨啜禄、默啜弟兄，挺身亡虏之中。鸠合散亡，驱率逋逸，北摧葛禄，东服契丹，处木典以拓西，回纥避之河右。亘地万里，几复旧疆。其材力似鲜卑檀石槐，其剽悍过匈奴赫连屈丐。苾伽继之，仁惠有闻。始终亲唐,靡有异意。明皇结以父子,恩逮存亡,册命赒荣,玺书褒德,凡诸诏令,与碑文词意大同。摩挲残石,可以想见当时抚御微权也。苾伽没而诸子不振,自后回鹘乃雄据朔陲矣。

碑立在开元二十三年,苾伽之没在二十二年,新、旧《唐书》并无苾伽卒年,此可补阙者。《新书》称苾伽子嗣位者,先伊难,后登利。《唐会要》:"开元二十二年,毗伽为其臣梅录啜毒死,子登利立。"据文末称"□利可汗,虔承遗训",明指登利言之,则与《会要》相证明,又可纠《新书》之误者矣。《张曲江集》有《敕突厥可汗书》云:"敕儿登利突厥可汗,天不福善,祸钟彼国,苾伽可汗顿逝,闻以恻然。又闻可汗继立,蕃落宁静。可汗先人与朕为子,可汗即合为孙。以孙比儿,似疏少许。今欲可汗还且为儿。"又一敕与登利云:"日月流迈,将逼葬期。朕以父子之义,情与年深。及闻宅兆,良以追悼。所请葬期,料事事不违。礼物有加,将答忠孝。今遣从叔金吾大将军俟持节吊,兼营护葬事。且以为保忠信者可以示子孙,息兵革者可以训疆场,故遣立庙建碑,贻范纪功,因命史官正辞,朕亦亲为篆写"云云。前一敕足证登利之继苾伽,后一敕则建碑命意具焉。云"亲为篆写",则竟是开元御书矣。

碑在三音诺颜旗界中,与额尔德尼招相距匪远。倘有内地良工,精施毡蠋,度所得字当不止此。诸字句可疑者,亦当待精拓定之耳。此碑与《阙特勤》皆有碑阴,有碑侧,皆突厥字形,与《唐会要》所载群牧印字略相同。

1.3　唐□姓回鹘爱登里啰汩
没密施合毗伽可汗圣文神武碑跋

此碑在喀喇库鲁木城中。喀喇库鲁木即元世之哈喇和林,《唐书·回鹘传》之回鹘城,《会要》所谓"常居北山以比长安"者。《辽史·太宗本纪》之古回鹘城,《元史·巴尔朮阿尔忒的斤传》之别力跛力,皆一地也。

碑文残阙,文无首尾。亦无年号岁月,不能知为何时所立。以文中所述诸汗事迹考之，当在贞元中。此爱登里啰汨没密施合毗伽可汗，当即《唐书》爱腾里逻羽录没密施合胡禄毗伽怀信可汗，碑首所称"国于北方，都于嗢昆，明智治国，积有岁年"者，总略骨力裴罗以上诸世也。"□□嗣位，天生英断，万姓宾服，数年之间，复国革命"者，指骨力裴罗也。回纥自骨力裴罗始奄有北方，居突厥之牙廷，殄灭其遗胤，而收其全土，故有革命之称。先是薛延陀灭，回纥吐迷度已私称汗号于同罗水上，尽领碛北诸蕃。暨则天时，突厥默啜复强，回纥乃与契苾等三部徙避甘、凉间，失其故地。至裴罗击走突厥乌苏可汗，复袭杀拔悉密颉跌伊施可汗，徙牙乌德鞬山嗢昆河之侧，而后复其碛北故地，故有复国之言。裴罗自称骨咄禄毗伽阙可汗，《辽史·太祖纪》："克回鹘，砬阙遏可汗碑纪功。"阙遏即阙之长言，义与阙特勤、阙俟斤、阙啜同。契丹人不能知回鹘古事，砬碑时，必据碑字名之。此"嗣位"上文字全损，惜无由考其作阙可汗抑作阙遏可汗矣。

颉嗢德密施毗伽可汗者，《唐书》之磨延啜也。颉咄登密施合俱录□者，《唐书》之牟羽可汗也。《新书》称牟羽汗号曰颉咄登里骨啜密施合俱禄英义建功毗伽可汗，《旧书》称牟羽号曰登里颉啜登密施合俱禄英义建功可汗，颉啜即颉咄，以碑文证之，则《旧书》为是，《新书》里骨二字错出，盖沿《会要》文误。所谓"币重言重，乞师灭唐"者，即史所载史朝义诱牟羽可汗以"唐荐有丧，社稷无主，请可汗南收府库，其富不赀"事。其所谓"可汗愤彼孤恩，亲□骁雄，与王师赳复京洛"，则指牟羽与仆固怀恩收复东京事。是时牟羽实为朝义所诱而南，而碑文若仗义以讨朝义者，唐既归功，因而饰之，文其过举耳。其云"□□可汗嗣位，雄才勇略，内外修明"者，顿莫贺杀牟羽而自立，唐册拜为长寿天亲可汗者也。其云"爱登里啰汨没密施俱录毗伽可汗"者，顿莫贺之子多逻斯，唐册拜为爱登里逻汨没密施合俱录毗伽忠贞可汗者也。多逻斯有子曰阿啜，嗣立受册，五年而卒，此略去不书，径以汨咄禄为其子。汨咄禄，《唐书》作骨咄禄，《会要》称为骨啜禄将军。《唐书》叙其嗣位事云："本跌跌氏，少孤，为大首领所养。辨敏材武，天亲时，数主兵，诸酋尊畏。阿啜无子，诸酋扶而立之。以药罗葛氏世有功，不敢自名。其族尽取可汗子孙，纳之朝廷。"《会要》云："怀信不敢言奉诚，从人望也。"然则碑之略去阿啜者，盖探泪咄禄之隐情而为之避讳。既直以为多逻斯子，则疑史所谓大首领养以为子者，即多逻斯养以为子矣。碑所言"可汗龙潜之时，都督刺史内外宰相□官等奏"云云，盖追叙其为相时事。唐以六都督七州名铁勒诸部，而回纥官有内宰相六外宰相三。回纥所统仆固、拔曳古等部为都督，浑、契苾为刺史，嗢罗勿等九姓为内外宰相，侈大其辞，与史言诸酋畏服合。其言"葛禄与吐蕃连□庭半收半围之次，天可汗亲统大军，讨灭元凶，收复城邑"者，当多逻斯世，三葛禄与白服、突厥、沙陀，同附吐蕃，攻陷北廷，大相颉干迦斯救之，大败奔还。葛禄又取浮图川，回鹘震恐。阿啜世回鹘击吐蕃、葛禄于北廷，胜之，且来献俘。史不言取北廷，然唐末碛西之地，西州北廷，仍为九姓所居，以逮宋初，常通朝贡。元时诸部尊系犹存。是北廷之失于吐蕃无几时，而泪咄禄即复之。史文不载，可以相补。碑首行内宰相颉干迦思，即史之大相颉干迦斯也。真珠河见《西域传》，云"石国西南有药杀水，入中国，谓之真珠河，亦曰质河。"准其地望，盖元之霍阐没辇，今之那林河。救龟兹而兵及那林，盖兵出今新疆南路，由阿克苏逾腾格里山之贡古鲁克卡而西向敖罕，此为唐世天山南北相通之孔道。其下云："追奔逐北，西至拔贺那。"拔贺那，即今敖罕地也。

　　黑姓毗伽可汗者，突骑施之酋。突骑施有黄姓黑姓，皆立可汗，互相攻伐。史言乾元中黑姓可汗阿多裴罗犹能入贡，大历后浸微，臣服葛禄。据此碑，则贞元末黑姓尚有可汗，与葛禄并峙，国未亡也。十箭为西突厥之遗民，三姓亦突骑施之部落。史称开元中以都摩支阙颉斤为三姓叶护，与碑语可相证发。第史本传唯言娑葛后为黄姓，苏禄为黑姓。《西突厥传》："唐平贺鲁，以突骑施索葛莫贺部（即娑葛）为嗢鹿都督府，以突骑施阿利施部为絜山都督府。"亦只二部。其又一姓，盖不可考矣。

　　碑文所称明教，即摩尼教之文言。史称回鹘可汗与摩尼共国。《唐会要》："元和二年，回纥请于河南府、河东府置摩尼寺。"《佛祖统纪》："大历三年，回纥请于荆、扬、洪、越置摩尼寺。其徒白衣白冠，相聚淫秽。会昌中，回纥既亡，诏废其寺。女末尼皆斩，系回鹘人，流之远道。外宅回鹘修功德者，并勒冠带。"陆游《论吃菜事魔事状》云："江东谓之尼教，福建谓之明教。其事神曰明使，白衣乌帽，所在成社。"末尼本出西胡，盖杜环《经行记》所谓"寻寻法"者。开元以后，为大食所驱，乃东徙而入回鹘。法王明使，其教之规模习尚，大略可知。牟羽始尊之，汨咄禄复扬其波焉。作碑者疑即其教人，故诋佛甚力。尊之曰明教，犹《大秦碑》之言景教。如唐世官私文字，固但有大秦寺、末尼寺，无景教、明教之目也。

碑题姓字上所阙盖"九"字。《旧唐书·本纪》回鹘册封汗号，皆系"九姓"于其端，与突厥《贤力公主墓志》称三十姓天上得突厥煞可汗例同。《旧书》称回纥改为回鹘，在元和四年；《新书》称在贞元四年。《通鉴》依《新书》，《考异》云："《续会要》、《统纪》、《北荒君长录》《郏侯家传》，并同《新书》。"此碑立于汨咄禄世，而字作回鹘，亦可为《新书》作一证也。爱登里啰，犹华言果报。毗伽华言足意智，译义见《旧书》。嗢昆即鄂尔坤河。

（原载《亚洲学术杂志》1922 年第 2 期，后收入钱仲联辑《沈曾植海日楼文钞佚跋》四，载《文献》1992 年第 2 期）

2 鬼方昆夷猃狁考

王国维

我国古时有一强梁之外族，其族西自汧、陇，环中国而北，东及太行、常山间，中间或分或合，时入侵暴中国，其俗尚武力，而文化之度不及诸夏远甚，又本无文字，或虽有而不与中国同。是以中国之称之也，随世异名，因地殊号。至于后世，或且以丑名加之。其见于商、周间者，曰鬼方、曰混夷、曰獯鬻。其在宗周之季，则曰猃狁。入春秋后，则始谓之戎，继号曰狄。战国以降，又称之曰胡、曰匈奴。综上诸称观之，则曰戎、曰狄者，皆中国人所加之名；曰鬼方、曰混夷、曰獯鬻、曰猃狁、曰胡、曰匈奴者，乃其本名。而鬼方之方、混夷之夷，亦为中国所附加。当中国呼之为戎狄之时，彼之自称决非如此，其居边裔者，尤当仍其故号。故战国时，中国戎、狄既尽，强国辟土，与边裔接，乃复以其本名呼之。此族春秋以降之事，载籍稍具，而远古之事，则颇茫然，学者但知其名而已。今由古器物与古文字之助，始得言其崖略，倘亦史学家之所乐闻欤？

此族见于最古之书者，实为鬼方。《易·既济》爻辞曰："高宗伐鬼方，三年克之。"《未济》爻辞曰："震用伐鬼方，三年有赏于大国。"《诗·大雅·荡》之篇曰："内奰于中国，覃及鬼方。"《易》之爻辞，盖作于商周之际，《大雅·荡》之篇作于周厉王之世，而托为文王斥殷纣之言，盖亦谓殷时已有此族矣。后人于《易》见鬼方之克需以三年，知其为强国；于《诗》见鬼方与中国对举，知其为远方；然皆不能质言其地。有以为在北者，干宝《易注》云："鬼方，北方国也。"[1]有以为在西者，

---

[1] 李鼎祚《周易集解》引。

宋衷《世本》注云：“鬼方，于汉则先零羌是也。”[1]有以为在南者，伪《竹书纪年》：“武丁三十二年，伐鬼方，次于荆。”则以鬼方为荆以南之国，《黄氏日钞》且以为鬼方即荆楚矣。其余异说纷纭，不知所极。年代辽远，书阙无征，固自不足怪也。唯《竹书纪年》称“王季伐西落鬼戎”，[2]可知其地尚在岐周之西。今征之古器物，则宣城李氏所藏小盂鼎[3]与潍县陈氏所藏梁伯戈，皆有“鬼方”字。案：大、小两盂鼎皆出陕西凤翔府郿县礼村沟岸间，其地西北接岐山县境，当为盂之封地。大盂鼎纪王遣盂就国之事，在成王二十三祀。[4]小盂鼎纪盂伐鬼方献俘受锡之事，在成王二十五祀，则伐鬼方事在盂就国之后，鬼方之地自当与盂之封地相近。而岐山、郿县以东即是丰镐，其南又限以终南、太一，唯其西汧、渭之间，乃西戎出入之道。又西逾陇坻，则为戎地，张衡所谓“陇坻之险隔阂华戎”者也。由是观之，鬼方地在汧、陇之间，或更在其西，盖无疑义。虽游牧之族，非有定居，然殷周间之鬼方，其一部落必在此地无疑也。然其全境，犹当环周之西北二垂而控其东北。梁伯戈虽仅有“魃方缵”及“梁伯作”数字可辨，然自为梁伯伐鬼方时所铸；而梁伯之国，杜预谓在冯翊夏阳县。《史记·秦本纪》：“惠文王十年，更名少梁为夏阳。”《汉志》亦云：“夏阳，故少梁。”其地在今陕西西安府韩城县，又在宗周之东，其北亦为鬼方境，故有争战之事。据此二器，则鬼方之地，实由宗周之西而包其东北，与下所考昆夷、狎狁正同。此鬼方疆域之略可考者也。

至其种族之大小、强弱如何，《易》称“高宗伐鬼方，三年克之”，《纪年》称“王季伐西落鬼戎，俘其二十翟王”，观此二事，鬼方之非小部落可知。而小盂鼎所纪献俘之数，尤为详悉，虽字多残阙，犹得窥大略。[5]其文曰：“王□盂以□□伐魃方□□□□□□□二人□馘

〔1〕《文选》扬雄《赵充国颂》注引。

〔2〕此条见《后汉书·西羌传》及章怀太子注，乃真《纪年》之文。

〔3〕今佚。

〔4〕吴氏大澂《盂鼎跋》以此鼎为成王时作。案：铭中尚述殷人酗酒事，以戒盂，与《酒诰》辞意略同，吴说是也。

〔5〕此鼎唯有吴氏式芬释文，尚多疏略，今取其献俘一节更释之。

□□□□戜孚人万手八十一人孚□□□匹□车□两孚牛□百□□牛羊廿八羊。"又曰："执兽一人□□百卅七戜□□□□□孚□□三匹孚车两"云云。铭中"鬼方"下第三字仅存下半"口"字，以下文"执兽一人"在戜前例之，当为兽字之泐。兽者，疑"首"之假借字。下文第九、第十两行间尚有"折兽"二字，殆即《易》所云"有嘉折首"，他器所云"折首执讯"矣。戜即"馘"字，虢季子白盘"桓桓子白，献戜于王"，其字从戈、从爪，诸家或释俘，或释馘。今此字从或、从爪，其为"馘"字无疑。兽者折首，馘者截耳也。"孚"即"俘"之本字。"手"则"三千"二字合文。兽与馘之数，虽磨灭不可知，然俘人之数至万三千有余，则兽馘之数亦可知矣。此事在宗周之初，自为大捷，而《书》阙不纪，又当成王全盛之时，而鬼方之众尚如此，则其强大亦可知。梁伯戈时代虽无可考，观其文字，当在盂鼎之后，可知宗周之世，尚有鬼方之名，不独殷周间为然。此鬼方事实之略可考者也。

鬼方之名，《易》、《诗》作"鬼"，然古金文作"畏"，或作"魃"。盂鼎曰"王□盂以□□伐畏方。"[1]其字从鬼、从戈。又梁伯戈云："魃方蠻。"[2]其字从鬼、从攴。二字不同，皆为古文"畏"字。案：大盂鼎"畏天畏"，二"畏"字上作㗊下作㗊。毛公鼎"愍天疾畏，敬念王畏"，二"畏"字皆作㗊，皆从鬼、从卜者。尚盘畏字作㗊，则从甶，[3]从攴，卜与攴同音，又攴字之所从，当为攴之省字。而或从卜，在鬼字之左；或从攴，在鬼字之右；或从攴，在鬼头之下，此古文变化之通例，不碍其为一字也。从戈之畏，亦即魃字。凡从攴、从戈，皆有击意，故古文往往相通，如"薄伐玁狁"之薄，今《毛诗》作"薄"，薄者，迫也。而虢季子白盘之"搏伐"从干，不娶敦之"寏载"从戈，师寏敦之"軵乃众"则又从卜。《书》之"外薄四海"，其义亦为迫，而《释文》引"一本作敷"。《诗·常武》之"铺敦淮濆"，《释文》引《韩诗》"铺"作"敷"。《后汉书·冯绲

---

[1]吴氏摹本畏字半泐作㦡，然第八行有畏字，鬼字之首，又稍磨泐。合观二字用笔位置，知确是畏字也。

[2]即"蛮"字。

[3]《说文》：甶，鬼头也。

传》亦引作"敦敦"。案："敦敦"即"敦敦"，则字亦从攴。可知从卜、从攴、从戈，皆可相通。则威字亦畏字也。其中畏、威二字见于周初之器，为字尤古。后从卜之字变而作"魃"，从戈之字变而作"威"。古威字从戈、从女，邾公华、邾公轻二钟皆然。虢叔钟作威、威，亦戈形之变。而鬼、女二字皆像人跪形，形极相似，故变而从女。上虞罗氏所藏古钵有畏亡威钵，"亡威"即"亡畏"。此威、威、畏三字相关之证也。魃字又变作威，王孙遗诸钟之"畏娶[1]趯趯"，沇儿钟之"盨于畏义"，[2]皆如此作。既从卜，又从攴，则稍赘矣。由此观之，则威、魃二字确为畏字，鬼方之名当作"畏方"。《毛诗传》"鬼方，远方也"。畏、远双声，故以声为训。汉人始以魃为"鬼"字，张平子《东京赋》"况魃或与毕方"，薛综不识"魃"字，以《说文》之"魃"字释之。不知"魃或"用《小雅》"为鬼为蜮"语，尤为明白，决非指小儿鬼之魃。是周时畏字，汉人已用为鬼字，故《庄子·天地》篇之"门无畏"，[3]郭象本作"门无鬼"，又《杂篇》之"徐无鬼"，亦当为"徐无畏"之误也。[4]由是观之，汉人以隶书写定经籍时，改"畏方"为"鬼方"，固不足怪。此古经中一字之订正，虽为细事，然由此一字，可知鬼方与后世诸夷之关系，其有裨于史学者，较裨于小学者为大也。

鬼方与昆夷、玁狁，其国名与地理上递嬗之迹当详于下。其可特举者，则宗周之末尚有隗国，春秋诸狄皆为隗姓是也。《郑语》史伯告郑桓公云："当成周者，西有虞、虢、晋、隗、霍、扬、魏、芮。"案：他书不见有隗国。此隗国者，殆指晋之西北诸族，即唐叔所授之"怀姓九宗"。春秋隗姓，诸狄之祖也。原其国姓之名，皆出于古之畏方，可得而征论也。案：《春秋左传》凡狄女称"隗氏"，而见于古金文中则皆作"媿"。[5]经典所以作隗字者，凡女姓之字，金文皆从女作，而先秦以后所写经传，往

---

〔1〕即畏忌。

〔2〕即"淑于威仪"。

〔3〕《释文》"门无鬼"，司马本作"无畏"。

〔4〕古人多以无畏、无忌为名，如《左传》之申之舟名无畏是也。

〔5〕包君鼎、包君盉、郑同媿鼎、芮伯作叔媿鼎、邓公子敦五器皆如此作。

往省去女旁，如己姓之己，金文作改，[1]作妃。[2] 今《左传》、《国语》、《世本》皆作己字。庸姓之庸，金文作"媵"。[3] 今《诗》"美孟庸矣"作"庸"字。弋姓之弋，金文作"妷"。[4] 今《诗》"美孟弋矣"、《穀梁传》"葬我小君定弋"，皆作"弋"字。任姓，金文作"妊"。[5] 今《诗》与《左传》、《国语》、《世本》皆作"任"字。然则媿字依晚周省字之例，自当作"鬼"。其所以作隗者，当因古文畏作𢤲、隗作𨽻，𢤲旁之卜与𨽻旁之𠂤，所差甚微，故又误为隗。然则媿、隗二字之于畏字，声既相同，形亦极近，其出于古之畏方无疑。畏方之畏，本种族之名，后以名其国，且以为姓，理或然也。我国周后，国姓之别颇严。然在商世，则如彭祖为彭姓、姚邳之姚为姚姓，皆以国为姓。况鬼方礼俗与中国异，或本无姓氏之制，逮入中国，与诸夏通婚媾，因以国名为姓。《世本》"陆终取鬼方氏之妹谓之女嬇"，《大戴礼·帝系》篇及《水经注·洧水》条所引作"女隤"，《汉书·古今人表》作"女溃"，而《史记楚世家索隐》与《路史后纪》所引皆作"女嬇"，鬼、贵同声，故馈字亦通作"馈"，则女嬇、女隤疑亦女媿、女隗之变，鬼方之为媿姓，犹猃狁之为允姓也。虽《世本》所纪上古之事未可轻信，又上古之女亦不尽以姓为称，然后世附会之说，亦必有所依据。而嬇、隤二字，其音与媿、隗绝近，其形亦与媿、隗二字变化相同。或殷周间之鬼方，已以媿为姓，作《世本》者因傅之上古欤？此鬼方姓氏及其遗裔之略可考者也。

混夷之名，亦见于周初之书，《大雅·绵》之诗曰"混夷駾矣"，《说文解字》马部引作"昆夷"，口部引作"犬夷"，而《孟子》及《毛诗·采薇序》作"昆"，《史记·匈奴传》作"绲"，《尚书大传》则作"畎夷"，颜师古《汉书·匈奴传》注云"畎音工犬反"。昆、混、绲并工本反，四字声皆

---

[1]苏魏改鼎、苏公敦。

[2]见番妃鬲、虢仲鬲、虢文公子敦，皆女姓，非妃匹之妃。

[3]杜伯鬲。

[4]南旁敦。

[5]苏冶妊鼎、铸公簠等。

相近，[1]余谓皆畏与鬼之阳声，又变而为"荤粥"，[2]为"薰育"，[3]为"獯鬻"，[4]又变而为"猃狁"，亦皆畏、鬼二音之遗。畏之为鬼，混[5]之为昆、为绲、为畎、为犬，古喉牙同音也。畏之为混，鬼之为昆、为绲、为畎、为犬，古阴阳对转也。混、昆与荤、薰，非独同部，亦同母之字。[6]猃狁则荤薰之引而长者也。故鬼方、昆夷、薰育、猃狁自系一语之变，亦即一族之称，自音韵学上证之有余矣。

　　然征之旧说，则颇不同。鬼方、混夷，古人无混而一之者。至混夷与獯鬻、猃狁，则又画然分而为二。《孟子》言"太王事獯鬻，文王事昆夷"，《诗序》言"文王之时，西有昆夷之患，北有猃狁之难。"《逸周书》序亦谓"文王立，西距昆夷，北备猃狁。"然《孟子》以獯鬻、昆夷并举，乃由行文避复之故。据《绵》诗本文，则太王所事，正是混夷。此诗自一章至七章，皆言太王迁都筑室之事，八章云："柞棫拔矣，行道兑矣。混夷駾矣，维其喙矣。"亦当言太王定都之后，伐木开道，混夷畏其强而惊走也。[7]　太王所喙者，既为混夷，则前此所事者亦当为混夷。《孟子》易以獯鬻者，以下文云"文王事昆夷"，故以异名同实之獯鬻代之，临文之道，不得不尔也。此古书之不可泥者一也。《诗序》所言，亦由误解经语。案：《出车》诗云："赫赫南仲，猃狁于襄"，又云："赫赫南仲，薄伐西戎。"既云猃狁，复云西戎，郑君注《尚书大传》据之遂云："南仲一行，并平二寇。"序《诗》者之意，殆亦以昆夷当经之西戎，与郑君同。不知西戎即猃狁，互言之以谐韵，与《孟子》之昆夷、獯鬻错举之以成文，无异也。不娶敦以猃狁与戎错举，正与《出车》诗同，此古书之不可泥者二也。然则旧说以昆夷与獯鬻、猃狁为二，盖无所据。昆夷之地，自太王之迁自北而南观之，则必从豳北入寇。又《史记》谓"自陇以西有绵

---

〔1〕《礼记》袞亦作卷，是工本、工犬二音相通之证。

〔2〕《史记·五帝本纪》及《三王世家》。

〔3〕《史记·周本纪》。

〔4〕《孟子》。

〔5〕胡本反，或胡浑反。

〔6〕古音喉牙不分。

〔7〕经于第九章"虞芮质厥成"以下，殆言文王。郑笺以第八章系之文王，殊无所据。

诸、绲戎、翟獂之戎”，杨恽亦谓“安定山谷之间昆戎旧壤”，则其地又环岐周之西，与上所考鬼方疆域若合符节。而自殷之武丁，讫于周之成王，鬼方国大民众，常为西北患，不容太王、文王之时绝不为寇，而别有他族介居其间。后世獯狁所据之地，亦与昆夷略同。故自史事及地理观之，混夷之为畏夷之异名，又为獯狁之祖先，盖无可疑，不独有音韵上之证据也。

獯鬻、獯狁，皆宗周以前之称，而当时书器，均不见獯鬻二字。其见于传记者，以《孟子》为最古。《史记·五帝本纪》称“黄帝北逐荤粥”，《匈奴传》亦云“唐虞以上，有山戎、猃狁、荤粥居于北蛮”。晋灼曰：“尧时曰荤粥”，皆后世追纪之辞，不足为据。犹伊尹《四方令》、《周书·王会解》并有匈奴，非事实也。然以理势度之，尚当为獯狁以前之称。荤、薰之音同于混、昆，而獯字其声虽同，其韵已变，合“獯狁”二字，乃得“薰”音，其名或当在獯鬻之后也。《诗》獯狁之獯，《释文》云“本或作猃，音险”。《史记》以降，亦多作“猃狁”。古金文如兮甲盘、虢季子白盘作“厰狁”，不娶敦作“厰允”，又作“敵允”，敵即“厰”之异文，《说文》厂部：“厰，崟也。一曰地名，从厂，敢声。”案：厰、崟二字连文，厰崟即《穀梁传》之“岩唫”。[1]《公羊传》作“嵌岩”，则颠倒其文。孙愐《唐韵》：“厰，鱼音反”，以为厰即“唫”字，然则厰字之用为“厰崟”之厰者，一变而作“岩”，再变而作“险”；[2] 其用为“厰允”之厰者，一变作“獯”，再变作“猃”。自其最后之字，厰自当读“险”，不当读“鱼音反”，陆音是也。此字之音，与畏、混、荤、獯异部，其变化唯可于双声求之，殆先有獯音，而后有“獯狁”之二合音也。然则旧说之先獯鬻而后獯狁，或非无据矣。

獯鬻地理，一无可考，唯獯狁出入之地，则见于书器者较多。其见于《诗》者，曰焦获、曰泾阳、曰镐、曰方、曰朔方、曰太原。此六者，昔儒考证至多，未有定说也。更求之于金文中，则见于不娶敦者，曰西俞、曰

---

[1] 僖三十八年。

[2] 古岩、险同字，《尚书序》及《墨子·尚贤》篇之傅岩，《史记》作傅险，《左氏传》：制，岩邑也。《孟子》：不立乎岩墙之下，岩即险字。《广韵》：岩，险也。

罂、曰高陵;见于兮甲盘者,曰罻盧;见于虢季子白盘者,曰洛之阳。此十一地中,方与朔方、罂与洛,当为一地,故得九地。九地之中,唯泾阳与洛阳[1],以水得名,今尚可实指其地,而泾水自西北而东南,洛水自北而南,经流各千里,但曰泾阳、曰洛之阳,语意亦颇广莫也。欲定其地,非综此九地考之不可。案:獫狁之寇周也,及泾水之北,而周之伐獫狁也,在洛水之阳,则獫狁出入,当在泾、洛之间。而径、洛二水,其上游悬隔千里,至其下流入渭之处,乃始相近,则泾阳、洛阳皆当在二水下游。泾阳既在泾水下游,则焦获亦当在泾水下游之北。[2] 郭璞《尔雅注》以为在池阳瓠中者是也。不娶敦之高陵,亦当即《汉志》左冯翊之高陵县,其地西接池阳,亦在泾水之委。然先儒多以汉时泾阳县属安定郡,在泾水发源之处,疑《诗》之泾阳亦当在彼,不知秦时亦有泾阳,在泾水下游。案:《史记·秦始皇本纪》云"肃灵公居泾阳",考秦自德公以降都雍,灵公始居泾阳,灵公子献公之世,又徙栎阳,则泾阳一地,当在雍与栎阳之间。而栎阳[3]西界向陵,距泾水入渭之处不远,则灵公所居之泾阳,自当在泾水下游,绝非汉安定郡之泾阳也。又《穰侯列传》云:"秦昭王同母弟曰高陵君、泾阳君。"盖一封高陵、一封泾阳。二君受封之年,史所不纪,然当在昭王即位,宣太后执政之初,时义渠未灭,汉安定郡之泾阳县介在边裔,太后决不封其爱子于此,且与高陵君同封,亦当同壤。后昭襄王十六年,封公子市[4]宛,公子悝[5]邓,为诸侯。宛、邓二地相接,则前所食泾阳、高陵二地,亦当相接。然则秦之泾阳,当为今日之泾阳县,[6]而非汉之泾阳。以秦之泾阳之非汉之泾阳,益知周之泾阳之非汉之泾阳矣。此三地者,皆在径北,自此而东北,则

---

〔1〕此雍州浸之洛,非豫州之伊雒。

〔2〕陈氏启源《毛诗稽古编》:《诗》数獫狁之恶,故先言焦获,见其纵兵深入,追处内地。继又追本其始,自远而来,故言镐与方,纪其外侵所经也。言泾阳,纪其内侵所极也。《正义》亦云:镐方虽在焦获之下,不必先焦获乃侵镐方。其说均是也。

〔3〕汉之万年县。

〔4〕即泾阳君,《史记·秦本纪》索隐云:泾阳君名市。《穰侯列传》索隐乃云名显,误也。

〔5〕即高陵君。

〔6〕汉之池阳县。

·欧·亚·历·史·文·化·文·库·

至洛水。虢季子白盘云"搏伐厰允于洛之阳"，兮甲盘[1]云"王初各伐厰允于罶卢"，"罶卢"亦在洛水东北。"罶"字虽不可识，然必为从冈、苗声。卢则古文"鱼"字。《周礼·天官·麻人》释文："本或作敽。"麻、敽同字，知卢、鱼亦一字矣。古鱼、吾同音，故往往假卢、麻为吾。齐子仲姜镈云"保卢兄弟，保卢子姓"，即保吾兄弟，保吾子姓也。沇儿钟云"麻以宴以喜"，即"吾以宴以喜"也。敦煌本隶古定《商书》"鱼家旄孙于荒"，日本古写本《周书》"鱼有民有命"，皆假鱼为吾。《史记·河渠书》"功无已时兮时吾山平"，吾山亦即"鱼山"也。古鱼、吾同音，衔从吾声，亦读如吾。罶卢与《春秋》之"彭衔"为对音，罶、彭声相近，卢、衔则同母兼同部字也。《史记·秦本纪》"武公元年伐彭戏氏。"《正义》曰："戏号也。盖同州彭衔故城是也。""戏"盖"卢"之讹字矣。彭衔一地，于汉为左冯翊，衔县正在洛水东北，方、镐、太原，亦当于此间求之。然则宣王之用兵于玁狁也，其初在泾水之北，《六月》第三章是也；其继也在洛水之阳，《六月》四章及兮甲盘、虢季子白盘是也；而洛水东北以往即是西河，太原一地当在河东。《禹贡》："既载壶口，治梁及岐，既修太原，至于岳阳。"郑注、孔传均以太原为汉太原郡。然禹治冀州，水实自西而东，疑壶口、梁、岐而往，至霍太山，其地皆谓之太原。《左》昭元年传："宣汾洮，障大泽，以处太原。"则太原之地，奄有汾、洮二水，其地当即汉之河东郡，非汉太原郡矣。疑太原之名，古代盖兼汉太原、西河、河东三郡地，而秦人置郡，晋阳诸县遂专其名，以古书所纪太原地望证之，亦无不合。《后汉书·西羌传》："穆王西伐犬戎，取其五王，王遂迁戎于太原。"此事当出真本《竹书纪年》。[2] 穆王所迁者，盖即五王之众，郭璞引《纪年》云"取其五王以东"，则所迁之地亦当在东。《穆天子传》："天子至于雷首，犬戎胡觞天子于雷水之阿。"此亦犬戎既迁后事。案：雷首山在河东蒲坂县，[3]《纪年》与《穆传》所纪若果不谬，

---

[1]世称兮田盘。

[2]案：范书《西羌传序》，大都取材于《国语》、《史记》、《纪年》3书。此节白鹿、白狼事，本《国语》、《史记》；则取五王及迁戎太原事，当出《纪年》。章怀太子注虽不引《纪年》为证，然郭璞《穆天子传注》引《纪年》取其五王以东，则迁戎太原事必本《纪年》无疑。

[3]今蒲州。

则太原在河东可知。后人或东傅之于晋阳，西傅之于平凉，皆与史事及地理不合者也。凡此八地，均在宗周东北，唯西俞一地，则在宗周之西。不娶敦云："白氏曰：不娶，驭方厰允，广伐西俞，王命余羞追于西，余来归献禽。今余命女，御追于署。女以我车宕伐厰允于高陵。"盖此时猃狁从东西两道入寇，故既追于西，归而复东追于洛。时西寇虽去，而东方之寇已深入，故未及至洛而与之战于泾北之高陵也。是西俞之地实在周西，与《尔雅》之"北陵西隃"、《赵策》、《赵世家》之"至分先俞"，皆不相涉。周西之地，以俞、隃、榆名者颇多，皆一字一音之偶合，讫不能指为何地。然由"羞追于西"一语，可知猃狁自宗周之东北而包其西，与鬼方、昆夷之地全相符合也。

　　猃狁之号，始于何时，讫于何代，其侵暴中国以何时为甚，亦有可讨论者。《诗》咏伐猃狁事，有《采薇》、《出车》、《六月》三篇。《六月》之为宣王时诗，世无异论。唯《采薇》、《出车》二诗，《毛传》及《诗序》皆以为文王时诗。然其诗云"王事靡盬"，又云"王命南仲"，又云"天子命我，城彼朔方"，皆不似诸侯之诗。《序》以为文王以天子之命，命将遣戍役，故其辞如此。然三家《诗》说，殊不尽然。《汉书·匈奴传》谓"懿王时，戎狄交侵，诗人始作，疾而歌之曰：'靡室靡家，猃狁之故。'又曰'岂不日戒，猃狁孔棘'。"则班固以《采薇》为懿王时诗也。《出车》咏南仲伐猃狁之事。南仲亦见《大雅·常武》篇，其诗曰："王命卿士，南仲太祖，太师皇父。"《传》谓王命卿士南仲于太祖，皇父为太师。《白虎通》释"爵人于朝，封诸侯于庙"引《诗》曰："王命卿士，南仲太祖。"《白虎通》多用《鲁诗》，是鲁说亦与毛同，《笺》则以南仲为皇父之太祖，系文王时人。然《汉书·古今人表》系南仲于宣王时，在方叔、召虎之下，仲山甫之上，而文王时别无南仲。《后汉书·庞参传》载马融上书曰："昔周宣猃狁，侵镐及方，孝文匈奴，亦略上郡，而宣王立中兴之功，文帝建太宗之号，非唯两主有明睿之姿，抑亦扞城有虎虎之助，是以南仲赫赫，列在周《诗》，亚夫赳赳，载于汉策。"是班固、马融皆以南仲为宣王时人，融且以《出车》之南仲为即《常武》之南仲矣。今焦山所藏鄦惠鼎云："司徒南中，入右鄦惠。"其器称"九月既望甲戌"，有月日而无年，无由知其为何时之器。然其文字不类周初，而与召伯虎敦相似，则南仲自是宣王时人，《出车》亦宣王时诗也。征之古器，则凡纪狁狁事者，亦皆宣王时器，兮甲盘称"惟五年三月既死霸庚寅"。案：长术，宣王五年三月乙丑朔，二十六日得庚寅，此正与余既死霸之说合。虢季子白盘云："惟王十有二年正月初吉丁亥。"案：宣王十二年正月乙酉朔，三日得丁亥，亦与初吉之语合。而十二年正月丁亥为铸盘之日，则伐狁狁当为十一年事矣。由是观之，则周时用兵狁狁事，其见于书器者，大抵在宣王之世。而宣王以后即不见有狁狁事，是狁狁之称，不过在懿、宣数王间，其侵暴中国，亦以厉、宣之间为最甚也。

至狁狁之后裔如何？经传所纪，自幽、平以后，至于春秋隐、桓之间，但有"戎"号；庄、闵以后，乃有"狄"号。戎与狄，皆中国语，非外族之本名。戎者，兵也。《书》称"诘尔戎兵"，《诗》称"弓矢戎兵"，其字从戈、从甲，本为兵器之总称。引申之，则凡持兵器以侵盗者亦谓之戎。狄者，远也，字本作"逖"，《书》称"逖矣西土之人。"《诗》称"舍尔介狄"，皆谓远也。后乃引申之为驱除之于远方之义，《鲁颂》之"狄彼东南"，鼖狄钟之"鼖狄不龚"，曾伯霖簠之"克狄淮夷"，皆是也。因之凡种族之本居远方而当驱除者，亦谓之狄。且其字从犬，中含贱恶之意，故《说文》有"犬种"之说，其非外族所自名而为中国人所加之名，甚为明白。故宣王以后，有戎狄而无狁狁者，非狁狁种类一旦灭绝，或远徙他处之谓，反因狁狁荐食中国，为害尤甚，故不呼其本名，而以中国之名呼之。其追纪其先世也，且被以恶名，是故言昆戎则谓之犬戎，薰鬻则谓之獯鬻，厥允则谓之狁狁，盖周室东迁以后事矣。考《诗》、《书》、古器，皆无犬戎事。犬戎之名，始见于《左传》、《国语》、《山海经》、《竹书纪年》、《穆天子传》等，皆春秋战国以后呼昆夷之称，而獯鬻、狁狁亦被此名。《后汉书·西羌传》称："武乙暴虐，犬戎寇边，周古公逾梁山而迁于岐下。"是以獯鬻为犬戎也。《后汉书·西羌传》引《纪年》"穆王西征犬戎，取其五王，王遂迁戎于太原"，又引"夷王命虢公帅六师伐太原之戎"，又引"宣王二十七年王遣兵伐太原戎不克"。而《诗》云"薄伐狁狁，至于太原"，太原一地，不容有二戎，则又以狁狁为犬戎也。由是观之，古之獯鬻、猃狁，后人皆被以"犬戎"之名，则攻幽王、灭宗周之犬戎，亦当即宣王时之猃狁，不然，猃狁当懿、宣之间，仍世为患，乃一传至幽王时绝无所见，而灭宗周者乃出于他种族，此事理之必不可信者也。然则戎中最强大之犬戎既即猃狁，其余以戎名者，如汾、晋间诸戎，当即唐叔所授之怀姓九宗；又河南山北之阴戎、伊川之陆浑戎，皆徙自瓜州，所谓"允姓之奸居于瓜州"者，亦猃狁同族也。《春秋》庄、闵以后，戎号废而狄号兴，[1]而狄之姓氏见于《左传》者实为隗姓，后世有谓赤狄隗姓、白狄釐姓者，[2] 又有谓隗姓赤狄、嬉姓白狄者，[3] 然秦汉以后之隗姓，皆出白狄故地。秦始皇时丞相隗状，虽不知其所出，当为秦人。汉隗嚣一族，则天水成纪人。魏之隗禧[4]亦京兆人。则赤、白二狄，疑皆隗姓，皆鬼方猃狁后裔或同族。及春秋中叶，赤狄诸国皆灭于晋，河南山北诸戎亦多为晋役属，白狄僻在西方，不与中国通，故戎狄之称泯焉。尔后强国并起，外族不得逞于中国，其逃亡奔走复其故土者，或本在边裔未入中国者，战国辟土时，乃复与之相接。彼所自称，本无戎狄之名，乃复以其本名呼之。于是胡与匈奴之名始见于战国之际，与数百年前之獯鬻、猃狁先后相应，其为同种，当司马氏作《匈奴传》时盖已知之矣。

（原载《观堂集林》卷 13，1923 年；后由河北教育出版社 2003 年出版）

---

[1]《春秋》所书，闵、僖以后无单称戎者，唯云某戎，或某某之戎而已。

[2]《世本》。

[3]《潜夫论》。

[4]见《魏志·王肃传》。

3　火祆教入中国考

陈　垣

3.1　火祆之起源

西历纪元前五六百年,波斯国有圣人,曰苏鲁阿士德(Zoroaster),因波斯国拜火旧俗,特倡善恶二原之说,谓善神清净而光明,恶魔污浊而黑暗;人宜弃恶就善,弃黑暗而趋光明;以火以光表至善之神,崇拜之,故名拜火教。因拜光又拜日月星辰,中国人以为其拜天,故名之曰火祆。祆者天神之省文,不称天神而称祆者,明其为外国天神也。《四裔编年表》于周灵王二十一年"波斯"条下曰:"是时琐罗阿司得著经立教,为波斯之圣。"即指此也。

西历 226 年,波斯国萨珊王朝兴,定火祆为国教,一时盛行于中央亚细亚。南梁北魏间,始名闻于中国;北朝帝后有奉事之者,谓之胡天。625 年,大食国灭波斯,占有中央亚细亚,祆教徒之移住东方者遂众。唐初颇见优礼,两京及碛西诸州皆有祆祠;祆字之由来,即起于此际。会昌五年(845)武宗毁佛,斥外来诸教,火祆与大秦,均受株累。武宗没,禁渐弛,历五代、两宋,祆祠犹有存者。

南宋绍兴间,姚宽撰《西溪丛语》卷上曰:

> 予长兄伯声,尝考火祆字,其画从天,胡神也,音醯坚切,教法佛经所谓摩醯首罗也。本起大波斯国,号苏鲁支。有弟子名玄真,习师之法,居波斯国大总长如火山,后行化于中国。

苏鲁支之说,本于北宋初赞宁《僧史略》(卷下),苏鲁支当即苏鲁阿士德。以火祆为摩醯首罗,本于《两京新记》注(卷 3),及《通典》注(卷

40）："摩醯首罗，大自在开也。"《翻译名义集》卷4曰："摩醯首罗，诸经论多称大自在。"《大唐西域记》所述凡百三十八国，有天祠者七十八，多供大自在天；然与波斯火祆教无涉，不得强为附会也。

3.2　火祆之始通中国并其名称

火祆之名闻中国，自北魏南梁始，其始谓之天神，晋宋以前无闻也。

《魏书》卷101：

> 高昌国俗事天神；[1]

又卷102：

> 焉耆国俗事天神。[2]

天神云者，以其拜天也；其实非拜天，不过拜日月星耳；日月星三光皆丽天，拜日月星无异拜天，故从中国名谓之天神；继以其兼拜火也，故又谓之火神天神。

《魏书》卷102：

> 波斯国俗事火神天神。神龟中（518—519）其国王居和多遣使上书贡物。[3]

《梁书》卷54：

> 滑国自魏晋以来，不通中国。天监十五年（516），其王始遣使献方物。普通元年（520），又遣使献波斯锦等物。七年又奉表贡献。其国事天神火神。[4]

自汉武通西域后，《汉书》即有《西域传》。然晋宋以前《西域传》无言诸国有事天神者，非其时诸国未有火祆教也，中国人未察觉其拜火拜天耳。

据《魏书》，波斯国以神龟中通魏。据《梁书》，滑国以天监十五年

---

〔1〕并见《北史》卷97。

〔2〕并见《周书》卷50，《北史》卷97。

〔3〕并见《北史》卷97。

〔4〕并见《南史》卷79。

21

通梁。神龟与天监同时,滑为波斯旁国,波斯为火祆教发源地,火祆之入中国当在此时,盖西历516至519年之间也。

在《西域传》曰天神,曰火神天神,或曰天神火神;在中国人祀之则曰胡天,或曰胡天神;所以别于中国恒言之天,或天神地祇之天神也。《梁书·扶南国传》,亦有"其俗事天神,天神以铜为像"之语,然此非指波斯火祆教之天神也。

3.3　北朝火祆之奉祀

《魏书》卷13《灵太后传》:

> 灵太后幸嵩高山,从者数百人,升于顶中,废诸淫祀,而胡天神不在其列。[1]

《隋书》卷7《礼仪志》:

> 后齐后主末年(576),祭非其鬼,至于躬自鼓儛,以事胡天,邺中遂多淫祀,兹风至今不绝。

同卷:

> 后周欲招来西域,又有拜胡天制,皇帝亲焉,其仪并从夷俗,淫僻不可纪也。

中国之祀胡天神,自北魏始,灵太后时(516—527),胡天神初列祀典,故废诸淫祀,而胡天神独不废,其崇重可知也。祀胡天神有特别仪式,他国人祀者必从其俗,本无所谓淫僻也。

《灵太后传》又言:

> 太后与肃宗幸华林园,宴群臣于都亭曲水,令王公以下各赋七言诗。太后诗曰:"化光造物含气贞。"帝诗曰:"恭己无为赖慈英。"

玩太后诗,虽仅一句,然吉光片羽,已与火祆教光明清净之旨有合,何其巧也!

---

〔1〕并见《北史》卷13,"列"作"例"。

胡天之祀,始于北魏。北齐、北周继之,设官置祝,隶鸿胪寺。

《隋书》卷27《百官志》:

> 后齐制官,多循后魏。鸿胪寺掌藩客朝会,吉凶吊祭,统典客、
> 典寺、司仪等署令、丞。典各署又有京邑萨甫二人,诸州萨甫一人。

萨甫,即奉祀胡天神之祝也。

《隋志》所谓"兹风至今不绝"者,指长孙无忌等撰《志》时而言。
《隋志》撰于贞观十五年,成于显庆元年(656),时祆祠久列祀典,而论
者犹目为淫祀,盖犹有外国之见存也。

清《图书集成·神异典》卷2、卷9,均以后周拜胡天之事,系于后
五代之周;并以《隋志》之言,为《册府元龟》之语,误也。

3.4　唐初祆字之创见

曰天神,曰火神,曰胡天神,皆唐以前之称。祆字起于隋末唐初,北
魏南梁时无有。《魏书·康国传》虽有祆字,然魏收书《西域传》原佚,
后人特取《北史·西域传》补之。《北史·西域传》之《康国传》,则又
全采自《隋书》,故与其谓祆字始见于《魏书》,毋宁谓祆字始见于《隋
书》。祆盖唐初之新造字也。

《魏书》卷102:

> 康国者,康居之后也。都于萨宝水上阿禄迪城。西域诸国多
> 归之。有胡律,置于祆祠,将决罚,则取而断之。太延中(435—
> 439),始遣使贡方物。[1]

太延二字,《隋书》、《北史》均作大业(605—617),北宋椠本《魏书·康
国传》末,谓此为后人妄改;然《通典》卷193,康居于太延、大业均曾遣
使朝贡,盖有所本矣。祆字之见于典籍者,此为最始;此以前但有火乔
切之祆,无阿怜切之祆。祆字之意义,以表其为外国天神,故从示从天。
同时《周书》亦有祆字,并谓之曰火祆神;火祆二字之相连,亦始于此。

---

〔1〕并见《隋书》卷83,《北史》卷97。

·欧·亚·历·史·文·化·文·库·

《周书》卷50：

> 波斯国俗事火祆神，废帝二年（580），其王遣使来献方物。

《周书》与《隋书》，同纂修于初唐；而于他书外国传所谓火神天神者，乃简称之曰火祆神；是火祆者即火神天神之简称。嗣是史籍相承，在外国则称祆或称火祆；在中国传则称胡祆，或胡祆神；而祆字遂行于世矣。

3.5　字书祆字之增入

祆字之见于字书者，始于《玉篇》，其次则《说文新附》，其次则《续一切经音义》。

《玉篇》：

> 祆，阿怜切，胡神也。

《玉篇》撰于梁大同九年（543），是时火祆已入中国。然中国人之奉祀者，大抵限于北朝。南朝是否有火祆之流传，尚无他证；即使南朝知有火祆，亦只知其拜天神火神，[1]未必当时即有祆字。故《玉篇》之祆字，只可认为唐上元元年甲戌（674）以后孙强等所增，实非顾野王原书所有。惜乎孙强增《玉篇》之例，不似《说文新附》之另著于篇，新旧字未有分别。然《玉篇》示部凡145字，据明永乐本，祆在最末之16字中，据泽存堂本，则祆在最后8字，其为后增，固有可信；证以近年敦煌发现唐人手写陆法言《切韵》，亦可为唐以前字书无祆字之一证。

《说文新附》：

> 祆，胡神也，从示天声，火千切。

徐铉之新附《说文》，在北宋雍熙三年（986）。是时祆字已流行，故徐铉据以附入。

辽希麟《续一切经音义》卷9：

> 祆，呼烟反，胡神官名。

《方言》云：

---

[1]《梁书·滑国传》。

> 本胡地多事于天,谓天为祆,因以作字。

希麟撰《续一切经音义》,在辽统和五年(987),正与徐铉同时。其所引《方言》,大半为今本《方言》所无,疑亦唐以来后人附益之本。因《方言》而造祆字,实起于唐初,希麟特标出其作字之由,亦可见此字为前此所未有。

辽行均《龙龛手鉴》卷1:

> 祆,呼烟反,胡神官品也。

《龙龛手鉴》著于辽统和十五年(997)。《通典·职官典》有祆正、祆祝,希麟、行均之所谓胡神官名、胡神官品者,指唐职官也。

明方以智《通雅》卷11:

> 祆神,即移称天神也。字从天,误作祆从夭,故张有、戴侗辈,皆以祺、祆、妖、訞合为一字。按此字起于唐,既通西域,因其言而造祆字。汉时佛法西来,祆字未立,唐玄奘有《西域记》,始详其法,故徐铉补之。

方以智谓祆字起于唐,其说甚是。然方以智似未见《玉篇》祆字,故但引《说文新附》。清《康熙字典》"祆"字注,有"《说文》关中谓天为祆"语,不见今本《说文》。

元杨桓《六书统》卷7:

> 祆,呼烟切,胡神也。又胡谓神为祆,关中谓天为祆。

"关中谓天为祆",语见于此,《康熙字典》谓其出于《说文》,谬也。今粤中"天"字,亦有呼烟切,如吾乡新会及西江一带各县是也。唐人以祆表西域天神,杨桓言"胡谓神为祆",亦近臆断。

清代官书,纰缪恒有,可于火祆之考证,得其数例。《图书集成》、《康熙字典》之谬,已见于前。《佩文韵府》之谬,则将于乔切之祆字,系于呼烟切之祆。

《韵府》箫韵"妖"字下,引《汉书·天文志》"迅雷风祆"句,是明知于乔切之祆与妖通也;而于先韵祆字下又引"迅雷风祆",以为呼烟切;若是,则《隋书》祆字凡数见,卷32《经籍志》有祆妄,卷33《经籍志》有祆祥,卷37《李穆传》有鬼祆,皆可作为呼烟切也。岂其然乎?

火祆之祆字，亦有认为呼朝反者；清武英殿本《通典》卷40"祆正"注是也。[1] 杜佑在孙强后百年，孙强增《玉篇》，既认为阿怜切矣；杜佑不应读为呼朝反。据明椠本《通典》，本作呼烟反，王应麟《困学纪闻》卷20引《通典》原注亦作呼烟切，改作呼朝不知何所据；盖未尝深究火祆之源流，以其是胡神，遂读如妖，实含有鄙夷之意。清殿本《宋史》卷490"于阗国俗事妖神"，且直认为从女夭声矣。

祆亦有作他年切者，司马光《类篇》等是也。

《类篇》卷1：

> 祆，他年切，俗谓神为祆；又馨烟切，唐官有祆正；文一，重音一。

3.6　唐时典籍称祆之略例

未造祆字以前，诸书悉以天神二字代用，既有祆字而后，诸史《西域传》悉用祆字，不复称天神。其仍称天神者，必另有所指，非火祆也。如两《唐书·大食国传》之天神是。

《通典》卷193"康居"注，引杜环《经行记》：

> 康国在米国西南三百余里，一名萨末建，土沃人富，国小，有神祠名祆（或作祓）；诸国事者（诸或作诣）本出于此。

杜环为杜佑族子，曾随高仙芝西征；宝应初（762），因贾舶自广州归国。其述外国火祆，已用祆新造字。

大中中（850），段成式撰《酉阳杂俎》，述西域事，亦用祆字。卷4云：

> 孝亿国界，周三千余里，举俗事祆，不识佛法，有祆祠三百余所。

同卷10：

> 俱德建国乌浒河中滩流有火祆祠。相传祆神本自波斯国，乘

---

[1] 广州、浙江本均翻殿本。

神通来此,常见灵异,因立祆祠;内无像,于大屋下置小舍,檐向西,人向东礼。

祆祠三百,《西溪丛语》引作三千,《太平广记》卷 482 引作三百;《四库提要·子部·杂家类·存目二》引此文,不检原书,亦循《西溪丛语》之误。国界仅三千里,有祆祠三千,是一里一祆祠,抑何密也?十里一祠,尚为近似。人向东礼,拜日也。

《旧唐书》卷 198:

> 疏勒国俗事祆神。[1]

同卷:

> 于阗国好事祆神。[2]

同卷:

> 波斯国俗事天地日月水火诸神,西域诸胡事火祆者,皆诣波斯受法焉。其事神以麝香和苏,涂须点额,及于耳鼻,用以为敬。又叛逆之罪,就火祆烧铁灼其舌[3]

《新唐书》卷 221 下:

> 康国祠祆神。

同卷:

> 波斯国祠天地日月水火。祠夕,以麝揉苏,泽畍颜鼻耳。西域诸胡受其法以祠祆。

凡此皆唐时史籍用祆字之例也;唯火祆教贵清净光明,故祠日月星宿及火,然并无祠地及水之事。新、旧《唐书》连类及之,应加纠正。

唐时著述之用祆字,既如上述,然其例只限于外典,内典中尚罕见。玄奘《大唐西域记》卷 11,于波剌斯(波斯)之祆教,但称为天祠甚多,而不称为祆祠,与其他供大自在天之天祠,直无区别。武后时释彦悰《大慈恩寺三藏法师传》卷 2,述飒秣建国之祆教,亦只言"其王及百姓,不信佛法,以事火为道";而不称其事火祆。唯清光绪季年,敦煌发现

[1]《新唐书》卷 221 上作"俗祠祆神"。
[2]《新唐书》作"喜事祆神"。
[3]并见《唐会要》卷 100,《太平寰宇记》卷 185。

遗书，发现有《外国记》残卷，罗振玉据《一切经音义》卷100，定为《慧超往五天竺国传》；其中有"从大寔国已东，并是胡国，即是安国、曹国、史国、石骡国、米国、康国等，虽各有王，并属大寔所管。此六国总事火祆，不识佛法"之语。义净译《根本说一切有部毗奈耶皮革事》卷上，亦有"受用之具，皆悉施与村中祆祠"之句。是唐代祆之新造字，已行用于内典也。

3.7　春秋时睢水有祆神之谬说

春秋时睢水有祆神之说，作俑于宋之姚宽。谬说相沿，人多忽略，亟应辞而辟之。

《西溪丛语》卷上，据杜预《左传注》云：

> 睢受汴，东经陈留、梁谯、彭城入泗，此水次有祆神，[1]皆社祠之，[2]盖杀人而用祭也。此即火祆之神，其来已久。

按此为《左传》僖十九年注，《左传》曰："宋公使邾文公用鄫子于次睢之社，欲以属东夷。"《穀梁传》曰："用之者，叩其鼻以衄社也。"孔颖达《左传正义》曰："属，聚也；杀鄫子以惧东夷，使东夷聚来归己也。"下云："用诸淫昏之鬼，则此祀不在祀典，故云'此水次有妖神'；妖神而谓之社，传言以属东夷，则此是东夷之神，故言'东夷皆社祠之'。"《后汉书》卷31《郡国志》注引汉唐蒙《博物记》："临沂县东界次睢，有大丛社，民谓之食人社，即次睢之社。"

颖达唐初人，且曾与于纂修《隋书》之役，《隋书》已有祆字，唐官并有祆正，果杜注之妖神为祆，颖达不应不知；今《正义》明曰此是东夷之神，《博物记》又谓为食人之社，则与西域之祆，有何关系？且杀人而用祭，更非祆教所有，直风马牛不相及也。杜注所谓妖神者，不正之神耳。《正义》曰，此祀不在祀典，故云此水次有妖神。妖，形容词；祆，名词。姚宽引杜注，于社祠句，略去东夷二字，误妖为祆，强指为火祆之神。

---

〔1〕杜注原作"妖神"。

〔2〕杜注原作"东夷皆社祠之"。

《左传杜注》非僻书，不知何以谬误至此！《四库提要·杂家类·存目二》，论大秦景教流行中国，大半袭《西溪丛语》，不加纠正；东夷皆社祠句，并循其误，脱去东夷二字。贻误后学，不为浅矣。

《西溪丛语》又引宋次道《东京记》，宁远坊祆神庙注，《四夷朝贡图》云：

> 康国有神名祆，毕国有火祆祠，疑因是建庙，或传晋戎乱华时立此。

《四库提要》引宋次道《东京记》，即本于此。"晋戎乱华"4字，《提要》改为"石勒"，系避清人之讳。徐松《唐两京城坊考》"立德坊"条下，谓东京无宁远坊，《四库提要》所引《东京记》，不知见于何书。其实《提要》所引，本诸《西溪丛语》，而不注明出处，一若曾亲睹《东京记》者，亦自欺欺人之甚者也。宋敏求所记之东京，系汴京；徐松所谓"无宁远坊"之东京，当系洛阳。

毕国见《隋书》卷83《安国传》："国之西百余里有毕国，可千余家，其国无君长，安国统之。"毕为康邻国，康有神名祆，已见魏、隋诸《书》；毕有祆祠，其说可信。然谓晋戎乱华时中国即有祆庙，尚无他证。

3.8　唐代火祆之尊崇

唐代之尊崇火祆，颇有类于清人之尊崇黄教，建祠设官，岁时奉祀，实欲招来西域，并非出自本心；然则唐代两京之有火祆祠，犹清京师各处之有喇嘛庙耳。

韦述《两京新记》卷3：

> 西京布政坊，西南隅胡祆祠。注：武德四年所立，西域胡天神，佛经所谓摩醯首罗也。

同卷：

> 醴泉坊，西北隅祆祠。[1]

---

〔1〕《长安志》西北隅作西门之南。

同卷：

> 普宁坊，西北隅祆祠。

《两京新记》久佚，右所据者为日本《佚存丛书本》，仅存卷3一卷。据宋敏求《长安志》卷7注引韦述《记》，西京胡天祠有四，此仅得三，其一可于《长安志》补之。

《长安志》卷9：

> 靖恭坊，街南之西祆祠。

同《志》卷10：

> 布政坊，胡祆祠。注：祠内有萨宝府官，主祠祆神，[1] 亦以胡祝充其职。

宋敏求《长安志》，本采自韦述《记》而加详。今韦《记》所亡，宋《志》尚可补其阙，并可校其误。敏求又有《河南志》，亦久佚。清嘉庆间徐松因纂辑《全唐文》，在《永乐大典》中得《河南志图》，证以《玉海》所引，《禁扁》所载，知是敏求旧帙，乃缀集他书，成《唐两京城坊考》，亦可补宋《志》之亡也。

《唐两京城坊考》卷5：

> 东都，会节坊，祆祠。

同卷：

> 立德坊，胡祆词。

唐代祆祠之多，于此可见：计西京四，东京二。武后时张鷟撰《朝野金载》30卷，今不全矣。据《四库全书》本，尚有二条述祆神祠者。卷3：

> 河南府立德坊，及南市西坊，皆有僧妖神庙，[2] 每岁商胡祈福，烹猪羊，琵琶鼓笛，酣歌醉舞。酬神之后，募一僧[3] 为祆主。其祆主取一横刀，利同霜雪，以刀刺腹，食顷，平复如故。盖西域之幻法也。

同卷：

---

〔1〕祆或讹作祓。
〔2〕妖当作祆，僧本作胡。
〔3〕宝颜堂秘笈本及《太平广记》卷285引两僧字均作胡。

凉州祆神祠,至祈祷日,祆主至西祆神前舞一曲,即却至旧祆所,莫知其所以然也。[1]

河南府立德坊之有祆祠,已见《唐两京城坊考》。其南市西坊之有祆祠,又可补《唐两京城坊考》之阙。至凉州之有祆祠,则与《沙州图经》及《新唐书》之说可相印证。敦煌发现唐写本《沙州图经》残卷(或称《沙州志》),其《杂神》条下有云:

祆神。注:右在州东一里,立舍画神主,总有二十龛,其院周回一百步。

又《新唐书》卷46《百官志》,祠部:

两京及碛西诸州火祆,岁再祀而禁民祈祭。

由此推之,唐代祆祠之建,并不限于两京;碛西诸州,随地皆有。然禁民祈祭,则与后代官庙之性质相同。故吾拟诸清朝之喇嘛庙,建祠而外,且置官典守,而不许人民祈祭也。

《通典》卷40《职官典》:

视流内,视正五品,萨宝;视从七品,萨宝府祆正。[2] 注:武德四年,置祆祠及官,常有群胡奉事,取火咒诅。

同卷:

视流外,勋品,萨宝府祆祝;[3] 四品,萨宝率府;五品,萨宝府史。

《长安志》言萨宝府官,主祠祆神,亦以胡祝称其职;则此等官守,必以胡人充之。曰"群胡奉事,取火咒诅",则祆之拜火,及称火祆之缘由,又多一证。

《魏书》卷102,《隋书》卷83:

康国都于萨宝水上阿禄迪城。康国,唐人谓即康居,为祆教流行之地。萨宝之名,是否取于此,不可知也。

然有应注意者,唐代祆祠及官,系武德四年(621)所立。唐以前中国有

---

[1]按《畿辅丛书》本无此二条。

[2]府或讹作符。

[3]祆或作祓,据引《旧唐书·职官志》改。

欧·亚·历·史·文·化·文·库·

拜胡天制，唯未见有祆祠。唐代之有祆祠，当以西京布政坊西南隅之祆祠为始。

《旧唐书》卷42《职官志》：

> 流内九品三十阶之内，又有视流内起居五品至从九品。开元初一切罢之，今唯有萨宝、祆正二官而已。视流外，亦自勋品至九品。开元初唯留萨宝、祆祝及府史，余亦罢之。

萨宝，及萨宝府祆正、萨宝府祆祝、萨宝率府、萨宝府史，皆唐朝特为祆祠所设之官。官秩虽微，然视流内外九品之官，开元初一切罢之，其存而不废者，唯此数职：其有特别关系，可断言也。时方有事西域，欲以此怀柔一部分之人心，亦政治作用所应尔也。

3.9　祆与大秦摩尼之异同

唐时外教之入中国，火祆而外，尚有大秦、摩尼（或作末尼）、回教等3类。回教唐代未大盛，记录绝少；唯火祆、大秦、摩尼三教，均源自波斯，学者每混而为一。其间分辨明晰者，唐有韦述、舒元舆、李德裕等，宋有王溥（《唐会要》）、宋敏求、张邦基等。若唐之杜佑，则分析不见明了；宋之赞宁、姚宽、宗鉴、志磐，则尚无辨别诸教之知识也。

因述火祆，不得不兼述大秦、摩尼。大秦在唐代，本名景教，为基督教之别派，所谓聂斯脱里派是也。聂斯脱里倡异说于刘元嘉间，其说不容于西欧，乃转而传播于波斯及中央亚细亚。唐贞观九年入中国，寺称波斯寺。波斯灭后，天宝四年改称大秦寺。以其寺名大秦，故人又称其教为大秦。是大秦寺、波斯寺，一也。

摩尼则起于西历后200余年，在后汉建安中，波斯人摩尼取火祆、基督教、佛教而折中之，别成一教。武后时入中国，为回纥人所信奉。唐中叶数借援兵于回纥，其教遂挟回纥人之势力，颇盛一时。其教与佛教相类，开元二十年曾诏辨明之。其教又与火祆相类，《佛祖统纪》且称之为末尼火祆。至南宋末,尚有传习之者,实与火祆是二非一也。[1]

　　唐时火祆与大秦、摩尼相异之点,有一显而易见者,即大秦、摩尼二教均有传教举动,且翻译经典,流传于世,故奉其教者,有外国人,有中国人。火祆则不然,其人来中国者并不传教,亦不翻经;故其教只有胡人而无唐人。近年敦煌发现大秦、摩尼二教经典,各有数种,而火祆教经典独无闻,此其证也。[2] 又大秦、摩尼寺均称寺,而火祆祠独称祠,间有称庙者,亦隐与大秦、摩尼有别。

3.10　唐宋人对火祆之识别

　　韦述《两京新记》,于波斯寺与胡祆祠分别甚明。胡祆祠已见前,西京波斯寺亦有二:

《两京新记》卷3:

　　　　西京醴泉坊,十字街南之东,波斯胡寺。注:仪凤二年(677),波斯王毕路斯奏请于此置波斯寺。

醴泉坊有祆祠,亦有波斯寺;在祆则称祠,在波斯则称寺,而均谥以胡名,明其非中国之教也。

同卷:

　　　　普宁坊,街东之北,波斯胡寺。

此据《佚存丛书》本,若据《景教碑》及《长安志》,则义宁坊有波斯寺,普宁坊无波斯寺,此普字当为义字之误。徐松《唐两京城坊考·西京城郭图》,普宁坊南即义宁坊。宋敏求《长安志》卷10记载尤详,曰:

　　　　醴泉坊街南之东,旧波斯胡寺。注:景龙中(708)幸臣宗楚客筑此寺地入其宅,遂移寺于布政坊之西南隅祆祠之西。

韦述《两京新记》,布政坊有祆祠,无波斯寺。宋敏求《长安志》则曰布政坊祆祠之西亦有波斯寺,此寺由醴泉坊迁入,而醴泉坊旧寺则圈入宗楚客宅中。据《唐两京城坊考·西京城郭图》,醴泉坊东即布政坊。

----

〔1〕详见《摩尼教入中国考》。

〔2〕近日本世界圣典全集刊行会新译有火祆教经名《阿威士陀经》已出版。

同卷:

> 义宁坊,街东之北,波斯胡寺。注:贞观十二年(638)太宗为大秦国胡僧阿罗斯立。

据《景教碑》,阿罗斯应作阿罗本,寺名波斯,僧曰大秦,可知大秦与波斯地虽不同,然其所指则实为一事。宋敏求于火祆、波斯、大秦,分别甚细也。《唐两京城坊考》卷5:"东都修善坊,波斯胡寺。"

东都祆祠已见前,此亦引宋敏求《河南志》者;祆祠与波斯寺,绝不相混也。《唐文粹》卷65,有长庆间舒元舆撰《鄂州永兴县重岩寺碑铭》,于火祆、大秦、摩尼三者,分别甚为明了。曰:"十族之乡,百家之间,必有浮图为其粉黛。国朝沿近古而加焉,亦容杂夷而来者,有摩尼焉,大秦焉,祆神焉;[1]合天下三夷寺,不足当吾释寺一小邑之数;其所以知西人之教,能蹴踏中土而内视诸夷也。"

据此,则火祆与摩尼亦绝不能相混。《唐会要》卷49,于大秦寺、摩尼寺分条记载,并足为大秦、摩尼不同之证。

3.11 唐宋人对火祆、大秦、摩尼之混同

火祆、大秦、摩尼三教之不同,既如上述,然后人每混为一谈。前清学者,如钱大昕、杭世骏、徐继畬、俞正燮、朱一新等之考大秦景教,均不免此弊。宋人姚宽之考火祆,实开其先焉。其原本由于《通典》注将三教掌故连类而书,后之人不究其所以然,遂误混为一。今将《通典》原注备录如下,以识其误之滥觞。《通典》卷40:

> 萨宝府祆正。注:祆,呼烟反。[2] 祆者西域国天神,佛经所谓摩醯首罗也。武德四年置祆祠及官,常有群胡奉事,取火咒诅。贞观二年置波斯寺。[3] 至天宝四年七月敕[4]:波斯经教,出自大

---

[1]祆或讹为秋。
[2]此据明椠本,今通行本作呼朝反。
[3]据《景教碑》及《长安志》应作十二年。
[4]《唐会要》卷49及《册府元龟》卷51作九月。

秦,传习而来,久行中国,爰初建寺,因以为名,将欲示人,必修其本
(修或作循),其两京波斯寺,宜改为大秦寺;天下诸州郡有者亦宜
准此。[1] 开元二十年七月敕:末摩尼法,本是邪见,妄称佛教,诳
惑黎元,宜严加禁断。以其西胡等既是乡法,当身自行,不须科
罪者。[2]

本叙萨宝府祆正,而注并引贞观十二年及天宝四年波斯寺大秦寺事,
又引开元二十年摩尼教事。凡此皆以其为外来之教,连类志之,以便观
览。岂意后之人有因此而混为一教者,始料所不及也。《通鉴》卷248
胡三省注,亦用《通典》注之例,将大秦、摩尼、祆三教之事,连类而书,
不备引。《西溪丛语》卷上称:

> 唐贞观五年,有传法穆护何禄将祆教诣阙奏闻。敕令长安崇
> 化坊立祆寺,号大秦寺,又名波斯寺。武宗毁浮图,籍僧为民。会
> 昌五年敕:大秦穆护火祆等六十余人,并放还俗。然而根株未尽。
> 宋公言祆立庙出于胡俗,而未必究其即波斯教法也。

姚宽之说,本于赞宁《僧史略》。《僧史略》卷下有"大秦末尼"条,混火
祆与大秦、末尼为一。姚宽引之,讳其所自出,而反咎宋敏求之未究祆
即为波斯教法。考贞观时之所谓波斯寺,天宝四年悉改为大秦寺,是波
斯寺与大秦寺原为一寺,不过前后异名。至于祆祠,则武德四年已有,
与波斯寺绝对不同。宋敏求《长安志》于二者分析极明,而《僧史略》则
合之为一;且《长安志》崇化坊并无祆寺,亦无波斯寺。窃意此必因贞
观九年阿罗本诣阙奏波斯教,敕于京师义宁坊建波斯寺之事而误也。
南宋嘉熙间宗鉴撰《释门正统》,景定间志磐撰《佛祖统纪》,均循《僧史
略》之误。《释门正统》卷4引《僧史略》排斥摩尼之论,复为之词曰:

> 今之魔党,仍会昌配流之后,故不名火祆;仍贞明诛斩之余,故
> 不称末尼;其教法则犹尔也。

《佛祖统记》卷39"正观五年"条下曰:

---

〔1〕《会要》作诸府郡置者亦准此。
〔2〕《佛祖统纪》卷40作:既是西胡师法,其徒自行,不须科罚。

初波斯国苏鲁支立末尼火祆教，敕于京师建大秦寺。注：祆，火烟反，胡神，即外道梵志也。波斯国在西海，此云大秦。

又卷54：

末尼火祆者，初波斯国有苏鲁支，行火祆教，弟子来化中国。唐正观五年，其徒穆护何禄诣阙进祆教，敕京师建大秦寺。天宝四年，敕两京诸郡有波斯寺者，并改名大秦。

由此观之，姚宽循赞宁之误，混火祆大秦为一，尚知略去末尼。宗鉴、志磐循赞宁之误，混火祆大秦为一外，复混入末尼也。《四库提要》论景教碑事，更引《桯史》"蒲姓海獠"一段，将回教牵入，是直四教混一，蔓延支离，莫可究诘矣！

梵志系印度拜火教徒，与波斯拜火教徒又有别，《贤愚因缘经·优波鞠提缘品》言梵志或事日月，或复事火，朝夕燃之。《佛本行集经·迦叶三兄弟品》，《出曜经·广演品》及《释迦谱第四》，均言佛感化印度拜火教徒事甚详，以与本题无关，故从略。

3.12　唐季火祆之厄运并宋代之残存

火祆为流寓中国之西域人所崇奉，并不向外传教，与大秦、摩尼不同，本可不受异教之攻击，唯唐武宗会昌五年（845），用道士赵归真议，罢黜佛法，并毁外来诸教，祆与大秦遂同被排斥。

《唐会要》卷47《毁佛寺制》有曰：

其天下所拆寺四千六百余所，还俗僧尼二十六万余人，收充两税户。拆招提兰若四万余所，隶僧尼属主客，显明外国之教。勒大秦穆护祆三千余人还俗，不杂中华之风。[1]

李德裕《会昌一品集》卷20《贺废毁诸寺德音表》曰：

奉今日制，拆寺兰若四万六千六百余所，还俗僧尼并奴婢为两税户，共四十一万余人。其僧尼令隶主客户，大秦穆护祆二千余

---

[1]并见《唐大诏令集》卷113。

人,并令还俗。

《新唐书》卷52《食货志》:

> 武宗即位,废浮屠法,籍僧尼为民,二十六万五千人,大秦穆护祆二千余人。

《通鉴》卷248:

> 会昌五年七月,上恶僧尼耗蠹天下,敕上都、东都两街各留二寺,每寺留僧三十人;天下节度观察使治所,各留一寺,上等留二十人,中等十人,下等五人;余僧及尼,并大秦穆护祆僧,皆勒归俗。

祆或作袯。"二千余人",或作"三千余人"。《西溪丛语》引作六十余人。《畿辅丛书》本《会昌一品集》,祆作襖;二千余人作二十余人。其误尤甚。祆或作袯者,固由字形相近,传写易讹,然波斯火祆教实亦有袯除之义;因其教极重洁净,常劝人袯除一切污浊,故或亦讹为袯也。武宗没,宣宗复兴佛法;外来诸教,并获弛禁,火祆历五代两宋,犹有残存,《墨庄漫录》可为一证。

张邦基《墨庄漫录》卷4:

> 东京城北有祆庙(原注:呼烟切),祆神本出西域,盖胡神也,与大秦穆护同入中国。俗以火神祠之。京师人畏其威灵,甚重之。其庙祝姓史,名世爽,自云家世为祝累代矣。藏先世补受之牒凡三:有曰怀恩者,其牒唐咸通三年(862)宣武节度使令狐绹给。令狐者,承相绹也。有曰温者,周显德三年(956)端明殿学士权知开封府王所给。王乃朴也。有曰贵者,其牒亦周显德五年枢密使权知开封府王所给。王亦朴也。自唐以来,祆神已祀于汴矣,而其祝乃能世继其职逾二百年,斯亦异矣。镇江府朱方门之东城上,乃有祆神祠,不知何人立也。

孟元老《东京梦华录》卷3:

> 大内西去右掖门,祆庙。

张邦基、孟元老均北宋末南宋初人,汴梁、镇江之有祆祠,因此可见。曰"俗以火神祠之",则拜火之习犹行也。曰"京师人畏其威灵,甚重之",则唐初禁民祈祭,至是必有祈祭者矣。史氏累世为祝,所谓祆祝也,为唐勋品官。咸通三年，去会昌毁佛之年，适二十年，则祆祠毁后复兴之情，略可推见。唐代祆祝本以胡人充其职，史世爽之先，当为胡人；唐代番将赐姓史者不一，如史大奈、史思明之属是也。《墨庄漫录》祆庙在城北，《东京梦华录》祆庙在大内西右掖门，两人所指，似不同一庙，合以《西溪丛语》所引宋敏求《东京记》"宁远坊有祆神庙"之说果不谬，则汴京祆庙之数不亚于长安、洛阳，亦可想见当年之盛。南宋而后，中国典籍罕见祆祠之名；祆祠即有留存，当亦式微极矣。

至顺《镇江志》卷8：

> 火祆庙旧在朱方门里，山冈之上。宋嘉定中迁于山下，端平间毁。注：前志引宋《祥符图经》，润帅周宝婿杨茂实为苏州刺史，立庙于城南隅，盖因润有此庙而立之也。

此虽元末记载，然所记犹是南宋时事；且可知镇江之祆庙毁于何时，并可知唐季苏州犹有新建祆庙，亦可贵之史料也。明万历间臧晋叔编《元曲选》，卷首载陶九成论曲，《仙吕宫》中有《祆神急》一出，注曰，与《双调》不同；《双调》中亦有《祆神急》一出，亦注曰，与《仙吕》不同。元曲中既时演祆神，则祆神至元时不独未曾消灭，且更形诸歌咏，播之管弦，想其意义已与中国旧俗之火神相混，非复如原日西来之火祆教矣。《元曲选》卷首又有李直夫所撰《火烧祆庙》一出，与上述《祆神急》两出均未入选，不能得其词，莫由定其为中国火神，抑西来祆教，为可惜耳。《朝野新声太平乐府》卷6有《仙吕·祆神急》一曲，朱庭玉撰，玩其词意，与祆教无关，盖数典忘其祖矣！

（原载《国学季刊》第1卷第1号，1923年，1934年校订；后收入《陈垣学术论文集》第1辑，中华书局1980年版）

4　西夏文汉藏译音释略

王静如

　　从狄维利亚著《西夏唐古特国字研究》[1]以后,世人对于研究西夏文字的兴趣便渐渐浓厚起来,到了《番汉合时掌中珠》出现,关于文字方面的考释算是可以猜想假定了,但是语音方面那就没有什么人能够有全体的讨论,或较进步的研究。自然是劳哺博士也曾用印中语族来推求西夏音值,[2]不过那时藏译音他还没有研究过,所以虽然讨论的不多,可是就有许多错误的地方。这件事直到俄人聂斯基教授才得到更多的材料来假定一些少数西夏字音,[3]他的方法是将汉、藏译对照研究,所得的字音当然比劳哺所考订的确实些;但是因为藏译音本来不多,考订的也就不能普及,西夏文字仍然有些难读。并且汉译照今北京音读与藏译悖谬太甚,其异处又无解说,音理方面,难以明了。我们知道凡研究一种语言必先知其音读,然后才能渐进以它语比较而求其语根,虽然西夏文是一种死文字、死语言,材料是那样的缺乏,可是我们仍然不能离开第一步跳级而进去求那不可靠的结论。所以我得想出更科学的方法来研究它,再从其同异之中求些通例,渐渐扩张到汉译音的大部分,那么西夏文至少有五分之一可以读了。再据以求语根,或不致大误。现在我们先看伊凤阁先生的汉藏对译的方法。他说:"中国字典按唐音排列,虽不适用,但西藏拼音,有许多字,书出人不能念。故此知西藏拼音亦有一定限制。两种限制比较起来即可得西夏拼

---

　　[1]Devéria, *L' Ecriture du Royaume de si-hia ou Tangut*,1894.

　　[2]Berthold Laufer, "The Si-hia Language a study in Indo-Chinese Philology", *Toung Pao*,Vol, XⅦ。

　　[3]Nivolos Nevsky, *A Biref Manual of The Si-hia Character with Tibetan Transcriptions*,1926.

·欧·亚·历·史·文·化·文·库·

音。"[1]用这种方法自然也能想象出来西夏音简略的组织，但当中那细密的地方就有几件事教人揣度不透了。譬如汉语"那"、"难"；"怛"、"嗻"；"你"、"宁"；虽各有歧异，而夏音则同，（"那、难"韵不同，音一字，"怛、嗻"声韵俱不同亦音一字）。那么里边收 -ŋ 或收 -n 同不收 -ŋ、-n 的为什么一点没有分别呢，n-和 d-亦互相混乱呢？伊凤阁没有方法去解决它。他说："由此可以断定平常必有换音法，即以轻音换重音。"我们对于他这样的答复觉得不能十分满意，恐怕就是他所谓那换音的方法或者也终属于幻想罢了。我们也不必就悲观起来，以为西夏音实在没有办法了，如果我们着眼到西夏汉音的方音性或它的时间性，再拿藏音比较一下，就好像有一线的曙光似的，下面就是一些举例。现在先论汉译音。

我们讨论汉译音先决的问题，就是它的时间性和空间性。我们知道《番汉合时掌中珠》的年代是作于公元 1190 年[2]左右，西夏国区域占有今日陕西的北部、甘肃的西北部，那么它那汉译音当然也出不了那几处的方音。现在我们用好几处西夏附近的西北方言和藏译音来比较，觉得总有些相合，再拿日本译自唐末（7 世纪）北方音的"汉音"[3]一看，更可想象它那音值的大概了。假如伊凤阁说谓换音法的"刚、高"同音一字最难决的问题，我们若拿日本"汉音"西北方音来比较一下，就不能算是那么难的。现在我把那最不易解决的阴阳互用问题来说明一下。

4.1　附声韵的讨论

譬如西夏"深"字，音为"那"、"难"，其韵在古一阴一阳，今日亦

---

〔1〕伊凤阁（A. I. Ivanov）《西夏国书说》，载《国学季刊》第 1 卷第 4 号，1923 年。

〔2〕骨勒《番汉合时掌中珠》，成于西夏历乾祐二十年。唯乾祐纪元有较早四年（1168）、三年（1169）及此 1171 三说。按《番汉合时掌中珠》序认乾祐二十一年为庚戌年与南宋绍熙元年（1190）同年，则第三种说是。时距西夏之亡仅 36 年。

〔3〕Bernhard karlgren, *Études sur La Phonologic Chinoise*, 1924. 见其第 4 册（字典）第 714 至 764 页（但符号译成国际音标）。

然，以之决同音一字之当否，自属未可易定，但试观今日西北方音，日本“汉音”那就不难明了：

西夏字		汉译音		藏译音
[1][1]		那	难	
	汉音	da	dan	gnaḥ[2]
	归化	na	nã	
	大同	na	næ	
	太原	no	næ	
	忻县	nda	ndã	
	太谷	no	na	
	文水	ndlll	ndã	
	凤台	na	nɛ	
	兰州	no	næ	
	平凉	no	nǣ	
	西安	no	nǣ	
	三水	lo	læ	

从以上比较看来，西北方音特色就是没有古音的附声鼻韵-n，有几处作成半鼻韵，有几处简直是纯元音。试想这“那”和“难”在韵尾上如凤台的“na”和“nɛ”，大同的“na”和“næ”，还有什么大分别呢？自然是如太原、太谷、兰州等处“那”的元音全是“o”和“a”或“ɑ”相去较远，但我们知道它乃从古音 ɑ 变来的，那 æ 的演成又是因失掉舌尖附声鼻韵“-n”使舌位依前而来的，它的古元音也是“ɑ”，那么它的古音读为“a”或“ɑ”大致没什么可疑的地方了，最好的如藏译为“gnaḥ”，更使这个假定确实一些。从这方面看来，那所谓“转音”的方法，简直没有什么成立的理由。同样的情形，收-ng 韵的亦会和一个纯元音的同音一字，譬如：

---

〔1〕文中凡西夏文均用[1][2]……符号代替，详见文末所附“西夏字表”。

〔2〕藏文字母略依欧人习用罗马字母改近国际音标，以便与汉音比较。

西夏字		汉译音		藏译音
[2]（心）	你	宁		
汉音	?	dei		ne,
归化	ɲi	ɲiɛŋ		gpeḥ
大同	ɲi	ɲiəŋ		gne
太原	ɲi	ɲiəŋ		
忻县	ɲɖi	iɲɖiə		
太谷	ɲi	niə̄		
文水	ɲɖi	ɲɖiə̄		
凤台	ni	ni		
兰州	ɲi	ɲiə̄		
平凉	ɲi	ɲiə̄		
西安	ɲi	ɲiŋ		
三水	ɲi	ɲiŋ		

我们看"宁"的半鼻音和纯元音的情形，同"你"音近似，和上边刚讨论过的"难、那"条没什么不可解说的。元音的内容，后边将讨论。现在只要先说明它的收附声鼻韵"-ŋ"的字同纯元音译音一字的关系就是。

总括以上两项，我们大概可以知道那阴阳互用的原因了。现在我们有个更好的例字，内容包有"-n"、"-ŋ"和纯元音三种音译一字音，使我们彻底明了当日西北方音的特色。同时也知西夏的音值并不因附声韵的不同和纯元音互用有所差异。

西夏字		汉译音		藏译音
[3]（了解）	井（精、菁）	剪	姐	
汉音	sei	sen	sa	rtse
归化	tɕiɛŋ	tɕiə̄	tɕia	
大同	tɕiəŋ	tɕie	tɕie	
太原	tɕiəŋ	tɕie	tɕie	
忻县	tɕiə̄	tɕiŋ	tɕiə	

太谷	tɕiə̄	tɕiē	tɕiɛ
文水	tɕiə̄	tɕiē	tɕie
凤台	tɕiə̄	tɕia	tɕia
兰州	tɕiə̄	tɕiǣ	tɕiə̄
平凉	tɕiə̄	tɕiǣ	tɕiə̄
西安	tɕiŋ	tɕiǣ	tɕiɛ
三水	tsiŋ	tsiæ	tsiɛ

我们拿这三种韵来比较,那是多近似啊,所以我们来论西夏音正不必跟着他们走那条旧路。在本段未完以前,我不能把那古韵有附声鼻音"-m"的字忽略过去,在西夏汉译音当中它们和别的附声鼻音有一样的不幸,全部消失了,如它们译"人壬"二音用[4]"申、深"用[5]"三、珊"用[6]等都可证明。仅举[4]音为例,如:

[4]

	人	壬
古音	ȵzǐĕn	ȵzǐĕm
忻县	ʐə̄	ʐə̄
太谷	zō	zō
文水	ʐə̄	ʐə̄
凤台	ʐā	ʐā
兰州	ʐə̄	ʐə̄
平凉	ʐə̄	ʐə̄
西安	ʐɛ̄	ʐɛ̄
三水	ʐā	ʐɛ̄

它们都是各自相同,并没例外。可见宋末西北方音已经把所谓闭口韵的"-m"尾完全失掉,渐演成今日的半鼻音。关于阴阳互用的解释,现在就止于此。不过我想一定有人还记得数年前,纲和泰在他的《音译梵书与中国古音》[1]文中,曾提起了梵僧法天宋初入中国译经,译

---

[1]Baron A. Von Staël – Holstein, "Transliterated sanskrit Texts and the Ancient Prononciation of Chinese Characters.",胡适译,载《国学季刊》第1卷第1号,1923年。

43

·欧·亚·历·史·文·化·文·库·

"龙"为"lu","曩"为"na",并举回鹘(uighur)文译"龙"亦为"lu"来揣想中国中古的方音。同时胡适之先生更进一步来疑其为西北方音里的变迁。他说:"法天初至中国,先在鄜州(陕西)译经,后在蒲津(山西)译经,最后乃到汴京。我疑心这个变迁是当时西北方言里的变迁。"现在我们给他证实了,同时也想到西北方言这个半鼻音和失掉鼻韵的现象在宋初已经是发生了,[1]更可以说明了上边所讨论的并不是妄想。下面我们看古代非鼻韵的附声韵(入声)怎么样。极明显的,它同上边情形一样,失掉"-p"、"-t"、"-k"尾而与纯元音同音一字,如"鹿、露","觥、虎"、"猪、竹"各自同音,当中最有趣味的便算"三(古音 sɑm)、萨(古音 sɑt)"同音一字的一条了。一个收"-m",一个收"-t"却来音一个字,除非它们都是纯元音否则不能解释这个现象。下面我们来讨论声母。

4.2 声母的讨论

(1)西北方音在其他方音里比较不同的地方是除"m-"、"n-"、"ŋ-"之外,还有"mb-"和"nd-"、"ŋg-"三种。如"米"忻县和文水是"mbi","内"是"nduɛ"及"ndɛi",它在上古是不是这样,不得而知,但它在唐、宋这种现象,确很发达,日本译的"汉音",就是这样的("吴音"不如此)。马伯乐先生曾根据其他证据来说明日本汉译音,指出当唐代时候,北方方音有这种现象。[2] 现在我们用藏译和汉译对照起来,知道宋朝西北就是这样。如:

西夏文	汉译音	藏译音
[7](定,必)	宁	
汉音	dei	gdeḥ

---

〔1〕或更早些,据伯希和(Pelliot)所考证,"和尚"二字乃译自中亚之 Upadiāya,以"尚"对 diāya。

〔2〕H. Maspero,"Le Dialecte de Tch'ang–Ngan sous Les Tang",BEFEO. XX,1920.

	忻县	ɲɖiə	dheḥ
	文水	ɲɖiə	dhe
[8](字)		泥,湦	
	汉音	dei	dhi
	忻县	nɖi	
	文水	ɲɖi	
[9](列,折)		藐	
	汉音	bio:(eu)	dbuḥ
	忻县	mbiu	
	文水	mbiau(ɑ)	
[10](下)		迷	
	汉音	bei	ḥbhi
	忻县	mbi	dbhi
	文水	mbi	ḥbiḥ
[11](瑞)		玉,狱	
	古音	ŋĭwok	ḥgu
	汉音	giok	
	西北	ÿ 或 ÿə	
[12](上,于)		鹅	
	汉音	ga	ḥgo
	归化	ŋ	
	大同	no	
	太原	ʁe	

忻县、太谷	ŋgə
文水	ŋgɯ
兰州	no
平凉、西安	ŋo

从这个比较上看来，宋代的西北方音确有一种鼻音破裂音藏在里面。所以我们从汉译音揣想西夏音，不可把它忽略过去。

（2）在汉译时由于声母"r"在西北方音中没有，所以骨勒就在声类"来"母字（以译 1-）的左边加上个"口"旁以代表它的特点，如：

西夏文	汉译音	藏译音
[13]（流，去）	啰	raḥ，rɑ
[14]（骨）	哈	ri
[15]（诸）	唠（六丁）	ru
[16]（所?）	嘌	gri，ri

这种方法是梵汉译音的旧习惯，它因袭了，亦就是伊凤阁所说的"风音"。

（3）声母方面，除以上揣想的，在西夏汉译里边还有两字音一个西夏字的现象。这是很可注意的事情，同时也是我们最难想象而前人好弄错的一件事。因为《番汉合时掌中珠》上把两个字横排起来，所以他们对于读法也产生次序的差异，如研究西夏文中间人物劳咈博士他见[47]（耳）旁注有横排"六泥"的音，他就按西文习惯由左而右的读为"r-ni"，并且用藏文"r-na"来比较，"穴"为"长尼"，"人"为"卒尼"。他说这泥（ni）是西夏语的接尾字，这种说法，他自己都难以说明那些两字音一字的缘故。大概他全忘记了那《番汉合时掌中珠》是给汉人和西夏华化的人看的。汉文旧习惯都是从右而左，他既用汉字来注音，当从中国习惯，万不能忽从他习，自左而右和本书次序交错的。现在我们更知道有一个很有力的证明，就是凡用两字注一音的第一音"尼"等字（如

"六泥、长尼、赉尼、粗尼、祖尼"等等按中国读法"尼"为第一字)仅作浊音用的,殊非像伊凤阁说的前置字音,更非接尾语。如:

西夏文	汉译音	藏译音
[17]（坐）	尼祖（tsuo）	ḥdzwu
[18]（长）	尼长（ȡʽĭaŋ）	ḥd zoḥ
[19]（穴）	尼长（ȡʽĭaŋ）	gʣoḥ
[20]（时）	尼精（tsĭæŋ）	ʣeŋ，ḥdzeḥ
[21]（行）	尼征（tɕĭæŋ）	gtʃeḥ，gtʃe
[22]（呪？）	鱼各（kɑk）	bŋe，bŋu
[23]（计）	哆作（tsɑk）	gzoŋ
[24]（回）	尼责（tʂɑk）	ʤiḥ
[25]（虚）	宜则（tsək）	ḥtshoḥ（tsho）

还有许多不必全举了,从藏译方面就可以看出那第一字"尼"等的用处,自然它们也有不十分相合的地方,但是我们要想到它还有时代不同的关系,大体上恐怕也就是这个样子了。关于声母我想就说到这里,有的问题希望等些时候再来说,现在我们讨论元音。

4.3 元音的讨论

近代的"ɿ"、"ʅ"是从较古一点的"i"变来的,"o"从古合口的"ɑ"变来的,差不多谁都知道。（这里最应当注意的就是"ɿ、ʅ、o"来源不同,最好参照《中原音韵》之"齐微"和"歌戈"两部。下面就以此为根据。）西夏汉译音也是一样。如:

西夏文	汉译音	藏译音
[26]（烦）	日、知（ʅ）	gʒi
[27]	室、实（ʅ）	tʃi

欧·亚·历·史·文·化·文·库·

［13］（去、流）　　　啰（o）　　　　　　　　rɑ

［28］（好、善）　　　诃（o）　　　　　　　　dɲɑh

除此之外还有个最普通的现象，就是：

（1）凡今音 iŋ，古音 ǐəŋ、ǐɛŋ、iɑŋ、ɑ̌ɛŋ，西北方音为 iə 类音的，在西夏都是"e"，如：

西夏文		汉译音	藏译音
［29］（法）		精	
	古音	tsǐɛŋ	rtse
	汉音	sei	
	西北	tɕiə̃	
［30］		请、青	
	古音	tsʻǐɑŋ	tshe
	汉音	sei	
	西北	tɕiə̃	
［31］		丁	
	古音	tieŋ	te
	汉音	tei	
	西北	tiə̃	
［32］		喻	
	古音	mjǐ(w)ɑŋ	ḥbheḥ
	汉音	bei(ɑ)	
	西北	mb,miə̃(i)	
［2］		宁	
	古音	nieŋ	ne, gne

48

汉音	dei	
西北	ɲȡiə(i)	

[33]（与、奉）　　　荣、永

古音	jĭwɐŋ	we
汉音	ei	
忻县、兰州	yə̄	
太谷、文水、平凉	yū	

从《中原音韵》看来，它们全归入"庚青"韵类，藏音都归如"e"音。不过"iē"又不大像"e"，那么这个有无特别的理由，现在难下论断，只是西藏音"i"和"e"往往相混，并且"e"有时读得很高，有些像"i"，或许藏译就是受这个影响吧。

（2）凡古音之"ɑŋ""ĭaŋ"《中原音韵》"江阳"韵类，在西夏译音中都是"o"。如：

西夏文	汉译音	藏译音
[34]（三）	桑	

	汉译音	藏译音
古音	sɑŋ	gso,ḥ
汉音	so:(-ɑ-u)	gso:ŋ
西北	sã	
太谷、大同	sɔ	
兰州	sɔ̄	

西夏文	汉译音	藏译音
[35]（赞）	养	

	汉译音	藏译音
古音	ĭaŋ	jo
汉音	ĭo:(-ɑ-u)	
西北	iã	

太谷、大同	ciɔ	
兰州	ciɔ̄	

[36]（实，现）　　　　　莽

古音	maŋ	rmo
汉音	bo	
西北	mã 、	
大同、兰州	mɔ̄	
文水	mbu	
太谷	mo	
太原	ma	
忻县	mbe	

[37]（立、起发）　　　　常

古音	ʑiaŋ	so
汉音	so(-a -u)	
西北	tʂā	
兰州	tʂɔ̄	
太谷、大同	tʂɔ̄	

　　"ɑŋ"、"ɣɑŋ"转成"o"大概全是因半鼻音的"ɑ"或"a"，听起来总有些像"ɔ"，[1]你看西北音一致用"ã"或"ɔ̄"、"ɔ"。"ɔ"自然是近"o"（"ɔ̄"更近些），就"ã"亦不能算是过远，我们可想象宋代的西北方音，一定也是近似"o"的一个元音了。

　　（3）但是古音"ɑn"、"an"、"ɣæn"、"ien"、"iwæn"那就有些不同，它们全来对西夏音的"ɑ"。如：

---

　　[1]说半鼻音时小舌微降，舌虽一样作"ɑ"势，但因小舌下降缘故，声道较窄，舌部相对地显高，所以听来极像"ɔ"音。

西夏文		汉译音	藏译音
[38]（深）		难	
	古音	nɑn	gnɑ
	忻县, 太谷	ndā	
	平凉、西安	nã	
[39]		怛	
	古音	tɑn	dhɑ
	西北	tæ	
	忻县、太谷	ta	
	平凉、西安	tæ̃	
[40]		宣, 襈	
	古音	sǐwæn, zǐwæn	bsɖ̣
	西北	çy æ(æ)	
	太谷、文水	çyē	
	大同、太原	sue	

《中原音韵》"难"、"怛"在"寒山"韵类，"宣"、"襈"在"先天"韵类，宋代的西北方音却来混在一起，可见它们显然有分别。[1] "æ"音的做成知道是失掉"-n"，或做成半鼻音使舌向前而音高，但它在宋代的古音，许着开口一点近似"a"。其实"æ"就已经极似"a"了，那么"a"和"ɑ"（藏文古代的"ɑ"是"ɑ"还是"a"，我们无从揣想）还有什么问题呢？这里我们可以断定它的音是"a"。

---

[1]《中原音韵》是否代表一地方音，或者一如《广韵》有集各地方音之可能，现在我们尚未有研究，殊难断定，唯其不同于西北显然。如把收 -m 类分出来，更和西北不同。罗福苌谓译音的"汴京"为准（南宋京已迁），有些不妥。

关于元音的枝节问题自然还多，但因今日西夏文的材料那样的缺乏，语音的考订，简直有些不可能。我这不过冒险地把它提出引起同志研究的兴趣。那种假定，我自己都没一定的把握。还有元音方面，如《中原音韵》"鱼模"韵类的西夏音为"u"，"皆来"韵类为"e"，"家麻"仍为"a"，"尤侯"为"u"，虽有些字如此，但数量太少（且有例外），决定尚难。我们只能希望材料增多，或研究更能进步，这不仅明白了西夏音的汉译，同时也更可知道西北方音的宋代古音（自然也能间接地考证近古音）。以下略说藏译音。

关于藏译音的解说伊凤阁似已知那些复子音不能发音，他说"但西藏拼音，有许多字，书出人不能念"，聂斯基教授也说"从几种单纯音（非复子音）的藏译音和汉译音比较起来，知道藏译音之复合子音是仅影响于它后边的音节"，劳咈也曾定西夏语音说它是无复子音的。这种论断现在似乎难以推翻，但是我们应当注意他那所谓影响后音节的复子音，也有出乎例外而有来源的，尤其是数目字。如：

西夏文	藏译音	比较
[41]（目、眼）	dmi	dmye（Jarun）
[42]（五）	dŋi	fa-ŋa（Lepcha）
[43]（二）	giṅḥ	gɲis（Tibetan）
[44]（四）	zlaḥ	sla（Chang-kia）
[45]（九）	dgiḥ	dgu（Tibetan）
[46]（药）	rtsi	rtsi（Tibetan）
[34]（二）	gsoḥ	gsum（Tibetan）

关于这些字我们顶好说它是注藏音因袭藏文数目字的习惯写下来的，或者是西夏借自它处的字，并不能否认单子音说的成立，可是也不要把它忽略过去。其余的如前ḥ和后ḥ也应当注意：

西夏文	藏译音		比较
[45]（九）	dgiḥ	dgu（Tibetan）	又音 gi
[48]（中）	wu		又音 ḥu
[43]（二）	gniḥ	gɲis（Tibetan）	
[2]（心）	gɲeḥ	sɲiŋ（Tibetan）	
[10]（下）	dbhi		又音 ḥbhi
[49]（色）	rtsiŋ		又音 rtsi ḥ
[50]（因）	dbuḥ		又音 ḥbu
[20]（时）	dzeŋ		又音 ḥdreḥ
[51]（光）	dbri		又音 ḥbḥi
[34]（三）	gsoŋ	gsum（Tibetan）	又音 gsoḥ

它的前是"ḥ"或后是"ḥ"看来似非偶然,可惜我只有少数的藏译音并不能有什么推断,现在仅能想到前"ḥ"或者是代前置子音来影响后边的单纯子音(作浊音),后"ḥ"大概是作为长音的。或者也许两种"ḥ"都是因子音的失掉,来补那音量(quantity)的过程(失掉子音后,它的音量并不减短,仍须用字来代替它的时间),我们都不能有所决定,只能希望将来再有机会研究它吧。

附1:汉藏译音表

汉译音除去普通的现象以外,有什么特别的地方,文中已略有解释,现在我们更把它列出一个表来,看起来或者更明了一些。列入括号中的韵字,表示它还有例外,但是因为知道的字太少,所以找不出什么条理。

表4-1　汉藏译音表

西夏音（假定）		汉译音	藏译音
声母	b－ d－ g－	mb——　迷（西北音） nd——　泥 ng——　鹅	加前置子音，如：dbu 或加"ḥ"如ḥbi ḥ
	dz－ dz'－ z－	加尼，鱼，嗲，宜等字作浊音，如"尼祖"	加前置子音或"ḥ"，如ḥdzwu、gdshoḥ
	r－	加"口"于"来"母字旁如"啰"	r
韵母	ɑ	《中原音韵》"寒"、"山"、"先"、"天"（"歌"、"戈"、"麻"）	ɑ
	e	"庚"、"清"（"皆"、"来"）	e
	i o u	"齐"、"微"、 "江"、"阳" "尤"、"侯"（"鱼"、"模"）	i o u
附声韵	（?）、无（?）	准西北音（有解释）	无（例外有解释）

54

附 2： 西夏字表

〔1〕蕊 〔2〕鞋 〔3〕烺 〔4〕戁 〔5〕嬬 〔6〕鞘

〔7〕憉 〔8〕顝 〔9〕徍 〔10〕絺 〔11〕嬌 〔12〕屍

〔13〕毿 〔14〕絀 〔15〕蕊 〔16〕靴 〔17〕盠 〔18〕耗

〔19〕猻 〔20〕蘢 〔21〕疕 〔22〕顙 〔23〕鞾 〔24〕馻

〔25〕虓 〔26〕鞀 〔27〕蕊 〔28〕猜 〔29〕蘶 〔30〕羑

〔31〕荓 〔32〕屘 〔33〕瘚 〔34〕散 〔35〕嬌 〔36〕蕐

〔37〕蕊 〔38〕蘢 〔39〕鞾 〔40〕姫 〔41〕蘢 〔42〕傀

〔43〕嬈 〔44〕緬 〔45〕虮 〔46〕嬾 〔47〕龍 〔48〕屝

〔49〕猨 〔50〕虥 〔51〕賍

（原载《"中央研究院"历史语言研究所集刊》第 2 本第 2 分册，1930 年；后收入《王静如民族研究文集》，民族出版社 1998 年版）

·欧·亚·历·史·文·化·文·库·

5 契丹祀天之俗与其宗教神话风俗之关系

冯家昇

　　崇拜自然为先民共同之习俗，盖先民智识简朴，常以自然有感觉，有意志，能在冥冥之中，直接指挥人类之行动也。故出猎祭天，行军祀天，刑人告天，灾疫祷天，或祈默祐，或恳宥赦，虚渺之天，疑若真有有形之行动者也。

　　契丹居朔漠之地，渔猎以食，皮毛为衣，随水逐草，不仰赖于农产。所用丝棉米谷，亦由各地输入，或所俘汉人所略汉地为之。故其祭天也，以鹅，以鸨，以麃鹿，以飞雁，以牛马羊，十足表现其民族之生活。唯祭天之牛必青色，马必白色，此可怪也。《辽史·帝纪》圣宗以前祭必杀牲，圣宗以后则骤减，此又可怪也。因其可怪，故有是文之作。盖欲由契丹祀天之俗，而觇其民族之宗教风俗神话也。

5.1　契丹祀天之统计

　　《辽史·礼志》有拜山仪，天神地祇并设，而无拜天仪。案《金史·礼志》则谓"拜天，金因辽旧俗"，是契丹原有其俗，并具其仪矣。《辽史》不载，得非阙略欤？《金史》卷35《礼志》8：拜天，金因辽旧俗，以重五、中元、重九日，行拜天之礼。重五于鞠场，中元于内殿，重九于都城外。……行射柳击鞠之戏，亦辽俗也，金因尚之。

　　今由《辽史》各帝纪，逐年摘录如下。虽不能得十分精确之统计，然其大略可知。

太祖

即位之元年正月庚寅,命有司设坛于如迁王集会埚,燔柴告天地,即皇帝位。

五年五月,皇弟剌葛、迭剌、寅底石,安端谋反。安端妻粘睦姑知之,以告得实。上不忍加诛,乃与诸弟登山,刑牲告天地为誓,而赦其罪。

七年五月甲寅,奏擒剌葛、涅里衮阿钵于榆河。前北宰相萧实鲁、寅底石,自刭不殊,遂以黑白羊祭天地。

丙寅,以青牛白马祭天地,以生口六百,马二千三百,分赐大小鹘军。

神册四年冬十月丙午,次乌古部,天大风雪,兵不能进。上祷于天,俄顷而霁,命皇太子将先锋军进击,破之,俘获生口万四千二百,牛马、车乘、庐帐、器物二十余万,自是举部来附。

天赞三年八月乙酉,至乌孤山,以鹅祭天。

甲午,次古单于国,登阿里典压得斯山,以麃鹿祭天。

四年闰十二月壬寅,以青牛白马祭天地于乌山。

天显元年正月丁丑,諲譔复叛,攻其城,破之,驾幸城中,諲譔请罪马前,诏以兵卫諲譔及族属以出,祭告天地,复还军中。

二月壬辰,以青牛白马祭天地,大赦,改元天显。

三月甲子,祭天。

太宗

即位之十二月己丑(太宗即位不改元,时天显二年),祀天地。

三年十二月癸卯,祭天地。

四年十一月丙寅,以出师告天地。

九年秋八月乙酉,拽剌解里手接飞雁,上异之,因以祭天地。

十一年九月戊戌,次忻州,祀天地。

闰十一月丙寅,祀天地,以告成功。

辛未,兵度团柏谷,以酒肴祀天地,俄追及德钧父子,乃率众降。

十二年春正月壬戌,祀天地。

穆宗

应历二年六月乙未,祭天地。

九月戊午,诏以先平察割日,用白黑羊、玄酒祭天,岁以为常。

壬戌,猎炭山。祭天。

十二月甲辰,猎于近郊,祀天地。

九年冬十二月辛巳,祀天地、祖考,告逆党事败。

十年七月辛酉,政事令耶律寿远,太保楚阿不等谋反,伏诛,以酒脯祀天地于黑山。

十三年九月庚戌,以青牛白马祭天地,饮于野次,终夕乃罢。

辛亥,以酒脯祭天地,复终夜酣饮。

十八年三月乙酉,获驾鹅,祭天地,造大酒器,刻为鹿文,名曰鹿瓶,贮酒以祭天。

九月己丑,登小山祭天地。

景宗

保宁三年二月己丑,以青牛白马祭天地。

十二月癸酉,以青牛白马祭天地。

五年二月戊申,以青牛白马祭天地。

七年二月丙寅,以青牛白马祭天地。

九年二月甲寅,以青牛白马祭天地。

十二月戊辰,猎于近郊,以所获祭天。

乾亨二年闰三月庚午,有鹄飞止御帐,获以祭天。

冬十月辛未朔,命巫者祠天地及兵神。

庚寅,次固安,以青牛白马祭天地。

圣宗

统和元年三月壬午,以青牛白马祭天地。

四年夏四月癸卯,休哥复以捷报,上以酒脯祭天地,率群臣贺于皇太后,诏勤德还军。

丙辰,复琢州,告天地。

戊午,上次沙姑河之北淀,召林牙勤德议军事。诸将校各以所俘获来上,奚王筹宁、南北二王率所部将校来朝,以近侍粘米里所进自落鸮祭天地。

五月己卯,次固安南,以青牛白马祭天地。

七月辛巳,以捷告天地,以宋归命者二百四十人,分赐从臣。又以杀敌多,诏上京开龙寺,建佛事一月,饭僧万人。

九月甲戌,次黑河,以重九登高于高水南皋,祭天,赐从臣、命妇菊花酒。

十一月丁亥,以青牛白马祭天地。诏驸马都尉萧继远、林牙谋鲁姑、大尉林八等,固守封疆,毋漏间谍;军中无故,不得驰马,及纵诸军残南境桑果。

十二月辛亥,以黑白二牲祭天地。

六年七月丙辰,以青牛白马祭天地。

冬十月戊午,攻沙堆驿,破之。己巳,以黑白羊祭天地。

七年春正月丙午,以青牛白马祭天地,诏谕三京诸道。

八年八月乙卯,以黑白羊祭天地。

九年十一月己亥,以青牛白马祭天地。

十年十二月庚辰,猎儒州东川,拜天。

十九年五月辛卯,以青牛白马祭天地。

十月壬子,以青牛自马祭天地。

庚申,以黑白羊祭天地。

二十二年闰九月甲子,以青牛白马祭天地。

冬十月乙酉,以黑白羊祭天地。

甲午,下祁州,赉降兵,以酒脯祭天地。

统和二十三年七月辛酉,以青牛白马祭天地。

兴宗

景福元年十一月乙未,祭天地,问安皇太后。

重熙六年六月己卯,祀天地。

十三年冬十月庚寅,祭天地。

二十一年七月戊申,祀天地。

道宗

清宁九年七月戊辰,以黑白羊祭天。

大石林牙(西辽)

保大三年二月甲午,以青牛白马祭天地、祖宗,整旅而西。先遗书回鹘王毕勒哥曰:"昔我太祖皇帝北征,过卜古罕城,即遣使至甘州,诏尔祖乌母主曰:'汝思故国耶?朕即为汝复之,汝不能返耶?朕则有之,在朕犹在尔也。'尔祖即表谢,以为迁国于此,十有余世,军民皆安土重迁,不能复返矣。是与尔国非一日之好也。今我将西至大食,假道尔国,其勿致疑。"

康国元年三月,以六院司大王萧斡里剌为兵马都元帅,……率七万骑东征。以青牛白马祭天,树旗,以誓于众,……

总合各帝纪,以敬拜天地之次数及所用祭品,作一统计表如下:

表5-1　名帝祭祀天地次数及所用祭品

祭祀品 \ 帝名	太祖	太宗	世宗	穆宗	景宗	圣宗	兴宗	道宗	天祚	西辽德宗	感天皇后	仁宗	承天太后	直鲁古	总计
青牛白马祭	3			1	6	12				2					24
黑白羊祭	1			1		3		1							6
野禽野兽祭	3	2		5	2	3									15

续表 5 - 1

祭祀品 \ 帝名	太祖	太宗	世宗	穆宗	景宗	圣宗	兴宗	道宗	天祚	西辽德宗	感天皇后	仁宗	承天太后	直鲁古	总计
无所用而祭	3	6		3	1	7	4								24
说明	世宗在位年数极短,为时仅 4 年,敬拜天地,史无明文,或因阙略之故欤?圣宗杀牲祭天最多,盖因在位之年最久也。西辽唯德宗二次,以后则史有阙文也。														

由表 5 - 1 观之,有两个问题生焉:(1)何以圣宗以后杀牲祭天之俗骤减?(2)何以所用牺牲以青牛白马居多?得无史实之解说乎?

《辽史·兴宗纪》"重熙十一年十二月丁卯"条载"禁丧葬杀牛马及藏珍宝"。又"十二年六月丙午"条载"诏世选宰相节度使族属及身为节度使之家,许葬用银器,仍禁杀牲以祭"。《道宗纪》"清宁十年十一月辛未"条载"禁六斋日屠杀"。"咸雍七年八月辛巳"条载"置佛骨于招仙浮图,罢猎,禁屠杀"。夫契丹马逐水草,人仰湩酪,挽强财生以给日用,今竟禁止屠杀,殆非受佛教之影响不能也。是则吾人对此第一问题得有解说之端矣。

《辽史》卷37《地理志》:"永州有木叶山,上建始祖庙,奇首可汗在南庙,可敦在北庙,绘塑二圣并八子神像。相传有神人,乘白马自马盂山浮土河而东;有天女驾青牛车由平地松林泛潢河下。至木叶山二水合流,相遇,为配偶,生八子。其后族属渐盛,分为八部。每行军及春秋时祭必用白马青牛,示不忘本云。"由此吾人可知契丹祀天地多用青牛白马,原有历史的渊源,则第二问题之端绪,由此可寻矣。

综上二者:一则有宗教之背影,一则有民族起源之神话,今再进一步分别探讨之。

5.2　圣宗以后杀牲祀天骤减之解释

5.2.1　佛教在契丹之发展

　　近人有谓景教在辽甚为活动者,[1]并谓兴宗、道宗皆景教之信徒。唯无充分之证据,尚有待地下之发现也。其可考者,则唯佛教。佛教何时传入契丹,史无明文。案《太祖纪》"唐天复二年九月"条:"城龙化州于潢河之南,始建开教寺",寺名曰开教,岂非契丹本部建寺之始欤?即位之三年夏四月乙卯,"诏韩知古建碑龙化州大广寺,以纪功德",则寺院已不仅一开教寺矣。又即位之六年,"以兵讨两冶,以所获僧崇文等五十人归西楼,建天雄寺以居之,以示天助雄武"。寺以所掠僧而起建,则其国之僧必不多也。"天赞四年十一月丁酉"条载"幸安国寺饭僧,赦京师囚,纵五坊鹰鹘",释囚纵鹰盖已受佛教所谓众生之影响矣。

　　《太宗纪》"天显十年十一月丙午"条载"幸弘福寺为皇后饭僧,谒观音画像"。会同"六年六月丁丑"条载"以太后不豫,幸菩萨堂饭僧至五万人"。以一地而僧以五万计,其多可知。见于后周及宋初笔记者,如胡峤《陷北记》:"上京西楼有邑屋市肆,交易无钱而用布,有绫锦诸

---

　　[1]《天主教传行中国考》(上册卷1,第23－32页)云:据撒儿马罕主教与阿拉伯史《亚布法拉》、西里亚史《马利思》等所记,契丹皇室自11世纪初,即奉基督教。其首奉教之君,系闻天语警告回头,率臣民20万,同时领洗。因本国风俗,以膻肉酪浆为饮食,不能遵守教规,遣使求巴大德宗主教,宽免守斋之条。以时计之,当在圣宗之世。考《辽史》所载,自太祖迄景宗,祭天地,祭山,拜庙,殆无虚月;圣宗开泰以后则遽不见,盖因奉教一律痛绝也。近数十年,在关外发现之石十字碑,不一而足;又在涿县琉璃河左近山中,发现一古十字寺,内藏十字碑,有西里亚文,意谓"仰望此,依靠此"。元顺帝重建此寺(旧为崇圣院),碑幢二座,乃大辽营造(见北京北堂《法文月报》),足证辽人传基督教之证云云。此所谓涿州琉璃河左近山中之十字寺,不知是否为房山所发现之十字寺? 余近阅辽之碑石有"景派"字样,不知是否指景教? 例如李仲宣《祐唐寺创建讲望碑》(碑在蓟州,见《辽文存》卷5)云:"德人者,即寺主大德,乃当寺之'景派'也。厥本惟裔,其神不测,苦随念尽,乐与人同。……"所谓"裔""神"二字,令人耐索。又考《辽史》卷48《礼志》卷1,祭山仪,"太宗幸幽州大悲阁,迁白衣观音像,建店木叶山,尊为家神。"又卷37《地理志》卷1,上京道永州,"兴王寺有白衣观音像,太宗援石晋主中国,自潞州回,入幽州,幸大悲阁,指此像曰:'我梦神人令送石郎为中国帝,即此也!'因移木叶山建庙,告赛,尊为家神。兴军必告之,乃合符传箭于诸部。"余案白衣观音,前代所不见,据所知则始自辽,非天主教之圣母欤? 唯证据犹嫌不足,仅此不敢武断辽人之必信基督教也。

工,作宦者翰林、伎术、教坊、角觚、儒僧尼道士……"[1]宋大中祥符九年薛映《上京记》云:"五十里长太馆,馆西二十里有佛舍民居即祖州。"[2]宋王曾《上契丹事》记中京大定府云,"城垣卑小,……城西内西南隅冈上,有寺"[3]云云,此仅就中上二京、契丹本部而言也,至若东、西、南三京佛寺之多,更无论矣。

然自太祖至圣宗朝尚为酝酿时期,圣宗以后,则臻极盛矣。盖圣宗朝为有辽一代文化之分界,武功以此期极盛,亦以此期结束。观其幼冲嗣位,一举而得燕云,再举而饮马河朔;及其晚年,东有茶陀之败,西有甘州之辱。武功结束,即文化发展时期,亦即佛教将达极盛时代也。

圣宗以后,历兴宗、道宗、天祚,上至主后,下至臣民,几皆为佛徒。圣宗小字文殊奴,[4]佛号也。崔冲《圆空国师胜妙塔碑铭》(太平五年)记其拜圆空为师,仪节甚为隆重。赵遵仁《涿州白带山云居寺东峰续镌成四大部经记》(清宁四年)亦谓其留心释典,则其与佛教之关系可知矣。兴宗讳宗真,亦取崇佛之义也。前碑亦云:"及我兴宗皇帝之绍位也,孝敬恒长。真空凤悟,菲饮食,致丰于庙荐;贱珠玉,惟重其法宝。"《游幸表》,"兴宗重熙七年十二月幸佛寺受戒"。至于饭僧谒寺,《辽史》及今所存之碑石,所记更繁。道宗信佛尤深,沙门法悟《释摩诃衍论赞玄疏序》云,"我天祐皇帝(道宗尊号)传刹利之华宗,嗣轮王之宝系,每余庶政,止味玄风……"史赞云:"一岁而饭僧三十六万,一日而祝发三千",其信佛之深可知。天祚初即位,即于三月"甲戌,召僧法颐放戒于内庭",则其后妃、皇子、公主之信佛可知。此外大臣如杨遵勗、李内贞等固为佛徒;若奸佞耶律乙辛、张孝杰辈亦皆佛门弟子也。

5.2.2　契丹之佛化

更可注意者,契丹之僧官,契丹人所著佛经,及其受佛教影响后之

〔1〕胡峤《陷北记》全文见《新五代史》卷72及《契丹国志》25,节文见《辽史》卷37。

〔2〕薛映《上京记》节文见《辽史》卷37。

〔3〕宋王曾《上契丹事》节文见《辽史》卷39,全文见《契丹国志》卷24。

〔4〕汤运泰《金源纪事诗》卷1云:"辽人信佛,多以佛名居上,而下加奴字,以见皈衣之意。"而道光四年殿本,根据乾隆《钦定国语解》,凡作奴字者,均改为努,意以"奴"卑下之意,殊失辽人之初旨矣。

凤俗也。

(1)以僧为侍中、司徒、司空等官职,前代罕见,其在辽则为习见之事。如景宗保宁六年十二月戊子,以沙门昭敏为三京诸道僧尼都总管,加兼侍中(见《景帝纪》)。圆融,重熙初守太师兼侍中(见真延《非浊禅师实行记》)。重熙十九年正月庚寅,僧惠鉴加检校太尉(见《兴宗纪》)。清宁七年沙门守臻守司空;智清检校司空(见《日下旧闻》卷17魏坤《倚晴阁杂钞》所引《燕京归义寺弥陀邑碑》)。非觉,清宁初崇禄太保,后又加检校太傅(见真延《非浊禅师实行记》)。咸雍二年十二月戊子,僧守志加守司徒。五年十一月己未,僧志福加守司徒(见《道宗纪》)。咸雍六年十二月戊午,加圆释、法钧二僧,并守司空(见《道宗纪》)。裕窥,道宗赐崇禄大夫检校太尉(见《辽史拾遗》卷21引释明河《补续高僧传》)。铨圆,道宗朝守司空(见《辽文存》卷5引耶律孝杰《释摩诃衍论赞玄疏》引文)。然尚不止此,李焘《续通鉴长编》卷180"至和二年八月己丑"条云:

> 宗真性佻脱,……数变服,入酒肆佛寺道观,……尤重浮图法,僧有正拜三公三师兼政事令凡二十人。……尝夜宴,与刘四端兄弟、王纲入乐队,命后妃易衣为女道士。

观此则兴宗一朝,正拜三公三师兼政事令者,竟有20人之多。其为虚衔乎?抑实授乎?或辽人对僧人之一种特别官职乎?洪皓《松漠纪闻》第15页(学津本):

> 燕京兰若相望,大者三十有六,然皆律院。自南僧至,始立四禅寺,曰大觉、招提、竹林、瑞像。贵游之家多为僧,衣盂甚厚。延寿院主有质坊二十八所,僧职有正副判录或呼司空(原注:辽代僧,有官至捡校司空者,故名称尚存)。

由此可知,司空、司徒等官为辽人特授僧侣之官职。[1] 或因国中佛徒

---

[1]余颇疑辽之中叶社会有5个阶层:(1)僧侣,(2)武士,(3)士,(4)农牧,(5)奴隶。武士专属契丹人,儒则汉人,农则渤海汉人,僧侣各色人均有。虽未有印度婆罗门分别之严,然辽法,契丹人不得试进士,虽皇子亦须习骑射。《天祚纪》大石林牙,为太祖八代孙,登天庆五年进士第,则当辽之末运,此法废矣。

太多,仿汉制,而使专治理之欤。

（2）辽人所著佛书,见于《辽史拾遗》卷16《补经籍志》、《辽文存》卷6《艺文志》及黄任恒《辽艺文志》者已数十种。今习见者尚有行均《龙龛手鉴》4卷（统和十五年）、希麟《续一切经音义》10卷,二者均为注解佛经之书。沙门志福《释摩诃衍论通玄钞》4卷,又沙门法悟《释摩诃衍论赞玄疏》20卷,今本卷首法悟上加"宋"字,盖系好事者为之。周春《辽诗话》卷上云,"今释藏内有大契丹国师中天竺摩谒陀国三藏法师慈贤译经四种共八卷";[1]又释藏内一些佛书下注册版如何如何,可见辽人并印刻佛经矣。

（3）辽人受佛教化之深,更可由下列风俗中见之。

第一,佛节。《辽史》卷53《礼志》:"二月八日为悉达太子生辰,京府及诸州雕木为像,仪仗百戏导从,循城为乐。"悉达太子者,西域净梵王子,姓瞿昙氏,名释迦牟尼,以其觉性称之曰佛。《辽史》作二月八日为佛诞,而《契丹国志》卷27则云:"四月八日。"《潜研堂金石跋尾》卷6云:"右易州兴国寺太子诞圣邑者千人邑之名,以四月八日诵经礼佛,而名之也,《辽史·礼志》二月八日,为悉达太子生辰;……《契丹国志》作四月八日,此碑亦以四月八日为诞圣之辰,则《礼志》所称误矣。然《金史·海陵纪》有禁二月八日迎佛之文,知当时固有以二月为佛生辰者,非后人传写之误也。"钱氏以《金史》有禁二月八日迎佛之文,即以为当时有以该月日为佛诞者。案四月八日为中国历,二月八日则印度历也。王正《重修范阳白带山云居寺碑》（著应历亦十五年）云:"风俗以四月八日共庆佛生,凡水之滨,山之下,不远百里,仅有万宗,预馈供粮,号为义食。是时也,香车宝马,藻野缛川,灵木神草,鲍赫芊绵。从平地至于绝巅,杂沓驾肩,自天子达于庶人。……"则此碑亦作四月八日,相沿甚久,而京西妙峰山每年于此日举行大会,甚为热闹云。

---

[1]宋以来《续高僧传》诸集不载契丹僧,元至正初,释念常《佛祖通载》亦未提。民国初年《新续高僧传》所收不过3人。至于近年中外学者,所著之中国佛教史之类更不提辽之佛教。今特述一二,以俟博雅作进一步之研究。辽之书籍虽亡,而金石出土者甚多,关于佛幢经塔,大师行实者十之八九,堪为最好之材料。

65

第二，佛装。《辽史》卷71《圣宗仁德皇后传》云："所乘车，置龙首鸱尾，饰以黄金。又造九龙辂、诸子车，以白金为浮图，各有巧思。"又卷110云："孝傑及第，诣佛寺，忽迅风吹孝傑幞头，与浮图齐，坠地而碎。有老僧曰，此人必骤贵，然亦不得其死。"则当时固有以浮图为装饰者也。《辽史拾遗》卷24引《使辽录》曰："妇人以黄物涂面如金，谓之佛装。"又引严绳悬《西神脞说》曰，"辽时妇人有颜色者目为细娘，真珠络臂，面涂黄，南人见怪疑为瘴，墨吏矜夸是佛装"。此皆受佛教影响而有者也。

第三，火葬。火葬之俗，宋世已盛，顾炎武《日知录》卷15言之颇详，盖亦受佛教之影响也，辽人亦然。碑石所见，其为僧侣固不论矣。今考辽人之塚墓，其大臣死后亦火葬也。《东北丛刊》第7期"杂俎栏"金毓黻《辽金旧墓志》，谓近发现二墓，一在辽阳城东，张家坟地方，天井山下。古墓内掘得瓦棺一，纵三尺余，高横皆二尺余。棺前画两扉，如闭未启形。全体成长方形。并有墓志，略云：特进参知政事虞国公张浩之先父、光禄公，讳行愿，辽阳人也。初以世家充枢密院令史，迁左班殿直，乾统（天祚）丙戌岁二月十五日卒。娶广陵高氏封虞国太夫人。生二男：长为僧，曰慧休；次曰浩（《金史》有传）；一女为尼，曰即圆云云。一在辽宁省城大东边门外，大亨公司。工人于院内掘得二砖璇小洞，左洞有石棺一具，形同张氏瓦棺。盖刻云形花纹，四周刻凤鼍蛟龙。棺前有"承奉郎守贵德州，观察判官试大理司直，赐绯鱼袋孙久中。开太（圣宗）七年岁次戊午"31字。棺内凹处初启时仅有灰尘，似如火葬。据某友人云，此即内典所谓"阇维"之制云云，其为佛俗无疑。

澶渊之盟以后，二国相安无事者，百数十年，耶律淳僭位燕京，虽与宋一度失和；然衅自彼开，辽终始无与宋战意也。夫契丹人为一以武力而兴之民族，圣宗以后渐趋平易，其融化于汉人，固为原因之一；至其要者，则由佛教思想之影响也。《栾城集》卷40苏辙《北使还论北边事剳子》云：

> 北朝皇帝（道宗）好佛法，能自讲其书。每夏辄会诸京，佛徒纵恣放债营利，侵夺小民，民甚苦之。然契丹之人，缘此诵经念佛，

杀心稍悛。此盖北界之巨蠹,而中朝之利也。

5.3　契丹祀天以青牛白马之解释

5.3.1　八子故事与契丹历代之八部

契丹之名,昉见《魏书》,并有专传,唯不论其原始,后之各史亦不详。《契丹国志·初兴本末》云:"契丹之始也,中国简册所不载,远夷草昧,复无书可考,其年不可得详也。"《辽史·太宗纪》会同"四年二月丁巳"条载"诏有司编始祖奇首可汗事迹",然今《辽史》所载,《本纪》断自太祖,太祖以前寥寥数语,则又于太祖史赞见之。所谓《世表》亦唯杂钞前史本传。至其民族之源流,仍不知也。

世界各民族无论文明与落后,均有其原始之神话,契丹亦然。《辽史》所谓之神人乘白马,天女驾青牛车,即其民族起源之神话也。又《契丹国志·初兴本末》云:

> 古昔相传,有男子乘白马浮土河而下,复有一妇人乘小车,驾灰色之牛,浮潢河而下,遇于木叶之山,顾合流之水,与为夫妇,此其始祖也。是生八子,各居分地,号八部落。……后人祭之,必刑白马,[1]杀灰牛,用其始来之物也。

所谓一男子、一妇人,非若犹太之亚当、夏娃乎? 二圣八子,非如汉人之三皇、五帝乎? 此外更有三主,足以形容契丹民族发展之概状。《契丹国志·初兴本末》云:

> 后有一主,号曰乃呵。此主特一髑髅,在穹庐中,覆之以毡,人不得见。国有大事,则杀白马灰牛以祭,始变人形出。视事已,即入穹庐,复为髑髅。因国人窃视之,失其所在。复有一主,号曰喝呵,戴野猪头,披野猪皮,居穹庐中,有事则出,退复隐入穹庐如故。后因其妻窃其猪皮,遂失其夫,莫知所如。次复有一主,号曰昼里昏呵。唯养羊二十口,日食十九,留其一焉。次日复有二十口,日

---

〔1〕《辽史》作青牛,《国志》、《类苑》作灰牛,《辽史》曾据辽人实录,以青牛为当。

·欧·亚·历·史·文·化·文·库·

如之。是三主者,皆有能治国之能名,余无足称焉。

叶隆礼以为荒唐怪诞,讥以传讹,不足信。然较汉人之伏羲、神农、女娲氏之说,殊不无史实之存焉。所谓穹庐无非穴洞,所谓髑髅无蔽体者也。第二主戴猪头披猪皮,盖以皮为衣也。第三主养羊20口,食19留其一,示其已知积蓄也。易言之,第一主不知以衣蔽体,第二主知以兽皮为衣,第三主能畜牧,且知积蓄矣。且所谓第一主、第二主、第三主者,亦无非表示其民族进步之阶段。正如伏羲氏表示渔猎时期,神农氏表示农业时期,非必有其人也。

凡一民族尝欲推定其起源之年代,不曰某世纪其某始祖已生矣,即曰在某地其某祖已立国矣。汉族然,世界各民族然,契丹亦然。唯以一种神话,而欲确定其年代,则又不免附会伪讬矣。江少虞《皇朝类苑》卷78云:

> 契丹之先,有一男子乘白马,一女驾灰牛,相遇辽上,遂为夫妇,生八男子,则前史所谓迭为君长者也。此事得于赵志忠,志忠尝为契丹史臣,必其真也。前史虽载八男子,而不及灰牛白马事,契丹祀天至今用灰牛。予尝书其事于《实录·契丹传》,禹玉恐其非实,删去之。予在陈州时,志忠知扶沟县,尝以书问其八男子迭相君长,时为中原何代,志忠亦不能答,而云约是秦汉时,恐非也。

《辽史》卷63《世表》考之宇文周之书,辽本炎帝之后,而耶律俨称辽为轩辕后。俨志晚出,盖从《周书》。则契丹之先附会有二焉:(1)耶律俨《实录》以为轩辕氏;(2)《辽史》以为炎帝。此种荒诞不经之附会,令人可笑,然而附会之中,亦不无历史之意义焉。八男子事,虽不知其年代,然八部之名已见《魏书》,则其民族之原始,必早于北魏也。《魏书》有契丹古八部之名,《唐书》有大贺氏之八部,《五代史》有遥辇氏之八部,则此八部之源流远矣。

契丹古八部(见《魏书》卷100本传):

(1)悉万丹部　　　　(2)何大何部

(3)伏弗郁部　　　　(4)羽陵部

(5)日连部　　　　　(6)匹絜部

（7）黎部　　　　　　　　（8）吐六于部

据同书《勿吉传》，谓其旁有大莫卢国、覆钟国、莫多回国、库娄国、素和国、具弗佛国、匹黎尔国、拔大何国、郁羽陵国、库伏真国、鲁娄国、羽真侯国，凡十有二。其中之四国，即契丹古八部中四部。吾人于此又可知彼时契丹占有今东西辽河之地域也。较其地名如次：

勿吉傍之四国名		契丹古八部之四部名
具弗佛国	即	伏弗郁部
匹黎尔国	即	唐大贺氏之匹黎古八部之黎州
拔大何国	即	何大何部
郁羽陵国	即	羽陵部

唐大贺氏八部（见《新唐书》卷219本传）：

（1）达稽部　　唐松汉都督府下，曰峭落州；
（2）纥便部　　唐…………弹汉州；
（3）独活部　　唐…………无逢州；
（4）芬问部　　唐…………羽陵州；
（5）突便部　　唐…………日连州；
（6）芮奚部　　唐…………徒河州；
（7）坠斤部　　唐…………万丹州；
（8）伏部　　　唐…………州二，曰匹黎、赤山。

若以古八部与大贺氏相较，相同者有四：

古八部中之四部		大贺氏八部中之四部
悉万丹部	即	万丹州（坠斤部）
羽陵部	即	羽陵州（芬问部）
日连部	即	日连州（突便部）
黎部（匹黎尔国）	即	匹黎州（伏部之一州）

此外若徒河州（芮奚部），即今之土河或曰老哈河。盖其部占有今之土河流域也。

遥辇氏八部（《新五代史》卷72本传）：

（1）旦利皆部　　　　（2）乙实活部

（3）实活部　　　　（4）纳尾部

（5）频没部　　　　（6）纳会鸡部

（7）集解部　　　　（8）奚嗢部

此八部之名，与古八部大贺氏八部似无同者，此何故乎？《辽史》卷32《世表》云："唐当开元、天宝间，大贺氏既微，辽始祖涅里立迪辇祖里为阻午可汗。时契丹因万荣之故，部落凋散，即故有族众，分为八部。"则此八部必较前之八部小矣，特欲凑其数，强分为八部，故其名亦异耳。其余遥辇氏为皇族，迭剌自立一部为耶律氏，即后日阿保机崛兴之基本部落也。

5.3.2　青牛白马故事与契丹之风俗

中国史册论古代北方民族之先，常有谓兽种者。如《北史·高车传》谓匈奴生二女，置于国北无人之高台，请天迎之。经3年，一老狼至，穿台为穴，与次女同居而生其先祖。又《突厥传》言其远祖为邻国所破，族尽灭。有一女年仅十龄，兵士不忍杀之，乃刖其手足，弃草泽中。有牝狼日以肉饲之，得不死。王闻之，重遣杀之。乃与狼投西海之东，高昌国西北山，生十男。十男长，各为一姓，阿史那其一也。此种不经之谈，骤视之，疑若吾国史册故存侮蔑之意，细审之，此固为其民族中之神话也。

所谓以狼以马牛者，或因其地所产之不同，其人习见之不同也。大抵高车、突厥必多狼，狼为其人习见，故传说如是。契丹必多用牛马，以之为贵。观《辽史·食货志》天祚乏马，为金所败；大石得漠北马群，远奔西域。又《语解》云，"黑车子国也，以善制车帐得名，契丹之先尝遣人往学之"，云云，则契丹初不能制车帐，须待学之他国也。[1] 盖契丹习于战争，跨马冲锋陷阵为铁骑，牛车环绕为毡帐，对其生活有莫大之效用也。

唯更有令人耐索者，何以男乘白马，女驾青牛车，得无进一步之解

---

[1]《辽史·太祖纪》"太祖即位之三年十月"、"西北媪娘改部族进挽车人"。挽车者亦须进贡，或契丹人不善挽车乎？又《太宗纪》会同八年三月伐晋为符彦卿等所败，"上乘奚车退十余里"。则奚车大提特提，或契丹人不善制车而有赖于奚人之车欤？

说乎?《辽史》卷71《后妃传》云:

> 太祖淳钦皇后述律氏,讳平,小字月理朵,其先回鹘人。……后简重果断,有雄略。尝至辽、土二河之会,有女子乘青牛车,仓卒避路,忽不见。未几,童谣曰:"青牛妪曾避路",盖谚谓地祇为青牛妪云。太祖即位,群臣上尊号曰地皇后。

观此以地祇喻青牛妪,契丹之俗谚也。《金史》卷1《世纪》云:

> 始祖解部人之争,部众信服之,谢以青牛一,并许归六十之妇。始祖乃以青牛为聘礼,而纳之,并得其赀产。……

女真受契丹之影响,以青牛为聘,示女将嫁男子也。《辽史·礼志》皇帝纳后之仪:

> 皇后车至便殿东南七十步止,惕隐夫人请降车。负银缶,捧滕履,黄道行。后一人张羔裘若袭之,前一妇人捧镜却行,置鞍于道,后过其上。……

后乘车来,下车后过所置于道之鞍,甚有意义。盖鞍表示马,马属男,意由牛车就马也。又公主下嫁仪:

> ……赐公主青牛车二,螭头,盖部皆饰以银。驾驰送终车一,车楼纯绵,银螭悬铎,后垂大毡。驾牛,……赐其婿朝服,四时袭衣鞍马……

赐公主以车,一驾以驼,一驾以牛;赐婿则鞍马,得非以车象征女,以马象征男乎?《辽史》卷71《圣宗仁德皇后传》云:

> 比后已崩,年五十。是日若有见后于木叶山阴者,乘青盖车,卫从甚严。

又卷37《地理志》:

> 是年,有骑十余猎于祖州西五十里大山中,见太宗乘白马,独追白狐,射之,一箭而毙,忽而不见,但获狐与矢。是日太宗崩于滦城。

·欧·亚·历·史·文·化·文·库·

由此两段不经之故事中，又足证男尚白马，[1]女尚青牛车，今日北省有
"白马迎亲"之说，得非同此意义欤？此种崇拜畜类之俗，颇含社会学
所谓图腾之意，研究民俗学者，当能对此更有详细之解说乎？

（原载《史学年报》第 1 卷第 4 期，1932 年；后收入《冯家昇论著辑
粹》，中华书局 1987 年版）

---

[1]《汉书》卷94《匈奴传》云："昌、猛与单于及大臣俱登匈奴诺水东山，刑白马。单于以径
路刀金留犁挠酒，以老上单于所破月氏王头为饮器者，共饮血盟。"《辽史》卷34《兵卫志》云："凡
举兵，帝率蕃汉仪文武臣僚，以青牛白马祭告天地日神，唯不拜月。"一则议和而刑白马，一则伐敌
以白马为祭，二者颇有相关之处。曩尝为《太阳契丹考释》一文，谓古代北方民族，风俗相似之处
甚多，盖彼此接触机会较多，而互为默化亦易也。

6　夷夏东西说

傅斯年

　　自东汉末以来的中国史,常常分南北,或者是政治的分裂,或者由于北方为外族所统制。但这个现象不能倒安在古代史上。到东汉,长江流域才大发达。到孙吴时,长江流域才有独立的大政治组织。在三代时及三代以前,政治的演进,由部落到帝国,是以河、济、淮流域为地盘的。在这一片大地中,地理的形势只有东西之分,并无南北之限。历史凭借地理而生,这两千年的对峙,是东西而不是南北。现在以考察古地理为研究古史的一个道路,似足以证明三代及近于三代之前期,大体上有东西不同的两个系统。这两个系统,因对峙而生争斗,因争斗而起混合,因混合而文化进展。夷与商属于东系,夏与周属于西系。以下四部分是为能证明这个设定而写的。先从商代说起,上溯夏后世者,因为后王事迹多,容易看清楚,先讨论他,于了解此文之命意上似乎便当些。

6.1　亳—商—殷

6.1.1　商代发迹于东北渤海与古兖州是其建业之地

　　下列数事,合起来可证成本节标题所假定。

　　甲.《诗·商颂》:"天命玄鸟,降而生商。"又,"有娀方将,帝立子生商。"这个故事的意义,可以《吕氏春秋·音初篇》所记说明之。

　　　　有娀有二佚女,为之九成之台,饮食必以鼓。帝令燕往视之,鸣若谥隘。二女爱而争搏之,覆以玉筐。少选,发而视之,燕遗二卵北飞,遂不反。二女作歌,一终日,"燕燕往飞"。实始作为北音。

《商颂》中所谓"玄鸟"及"有娀"之本事，当即此说之内容。此一神话之核心，在于宗祖以卵生而创业。后代神话与此说属于一源而分化者，全在东北民族及淮夷。现在将此神话之重要材料录于下方。

《论衡·吉验篇》：北夷橐离国王侍婢有娠，王欲杀之。婢对曰，"有气如大鸡子，从天而下，我故有娠。"后生子，捐于猪溷中，猪以口气嘘之，不死。复徙置马栏中，欲使马藉杀之，马复以口气嘘之，不死。王疑以为天子，令其母收取，奴畜之，名东明，令牧牛马。东明善射，王恐夺其国也，欲杀之。东明走，南至掩淲水，以弓击水，鱼鳖浮为桥，东明得渡。鱼鳖解散，追兵不得渡，因都王夫余，故北夷有夫余国焉。[1]

《魏书·高句丽传》：高句丽者，出于夫余。自言先祖朱蒙。朱蒙母河伯女，为夫余王闭于室中，为日所照，引身避之，日影又逐。既而有孕，生一卵，大如五升。夫余王弃之与犬，犬不食。弃之与豕，豕又不食。弃之于路，牛马避之。后弃之野，众鸟以毛茹之。夫余王割剖之，不能破，遂还其母。其母以物裹之，置于暖处，有一男破壳而出。及其长也，字之曰朱蒙。其俗言朱蒙者，善射也。夫余人以朱蒙非人所生，将有异志，请除之。王不听，命之养马。朱蒙每私试，知有善恶，骏者减食令瘦，驽者善养令肥。夫余王以肥者自乘，以瘦者给朱蒙。后狩于田，以朱蒙善射，限之一矢。朱蒙虽矢少，殪兽甚多。夫余之臣又谋杀之。朱蒙母阴知，告朱蒙曰："国将害汝，以汝才略，宜远适四方。"朱蒙乃与乌引乌违等二人弃夫余东南走。中道遇一大水，欲济无梁，夫余人追之甚急。朱蒙告水曰："我是日子，河伯外孙，今日逃走，追兵垂及，如何得济？"于是鱼鳖并浮，为之成桥。朱蒙得度，鱼鳖乃解，追骑不得渡。朱蒙遂至普述水，遇见三人，其一人着麻衣，一人着衲衣，一人着水藻衣，与朱蒙至纥升骨城，遂居焉。号曰高句丽，因以为氏焉。

---

[1]《魏志》卷30《夫余传》注引《魏略》同。

《高丽好大王碑》:唯昔始祖邹牟王之创基也,出自北夫余,天帝之子,母河伯女郎,剖卵降出。生子有圣□□□□□□命驾巡东南下,路由夫余奄利大水。王临津言曰,"我是皇天之子,母河伯女郎,邹牟王,为我连葭浮龟",应声即为连葭浮龟,然后造渡于沸流谷忽本西城山上而建都焉。永乐□位,因遣黄龙来下迎王,王于忽本东冈黄龙负升天。

高丽王氏朝金富轼撰《三国史记高句丽本纪》:始祖东明圣王姓高氏,讳朱蒙(一云邹牟,一云象解)。先是扶余王解夫娄老,无子,祭山川求嗣。其所御马至鲲渊,见大石,相对流泪。王怪之,使人转其石,有小儿,金色,蛙形(蛙一作蜗)。王喜曰:"此乃天赉我令胤乎?"乃收而养之,名曰金蛙。及其长,立为太子。后其相阿兰弗曰:"日者天降我曰:'将使吾子孙立国于此,汝其避之东海之滨,有地号曰迦叶原,土壤膏腴,宜五谷,可都也。'"阿兰弗遂劝王移都于彼国,号东扶余。其旧都有人,不知所从来,自称天帝子解慕漱来都焉。及解夫娄薨,金蛙嗣立。于是时得女子于大白山南优渤水,问之,曰:"我是河伯之女,名柳花,与诸弟出游,时有一男子自言天帝子解慕漱,诱我于熊心山下鸭绿边室中私之,即往不返,父母责我无媒而从人,遂谪居优渤水。"金蛙异之,幽闭于室中。为日所炤,引身避之,日影又遂而炤之,因而有孕。生一卵,大如五升许,王弃之于犬豕,皆不食。又弃之路中,牛马避之。后弃之野,鸟覆翼之。王欲剖之,不能破。遂还其母。其母以物裹之,置于暖处,有一男儿破壳而出,骨表英奇。年甫七岁,嶷然异常,自作弓矢射之,百发百中。扶余俗语善射为朱蒙,故以名云。金蛙有七子,常与朱蒙游戏,其伎能皆不及朱蒙。其长子带素言于王曰:"朱蒙非人所生,其为人也勇,若不早图,恐有后患,请除之。"王不听,使之养马。朱蒙知其骏者而减食令瘦,驽者善养令肥。王以肥者自乘,瘦者给朱蒙。后猎于野,以朱蒙善射,与其矢小,而朱蒙殪兽甚多。王子及诸臣又谋杀之,朱蒙母阴知之,告曰:"国人将害汝,以汝才略,何往而不可?与其迟留而受辱,不若远适以有为。"

75

朱蒙乃与乌伊摩离陕父等三人为友,行至淹㴲水(一名盖斯水,在今鸭绿东北),欲渡无梁,恐为追兵所迫,告水曰:"我是天帝子,河伯外孙,今日逃走,追者垂及,如何?"于是鱼鳖浮出成桥,朱蒙得渡,鱼鳖乃解,追骑不得渡。朱蒙行至毛屯谷(《魏书》云,至普述水),遇三人,其一人着麻衣,一人着衲衣,一人着水藻衣。朱蒙问曰:"子等何许人也?何姓何名乎?"麻衣者曰:"名再思。"衲衣者曰:"名武骨。"水藻衣者曰:"名默居。"而不言姓。朱蒙赐再思姓克氏,武骨仲室氏,默居少室氏。乃告于众曰:"我方承景命,欲启元基,而适遇此三贤,岂非天赐乎?"遂揆其能,各任以事,与之俱至卒本川(《魏书》云,至纥升骨城)。观其土壤肥美,山河险固,遂欲都焉,而未遑作宫室,但结庐于沸流水上居之。国号高句丽,因以高为氏(一云,朱蒙至卒本,扶余王无子,见朱蒙,知非常人,以其女妻之。王薨,朱蒙嗣位)。时朱蒙年二十二岁,是汉孝元帝建昭二年。

《朝鲜旧三国史东明王本纪》:[1]夫余王解夫娄老无子,祭山川求嗣。所御马至鲲渊,见大石流泪。王怪之,使人转其石,有小儿金色蛙形。王曰:"此天赐我令胤乎?"乃收养之,名曰金蛙,立为太子。其相阿兰弗曰:"日者天降我曰,将使吾子孙立国于此,汝其避之东海之滨,有地号迦叶原,土宜五谷,可都也。"阿兰弗劝王移都,号东夫余。于旧都解慕漱,为天帝子来都。汉神雀三年壬戌岁(四月甲寅),天帝遣太子降游扶余王古都,号解慕漱。从天而下,乘五龙车,从者百余人,皆骑白鹄,彩云浮于上,音乐动云中,止熊心山,经十余日始下。首戴乌羽之冠,腰带剑光之剑,朝则听事,暮即升天,世谓之天王郎。城北青河河伯(青河今鸭绿江也)有三女,长曰柳花,次曰萱花,季曰苇花,三女自青河出游熊心渊上,神姿艳丽,杂佩锵洋,与汉皋无异。王谓左右曰:"得而为妃可

---

〔1〕案:原书已佚,日人今西龙在《内藤虎次郎颂寿纪念史学论丛》中所作《朱蒙传说》,据高丽王氏朝李奎报《李相国文集》中之《东明王》篇注释辑录成篇,并以朝鲜《世宗实录·地理志》"平安道平壤"条所载者补订之。此处所引,即据今西龙氏辑文。

有后胤。"其女见王，即入水。左右曰："大王何不作宫殿，俟女入室，当户遮之？"王以为然。以马鞭画地，铜室俄成，壮丽于空中。王三席置樽酒，其女各座其席，相欢，饭酒大醉，云云。王俟三女大醉，急出遮。女等惊走，长女柳花为王所止。河伯又怒，遣使告曰："汝是何人，留我女乎？"王报云："我是天帝之子，今欲与河伯结婚。"河伯又使告曰："汝若天帝之子，于我有求婚者，当使媒，云云，今辄留我女，何其失礼？"王惭之。将往见河伯，不能入室。欲放其女，女既与王定情，不肯离去，乃劝王曰："如有龙车，可到河伯之国。"王指天而告，俄而五龙车从空而下。王与女乘车，风云忽起，至其宫。河伯备礼迎之，坐定，谓曰："婚姻之道，天下之通规，为何失礼辱我门宗？"河伯曰："王是天帝之子，有何神异？"王曰："唯在所试。"于是河伯于庭前水化为鲤，随浪而游，王化为獭而捕之。河伯又化为鹿而走，王化为豺逐之。河伯化为雉，王化为鹰击之。河伯以为诚是天帝之子，以礼成婚。恐王无将女之心，张乐置酒，劝王大醉（河伯之酒七日乃醉），与女入于小革舆中，载以龙车，欲令升天。其车未出水，王即酒醒。取女黄金钗，刺革舆，从孔独出升天。河伯大怒其女，曰："汝不从我训，终辱我门。"令右左绞挽女口，其唇吻长三尺，唯与奴婢二人贬于优渤水中。优渤，泽名，今在太伯山南。渔师强力扶邹告金蛙曰："近有盗梁中鱼而将去者，未知何兽也？"王乃使渔师以网引之，其网破裂。更造铁网引之，始得一女，坐石而出。其女唇长，不能言，令三截其唇，乃言。王知天帝子妃，以别宫置之。其女怀牖中日曜，因以有娠。神雀四年癸亥岁夏四月，生朱蒙。啼声甚伟，骨表英奇。初生，左腋生一卵，大如五升许。王怪之，曰："人生鸟卵，可为不祥。"使人置之马牧，群马不践。弃于深山，百兽皆护，云阴之日，卵上恒有日光。王取卵送母养之，卵终乃开，得一男。生未经月，言语并实。谓母曰："群蝇嚌目，不能睡，母为我作弓矢。"其母以荜作弓矢与之，自射纺车上蝇，发矢即中。扶余谓善射曰朱蒙。年至长大，才能兼备。金蛙有子七人，常共朱蒙游猎。王子及从者四十余人，唯获一鹿，朱蒙射鹿至多。王子妒之，乃执朱蒙缚树，夺鹿而去，朱蒙树拔而去。太子带素言于王曰："朱蒙神勇之士，瞻视非常，若不早图，必有后患。"王使朱蒙牧马，欲试其意。朱蒙内怀恨，谓母曰："我是天帝之孙，为人牧马，生不如死，欲往南土造国家，母在，不敢自专，云云。"其母曰："此吾之所以日夜腐心也。""吾闻士之涉长途者，顺凭骏足，吾能择马矣。"遂往牧马，即以长鞭乱捶，群马皆惊走，一骅马跳过二丈之栏。朱蒙知马骏逸，潜以针捶马舌，痛不食水草，其马瘦悴。王巡行马牧，见群马悉肥，大喜，仍以瘦锡朱蒙。朱蒙得之，拔其针加倭云。暗结乌伊摩离陕父等三人，南行至淹滤，一名盖斯水，在今鸭绿东北，欲渡无舟。恐追兵奄及，乃以策指天，慨然叹曰："我天帝之孙，河伯之甥，今避难至此，皇天后土怜我孤子，速致舟桥。"言讫，以弓打水，龟鳖浮出成桥，朱蒙乃得渡。良久，追兵至。追兵至河，鱼鳖桥即灭，已上桥者皆没死。朱蒙临别，不忍暌违。其母曰："汝勿以一母为念。"乃裹五谷种以送之。朱蒙自切生别之心，忘其麦子。朱蒙息大树之下，有双鸠来集。朱蒙曰："应是神母使送麦子。"乃引弓射之，一矢俱举，开喉得麦子。以水喷鸠，更苏而飞去，云云。王行至卒本川，庐于沸流水上，国号为高句丽。王自坐茀绝之上，略定君臣神。（中略）在位十九年，秋九月，王升天不下，时年四十。太子以所遗玉鞭葬于龙山，云云。（下略）

《清太祖武皇帝实录》[1]：长白山高约二百里，周围约千里。此山之上有一潭名他门（沈阳本作闷门），周约八十里。鸭绿混同爱滹三江，俱从此山流出。鸭绿江自山南泻出向西流，直入辽东之南海。混同江自山北泻出向北流，直入北海。爱滹江向东流，直入东海。此三江中每出珠宝。长白山山高地寒，风劲不休，夏日环山

---

[1] 故宫博物院藏本。按《清太祖实录》今已发现者有三本，一名《太祖武皇帝实录》，藏北平故宫博物院，是最初本。一名《太祖高皇帝实录》，是一稿本，涂改数遍，藏"中央研究院"历史语言研究所。一亦名《太祖高皇帝实录》，藏北平故宫博物院，已由该院印出，此为最后之本。又有《满洲实录》，藏沈阳故宫博物院，已由该院影印，文饰较少，当在故宫第一本及"中央研究院"稿本之间。今录故宫第一本，而注明沈阳本之异文。

之兽俱投憩此山中。（沈阳本此下有云，此山尽是浮石，乃东北一名山也。又以下提行。满洲源流，满洲原起于长白。）山之东北布库里山下一泊，名布尔（沈阳本作勒）瑚里。初，天降三仙女浴于泊，长名恩古伦，次名正古伦，三名佛库伦，浴毕上岸，有神鹊衔一朱果置佛库伦衣上，色甚鲜妍。佛古（沈阳本作库）伦爱之不忍释手，遂衔口中。甫着衣其果入腹中，即感而成孕。告二姊曰："吾觉腹重不能同升，奈何？"二姊曰："吾等曾服丹药，谅无死理，此乃天意，俟尔身轻上升未晚。"遂别去。佛库伦后生一男，生而能言，倏尔长成。母告子曰："天生汝，实令汝为夷国主（沈阳本作以定乱国），可往彼处将所生缘由一一详说。"乃与一舟，"顺水去，即其地也。"言讫，忽不见。其子乘舟顺流而下，至于人居之处，登岸，折柳条为坐具，似椅形，独踞其上。彼时长白山东南鳌莫惠（地名）、鳌多理（城名。此两名沈阳本作鄂谟辉、鄂多理），内有三姓夷酋争长（沈阳本作争为雄长），终日互相杀伤。适一人来取水，见其子举止奇异，相貌非常，回至争斗之处，告众曰："汝等无争，我于取水处遇一奇男子，非凡人也。想天不虚生此人，盍往观之。"三酋长（沈阳本作三姓人）闻言罢战，同众往观。及见，果非常人，异而诘之。答曰："我乃天女佛库伦所生，姓爱新（华语[沈阳本作汉言]金也。）觉罗（姓也），名布库理雍顺，天降我定汝等之乱。"因将母所嘱之言，详告之。众皆惊异曰，"此人不可使之徒行"。遂相插手为舆，拥捧（沈阳本作护）而回。三姓人息争，共奉布库里英雄（沈阳本作哩雍顺）为王，以百里女妻之。其国定号满洲，乃其始祖也（南朝误名建州）。

如上所引，可知此一传说在东北各部族中之普遍与绵长。此即东北人之"人降"神话，在东北人以外，古淮夷亦有此神话：

> 《史记·秦本纪》：秦之先，颛顼之苗裔，孙曰女修。女修织，玄鸟陨卵，女修吞之，生子大业。大业取少典之子，曰女华，生大费，与禹平水土。

按此虽记秦之祖，然实叙夷淮之祖，因秦本嬴姓，嬴姓在商代，凭殷人西向之势，自岱南出建部落于西北，事见《秦本纪》。淮夷本是东海上部类，《诗·鲁颂》"至于海邦，淮夷来同"是其证。然则淮夷与东北沿海诸族同其人降之神话，本不足怪。且此处之神话，明明归本于颛顼氏，颛顼正是东北方部落之宗神。《晋书》卷180慕容"廆以大棘城即帝颛顼之墟也"，可以为证。据此考量，淮夷有此神话，正自东北来，即当入之东北一类中也。

然而此一神话殊不以东北为限，殷商亦然。《诗》所谓"天命玄鸟，降而生商"，所谓"有娀方将，帝立子生商"者，据郑笺云："天使鳦下而生商者，谓鳦遗卵，有娀氏之女简狄吞之而生契。"是谓玄鸟之卵，入有娀氏女之腹，遂生商祖。然则《商颂》中此一神话，与上文所举后来东北各部族中之神话，明明白白是一件事，至少是一个来源。持此以证商代来自东北，固为不足，持此以证商代之来源与东北有密切关系，至少亦是文化的深切接触与混合，乃是颇充足，很显然的。[1]

乙.《诗·商颂》："宅殷土芒芒。"我们要看商所宅之殷土在何处。自武乙以来所都之处，《史记》称之曰殷墟，殷墟正在洹水南岸，今河南安阳境。不过这是后来的话，不足证殷商之本在河北。当更由他法寻求称殷商部族之本土。《吕氏春秋·慎大览》："亲郼如夏。"高诱曰："郼读如衣，今兖州人谓殷氏皆曰衣。"毕沅证之曰："《书·武成》：殪戎殷，《中庸》作壹戎衣，二字声本相近。"然则殷即郼，郼韦卫三字当为一字之异体。今能寻卫韦之所在，则殷土之原来地望可知。卫者，康侯封所受之国名，康侯之国名卫，并非康侯自他处带去（若燕之本不在蓟，鲁之本不在曲阜），而为其地之旧名者，可以下列考量证之。康叔本封于康，故建侯于卫时犹曰康叔，其子犹曰康伯，从此可知卫为眛邦（即《诗》之沬乡牧野）之本名，当今彰德卫辉大名一带之地。韦者，一曰豕韦，《左传》哀二十四杜注曰："东郡白马县东南有韦城。"晋白马县当今滑县东境一带，其四围正在古所谓河济之间。《吕氏春秋·有始览》又

[1]此节含义已见拙著《东北史纲》初稿第一卷第14-24页。彼处于本文所引资料外，更及"妣乙"一词。今承董作宾先生告我："王国维所释'妣乙'二文实是'河'字，其'𡶻'一字，则为'岳'字。"按董说甚确，故删是段。

云："河济之间为兖州，卫也。"此尤明示卫之地望，更由此可知称殷之原来所在。其实殷兖（古作沇）二字，或者也不免是一词之变化，音韵上非不可能。此说如不错，则殷，衣，韦，郼，卫，沇，兖，尽由一源，只缘古今异时，成殊名耳。商之先世，于建业蒙亳之先（说详下）宅此殷土，则成汤以前先公发祥自北而南之踪迹，可以推知矣。

丙.《诗·商颂》："相土烈烈，海外有截。"试为"景员维河"之国家设想，最近之海为渤海，最近可能之海外为辽东半岛或朝鲜西北境。相土为商代甚早之先王，在契之后，汤之前，并在王恒、王亥之前。以如此早之一代，竟能戡定海外，则其根据地必去渤海不远。纣殁后，殷人以亡国之余，犹得凭箕子以保朝鲜，朝鲜如不早在其统治之内，甚难以亡国余烬，远建海邦。然则箕子之东，只是退保辽水之外，"从先王居"而已，犹之金亡后犹在混同江边保其女真族，元亡后犹在漠南北保其蒙古族。[1]

据以上三事，则最早最可信之史料——《商颂》——已明明告我们，殷代之祖先起自东北方矣！然证据尚不只此。

丁. 王恒亦是殷先王世系中甚早者，他与有易有一段相杀的故事（王国维考之甚确）。按，都邑之名每以迁徙而移，水名则不移。有易之地望可以易水所在推知其概。王恒、王亥、上甲微三世既皆与有易发生关系，而王恒且为有易掳去做牧夫，则此时殷先公之国境，必与有易毗连可知，即必在今河北省境北部或中部可知。查王国维所证与此事有涉之《天问》十二韵云：

> 该（亥）秉季德，厥父是臧，胡终弊于有扈（易之误，据王考），牧夫牛羊？干协时舞，何以怀之？平胁曼肤，何以肥之？有扈（易）牧竖，云何而逢？击床先出，其命何从？恒秉季德，焉得夫朴牛？何徒营班禄，不但（疑旦之误）还来？昏微遵迹，有狄（易之借

---

〔1〕《左昭》卷9："肃慎燕亳，吾北土也。"此当为亳之本土，说详下。又，朝鲜一词不见六经，按之司马相如《上林赋》，"齐……斜与肃慎为界"，西汉齐国之斜界正为朝鲜，或者战国以来所谓朝鲜，即古之肃慎耶？说别详。

字，据王考）不宁，何繁鸟萃棘（疑林之误），负子肆情？眩（亥）[1]弟并淫，危害厥兄，何变化以作诈，后嗣而逢长？

今更据文义推测此一故事之大略面目。一个故事，每因同源异流之故，化为几个不同的面目。现在看看《天问》中这个故事的面目，果与其他记同一故事者合否。照这十几韵中的含义，大约殷王季是这个故事中一个重要的人物，大约服牛之功是当归之于季的，所以谈到他的儿子们，一则曰："该秉季德"，再则曰："恒秉季德。"此点正与《国语》祭统合，二者皆以为冥（据王考，即季）有大功。然则王氏以为"《山海经》、《天问》、《吕览》、《世本》皆以王亥为始作服牛之人"，在《天问》或不如此。《天问》既曰该恒秉季德，是此一重要制作在王亥不过承袭父业，或者《天问》作者心中是以王季担此制作之任者。王季有几个儿子，其中亥、恒皆能秉父德，不幸亥之诸弟（恒当除外）实行"共妻主义"，偏这群人自己没遭祸事，祸事到老兄头上，所谓"危害厥兄"也。此与郭璞《大荒东经》注引《竹书》所云："殷王子亥，宾于有易而淫焉，有易之君绵臣杀而放之。"当系一件故事之不同说法，《竹书》归罪于亥，《天问》归罪于其弟耳。所谓"昏微遵迹，有狄不宁"者，盖上甲微在国败君亡之后，能振作旧业，压迫有狄，有狄为之不宁，此与《鲁语》祭统所谓"上甲微能帅契"者相合。不过，据《天问》之发问者，微不是王亥之子，而是亥之弟之子，故有天道难知之感，以并淫作诈害及子兄之人，其后嗣乃能长盛，为不平也。如上所析解此一故事，诸书用之者大同小异，盖此故事至晚周已有不同之面目。然其中有一点绝无异者，即汤之先世在此期中历与有易斗争，卒能胜有易，故后世乃大。夫易水所在，古今未改，有易所在，即可推知。以数世与有易斗争之国，必为有易之邻国可知，必在今河北省中部或南部亦可知矣。

戊.《山海经》中所说之地望，初看似错乱，如匈奴见于南方，流沙

---

[1] 此处眩字疑亦亥之误字。盖上文正说王亥、王恒、上甲微，下文又说汤之创业，不应中间忽插入舜象故事，如王逸所解者。即使信《国语》："商人禘舜"之舜字不误，亦应列于"简狄在台誉何喜"之前。《天问》骤看似语无伦次者，然若以"故事系统"论其次序，以韵读定其错简或不错，当知实非漫无连贯者。故舜事无论如何解不当入之此处也。又眩、胲二字在篆文虽不可乱，在隶书则甚易讹也。

见于东方之类。但全部排比一下,颇有一个线索可寻,而《大荒经》中之东西南北,尤不紊乱。今将《大荒东经》中所载一切帝王之迹抄之如下。

东海之外,大壑,少昊之国,少昊孺帝颛顼于此。

大荒之中,有山名曰合虚,日月所出。有中容之国:帝俊生中容。

有司幽之国:帝俊生晏龙,晏龙生司幽。

有白民之国:帝俊生帝鸿,帝鸿生白民。

有黑齿之国:帝俊生黑齿,姜姓。

东海之渚中有神,人面鸟身,珥两黄蛇,践两黄蛇,名曰禺䝞。(《北经》作禺号。)黄帝生禺䝞,禺䝞生禺京。禺京处北海,禺䝞处东海,是唯海神。

有困民国,勾姓,而食(郝懿行云,勾姓下而食上当有阙脱),有人曰王亥。两手操鸟,方食其头。王亥托于有易,河伯仆牛。有易杀王亥,取仆牛。河念有易,有易潜出,为国于兽方食之,名曰摇民。帝舜生戏,戏生摇民。

有五采之鸟相乡弃沙,惟帝俊下友。

东荒之中有山,名曰壑明俊疾,日月所出,有中容之国。

东海中有流波山,……其上有兽。……其名曰夔,黄帝得之,以其皮为鼓。

据此我们可说帝俊竟是《大荒东经》中唯一之帝。此外少昊一见,谓其孺颛顼于此;黄帝二见,一谓其为处于东海之禺䝞之祖,一谓其得夔;舜一见,谓其为摇民之祖:皆不多见。至于中容王亥,一为俊之子,一则殷先王,正在一系中。又帝俊之见于他卷者,仅《大荒南经》:"帝俊妻娥皇,生此三身之国""帝俊生季厘""羲和者,帝俊之妻";《大荒西经》:"帝俊妻常羲",《大荒北经》:"东北海之外,大荒之中,河水之间,附禺之山,……帝颛顼有九嫔葬焉。……丘方员三百里,丘南帝俊竹林在焉,大可为舟,……丘西有沉渊,颛顼所浴。"及《海内经》末段之综记帝族统系。除《海内经》末段另文详论外,所有《大荒经》南西北三方中之帝俊,多是娥皇一故事之分化。至《大荒北经》所记帝俊竹林,虽列入《北经》,按其所述之地望,实在东北。由此统计以看帝俊之迹及其宗族,独占东北方最重要之位置。帝俊既见于殷墟文字,称曰高祖,而帝俊之地望如此,则殷代龙兴之所在可知。

综上列五事以看,直接史料与间接史料相互参会,均指示我们商起于东北,此一说谓之为已经证成可也。

6.1.2 亳

然而竟有人把商代也算到西方去,其故大概由于亳之地望未看清楚,太史公又曾糊里糊涂说了一句。他说:"或曰:'东方物所始生,西方物之成熟。'夫作事者必于东南,收功实者常于西北。故禹兴于西羌;汤起于亳;周之王也,以丰镐伐殷;秦之帝用雍州兴;汉之兴自蜀汉。"这话里边,只汤起于亳一说为无着落,而徐广偏"希意承旨",以说"京兆杜县有亳亭",于是三亳阪尹之外,复有此西亳,而商起东北之事实,竟有太史公之权威作他的反证![1] 查亳之所在,皇甫谧已辨之,宋人亦有论及。在近代,有孙星衍(见外集《汤都考》)、胡天游(见《石笥山房集》)、郝懿行(见《山海经笺疏》)、金鹗(见《求古录礼说》)、毕亨(见《九水山房文存》)、王国维(见《观堂集林》)皆主偃师之西亳为后起之亳,汤之始都应在东方。汤自东徂西之事,在今日已可为定论。诸家所说,今不具引,仅于所论之外,补申两事:

甲.亳实一迁徙之名。地名之以居者而迁徙,周代犹然。宗周成周虽于周上冠字,其号周则一。鲁本不在今山东南境,燕本不在今河北北境,皆因徙封而迁(说见拙著《大东小东说》)。韩本在渭水流域,而《诗·韩奕》,"燕师所完","以为北伯"之韩,必在今河北省境。魏本

---

〔1〕按,京兆有亳亭一说,《史记》曾言及。《封禅书》记秦地诸祠祀有云:"于社亳有三社主之祠。"《秦本纪》云:"宁公二年,遣兵伐荡社。三年,与亳战,亳王奔戎,遂灭荡社。"《索隐》曰:"西戎之君,号曰亳王。盖成汤之胤。"《集解》引皇甫谧曰:"亳王号汤,西夷之国,……非殷也。"据此,知周桓王时之亳王,乃西戎君长,不关殷商。其居京兆杜县,当由犬戎之乱,入据畿甸。西周盛时,断不容卧榻之旁,由人酣睡。意者殷克鬼方后,子姓有统率戎人部落者,逮殷之灭,遂袭亳王之号,及周之乱,遂徙杜县。无论此说当否,此乃后代事,不能据之以证商代之渊源。商人何来,固当以早年地理证之,亳人发迹之所在求之,若求之于八九百年后之地名,恐无当矣。

在河东,而迁大梁后犹号魏。汉虽仍封梁王于此,而曹魏初建国,仍在此地。后世尚如此,早年"无定居"时迁徙较易,则洛邑号周,韦墟号商,亦甚自然。鲁有亳社之遗,可知亳者乃商人最初之国号,国王易其居,而亳易其地,原来不是亳有好些个,乃是亳王好搬动,或者有亳社之地皆可称亳。王国维君证汤之亳为汉之山阳郡薄县(今山东曹县境),以《左传》哀十四年,"宋景公曰,薄宗邑也"为证,其说至确,然不可谓汤之所居但以此为限。偃师之亳虽无确证,然汤实灭夏,夏之区宇布于今山西河南省中,兼及陕西,而其本土在河东(详下)。《史记》:"汤遂率兵以伐夏桀,桀走鸣条。"《集解》引孔安国曰:"地在安邑之西。"按之《吕览》等书记吴起对魏武侯云:"夏桀之国左河济,右太行,伊阙在其南,羊肠在其北。"则鸣条在河东或不误。然则汤对夏用兵以偃师一带地为根据,亦非不可能者。且齐侯镈钟云:"虩虩成唐(汤),又敳(严)十(在)帝所。尃受天命,刻(克)伐颉(履)同,敳(败)乃灵师。伊少(小)臣佳桷(辅)。咸有九州,处禹之堵(都)。"(从孙仲容释)则成汤实灭夏桀而居其土。此器虽是春秋中世之器,然此传说必古而有据。又南亳虽若偏于南隅,然相传成汤放桀于南巢,南巢竟远在庐州境,则南亳未必非汤所曾至。大凡此等传说,无以证明其然,亦无以证明其不然。如以亳为城郭宫室俱备之都邑,则汤之亳自当只有一个。如以其为兵站而有社以祷之所,则正应不只一地。且汤时兵力已甚盛,千里之间,南征北战,当是史实。不过汤之中央都邑,固当以近于商宋者为差是耳。

　　此外济河流域中以薄或博名者,尚有数处,其来源虽有不可知者,然以声类考之,皆可为亳之音转。

　　蒲姑,《左传》昭九年:"及武王克商,……蒲姑商奄,吾东土也,……肃慎燕亳,吾北土也。"《齐世家》作蒲姑。《诗》毛传同。杜云:"乐安博昌县北有薄姑城。"按,《汉志》千乘郡已有博昌县,当今山东博兴县。

　　肃慎燕亳之亳。此亳所在杜无说,孔谓小国不知所在。然既与肃慎燕并举,当邻于肃慎及燕。据司马相如《子虚赋》,齐"斜与肃慎为界"，是古肃慎当即汉之朝鲜，与后世之挹娄无涉。或者此一在东北之亳即亳之初地，亦未可知。

齐博邑。在泰山下，见《齐策》。

汉东郡博平县。在济水之北，今山东博平县境。《田齐世家》之博陵，《苏秦张仪传》之博关，当即此博。

杨守敬曰："余以为秦县之名率本于前，其有地见春秋战国而汉又有其县者，诸家虽不言秦县，安知其非秦置？……使读者知秦之立县皆有所因，而《汉志》之不详说者，可消息得之矣。"（见《嬴秦郡县图序》）此说甚通。博，博平二名虽见于后，渊源当有自耳。

又按，"亳""薄"二字，同在唐韵入声十九铎，傍各切。"博"亦在十九铎，补各切。补为帮母之切字，傍为并母之切字，是"亳"、"薄"二字对"博"之异仅在清浊。蒲姑之"蒲"在平声，然其声类与"亳"、"薄"同，而蒲姑又在《诗》毛传、《左传》杜注中作薄姑，则"蒲"当与"薄"通。又十八铎之字在古有收喉之入声（-k），其韵质当为 ak，而唇声字又皆有变成合口呼之可能，是则"蒲姑"两字正当"亳"之一音。亳字见于殷墟文字，当是本字，[1]博、薄、薄姑等，为其音转，以声类韵部求之，乃极接近。此虽未能证明之假设，却颇值得留意。

乙. 蒲姑、博、薄、亳等地之分配，实沿济水两岸而逆流上行。试将此数地求之于地图上，则见其皆在济水故道之两岸。薄姑至于蒙亳皆如此。到西亳、南亳方离开济水之两岸，但去济水流域仍不远。大凡一切荒古时代的都邑，不论在哪一洲，多是在河岸上的。一因取水的供给，二因交通的便利。济水必是商代一个最重要的交通河流。殷墟发现的品物中，海产品甚多，贝类不待说，竟有不少的鲸骨。而卜辞所记，王常自渔，《左传》所谓渔"非君所及"者，乃全不适用于商王，使人发生其同于辽代君主在混同江上钓鱼之感。又"济"、"齐"本是一字，如用以标水名，不着水旁亦可。洰水之"洰"有时作"亘"，可以为证。卜辞

---

〔1〕《殷墟文字类编》卷 5 第 15 页。

中有"齐俫",而"齐俫"又近于夷方,此必指济水上地名而言。[1] 商之先世或者竟逆济水而向上拓地,至于孟诸,遂有商丘,亦未可定。薄姑旧址去海滨不远。此一带海滨,近年因黄河之排沙,增加土地甚速。古时济漯诸水虽不能如黄河,亦当有同样而较弱之作用。然则薄姑地望正合于当年济水之入海口,是当时之河海大港无疑。至于"肃慎燕亳"之亳,既与肃慎燕并举,或即为其比邻。若然,则此之一亳正当今河北省之渤海岸,去薄姑亦在数百里以至千里之内。今假定商之先世起源于此之一亳,然后入济水流域,逆济水西上,沿途所迁,凡建社之处皆以旧名名之,直到陕西省境,于是有如许多之亳。此设想虽不能直接证明,然如上文所排列之事实,唯似唯有此解能适合之。

6.1.3 商代拓土之三期

商代享国六百年之说,今无从确证。《史记》所载之世系,按之卜辞,大体不差。虽帝王之历世甚多,然其间不少兄弟,或者《史记集解》引《汲冢纪年》"汤灭夏,以至于受,二十九王,用岁四百九十六年"之一说,较为可信。在此 500 年中,大约有两个时期拓土最力,一是成汤时,一是武丁时,合之汤前之相土,共 3 个时期。此情形《商颂》中说得很明白。于相土曰:"相土烈烈,海外有截。"于汤曰:"武王载斾,……九有有截。韦顾既伐,昆吾夏桀。"于武丁曰:"在武丁孙子。武丁孙子,武王靡不胜。龙旂十乘,大糦是承。邦畿千里,维民所止,肇域彼四海。四海来假。"照这样看,并参以他书所记载,这 3 个时期拓土的范围,当如下文所列。

(1)相土的东都,既在太山下,则其西部或及于济水之西岸。又曾戡定海外,当是以渤海为宇的。

(2)汤时建国在蒙亳,其广野即是所谓空桑,其大渚即是孟诸(即孟渚),盖已取东夷之国,少昊之故域,而为邦畿,而且北向对韦,西向对夏,南向对淮水流域,均拓土不少。

---

[1]《殷墟书契前编》卷 2 第 15 页,"癸巳,卜贞王旬亡𡆥,在二月,在齐俫,隹王来正[征]〔夷〕方。"董彦堂先生示我此条。

（3）盘庚，涉河迁殷后，其西北向之势力更发达。重以"中宗祖乙"，[1]"治民祗惧，不敢荒宁，……享国七十有五年。""高宗（武丁）时旧劳于外，爰暨小人。……不敢荒宁，……嘉靖殷邦，……享国五十有九年。""祖甲……旧为小人，作其即位，爰知小人之依，能惠保于庶民，享国三十有三年。"（均见《书·无逸》）故其势力能越太行，过伊洛，而至渭水。彼时南方之疆域今虽不可考，然既至南巢，已越淮水矣。又周称周侯，崇侯之国在丰，此虽藩国不同邦畿，然亦可见其声威所至。且"高宗伐鬼方，三年克之"一传说（见《易·下经》），证以《诗经》，尤可信。《大雅·荡》云："文王曰咨，咨女殷商。如蜩如螗，如沸如羹，小大近丧。人尚由乎行。内奰于中国，覃及鬼方。"此虽记殷之衰乱，然衰乱时尚能波及于鬼方，强武时鬼方必为其臣属可知。关于鬼方之记载，初不见于发现之卜辞，今春"中央研究院"始发现一骨，其辞曰："己酉，卜贞鬼方，囨。"这样记载的稀少，似是鬼方既为殷人平定或威服之证。及纣之将亡，周人尚称之曰："殷商之旅，其会如林。"而周人之覊服东方，历文武周公成王三世而"康克安之"。然则商人所建之帝国，盛时武力甚大，败后死而难僵。此一东起海东，西至岐阳之大帝国，在当时的文化程度中能建设起来，不能不算是一件绝伟大的事。想必凭特殊的武器及坚固的社会组织，方能做到。

6.2　夏迹

商代发迹自东徂西的踪迹已在上一节大致条别清楚，向上推一步便是夏代，我们且看夏代的踪迹分布在何一方。

禹的踪迹的传说是无所不在的，北匈奴南百越都说是禹后，而龙门会稽禹之迹尤著名，即在古代僻居汶山（岷山）一带不通中国的蜀人，也一般的有治水传说。[2] 虽东方系之商人，也说"浚哲维商，长发其祥，洪水芒芒，禹敷下土方"，明明以禹为古之明神。不过春秋以前

---

〔1〕参看初版《观堂集林》卷9第20页。
〔2〕见扬雄《蜀王本纪》，臧氏辑本。

书中，禹但称禹，不称夏禹，犹之稷但称稷，不称夏稷或周稷，自启以后方称夏后。启之一字盖有始祖之意，汉避景帝讳改为开，足征启字之诂。其母系出于涂山氏，显见其以上所蒙之禹若虚悬者。盖禹是一神道，即中国之 Osiris。禹鲧之说，本中国之创世传说（Genesis）。虽夏后氏祀之为宗神，然其与夏后有如何之血统关系，颇不易断。若匈奴号为夏后之裔，于越号称少康之后，当皆是奉禹为神，于是演以为祖者。如耶稣教之耶和华上帝，本是犹太一族之宗神，故《创世纪》言其世系，而耶稣教推广到他民族时，奉其教之民族，亦群认耶和华为人祖，亚当为始宗矣。然则我们现在排比夏迹，对于关涉禹者应一律除去，以后启以下为限，以免误以宗教之范围，作为国族之分布。

所谓夏后氏者，其名称甚怪，氏是族类，后为王号，何以于殷曰殷人，于周曰周人，独于夏曰夏后？意者诸夏之部落本甚多，而有一族为诸夏之盟长，此族遂号夏后氏。今将历代夏后之踪迹辑次如下。

6.2.1　见于《左传》者

帝丘　僖三十一，"卫迁于帝丘。……卫成公梦康叔曰：'相夺予享。'公命祀相。宁武子不可，曰：'鬼神非其族类，不歆其祀。杞鄫何事？相之不享，于此久矣，非卫之罪也！'"杜云："帝丘，今东郡濮阳县。"

殽　僖三十二，"殽有二陵焉：其南陵，夏后皋之墓也，其北陵，文王之所以避风雨也。"杜云："殽在弘农渑池县西。"

穷石　此为夏之敌国，事见襄四年，本文及讨论均见下节。空桑又曰穷桑，见昭二十九年。穷石当即空桑之音转。至斟灌过戈鬲诸地所在，则杜云："有鬲国名，今平原鬲县。""乐安寿光县东南有灌亭，北海平寿县东南有斟亭。""东莱掖县北有过乡，戈在宋郑之间。"

有莘　僖二十八，记晋文城濮之战，有云："晋侯登有莘之虚，以观师，曰：'少长有礼，其可用也。'遂伐其木，以益其兵。已巳，晋师陈于莘北。"据此，有莘必去城濮甚近。有莘相传为夏诸侯，伊尹其一代之小臣也。

斟灌　斟寻　襄四，杜云："乐安寿光县东南有灌亭，北海平寿县东南有斟亭。"按，《水经注·巨洋水》篇引薛瓒《汉书·集注》云："汲郡古文，相居斟灌，东郡观是也。"[段玉裁云(《经韵楼集》5)今本《水经注》观讹为灌，而戴校未正。]据此，斟灌仍在东郡，去帝丘不远。杜释此之误显然。此地既误释，其释斟寻之误亦可推知矣。

东夏　襄二十二，"晋人征朝于郑，郑人使少正公孙侨对曰：'……间二年，闻君将靖东夏。'四月，又朝以听事期。"杜云："谓二十年澶渊盟，先澶渊二月往朝，以听事期。"

按以二十年经传所载事，杜说不误。至澶渊所在，杜云："在顿丘县南，今名繁汙，此卫地，又近戚田。"按，卫为东夏，则夏之本土当在东夏卫地之西，但持此一条以证夏境不在东土，已充足矣。

又昭元年，"子相晋国，以为盟主，于今七年矣。再合诸侯，三合大夫，服齐狄，宁东夏，平秦乱，城淳于。"杜于"宁东夏"下注云："襄二十八年，齐侯白狄朝晋。"

又昭十五，"文公受之，以有南阳之田，抚征东夏。"按，晋文东征者为曹卫，此又以曹卫为东夏。

华夏　襄二十六，"子仪之乱，析公奔晋。晋人寘诸戎车之殿，以为谋主。……晋人从之，楚师宵溃，晋遂侵蔡，袭沈，获其君，败申息之师于桑隧，获申丽而还。郑于是不敢南面。楚失华夏，则析公之为也。"此指蔡沈及邻于楚北境诸国为华夏。

观扈　昭元，"夏有观扈。"杜云："观国在今顿丘县，扈在始平鄠县。"此皆夏之敌国，当即夏之边境。

大夏　昭元，"子产曰：'昔高辛氏有二子，伯曰阏伯，季曰实沈，居于旷林，不相能也。日寻干戈，以相征讨。后帝不臧，迁阏伯于商丘，商人是因，故辰为商星。迁实沈于大夏，主参，唐人是因，以服事夏商。……及成王灭唐，而封太叔焉，故参为晋星。"杜曰："大夏，晋阳也。"按，大夏与夏墟究竟在晋阳抑在翼，在地理书有异说(如《括地志》)。近代学人有异论(如顾亭林，全谢山)，二地相去亦数百里。然皆在汾水之旁，不关山东也。

钧台　昭四，"夏启有钧台之享。"杜云："河南阳翟县南有钧

90

台陂。"

仍缗 昭四,"夏桀为仍之会,有缗叛之。"杜于此不能指其所在,但云:"仍缗皆国名",哀元年注亦然。《史记正义》引《帝王世纪》云:"羿之杀帝相也,妃有仍氏女曰后缗,归有仍,生少康。"(此本哀元年传)《正义》于他地名几皆有说,于此亦无说。

夏墟 定四,"分唐叔以大路密须之鼓,阙巩沽洗,怀姓九宗,职官五品,命以唐诰,而封于夏墟。启以夏政,疆以戎索。"此更直示吾人,晋为夏之本土。

涂山 哀七,"禹合诸侯于涂山,执玉帛者万国。"杜云:"涂山在寿春东北。"按昭四有"三涂"之名,杜云:"在河南陆浑县南。"涂山或即三涂之一。

6.2.2 见于《国语》者

伊洛 《周语》上,"幽王二年,西周三川皆震。伯阳父曰:……'昔伊洛竭而夏亡,河竭而商亡,今周德若二代之季矣。'"按伊洛于夏,犹西周三川之于周,河之于殷,据此可知夏之地望以伊洛为本土矣。

崇山 **聆隧** 《周语》上,"昔夏之兴也,融降于崇山。其亡也,回禄位于聆隧。"韦云:"崇,崇高也。夏居阳城,崇高所近。"又云:"聆隧,地名也。"按韦以崇为嵩高。

有崇 《周语》下,"其在有虞,有崇伯鲧,播其淫心,称遂共工之过,尧用殛之于羽山。其后伯禹念前之非……"据上所引韦解,崇即嵩高。然《诗·文王》篇云"既伐于崇,作邑于丰",是崇国境当殷末在渭南,渭南之山境亦东与崇高接。又《左传》宣元,"晋欲求成于秦,赵穿曰:'我侵崇,秦急崇,必救之(杜云:崇,秦之与国),吾以求成焉。'冬赵穿侵崇,秦弗与成。"然则春秋时晋秦界上犹有以崇为号之国,此亦可知崇在西土。

杞鄫 同节,"有夏虽衰,杞鄫犹在。"按,杞在春秋时由今杞县境东迁,鄫则杜云:"在琅邪鄫县。"(僖十四)然《国语》记西周亡时事云:"申缯西戎方强,王室方骚。……王欲杀太子以成伯服,必求之申。申人弗畀,必伐之。若伐申而缯与西戎会以伐周,周不守矣。"果鄫本在琅琊,势难与申西戎会伐周。然则郿在琅琊,亦是后来东迁所至。

戎夏　《晋语》一,"献公卜伐骊戎,史苏占之。……对曰:'……戎夏交捽。……若晋以男戎胜戎,而戎亦必以女戎胜晋。……诸夏从戎,非败而何?'"此以晋为夏,与《左传》定四封唐叔于夏墟事合。

昆吾　《郑语》,"昆吾为夏伯矣。"准以《诗·商颂》"韦顾既伐,昆吾夏桀"之说,昆吾当非诸夏之一,而别为一族,然与夏族当有若何关系。至昆吾所在,则《左传》昭十二楚子云:"昔我祖伯父昆吾旧许是宅,今郑人贪赖其田而不我与。"可知昆吾在许,即今许昌一带。

东夏　《楚语》上,"析公奔晋,晋人用之,实谮败楚,使不规东夏。"韦云:"东夏,沈蔡也。"按此即《左》襄二十六事,彼处称华夏,此处称东夏。

诸夏　《吴语》,"昔楚灵王不君,……不修方城之内,逾诸夏而图东国。"韦云:"诸夏,陈蔡。东国,徐夷吴越。"此更明明证夏之不在东土。

6.2.3　见于《诗》者

雅　雅之解说不一,《诗序》云:"雅者正也,言王政之所由废兴也。"此真敷衍语。《小雅·鼓钟》篇云"以雅以南",南是地域名(详见《诗经讲义》),则雅之一辞当亦有地名性。《读书杂志·荀子荣辱》篇"君子安雅"条云:"雅读为夏,夏谓中国也,故与楚越对文。《儒效》篇:居楚而楚,居越而越,居夏而夏,是其证。古者夏雅二字互通,故《左传》齐大夫子雅,韩子《外储说右》篇作子夏,杨注云,正而有美德谓之雅,则与上下二句不对矣。"(阮元亦以雅言之雅为夏。)此真确解,可破历来一切传说者之无知妄解。由此看来,《诗经》中一切部类皆是地名,诸国风不待说,雅为夏,颂分周、鲁、商。然则国风之名,四始之论,皆后起之说耳。雅既为夏,而夏辞之大小雅所载,若一一统计其地望,则可见宗周成周文辞较多,而东土之文辞较少。周自以为承夏绪,而夏朝之地望如此,恰与《左传》、《国语》所记之夏地相合。[1]

6.2.4　见于《周诰》者

区夏　《康诰》:"惟乃丕显考文王,克明德慎罚,不敢侮鳏寡,庸庸,祗祗,威威,显民,用肇造我区夏,越我一二邦,以修我西土。"按,区字不见《说文》,薛综注《东京赋》云:"区,区域也。"然则区夏犹曰有(域)夏,犹曰夏域,即夏国也。文王造邦于西土,而云始造我夏国,则夏之在西土可知。

6.2.5　此外见于《史记》引《战国策》者一段[2]

河洛　太华　伊阙　羊肠　《吴起列传》:"起对曰……夏桀之居,左河济,右泰华,伊阙在其南,羊肠在其北。"按此语见今本《战国策》卷22。然彼处作"左天门之阴,而右天谿之阳",虽亦谓左带水而右倚山,未如《史记》言之质实,故录《史记》。金鹗(《求古录礼说》卷8)据此以证夏桀之都在雒阳。今按,桀都正当雒阳否,另是一问题,然桀之国环洛阳,则依此语当无可疑。

据以上各书所记夏地,可知夏之区域,包括今山西省南半,即汾水流域,今河南省之西部中部,即伊洛嵩高一带,东不过平汉线,西有陕西一部分,即渭水下流。东方界线,则其盛时曾有济水上流,至于商丘,此便是与夷人相争之线,说详下节。最西所至,我们现在不知究到何处,汉陇西郡有大夏县,命名不知何本,更不知与夏后之夏有否关系。最南所至,我们也不知,《汉书·地理志》谓汉水将入江时名夏水,今尚保存江夏诸名,或者诸夏不能如此南被。且《荀子·儒效》篇云"君子居楚而楚,居夏而夏",楚夏对称,自不能以楚为夏。楚国之最大版图中,尽可包含一部分诸夏,而诸夏未必能过荆襄而括江汉,或者此之名夏竟是同音异辞。陈范记关羽据荆州北伐曹操事云"威震华夏",是汉末犹以华夏为三辅三河汝颍等地之专名,未尝括九州而言。我们现在知诸夏西南北三方所至之大齐,而以东夏之称,夷夏之战(此事详下节)。

---

〔1〕此说详见我所作《诗经讲义》,未刊,其略见《新获卜辞写本后记跋》,载《安阳发掘报告》,第385页。

〔2〕按《史记》所引杂乱,故不遍举,此节甚关重要,不可遗之。

确知夏之东界,则以古代河济淮泗的中国全部论,夏实西方之帝国或联盟,曾一度或数度压迫东方而已。与商殷之为东方帝国,曾两度西向拓土,灭夏克鬼方者,正是恰恰相反,遥遥相对。知此形势,于中国古代史之了解,不无小补也。

6.3　夏夷交胜

　　严格意义的诸夏所据之地域已如上节所述,至于夏后一代的大事现在可得而考见的,是些什么呢? 答曰,统是和所谓夷人的斗争。夷一个名词应如何解,留在下一节中说明。其字在殷周文书每与人字一样,音亦与人相近,这是很可注意的。现在假定,凡在殷商西周以前,或与殷商西周同时所有今山东全省境中,及河南省之东部,江苏之北部,安徽之东北角,或兼及河北省之渤海岸,并跨海而括辽东朝鲜的两岸,一切地方,其中不是一个民族,见于经典者,有太暤少暤有济徐方诸部,风盈偃诸姓,全叫作夷。《论语》有九夷之称,明其非一类。夏后一代的大事正是和这些夷人斗争。此事现在若失传,然一把经典的材料摆布起来,这事件十分明显。可惜太史公当真不是一位古史家,虽羿浞、少康的故事,竟一字不提,为其作《正义》者所讥。求雅驯的结果,弄到消灭了传说中的史迹,保留了哲学家的虚妄。

　　现在说羿浞与夏后少康的故事,先将材料排列出来。

　　(1)见于《左传》者:

　　　　魏绛曰……"夏训有之,曰有穷后羿。"公曰:"后羿何如。"对曰:"昔有夏之方衰也,后羿自鉏迁于穷石,因夏民以代夏政。恃其射也,不修民事,而淫于原兽。弃武罗,伯因,熊髡,龙圉,而用寒浞。寒浞,伯明氏之谗子弟也,伯明后寒弃之。夷羿收之,信而使之,以为己相。浞行媚于内,而施赂于外,愚弄其民,而虞羿于田。树之诈慝,以取其国家,外内咸服。羿犹不悛,将归自田,家众杀而亨之,以食其子。其子不忍食诸,死于穷门。靡奔有鬲氏(杜曰:靡,夏遗臣事羿者。有鬲,国名,今平原鬲县)。浞因羿室生浇及薨。恃其谗慝诈伪，而不德于民。使浇用师灭斟灌及斟寻氏，处浇于过，处豷于戈。靡自有鬲氏收二国之烬以灭浞，而立少康。少康灭浇于过，后杼灭豷于戈。有穷由是遂亡，失人故也。昔周辛甲之为太史也，命百官，官箴王阙。于虞人之箴曰：'芒芒禹迹，画为九州。经启九道，民有寝庙，兽有茂草，各有攸处，德用不扰。在帝夷羿，冒于原兽，忘其国恤，而思其麀牡。武不可重，用不恢于夏家。兽臣司原，敢告仆夫。'"（襄四年）

昔有仍氏生女黰黑而甚美，光可以鉴，名曰玄妻。乐正后夔取之，生伯封，实有豕心，贪惏无厌，忿颣无期，谓之封豕。有穷后羿灭之，夔是以不祀。（昭二十八年）

伍员曰：不可，臣闻之，"树德莫如滋，去疾莫如尽。"昔有过浇，杀斟灌，以伐斟鄩，灭夏后相。后缗方娠，逃出自窦，归于有仍。生少康焉，为仍牧正。惎浇能，戒之。浇使椒求之，逃奔有虞，为之庖正，以除其害。虞思于是妻之以二姚，而邑诸纶，有田一成，有众一旅。能布其德，而兆其谋，以收夏众，抚其官职。使女艾谍浇，使季杼诱豷，遂灭过戈，复禹之绩。祀夏配天，不失旧物。（哀元年）

(2) 见于《论语》者：

南宫适问于孔子曰："羿善射，奡荡舟，俱不得其死然。禹稷躬稼而有天下。"夫子不答。南宫适出，子曰："君子哉若人，尚德哉若人！"（《宪问》篇）

(3) 见于《楚辞》者：

羿淫游以佚畋兮，又好射夫封狐。固乱流其鲜终兮，浞又贪夫厥家。浇身被强围兮，纵欲而不忍。日康娱而自忘兮，厥首用夫颠陨。（《离骚》）

羿焉彃日？乌焉解羽？……帝降夷羿，革孽夏民。胡射夫河伯，而妻彼雒嫔？冯珧利决，封豨是射。何献蒸肉之膏，而后帝不若？浞娶纯狐，眩妻爰谋。何羿之射革而交吞揆之？阻穷西征，岩何越焉？化为黄熊，巫何活焉？咸播秬黍，莆雚是营。何由并投，而鲧疾修盈？白蜺婴茀，胡为此堂？安得夫良药，不能固臧？天式从横，阳离爰死。大鸟何鸣，夫焉丧厥体？蓱号起雨，何以兴之？撰体协胁，鹿何膺之？鳌戴山抃，何以安之？释舟陵行，何以迁之？惟浇在户，何求于嫂？何少康逐犬，而颠陨厥首？女歧缝裳，而馆同爰止，何颠易厥首，而亲以逢殆？（《天问》）

（4）见于《山海经》者：

羿与凿齿战于寿华之野，羿射杀之，在昆仑虚东。羿持弓矢，凿持盾。一曰戈。（《海外南经》。按一曰戈三字，或是注文羼入者。）

有人曰凿齿，羿杀之。（《大荒东经》）

帝俊赐羿彤弓素矰以扶下国，羿是始去恤下地之百艰。（《海内经》）

非仁羿莫能上。（按仁字当为夷字之读，两字皆从人，形近故致误。）

（5）见于《吕氏春秋》者：

夷羿作弓。（《勿躬》）

（6）见于《说文》者：

羿，羽之羿风，亦古诸侯也，一曰射师。（四，羽部。）

羿，帝喾射官，夏少康灭之。从弓幵声。《论语》曰："羿善射。"（十二，弓部。又同部彈下引《楚辞》"羿焉彈日"，"羿亦作羿。"）

又，《史记》于羿事不载，《正义》讥之。《世本》（见各辑本）谓夷羿作弓。《帝王世纪》所记羿事特详（见宋翔凤辑本），然数书皆不出上文所举，故不录。

据以上材料，有数点须分解。

（1）羿的地位。如罗泌所作传，及其比之于安史，则羿浞只是夏之叛臣。然此说完全无据，以上一切材料全不曾说羿是夏之属臣。然则夷羿必是夏之敌国之君，且此敌国之君并不等闲，以《天问》、《山海经》所说，居然是天神，而奉天帝命降于下土者，为夷之君，自鉏迁穷桑，而为后人号为帝羿或曰羿帝（《御览》卷82引《帝王世纪》）。

（2）夷为东方主。此说可由其称夷羿及《说文》称羿为帝喾（据王国维考，即帝俊）射官，及其地望等事证之。

（3）夷夏之争数十年，在夷一面经羿浞二宗，在夏一面经相少康二世，战斗得必然很厉害。《天问》所谓"阻穷西征"者，王逸解之曰："言尧放鲧羽山，西行度越岑岩之地，因堕死也。"洪兴祖补曰："羽山东裔，此云西征者，自西徂东也。上文言永遏在西山，夫何三年不施，则鲧非死于道路，此但言何以越岩险而至羽山耳。"按王说无稽，洪已辩之，然洪强释西征曰自西徂东，古书中全无此文法。此处明明谓阻（即鉏）穷（石）之后帝羿西征，而越山岩，不然，西征一词全不可解，正不得以同韵之下句中说鲧化为黄熊事而谓此句亦是鲧事。

（4）《左传》之神话故事已很伦理化，且《左传》之成分大体为晋楚鲁三国之语，而其立点是偏于西国夏周之正统传说，所以说羿浞甚不好。但《山海经》之为书，虽已系统化，尚未伦理化，且记东方的帝系较多。这部书中所举夷羿事，很足以表现战国时羿浞的传说尚甚盛。《山海经》与《天问》互相发明处甚多，《天问》称羿之重要全与《山海经》合。所谓"羿焉彃日"，正在《天问》中论创世界一节中，则羿本是天神。所谓"帝降夷羿"者，正《山海经》所谓"帝俊赐羿彤弓素矰，以扶下国，羿是始去恤下地之百艰。"《天问》一篇，本颇有次序，王逸以为不次序者，乃由于不知《天问》所陈是流行神话故事之次序，不与汉代人之古史传说同，故不能解（余另有说见他处）。其羿浞之间插入鲧之一段若甚错乱者，当由于《天问》之次叙乃神话之次叙；一神话中有数人关涉者，则一次说出，不嫌前后错综。"阻穷西征，岩何越焉"一句，至下文"释舟陵行，何以迁之"，凡十二句中，有涉及鲧处，并有若干因失其神话而不可解之故事，皆可据上下文细绎之，以知其正是说夷夏交战事。此节盖谓羿浞相继西征，曾越山地，自鲧永遏于羽山后，禹平水土，秬黍蓻皆茂长，巫乃将鲧化为黄熊。（《天问》所记鲧事，与《左传》、《尚书》等皆不同。《尚书》、《左传》皆谓舜殛鲧于羽山，然《天问》云："永遏在羽山，夫何三年不施。"）当夏代危急，遂与能荡舟之浞战，适其时羿妻窃药而行（本文"安得夫良药不能固藏"），并有其他怪异，（"白蜕婴荓"，"天式从横"等语）。于是大战得雨起山扑，荡舟者不得不释舟陵行，逃归其嫂，而卒为太康并得之。如此解来，则《论语》南宫适之问正甚明白。南宫适这话并不是泛举古帝王羿奡禹稷而强比之，乃是论一段故事，东土强有力者失其国，西土务耕稼者有天下。《鲁语》上："昔烈山氏之有天下也，其子曰柱，能殖百谷百蔬。夏之兴也，周弃继之。"明禹稷可作一事论。孔子对神话也如对鬼神一样敬而远之，且以其"君子相"之故，不愿于此等圣帝明王有所议论，故当面不答，而背后称赞南宫适对此神话之题旨西洋故事中所谓 Moral 者，甚能了解。若不如此，而是泛做一篇秦皇汉武与汉文宋仁之优劣论，殊不免于糊里糊涂。《论语》中论一事皆以一事为论，尚无策论八股气。南宫适这一段话，正可证明夷羿在当时的传说中并不大坏。若羿奡不是当时神话中的大人物，何至与传说中功在生民之禹稷相提并论，岂不不伦的很，不需要的很？

然则夷羿之故事，我们现在尚可见到 3 种传说。①以夷羿为自天而降甚高明者，《山海经》、《天问》属之。②以夷羿与夏后为对，而以为一崇力一崇德，故一兴一替者，此等之成败论人，《论语》记南宫适所问之背景如此。③以夷羿为不合道理者，《左传》如此，然尚称之曰"后"，记其曾"因夏民而代夏政"（夏民者，夏所服属之民，不必改作夏族）。凡读一切神话故事，都须注意及同一题目常因流传之不同而其中是非倒置。此是一例，鲧亦是一例。同在《国语》中，《周语》下谓"崇伯鲧播其淫心，称遂共工之祸"，《鲁语》上谓"鲧鄣洪水"，故夏后"郊鲧"，《吴语》亦谓"鲧禹之功"，我们不可不注意传说之演变及其道德批评之改易。

夏后一代中夷夏之争，不仅见于有穷后羿一段故事，夏代开国亡国时皆有同样的争斗。现在分别说。

（1）夏后启与伯益之争统。关于这件事，战国的传说有两种，一谓启益相让，二谓启益相争。

《孟子》：禹荐益于天。七年，禹崩。三年之丧毕，益避禹之子于箕山之阴。朝觐讼狱者，不之益而之启，曰："吾君之子也！"讴歌者不讴歌益,而讴歌启,曰:"吾君之子也。"

> 《天问》:启代益作后,卒然离蠥。何启惟忧,而能拘是达?皆归射鞠,而无害厥躬?何后益作革,而禹播降?

> 古本《竹书》:益干启位,启杀之(引见《晋书·束皙传》。《史通》疑古篇、杂说篇两引之)。

《孟子》的古史都是些伦理化的话,然这一段中还看出这个故事本来面目的背景,此背景即是说,代禹者几乎是益,而启卒得之。这话里虽不直说有何争执,但还可隐约看出对峙的形势来。至于《竹书》的话,虽不能即信,但益启之有争执,虽《孟子》的话中也表示个破绽。因为让争本是一事的两面,不是相争的形势,不需相让的态度。《天问》的话,因故事遗失不大好讲,然益称后,又曾一度革夏命,则甚明白。

我们再看伯益是如何人。经籍中有伯益伯翳二人,太史公在《陈杞世家》中分为二人,然在他处则不分。《索隐》议之曰:"秦祖伯翳,解者以翳益别为一人。今言十一人,叙伯翳,而又别言垂益,则是二人也。且按《舜本纪》叙十人,无翳,而有彭祖。彭祖亦坟典不载,未知太史公意如何,恐多是误。然据《秦本纪》叙翳之功云,佐舜驯调鸟兽,与《尧典》'命益作虞,若予上下草木鸟兽'文同,则为一人必矣,今未详其所以。"案,此议甚是。太史公在此处诚糊涂。罗泌重申二人不同之说,然全无证,金仁山辩之曰:

> 《尚书》之伯益,即《秦纪》之柏翳也。秦声以入为去,故谓益为翳也。《秦纪》谓柏翳佐禹治水,驯服鸟兽,岂非《书》所谓随山刊木,暨益奉庶鲜食,益作朕虞,若予上下鸟兽者乎?其事同,其声同,而太史公独以书纪字异,乃析一人而二之,可谓误矣。唐虞功臣,独四岳不名,其余未有无名者。夫岂别有伯翳,其功如此,而《书》反不及乎?太史公于二帝本纪言益,见《秦本纪》为翳,则又从翳,岂疑而未决,故于《陈杞世家》叙伯益与伯翳为二乎?抑出于谈迁二手,故其前后谬误也?(梁玉绳说同,见《史记志疑·人表考》),不具引。)

金氏此说甚明白,此疑可以更无问题。益翳既是一人,翳又为秦赵公认之祖,然则即是嬴姓之祖,亦即是徐方之祖,亦即是《逸周书·作雒解》所谓"周公立,相天子,三叔及殷东(东亦地域名,说别见)徐奄及熊盈以略"之盈族之祖,然则伯益正是原原本本的东夷之祖,更无疑义,益启之争,不即是夷夏之争吗?

(2)汤放桀,等于夷灭夏。商人虽非夷,然曾抚有夷方之人,并用其文化,凭此人民以伐夏而灭之,实际上亦可说夷人胜夏。商人被周人呼为夷,有经典可证,说另详。

然则夏后一代的三段大事,开头的益启之争便是夏夷争,中间的羿少康之争又是夷夏之争,末后的汤桀之争还是夷夏之争。夏代东西的斗争如此厉害,而春秋战国的大一统主义哲学家都把这些显然的史迹抹杀了,或曲解了!

6.4　诸夷姓

诸夏所在既如上所述,与之对峙之诸夷,乃并不如诸夏之简单,所谓"夷"之一号,实包括若干族类,其中是否为一族之各宗,或是不同之族,今已不可详考,然各夷姓有一相同之处,即皆在东方,淮济下流一带。现将古来为人称为夷者各族,或其子孙列为东夷者,或其地望正所谓夷地者,分别疏解如下。

6.4.1　太皞之族

太皞与太昊为一词,古经籍多谓即是伏羲氏,或作包牺氏。关于太皞之记载见于早年经籍者如下。

《左传》僖二十一:"任、宿、须句、颛臾,风姓也,实司大皞与有济之祀,以服事诸夏。邾人灭须句,须句子来奔,因成风也。成风为之言于公曰:'崇明祀,保小寡,周礼也;蛮夷猾夏,周祸也。若封须句,是崇皞济而修祀,纾祸也。'"杜云:"四国,伏羲之后。任,今任城县,颛臾在泰山南武阳县东北,须句在东平须昌县西北。四国封近于济,故世祀之。"按,杜释有济误。有济正如有夏有殷,乃是古国名,四国其后,或其同姓耳。

又昭十七:"太皞氏以龙纪官,故为龙师而龙名。"

又同年:"陈,太皞之虚也。"

《论语》:"季氏将有事于颛臾,……孔子曰:'昔者先王以为东蒙主,且在邦域之中矣,是社稷之臣也。何以伐为?'"按,此足证颛臾本为鲁之附国。

《易系辞》下:"古者包牺氏之王天下也,仰则观象于天,俯则观法于地,观鸟兽之文,与地之宜,近取诸身,远取诸物,于是始作八卦,以通神明之德,以类万物之情。作结绳而为罔罟,以佃以渔,盖取诸离。"按,《御览》卷720引《帝王世纪》与此大同,唯"作结绳"作"造书契以代结绳之政",与此异。

《帝王世纪》:"太昊帝庖牺氏,风姓也。蛇身人首。有圣德,都陈。作瑟三十六弦。燧人氏没,庖牺氏代之。继天而生,首德于木,为百王先。帝出于震,未有所因,故位在东方,主春,象日之明,是称太昊。制嫁娶之礼,取牺牲以充庖厨,故号曰庖牺氏。后世音谬,故或谓之虙牺。"(《御览》卷78引作《皇王世纪》,自此以下皆据宋翔凤辑本。)

又:"太皞帝庖牺氏,风姓也。母曰华胥。燧人之世,有大人之迹,出于雷泽之中,华胥履之,生庖牺于成纪,蛇身人首。有圣德,为百王先。帝出于震,未有所因,故位在东,主春,象日之明,是以称太皞。"(《礼记·月令》正义引。)

又:"女娲氏亦风姓也,承庖牺制度,亦蛇身人首。一号女希,是为女皇。其末,诸侯有共工氏,任智刑,以强伯,而不王。以水承木,非行次,故《易》不载。及女娲氏没,次有大庭氏,柏皇氏,中央氏,栗陆氏,骊连氏,赫胥氏,尊卢氏,混沌氏,昊英氏,有巢氏,朱襄氏,葛天氏,阴康氏,无怀氏,凡十五世,皆袭庖牺之号。"(《御览》卷78。)

又:"庖牺作八卦。神农重之为六十四卦。黄帝尧舜引而申之,分为二易。至夏人因炎帝曰连山,殷人因黄帝曰归藏。文王广六十四卦,著九六之爻,谓之《周易》。"

·欧·亚·历·史·文·化·文·库·

《古史考》:"伏牺作瑟。"(《毛诗·谱序》正义引。)

又:"庖牺作易,弘开大道。"(《书钞·帝王部》引。)

综合上列诸说,归纳之可得下之二事。

(1)太皞族姓之国部之分配,西至陈,东括鲁,北临济水,大致当今河南东隅,山东西南部之平原,兼包蒙峄山境,空桑在其中,雷泽在其域。古代共认太皞为东方之部族,乃分配于淮济间之族姓。

(2)太皞继燧人而有此土,在古代之礼乐系统上,颇有相当之贡献,在生活状态上,颇能作一大进步。当是已进于较高文化之民族,其后世并不为人所贱。在周代虽居采卫,而为"小寡",世人犹以为"明祀"也。

6.4.2 少皞族

关于少昊之记载,见于早年经籍者如下。

《左》昭十七:"郯子来朝,公与之宴,昭子问焉,曰:'少皞氏鸟名官,何故也?'郯子曰:'吾祖也,我知之。昔者黄帝氏以云纪,故为云师而云名。炎帝氏以火纪,故为火师而火名。共工氏以水纪,故为水师而水名。太皞氏以龙纪,故为龙师而龙名。我高祖少皞挚之立也,凤鸟适至,故纪于鸟,为鸟师而鸟名。凤鸟氏,历正也;玄鸟氏,司分者也;伯赵氏,司至者也;青鸟氏,司启者也;丹鸟氏,司闭者也;祝鸠氏,司徒也;鴡鸠氏,司马也;鸤鸠氏,司空也;爽鸠氏,司寇也;鹘鸠氏,司事也。五鸠,鸠民者也。五雉,为五工正,利器用,正度量,夷民者也。九扈,为九农正,扈民无淫者也。自颛顼以来,不能纪远,乃纪于近,为民师而命以民事,则不能故也。'仲尼闻之,见于郯子而学之,既而告人曰:'吾闻之,天子失官,学在四夷,犹信。'"(按此乃古代之图腾制。古代称图腾曰"物",说别详。)

昭二十九:"少皞氏有四叔,曰重,曰该,曰修,曰熙,实能金木及水。使重为句芒,该为蓐收,修及熙为玄冥。世不失职,遂济穷桑。此其三祀也。"(杜云:穷桑地在鲁北。按,即空桑。)

定四:"因商奄之民,命以伯禽,而封于少皞之虚。"(据此,知曲阜为少皥氏之本邑。）

《楚语》："及少皥之衰也,九黎乱德。民神杂糅,不可方物。"

《帝王世纪》："少昊帝,名挚,字青阳,姬姓也。母曰女节。黄帝时,有大星如虹,下流华渚。女节梦接,意感生少昊。是为玄嚣,降居江水。有圣德,邑于穷桑,以登帝位,都曲阜,故或谓之穷桑。帝以金承土,……故称少昊,号金天氏。"（引见《御览》卷79。）

《古史考》："穷桑氏,嬴姓也。以金德王,故号金天氏。或曰,宗师太皥之道,故曰少皥。"（《太平御览·帝王部》引。）

《海内经》："少皥生般,般是始为弓矢,帝俊赐羿彤弓素矰,以扶下国。"

综合以上所记,除其矛盾处以外,其地望大致与太皥同,而位于空桑之野之曲阜,尤为少皥之本邑。太皥少皥皆是部族名号,不是个人私名,在古代记载上本甚明白。所谓伏牺氏金天氏者,亦非能名之于一人者。至战国末汉初年之易系,始有"尧舜氏"一类的名词。然"尧舜氏"亦是统指一派,而非单指一人。氏本为部类家族之义,《左传》及其他古籍皆如此用。至于太少二字,金文中本即大小,大小可以地域大小及人数众寡论,如大月氏小月氏。然亦可以先后论,如大康少康。今观太皥少皥,既同处一地,当是先后有别。且太皥之后今可得而考见者,只风姓三四小国,而少皥之后今可考见者,竟有嬴己偃允四著姓,当是少皥之族代太皥之族而居陈鲁一带。太皥族之孑遗,仅存太山之南,为零数小部落,而少皥一族,种姓繁衍。春秋所谓淮夷,每从其姓,商末所谓奄人,亦是嬴姓。且秦赵之祖,皆称嬴姓,比起太皥来,真是有后福的了。今分述少皥四姓于下。

嬴 嬴姓国今可考者有商末之奄,淮夷之徐,西方之秦、赵、梁（《左传》僖十七年,"梁嬴孕过期"）,中原之葛（僖十七,"葛嬴"）,东南之江、黄（《史记索隐》引《世本》）。据《史记》,伯翳（按:即伯益,详上）为秦赵之祖,嬴姓之所宗（《世本》同）。秦赵以西方之国,而用东方之姓者,盖商代西向拓土,嬴姓东夷在商人旗帜下入于西戎。《秦本纪》说此事本甚明白。少皥在《月令》系统中为西方之帝者,当由于秦赵先祖移其传说于西土，久而成土著，后世作系统论者，遂忘其非本土所生。《史记》载嬴氏之西封如下：

《秦本纪》："秦之先，帝颛顼之苗裔（按颛顼在古帝系统中应属东系，说别详）。孙曰女修。女修织，玄鸟陨卵。女修吞之，生子大业（此东夷之传说，辨详上文）。大业取少典之子，曰女华。女华生大费，与禹平水土。已成，帝锡玄圭。禹受曰：'非予能成，亦大费为辅。'帝舜曰：'咨尔费，赞禹工，其赐尔皂游，尔后嗣将大出。'乃妻之姚姓之玉女，大费拜受。佐舜调驯鸟兽，鸟兽多驯服（按此即《皋陶谟》之伯益故事）。是为柏翳，舜赐姓嬴氏。大费生子二人，一曰大康，实鸟俗氏（按此即所谓少皞以鸟纪官）。二曰若木，实费氏（按鲁有费邑，见《左传》《论语》，当即费氏之故居。曲阜为少皞之墟，费氏之居去之不远也）。其玄孙曰费昌，子孙或在中国，或在夷狄。费昌当夏桀之时，去夏归商，为汤御，以败桀于鸣条（此盖汤创业时，先服东夷，后克夏后，故费昌在汤部队中）。大廉玄孙曰孟戏，中衍，鸟身人言。帝太戊闻而卜之使御，吉，遂致使御而妻之。自太戊以下，中衍之后，遂世有功，以佐殷国，故嬴姓多显，遂为诸侯。其玄孙中潏，在西戎，保西垂（此盖殷人拓土西陲，东夷之费氏为之守戍，遂建部落于西陲）。生蜚廉，蜚廉生恶来，恶来有力，蜚廉善走，父子俱以材力事殷纣。周武王之伐纣，并杀恶来。是时蜚廉为纣在北方，还无所报，为坛霍太山而报。得石棺，铭曰：'帝令处父不与殷乱，赐尔石棺。'以华氏死，遂葬于霍太山。"蜚廉复有子曰季胜。季胜生孟增，孟增幸于周成王，是为宅皋狼（《赵策》，"智伯之赵，请皋狼之地。"盖智伯自大，故请人之宗邑。皋狼在汉为县。曰"宅皋狼"者，谓居于皋狼也）。皋狼生衡父，衡父生造父。造父以善御幸于周缪王，得骥温骊骅骝騄耳之驷。西巡狩，乐而忘归。徐偃王作乱，造父为缪王御，长驱归周以救乱。缪王以赵城封造父，造父族由此为赵氏。自蜚廉生季胜已下五世至造父，别居赵，赵衰其后也。恶来革者，蜚廉子也，早死，有子曰女防。女防生旁皋，旁皋生太几，太几生大骆，大骆生非子。

以造父之宠,皆蒙赵城,姓赵氏。非子居犬丘,好马及畜,善养息之。犬丘人言之周孝王,孝王召使主马于汧渭之间,马大蕃息。孝王欲以为大骆适嗣。申侯之女,为大骆妻,生子成,为适。申侯乃言孝王曰:'昔我先郦山之女,为戎胥轩妻,生中潏。以亲故,归周,保西垂。西垂以其故和睦。今我复与大骆妻,生适子成。申骆重婚,西戎皆服,所以为王。王其图之。'〔按周人惯呼殷人曰戎,"戎商必克","殪戎殷",皆其证。则称胥轩为戎者,当亦因其为东方族类也。嬴姓(费氏)为商人置之西垂后,婚于西戎之姜性(申为姜姓,则郦山氏亦当为姜姓),所生之子,在殷周之末,以母系故,归顺周人。所谓"西垂和睦"者,此其义也。〕于是孝王曰:'昔柏翳为舜主畜,畜多息,故有土,赐姓嬴。今其后世亦为朕息马,朕其分土为附庸,邑之秦,使复续嬴氏祀。'号曰秦嬴,亦不废申侯之女子为骆适者,以和西戎。秦嬴生秦侯。"(按《秦史记》未与六国同亡,太史公书所记秦之先世必有所本,且此说正与少暤之其他传说相合。纵使秦之姓嬴有冒充之嫌,其由来已久矣。)

《赵世家》:"赵氏之先,与秦共祖。至中衍,为帝大戊御。其后世蜚廉,有子二人,而命其一子曰恶来。事纣,为周所杀,其后为秦。恶来弟曰季胜,其后为赵。季胜生孟增,孟增幸于周成王,是为宅皋狼。皋狼生衡父,衡父生造父,造父幸于周缪王。造父取骥之乘匹与桃林盗骊骅骝绿耳献之缪王。缪王使造父御,西巡狩,见西王母,乐之忘归。而徐偃王反,缪王日驰千里马,攻徐偃王,大破之。乃赐造父以赵城,由此为赵氏。"

按,伯翳即伯益(说详前)。伯益与夏有争统之事,其人亦号有平水土之功,已见上文论夷夏交胜一节中,此亦嬴为东夷姓之一证。又《逸周书》作雒解:"周公立,相天子,三叔及殷东徐奄及熊盈以略。……凡所征熊盈族十有七。"所谓熊者,或是楚之同族(按楚芈姓,而其王名皆曰熊某。金文中熊作酓),所谓盈者,当即嬴之借字。又,宣八年《左传》经文,"夫人嬴氏薨","葬我小君敬嬴"。《公》、《穀》经文皆作"熊氏"、"顷熊",因此近人有疑熊嬴为一名者。然楚王号之熊字本借字,其本字在金文为畬，不可强比。作雏解熊嬴并举，不可以为一。且果熊嬴是一姓者，《郑语》详述祝融八姓，不应略此重事，反曰："姜、嬴、荆芈，实与诸姬代相干。"从此可知嬴熊二词同源之说之无根。果此说不误，则《书》所谓践奄，即《逸周书》所谓略盈族也。此固未可谓为确证，然求之地望，按之传说，差为近是矣。

又《秦本纪·赞》记嬴姓诸氏云："秦之先为嬴姓，其后分封以国为姓。有徐氏，郯氏，莒氏，终黎氏，运奄氏，菟裘氏，将梁氏，黄氏，江氏，修鱼氏，白冥氏，蜚廉氏，秦氏。然秦以其先造父，封赵城，为赵氏。"此亦东方之徐郯，西方之秦赵，同出一祖之证。

己　按，己本祝融八姓之一。然《世本》云："莒己姓。"（隐二《正义》引）杜预云："少皞金天氏，己姓之祖也。"（昭十七注）又云："莒嬴姓，少昊之后。周武王封兹舆于莒，初都计，后徙莒，今城阳莒县是也。《世本》自纪公以下为己姓，不知谁赐之姓者。"（隐二《正义》引杜预《世族谱》）据此，祝融八姓之己与莒国之己本非一源，不可混为一事。莒之中道改姓，殊费解。按之文七年《左传》，"穆伯娶于莒，曰戴己"，是莒己姓有明征，改姓之说，虽或由于"易物"，究不能证明或反证之。今应知者，所谓己姓，不出同一之祖，或祖祝融，或祖少皞，或祖黄帝。下文之表，但以祖少皞者为限。

偃　皋陶之后为偃姓，偃姓与嬴姓之关系，可以皋陶与少皞之关系推求之。自《列女传》曹大家注，以为"皋陶之子伯益"（《诗·秦风》疏引），郑玄以为"伯翳实皋陶之子"（《诗谱·秦风》），王符以为"皋陶……其子伯翳"（《潜夫论·氏姓》），此说在后世著书者遂多所尊信。梁玉绳详辨此说之非（《史记志疑》卷19《人表考二》"许繇"下）。其所举证多近理，至其举《左传》臧文仲皋陶庭坚不祀之叹，以证徐秦之不祖皋陶，即皋陶非伯益之父，尤为确不可易。然古代传说中既有此盛行之一说，自当有所本，盖"皋益同族而异支"（梁玉绳语）。以族姓论，二者差近。以时代论，皋陶氏略先于伯益。后世之追造世本者（周末此风甚炽，帝系即如此出来者），遂以为伯益父皋陶矣。今固不当泥于皋陶为伯益父之说，同时亦当凭此传说承认偃嬴二宗，种姓上有亲属关系。

　　然则皋陶之皋,当即大皞少皞之皞,曰皋陶者,皋为氏,陶为名,犹丹朱商均,上字是邑号,下字是人名。易林需之大畜称之曰陶叔,足证陶为私名。《路史后纪》卷7云:"封之于皋,是曰皋陶。"(按《路史》卖弄文辞而不知别择,好以己意补苴旧文,诚不可据。然宋时所见古书尚多,《世本》等尚未佚,《路史》亦是一部辑佚书,只是书辑得不合法度而已,终不当尽摒而不取。)此说或有所本,亦可为此说之一旁证。皋陶之裔分配在英六群舒之地,似去徐州嬴姓较远,然若信皋陶之陶,即少皞之皞,又知周初曾压迫熊盈(即嬴)之族,所谓平淮夷,惩舒人,皆对此部类用兵者,则当知此部类古先所居,当较其后世所居偏北,少皞之虚,未尝不可为皋陶之邑。

　　所有少皞诸姓国之地望,分列表如下:

表6-1　少皞诸姓国地望

国	姓	时　代	地　望	附　记
郯	嬴(见《史记》,《汉志》,《潜夫论》)已(杜说)	始建国不知在何时,当为古代部落,春秋后始亡。	今山东有郯城县。	汉《地理志》,"郯嬴姓国";《春秋》文四年见。杜于郯姓未明说,然昭十七《传》云:"郯氏来朝,……昭子问焉,曰,少皞氏鸟名官,何故也?郯子曰,吾祖也。"杜云:"少皞金天氏,已姓之祖也。"是杜意以郯为已姓。
莒	嬴已(二姓或同出一源,说见前)	始建国不知在何时,当为古代部落,春秋后灭于楚。	杜云:"今城阳莒县。"	
奄	嬴(《左传》昭二《疏》,襄二十《疏》引《世本》)	商代东方大国,灭于周初。	奄在鲁境。	定四:"因商奄之民,命以伯禽,而封于少皞之虚。"按,克商为武王事,践奄为周公事,是奄亡于周公成王时。

续表 6 - 1

国	姓	时 代	地 望	附 记
徐	嬴（见《左传》、《史记》等）	殷时旧国，西周中曾一度强大称王。西伐济河，见《檀弓》。齐桓时服事诸夏，后灭于楚。	其本土应在鲁，后为周公鲁公逐之。保淮水。《左传》僖三年，杜注："徐国在下邳僮县东南。"	《书·费誓》、《诗》之《大雅》、《小雅》、《鲁颂》、《逸周书》作雉解等，多记徐事，金文中自称邻王。
江	嬴（《陈杞世家》索隐引《世本》）	不知建国于何时，文四年，灭于楚。	杜云："江国在汝南安阳县。"	《索隐》引《世本》，江黄并嬴姓。
黄	嬴（同上）	不知建国于何时，僖十二年灭于楚。	杜云："黄国，今弋阳县。"	
赵	嬴（见《左传》《史记》等）	《秦本纪》，缪王以赵城封造父。自晋献公时赵氏世为晋大夫始大。	《集解》引徐广云："赵城在河东永安县。"《正义》引《括地志》云："今晋州赵城县本彘县地，后改永安即造父之邑。"	
秦	嬴（同上）	《秦本纪》，周孝王封非子，邑之秦。	《集解》引徐广曰："今天水陇西县秦亭。"	
梁	嬴（见《左传》、《潜夫论》）	不知何时建国，僖十九年灭于秦。	杜云："梁国在冯翊夏阳县。"	
葛	嬴（见《左传》、《潜夫论》）	《春秋》桓十五，葛人来朝。	杜云："梁国宁陵县东北。"	《左传》僖十七，有葛嬴为齐桓众夫人之一。据《孟子》，葛与汤为邻。春秋嬴姓之葛与古葛有若何关系，今不可考。

国	姓	时　代	地　望	附　记
菟裘	嬴（《史记》,《潜夫论》）	隐十一,"公曰……使营菟裘",盖春秋前已亡,为鲁邑。	《寰宇记》,"菟裘故城在泗水县北五十里。"	
费	嬴（《史记·秦本记》）	《书》有《费誓》,盖灭于周初。	春秋鲁邑,后为季氏私邑,今犹名费县。	《书·费誓》,盖即对徐方嬴姓用兵之誓。
群舒	偃（文十二《疏》引《世本》,杜注）	群舒部落,位于淮南。春秋时初灭于徐,卒灭于楚。	僖五,杜曰:"舒国今庐江舒县。"	《左传》文十二:"群舒叛楚。"杜曰:"群舒偃姓,舒庸舒鸠之属。今庐江有舒城,舒城西南有龙舒。"《正义》曰:"《世本》,偃姓。舒庸,舒蓼,舒鸠,舒龙,舒鲍,舒龚。以其非一,故言属以包之。
六	偃（《陈杞世家》索隐引《世本》）	《春秋》文五,"楚人灭六。"	杜云:"今庐江六县。"	
蓼	偃（同上）	《左》文五,"楚子灭蓼。"	杜云:"今安丰蓼县。"	《左传》文五,"楚子燮灭蓼。臧文仲闻六与蓼灭,曰,皋陶庭坚,不祀忽诸! 德之不建,民之无援,哀哉。"
英氏	偃（同上）	《春秋》僖十七年;"齐人徐人伐英氏。"杜云:"英氏,楚与国。"又《陈杞世家》;"皋陶之后,或封英六,楚穆王灭之。"		

以上所列,但以见于《左传》、《史记》、《世本》佚文、左氏杜注者为限,《潜夫论》所举亦略采及,至于《姓纂》、《唐宰相世系表略》等书所列,材料既太后又少有头绪,均不列入。

据表6-1,足知少皞后世之嬴姓一支(宗少皞之己姓国在内)分配在今山东南境,河南东端,南及徐州一带。殷代有奄,为大国。有费,鲁公灭之。盖鲁地本嬴姓本土,所谓"奄有龟蒙,遂荒徐宅,至于海邦,淮夷蛮貊",是指周人略嬴族之故事。因周人建国于奄土,嬴姓乃南退保淮水,今徐州一带。及周人势力稍衰,又起反抗,西伐济河。周人只能压迫之,却不能灭之,故曰:"徐方不回,王曰旋归。"可见是灭不了的。入春秋徐始式微,而殷人所置嬴姓在西土者转而强大,其一卒并天下。其别系偃姓在今安徽北部,河南东南隅以及湖北东境者,当亦西周时淮夷部队中人,入春秋,为楚所并。夏商虽有天下,其子孙犹不若此之延绵。若东方人作三代系统,必以之为正统无疑。

此外"夷"名号下之部落,有有穷后羿,即所谓夷羿,说已见前。又有所谓伯夷者,为姜姓所宗,当与叔齐同为部族之号,别见姜姓篇。又祝融八姓之分配在东海者,亦号曰夷,别见祝融八姓篇,今俱不入此文。

又殷有所谓人方者,心不如释作夷方,其地不知在何处。董彦堂先生示我甲骨文一片,其词云"……在二月,在齐阜,佳王来正人方",是夷方当在济水流域中矣。

上列各部族国邑皆曾为人呼之曰夷,或其后世为人列于夷之一格中。综合其区域所包括,西至今河南之中心,东尽东海,北达济水,南则所谓淮夷徐舒者皆是。这个分布在东南的一大片部族,和分布在偏于西方的一大片部族名诸夏者,恰恰成对峙的形势。这里边的部族,如太皞,则有制八卦之传说,有制嫁娶用火食之传说。如少皞,则伯益一支以牧畜著名,皋陶一支以制刑著名。而一切所谓夷,又皆以弓矢著名。可见夷之贡献于文化者不少。殷人本非夷族,而抚有夷之人民土地,故《吕览》曰:"商人服象,为虐于东夷。"虽到宋襄公,还是忘不了东夷,活活地牺牲了夏代的后人以取悦于东夷。殷曾部分的同化于夷,《逸书》曰,"纣越厥夷居而不事上帝",似乎殷末已忽略其原有之五方帝的宗教,改从夷俗,在亡国时飞廉恶来诸夷人犹为之死。周武王灭商之后,周公之践奄愍熊盈国,鲁公成王之应付"淮夷徐戎并兴",仍全是夷夏交争之局面,与启益间,少康羿浞间之斗争,同为东西之斗争。西周盛时,徐能西伐济于河,俨然夷羿陵夏之风势。然经籍中所谓虞夏商周之四代,并无夷之任何一宗,这当是由于虞夏商周四代之说,乃周朝之正统史观,不免偏重西方,忽略东方。若是殷人造的,或者以夷代夏。所谓"裔[疑即衣(殷)字]不谋夏,夷不乱华"者,当是西方人的话。夏朝在文化上的贡献何若,今尚未有踪迹可寻,然诸夷姓之贡献却实在不少。春秋战国的思想家,在组织一种大一统观念时,虽不把东夷放在三代之系统内,然已把伯夷皋陶伯益放在舜禹庭中,赓歌揖让,明其有分庭抗礼的资格(四岳为姜姓之祖,亦是另一部落。非一庭之君臣,乃异族之酋长。说详姜姓篇)。《左传》中所谓才子不才子,与《书·尧典·皋陶谟》所举之君臣,本来是些互相斗争的部族和不同时的酋长或宗神,而哲学家造一个全神堂,使之同列在一个朝廷中。"元首股肱",不限于千里之内,千年之间。这真像希腊的全神堂,本是多元,而希腊人之综合的信仰,把他们硬造成一个大系。只是夷夏列国列族的地望世系尚不尽失,所以我们在今日尚可从哲学家的综合系统中,分析出族部的多元状态来。

6.5　总　结

说到这里,我们可以综合前几章中所论的结果,去讨论古代中国由部落进为王国(后来又进为帝国)的过程中,东西对峙的总局面。

随便看一个有等高线的中国地图,例如最近《申报》出版的丁文江、翁文灏、曾世英合著的《中国分省图》,不免觉得黄河下流及淮济流域一带,和太行山及豫西群山以西的地域,有个根本的地形差别。这样东边的一大片,是个水道冲积的大平原,除山东半岛上有些山地以外,都是些一二百公尺以下的平地,水道改变是极平常的事;若非用人工筑堤防,黄河直无水道可言。西边的一大片是些夹在山中的高地,城市惯

111

分配在河流的两岸。平汉铁路似乎是这个东西地形差别的好界线,不过在河南省境内郑州以下东平原超过平汉线西面几百里,在湖北情形更不整齐了。

我们简称东边一片平地曰东平原区,简称西边一片夹在大山中的高地曰西高地系。

东平原区是世界上极平的大块土地之一,平到河流无定的状态中,有人工河流始有定路,有堤防黄河始有水道。东边是大海,还有两个大半岛在望,可惜好的海港太少,海中岛屿又太少,是不能同希腊比的。北边有热察两省境的大山作屏障,只是这些山脉颇有缺口,山外便是直把辽洮平原(外国书中所谓"满洲平原")经天山北路直到南俄罗斯平原连作一气的无障大区域,专便于游牧人生活的。东平原本有她的姊妹行,就是辽洮平原,不过两者中间以热河山地之限制,只有沿海一线可通,所以本来是一个的,分而为不断的两个了。辽洮平原与东平原的气候颇有差别,这个差别在初期农业中很有意义的,但此外相同处远在东平原与任何平原之上。东平原如以地平论,南端可以一直算到浙西,不过南渡淮水不远,雨量也多了,溪沼也多了,地形与地利全不是一回事了。所以我们的东平原中可有淮南,却不能有江北。东平原中,在古代有更多的泽渚为泄水之用,因垦地及人口之增加,这些泽渚一代比一代少了。这是绝好的大农场而缺少险要形胜,便于扩大的政治,而不便于防守。

西高地系是几条大山夹着几条河流造成的一套高地系。在这些高地里头关中高原最大,兼括渭、泾、洛三水下流冲积地,在经济及政治的意义上也最重要。其次是汾水区,汾水与黄河夹着成一个"河东",其重要仅次于渭水区。又其次是伊雒区,这片高地本不大,不过是关中河东的东面大口,自西而东的势力,总要以雒阳为控制东平原区的第一步重镇。在这三片高地之西,还有陇西区,是泾渭的上游。有洮湟区,是昆仑山脚下的高地。在关中之北,过了洛水的上游,又是大块平的高原了。这大高原在地形上颇接近蒙古高原,甚便于游牧人,如无政治力量,阴山是限不住胡马的。在这三片之南,过了秦岭山脉,便是汉水流域。汉水流域在古代史上大致可分汉中、江汉、汉东三区。就古代史的意义说，汉水是长江的正源，不过这一带地方，因秦岭山脉之隔绝，与我们所谓西高地系者不能混为一谈。西高地系在经济的意义上，当然不如东平原区，然而也还不太坏，地形尤其好，攻人易而受攻难。山中虽不便农业，但天然的林木是在早年社会发展上很有帮助的，陵谷的水草是便于畜牧的。这样的地理形势，容易养成强悍部落。西高地系还有一个便利处，也可以说是一种危险处，就是接近西方，若有文化自中央亚细亚或西亚细亚带来，它是近水楼台。

人类的住家不能不依自然形势，所以在东平原区中好择高出平地的地方住，因而古代东方地名多叫作丘。在西高地系中好择近水流的平坦地住，因而古代西方地名多叫作原。

在前四节中，我们把夷夏殷的地望条理出来，周代之创业岐阳又是不用证的，现在若把它们分配在本章的东西区域，我们可说夷与殷显然属于东系，夏与周显然属于西系。

同在东区之中，殷与夷又不同。诸夷似乎以淮济间为本土，殷人却是自北而南的。殷人是不是东方土著，或是从东北来的，自是可以辨论的问题，却断乎不能是从西北来的，如太史公所说。他们南向一过陇海线，便向西发展，一直伸张到陕甘边界或更西。夷人中，虽少皞一族，也不曾在军事上政治上有殷人的成功，但似乎人口非常众多，文化也有可观。殷人所以能建那样一个东起辽海西至氐羌的大帝国，也许是先凭着蓟辽的武力，再占有淮济间的经济与人力，所以西向无敌。

同在西系之中，诸夏与周又不尽在一处。夏以河东为土，周以岐渭为本。周在初步发展时，所居比夏更西，但他们在东向制东平原区时，都以雒邑为出口，用同样的形势临制东方[1]

因地形的差别，形成不同的经济生活，不同的政治组织，古代中国之有东西二元，是很自然的现象。不过，黄河淮水上下流域到底是接近难分的地形。在由部落进为帝国的过程达到相当高阶段时，这样的东

---

〔1〕夏都洛阳说，考见《求古录·礼说》。

·欧·亚·历·史·文·化·文·库·

西二元局势,自非混合不可,于是起于东者,逆流压迫西方;起于西者,顺流压迫东方。东西对峙,而相争相灭,便是中国的三代史。在夏之夷夏之争,夷东而夏西。在商之夏商之争,商东而夏西。在周之建业,商奄东而周人西。在东方盛时,"自彼氐羌,莫敢不来享,莫敢不来王,曰商是常。"在西方盛时,"东人之子,职劳不来。西人之子,粲粲衣服"。秦并六国,虽说是个新局面,却也有夏周为他们开路。关东亡秦,虽说是个新局面,却也有夷人"释舟陵行",殷人"覃及鬼方",为他们作前驱。且东西二元之局,何止三代,战国以后数百年中,又何尝不然？秦并六国是西胜东,楚汉亡秦是东胜西,平林赤眉对新室是东胜西,曹操对袁绍是西胜东。不过,到两汉时,东西的混合已很深了,对峙的形势自然远不如三代时之明了。到了东汉,长江流域才普遍的发达。到孙氏,江南才成一个政治组织。从此少见东西的对峙了,所见多是南北对峙的局面。然而这是汉魏间的新局面,凭长江发展而生之局面,不能以之追论三代事。

现在将自夏初以来"东西对峙"的局面列为一表,以醒眉目。

表 6-2　历史上的"东西对峙"

正线的东西相争		结局	斜线的东西相争		结局
东	西		东	西	
夷—夏		东西互胜,夷曾一度灭夏后氏,夏亦数度克夷,但夏终未尽定夷地。	殷—鬼方 淮夷—周		东胜西 虽淮夷曾再度危及成周,终归失败。
商	夏	东胜西			
殷	周	西胜东			
六国	秦	西胜东			
陈项等	秦	东胜西			
楚	汉	西胜东			

据此表,三代中东胜西之事较少,西胜东之事甚多。胜负所系,不在一端,或由文化力,或由战斗力,或由组织力。大体说来,东方经济

好,所以文化优。西方地利好,所以武力优。在西方一大区兼有巴蜀与陇西之时,经济上有了天府,武力上有了天骄,是不易当的。然而东方的经济人文,虽武力上失败,政治上一时不能抬头,一经多年安定之后,却是会再起来的。自春秋至王莽时,最上层的文化只有一个重心,这一个重心便是齐鲁。这些话虽在大体上是秦汉的局面,然也颇可以反映三代的事。

谈到这里,读者或不免要问,所谓东平原区,与所谓西高地系,究竟每个有没有它自己的地理重心,如后世之有关洛,邺都,建业,汴京,燕山,等。答曰:在古代,社会组织不若战国以来之发达时,想有一个历代承继的都邑是不可能的。然有一个地理的重心,其政治的、经济的,因而文化的区域,不随统治民族之改变而改变,却是可以找到的。这样的地理重心,属于东平原区者,是空桑,别以韦为辅。属于西高地系者,是雒邑,别以安邑为次。请举其说如下:

在东平原区中,其北端的一段,当今河北省中部偏东者,本所谓九河故道,即是黄河近海处的无定冲积地。这样的地势,在早期社会中是很难发达的,所以不特这一段(故天津府,河间府,深冀两直隶州一带)在夏殷无闻,就是春秋时也还听不到有何大事在此地发生。齐燕之交,仿佛想像有一片瓯脱样的。到了春秋下半,凭借治水法子之进步(即是堤防的法子进步,所谓以邻国为壑),这一带"河济间之沃土"始关重要。这样的一块地方,当然不能成为早期历史中心的。至于山东半岛,是些山地,便于小部落据地固守,在初时的社会阶段之下,亦难成为历史的重心。只有这个大平原区的南部,即是西起陈,东至鲁一带,是理想的好地方,自荥泽而东,接连不断的有好些蓄水湖泽,如菏泽孟诸等,又去黄河下游稍远,所以天然的水患不大,地是最肥的,交通是最便当的。果然,历史的重心便在此地排演。太昊都陈,炎帝自陈徙曲阜。[1]曲阜一带,即空桑之地。穷桑有穷,皆空桑一名之异称。所谓空桑者,在远古是一个极重要的地方。少昊氏的大本营在这里,后羿立国在这

---

〔1〕《周本纪》正义引《帝王世纪》。

里，周公东征时的对象奄国在这里，这些事都明白指示空桑是个政治中心。五祀之三，勾芒、蓐收、玄冥起于此地，[1] 后羿立国在此地。此地土著之伊尹，用其文化所赋之智谋，以事汤，遂灭夏。此地土著之孔子凭借时势，遂成儒宗。这些事都明白指示空桑是个文化中心。古代东方宗教中心之太山，有虞氏及商人所居之商丘，及商人之宗邑蒙亳，皆在空桑外环。这样看，空桑显然是东平原区之第一重心，政治的及文化的。

在东平原区中，地位稍次于空桑之重心，是邶。邶读如衣，衣即是殷。[2] 殷地者，其都邑在今河南省北端安阳县境，汤灭韦而未都，其后世自河南迁居于此。在商人统治此地以前，此地之有韦，大约是一个极重要的部落，所以《诗·商颂》中拿它和夏桀并提。商人迁居此地之目的，大约是求便于对付西方，自太行山外而来的戎祸，即所谓鬼方者，恰如明成祖营北平而使子孙定居，是为对付北鞑者一般。商人居此地数百年，为人称曰殷商，即等于称在殷之商。末世虽号称都朝歌，朝歌实尚在邶地范围，所以成王封唐叔于卫，曰"封于殷墟"（定四）。此地入周朝，犹为兵政之重镇（看白懋父敦等）。又800年后入于秦，为东郡，又成控制东方之重镇。到了汉末，邺为盛都。五胡时，割据中原者多都之，俨然为长安雒阳的敌手。

在西高地系内，正中有低地一条，即汾洛泾渭伊雒入河之规形长条，此长条在地形上之优点地图已明白宣示，不待历史为它说明。它是一群高地所环绕的交通总汇，东端有一个控制东平原的大出口。利用这个形势成为都邑，便是雒阳。如嫌雒阳过分出于形胜的高地之外，则雒阳以西经过殽函之固，又过了河，便是安邑。雒阳为夏周两代所都，其政治的重要不待说（夏亦曾都雒阳，见《求古录·礼说》）。安邑一带，是夏代之最重要区域。在后世，唐叔受封，而卒成霸业。魏氏受邑，而卒成大名。直到战国初，安邑仍为三晋领袖之魏国所都，用以东临中

---

〔1〕《左传》昭二十九及他书。

〔2〕吕氏《慎大览》高诱注。

原,西伺秦胡者。河东之重要,自古已然,不待刘渊作乱,李氏禅隋,方才表现它的地理优越性。

以上所举,东方与西土之地理重心,在东平原区中以南之空桑为主,以北之有邶为次;在西高地系中,以外之雒阳为主,内之安邑为次,似皆是凭借地形,自然长成,所以其地之重要,大半不因朝代改变而改变。此四地之在中国三代及三代以前史中,恰如长安雒邑建康汴梁燕山之在秦汉以来史。秦汉以来,因政治中心之迁移,有此各大都邑之时隆时降。秦汉以前,因部落及王国之势力消长,有本文所说。四个地理重心虽时隆时降,其为重心却是超于朝代的。认识此四地在中国古代史上的意义,或者是一件可以帮助了解中国古代史"全形"的事。

（原载《"中央研究院"历史语言研究所集刊》外编第一种《庆祝蔡元培先生六十五岁论文集》,1933 年;后收入《民族与古代中国史》,河北教育出版社 2002 年版）

7 说阿保机时代的汉城

姚从吾

7.1 引言

辽金元三朝创业诸帝，真能利用汉民族的智慧，辟地筑城，采用汉族文化建立国家的，首推辽太祖阿保机，其次才是元世祖忽必烈。阿保机利用汉人称霸建国的事迹《辽史》叙述得很简略。《辽史》中除了韩延徽、康默记等传略有述说以外，契丹人与汉人的关系仅散见于《地理志》之《营卫志》《食货志》等篇，而没有具体的系统的记载。阿保机有两个关系采用汉化的故事，反详于北宋初期薛居正监修的《五代史》卷137《外国传》，欧阳修的《五代史记》卷72《四夷附录》和司马光的《资治通鉴》卷266与275，[1]而不见于《辽史·太祖本纪》。一个故事是说，阿保机能说汉话；但他却故意不说，他怕说了，部下的兵士仿效，沾染汉人的习气，不再努力替他打仗；另一个故事是说，阿保机在907年独立建国的时候，曾利用因兵乱迁到热河一带的汉人，凭借聚居汉人的

---

〔1〕汉籍中关于阿保机的直接记载，存在极少。同时人的游记，见闻录如赵志忠的《虏庭杂记》、胡峤的《陷虏记》，姚坤（《通鉴·考异》卷29引"汉高祖实录"作苗绅）《北使谒见阿保机报告》，今俱不存，而被采入《五代史》《五代史记》《通鉴》3书。薛居正监修的《五代史》成于宋太祖开宝六年（973）四月到七年（974）十月，欧阳修（1007—1072）的《五代史记》约成于1070年以前，司马光的《资治通鉴》成于1084年。三书记契丹事，来源相似，而非抄袭。余如《契丹国志》等，虽以《契丹志》名书，大部分抄自《通鉴》《五代史记》《续鉴长篇》，《三朝北盟会编》等乃转手的史料，只可用为佐证。《契丹国志》成于1180年为时稍晚。《东都事略》等记契丹事极略，更无足取。

城堡,渐渐统一诸部,建元称号,创立一个盛极一时的大帝国。[1] 两个故事中,尤以后一个传播的更广远。直到南宋孝宗(1163—1189)时代,叶隆礼奉敕撰辑《契丹国志》在原书卷23"并合诸部"中,犹特加称道,认为是阿保机并合的主因。这件事对于汉人开辟热河问题,契丹与汉族同化问题,都有重大的关系,实有从新估价的必要。

原来北宋人关于契丹的记事,大都得自传闻。甲国人说乙国的事,易杂入尊己族而轻视异族的成见;原则上应当考而后信。何况辽制:"书禁甚严,著述有传于邻境者,罪至死。"[2]北宋人记述辽事,因袭辽朝汉人的记载,可能性实在很少。设非采自使臣的报告,降人的记述,则传闻异辞,自难凭信。所以北宋人记述契丹人的事迹,《辽史》中找到证据的,则同一事迹,而有两种不相因袭的记载。这样的记载,自然是一种很有价值的史料。反之,《辽史》上找不到证据的,虽是言之成理,也只能看作宋人曾有过某一种的传说罢了。因此我们对于《五代史记》中所说阿保机通晓汉语的记载,《辽史》无证,只能认为是后唐的使臣姚坤等,或者会有过这样的报告。至于《五代史记》和《通鉴》所记阿保机利用汉人,凭借汉城,因以独立建国,则《辽史·地理志》证据确凿,可断言实有其事,我们正可从这些同记一事而立论各不相袭的记载中,测验阿保机初起时与汉族合作的真相。可惜自欧阳修到近代的学者,像日本的箭内亘博士,对于当时聚居汉人的"汉城"尚没有正确的

---

〔1〕关于阿保机会说汉话的故事,当是从姚坤或姚坤的随从传到内地的。见采于薛居正监修的《五代史》卷137《外国传》与欧阳修的《五代史记》卷73《四夷附录》。《通鉴》卷275记姚坤告哀事,而没有说到阿保机会说汉话。《契丹国志》卷1与《通鉴》同。阿保机会不会说汉话,《辽史》没有明文。不过就他的平日亲近汉人,通晓汉情说,他会说汉话则很有可能。《五代史》卷137说:"安巴坚(阿保机)善汉语。谓坤曰:'吾解汉语,历口不敢言,惧部人效我,令兵士怯弱故也。'"《五代史记》卷72作:"吾能汉语,然绝口不道于部人,惧其效汉而怯弱也。"这是很卓越的见解。至于他凭借汉城独立建国的故事 见于《五代史记》卷72,《通监》卷275,《契丹国志》卷22。而较早的《旧五代史》则只说西楼有汉城,而不详"自为一部以治汉城"的事。

〔2〕引见《四库全书总目提要》卷46,《辽史》下。原注:见沈括《梦溪笔谈》"僧行均龙龛手镜"条下。北宋人记辽事,比较直接的史料当是依据赵志忠《虏庭杂记》、胡峤《陷虏记》诸书,可惜原书多亡!唯引见于《通鉴考异》、《五代史记》者犹可辑录成书,以著梗概,《辽史拾遗》引用这一类的书很多。不过厉鹗没有说明他所引《虏庭杂记》等书是采自原书,或者是辑录《通鉴考异》。

认识。现在特别将这个问题提出来，就涉猎所及，略加疏证。

欧阳修的《五代史记》卷72《四夷附录》"契丹"条下记述阿保机利用汉城，由独立而建国的情形，比较他书（如《通鉴》）等完备。原文如下：

> 契丹自后魏以来，名见中国。[1]……其部族后分为八部，常推一大人建旗鼓以统八部。岁久[2]或国有灾疾，畜牧衰，则八部聚议，以旗鼓立其次而代之。……时刘仁恭据幽州。每岁秋霜落，则烧其野草。契丹马多饿死。……八部选于众以阿保机代之。

> 阿保机……为人多智勇略，而善骑射，是时刘守光（907—913）暴虐，[3]幽涿之人，多亡入契丹。阿保机乘间入塞，攻陷城邑，俘其人民，依唐州县置城以居之。汉人教阿保机曰"中国之王无代立者"。[4] 由是阿保机益以威制诸部而不肯代。

> 其立九年，诸部以其久不代，共责诮之。阿保机不得已，传其旗鼓，而谓诸部曰："吾立九年，所多汉人多矣，吾欲自为一部。以治'汉城'，可乎？"诸部许之。汉城在炭山东南滦河上。有盐铁之利，乃后魏滑盐县也。其地可植五谷。阿保机率汉人耕种，为治城郭邑屋廛市如幽州制度，汉人安之，不复思归。

> 阿保机知众可用……使人告部落大人曰："我有盐池，诸部所食。然诸部知食盐之利，而不知盐有主人，可乎？当来犒我！"[5]

---

〔1〕正史中最早的《契丹传》是《后魏书》卷100的《契丹传》。"契丹"二字初见于官史，也以《后魏书》为最早。司马光在他主编的《资治通鉴》卷114说："契丹一词，始于元魏（道武帝）天赐二年（405），前于此不见。"

〔2〕契丹总大人的选出，是用推选制。即所谓世选。通常是3年一更替。《通鉴考异》卷28，引苏逢吉《汉高祖实录》、贾纬《备史》均说"三年一代"，不另推举时，即再延长3年。

〔3〕《旧五代史》卷135《僭为列传·刘守光传》说，自刘仁恭乾祐二年（895）春，入幽州，到天祐十年（913）十二月被擒，父子相继共据幽州十九年而灭。刘守光暴虐事见《旧五代史》卷135本传。《五代史记》卷39《刘守光传》同。《唐书》卷212《刘仁恭传》只说仁恭好战、喜聚敛，不及《旧五代史》详细。

〔4〕据《通鉴考异》卷28引贾纬《备史》说，阿保机不受代是李克用教给他的；而越志忠《虏庭杂记》又说是受了韩知古、王都诸人的劝谏。

〔5〕盐对牧游民族来说，为重要食品。《黑鞑事略》"其味盐一而已"。汉人知道制盐也是阿保机利用汉人与汉人合作的一个主因。

诸部以为然,共以牛酒会盐池。阿保机伏兵其旁,酒酣伏发,尽杀诸部大人,遂立,不复代。

《五代史记》这一段的叙述,带有传说意味,可以看作北宋人记契丹史事的代表。我们现在看起来,这一段中有下列几个问题,都是值得提出来研究的。如(1)刘仁恭每岁霜落烧秋草,使契丹马多饿死,不敢入寇的问题。[1] (2)刘守光暴虐,幽涿等地民不聊生,相率下关东,迁入契丹的问题。[2] (3)阿保机不受代,是否受汉人劝说的问题。[3] (4)阿保机俘汉人置城,使汉人安居,自为一部的问题,和最后汉城是地名或是类名,应当如何解释的问题。以上几个问题,都是有重大意义的问题。现在我们先将最后这一个问题提出来从事讨论,就是阿保机在独立建国时代所凭借的"汉城"应当如何解释?

7.2　汉城为专有名词说

我们先考察前人对汉城曾有过什么样的解释。旧日的解说只承认汉城是一个专有名词,就是一个城的名称。位置是炭山的东南,滦河岸上。那里富有盐铁之利,即是后魏的滑盐县。《五代史记》如此说,《通鉴》也如此说,因袭《通鉴》、《五代史记》的《契丹国志》等,也都是如此说。《五代史记》的原文,上边已经引过了。《通鉴》卷266说:

阿保机姓耶律氏……特其强不受代。……七部劫之,求如约。阿保机不得已,传旗鼓。且曰:"我为王九年,得汉人多,请帅种落居'古汉城'与汉人守之,别自为一部。"七部许之。汉城故魏滑盐县也。地宜五谷,有盐池之利。

《契丹国志》卷23《并合诸部》下说:

---

[1]刘仁恭烧秋草困契丹兵的计谋见于《唐书》卷219《契丹传》。《旧五代史》卷137略同。烧草为游牧族的国禁,详见《黑鞑事略》第33节:"其国禁,草生而属地者,遗火而焚草者诛其家。"这样的政策,明代对东北的敌人也曾采用,谓之烧荒(见《明英宗实录》)。《日知录》卷29有"烧荒"条,专讨论此事。

[2]刘守光暴虐事见《旧五代史》卷135(详见上注)。

[3]见贾纬《备史》与赵志忠《虏庭杂记》下。

·欧·亚·历·史·文·化·文·库·

汉城在炭山东南，滦河上有盐铁之利。乃后魏滑盐县也，其地可植五谷。

《契丹国志》抄袭《五代史记》卷72，可以不论。《通鉴》和《五代史记》所不同的只是：第一，《五代史记》对汉城的地望，解说较详；第二，《五代史记》说是"汉城"而《通鉴》则是说"古汉城"。但是主要点则完全相同，即是："汉城是地名，在后魏时代，叫作滑盐县。"

这种解释在《辽史》上，也是有类似的证据的。《辽史》卷60《食货志》卷29说：

盐筴之法，则自太祖以所得汉民数多，即八部中分古汉城，别为一部治之。城在炭山南，有盐池之利，即后魏滑盐县也。

据《魏书》卷106《地形志》渔阳等郡，并没有滑盐县。《辽史》似不应有汉城是后魏滑盐县的记载。就《食货志》与《地理志》所说汉城的根本不同，可知我们的怀疑是应当有的（详下）。《辽史·食货志》说汉城是后魏的滑盐县，似是抄袭北宋人的成说。就原书著成的先后说：《辽史》著成在元顺帝至正四年（1344）三月，《五代史记》在宋神宗熙宁五年（1272）以前，《通鉴》在宋神宗元丰七年（1084），《辽史》成书在后。或者当时分撰的人志在求全，把看熟的《通鉴》和《五代史记》中的这一句即"后魏滑盐县也"顺便采入。这一句就全文看也有注解的意味。许多汉城中或许有一处是地名，位置在炭山的附近，但不能用以解释《辽史·地理志》等中的许多汉城。

至于我们想知道炭山附近的汉城在何地？当考定以下的两个问题：一是滑盐县的建置如何？二是汉城与炭山的关系如何？

就建置沿革说，滑盐县是不始于后魏的。《汉书》卷28下《地理志》：渔阳郡，户六万八百二，口二十六万四千一百一十六。［领］县十二。最末一县曰滑盐。是滑盐县见于官书，远在汉代。据《通鉴》卷266注，我们知道滑盐县"后汉明帝改曰盐田"。又说："《水经注》：'大榆河自密云城南，东南流经后魏安州，旧渔阳郡之滑盐县'。"作《水经注》的郦道元是5世纪后魏的人，他说：旧渔阳郡之滑盐县也可以作为魏之前已有滑盐县的一个旁证。[1] 顾祖禹《读史方舆纪要》卷18《直隶九》,"万全都指挥使司","兴和守御千户·炭山"下即直指出宋人以炭山南盐泊为后魏滑盐县是一种错误。他说:"滑盐本汉县,属渔阳郡。《魏志》不载滑盐县宋氏(指宋白)误也。今大宁以东,皆汉北平辽西两郡地。地肥饶,宜五谷,有盐泽、盐场。所谓汉城,亦概言之耳。"顾氏的见解,很近于我们现在以"汉城为类名"的假定。许多汉城中或许有一处是古代的滑盐县的旧址,但不能说汉城即等于古代的滑盐县。他是专考地名沿革的,或不注意关内幽涿一带汉人在辽初开辟热河的经过,及热河在10世纪初年汉人聚落发达的情形。不然的话,他一定对当地的汉城能另立一种新的解释。

至于"汉城"与炭山的关系,日本已故史学家箭内亘博士曾有文专门讨论这个问题,题目叫作"辽代之汉城与炭山",[2] 专从记载上考证汉城与炭山两地的所在地,断定汉城与炭山即是《大清一统志》卷409之二所说的"石头城子"。土人呼为"齐龙巴尔哈孙"。[3] 城周一里半,门四。明初为开平西南第四驿,在独石口北37里。他所根据的汉文史源,共有7种,详见如下:

(1)阿保机居汉城在檀州西北五百五十里。城北有龙门山,山北有炭山,炭山西是契丹室韦二界相连之地。其地滦河上源,西有盐泊之利,则后魏滑盐县也。(宋白《续通典》、《辽史拾遗》卷1所引)[4]

(2)《新五代史》卷72"四夷附录契丹"。(见上)

---

〔1〕《历代地理志韵编》卷10—14"盐","滑盐下",也仅注"西汉县,属渔阳郡,今直隶承德府西南"。虽不精确,而大致以正史官书为依据。由是使我们知道李兆洛也不知道后魏有"滑盐县"。商务印书馆出版的《中国古今地名大辞典》(第1035页)说:"滑盐县,旧治在今热河承德县南,当即依据《地理志韵编》。"

〔2〕初刊印于《东洋学报》第11卷第3号,第414–424页。又见收于他的《蒙古史研究》,第823–837页。

〔3〕原注 Tsilon Balgasun 即石城之义。"齐龙"当即蒙古语"齐拉襄"石头之异译。《至元译语》译石头为"赤老",与齐龙音近。

〔4〕原注如此。"《通鉴》"当为"《续通典》"之误。《宋史》卷207《艺文志》有宋白、李宗谔《续通典》200卷,唯据《四库提要》卷81,原书早佚,最早引用这一段的非《辽史拾遗》而是《通鉴》卷266注。

（3）《辽史》卷60《食货志》。（见上）

（4）炭山又谓之陉头，有凉殿。承天皇后纳凉于此山。东北三十里有新凉殿，景宗纳凉于此。唯松栅数陉而已。（《辽史》卷41《地理志》之"西京道"，"归化州"）

（5）太祖三年五月甲申，置羊城于炭山之北，以通市易。（《辽史》卷1《太祖纪》）

（6）"榷场"国初于西北招讨司之燕子城，北羊城之间，尝置之，以易北方牧畜。（《金史》卷50《食货志·榷场》）[1]

（7）柔远……有燕子城，国言曰"吉甫鲁湾苑"。北羊（原作比羊，恐误）城，国言曰"火呢（原作唵，恐误）榷场"。（《金史》卷24《地理志》"西京路·抚州"条注）[2]

由此可知，自欧阳修到箭内博士，都把汉城当作地名。古时候叫做滑盐县，辽初叫作汉城，位置在炭山附近，有盐池之利。这只是一种侧面的解释，而不是辽初热河一带汉城的正确解释。辽初热河一带，实不止一个汉城。辽初关外新兴的汉城甚多，和我国各省的"满城"、"回回街"一样。《辽史·地理志》对汉城有很显然的说明。在许多汉城中，容或有一处是地名，在炭山附近，有盐池之利。但是汉城在辽初的正解，实在是一个类名，即是"汉人居住的城"而不仅是一个地名。

7.3　汉城是类名：即是汉人住的城

照我们的解说，汉城是类名，即是汉人住的城。《辽史》卷37至39《地理志》说到汉人住的地方叫作汉城的，有以下几处。

7.3.1　上京临潢府的汉城

《辽史》卷37《地理志·上京道》说：

上京太祖创业之地，负山抱海险足以为固。地沃宜耕植，水草

---

〔1〕"榷场"二字原无，是作者为易于明白起见加上去的。

〔2〕箭内博士原文，征引甚博。参考旧籍除上引《续通典》、《辽史》等以外，尚有《口北三县志》，《大清一统志》等，大体论证甚精。容当设法译成汉文，供我国学者研究《辽史》时参考。

便畜牧。……城高二丈,不设敌楼橹,……国子监,监北〔有〕孔子
庙。……南城谓之"汉城"。南当横街各有楼对峙,下列井肆。
……南门之东有回鹘营,回鹘商贩留居上京,置菅居之。西南同文
驿,诸国信使居。

从上文可知当时上京城的居民,是聚族别居。北城是皇城,住契丹族;
南城是汉城,住中国人。回鹘营住回鹘商贩,另有住外国公使专使的同
文驿。"汉城南当横街,各有横对峙,下列井肆"。对汉城的描写,虽只
有 15 个字,却很足以表现当热河游牧大陆初建城市时,聚居汉人城市
的特色。(1)是有楼,而且不止一个,是各有楼对峙。或者即是仿幽州
城钟楼和鼓楼的式样。(2)是有横街。(3)是依楼下列市肆。鼓楼所
在地是汉城的中心,主要街市由此分布。现在北平、开封犹有这样的局
势。

至于整个的上京是仿照幽州建筑的,《辽史》卷 74《韩延徽传》、
《康默记传》也有明证。《韩延徽传》曾说:

韩延徽幽州安次人。刘守光为帅,延徽来聘。太祖(阿保机)
留之。……与语合,立命参军事。……乃请树郭,分市里以居汉人
之降者。又为定配偶,教垦艺。以生养之,以故逃亡者少。太祖初
元,庶事草创,凡营都邑,建宫殿,正君臣,定名分,法度井井,延徽
力也。为佐命功臣之一。

刘守光于唐昭宣帝天祐四年(907)为燕帅,这一年正是阿保机建
号的元年。韩延徽助阿保机树城郭,分市里,以居汉人之降者。当在
907 年以后[1]。他只是一位帮助阿保机安辑汉人的人,不是最早替阿
保机建筑都城的人。最早替阿保机尽心建筑都城的,是与韩延徽同传
的康默记。《辽史》卷 74《康默记传》说:

神册三年(918)始建都。默记董役人咸劝趋,百日而讫事。

这是汉人帮助阿保机筑城的一个显例。《辽史·地理志》说:上京高二

---

[1]《通鉴》卷 269"韩延徽聘契丹"在刘守光的末年(816)。而《通鉴考异》卷 29,则有 3 说:
一说在天祐中(924—907),一说在唐光化三年(900),一说在乾化元年(911)。《通鉴》的作者因
为事无显据,才附在刘守光的末年,并不能确定是在这一年。

丈,有东南西北各门,有国子监,有孔子庙,有皇城,有汉城。这和《五代史记》所说的"俘其人民,依唐州县置城以居之",与"阿保机率汉人耕种,为治城郭邑屋廛市如幽州制度",很相符合。

7.3.2　东京辽阳府的汉城

辽初东京辽阳府也有类似上京路临潢府所有的汉城。《辽史》卷38《地理志》二"东京道"说:

> 神册四年(917)葺辽阳故城,以渤海汉户建东平郡为防御州。城高三丈,有楼橹,幅员三十里。……外城谓之汉城,分南北市。"中为看楼"。晨集南京,夕集北市。[1] 街西有金德寺、大悲寺、驸马寺,铁幡竿在焉。……河朔亡命,皆籍于此。

这里的汉城,显然分为南北两市。市中心建筑一座看楼,分南北市为晨集的早市和夕集的晚市。看楼,也就是上边所说鼓楼一类的守望楼。市中建楼的作用:(1)便守望;(2)报时刻;(3)鸣警号(如火灾盗贼等);(4)易认识;(5)壮市容。北平的守望楼到现在还负有上边所说的5种任务。辽东京道的汉城中有看楼,更足补明汉城市中心建楼的动机与用处。这一点至关重要。就是这里明明白白地说:"河朔亡命,皆籍于此。"更是汉城是住汉人的城的证据。

7.3.3　中京道建州旁的汉城

专居住汉人的汉城,不仅是大都市,像上海临潢府,东京辽阳府才有,其他州城附近也有。《辽史》卷39《地理志》三"中京道建州下"曾有这样一段的记载:

> 建州,保静军,上节度。唐武德中(618—626)置昌乐县,太祖完故垒置州。汉乾祐元年(948)故石晋太后诣世宗求于"汉城"侧耕垦自瞻,许于建州南四十里给地五十顷,营构房室,创立宗庙。

依据这一条记载我们可以推知,当时重要州军、聚居汉人的汉城,

---

[1]《辽史》卷60《食货志》下也说:东平郡城中置看楼,分南北市。禺中交易市北,"午漏下交易市南"。又卷2《本纪》下,[神册]四年(919)春二月修辽阳故城。以汉民渤海户实之,改为东平郡置防御使。均可与这一段参考。并可知以渤海汉建州之渤海汉户,是渤海人与汉人。不是住在渤海的汉户。

决不止建州一处。不过他州没有居留像石晋太后那样的贵客,虽有迁移情事,不见官书,《辽史·地理志》没有记载罢了!巧得很,热河的开辟,是汉人的势力向北扩张。就以许于"建州南四十里给地五十顷"的一句话说,使我们知道建州的汉城,位置和上边的汉城相似,也在城南。这或者因为汉人是从南方迁来的。

7.3.4 上京附近西楼的汉城

以上 3 处,俱见于《辽史·地理志》。据《旧五代史》卷 137《外国传·契丹传》,知道上京道的西楼,城南也有一个汉城。《旧五代史》卷137 说:

> 天祐末(906)以后,安巴坚(阿保机)乃自称皇帝,署中国官号,其俗旧随畜牧,素无邑屋,得燕人所教,乃为城郭宫室之制于漠北。……其邑曰西楼,邑屋皆东向,如车帐之法。城南别作一城,以实汉人,名曰汉城,城中屋佛寺三,僧尼千人。

《旧五代史》作于 974 年,与阿保机称帝的那一年(916)相去约 58 年。从这段简单地叙述中,我们可以知道:(1)契丹的旧俗是从事畜牧,没有邑屋。(2)热河,荒原有城郭宫室之制,是从燕人学来的。(3)西楼依契丹人拜日的风尚,邑屋皆东向,如车帐的样子。(4)西楼的南边别作一城,以住汉人,叫作汉城。(5)城中有 3 个佛寺,住有 1000 个和尚、尼姑。

甲国人记乙国的事情,易流于快意而失真。上边说过宋人记契丹人的事迹,除同时人留有出使报告或旅居契丹国的见闻记(如姚坤的出使报告、胡峤的《陷虏记》等)以外,非《辽史》有征,不宜轻信。《旧五代史》所说的西楼汉城,《辽史》上实有很明显的旁证。西楼的地址,依《辽史》卷 37《地理志》是在上京道的祖州。祖州的城确有内城外城的分别,是可以与《旧五代史》所说的西楼汉城互相印证的。《地理志·祖州》下说:

> 祖州天成军上节度,本辽右八部世没里地。太祖秋猎多于此。始置西楼,后因建城号祖州,以高祖昭烈皇帝,曾祖庄敬皇帝,祖孝简献皇帝,皇考宣简皇帝所生之地故名。城高二丈,无敌棚,幅员

九里。……西北隅有内城。东南横街，四隅有楼对峙，下连市肆。

"西北隅有内城。东南横街，四隅有楼对峙，下列市肆。"这不是与上边临潢的汉城，"南当横街，四隅有楼对峙，下列市肆"，简直是同一的样式么？《旧五代史》所说的汉城或者就是指，"东南横街、四隅有楼对峙"一带的地方说的。《辽史》这一段只说西北有内城，没说东南为外城。《旧五代史》所说西楼的汉城，当然即是对内城而言的外城了。

据同时人的记载，我们知道祖州去上京临潢府有40里。外城中住的中国人，流品甚杂，有各种工匠，有宦者，有翰林，有伎术教坊、角觝，有儒，有僧，有尼、道士。并、汾、幽、冀的人占最大多数。我们先举薛映《出使记》为例，《辽史》卷37《地理志》引"宋大中祥符九年（1016）"《薛映记》说：

> ［长泰］馆西二十里有佛舍民居，即祖州。又四十里至临潢府。……承天门内，有昭德、宣政二殿，与毡庐皆东向。[1]

这里所说，"西二十里有佛舍民居"，和二殿与"毡庐皆东向"，同《五代史记》所说的"屋皆东向，城中有佛寺"无不符合。

《辽史》卷37《地理志》又引《胡峤记》（即胡峤《陷虏记》）说：

> 上京西楼有邑屋市肆，交易无钱而用布。有绫锦诸工作，宦者、翰林、伎术、教坊、角觝、儒、僧、尼、道士［皆］中国人，并汾幽蓟为多。[2]

《五代史记》卷73引胡峤《陷虏记》，"儒，作秀才，道士下作"皆中国人，而并汾幽蓟之人尤多"。比《辽史》这一段所引更明白。《旧五代史》所

---

〔1〕《续资治通鉴长编》卷88："大中祥符九年九月，己酉，命枢密直学士，工部侍郎薛映为契丹国主生辰使，刘承宗副之。张士逊为正旦使王承德副之。映士逊始至上京。"下引自中京至"即有坚冰"一段，与《辽史·地理志》所录大同小异。唯《长编》此段与《契丹国志》卷24《富郑公行程录》全同。富弼出使在庆历二年（1042）此段当条出自薛映等的游记。薛映《东都事略》卷45、《宋史》卷305均有传，唯不详出使事。

〔2〕《胡峤记》，《五代史记》卷73称为《陷虏记》。《契丹国志》卷25称为《胡峤陷北记》，《宋史》卷203《艺文志》作《陷虏记》，卷204又作《陷虏记》，当系一书两见。惜原书不存，当以采入《五代史记》者比较详备。《辽史》所引此段当系采自《五代史记》卷73。胡峤初为同州郃阳令，946年以后，为辽将萧翰（《辽史》卷112有传）掌书记，947年随入契丹。周广顺三年（953）亡归中原，述旅辽所见为《陷虏记》。

说南部另有汉城,应当即是指这"并汾幽蓟之人尤多"的杂居的地方说的。元世祖喜欢称中国的士大夫为"秀才"。胡峤记称西楼的儒者为"秀才",或者当时本地人对儒服儒行的人,已有了这种称呼。

从上边新兴汉城中"各有楼对峙,下列井肆";或"分南北市"中为看楼;晨集南市"夕集北市"使我们联想到"鼓楼"或"看楼"与我国城市起源的关系。使我们知道鼓楼为城市繁华的中心:买卖集市在这里,商议守望在这里,评论物价在这里,迎神赛会也在这里。乃是全市中的伟大建筑,也是一城的特征。我国旧时建筑的城,最初都有表示繁华中心的鼓楼。重要街市,都以鼓楼作区分或命名的标准。位于鼓楼后的大街,叫作鼓楼后大街;位于鼓楼东西的大街,就叫作鼓楼东大街,或鼓楼西大街。鼓楼的作用和性质,实与欧洲中世纪以来各城市的市政会议厅,或大礼拜堂相仿佛。这种市政会议厅德文叫作 Rathaus 或 Stadthaus,英文叫作 Town-Hall(or City-hall),也称为 Munieipale,位于全市中心。大都前有广场,下列井肆。从前是各行经纪人会商市上货物行情的地方,也是地面弹压机关和管理市政机关所在地。欧洲工商业没有发达以前,各城的"市政会议厅"大都设备简单:或仅筑看楼以便眺望;或附建炮楼以利守御;或置备信号以便警戒。实在和我国旧日都市中的鼓楼、城隍庙以便利守望,集合赛会,壮美市容者大致相似。所以欧洲城市的特色是市政会议厅、大礼拜堂、宫堡。我国城市的特色是钟鼓楼、文昌阁、孔子庙和城隍庙。鼓楼实在是汉城重要特色的一点。这是 10 世纪初年游牧区域的热河所没有的,所以能引起当时人的注意。城地是汉人建筑的,式样是模仿幽州,居民不是"河朔亡命",即是"并、汾、幽、蓟之人尤多"的三教九流。契丹人叫这样的城为汉城,那不是很当然的吗?

7.3.5 汉城的旁证

《辽史·地理志》所载,实在类似上边所说的汉城而没有明白说是汉城的,又有下列诸城。

7.3.5.1 中京道大定府有实以汉户的新城

《辽史》卷 39 说:"中京、大定府多大山,深谷险阻,足以自固。咸通（860—873）以后，契丹始大，奚族不敢复仇。太祖建国，举族臣属。圣宗(983—1030)常过七金山、土河之滨，南望云气，有乳郭楼阙之状，因议建都。择良工于燕蓟董役二岁，郛郭，宫掖楼阙，府库，市肆，廊庑拟神都之制。……统和二十年成之实以汉户，号曰中京，府曰大定。"同卷又引宋王曾《上契丹事》（即《契丹国志》卷24，《王沂公行程录》）说："中京大定府城垣卑小，方圆才四里。有市楼四。"

7.3.5.2　武安州有专居汉俘的杏埚新城

《辽史》卷39："武安州、唐沃州地。太祖俘汉民居木叶山下，因建城以迁之，号（杏埚新城）。"

还有一些实证。《辽史·地理志》卷374—341，分述五京州县建置的沿革：南京、西京以外，上京、中京是新开辟的，东京是乘渤海之旧，因势改建。上京道有府、州、城二十五，县十。东京道府虽有八十七，县只有九个。中京道也只有十州九县。当时所说的府、州、军往往同驻一城，或寄治一地，有名无实。这些七零八落的城寨，大部分是利用迁徙异地的民族，或所获俘虏建置的。就中有以下诸城的居民，全部或大部分是迁徙来的汉人，或从内地掳来的汉人俘虏。

第一，由全部汉人建置的城，有下列诸地。

（1）在上京道以内的，除上京祖州西楼的汉城以外又有下边的几个地方：①临潢县：太祖天赞初（元年为922年）南攻燕蓟以所俘人户，散居潢水之北。县临潢水，故以名。②乌州爱民县：拨剌王从军南征，俘汉民置县于此。③壕州：国舅宰相南征，俘掠汉民，居辽东西安平县故地，在显州东北220里。西北至上京720里。④原州：本辽东北安平县地，在显州东北300里。国舅金德俘掠汉民建城。西北至上京800里。⑤福州：国舅萧宁建。南征俘掠汉民，居北安平县地，在原州北20里。西北至上京780里。⑥顺州：本辽队县地，横帐南王府俘掠燕蓟顺州之民，建城居之。在显州东北120里，西北至上京900里。

（2）在东京道以内的，除辽阳东平郡防御州的汉城以外，用汉户建置的州、县、防御所，有以下各地：①宣州：开泰三年（1014）徙汉户置，隶保州宣义军节度使。②来远城：本熟女真地。统和中（983—1011）

代高丽以燕军骁勇,置两指挥,建城防戍。兵事属东京统军司。③宗州:耶律隆运以所俘汉民置,圣宗立为宗州。④海北州:世宗以所俘汉户置,地在闾山之西、南海之北。⑤贵德州:太宗时察割以所俘汉民置。⑥乐郊县:太祖俘蓟州三河民建三县,后更名。⑦灵源县:太祖俘蓟州吏民建渔阳县,后更名。⑧广州防御:开泰七年(1018)以汉户置。⑨棋州:祐圣军,太祖以檀州俘于此建檀州,后更名,隶弘义宫。(棋,《金史》卷24作祺。)⑩庆云县:太祖俘密云民于此建密云县,后更名。阿保机在什么地方掳来的汉民,就在热河、辽宁建立一个同名的州或县,大有东晋"侨置"州郡的意思。不过晋代的侨置某州某郡,是慰情聊胜于无的举动。阿保机的侨置与东晋相反,目的在慰俘虏,夸战功罢了。⑪遂州:采访使耶律颇德以部下汉民置。⑫顺化城:开泰三年以汉户置。⑬衍州:以汉户置。⑭连州:以汉户置。

(3)在中京道内,除大定府武安州、建州以外,用汉户建置的州、县、防御所有以下各地:①惠州:太祖俘汉民数百户,于兔麛山下创城居之。②榆州:太宗南征,横帐解里以所俘镇州民置。③泽州:太祖俘蔚州民立塞居之,采炼陷河银治,隶中京留守司④北安州:圣宗以汉户置,属中京。⑤兴中府:治柳城为奚所据。太祖平奚及俘民,将建城,命韩知方择地。乃完葺柳城号霸州彰武军节度使。⑥兴中县:太祖掠汉民居此,建霸城县。⑦宣州弘政县:世宗以定州俘户置。民工织紝,多技巧。

第二,辽史地理志所述,由汉人与他民族合居而建的城寨,有下列诸地。

(1)在上京道内的有长泰县等8处:①长泰县:本渤海国长平县民。太祖伐大諲譔先得是邑,迁其人于京西北,与汉民杂居。②定霸县:本扶余府强师县民。太祖下扶余迁其人于京西,与汉人杂处,分地耕种。③潞县:本幽州潞县民。天赞元年(922)太祖破蓟州,掠潞县民布于京东,与渤海人杂处。④怀州:奉陵军,上,节度使。本唐归诚州。太宗行帐牧放于此。天赞中(太宗)从太祖下龙泉府俘其人筑寨居之。会同中(938—946)掠燕蓟所俘亦置此。⑤长春县:本混同江地,燕蓟犯罪者流配于此。⑥龙化州：东楼，本汉北安平县地。契丹始祖奇首可汗居此，称龙庭。太祖于此建东楼，唐天复二年（902）太祖为迭烈部夷杂菫，破代北，迁其民，建城居之。明年（903）伐女真俘数百户实焉。⑦龙化县：太祖东伐女直，南掠燕蓟，以所俘建城置邑。⑧镇州：为辽代"边城防"之一。"因屯戍而立，务据形胜，不资丁赋。"有渤海、女直、汉人流配之家700余户，分居防州、维州。另"选诸部族二万余骑充屯军"，"专捍御室韦、羽厥等国"。这里所说的屯军，或者即是《辽史》、《金史》中所说的紏军？

（2）在东京道与中京道内的，有信州等3处：①信州：本渤海故怀远府，圣宗以地邻高丽，开泰初（1012）以所俘汉民实之。②黄龙府：本渤海扶余府，太祖平渤海至此崩，有黄龙现，更名。保宁七年（975）府废。开泰九年（1020）迁城于东北，以宗州、檀州汉户复置。③严州：太祖平渤海，迁汉户杂居兴州境。圣宗于此建城，隶弘义宫。

以上是辽初用全部汉人（或一部分汉人）建置的州、县、防御所。就初建的上京、东京、中京三道说，已有38处。而临潢府、辽阳府建州和西楼的汉城，尚不在内。这几十处都有被称为汉城的资格。也可以看出，在10世纪初年关外新建置城，实如雨后春笋，一时蓬蓬勃勃的气象。阿保机利用这些汉城，先自己独立，后建立国家，自然是一种很贤明的政策。就以他喜欢俘虏汉民，建置新城寨说，也是他要利用这些汉人的实证。至于上京、东京、中京三道以外的南京道、西京道，也各有若干用内地俘虏建置的城邑，像南京道的平州、滦州、营州，西京道的金肃等。因为无关汉城在热河、辽宁发达情形的说明，均从缺略。

7.4　结论

总结上述，我们对于10世纪初年阿保机建国时代热河辽宁一带的汉城，有了更明确的认识从而可求得以下的结论：

（1）汉城是由"汉人聚居的城寨"而得名。除了炭山旁边的汉城，或为西汉的滑盐县故地，有因地得名的可能以外，当时的汉城应是一个类名。应解作是"汉人居住的城"。

（2）当时推行到热河辽宁一带的汉城完全保持关内汉城的特点，有城墙，有楼橹，四面有门；街市中心有中国式的钟鼓楼。所以上京汉城有对峙的楼，祖州西楼汉城有"隅楼"，东京辽阳府的汉城市中心有"看楼"，中京大定府有"市楼"（见《沂公行程录》，《契丹国志》卷23，《辽史》卷39），这些形式和关内各都市，如北平、南京、开封的钟鼓楼相一致。市楼的用处在便利守望，报告时刻，通告警讯（如火警，盗贼等等），会商市价，举行迎神赛会，壮美市容。与欧洲大陆各城市的市政会议厅创立的雏形相似，为我国城市的一大特色。

（3）就建筑说，看楼以外有孔子庙、国子监，有佛寺（如金德寺、大悲寺、驸马寺等），有驿（有同文驿、监黄驿等），有宗庙（建州汉城下）。中国风的建筑，应有尽有。

（4）就市容及市的组织说：有中心区，以楼表示交通的冲要，楼下列肆。有南北横街，有早市和晚市，又有内城和外城。汉城的位置，普通都在城的南部。

（5）就汉城的居民说：东京汉城的居民，大部分是河朔的亡命。西楼汉城的民，据同时人的记载（胡峤《陷虏记》）所说：有织绫锦的工匠，有宦者，有翰林，有教坊，有杂要，有秀才、和尚、尼姑、道士，九流三教，无所不备，而并汾幽蓟迁来的人尤多。

（6）从上述第3例（建州旁的汉城说）可推知当时热河各城住民种杂，聚族别居。热河一带新兴城市的南边，外有汉人聚居的区域。这些区域，往往被人称为汉城。《辽史》的建州汉城只是一个举例。

（7）就上所举38处，用汉户建置的州邑说当时契丹新建的汉城，不仅起于汉人因刘守光暴虐，从幽涿等地自动迁出关外，实在也由于阿保机和他们的部族想利用汉人，强掠汉民携归建城。这样的38个地方，实在都有被称为"汉人城"或"汉人寨"的可能。也可见阿保机建国时代，所凭借的汉城其数实多。引起宋人所注意的炭山旁的汉城，实不过是许多汉城中的一个罢了。

凡是两种文化不同的民族，无论是语言不同，生活习惯不同，宗教不同，或者人种不同，经过互相接触，都可以发生"聚族别居"的现象。接触的地域在都市，则分区聚居，各保一方；接触的地点在乡镇，则各立一堡、一村，不相混合。接触的初期这种聚族别居的分野，自然更形显著。辽初上京、东京、中京三道的汉城，就是由这种"聚族别居"的事实产生出来的。欧洲18世纪以前的犹太街、犹太城，美国城市住居我国侨胞的唐人街，清代北平的分内城、外城，内地都市的回回营，各州县的回回街，一切等等，也都是两种民族初期接触时聚族别居的应有现象。历史上的史实，是有"特殊的"与"一般的"分别的。特殊的史实，多属偶发的事变，是单一的，一现而不再现的。一般的史实，在类似的状况之下，一再重复，虽彼此不全相同，而事态的近似，可以令人不言而喻的感觉乙事是类似甲事。许多契丹大人中，独有阿保机知道利用汉人，这件事是带有特殊性、单一性的。但是汉人与契丹人初相接触，聚族别居，自为汉城则全受历史因果关系的支配。《辽史·地理志》上京、东京、中京三道的汉城，实在只是两种民族初期接触聚族别居，一般现象中的一种实例。

（原载《国学季刊》第5卷1号，1935年；后收入《东北史论丛》上册，台湾正中书局1959年版）

8　八旗制度考实

孟　森

　　清一代自认为满洲国,而满洲人又自别为旗人,盖即以满为清之本国,满人无不在旗,则国之中容一八旗,即中国之中含一满洲国,未尝一日与混合也。然自清入中国 267 年有余,中国之人无有能言八旗真相者。既易代后,又可以无所顾忌,一研八旗之所由来,即论史学亦是重大知识。

　　浅之乎视八旗者,以为是清之一种兵制,如《清史稿》以八旗入《兵志》是也。夫八旗与兵事之相关,乃满洲之有军国民制度,不得舍其国而独认其为军也。至《食货志》亦有八旗丁口附户口之内,稍知八旗与户籍相关矣,然言之不详,仍是膜外之见,于八旗之本体,究为何物,茫然不辨。则以其蜕化之迹已为清历代帝王所隐蔽,不溯其源,无从测其委,以其昏昏而欲使人昭昭,宜其难也。

　　八旗者,太祖所定之国体也。一国尽隶于八旗,以八和硕贝勒为旗主,旗下人谓之属人,属人对旗主有君臣之分。八贝勒分治其国,无一定君主,由八家公推一人为首长,如八家意有不合,即可易之。此太祖之口定宪法。其国体假借名之,可曰联邦制,实则联旗制耳。太宗以来,苦心变革,渐抑制旗主之权,且逐次变革各旗之主,使不能据一旗以有主之名,使各旗属人不能于皇帝之外复认本人之有主。盖至世宗朝而法禁大备,纯以汉族传统之治体为治体,而尤以儒家五伦之说压倒祖训,非戴孔、孟以为道有常尊,不能折服各旗主之禀承于太祖也。世宗制《朋党论》,其时所谓"朋党",实是各旗主属之名分。太祖所制为纲常,世宗乃破之为朋党,而卒无异言者,得力于尊孔为多也。夫太祖之训亦实是用夷法以为治,无意于中夏之时有此意造之制度,在后人亦可

·欧·亚·历·史·文·化·文·库·

谓之乱命。但各旗主有所受之，则凭借固甚有力，用儒道以易之，不能不谓大有造于清一代也。夫儒家名分之说在中国有极深之根底，至今尚暗资束缚者不少耳。

凡昔人所纪之八旗，若明末，若朝鲜之与清太祖、太宗同时所闻，皆非身入其中，语不足信；而清代官书则又抹杀实状，私家更无述满洲国本事者。故求八旗之真相，颇难措手。但言清事，非从清官书中求之不足征信，于官书中旁见侧出，凡其所不经意而流露者，一一钩剔而出之，庶乎成八旗之信史矣。

八旗之始，起于牛录额真。牛录额真之始，起于十人之总领。十人各出箭一支，牛录即大箭，而额真乃主也。此为太祖最初之部勒法。万历十一年癸未，太祖以父遗甲十三副起事，自后即有牛录额真之部伍。吞并渐广，纠合渐多，至万历二十九年辛丑，乃扩一牛录为300人，而牛录额真遂为官名，盖成率领300人之将官。当时有四牛录，分黄、红、蓝、白四色为旗，盖有训练之兵1200人矣。

征服更广，招纳更多，一牛录300人之制不变，而牛录之数则与日俱增。自二十九年辛丑至四十三年乙卯，所增不止女真部族，除夜黑外皆已统一，且蒙古、汉人亦多有降附，盖14年之间增至400牛录，则为百倍其初矣。于是始设八旗。蒙、汉虽自为牛录，犹属于一个八旗之内，而八旗之体制则定于是。后来蒙、汉各设八旗，不过归附之加多，于八旗建国之国体毫无影响。此《会典》及《八旗通志》等官书所能详。毋庸反复钩考矣。

《武皇帝实录》："辛丑年，是年，太祖将所聚之众每三百人立一牛禄厄真管属，前此凡遇行师出猎，不论人之多寡，照依族寨而行。满洲人出猎开围之际，各出箭一支，十人中立一总领，属九人而行，各照方向，不许错乱。此总领呼为牛禄（华言大箭）厄真（厄真，华言主也）。于是以牛禄厄真为官名"。

又："乙卯年，太祖削平各处，于是每三百人立一牛禄厄真，五牛录立一扎拦厄真，五扎拦立一固山厄真，固山厄真左右立美凌厄真。原旗有黄、白、蓝、红四色，将此四色镶之为八色，成八固山。"

《武皇帝实录》文本明了，不明则附注，颇详原始。其后改修《高皇帝实录》，屡修而屡益不明。

《八旗通志》："太祖高皇帝初设四旗。先是癸未年，以显祖宣皇帝遗甲十三副征尼堪外兰败之。又得兵百人，甲三十副。后以次削平诸部，归附日众。初，出兵校猎，不论人数多寡，各随族长屯寨行。每人取矢一，每十人设一牛录额真领之。至辛丑年，设黄、白、红、蓝四旗，旗皆纯色，每旗三百人，为一牛录，以牛录额真领之。（原案云："谨案是年为编牛录之始，嗣后设固山额真、梅勒章京、甲喇章京等官。梅勒章京等名，自天聪八年四月辛酉始定，惟固山额真存。"）雍正二年，以八旗都统印信'额真'二字作主字解，非臣下所得用，改为固山谙班。兹谨按年月，于改定以后书新名，改定以前仍旧称，以昭初制"。甲寅年（《高皇帝实录》作乙卯），始定八旗之制，以初设四旗为正黄、正白、正红、正蓝，增设镶黄、镶白、镶红、镶蓝四旗，为八旗。（原注："黄、白、蓝均镶以红，红镶以白。"）每三百人设牛录额真一，五牛录设甲喇额真一，五甲喇设固山额真一，每固山设左右梅勒额真各一，以辖满洲、蒙古、汉军之众。时满洲、蒙古牛录三百有八，蒙古牛录七十六，汉军牛录十六。"

以上三百有八牛录中，有满洲、蒙古牛录，当是满、蒙混合之牛录；七十六蒙古牛录，则为纯粹之收编蒙古牛录。当设四旗时，牛录额真以上无统辖之上级官，知其初即以一牛录为一旗。后来牛录之数滋多，甲喇固山，层累而上，亦必不俟乙卯而始有上级之统辖，特至乙卯始勒定制度耳。

八旗各有旗主，各置官属，各有人民，为并立各不相下之体制。终太祖之世，坚定此制，不可改移。太宗不以为便，逐渐废置，使稍失其原状，而后定于一尊，有为君之乐。己身本在八大贝勒之列，渐至超乎八贝勒之上，而仍存八贝勒之名。既涂饰太祖之定法，又转移八家之实权，期间内并诸藩，所费周折与外取邻敌之国相等，然其遗迹未能尽泯。至世宗朝而后廓然尽去其障碍，盖以前于太祖设定之八家，能以其所亲

·欧·亚·历·史·文·化·文·库·

子弟渐取而代之；至世宗则并所亲之子弟亦不愿沿袭祖制，树权于一尊之外，此又其更费周章者也。

终清之世，宗室之待遇，有所谓"八分"。分字去声。恩礼所被，以八分为最优。故封爵至公，即有入八分、不入八分之别。此所谓八分，亦只存太祖时建立八家之迹象。八分为旧悬之格，无固定之八家。故宗室尽可以入八家或不入八家也。

> 《宗人府事例》封爵："九不入八分镇国公，十不入八分辅国公。"案语云："谨案：天命年间，立八和硕贝勒，共事议政，各置官属。凡朝会、燕飨，皆异其礼，赐赉必均及，是为八分。天聪以后，宗室内有特恩封公及亲王余子授封公者，皆不入八分。其有功加至贝子，准入八分。如有过降至公，仍不入八分。"

八和硕贝勒，世无能尽举其名者，实则其名本不全定。且和硕贝勒亦本无此爵名，而即沿以和硕贝勒为称，亦竟无八人之多。盖许为旗主，即称为和硕贝勒；即未必许为旗主，对外亦常以八和硕贝勒为名号。此皆由太祖定为国体，不得不然。入关以后，乃不复虚称八和硕贝勒，但旗主之实犹存，至雍正朝乃去之耳。

> 《东华录·太宗录》首："丙辰年，太祖建元天命，以上及长子代善、第五子莽古尔泰、弟贝勒舒尔哈齐之子阿敏，并为和硕贝勒。国中称代善大贝勒，阿敏二贝勒，莽古尔泰三贝勒，上四贝勒。（清《国史》旧《代善传》载此事尽同。）"

据此，八和硕贝勒中，有明文授此爵者为四人，而太宗居其一，且以齿为序而居最后。今考之《太祖实录》，则并无此明文。而天命元年未建号以前之劝进，已称由此四大贝勒为领袖，则以为建元时授此爵者，亦不成文之赏典也。《东华录》所据之《实录》云然，仍以《东华录》证之：

> 《东华录·太祖录》："天命元年丙辰（明万历四十四年），春正月壬申朔，大贝勒代善、二贝勒阿敏、三贝勒莽古尔泰、四贝勒贴黄及八旗贝勒大臣，率群臣集殿前，分八旗序立。上升殿，登御座。贝勒大臣率群臣跪，八大臣出班跪进表章。侍卫阿敦、巴克什额尔德尼接表。额尔德尼前跪，宣读表文，尊上为覆育列国英明皇帝。

于是上乃降御座，焚香告天，率贝勒诸臣行三跪九叩首礼。上复升御座，贝勒大臣各率本旗行庆贺礼。建元天命，以是年为天命元年。时上年五十有八。"

《录》载此时已序大、二、三、四贝勒，则以四人为和硕贝勒，应早在其前。又以此四贝勒冠八旗贝勒之上，似四大贝勒之分高出八旗。此皆昧乎太祖时八旗八和硕贝勒之事实。

乾隆四年修订之《太祖高皇帝实录》，大致与《东华录》同，而所叙四大贝勒，则更含混至不可通。《录》云："丙辰正月壬申朔，四大贝勒、代善、阿敏、莽古尔泰及八旗贝勒大臣。"此以"四大贝勒"四字当太宗，若不知太宗与诸兄合称四大贝勒者，愈改愈不合。

《武皇帝实录》最近真相。《录》云："丙辰岁正月朔甲申（日误，应从后改本作壬申），八固山诸王率众臣聚于殿前排班。太祖升殿，诸王、臣皆跪。八臣出班进御前，跪呈表章。太祖侍臣阿东虾（虾为满语侍卫）厄儿得溺榜式（榜式即巴克什，皆由汉文博士之音译，后来作笔帖式，亦此音变）接表。厄儿得溺立于太祖左，宣表，颂为列国沾恩英明皇帝。建元天命。于是离座当天焚香，率诸王、臣三叩首，转升殿。诸王臣各率固山叩贺正旦。时帝年五十八矣。"

统称八固山诸王，固山即旗，当时自表尊大，对汉称王，对满称贝勒，原无差异，但系随意自尊，无所谓爵命。于太祖则尊之曰皇帝，八旗旗主亦皆称王，皆随意为之之事。所叩贺者原系正旦，亦更不知有登极之说。自此以下，更不言于诸王有所封拜，而代善以下四人，则于后此二年，时已当天命三年，直犯明边，袭破抚顺、清河时，称之曰大王、二王、三王、四王，从此常以此为称。则当天命初年，实于八固山中尤重视此四子，则确矣。

清一代封爵制定，原无和硕贝勒一爵。盖自崇德改元，始有模仿帝制之意，而封爵有亲王之名，即仿明制。后更斟酌明宗室封爵，定为十四等，等级较明为多，而待遇实较明为薄。明皇子必封亲王，且有国可就，亲王诸子又必封郡王。清皇子封王，除开国八王外，例不世袭。迄光绪中叶以前,破例只一次,即世宗所特异之怡贤亲王也。封王无国,虽其降袭多贝勒、贝子两等,然皇子受封,或仅封公,而并不得贝子。虽亦旋有晋等,乃以示功过赏罚之权,无子孙必贵之例。此亦见清开国以后,能以明宗禄之病国为戒,自为长治久安之虑。而天聪以前之所谓和硕贝勒,实即后来之亲王,且即与国君并尊。此非详考不能见也。

清宗人府封爵之等十有四:一和硕亲王,二世子,三多罗郡王,四长子,五多罗贝勒,六固山贝子,七奉恩镇国公,八奉恩辅国公,九不入八分镇国公,十不入八分辅国公,十一镇国将军,十二辅国将军,十三奉国将军,十四奉恩将军。皇子之封,降至辅国公世袭。亲王以下余子之封必考授,且降至奉恩将军乃世袭。

明《诸王传》首:明制:皇子封亲王,亲王嫡长子年及十岁,立为王世子,长孙立为世孙。诸子年十岁,封为郡王,嫡长子为郡王世子,嫡长孙则授长孙。诸子授镇国将军,孙辅国将军,曾孙奉国将军,四世孙镇国中尉,五世孙辅国中尉,六世以下皆奉国中尉。皇子皆世袭亲王,亲王诸子皆世袭郡王,郡王诸子乃降至奉国中尉世袭。

观清代所定宗室封爵,和硕之号,只冠于亲王,贝勒所冠之号只有多罗字样,与郡王同。又崇德以前,清不封亲王,崇德改元,仿明制而封亲王,并稍定亲王以下之宗室封爵。顺治九年,始仿明制设宗人府,即于此时斟酌明宗人府所掌封爵之制,而行清一代之制。其先清之大政皆出八和硕贝勒所议行,宗人府所掌其一也。

《清史稿·职官志》宗人府:"初制,列署笃恭殿前,置八和硕贝勒共议国政,各置官属。顺治九年,设宗人府。"

此所叙宗人府之原始,乃天聪以前事,笃恭殿为天聪以前原名,笃恭殿前之列署乃天聪以前之旧制。太祖都沈阳后,以迄天聪,所营宫阙无外朝与内廷之别,笃恭殿即正寝,亦即正朝。所谓列署,即殿前东西各五楹之屋。崇德二年,始建外朝,以宫前已临大道,无地可拓,乃于宫之东别建一殿,谓之大政殿。左右列署十。而笃恭殿亦改名崇政殿,左右屋但名朝房,不为列署。凡此因陋就简,皆见清创业时,实亦能撙节以养战士,无致美乎宫室之意。

  《清一统志》盛京宫殿:"大政殿,在大内宫阙之东,崇德二年建,国初视朝之大殿也。殿制八隅,左右列署十,为诸王大臣议政之所。又大内宫阙,在大政殿之西,南北袤八十五丈三尺,东西广三十二丈二尺,正门曰大清门(崇德元年始改国号曰清,则此门名亦太宗时所定)。太祖时于门砌旁设谏木二,以达民隐。朝房东西楹各五。旧制,正殿曰崇政殿,原名笃恭殿。"

当清代未有宗人府未定封爵制之前,并崇德未改元未知模仿帝制之前,所谓贝勒,乃沿女真旧有尊称;所谓和硕,据满洲语译汉为方正之"方"字。初以此为美名而取之,其后则贝勒之上既累亲王、郡王两级,仍以和硕冠亲王,明乎亲王即以前之贝勒也。后来之贝勒只冠多罗,与郡王同号,多罗在满语译汉乃"理"字,以此冠贝勒上,明乎后来之贝勒非以前之贝勒也。

  四大贝勒称和硕贝勒,原非若后来有封册之典。考清《国史》清初宗室《济尔哈朗传》:"幼育于太祖宫中,封和硕贝勒。天命十年十一月,同台吉阿巴泰等援科尔沁有功。"叙封和硕贝勒在天命十年前,则济尔哈朗乃太祖时和硕贝勒见有明文者。自余太祖之子侄,除四大贝勒外,皆称台吉。唯太祖长子以诛死之褚英,其长子都督(后改杜度)以天命九年封贝勒;代善一子岳讬、二子硕讬、三子萨哈廉,太祖七子阿巴泰、十子德格类、十二子阿济格,俱云天命十一年封贝勒;十四子多尔衮、十五子多铎,俱云初封贝勒,不书年,当俱是天命十一年太祖崩后。盖其时多尔衮年方十五,多铎方十三,其母被太宗逼从太祖死时,犹以此二子托于诸王,则其先固未有分府置官属之机会,而于太宗之嗣位,已以贝勒之名义在誓告天地之列。又太宗长子豪格,初封贝勒,天聪六年晋和硕贝勒。豪格之封贝勒,亦当是太祖崩时,《传》言其以从征蒙古功,不过叙所以封之之故。豪格亦与于太宗嗣位誓告诸贝勒之列。盖皆一时事。凡预于誓告者亦尽于以上数人。其杜度之贝勒,《传》称封于天命九年。是年二月十五日与科尔沁盟时,杜度尚称台吉,或封贝勒在其后。济尔哈朗之封和硕贝勒,《传》叙在天命十年前,然十一年四月初九领兵收喀尔喀人民，尚称济尔哈朗为台吉，则《传》文亦未必尽确，即使确矣，太祖诸子侄中，亦唯济尔哈朗一人为天命年间四大贝勒以外之和硕贝勒。合之天聪间豪格为和硕贝勒，清一代为和硕贝勒者不过六人，豪格尚不在天命间，则所云天命间之八和硕贝勒，皆为口语随意所命，无明文可据，凡为八固山之主，即是和硕贝勒。故求八旗之缘起，但当考其旗主，不当拘和硕贝勒之爵以求其人也。

天命间既以八和硕贝勒为后来永远隆重之八分，至天聪间，四贝勒已为君矣。然《东华录》："天聪八年正月戊子朔，上御殿，命孔有德、耿仲明与八和硕贝勒同列于第一班行礼。"此时第一班仍为八和硕贝勒，尤可见八和硕贝勒为八分之通名，既非天命间原有之人，当时四大贝勒原人，唯大贝勒在列，二贝勒四年幽禁，三贝勒六年死，四贝勒正位为君。至八固山之贝勒，则两黄、正蓝又归太宗自将，所云八和硕贝勒，其为永存之空名可知矣。

《八旗通志》蒙古佐领缘起云："天聪八年六月，以和硕贝勒德格类、公吴讷格所获察哈尔国千余户，分给八旗。"《德格类本传》不言其为和硕贝勒，而《八旗通志》中有此文。又《东华录》于德格类死时，亦书其衔为和硕贝勒，恐皆口语所命。而德格类之未尝独主一旗，但入其同母兄莽古尔泰之正蓝旗为贝勒，则自有证据详后。今且先详旗主。

八旗亦称八固山，此清代一定之制。然《太祖实录》中，一见"十固山执政王"之语，此非八旗之制曾有改移也，所叙为与蒙古喀尔喀五部誓词中称满洲国主并十固山执政王等，盖对外应具名者有十人，而此十人皆为旗主，知当时必有一旗不止一主之旗分。此应拈出，以征旗主之或有歧异。

《武皇帝实录》："己未天命四年十一月初一日，帝令厄革腥格、褚胡里、鸦希谄、库里缠、希福五臣，赍誓书，与胯儿胯（后改喀尔喀）部五卫王等，共谋连和。同来使至冈千色得里黑孤树处，遇五卫之王，宰白马乌牛，设酒肉血骨土各一碗，对天地誓曰："蒙皇天后土祐我二国同心，故满洲国主并十固山执政王等，今与胯儿胯部五卫王等会盟，征仇国大明，务同心合谋。倘与之和，亦同商议。

若毁盟而不通五卫王知,辄与之和,或大明欲散我二国之好,密遣人离间而不告,则皇天不祐,夺吾满洲国十固山执政王之算,即如此血出土埋暴骨而死。若大明欲与五卫王和,密遣人离间,而五卫王不告满洲者,胯儿胯部主政王、都棱洪把土鲁、奥巴歹青、厄参八拜、阿酥都卫、蟒古儿代、厄布格特哄台吉、兀把什都棱、孤里布什代大里汗、蟒古儿代歹青、弼东兔、叶儿登褚革胡里大里汉把土鲁、恩革得里、桑阿里寨布、打七都棱、桑阿力寨巴、丫里兔朵里吉、内七汉位征、偶儿宰兔、布儿亥都、厄滕厄儿吉格等王,皇天不祐,夺其纪算,血出土埋暴骨亦如之。吾二国若践此盟,天地祐之。饮此酒,食此肉,寿得延长,子孙百世昌盛,二国始终如一,永享太平。"

《武皇帝实录》此誓词,后经修改,删除太不雅驯之文,俱不足论。其十固山执政王,乾隆修《高皇帝实录》,改作十旗执政贝勒,尚存原义。《东华录》于第一见处改作八旗执政贝勒,第二见处删去,则窜改无迹。若由王氏以意所改,则太谬妄矣。

后复有帝与诸王焚香祝天,昆弟勿相伤害事。其所谓诸王,恰得八人,其四即四大贝勒,似此八人即所谓八和硕贝勒。但亦是一时之事,终太祖之世,所定八固山之贝勒,非此八人也。唯此祝词于清父子兄弟中,大有关系。

《武皇帝实录》:"辛酉,天命六年正月十二日,帝与带善、阿敏、蒙古儿泰、皇太极、得格垒、迹儿哈朗、阿吉格、姚托诸王等,对天焚香祝曰:'蒙天地父母垂祐,吾与强敌争衡,将辉发、兀喇、哈达、夜黑,同一语音者,俱为我有。征仇国大明,得其抚顺、清河、开原、铁岭等城,又破其四路大兵,皆天地之默助也。今祷上下神祇,吾子孙中纵有不善者,天可灭之,勿刑伤,以开杀戮之端。如有残忍之人,不待天诛,遽兴操戈之念,天地岂不知之?若此者,亦当夺其算。昆弟中若有作乱者,明知之而不加害,俱怀理义之心,以化导其愚顽,似此者天地祐之。俾子孙百世延长,所祷者此也。自此之后,伏愿神祇不咎既往,唯鉴将来。'"

此祝词以名告天者,自是国之主要人物。其人则四大贝勒之外,有德格类、济尔哈朗、阿济格、岳讬四人之名,正合八固山之数。此后有大事具名者,又不定是此八人。且太祖遗嘱中之各主一旗者,若多尔衮,若多铎,皆不在内。则八和硕贝勒随时更定,今尚非确定也。唯其告天之词谓:子孙有不善者,待天自灭之,勿自开杀戮。一念操戈,即天夺其算。又请神祇"不咎既往,唯鉴将来"。据此云云,乃忏其既往操戈之悔也。后来改本,渐隐约其词,无此显露。至《东华录》则全无此文。要其子弟中,先有推刃之祸,则可信矣。今以明纪载证之,太祖一弟一子,皆为太祖所杀,而《清实录》讳之:

> 《从信录》:"万历四十年十一月,奴儿哈赤杀其弟速儿哈赤,并其兵,复侵兀喇诸部。"《通纪辑要》文同。

> 黄道周《建夷考》:"初酋一兄一弟,皆以骁勇雄部落中。兄弟始登垅而议,既则建台,策定而下,无一人闻者。兄死,弟私三都督。酋疑弟二心,佯营壮第一区,落成置酒,招弟饮会。入于寝室,银铛之,注铁键其户,仅容二穴,通饮食,出便溺。弟有二名裨,以勇闻。酋恨其佐弟,假弟令召入宅,腰斩之。长子数谏酋勿杀弟,且勿负中国,奴亦困之。其凶逆乃天性也。"

> 《从信录》于万历四十一年末引《建夷考》,有云:"御史翟凤翀新入辽,疏称奴酋(从略)长子洪巴兔儿一语罢兵,随夺其兵柄,囚之狱。"

速儿哈赤,《武皇帝实录》作黍儿哈奇,后改舒尔哈齐。太祖杀之而并其兵,复侵兀喇诸部。盖速儿哈赤有私于兀喇,故杀之也。石斋谓奴酋有一兄一弟,此属传闻不确。太祖有四弟,同母者二。其母弟雅儿哈齐先卒无嗣,或以此误传为太祖之兄。至舒尔哈赤之不得于太祖,则《清实录》自有可征。石斋谓私三都督,三都督殆谓兀喇酋布占泰。太祖图兀喇,舒尔哈赤辄保持之。太祖兄弟之后母为兀喇女,太祖不得于后母,或舒尔哈赤不然。至布占太为兀喇酋,以其妹配舒尔哈赤。又舒尔哈赤两女,先后嫁布占太。太祖志灭兀喇,舒尔哈赤屡掣其计。以《清实录》证之:

> 《武皇帝实录》:"丙申年(万历二十四)十二月,布占太感太祖

144

二次再生,恩犹父子,将妹滹奈送太祖弟黍尔哈奇贝勒为妻,即日设宴成配。又戊戌年(万历二十六)十二月,布占太不忘其恩,带从者三百来谒。太祖以弟黍尔哈奇贝勒女厄石太妻之。盔甲五十副,敕书十道,以礼往送。”

己亥年(万历二十七),速尔哈赤已有被太祖怒喝之事,见《实录》,尚系征哈达而非征兀喇。意速尔哈赤于并吞建州近族之外,对海西用兵,已不踊跃。其祖兀喇而得罪者则如:

《武皇帝实录》:“丁未年(万历三十五),东海斡儿哈部蜚敖城主策穆德黑,谒太祖曰:‘吾地与汗相距路遥,故顺兀喇国主布占太贝勒。彼甚苦虐吾辈,望往接吾等眷属,以便来归。’太祖令弟黍儿哈奇与长子烘把土鲁贝勒,次子带善贝勒,与大将非英冻、虎儿憨(后改扈尔汉)等率兵三千,往蜚敖城搬接。是夜阴晦,忽见旗有白光一耀。众王大臣尽皆惊异,以手摩之,竟无所有,竖之复然。黍儿哈奇王曰:‘吾自幼随征,无处不到,从未见此奇怪之事,想必凶兆也。’欲班师。烘把土鲁、带善二王曰:‘或吉或凶,兆已见矣。果何据而遂欲回兵?此兵一回,吾父以后勿复用尔我矣。’言讫,率兵强进。至蜚敖城,收四周屯寨约五百户。先令非英冻、虎儿憨领兵三百护送。不意兀喇国布占太发兵一万截于路。虎儿憨见之,将五百户眷属扎营于山岭,以兵百名看守,一面驰报众贝勒,一面整兵二百,占山相持。兀喇来战,杀其兵七人,我兵止伤一人。是日未时,三王兵齐至,烘把土鲁、带善二王各领兵五百,登山直冲入营,兀喇兵遂败。时追杀败兵之际,黍儿哈奇贝勒原率五百兵,落后立于山下,至是方驱兵前进,绕山而来,未得掩杀大敌。及班师,太祖赐弟黍儿哈奇名为打喇汉把土鲁,出燕(即烘把土鲁之名,后改褚英)名为阿儿哈兔土门,带善名为古英把土鲁。常书、纳奇布二将,负太祖所托,不随两贝勒进战破敌,领兵百名,与打喇汉贝勒立于一处,因定以死罪。打喇汉把土鲁恳曰:‘若杀二将,即杀我也!’太祖乃宥其死,罚常书银百两,夺纳奇布所属人民。”

速儿哈赤之不欲与乌喇战,太祖之欲杀二将以示惩,皆为明纪载杀速儿哈赤,并其兵,复侵兀喇之佐证。常书、纳奇布二将,殆即石斋所谓二名裨,此时不死,或后终不免。

> 《武皇帝实录》:"辛亥年(万历三十九)八月十九日,太祖同胞弟打喇汉把土鲁薨,年四十八。"

《实录》不书杀,然于太宗朝《实录》书太祖坐舒尔哈齐父子罪。《太祖实录》尚未见,录《东华录》:

> 天聪四年(崇祯三年),议舒尔哈齐子贝勒阿敏罪状十六款。第一款云:"贝勒阿敏,怙恶不悛,由来久矣。阿敏之父,乃叔父行。当太祖在时,兄弟和好。阿敏嗾其父,欲离太祖,移居黑扯木。太祖闻之,坐其父子罪,既而宥之。及其父既终,太祖爱养阿敏,与己子毫无分别,并名为四和硕大贝勒。及太祖升退,上嗣大位,仰体皇考遗爱,仍以三大贝勒之礼待之。此其一也。"

据此,则太祖确曾罪舒尔哈齐父子。所云移居黑扯木事,《太祖实录》未见,至天聪间议阿敏罪时始涉及,可知为当时不欲宣布之事。四大贝勒之名,在天聪间成三贝勒,太宗不欲复居旧名矣。

至烘把土鲁之为诛死,《武皇帝实录》但于戊申年(万历三十六)三月,书阿儿哈兔土门及侄阿敏台吉克兀喇部异憨山城后,遂不复见。后来修《高皇帝实录》,乃于乙卯年(万历四十三)闰八月乙巳朔,增书皇长子洪巴图鲁阿尔哈图土门贝勒褚英薨,年三十六。似亦非凶死也者。然《宗室王公传》褚英本传则云:"乙卯闰八月,以罪伏诛,爵除。"则清《国史》中原未尽讳,特《实录》讳之耳。清室世世以褚英之后为有仇视列帝,欲为乃祖报仇之意,又深明太祖父子之不相容,明代之说益信。

> 《东华录》:顺治五年三月辛丑,幽系肃亲王豪格。"诸王贝勒贝子大臣会议豪格应拟死。得旨:'如此处分,诚为不忍,不准行。'诸王内大臣复屡奏言:'太祖长子,亦曾似此悖乱,置于国法。'乃从众议,免肃亲王死,幽系之,夺其所属人员。"

> 又:康熙四十七年九月,废皇太子允礽,累日谕旨,其中庚寅谕有云:"昔我太祖高皇帝时,因诸贝勒大臣讦告一案,置阿尔哈图土门贝勒褚燕于法。"

丙午谕又云:"苏努自其祖相继以来,即为不忠。其祖阿尔哈图土门贝勒褚燕,在太祖皇帝时,曾得大罪,置之于法。伊欲为其祖报仇,故如此结党,败坏国事。"

雍正朝上谕八旗:"四年二月初五日,允祉、允祺、允祐奏,将所奉皇考谕旨,恭录缮奏。从前拘禁二阿哥时,皇考召众阿哥入乾清宫谕,有曰:'八阿哥潜结党与,苏努、马齐等俱入其党。'观此可知苏努、马齐自其祖父相继以来,即为不忠。苏努之祖,即阿尔哈图土门贝勒也,在太祖时,因获大罪被诛。马齐之祖,原在蓝旗贝勒属下,因蓝旗贝勒获罪,移置于上三旗。伊等俱欲为祖报仇,故如此结党,败坏国事。"

以上因八贝勒告天祝词,考及太祖之推刃子弟,是为天命六年之八贝勒。于四大贝勒外所具名者,为得格垒、迹儿哈朗、阿吉格、姚托四人。及七年三月初三日,更由太祖明示八固山共治国政之国体:

《武皇帝实录》:"壬戌,天命七年(天启二年)三月初三日,八固山王等问曰:'上天所予之规模,何以底定?所赐之福祉,何以永承?'(近重译《满洲老档》亦有此段,其首数语直云:'皇子八人进见问曰:我等何人可嗣父皇,以登天赐之大位,俾永天禄?')帝曰:'继我而为君者,毋令强势之人为之。此等人一为国君,恐倚强恃势,获罪于天也。且一人之识见能及众人之智虑耶?尔八人可为八固山之王,如是同心干国,可无失矣。八固山王,尔等中有才德能受谏者,可继我之位。若不纳谏,不遵道,可更择有德者立之。傥易位之时,如不心悦诚服而有难色者,似此不善之人难任彼意也。至于八王理国政时,或一王有得于心,所言有益于国家者,七王当会其意而发明之。如己无能,又不能赞他人之能,但默默无言,当选子弟中贤者易之。更置时如有难色,亦不可任彼意也。八王或有故而他适,当告知于众,不可私往。若面君时,当聚众共议国政,商国事,举贤良,退谗佞,不可一二人至君前。'"

此段文字为太祖制定国体之大训,非太宗所心愿,故后来悉逐渐变革之。然于修《实录》时,犹不能不多存几分原意,因当时诸王之亲受命者尚多也。要其字句中或已有所抑扬损益，以就己意，而所载犹如此。近译《满洲老档》，于不关要旨之文，多出若干，其紧要眼目，转不清楚，盖译者之不解事也。《实录》亦从满文翻出，且为天聪年间原翻，其文及较后翻者为更无讳饰，则竟读《实录》，无庸重录老档译文矣。今详其意：太祖谓嗣我为君，恐挟国君之势而获罪于天，且一人不及众智，唯八人为八固山王，可以无失。此则明诏以八旗旗主联合为治，无庸立君矣。下更言即以才德能受谏者，可推为领袖，但一不合众意，即可更易。尤不能任其不愿易位，而容其恋栈。更言八王在本固山中，有循默无能者，亦于本旗子弟中选人更代，亦不容其恋栈不让。末言八人公议，不得一二人挟领袖之意专断。据此知八旗共治，可以无领袖。即贤能为众所推而作领袖，要为众议更易，即须更易，不许恋栈。是推选之制，且去留之权，仍操自八旗之公决，则绝非太宗后来之自即尊位法也。太宗既改父政，籍以强权，人不敢言，此正太祖之所谆谆不许者。宜后来多尔衮摄政时，有太宗即位原系夺立之语也。

《东华录》："顺治八年二月己亥，追论睿王多尔衮罪状，有云：'擅自诳称太宗文皇帝之即位原系夺立，以挟制中外。'"

康熙间修《太祖圣训》，大约皆粗浅之修齐治平语，又多引中国史事，连篇累牍，数典过于儒生，此必为后来增饰之文。乾隆修《高皇帝实录》，多据以增入，《武皇帝实录》所未有也。太祖之八固山训典，至天命十一年六月下旬，尚有一最切要之谕。《武皇帝实录》且言其口语既毕，又书其词与诸王。然则此为成文训典，八固山所均受。太宗修《武皇帝实录》时，未能摈弃。即乾隆更修《高皇帝实录》，亦尚不过稍润其文。至《东华录》乃大删节。未知王氏以意为之，抑另据他本。夫天命十一年六月之末，实为太祖末命。《武皇帝实录》虽亦于七月二十三日始书帝不豫，然七月二十三之上并无书事直接此末命训词。乾隆修《高皇帝实录》，乃于其间夹入七月乙亥（初三日）两长谕。其词皆老生常谈，必系后来以意添补，隔断其紧迫之迹。考明人记载，于是年二月，袁崇焕宁远之捷，谓太祖受创而回，愤懑疽发背卒。朝鲜人记载，且谓太祖攻宁远受伤遂卒。《清实录》，太祖亦自言一生未遇之败，大怀愤恨。则明与朝鲜所纪,当非尽诬。其间尚有用兵蒙古获胜一事,乃太宗射死巴林部酋长之子囊奴,蒙古畏服来归。喀尔喀五部遂内属,为蒙古分旗之嚆矢。此皆表扬太宗之武力,于太祖逝后所以能压服诸兄弟之故,实非太祖于宁远归后,尚能力征经营也。至六月二十四日,有此笔舌兼用之训词,虽不自言将死,亦已示倦勤,不能不信为最后之遗嘱矣。

《武皇帝实录》:丙寅天命十一年(天启六年)六月二十四日,帝训诸王曰:"昔我祖六人及东郭、王佳、哈达、夜黑、兀喇、辉发、蒙古,俱贪财货,尚私曲,不尚公直。昆弟中自相争夺杀害,乃至于败亡。不待我言,汝等岂无耳目,亦尝见闻之矣。吾以彼为前鉴,预定八家但得一物,八家均分公用,毋得分外私取。若聘民间美女及用良马,须破格偿之。凡军中所获之物,毋隐匿而不明分于众,当重义轻财可也。此言每常曾训诫,慎毋遗忘,而行贪曲之事!诸王昆弟中有过,不可不竭力进谏而存姑息心,若能力谏其过,诚为同心共事人也。(以下先言己之训言,成就汝等,爱之而非以厉之,再言己从艰苦得来,后人勿以安逸偾事,不关八固山国本制度,节之。)昔金大定帝,自汴京幸故都会宁府(原注:在白山之东),谓太子曰:'汝勿忧也,国家当以赏示信,以罚示威,商贾积货,农夫积粟。'尔八固山(原注:四大王四小王)继我之后,亦如是,严法度以致信赏必罚。使我不与国事,得坐观尔等作为,以舒其怀可也。"言毕,书训词与诸王。

此训词中,首举已吞并之各部,自近及远,自先及后,自亲及疏。最疏远后及者为蒙古,次则海西四部,先举者则为建州,建州中又以毛怜及岐州为较疏,其序亦较后。最先言我祖六人,此"我祖六人"四字,后改作"宁古塔贝勒",则谓兴祖六子,景祖之兄弟六人矣。以建州事实言之,恐出附会。太祖本意,当谓建州三卫,宁古塔贝勒乃左卫中一支部,不得赅括三卫也。窃意三卫后来内部各有分立,如《朝鲜实录》,在正、嘉以前,已云建州右卫有甫下土、罗下两酋长。隆、万以来,《明实录》中建州卫来朝之都督其名颇多,纵未必一卫定分为二,或三卫已有六酋。太祖所云"我祖六人",乃言"我祖卫六酋",而由满译汉(书示诸王时系满文)时,语稍含混,乾隆时遂作宁古塔贝勒。盖其时于建州原状亦已不了,修辞时易生误会,非必有意诬捏也。且景祖兄弟,据《武皇帝实录》亦尚利害相共。至太祖崛起,气吞祖卫。六王之后,恐其及祸,有谋弭其强暴,欲图太祖者。不得以昆弟自相杀害,尽诋六王,并诋及景祖也。此可以事理辨证者也。

太祖言以己所已吞之各部为鉴,是以定八家均分之制。所命于后人者,乃八家分权,深戒一家集权。勉以重义轻财,同心共事。由后言之,此实不可久持之幻想。幸而太宗力能改革,形驱势禁,取分裂者而统合之,种种费手,俟下再详。至训词末段,郑重呼尔八固山,下注四大王、四小王。乾隆改修本作尔大贝勒四,小贝勒四,直贯作正文,不作小注,唯删八固山三字,使人不注意其即为八旗旗主。至《东华录》竟改作尔诸贝勒四字,未知出王氏之意,抑另据一本。故近代读清世官书,不易了解其八旗初制之奇特,实缘无书可证也。唯《东华录·太宗录》首,载太宗即位之非由父命,则甚明显。录以为证:

《东华录·太宗录》首云:"太祖初未尝有必成帝业之心,亦未尝定建储继立之议。上随侍征讨,运筹帷幄,奋武戎行,所向奏功,诸贝勒皆不能及。又善抚亿众,体恤将士,无论疏戚,一皆开诚布公以待之。自国中暨藩服,莫不钦仰。遇劲敌辄躬冒矢石。太祖每谕令勿前。诸贝勒大臣咸谓圣心默注,爱护独深。天命七年三月,谕分主八旗贝勒曰:'尔八人同心谋国,或一人所言有益于国,七人共赞成之,庶几无失。当择一有才德能受谏者,嗣朕登大位。'十一年八月庚戌,太祖高皇帝宾天,大贝勒代善长子岳讬,第三子萨哈廉,告代善曰:'国不可一日无君,宜早定大计。四贝勒才德冠世,深契先帝圣心,众皆悦服,当速继大位。'代善曰:'此吾素志也。天人允协,其谁不从!'次日,代善书其议,以示诸贝勒。皆曰:'善。'遂合词请上即位。上辞曰:'皇考无立我为君之命,若舍兄而嗣立,既惧弗克善承先志,又惧不能上契天心。且统率群臣,抚绥万姓,其事綦难。'辞至再三,自卯至申,众坚请不已,然后从之。"

此段文尤明显。太宗嗣立，非太祖之命，而太宗在八贝勒中尤有战绩，尤冒险图功，为众所不及，此当是事实。所叙天命七年三月之谕，即上文已载之谕，而谕云分主八旗贝勒，旗各有主，语亦分明。唯于择一人嗣登大位之下，节去随时可以更易之语，则是后来剪裁训词，以顺太宗固定大位之意。当时论实力，太宗手握两黄旗，已倍于他贝勒。又四小王皆幼稚，易受代善指挥，唯余有两大贝勒：阿敏非太祖所生，自不在争位之列；莽古尔泰以嫡庶相衡，亦难与代善、太宗相抗。故有代善力任拥戴，事势极顺。而代善之所以尽力，由两子之怂恿。观于清开国八王，世所谓铁帽子王，其中太祖子三人，太宗子二人，太祖所幼育宫中之胞侄一人，其余二人乃皆代善之后，以始封者非皇子，故以郡王世袭。而此两郡王，一为克勤郡王，即岳讬，一为顺承郡王，即萨哈廉之子勒克德浑，清之所以报酬者如此，盖代善实为清之吴泰伯，从中成就者乃此二子。世或讹铁帽子王内为有英王，此实不然。英王诛死，仅复宗籍，久之乃袭一镇国公，王爵不终其身，何铁帽之足云也。

铁帽王必凑成八数，中间若太宗子承泽亲王，后改号庄王世袭者，功绩声望远在诸王之下。其必凑一世袭罔替之数，正由太祖以来，八固山、八和硕贝勒、八家八分等旧号，传为定说。于英王既必不愿其复爵，姑以庄王充数。睿王之复爵终在意中，而睿王未复前，世宗已用怡王入世袭罔替之列，至睿王复时而得九铁帽矣。至孝钦垂帘之狱，郑王后得端华，并其弟肃顺两罪魁，不废郑王爵。怡王后得载垣，亦始夺而旋复。庄王后载勋，庚子时为罪魁，爵亦不夺，此皆示法祖之意。唯光绪间恭、醇两王，一则中兴有功，一则有子入承大统，皆得世袭罔替，犹为有说。至宣统即位，庆王亦世袭罔替，此则国无纲纪，见摄政载沣之无能，虽孝钦亦未必为此矣。

太祖遗训中之四大王，自并太宗在内。其四小王究为何人，以前天命六年之告天祝文，偶具八人之名。至九年正月，与胯儿胯部巴玉特卫答儿汉巴土鲁贝勒之子恩格得里台吉誓文，则曰："皇天垂祐，使恩格得里舍其己父而以我为父，舍其己之弟兄，以妻之兄弟为弟兄（恩格得里先已妻舒尔哈赤女），弃其故土，而以我国为依归。若不厚养之，则穹苍不祐,殃及吾身。于天作合之婿子而恩养无间,则天自保佑。俾吾子孙大王二王三王四王,阿布太台吉、得格垒台吉、戒桑孤台吉、迹儿哈朗台吉、阿吉格台吉、都督台吉、姚托台吉、芍托台吉、沙哈量台吉及恩格得里台吉等,命得延长,永享荣昌。"据此,则八固山诸王台吉所可以对外及对天起誓者,四大贝勒外又有九人之多,则为十三人矣。故知前所云十固山执政王,亦是此同等文法,谓十个在固山中执政之王,非谓固山有十也。是年二月,又与廓儿沁部盟。先由太祖自与设誓,复命大王二王三王四王、阿布太台吉、得格垒台吉、戒桑孤台吉、迹儿哈朗台吉、阿吉格台吉、都督台吉、姚托台吉、芍托台吉、沙哈量台吉等,亦宰白马乌牛,对来使同前立誓书而焚之。其预于誓文之王、台吉同前。则是年之固山执政王为十三人,亦非八旗各一旗主之谓。乾隆修改《高皇帝实录》,本年前一誓,于四王用代善、阿敏、莽古尔泰之名,遂删去太宗之名;于后一誓则又称大贝勒、二贝勒、三贝勒、四贝勒。《东华录》则尽去之。开国时草昧之迹,士大夫往往欲代为隐讳,初不虞其失实也。

旗主中四大贝勒为定名;四小贝勒则求其确定,于《宗室王公传》中检得一据。盖太祖最后遗命以阿济格(即《武实录》之阿吉格)、多尔衮、多铎各主一旗,合之四大贝勒,已得七旗,其余一旗,别有考订。今先录《阿巴泰传》,以明阿济格、多尔衮、多铎各主一旗之事实。

清《国史·宗室王公多罗饶余郡王阿巴泰传》:"天命十一年九月,太宗文皇帝即位,封阿巴泰贝勒。阿巴泰语额附扬古利、达尔汉曰:'战则我擐甲胄行,猎则我佩弓矢出,何不得为和硕贝勒?'扬古利等以奏。上命劝其勿怨望。天聪元年五月,上亲征明锦州,同贝勒杜度居守。十二月,察哈尔昂坤杜棱来归,设宴。阿巴泰语纳穆泰曰:'我与小贝勒列坐,蒙古贝勒明安、巴克俱坐我上,实耻之!'纳穆泰入奏。上宣示诸贝勒。于是大贝勒代善率诸贝勒训责之曰:'德格类、济尔哈朗、杜度(即旧作都督之改译)、岳讬(旧作姚托)、硕讬(旧作芍托),早随五大臣议政,尔不预!阿济格、多尔衮、多铎,皆先帝分给全旗之子,诸贝勒又先尔入八分列。

尔今为贝勒,心犹不足,欲与和硕贝勒抗,将紊纪纲耶!'阿巴泰引罪愿罚。于是罚甲胄雕鞍马各四,素鞍马八(阿巴泰旧作阿布太,太祖第七子)。"

据代善所责阿巴泰语,八固山之主、四和硕贝勒外,唯阿济格、多尔衮、多铎三人各主一全旗,是为七旗已各有主。其余诸贝勒,但称其或早随五大臣议政,或先入八分列,未有谓其主一旗者。则太祖所拟定四大王四小王,尚有一小王未命,而八旗只有七旗为明命所定之主也。其多一旗何在?则尚为太宗所兼领。未知太祖之意,究拟属之何人,但当殁时尚未指派。在太宗以奋勇之功,多将一旗,亦所应得。但观遗训,累以八王共治为言,并以恃强倚势为戒,终不欲使一子有兼人之武力,其令太宗得挟有两旗者,乃临终仓促,未及处分,亦意中无有一定可与之人,以故迟迟有待耳。今更举太宗于太祖崩时挟有两旗之证:

《东华录》:太宗崇德四年,八月辛亥,召诸王贝勒贝子公等及群臣集崇政殿,议疏脱逃人罪毕,又召傅尔丹至前曰:"此人于朕前欺慢非止一二,朕欲使尔等共闻之,是以明数其罪。太祖皇帝晏驾哭临时,镶蓝旗贝勒阿敏遣傅尔丹谓朕曰:'我与诸贝勒议,立尔为主,尔即位后,使我出居外藩可也。'朕召饶余贝勒与超品公扬古利额驸、达尔汉额驸、冷格里、纳穆济、索尼等至,谕以阿敏有与诸贝勒议,立尔为主,当使我出居外藩之语。若令其出居外藩,则两红两白正蓝等旗亦宜出藩于外。朕已无国,将谁为主乎?若从此言,是自坏其国也。皇考所遗基业,不图恢廓,而反坏之,不祥莫大焉。尔等勿得妄言。复召郑亲王问曰:'尔兄遣人来与朕言者,尔知之乎?'郑亲王对曰:'彼曾以此言告我,我谓必无是理,力劝止之;彼反责我懦弱,我用是不复与闻。'傅尔丹乃对其朋辈讥朕曰:'我主迫于无奈,乃召郑亲王来诱之以言耳'。"

据此则知太祖崩时,太宗挟有两黄旗,故谓各旗若效镶蓝旗出外,则两红两白正蓝皆可出外,不数两黄旗也。又知阿敏所主为镶蓝旗,则八旗中三旗为有主名矣。今再考正红旗主,实为大贝勒代善。

《东华录》:太宗天聪九年九月壬申,上御内殿,谕诸贝勒大臣曰："朕欲诸人知朕心事，故召集于此，如朕言虚谬无当，尔诸贝勒大臣即宜答以非是，勿面从。夫各国人民呼吁来归，分给尔贝勒等恩养之，果能爱养天赐人民，勤图治理，庶邀上天眷佑；若不留心抚育，致彼不能聊生，穷困呼天，咎不归朕而归谁耶？今汝等所行如此，朕将何以为治乎？大凡国中有强力而为君者，君也；有幼冲而为君者，亦君也；有为众所拥戴而为君者，亦君也。既已为君，岂有轻重之分？今正红旗固山贝勒等，轻蔑朕处甚多。大贝勒昔从征北京时，违众欲返；及征察哈尔时，又坚执欲回。朕方锐志前进，而彼辄欲退归。所俘人民，令彼加意恩养，彼既不从，反以为怨。夫勇略不进，不肖者不黜，谁复肯向前尽力乎？今正红旗贝勒，于赏功罚罪时，辄偏护本旗。朕所爱者彼恶之，朕所恶者彼爱之，岂非有意离间乎？朕今岁托言出游，欲探诸贝勒出师音耗，方以胜败为忧，而大贝勒乃借名捕蜓，大肆渔猎，以致战马俱疲。及遣兵助额尔克楚虎尔贝勒时，正红旗马匹，以出猎之故，瘦弱不堪。傥出师诸贝勒一有缓急，我辈不往接应，竟晏然而已乎？诚心为国者固如是乎？"

以上为数代善之罪，而俱指其为正红旗贝勒者。大贝勒与正红旗贝勒互称，今取其足证大贝勒即正红旗贝勒而止。又其后有一款云：

往时阿济格部下大臣车尔格有女，扬古利额驸欲为其子行聘。大贝勒胁之，且唆正蓝旗莽古尔泰贝勒曰："尔子迈达礼先欲聘之矣！尔若不言，我则为我子马瞻娶之。"夫阿济格乃朕之弟，岂可欺弟而胁其臣乎？

此段又可证阿济格之自主一旗，其下有大臣。太宗又言不可欺弟而胁其臣，则其旗下所属，太宗是时亦认其为阿济格之臣也。又见正蓝旗莽古尔泰贝勒，则正蓝旗贝勒亦有主名矣。代善为让位与太宗而拥立之者，发端先言种种为君之来历不同，既已为君，即不能有所重轻。是因代善不免挟拥立之故，对太宗不甚严畏。经此挫抑，后不敢复然，乃得以恩礼终始。此亦见太宗之自命为君，绝不认太祖遗训为有效。然其对代善犹只挫抑而已，未尝欲夺其所主之旗。至正蓝旗之待遇则不同，是犹未忘代善拥立之惠也。

正蓝旗旗主为莽古尔泰,既见上矣。至此旗为太宗所吞并,即在本年,正可与正红旗之待遇相较。盖代善之罪,经诸贝勒大臣、八固山额真、六部承政审拟毕,议请应革大贝勒名号,削和硕贝勒,夺十牛录属人,罚雕鞍马十、甲胄十、银万两,仍罚九马与九贝勒(斯时除代善父子外,可知执政之贝勒盖有九人)。萨哈廉贝勒应罚雕鞍马五、空马五、银二千两,夺二牛录属人。奏入,上免之。罚代善、萨哈廉银马甲胄,然则聊以示威而已。至蓝旗贝勒之狱,则在是年十二月,相距不过三月耳。唯在莽古尔泰死后,并在其同母弟德格类死后,未尝及身受戮。此亦太祖所训宁待天诛,勿兄弟间自相推刃之影响也。但固山则为太宗所并,是为后世天子自将三旗之由来。然自将三旗,后世乃以两黄及正白为上三旗,尚非此正蓝旗,此则顺治间之转换,别详于后。今先详正蓝旗之归结。

《东华录》:天聪六年十二月乙丑,和硕贝勒莽古尔泰薨,年四十六。上临哭之,摘缨服丧服,居殿侧门内。丙寅,送灵舆至寝园,始还宫。

又:天聪九年十月己卯,管理户部事和硕贝勒德格类薨,年四十。上临其丧哭之恸,漏尽三鼓方还。于楼前设幄而居,撤馔三日,哀甚。诸贝勒大臣劝至再三,上乃还宫。

又:十二月辛巳,先是,贝勒莽古尔泰与其女弟莽古济格格,格格之夫敖汉部琐诺木杜棱,于贝勒德格类、屯布禄、爱布礼、冷僧机等前,对佛跪焚誓词云:"我已结怨皇上,尔等助我,事济之后,如视尔等不如我身者,天其鉴之!"琐诺木及其妻誓云:"我等阳事皇上,而阴助尔,如不践言,天其鉴之!"未几,莽古尔泰中暴疾,不能言而死。德格类亦如其兄病死。冷僧机首于刑部贝勒济尔哈朗,琐诺木亦首于达雅齐国舅阿什达尔汉(阿什达尔汉为叶赫金台什族弟,故为太宗诸舅,称之曰达雅齐国舅)。随奏闻于上。诸贝勒大臣等会审得实,莽古济格格并其夫琐诺木及莽古尔泰、德格类之妻子,同谋屯布禄、爱巴礼,阖门皆论死。冷僧机免坐,亦无功。二贝勒属人财产，议归皇上。上以冷僧机宜叙功，财产七旗均分。命集文馆诸儒臣再议。寻议莽古济格格谋逆，不可逭诛，两贝勒妻子应处斩，若上欲宽宥，亦当幽禁。冷僧机宜叙功。琐诺木昔伴醉痛哭，言上何故唯兄弟是信。上在，则我蒙古得遂其生，否则我蒙古不知作何状矣（此事亦见前议红旗贝勒罪时，涉及哈达莽古济格格，情节宜互详）。上亦微喻其意，彼时上待莽古尔泰、德格类、莽古济，正在宠眷之际；琐诺木虽欲直言，岂容轻出诸口？今琐诺木先行举首，应否免罪，伏候上裁。至屯布禄、爱巴礼，罪应族诛。两贝勒族人户口，应全归上。古人云："勿使都邑大于邦国，国寡都众，乱之本也。"如上与诸贝勒一例分取，则上下无所辨别矣。于是诸贝勒大臣覆奏，诛莽古济，免琐诺木罪。先是，莽古尔泰子额必伦，曾言："我父在大凌河露刃时（事在天聪五年八月），我若在彼，必刃加皇上，我亦与我父同死矣。"其兄光衮首告，上隐其事。至是罪发，乃诛额必伦。莽古济长女为岳讬贝勒妻，次女为豪格贝勒妻。豪格曰："格格既欲谋害吾父，吾岂可与谋害我父之女同处乎？"遂杀其妻。岳讬亦请杀其妻，上止之。昂阿喇以知情处死（昂阿喇为莽古尔泰母先适人所生子，盖其同母异父兄也）。屯布禄、爱巴礼及其亲支兄弟子侄，磔于市。授冷僧机世袭三等梅勒章京。以爱巴礼、屯布禄家产给之，免其徭役，赐以敕书。莽古尔泰子，迈达礼、光衮、阿喀达舒，孙噶纳海，德格类子邓什库等，俱黜为庶人。二贝勒属人财产俱归上。赐豪格八牛录属人，阿巴泰三牛录属人，其余庄田财物量给众人。以正蓝旗入上旗，分编为二旗，以谭泰为正黄旗固山额真，宗室拜尹图为镶黄旗固山额真。后籍莽古尔泰家，获所造木牌印十六，文曰"金国皇帝之印"，于是携至大廷，召贝勒臣民，以叛逆实状晓谕于中外。

正蓝旗于是归为太宗，并入两黄旗，别设两固山额真，则是两黄旗有四旗，而其实则正蓝一旗分为两也。此与后来自将上三旗之方式不同，直是消灭一正蓝旗，而由两黄旗分辖其众，又不径入两黄旗，乃成原设两黄旗，后又分正蓝旗为新两黄旗，皆归自将，几乎破八旗之定制矣。要为八固山少一强宗,始为太祖遗训痛革其理想之流弊。

莽古尔泰之积衅,据《武皇帝实录》之已见《东华录》者,所载亦伙。其应否消灭此一固山,却与莽古尔泰之罪状无涉。推太祖之意,将永存八固山之制,则以其属人更立一固山贝勒可也。乃诸贝勒等议以归上,太宗不能泰然承受,而曰财产七旗均分,又命文馆儒臣再议。夫分财产非分其人众也,结果庄田财物量给众人,即七旗均分之谓矣。太宗之意,非利其财产,而特欲并其人众,以去一逼,故不更由诸贝勒议,而由儒臣议。儒臣乃以"大都耦国,乱之本也"之古训,明示八固山平列之制当除,于是有此改革。若蓝旗贝勒之罪状,则转为藉端焉耳。兹并撮其衅之所由生,为太宗兄弟间明其变态。

蒋氏《东华录》:"太祖元妃佟甲氏,讳哈哈纳札青,生子二:长褚英,次代善;继妃富察氏,名衮代,生子二:长莽古尔泰,次德格类。"此皆在孝慈高皇后来归之前。

唐邦治《清皇室四谱》:"继妃富察氏,名衮代,为莽塞杜诸祜女。初适人,生子昂阿拉。(原注:昂阿拉,天聪九年十二月,坐知莽古济格格逆谋并处死。)后方归太祖。明万历十五年,生皇五子原封贝勒莽古尔泰。逾数年,生削籍皇三女莽古济格格。二十四年,生皇子原封贝勒德格类。天命五年,以窃藏金帛,迫令大归。寻莽古尔泰弑之。"

《满洲老档秘录·大福晋获罪大归》:"[天命五年三月]皇妃泰察又告上(先已告宫婢纳札私通达海)曰:'大福晋以酒食与大贝勒者二,大贝勒皆受而食之;以与四贝勒者一,四贝勒受而未食。且大福晋日必二三次遣人诣大贝勒家,而大福晋深夜私自出宫,亦已二三次矣,似此迹近非礼,宜察之。'上闻此言,遂命达尔汉侍卫扈尔汉、巴克什额尔德尼、雅孙、蒙噶图等四人,彻底查究。知泰察所告非虚诬。大福晋因上曾言,俟千秋万岁之后,以大福晋及众贝勒悉托诸大贝勒,故倾心于大贝勒,日必二三次遣人诣大贝勒家。每值赐宴会议之际,必艳妆往来大贝勒之侧。众贝勒大臣虽微有所知,亦不过私自腹诽,决不敢质直上闻,以触大福晋、大贝勒之忌也。上闻言，不欲以暧昧事加罪大贝勒，乃假大福晋窃藏金帛为词，遣使查抄。查抄之使至界凡，大福晋急以金帛三包，送至达尔汉侍卫所居山上，还宫后遣人往取。为达尔汉侍卫所觉，即与查抄之使同见上曰：'福晋私藏财物于臣家，臣岂有容受之理！今福晋私藏一事，臣实未知觉。即遣人来取，上亦未知，显系臣家奴婢所为，请予澈究。'上闻奏，立遣人往达尔汉所居山上查察，果系属实，即杀容受财物之奴婢。蒙古福晋告查抄之使言：'小阿哥家藏有大福晋寄存之彩帛三百端。'使者闻言，往小阿哥家，果获彩帛三百端。又在大福晋母家抄出银钱盈筐。大福晋告使者言：'蒙古福晋处，亦存有珍珠一串。'使者以问蒙古福晋，蒙古福晋认为大福晋所寄藏，使者遂取其珠。又闻总兵巴都里之二妻，曾献大福晋以精美倭段若干端；又大福晋曾以朝服私给参将蒙噶图之妻；以财物私给村民，秘不上闻。使者查抄既毕，遂将前情复奏。上历问村民，皆认为大福晋所赐，且举所得财物悉数送还。上乃大怒，遂以大福晋罪状告众曰：'大福晋私藏金帛，擅自授受，实属罪无可逭。唯念所出三子一女，遽失所恃，不免中心悲痛！姑宽其死，遣令大归。'遂取大福晋遗留宫中之衣物，发而观之，所有私置庋藏之物，已无多矣。因命叶赫之纳纳宽乌珠、阿巴该二福晋来观，且告以大福晋之罪状。遂以大福晋所制蟒缎被褥各二，衣饰若干，赐叶赫之二福晋，其余衣物悉赐大福晋所出之公主。又以皇妃泰察不避嫌怨，首先举发，遂命侍膳。"

以上为莽古尔泰兄弟之母。据《武皇帝实录》，癸巳年九国来侵，太祖安寝，滚代皇后推醒，问是昏昧，抑是畏惧？则天聪间尚以皇后称之。至乾隆修本则改作妃富察氏。此大归事，《武皇帝实录》不载，而《老档》详之。莽古尔泰之弑母，亦见《太宗实录》。《东华录》所录太宗谓皇考于莽古尔泰一无所与，故倚朕为生，后弑母邀功，乃令附养于德格类贝勒家云云，语殊矛盾。壬子年已见莽古尔泰与太宗同击兀喇贝勒布占太，则固早从征伐。后于天命元年，同为和硕贝勒，称三贝勒，亦称三王，即自有一固山之属人及财产，何至倚其弟为生。乃至天命五年以后,借弑母邀功,始令附养于其同母弟家耶？语不近情,则知太宗之罪状莽古尔泰,不必符于事实,不过欲杀兄以殖己之势耳。录如下：

《东华录》:"天聪五年八月甲寅,大凌河岸一台降,攻城东一台克之。上出营坐城西山冈,莽古尔泰奏曰:'昨日之战,我旗将领被伤者多,我旗摆牙喇兵,有随阿山出哨者,有随达尔汉额驸营者,可取还手?'上曰:'朕闻尔所部兵,凡有差遣,每致违误。'莽古尔泰曰:'我部众凡有差遣,每倍于人,何尝违误?'上曰:'果尔,是告者诬矣。待朕与尔追究之。若告者诬,则置告者于法;告者实,则不听差遣者亦置于法。'言毕,面赤含怒。将乘马,莽古尔泰曰:'皇上宜从公开谕,奈何独与我为难？我正以皇上之故,一切承顺,乃意犹未释,而欲杀我耶?'言毕,举佩刀柄前向,频摩视之。其同母弟德格类曰:'尔此举动大悖!'遂以拳殴之。莽古尔泰怒詈曰:'蠢物何得殴我!'遂抽刀出鞘五寸许。德格类推其兄而出。代善见之恚甚曰:'如此悖乱,殆不如死!'上默然复坐,区处事务毕,还营,愤语众曰:'莽古尔泰贝勒幼时,皇考曾与朕一体抚育乎？因一无所与,故朕推其余以衣食之,遂倚朕为生。后欲希宠于皇考,弑其生母,邀功于皇考,皇考因令附养子德格类贝勒家。尔等岂不知耶？今莽古尔泰何得犯朕？朕思人君虽甚英勇,无自夸诩之理。朕惟留心治道,抚绥百姓,如乘驽马,谨身自持,何期轻视朕至此!'怒责众侍卫曰:'朕恩养尔等何用？彼露刃欲犯朕,尔等奈何不拔刀趋立朕前耶?'又曰:'尔等念及皇考升遐时,以为眼中若见此鬼,必当杀之之言乎？乃今目睹犯朕,何竟默然旁观？朕恩养尔辈无益矣!'薄暮,莽古尔泰率四人,止于营外里许,遣人奏曰:'臣以枵腹饮酒四卮,对上狂言,竟不自知,今叩首请罪于上。'上遣扬古利、达尔汉传谕曰:'尔拔刀欲犯朕,复来何为?'时有塞勒昂阿喇者,与俱来,并责之曰:'尔辈以尔贝勒来,必欲朕兄弟相仇害耶？尔等如强来,朕即手刃之矣。'拒不纳(昂阿喇即莽古尔泰异父兄)。"

又:"十月癸亥,大贝勒代善及诸贝勒拟莽古尔泰御前持刃

·欧·亚·历·史·文·化·文·库·

罪，议革去大贝勒，降居诸贝勒之列，夺五牛录属员，罚驮盔甲雕鞍马十匹进上，驮盔甲雕鞍马一匹与代善，素鞍马各一匹与诸贝勒，仍罚银一万两入官。"

以上为莽古尔泰得罪太宗之事实，及身后所被属人出首，则皆隐昧未遂之犯。至其女弟莽古济与太宗相怨之起因，乃由女嫁豪格之故。兹并详其始末：

《武皇帝实录》："己亥年，太祖征哈达，生擒孟革卜卤（明作猛骨孛罗），哈达遂亡。后太祖欲以女莽姑姬与孟革卜卤为妻，放还其国。适孟革卜卤私通嫔御，又与刚盖通谋欲篡位，事泄。将孟革卜卤、刚盖与通奸女俱伏诛。辛丑年正月，太祖将莽姑姬公主与孟革卜卤子吴儿户代为妻。万历皇帝责令复吴儿户代之国。太祖迫于不得已，令吴儿户代带其人民而还。哈达国饥，向大明开原城祈粮不与，太祖见此流离，仍直收回。"

《清皇室四谱》："吴尔古代夫妇复来，归依太祖，人称皇女为哈达公主，亦称哈达格格，天命末夫亡，天聪元年十二月，复嫁琐诺木。"

《清史稿·公主表》有嫁琐诺木之莽古济公主，又称太祖有女嫁吴尔古代，不知所自出。列为两人，盖未考也。莽姑姬之名，后修《高皇帝实录》删去，故列表时失照，其实太祖之女，《旧实录》皆载其名，名下皆有姐字，此亦系蒙古姐耳。至其得罪太宗，则在天聪九年。

《东华录》："天聪九年九月丁巳，诸贝勒议奏，贝勒豪格娶察哈尔汗伯奇福金，阿巴泰娶察哈尔汗俄尔哲图福金，上俞其请。时上姊莽古济公主闻之曰：'吾女尚在，何得又与豪格贝勒一妻也。'遂怨上。辛未，上还宫，是日移营将还，大贝勒代善以子尼堪祐塞病，遂率本旗人员各自行猎，远驻营。时哈达公主怨上，欲先归，经代善营前，代善命其福金等往邀，复亲迎入帐大宴之，赠以财帛。上闻之大怒，遣人诣代善及其子萨哈廉所，诘之曰：'尔自率本旗人另行另止，邀怨朕之哈达公主至营，设宴馈物，以马送归。尔萨哈廉，身任礼部，尔父妄行，何竟无一言耶？'"

明日壬申,议大贝勒罪,并议哈达公主罪,上皆免之。于大贝勒罚银马甲胄,哈达公主亦仅禁其与亲戚往来。到十二月遂成大狱,而正蓝旗为太宗所并,又其先有处分镶蓝旗事。

镶蓝旗主为二贝勒阿敏,太宗亦先于天聪四年六月乙卯,宣谕阿敏罪状十六款。盖以阿敏等弃永平四城而归,因并及他罪,免死幽禁,夺所属人口奴仆财物牲畜及其子洪可泰人口奴仆牲畜,俱给济尔哈朗。镶蓝旗旗主遂由阿敏转为济尔哈朗。其未能夺之者,济尔哈朗原为天命年间和硕贝勒,未能主一固山,在太祖遗嘱中有四大王四小王为八固山之训,后止有阿济格、多尔衮、多铎为三小王,若增足四小王,本应无越于济尔哈朗之上者,而镶蓝旗遂为济尔哈朗所专有。至世祖入关,济尔哈朗被贝子屯齐等讦告:当上迁都燕京时,将其所率本旗原定在后之镶蓝旗同上前行,近上立营,又将原定在后之正蓝旗,令在镶白旗前行。革去亲王爵,降为郡王,罚银五千两,夺所属三牛录。此由世祖即位时,济尔哈朗原与睿王同为摄政,至睿王独定中原,功高专政,不平相轧,遂为睿王所倾,有此微谴。未几复爵。及睿王薨,且极挤睿王,定其罪案,报复甚力。此不具论。但可证济尔哈朗之保有镶蓝旗,又可证正蓝旗并入两黄旗,旗色未变,特于两黄旗添设固山额真以辖之耳。

两黄两蓝正红共五旗,既皆考得旗主,余两白及镶红三旗,自必即为阿济格、多尔衮、多铎所主。三人皆一母所生,阿济格固用事在天命间,而多尔衮、多铎于太祖崩时,一年止十五,一止十三,乃先诸兄而均主全旗,自缘母宠子爱,英雄末年,独眷少子。太宗乃挟诸贝勒逼三人之母身殉。此亦伦理之一变,为清室后来所讳言,唯《武皇帝实录》详载之,改修《高皇帝实录》既定,一代无知此事者。今录《旧实录》文如下:

> 《武皇帝实录》:"天命十一年八月十一日庚戌未时崩,在位一年,寿六十八。为国事,子孙早有明训,临终遂不言,及群臣轮班以肩帝柩,夜初更至沈阳(帝不豫,诣清河温泉沐养,大渐回京,崩于瑷鸡堡,离沈阳四十里)。入宫中,诸王臣并官民哀声不绝。帝后原系夜黑国主杨机奴贝勒女,崩后复立兀喇国满泰贝勒女为后,饶

丰姿，然心怀嫉妒，每致帝不悦。虽有机变，终为帝之明所制，留之恐后为国乱，预遗言于诸王曰：'俟吾终必令殉之！'诸王以帝遗言告后，后支吾不从。诸王曰：'先帝有命，虽欲不从，不可得也！'后遂服礼衣，尽以珠宝饰之，哀谓诸王曰：'吾自十二岁事先帝，丰衣美食已二十六年，吾不忍离，故相从于地下！吾二幼子多儿哄、多躲，当恩养之！'诸王泣而对曰：'二幼弟，吾等若不恩养，是忘父也！岂有不恩养之理？'于是后于十二日辛亥辰时，自尽，寿三十七。乃与帝同柩，巳时出宫，安厝于沈阳城内西北角，又有二妃阿迹根、代因扎，亦殉之。"

《录》言为国事子孙早有明训，临终遂不言。明乎六月二十四日之遗嘱，既口语，又书示，乃太祖末命之最要根据也。本录此谕后遂接七月二十三日之帝不豫，以至八月十一之崩，更无一语，所谓临终遂不言也。后修《高皇帝实录》，于不豫前窜入闲冗之谕文数则，词意不贯。其叙殉葬事则云：

> 先是孝慈皇后崩后，立乌喇国贝勒满太女为大妃。辛亥辰刻，大妃以身殉焉，年三十有七，遂同时而殓。巳刻恭奉龙舆出宫，奉安梓宫于沈阳城中西北隅。又有二庶妃亦殉焉。

今以太祖立国之计言之，以八固山平列、阿济格等同母兄弟得三固山，倘以一母连缀于其上，势最雄厚，五固山均觉畏之。去其总掣之人，可使分析，乘多尔衮、多铎尚无成人能力时，一阿济格不能抗，特矫遗命以压迫之，可推见也。太祖特因宠其母而厚其子，不思其所终极而适以害之。以八分立国，根本涉于理想，子孙世世能矫正之，于亲属为寡恩，于数典为忘祖，然为国家长久计，亦有不得已者，此亦贻谋之不善耳！兹更举两白旗属睿、豫二王之证。

《东华录》："顺治八年正月甲寅，议和硕英亲王阿济格罪。先是摄政王薨之夕，英王阿济格赴丧次，旋即归帐。是夕，诸王五次哭临，王独不至。翌日，诸王劝请方至，英王于途遇摄政王马群厮卒，鞭令引避，而使己之马群厮卒前行。第三日，遣星讷、都沙问吴拜、苏拜、博尔惠、罗什，曰：'劳亲王（英王子名劳亲）系我等阿哥，

当以何时来?'众对曰:'意者与诸王偕来,或即来即返,或隔一宿
之程来迎,自彼至此,路途甚远,年幼之人,何事先来!'盖因其来
问之辞不当,故漫应以遣之。吴拜、苏拜、博尔惠、罗什等私相谓
曰:'彼称劳亲王为我等阿格,是以劳亲王属于我等,欲令附彼。
彼既得我辈,必思夺政。'于是觉其状,增兵固守。又英王遣穆哈
达召阿尔津、僧格(二人豫王属下人)。阿尔津以自本王薨后,三
年不诣英王所矣,今不可遽往,应与摄政王下诸大臣商之。于是令
穆哈达回,遂往告公额克亲,及吴拜、苏拜、博尔惠、罗什。额克亲
谓阿尔津曰:'尔勿怒且往,我等试观其意何如?'英王复趣召,阿
尔津、僧格乃往。英王问曰:'不令多尼阿格诣我家(豫王子名多
尼),摄政王曾有定议否?'阿尔津等对曰:'有之,将阿格所属人员
置之一所,恐反生嫌,故分隶两旗,正欲令相和协也。摄政王在时
既不令之来,今我辈可私来乎? 此来亦曾告之诸大臣者。'英王问
曰:'诸大臣为谁?'阿尔津、僧格对曰:'我等之上有两固山额真、
两议政大臣、两护军统领,一切事务或启摄政王裁决,或即与伊等
议行。'英王曰:'前者无端谓我憎多尼、多尔博(二人皆豫王子,多
尼袭豫王爵,多尔博嗣睿王),我何为憎之? 我曾拔剑自誓,尔时
吴拜、苏拜、博尔惠、罗什等遂往告之,自此动辄恨我,不知有何过
误。'既又曰:'退让者乃克保其业,被欺者反能守其家。'(此二语
盖谓豫、睿二王皆死,而己独存。)又言:'曩征喀尔喀时(顺治六年
十月,睿王征喀尔喀),两日风大作,每祭福金(顺治六年十二月,
睿王元妃薨),皆遇恶风(盖谓睿王多遭天警)。且将劳亲取去,见
居正白旗(睿王之旗为正白),尔等何为不来? 意欲离间我父子
耶?'阿尔津、僧格对曰:'似此大言,何为向我等言之? 王虽以大
言抑勒,我等岂肯罔顾杀戮,而故违摄政王定议乎?'英王曰:'何
人杀尔?'阿尔津、僧格曰:'倘违摄政王定议,诸大臣白之诸王,能
无杀乎?'于是英王大怒,呼公傅勒赫属下明安图曰:'两旗之人,
戈旗森列,尔王在后何为? (两旗谓睿、豫二王之两白旗,尔王谓
多尼,时两旗唯一王。)可速来一战而死?'阿尔津、僧格起欲行,英

王复令坐曰：'不意尔如此，尔等系议政大臣，可识之！异日我有言，欲令尔等作证。'阿尔津、僧格对曰：'我等有何异说，两旗大臣如何议论，我等即如其议。'（睿王嗣子即豫王子，时两白旗为一。）语毕还，具告额克亲、吴拜、苏拜、博尔惠、罗什。于是额克亲、吴拜、苏拜、博尔惠、罗什、阿尔津议曰：'彼得多尼王，即欲得我两旗；既得我两旗，必强勒诸王从彼；诸王既从，必思夺政。诸王得毋误谓我等以英王为摄政王亲兄，因而向彼耶？夫摄政王拥立之君，今固在也。我等当抱王幼子，依皇上以为生。'遂急以此意告之诸王，郑亲王及亲王满达海曰：'尔两旗向属英王（向下当有不字），英王岂非误国之人！尔等系定国辅主之大臣，岂可向彼！今我等既觉其如此情形，即当固结谨密而行。彼既居心若此，且又将生事变矣。'迨薄暮设奠时，吴拜、苏拜、博尔惠、罗什欲共议摄政王祭奠事。英王以多尼王不至，随子摄政王帐前系马处，乘马策鞭而去。端重王独留，即以此事白之端重王。端重王曰：'尔等防之，回家后再议。'又摄政王丧之次日，英王曾谓郑亲王曰：'前征喀尔喀时，狂风两日，军士及厮养逃者甚多；福金薨逝时，每祭必遇恶风，守皇城栅栏门役，竟不著下衣。'又言摄政王曾向伊言：'抚养多尔博，予甚悔之。且取劳亲入正白旗，王知之乎？'郑亲王答曰：'不知。'又言：'两旗大臣堪称劳亲之贤。'此言乃郑亲王告之额克亲、吴拜、苏拜、博尔惠、罗什者。又谓端重王曰：'原令尔等三人理事，今何不议一摄政之人？'又遣穆哈达至端重王处言：'曾遣人至亲王满达海所，王已从我言，今尔应为国政，可速议之。'此言乃端重王告之吴拜、苏拜、博尔惠、罗什者。至石门之日，郑亲王见英王佩有小刀，谓吴拜、苏拜、博尔惠、罗什等曰：'英王有佩刀，上来迎丧，似此举动叵测，不可不防。'是日，劳亲王率人役约四百名将至，英王在后见之，重张旗纛，分为两队，前并丧车而行。及摄政王丧车既停，劳亲王居右坐，英王居左坐，其举动甚悖乱。于是额克亲、吴拜、苏拜、博尔惠、罗什、阿尔津集四旗大臣尽发其事（四旗当是两白两蓝，说见下）。诸王遂拨派兵役，监英王至京。又于初八日,英王知摄政王病剧,乃于初九日早,遣人往取葛丹之女。以上情罪,诸王固山额真议政大臣会鞫俱实,议英王阿济格应幽禁,籍原属十三牛录归上。其前所取叔王七牛录拨属亲王多尼(叔王即豫王所取七牛录,即前所云阿格所属分隶两旗者也),投充汉人出为民,其家役量给使用,余人及牧畜俱入官。劳亲王先欲迎丧,今阿思哈白于敬谨王、顺承王,二王勿许。后英王欲谋乱,密遣人召劳亲王多率兵来,令勿白诸王。劳亲王遂不白诸王,擅率兵前往,应革王爵,降为贝子,夺摄政王所给四牛录(挟有四牛录,是以能率兵来应,所率约四百人,其调发之权力可知)。"

两白旗为睿、豫二王所有,尚待下详,此已明正白之为睿王旗矣。细寻其迹,每旗或每牛录,既属某王,即调发由己,不关朝廷,可见太祖所定八固山并立之制难与立国。时经太宗力图改革,祖训不易全翻,其象如此。

阿济格与多尔衮相较,明昧之相距太远。清初以多尔衮入关,即是天祐。至天下稍定,八固山之不能集权中央,又不无因摄政之故。冲主与强藩,形成离立,若英王亦有睿王意识,当睿王之丧,奔赴急难,扶植两白旗,为两旗之人所倚赖,则席摄政之威,挟三旗之力(两白正蓝三旗,其说详下),中立之两红旗不致立异,怀忿之镶蓝旗不敢寻仇,世祖虽欲收权,尚恐大费周折。乃又英王自效驱除,郑王乘机报复,先散四旗之互助,再挟天子以临之。英王既除,睿、豫二王仅有藐孤,登时得祸,一举而空四旗,大权悉归公室,此所谓天相之矣。

正蓝旗亦属睿、豫二王旗下之经过,更当细考。此旗本系三贝勒莽古尔泰所主,天聪六年,已归太宗自将。至顺治八年,当摄政睿王故后,渐发露睿王之罪,及正蓝旗为睿王所有。

《东华录》:"顺治八年二月癸未,初罗什、博尔惠、额克亲、吴拜、苏拜等五人出猎归,越数日,谓两黄旗大臣曰:'摄政王原有复理事端重王、敬谨王亲王之意。'时两黄旗大臣即察见其言动不顺。又端重王谓两黄旗大臣云:'罗什敬我,过于往日,彼曾召隋孙言:摄政王有复以端重王为亲王之意(顺治六年三月,二王由郡王进亲王，七年二月命理事，八月以事复降郡王）。已告知两黄旗大臣矣。'又穆尔泰往视博尔惠病时，博尔惠言：'摄政王原有复理事两王为亲王之意，我等曾告于两黄旗大臣，今两王已为亲王否？'于是穆尔泰归语额尔德赫，额尔德赫云：'此言关系甚大，尔既闻之，可告之王。'穆尔泰惧，未以告，而额尔德赫告于敬谨王。王因遇有颁诏事，黎明至朝会处，遂以告端重王，既入朝房，又以告郑亲王。其时端重王同两黄旗相会云：'此为我辈造衅耳，可诉之郑亲王。'敬谨王云：'博尔惠所语穆尔泰之言，予先曾告知端重王，入朝房后，又以告知郑亲王矣。'于是二王及两黄旗大臣跪诉于郑亲王。两黄旗大臣言：'罗什、博尔惠、额克亲、吴拜、苏拜等，皆有是言，来告我等。既又私谓二王，皆我等两黄旗大臣，迟延其事耳。夫二王乃理事王也，若非二王发伊等之奸，岂不令二王与我等为仇，而伊等得以市其谄媚乎？又前拨正蓝旗隶皇上时，业已以和洛会为满洲固山额真，侍卫顾纳代为护军统领，阿喇善为蒙古固山额真。'摄政王言：'予既摄政，侧目于予者甚多，两黄旗大臣侍卫等，人皆信实，予出外欲赖其力，以为予卫，俟归政然后隶于上。其时曾致一书于贝勒拜尹图，一书于谭泰。此诸王及朝中大臣所共知也。又将无用之巴尔达齐拨于黄旗，而不与正蓝旗，此岂罗什、博尔惠等所不知乎？（言知睿王约正蓝旗俟归政后仍隶于上。）罗什自恃御前大臣，阴行蛊惑，为欺罔唆搆之行，以多尼王归正蓝旗，给多尔博阿格两旗，而分为三旗，其意将奈谁何？（当谓其意谁奈之何！）今照此分给，是皇上止有一旗，而多尔博反有两旗矣。'于是郑亲王以下，尚书以上，公鞫之。以罗什、博尔惠谓动摇国事，蛊惑人心，欺罔唆搆，罪状俱实，应论死，籍其家。"

据此录，当时摄政王已薨，其旗下用事之人，犹以故见传王意，即欲指挥天子之大臣，自成罪状。天子之大臣，亦仅称两黄旗大臣，则以八固山平列，几乎复太祖所定故事矣。端重、敬谨两王，本媚事睿王而得理事及亲王之爵，既降而复，当亦求之于睿王，而得其生前之允许者。至是睿王属人为传睿王意，有惠于两王，而两王见朝局将变，反为举发之人，分其财物。至十六年乃议其谄媚睿王，王死饰为素有嫌怨，分取人口财物之罪。时二王亦已前卒矣。

其中叙睿王取正蓝旗于天子自将之日，其立说为两黄旗人多信实，足恃为禁卫之用，己则出外需加卫兵，调取归己，俟归政同时还返。王既死，而罗什辈以多尼入正蓝旗，多尼原有之旗，并归其弟嗣睿王之多尔博，是此时正蓝旗为多尼所主矣。至云照此分给，皇上只有一旗，多尔博反有两旗，盖谓将无用之巴尔达齐由睿王当时拨于黄旗，已将黄旗分隶无用之人，虽有两黄旗而实只一旗，多尔博则独擅两白旗也。多尼之调正蓝旗事在七年十二月乙巳，睿王已死后十七日。

《东华录》："顺治七年十二月乙巳，议政大臣会议英亲王罪（议罪事详书于后十日，明年正月甲寅，此时盖未定议）。既集，上命谭泰、吴拜、罗什传谕议政王大臣等曰：'国家政务，悉以奏朕。朕年尚幼，未能周知人之贤否。吏、刑、工三部尚书缺员，正蓝旗一旗缘事，固山额真未补，可会推贤能之人来奏。诸王议政大臣遇紧要重大事情，可即奏朕。其诸细务，令理政三王理之。'诸王大臣议奏：'吏、刑、户三部，事务重大，应各设尚书二员，吏部拟公韩岱、谭泰，刑部拟济席哈、陈泰，户部拟巴哈纳、噶达浑，工部拟蓝拜。调王多尼于正蓝旗，以公韩岱为固山额真，阿尔津为护军统领。'"

是时世祖未亲政，亲政礼行于明年正月庚申，今之称上命会议，所议皆睿王意旨。传谕之谭泰、吴拜、罗什，皆睿王用事之人，所传之谕，当亦是名义如此，其实皆摄政余威也。多尼之调正蓝旗，即在会议中决之。至明年二月，则以为罗什等之罪状矣。其前正月十九日，尚追尊睿王为成宗义皇帝，妃为义皇后，同祔太庙。王氏《东华录》已削之，蒋《录》具在。今原诏书亦存，是为亲政后八日。二月癸未为初五日，既议罗什等罪，再逾十日癸巳，则有苏克萨哈等首告睿王而追论其罪。蒋《录》所载，亦较王《录》叙睿王罪状多出"自称皇父摄政王，又亲到皇宫内院"等语。又有"批票本章，概用皇父摄政王之旨，不用皇上之旨，又悖理入生母于太庙"等语。其处分之词，王《录》则云："将伊母子并妻所得

·欧·亚·历·史·文·化·文·库·

封典，悉行追夺。"蒋《录》则云："将伊母子并妻，罢追封，撤庙享，停其恩赦。"一则寻常处分人臣之语；一则曾经祔庙肆赦，尊以帝号后之追削也。昭示罪状诏书，首言皇上冲年，将朝政付伊与郑亲王共理，多尔衮独专威权，不令郑亲王预政。是则怨毒之所在，犹是郑、睿二王之反复，故自了然。世祖之不慊于摄政，在诏书内，以威逼肃王，使不得其死，遂纳其妃，为最重大。则肃王固世祖长兄，其欲为报怨宜也。

睿王之功罪，后来自有高宗之平反，不足置论。唯其为两黄两白旗分之争，则据《东华录》尚有显然可据者：

> 《东华录》："顺治八年四月辛亥，驻防河间牛录章京硕尔对，以户部诸臣给饷不均；于驻防沧州两白旗兵丁，则给饷不绝；于驻防河间两黄旗兵丁，则屡请不发；讦告尚书觉罗巴哈纳等。部议巴哈纳阿附睿王，曾拨令随侍皇上，乃依恋不去，又将库内金银珠帛等物私送睿王府中，又私厚两白旗兵丁，给饷不绝，有意刻待两黄旗兵丁，竟不予饷。"

以此益证明睿王所主者两白旗，本系正白而又兼领豫王故后之镶白旗也。正蓝则取之朝廷，睿王遂有三旗。至英王则本不理于摄政时，未能一致为用，但其旗分，则其他七旗皆有确实主名，唯余镶红一旗应为英王所主，但无可据，尚不如谓克勤郡王所主。其说见下。

清一代所纪八旗，分上三旗为天子自将，下五旗为诸王贝勒贝子公分封之地。上三旗为两黄正白。夫两黄之属天子，太宗嗣位时早如此，已见前矣。正白则摄政时确属睿王，其归入上三旗，必在籍没睿王家产之日。英、睿二王皆为罪人，当时朝廷力能处分者，盖有两白正蓝镶红四旗。其镶白旗，以豫王已前殁，此时难理其罪。世祖既取睿王之正白旗，仍放正蓝镶红两旗，为任便封殖宗藩之用，但非八贝勒原来之旧势力，则固已不足挟太祖遗训与天子抗衡。而正红之礼王代善，镶蓝之郑王济尔哈朗，各挟旧日之固山，亦已孤弱。今检顺治以后，下五旗之设定包衣佐领，则知皇子以下就封，由朝廷任指某旗，人为之主，亦一旗非复一主。从前一旗中有爵者亦不止一人，但多系本旗主之亲子弟，若德格类之亦称蓝旗贝勒，则固莽古尔泰之同母弟也。其他类推。

《东华录》："康熙四十八年正月甲午,谕满、汉诸臣,中有云:
'马齐、佟国维与允禩为党,倡言欲立允禩为皇太子,殊属可恨!'
又云:'马齐原系蓝旗贝勒德格类属下之人,陷害本旗贝勒,投入
上三旗,问其族中有一人身历戎行而阵亡者乎?'"

据圣祖之言,蓝旗贝勒为德格类。在天聪六年,治蓝旗贝勒莽古尔泰之
罪,牵及德格类。今观此谕,则德格类亦在蓝旗中称贝勒,亦自有属人,
亦似与其兄各分所辖者。当时一旗容一旗之子弟,如济尔哈朗未得阿
敏之遗业时,亦必在阿敏之镶蓝旗中,自有分得之所属。太祖于八固
山,本以八家为言,指其所爱或所重,为八固山之主,而其余子弟,固皆
待八固山收恤之。特由各固山自优其所亲,非其所亲,则属旗下为属人
而已。太祖之制,本不得为通法,太宗以来,刻刻改革,至睿王而固山之
畛域又加强固。英王内讧,仇敌得间,乃一举而奉之朝廷,此八固山制
之一大变革也。今检嘉庆初所成之《重修八旗通志》,于其下五旗设立
之包衣佐领,可见各旗之入而为主之王公,皆是君随意指封,略无太祖
八固山之遗意矣。

考包衣之名,"包"者,满洲语"家"也。房屋亦谓之包,蒙古毡帐,
谓之"蒙古包",世以其为毡帐而始名包,其实不然,即谓蒙古人之家
耳,虽不毡帐亦当谓之包也。"衣"者,虚字,犹汉文"之"字。"包衣牛
录额真"即"家之佐领"。旗制以固山额真后改名都统者,为一旗之长
官。在八贝勒尊贵时,都统乃本旗旗主之臣,君臣之分甚严。然八旗之
臣,合之亦皆当为国家效力。佐都统者每旗两梅勒额真,额真既改章
京,又改汉名为副都统。下分五甲喇,始称甲喇额真,继改甲喇章京,又
改汉名为参领。一参领辖五牛录,始称牛录额真,继改牛录章京,又改
汉名为佐领。此皆以固山之臣,应效国家之用。别设包衣参领佐领,则
专为家之舆台奴仆,即有时亦随主驰驱,乃家丁分外之奋勇,家主例外
之报效,立功后或由家主之赏拔,可以抬入本旗。此下五旗包衣之制
也。

上三旗则由天子自将,其初八旗本无别,皆以固山奉职于国,包衣
(二字原不成名词,后则作为职名)奉职于家。其后上三旗体制高贵,

·欧·亚·历·史·文·化·文·库·

奉天子之家事,即谓之内廷差使,是为内务府衙门。内务府大臣原名包衣昂邦,昂邦者总管之谓。凡各省驻防,必设昂邦章京,后即改名总管。其源起于世祖入关,于盛京设昂邦章京,即汉文中之留守。后推之各省驻防,又改名为将军,其下辖副都统。所以不称都统者,都统专理旗务,留守及驻防对一省有政治之关系,非只理本旗之务也,是以谓之总管。而包衣昂邦,实为家之总管,当其称此名时,犹无特别尊严之意,至称内务府大臣,在汉文中表示为天子贽御之长,其名义亦化家为国矣。

清代宫禁,制御奄官,较明代为清肃,此亦得力于内务府之有大臣。纵为旗下人所任之官,究非刑余私昵,若明之司礼秉笔等太监比也。清代因其家事,原在部落时代,为兵法所部勒,故较汉人认妇人女子为家者有别。清之内务府,可比于各君主国之宫内省,不至如明代宫阃之黑暗,此由其故习而来。世祖虽设十三衙门,复明之宦官,非固山耳目所习,故世祖崩而又复包衣之旧。夫上三旗已化家为国,不复为宗藩私擅之资,可以别论。欲考见八固山迁流之迹,亦能化家为国,一固山非复一家独擅之武力。虽裁之以法制,尚待世宗之朝,而顺、康以来,以渐蜕化,直至乾隆末为止,见之《八旗通志》者,辑而录之,可见其绝非太祖制定之八固山,亦非顺治初诸王分占之八旗矣。

《八旗通志》　上三旗　镶黄　正黄　正白　包衣佐领不著编立所由。

下五旗

一、正红　包衣参领五　第一参领下佐领一分管二
　　　　　　　　　　　第二参领下佐领二管领二
　　　　　　　　　　　第三参领下佐领一分管二
　　　　　　　　　　　第四参领下佐领一分管二
　　　　　　　　　　　第五参领下佐领一分管三

第一参领第一满洲佐领　谨按此佐领系国初随礼烈亲王编立,原系世管,乾隆十六年,因本族无现任五品以上应袭之员,经本旗奏改为公中佐领。又乾隆十八年,将第三参领所属第二分管缴回,所有人丁,并入本佐领内(礼烈亲王即大贝勒代善。清初分属

时,此旗原为代善所主,故溯其由来,犹有遗迹)。

第一参领第一满洲分管　谨按此公中分管,系国初随谦襄郡王编立。(谦襄郡王即代善子瓦克达。)

第一参领第二满洲分管　谨按(同上)。

第二参领第一满洲佐领系于第一参领内拨出。

第二满洲佐领系于第三参领内拨出。

第一管领亦系于第三参领内拨出。

第二管领系于第四参领内拨出。

第三参领第一满洲佐领　谨按此佐领系国初随礼烈亲王编立,原系世管,乾隆七年,因本族无五品以上现任应袭之员,经本旗奏改公中佐领。又乾隆十八年,将本参领所属第二分管缴回,所有人丁并入本佐领。

第三参领第一旗鼓分管　谨按此分管系国初随礼烈亲王编立,乾隆十八年,本参领第二分管缴回时所有人丁并入本分管。

第三参领原第二分管　谨按此分管系雍正年间康修亲王之子永恩,赐封贝勒时编立,乾隆十八年,贝勒袭封王爵,将此分管缴回,分并在王分各佐领分管下。(永恩,代善玄孙,即作《啸亭杂录》昭梿之父。)

第四参领第一满洲佐领　谨按此佐领系顺治年间随恭惠郡王编立。(恭惠郡王亦代善孙,即顺承郡王勒克德浑。)

第四参领第一旗鼓分管　谨按此分管系顺治年间随恭惠郡王编立。

第二旗鼓分管谨按(同上)。

第五参领第一满洲佐领　谨按此佐领系顺治年间随贝勒杜兰编立。(杜兰亦代善孙,父颖亲王萨哈廉,勒克德浑为萨哈廉第二子,杜兰为萨哈廉第三子。)

第一旗鼓分管　谨按此分管(同上)。

第二旗鼓分管　谨按(同上)。

第三旗鼓分管　谨按(同上)。

皆公中。

由此可见正红旗为代善世有，久而不变。唯勒克德浑之后亦为铁帽王，其受封之分，亦在正红，则此旗旗主已分属两世袭罔替之王，其余暂分之王贝勒不论。

二、镶白　包衣参领五　第一参领下佐领三管领四

第二参领下佐领一新增佐

领二管领四新增管领一

分管一

第三参领下佐领一管领四

第四参领下佐领一管领四

第五参领下佐领一管领三

分管二

第一参领第一满洲佐领系国初编立。

第二满洲佐领亦系国初编立。

第三满洲佐领系顺治元年编立。

第一管领系康熙四十八年自第一佐领内分出。

第二管领亦（同上）。

第三管领亦（同上）。

第四管领亦（同上）。

第二参领第一满洲佐领系雍正十三年增立。

第一管领亦（同上）。

新增第二佐领乾隆四十四年多罗仪郡王（高宗第八子永璇）分封时增立。

原第二管领亦系雍正十三年增立。

新增第一管领乾隆四十四年多罗仪郡王分封增立。

谨按第一第二管领于乾隆二十八年和硕履亲王（圣祖十二子允裪）薨后，封多罗履郡王时裁汰。（履郡王永瑆，高宗第四子，嗣履亲王后。）

原第三管领亦系雍正十三年增立。

原第四管领亦(同上)。谨按第三第四管领,并于乾隆四十二年,多罗履郡王薨后,封贝勒绵慧时裁汰。

第一分管系雍正九年编立。

第三参领第一满洲佐领。

原第一管领系康熙六年自内务府分出。谨按此管领于乾隆五十一年,和硕裕亲王薨后,多罗裕郡王袭封时裁汰。(和硕裕亲王,为世祖第二子福全所受爵,乾隆五十一年之裕亲王,乃福全孙广禄,袭郡王乃广禄子亮焕。)

第二管领亦(同上)。

第三管领亦(同上)。

第四管领亦(同上)。

第四参领第一满洲佐领系康熙三十九年分立。

第一管领亦(同上)。

第二管领系康熙四十八年编立。

原第三管领亦(同上)。谨按此管领于乾隆四十年和硕恒亲王薨后多罗恒郡王袭封时裁汰。(恒亲王为圣祖五子允祺爵,乾隆四十年薨者允祺子弘旺。袭郡王者弘旺子永皓。

第四管领亦(同上)。谨按此管领于乾隆五十四年郡王降袭贝勒时裁汰。

第五参领第一满洲佐领初系包衣昂邦(汉文称总管内务府大臣)瑚弥塞管理。谨按此佐领系康熙十四年封纯亲王时由镶黄旗包衣分出。(纯亲王为世祖第七子隆禧,康熙十三年封。)

第一管领系康熙十四年分立。

第二管领亦(同上)。谨按此管领多罗淳郡王薨后乾隆四十二年永鋆袭封贝勒时裁汰。(圣祖七子允祐,封淳亲王,子弘暻,袭郡王。)

173

·欧·亚·历·史·文·化·文·库·

原第三管领亦(同上)。

下脱二分管。

此旗原属豫王多铎。顺治八年,睿王获罪,豫王牵及,此旗中已无豫王遗迹,为世祖以下诸帝之子,陆续分封。

三、镶红　包衣参领五　　第一参领下佐领二旗鼓一管领四

第二参领下佐领二分管二管领三

第三参领下佐领一分管六

第四参领下佐领一管领一分管五

第五参领下佐领一管领一分管五

第一参领第一佐领系国初编立。

第二佐领亦(同上)。

第一旗鼓佐领系雍正年间随庄亲王分封时立,王府派员兼管(雍正元年,以圣祖第十六子允禄嗣太宗孙博果铎之庄亲王,博果铎之父为太宗七子承泽亲王硕塞)。

第一佐领下第一管领系雍正七年增立。

第二管领系(同上)。

第三管领亦(同上)。

第四管领亦(同上)。谨案此管领裁汰。

第二参领第一佐领亦系国初编立。谨案此参领下佐领管领俱随克勤郡王分封时立(崇德间,追封代善第一子岳讬为克勤郡王,子罗洛浑改衍禧郡王,孙改平郡王,至玄孙讷尔苏,当康熙四十年起,至雍正四年,正为平郡王,子福彭,孙庆明,皆袭号平郡王,乾隆十五年,从弟庆恒袭,四十三年,复克勤号)。

第二佐领亦(同上)。

第一佐领下第一分管亦系雍正七年增立。

第二分管亦(同上)。

第二佐领下第一管领亦(同上)。

第二管领亦(同上)。

第三管领亦(同上)。

第三参领第一佐领亦系国初编立。谨案此佐领随贝勒褚英分封时立(褚英,太祖长子,诛)。

> 新增第一佐领系乾隆五十一年随贝勒绵懿分封时立。
>
> 下第一管领系(同上)。
>
> 第二管领系(同上)(绵懿父高宗第三子永璋,封循郡王。其本生父即成亲王永瑆,清代亲王,以能书名)。
>
> 第一分管原隶第一参领内,初为管领,康熙五十年改为分管,雍正七年由第一参领拨隶。谨案此分管随奉恩辅国公绝克堵分封时立(绝克堵遍检未得,其分封时立此分管。如即为改分管时,则在康熙五十年;如并在初为管领时,则当更早。若以辅国公之爵名,及绝克堵之对音字当之,则阿敏之曾孙齐克塔,于康熙二十五年封辅国公,或是)。
>
> 第一分管系雍正七年增立。
>
> 第二分管(同上)。
>
> 第三分管(同上)。
>
> 第四分管(同上)。
>
> 第五分管(同上)。谨案此五分管,俱随贝勒褚英设立(上本参领下第一佐领,言系国初编立,而案语又言系随褚英分封时立,则褚英非雍正七年始封也。此云雍正七年增立,又云随褚设立,殆褚英时已立而废,雍正七年乃复立,遂以后立为增立耶?)。

第四参领第一佐领亦系国初编立。谨案此佐领系随贝勒喀尔初珲分封时立(喀尔初珲,岳讬二子。皇子表作喀尔楚浑。顺治六年,由镇国公晋贝勒,盖亦克勤郡王之支裔,知此旗为褚英诛后,转入代善子克勤王属）。

新增第二佐领系乾隆四十六年随贝勒绵亿分封时立（绵亿为高宗第五子永琪之第五子）。

下第一管领系（同上）。

第二管领系（同上）。

原第三佐领下第二管领系雍正七年由第一参领拨隶。谨案管领久经裁汰（佐领亦不见管理人，其并裁耶？抑即第一参领下之原第三佐领，案语亦谓裁汰者耶？）。

第四佐领下第一分管系雍正七年增立。

第二分管系（同上）。

第三分管系（同上）。

第四分管系（同上）。谨案此四分管俱系随贝勒巴思汉设立（岳讬第二子，顺治六年，由镇国将军晋，皇子表作巴思哈，亦顺承王系）。

第五佐领下第五分管系雍正七年由第三参领拨隶。谨案此分管系随贝勒褚英设立。

第五参领第一佐领亦系国初编立。

下第一分管系康熙十七年分立。

原第二佐领下第一管领系雍正七年由第一参领拨隶。

第三佐领下第二分管系雍正七年由第三参领拨隶。

第三分管系（同上）。

第四分管系（同上）。

第五分管系（同上）。

以上下五旗包衣参领所属佐领管领分管等，例随各王公封爵增减，镶红旗包衣参领，旧辖佐领九员，管领十一员，分管十九员，兼管二员。乾隆元年，拨去佐领一员，管领三员，新增佐领二员，管领四员。

此旗只有克勤王遗迹，及褚英亦有遗迹，至庄王则在雍正时封入，可不论。夫褚英被罪时，八旗尚未分定，未必有分封故事，或封其子杜度，即以为名耶？克勤王在此旗所分包衣甚多，自是此旗旗主。康熙四十五年，曹寅摺，圣祖指令以镶红旗王子为其婿。当时以克勤王后之平郡王为镶红旗主。

四、正蓝　包衣参领五　第一参领下佐领三管领一分管四

第二参领下佐领五管领一分管四

第三参领下佐领三分管九

第四参领下佐领三管领五

第五参领下佐领五管领一分管五

第一参领新增第一佐领系乾隆二十五年增立。

新增第二佐领系乾隆二年和亲王分府时设立（世宗第五子弘昼，雍正十一年封和亲王）。

新增第三佐领系（同上）。

新增第一管领系（同上）。

第一分管系雍正四年编立。

第二分管。

第三分管。

第四分管。

第二参领新增第一佐领系乾隆二十五年增立。

新增第二佐领系乾隆二年诚亲王分府时设立（圣祖第二十四子允祕，雍正十一年封诚亲王）。

新增第三佐领系（同上）。

第四佐领。谨按此佐领系国初饶亲王分封时设立（饶余亲王当即饶余亲王，太祖七子阿巴泰，崇德元年，由贝勒加封号饶余，顺治元年，晋饶余郡王，三年薨，康熙元年追封亲王，当是顺原郡王封）。

第五佐领。

新增第一管领系乾隆二年诚亲王分府时设立。

第一分管。

第二分管系顺治九年编立。

第三分管亦(同上)。

新增第四分管系乾隆三十九年,弘昉封贝子设立(弘昉,诚亲王第二子)。

第三参领第一佐领。谨按此佐领系康熙十四年恭亲王分封时设立(世祖第五子常颖,康熙十年封恭亲王)。

第二佐领。谨按(同上)。

第三佐领。谨按此佐领原设第五参领所属第一佐领,乾隆四十三年分封睿亲王,将此佐领移入。

第一分管。谨按此分管系康熙十四年恭亲王分封时设立。

第二分管。谨按此分管系国初设立。

第三分管系国初设立。

第四分管。

第五分管。

第六分管。谨按此旗鼓分管,系公庆怡分内,国初设立(公庆怡不详)。

第七分管。谨按此分管原系第五参领所属第三分管,乾隆四十三年复封睿亲王,将此移入。

第八分管系乾隆四十三年复封睿亲王时增立。

第九分管系(同上)。

第四参领第一佐领。

第二佐领。谨按第一第二佐领,俱系雍正元年分封怡贤亲王时设立(圣祖第十三子允祥,封怡亲王)。

第三佐领。谨按此佐领系雍正九年分封宁良郡王时设立(怡王第四子弘晈,分封宁郡王)。

第一管领。

178

第二管领。

第三管领。

第四管领。谨按第一第二第三第四管领系雍正元年分封怡贤亲王时设立。

第五管领。谨按此管领系雍正九年分封宁良郡王时设立。

新增第一佐领系乾隆二十五年增立。

第二佐领。

第三佐领。谨按第一第二佐领系国初设立豫亲王属下（据《东华录》当是嗣豫王时，由摄政王所付与多尼者。此第一第二即第二，第三乃未有新增以前事）。

新增第四佐领系乾隆四十四年分封定郡王时设立（高宗一子永璜封定亲王，永璜一子绵德袭，后降郡王，降后又革，改由二子绵恩袭郡王，五十八年仍晋亲王）。

新增第五佐领系（同上）。

新增第一管领系（同上）。

第一分管。

原第二分管。谨按此原系贝勒弘昌属下，乾隆五年，弘昌获罪，将此分管存公。乾隆四十一年，本旗奏将分管内官员兵丁分与近派王公门上，其分管之缺裁汰（弘昌为怡王第一子）。

新增第三分管系乾隆四十二年公绵德分封时，将前项人丁撤回设立（绵德四十一年革郡王爵，四十二年封镇国公）。

第四分管。谨按此分管系国初设立。

第五分管。谨按此分管原设在第一参领所属第五分管，后移于第五参领所属第四分管（然则由第四五分)。

此旗原系莽古尔泰所主,为太宗所自取,顺治初又归睿王,后又暂属豫王子多尼。睿王得罪后,遂为诸王任便分封之旗分。

五、镶蓝　包衣参领五　第一参领下佐领四

第二参领下佐领四

第三参领下佐领四

第四参领下佐领三管领一

第五参领下佐领四管领二

第一参领第一佐领。谨按此佐领系顺治年间郑亲王分封时编立。

第二旗鼓佐领。谨按此旗鼓佐领亦(同上)。

第三佐领。谨按此系管领亦系(同上)。

第四佐领系康熙三十九年自花色佐领内分出。谨按此佐领亦改管领(第四参领第二满洲佐领顺治间郑王分封时编立,其第五任管理名花善)。

第二参领第一佐领。谨按此佐领亦改管领。

第二满洲佐领。谨按此佐领系顺治年间郑亲王分封时编立。

第三满洲佐领。谨按(同上)。

第四满洲佐领。谨按此佐领系雍正元年随理郡王(允礽二子弘晳)分封时编立,原志失载,今增入(雍正六年晋弘晳理亲王,乾隆四年革爵)。

第三参领第一满洲佐领系康熙三十七年分立。谨按此佐领改为管领。

第二满洲佐领系雍正元年分立。

第三佐领系雍正九年分立。谨按此佐领改为管领。

第四佐领系雍正六年分立。

第四参领第一佐领。谨按此佐领系顺治年间郑亲王分封时编立。

第二满洲佐领。谨按(同上)。

第三佐领。谨按此佐领后改管领。

第四管领。谨按续增第四管领系乾隆元年随奉恩辅
　　国公永璥分府时编立(允礽二子弘晋之三子)。

　第五参领第一佐领。谨按此佐领系顺治年间贝勒商山分封时
编立(商山,皇子表作尚善,舒尔哈齐八子费扬武之二子,顺治六
年,由贝子封贝勒,十六年降贝子,康熙十一年复)。

第二佐领系康熙四十七年自三探佐领内分出。谨按
　　此佐领后改为第二管领(第二参领第二满洲佐
　　领,顺治间,郑亲王分封时编立,初系三探管理,三
　　探年老辞退,以七品典仪官姜汝亮管理)。

第三佐领系雍正十三年编立。谨按此佐领后亦改为
　　第三管领。

第四佐领系康熙三十九年自翁阿代佐领内分出。谨
　　按此佐领亦改为管领,后因公弘晀(允礽七子雍
　　正十二年封,乾隆三十四年革)获罪,将包衣人等
　　分给各王公门上,乾隆四十一年将此管领裁汰
　　(第一参领第三佐领系管领,顺治间郑王分封时
　　编立,第二任管理名翁郭代)。

新增第三佐领。乾隆五十九年十七阿哥分封多罗贝
　　勒时编立(高宗十七子永璘五十四年封贝勒,嘉
　　庆四年晋庆郡王,二十五年晋庆亲王,谥僖。奕劻
　　即其孙)。

第六管领亦(同上)。

　此旗原系阿敏所主,后归郑王济尔哈朗,故多有郑王遗迹。顺
治年间,已将贝勒商山封入,雍正以后,多任意分封。

由以上所考得,八固山唯正红尚保存代善之系统,次则镶蓝旗亦留
济尔哈朗遗迹,其余皆尽属后起之王公。盖自顺治八年后,已尽破太祖
八固山分立之制。上三旗既永为自将,下五旗亦故主罕存,强宗各拥所

181

属之弊,已扫除矣。然王公分封之旗,既入而为之主,体统尚尊。旗下臣于旗主,其戴朝廷,为间接之臣仆。旗员唯旗主之命是遵,故雍正诸王心存不服,尚能各树党羽,以抗朝廷,非诸王之能要结,在祖训家法有所禀承,旗员自视此为天经地义,不可违也。再通考其迁流如下:

《东华录·太宗录》首:"天命十一年九月庚午朔,上既即位,欲诸贝勒共循礼义,行正道,交相儆戒。辛未,率贝勒代善、阿敏、莽古尔泰、阿巴泰、德格类、济尔哈朗、阿济格、多尔衮、多铎、杜度、岳讬、硕讬、萨哈廉、豪格,誓告天地曰:'皇天后土,既佑相我皇考,肇立丕基,恢宏大业。今皇考上宾,我诸兄及诸弟侄,以家国人民之重,推我为君。唯当敬绍皇考之业,钦承皇考之心。我若不敬兄长,不爱弟侄,不行正道,明知非义之事而故为之,或因弟侄等微有过愆,遂削夺皇考所子户口,天地鉴谴。若敬兄长,爱子弟,行正道,天地眷佑。'诸贝勒誓曰:'我等兄弟子侄,询谋佥同,奉上嗣登大位,宗社式凭,臣民倚赖。如有心怀嫉妒,将不利于上者,当身被显戮! 我代善、阿敏、莽古尔泰三人,善待子弟,而子弟不听父兄之训,有违善道者,天地谴责! 如能守盟誓,尽忠良,天地保佑! 我阿巴泰、德格类、济尔哈朗、阿济格、多尔衮、多铎、杜度、岳讬、硕讬、萨哈廉、豪格等,若背父兄之训,而弗矢忠荩,天地谴责。若一心为国,不怀偏邪,天地眷佑。'誓毕,上率诸贝勒,向代善、阿敏、莽古尔泰三拜,不以臣礼待之。各赐雕鞍马匹。"

此段誓文,犹见满洲国俗,以各贝勒相誓为正名定分之道。豪格,太宗子也,而亦与此誓,居奉上嗣位之功,又可作不利于上身被显戮之约。此在帝制定后,必为极失体之夷风,而在当时则父子兄弟互相角立,为根本当然之举,犹是八大贝勒之制。不过欲使亲生之子,亦于诸强宗内分割一席,在太宗为得计,群雄对立之势逼,父慈子孝之说微,此犹谨守八固山共治之训时也。有太宗与诸贝勒之合誓,又有诸贝勒合誓,然后有三大贝勒与十一贝勒之相对设誓,终之以三大贝勒受太宗率诸贝勒之拜,依然前此四大贝勒与小贝勒之体统。自此直至天聪五年末,犹守太祖八家并立但分大王小王之意。未几,阿敏获罪幽系,三大贝勒又只存其二,对立之势愈弱。又未几而二大贝勒复屈就臣列。此为太宗改更父训之一胜利。

> 《东华录》:"天聪五年十二月丙申,先是上即位,凡朝会行礼,代善、莽古尔泰并随上南面坐受,诸贝勒率大臣朝见,不论旗分,唯以年齿为序。礼部参政李伯龙奏:'朝贺时,每有逾越班次,不辨官职大小,随意排列者,请酌定议制。'诸贝勒因言:'莽古尔泰不当与上并坐。'上曰:'曩与并坐,今不与坐,恐他国闻之,不知彼过,反疑前后互异。'以可否仍令并坐及李伯龙所奏,命代善与众共议。代善曰:'我等奉上居大位,又与上并列而坐,甚非此心所安。自今以后,上南面居中坐,我与莽古尔泰侍坐于侧,外国蒙古诸贝勒,坐于我等之下,方为允协。'众皆曰善,并议定行礼。奏入,上是之。至是谕曰:'元旦朝贺,首八旗诸贝勒行礼,次察哈尔、喀尔喀诸贝勒行礼,次满洲、蒙古、汉官率各旗官员行礼。官员行礼时,先总兵官固山额真,次副将,次参将游击,摆牙喇纛额真侍卫,又次备御,各分班序行礼。'"

此为太宗改定朝仪,不与从前平列之大贝勒仍讲均礼之始。先由汉人发端,而诸贝勒乃以本年莽古尔泰有御前持刃议罪事,以莽古尔泰不当并坐,迎合太宗之意。岂知太宗志在改革,转命代善议,而代善不得不并己之并坐议改。奏入,上乃是之,于是君臣之分定,八固山共治之法除矣。

太宗时革共治制为君主制,然于诸旗主之各臣其所属,犹立法保障之。

> 《八旗通志·典礼志》,王府庆贺仪:"崇德元年,定亲王生辰及元旦日,该旗都统以下佐领以上官员齐集称贺,行二跪六叩头礼。郡王生辰及元旦日,本府属员齐集称贺,行二跪六叩头礼。贝勒生辰及元旦日,本府属员齐集称贺,行一跪三叩头礼。若该属官员无事不至府行庆贺者,治罪。"

据此,崇德元年之亲王皆为旗主,故皆有所谓该旗都统以下佐领以上官员,郡王即无之。因此可为太宗时之旗主加以考证。凡崇德元年封和硕亲王者,即是旗主,亦即是天命间之和硕贝勒。自此以后,贝勒只有多罗之号,尤可见和硕亲王之即为和硕贝勒所蜕化也。考崇德元年封和硕亲王者凡六人,追封者一人:代善为和硕礼亲王,多尔衮为和硕睿亲王,多铎为和硕豫亲王。济尔哈朗为和硕郑亲王,豪格为和硕肃亲王,萨哈廉于是年正月死,不及封而追封为和硕颖亲王,以其子阿达礼袭为多罗颖郡王,岳讬为和硕成亲王,至阿济格则为多罗武英郡王,直至顺治元年始封和硕英亲王。则于太宗时阿济格虽有太祖遗命,命为全旗之主,迄未实行,至籍没时仅有十三牛录,即系他旗中分受之少数,盖当在睿王之正白旗内分给,而豫王又分以七牛录,仍非全旗之主也。阿济格之为人,狂稚无理,不足重任,虽有遗命,靳之亦无能为。而太祖所云四小王,济尔哈朗、多尔衮、多铎,三人自无疑义,又其一必为代善长子岳讬,豪格乃太宗亲子,固不应径取阿济格所受遗命而代之,其同封和硕亲王,不过示将来可以代兴之意,即欲使主一旗,亦当在太宗自领旗分内给之。岳讬封和硕亲王,必为旗主。阿济格于是年封郡王,即非旗主。再证以镶红旗之包衣,只见克勤郡王之遗迹。克勤郡王乃岳讬由亲王降封,子孙遂以此世袭,列为八铁帽之一。萨哈廉之后,虽亦以顺承郡王世袭,然非太宗时旗主,故包衣遗迹,顺承王之包衣尽在正红旗内。两黄正蓝为太宗自领,余五旗归一大王四小王。至此而主名定矣。

旗主及近亲子弟之有郡王贝勒爵者,属人于生辰及元旦不诣庆贺,即须治罪。此其本旗主臣之分,有国法为之保障。特旗主则并旗内大臣亦为其臣,旗主之近亲则以府内官属为限。即包衣内旗员为纯粹之家臣,本旗旗员兼为国之臣,对本旗唯尽臣礼于旗主,不必尽于旗主之子弟也。

本旗旗员之尽臣道于其主,生辰元旦如此,昏丧等事可知。而《八旗通志》于婚丧礼唯详乾隆时之见行制,不及初制。唯于雍正朝上谕八旗,得有反证:

《上谕八旗》:"雍正四年六月二十三日,奉上谕:嗣后贝勒贝子公等,如遇家有丧事,将该属之文武大臣,著吏、兵二部开列具

奏,再令成服。其官员内有在紧要处行走者,着各该管大臣指名具
奏,令其照常办事。特谕。"

此所云该属之文武大臣,需吏、兵二部开列者及旗下人见为文武大臣,
非旗内之大臣。旗内大臣唯有都统、副都统,无所谓文武,亦无庸吏、兵
二部分开。至其他官员则并非大臣之列者,世宗皆不许旗主家任意令
其成服。则旗下属人之不容专尽臣道,且有明谕。至本非属人,由朝命
任为本旗之都统以下等官,更不待言。虽对贝勒贝子而言,亲王郡王或
临于属人加尊,其不能臣朝廷之臣,不能与崇德元年之规定相合,亦可
理推也。

昔年京朝士大夫传言,松文清筠既为相,一日召对不至,询之,乃主
家有丧事,文清方著白衣冠,在主家门前执打鼓之役。帝乃令抬入上三
旗,免为主家所压抑。此说固不确,文清乃蒙古,非满洲,其生在嘉、道
间,为相在嘉庆十八年以后,已在雍正谕禁之后。此或雍正间之事,因
有此事而有此谕,要皆为世宗革除八旗旧制之一端也。

太宗虽兼并他固山,乃求强而非以求富,八固山之负担,仍以八家
为均分之准,则两黄旗未尝不作两家负担计也。满洲新兴之国,地广人
稀,得人力即可垦地,聚人先资养赡,八家负担养赡之费。在天聪八年,
正蓝尚未取得,而两黄久归自将,初不因自将之故而与六固山有殊,亦
不因一人兼将两固山而不负两家之费也。

《东华录》:"天聪八年正月癸卯,众汉官赴户部贝勒德格类
前,诉称:'我等蒙圣恩,每备御帮丁八名,止免官粮,其余杂差,与
各牛录下堡民三百五十丁,一例应付。我等一身,照官例赡养新
人,较民例更重。所帮八丁,既与民例一体当差,本身又任部务,所
有差徭,从何措办?徭役似觉重科,况生员外郎尚有帮丁,望上垂
怜,将所帮八丁准照官例当差,余丁与民同例。'德格类以闻。上
遣龙什、希福察讯差役重科之由,所诉皆虚,因前买妇女,配给新
人,未曾发价,故云。诏户部即以价偿各备御,又谕礼部贝勒萨哈
廉曰:'此辈皆忘却辽东时所受苦累,为此诳言耳。若不申谕使之
豁然,则将些少之费,动为口实矣。'于是萨哈廉奉上命传集众官

谕曰:'尔众汉官所诉差徭繁重,可谓直言无隐,若非实不得已,岂肯前来陈诉。然朕意亦不可隐而不言,当从公论之。朕意以为尔等苦累,较前亦稍休息矣。何以言之? 先是,尔等俱归并满洲大臣,所有马匹,尔等不得乘,而满洲官乘之;所有牲畜,尔等不得用,满洲官强与价而买之;凡官员病故,其妻子皆给贝勒家为奴。既为满官所属,虽有腴田,不得耕种,终岁勤劬,米谷仍不足食,每至鬻仆典衣以自给。是以尔等潜通明国,书信往来,几蹈赤族之祸。自杨文朋(《八旗通志》作杨文明)被讦事觉以来,朕始宥尔等之罪,将尔等拔出满洲大臣之家,另编为固山。从此尔等得乘所有之马,得用所畜之牲,妻子得免为奴,择腴地而耕之,当不似从前典衣鬻仆矣。'"

此段见建州之始待汉人,实视为奴虏。汉人中本为明之官吏,则招徕之辄妻以女,称为额驸。若李永芳、佟养性之类皆是。由是汉奸亦相率归附,凡自天命至天聪初,来附者颇见于《贰臣传》中。然所挟以俱降之士兵,或无所挟之汉人,陷于建州者,困苦如此,此清代官书之自述供状也。汉人因此思归,通书反正。太宗发觉其事,不唯不用威虐,反以此自反其过,改善待遇,此见建州之有大志,迥非平凡所能为。唯汉人另编固山,据清代官书,在前则太祖初设八旗,事在万历甲寅乙卯年间,其时有汉军牛录十六,在八旗之内,此即所谓归并满洲大臣时也。其另编固山,不详何时。唯于崇德二年七月乙未,言分乌真超哈一旗为二旗,则其先必有编为一旗之时,是即另编时矣。今于八年正月有此谕文,则另编必在其前。考清《贰臣·马光远传》:"明建昌参将,本朝天聪四年,大兵克永平,光远率所部投诚,授副都统,隶汉军镶黄旗,赐冠服鞍马。五年,上亲征明,围大凌河,光远从,招降城南守台百总一,男妇五十余人,即令光远抚之。七年,诏于八旗满洲佐领分出汉人千五百八十户,每十丁授绵甲一,以光远统辖,授一等子爵。"据此,则另编汉军为一固山,即七年事。《东华录》:"七年七月辛卯朔,命满洲各户汉人有十丁者,授棉甲一,共千五百八十人。命旧汉兵额真马光远等统之,分补旧甲喇缺额者。"此文亦叙此事,然叙述不明,盖其误。在传录时已

186

自不了,故语不可解,当以《光远传》改正之。而《光远传》文亦有误,如云"投诚授副都统,隶汉军镶黄旗"。当天聪四年,汉军尚未分旗,即至崇德初,所分一旗两旗,亦只由整旗而分左右翼,两翼旗犹纯用玄青,并无镶黄之名,况在天聪四年乎?以意度之,当云隶镶黄旗汉军,盖隶于满洲镶黄旗内之汉军牛录耳。汉人于旗制隔膜,清中叶以前,史馆诸臣已不了如是,宜及今不可不加以研究也。

  尔等以小事来诉,无不听理,所控虽虚,亦不重处,是皆朕格外加恩,甚于满洲者也。困苦之事,间或有之,然试取满洲之功,与尔等较之,孰难孰易?满洲竭力为国,有经百战者,有经四五十战者,尔等曾经几战乎?朕遇尔等稍有微劳,即因而擢用,加恩过于满洲,若与满洲一例较伤论功,以为升迁,尔今之为总兵者,未知当居何职。尔汉官皆谓:"满洲官员虽娴攻战,贪得苟安,不知忧国急公;我等战功虽不及满洲,忧国急公则过之。"及览尔等章奏,较前言有异矣。尔等另编固山之时,咸云:"拯我等于陷溺之中,不受满洲大臣欺凌,虽肝脑涂地,不能仰答上恩于万一。"今览尔等所诉之词,前言顿忘。尔等诉称苦累甚于满洲,盍向熟谙差役者问之!若以满洲相较,轻则有之,甚则未也。古圣人有云:"以家之财养贤,则取国而国可得;以国之财养贤,则取天下而天下可得。"此言皆尔等素所知也。国小民稀,朕及贝勒之家,各量所有均出之,以养上天畀我之民,此即古圣人所谓"家财国财"之义也。既知此例,所输大凌河数人赡养之资,遂出怨言,尔等何其言行不相顾耶?朕谓尔等博知典故,虽非圣贤,必有通达事理者。自朕以及贝勒,尚散财无吝,使尔等果能达于事理,岂以随众输纳为苦耶?他国之主皆敛民间财赋,以供一己之用,有余方以养人;我国赋税,朕与诸贝勒曾有所私乎?我国民力,朕与诸贝勒曾有所私役乎?取国赋糜用于家,役民力以修治宫室,不以国事为念,止图一己便安,尔等当谏之。朕为国家朝夕忧勤,荷天眷佑,殊方君长头目接踵来归,犹恐不能招致贤才,解衣衣之,推食食之。凡赏赉归附之人,皆八家均出,何曾多取一物于尔等乎?礼部亦有汉官,试往问

·欧·亚·历·史·文·化·文·库·

之，八家每年出羊若干，貂裘野兽酒米筵宴若干，明告于尔。当国中年岁荒歉，八家均出米粟，赈济贫民，朕与诸贝勒又散给各固山满洲、蒙古、汉人赡养之，尔等岂不知乎？朕与八固山贝勒，于新附之蒙古、汉人、瓦尔喀、虎尔哈、卦尔察以及旧满洲、汉人、蒙古等，凡贫穷者，给与妻室奴仆，庄田牛马，衣食赡养，何可胜数。此皆尔等所明知者。尔等果忧国急公，其间纵有愚昧无知，自言其苦者，尔等犹当劝谕，乃反因此些小之费，遂出怨言，所谓急公过于满洲者，徒虚语也。

此段见其自矜无私费，无私役，皆以朕躬与诸贝勒并提，虽以君主自居，未能不以诸贝勒为有共治之分，是太祖遗意之未遽泯灭者。八家并称，仍以八固山为出治之主名，君主虽临于上，不能独居其功，其自将之固山仍与他固山平列，唯已以一人超乎其上，此是太宗时八旗制蜕化真相。

尔等曾奏云："一切当照官职功次而行之。"我国若从明国之例，按官给俸，则有不能。至所获财物，原照官职功次，加以赏赉；所获土地，亦照官职功次，给以壮丁。先是，分拨辽东人民时，满、汉一等功臣占丁百名，其余俱照功以次给散。如尔等照官职功次之言果出于诚心，则满、汉官员之奴仆，俱宜多寡相均。尔汉官或有千丁者，或有八九百丁者，余亦不下百丁，满官曾有千丁者乎？果尔计功，论理满洲一品大臣应得千丁。自分拨人丁以来，八九年间，尔汉官人丁多有溢额者。若谓新生幼稚耶，何其长养之速；若谓他国所获耶，尔汉官又未尝另行出征，此如许人丁，不知从何处增添也。尔等之过，朕知而不究，其贝勒满洲大臣，以尔等私隐人丁，孰不怀怨？若不任尔等多得，而有较满洲更加苦累之心，岂不将满洲汉官户下人丁和盘计算，照官职功次再为分拨乎？倘如此分拨，尔千丁者，不识应得几人也。尔众官在明国时，家下人丁若干，今有若干，何不深思之！满、汉官民虽有新旧，皆我臣庶，岂有厚薄之分？今既如此，尔等亦同满洲，三丁抽一为兵，凡出征行猎，一切差徭，俱一例分毫不缺，尔等以为何如乎？试取朕言，与尔等所言，从公忖量，有欲言者，不必疑虑，切直言之可也。且满洲之偏苦于汉人者，不但三丁抽一也，如每年牛录出守台人八名、淘铁人三名、铁匠六名、银匠五名、牧马人四名、固山下听事役二名，凡每牛录下当差者十有四家。又每年耕种以给新附之人。每牛录又出妇人三口。又耀州烧盐，畋猎取肉，供应朝鲜使臣驿马，修筑边境四城，巡视边墙，守贝勒门。又每牛录派兵一名，防守句骊河（《通志》作巨流河，注即句骊河），每牛录设哨马二匹，遇有倒毙，则均摊买补。征瓦尔哈时，每牛录各喂马二三匹从征。又派摆牙喇兵十名，兵丁二三名，往来驰使，差回又令喂养所乘马匹。遇有各国投诚人来，拨给满洲见住屯堡房屋，令满洲展界移居。又分给粮穀，令其春米纳酒，每年猎取兽肉，分给新附之人，发帑金于朝鲜，贸易布匹，仍令满洲负载，运送边城。又有窖冰之役，每年迎接新附之虎尔哈，于教场看守貂鼠猞猁狲等皮，兼运送新米。朝鲜、蒙古使至沈阳，摆牙喇章京各出人一名，逐日运给水草；夏月至，更有运给水草之役。又每年采参，负往朝鲜货卖（此当即是皮岛通商），每固山以一户驻英格地方，巡缉盗踪，又以一户驻沈阳渡口，看守船只。此皆满洲偏苦之处，若不向尔等详切言之，尔等亦未必深信也。

此段见满洲开国，此草昧之部落，而内政外交有条不紊，尚无钱币之制，纯恃实物为交易，所恃者土地闲旷，山林产珍贵之物。当天下未定，满洲人居然任其劳费，而处外族以优逸，用广招徕。生事简单，然使有久计。文字无多，细绎之，民生国计，尽心经理之法，皆见于此。尤不易者，投诚人来，授以满人见住之屯堡房屋，而原住之满人展界移居以让之。此非满洲上下真能一心，何以得此？国无大小，实心为政，虚心待人，事必有济。自太祖初兴至此，传经两代，时逾50年，锐意图强，有进无止，而中国以万历、天启之朝局应之。思宗有志救亡，而用聚敛之臣以夺民生，信刑余之贱以斥士类，好谿刻琐细之才以拒纯正远大之议论。对敌情固茫然，对民情尤漠然。为渊驱鱼，为丛驱爵，非两两对照，不易了也！其宣谕汉官之词，和平诚恳，有以服其心，绝不压以威力，较之思宗，明知民力不任，犹曰暂累吾民一年，一年之后，更不提暂字。兴亡之判，非偶然矣！谕毕复有末尾一段，并录以尽其曲折：

> 总兵官石廷柱、马光远、王世选及副将参将游击，皆曰："控诉之事，我等不知，皆众备御所为。"遂将为首八人执之。萨哈廉问曰："尔等既云不知，当户部贝勒遣布丹往问时，何云知之？又何为将苦累之事备呈于部耶？"对曰："各备御向我等不曾言差役重科，但言欲诉帮丁八人之事，故布丹来讯我等，答云知之。至具呈之事，乃龙什、希福令我等将所有差徭，备细开写，我等无知，故尔开送奏闻。"上曰："诸臣既云不知，可将备御八人并释之，倘治其罪，后有苦累，亦更无敢言者。各官及备御，勿令谢恩，若谢恩，则是欲罪复赦之也。"

委曲周至，真能买汉奸之心。统观全文，猥陋仅能达意，自是关外原来记载，非经中国文人以瞻天颂圣之格调为之润色，且出两造口语，非虚捏之宣传文也。下各官惶恐语略之。

太宗时虽收各固山之权，而处分之法，仍视八固山为八家私物，以夺此予彼为惩劝。夫牛录而可随时予夺，必非太祖八固山并立之本意。太宗能立予夺之法，是即改革八家之专据。然自将之三固山，亦在予夺处分之内，则并立之遗迹尚存也。崇德改元时，正蓝已归太宗，故云三固山为自将。

《八旗通志·兵制志》军令："崇德三年谕：凡和硕亲王、多罗郡王、多罗贝勒、固山贝子，临阵交锋，若七旗王贝勒贝子却走，一旗王贝勒贝子拒战，七旗获全，即将七旗佐领下人丁给拒战之一旗。若七旗拒战，一旗却走，即将却走人丁，分与七旗。若一旗内拒战者半，却走者半，即以却走人丁，分给本旗拒战者。有因屯札他所，未拒战而无罪者，免革人丁。其拒战之王贝勒贝子，别行给赏。若七旗未及整伍，一旗王贝勒贝子拒战得功者，按功次大小俘获多寡赏之。野战时，本旗大臣率本旗军下马立，王贝勒贝子等率护军乘马立于后。若与敌对伐，王贝勒贝子大臣不按队伍轻进，或见敌寡妄自冲突者，夺所乘马匹及俘获人口。"

观此军令,八旗于战时,皆以王贝勒等为主将,大臣即都统以下,其责任乃主将负之,大臣可以进退,旗主之事也。旗主则以旗下人丁为赌胜之具,焉得而不以所属人为旗主之臣,使号令得行也。

自此经睿王摄政之局,天子与亲王,各挟固山之武力,与政权为消长。世祖亲政初一大改革,睿王之正白旗尤为充实,而收为自将之上三旗,遂成一定之制。余分属诸王贝勒之五旗,谓之下五旗,已绝不足言平立之旧矣。以天命间之四大王论,一王化帝,一王剥夺(莽古尔泰之正蓝旗),一王递嬗(阿敏之镶蓝旗,移转于弟济尔哈朗),其为原主者,仅一代善之正红旗。以天命末遗属所定之四小王论,其三可知者乃阿济格、多尔衮、多铎,太祖有此殊宠之三子之母,遂遭诸王所公嫉,而迫使殉,又夺阿济格之一小王,以益代善之子,又太宗自擅两旗,无可分给而暂缺其一,追取之阿敏以予济尔哈朗,始具四小王之数。实则入诸王手者已只有五旗,所谓下五旗,其中已无原来旗主,供朝廷随意分封者两旗(镶白、正蓝),有原来旗主者三旗。又分天命间原属大王之旗,只有一旗(正红)。子孙众多,逐渐分封,世袭罔替之王,乃居其二(礼亲王、克勤郡王)。余郡王贝勒随世递降者不计,倘亦汉众建诸侯而小其力之意。天命后原属小王之旗,则有二旗:一由原主获罪,递嬗而来(镶蓝之济尔哈朗);一由不遵太祖遗嘱,别授充数(镶红之岳讬)。其权原本不强固,故皆有随时封入之王贝勒,而镶红为尤甚。盖旗主之武力,已减削无余,各旗自有固山额真,为天子任命之旗主,非宗藩世及之旗主。宗藩受封于旗,乃养尊处优之地,旗之行政,天子之吏掌之,则不啻有庳之封也。亲贵虽或典兵,所指挥者非有自主之本旗,特假天潢之重,以临禁旅之上,而震慑后来归顺之杂军。所谓八旗,皆朝廷之所运用,天子特于六卿兵部之外,自为一积世之军阀,而亲贵则皆不得分焉。此清代特殊之养威居重之地也。旗主清散而禁旅归公,威棱所由极盛,旗人堕落而异军特起,种族所以渐形,此一代兴亡之大数也。

顺、康间,八旗之武力,已为国家所统一,而亲王之体制,乃因从前八和硕贝勒之平行,对国家犹存各臣所属之旧,此已无碍于立国之大计,故圣祖临御甚久,尚无革除之意。至世宗因嗣统不无取巧,诸王间

191

不尽诚服,而诸王各有臣属,视各忠其主为祖宗定制,此本八固山以来,太祖设定特殊之纲纪,旗员中有视为天经地义者。世宗于诸王,束缚驰骤,呵谴诛戮,诸王所饮恨,所属亦间与同抱不平。此为高宗以来绝无之事。盖经世宗朝之划削芟夷,乃始全一人威福之柄,诸王之帖服,与朝士至无交往之自由。八固山对抗朝廷之习,可谓无余。而宗室与士大夫间,隔绝气类,积数十年,衣帛食粟,养尊处优,尽为尸居余气,种族益不可沟通,行能益无从比较,是为满人衰亡之渐。

康熙间,诸王皆通宾客,或罗致文学之士助其编纂书籍,以务声名。最著最大者,如《图书集成》、《律历渊源》。二书皆世宗兄诚亲王允祉招致文学士陈梦雷、杨文言等所作。世宗即位后,以此为大罪,诚王幽禁而死,祸及子嗣,陈、杨则坐以败类恶名,谴逐摈斥。此事可详述别为专册。至如校勘家何焯,词臣秦道然,皆以王府宾礼而获重罪。清通礼,朝士与王贝勒等,但有途遇避道之礼,并无诣府通谒之礼。清一代,帝室近亲,绝少宫廷燕闲之乐,天子之尊严,诸王之觳觫,较之历代史书,亲属间君臣之希阔特甚。此亦一代之特色。

清代皇子不一定封王,是制度之善者。然旗下俗称,遂以封爵与王号分离。雍正间有明谕禁止。又对诸王不敢称名,亦有明禁。此于政体,未尝非不私其亲,要亦世宗防闲宗室之作用。

《雍正上谕八旗》:"元年十月十六日,奉上谕:亲王、郡王等俱有封号。所以赐予封号者,盖为称呼设也,如无封号之王贝勒,即应直呼其名耳。至九贝子、十四王之称,国家并无此例。嗣后凡无封号诸王贝勒等,即呼其名,若再如前称呼,断然不可,将此晓谕八旗,并各部院衙门。至各省督抚等。如奏章内不书其名,仍有写九贝子、十四王者,该部即行奏闻。再小人等并将闲散宗室,亦称为王,又有贝勒王、贝子王,公王之称。嗣后若有如此称呼者,决不宽恕。著该部严行禁止。特谕。"

至旗人主属之分,太祖所遗之迹,及世宗而尽破除之。八旗之军政,先已移归都统。其户婚田土之事,都统虽亦理之,尚不足尽掣诸王之肘,亦并不欲旗人旗产尽隶于本旗都统。于是逐事谕禁之,设御史稽察之，令各旗交互代管之。于是一旗自为主属之界限尽去。

《雍正上谕八旗》："康熙六十一年十一月十七日，奉上谕：下五旗诸王属下人内，京官自学士侍郎以上，外官自州牧县令以上，该王辄将子弟，挑为包衣佐领下官，及哈哈珠子执事人（王子之随从人，曰哈哈珠子），挫折使令者甚众，嗣后著停止挑选。其现在行走人内，系伊父兄未任以前挑选者，令其照常行走；若系伊父兄既任以后挑选者，俱著查明撤回。或有过犯，该王特欲挑选之人，著该王将情由奏明，再行挑选。特谕。"

此为加高旗员身份，以抑旗主之尊之始。

又："雍正元年正月二十九日，奉上谕：从前皇考之时，凡上三旗大臣侍卫官员人等，俱不许在诸王门下行走，即诸王属下人，非该属处亦不许私相往来。著领侍卫内大臣及旗下大臣等，各将该管侍卫官员等严行稽察，嗣后如有私相行走之人，一经查出，即行参劾。如不纠参，经朕查出，或被旁人首告，定将该管大臣一并从重治罪。将此详悉再行晓示。特谕。"

此先断各旗属下互尊他旗旗主之路。

又："雍正元年三月十八日，奉上谕：下五旗旗下官员兵丁，原不在诸王阿哥门下看守行走，朕与大阿哥曾经奏请，始令看守，其余并未具奏，亦尽皆仿效，今不得复行如此。且旗下官员亦不敷用，著拨回旗下当差。行走三阿哥门上者，亦著拨回，若即行撤去或有不便之处，亦未可知。著都统详议。令诸王具奏。特谕。"

此亦缩小诸王役使旗丁之范围，凡世宗在藩邸时自蹈之弊，此时皆禁断。如此者亦多，若结交外廷，需索帑项，皆有自犯于先自禁于后之事。可见圣祖时待诸王本宽，世宗特加严峻，要亦本非恶事。不具录。

又："雍正元年六月二十九日，奉上谕：凡旗员为外吏者，每为该旗都统参领等官所制。自司以至州县，于将选之时，必勒索重贿，方肯出给咨部。及得缺后，复遣人往其任所，或称平日受恩，勒令酬报；或称家有喜丧等事，缓急求助；或以旧日私事要挟。至五旗诸王，不体恤门下人等，分外勒取，或纵门下管事人员肆意贪求，

193

·欧·亚·历·史·文·化·文·库·

种种勒索,不可枚举。以致该员竭蹶馈送,不能洁己自好,凡亏空公帑罹罪罢黜者,多由于此。嗣后如有仍蹈前辙,恣意需索等弊,许本官密详督抚转奏,督抚即据详密奏。倘督抚瞻顾容隐,即许本官封章密揭都察院,转为密奏。倘又不为奏闻,即各御史亦得据揭密奏。务期通达下情,以除积弊。外任旗员,勿得隐忍畏惧,朕不治以干犯举首之罪。将此着内阁通行八旗,直省督抚,遍谕内外旗员知悉。特谕。"

凡世宗所力破旗下痼疾,皆自太祖以来使旗各自主所酿成。清代若不经此裁制,主权安得而尊?国本安得而定?世宗之得位或有惭德,逆取顺守,或亦不让唐宗也。

又:"雍正元年七月十六日,奉上谕:满洲御史事务无多,八旗各派御史二员,亦照稽察部院衙门之例,一应事务令其稽察。如旗下有应密奏及应题参事件,俱著密行具奏。再五旗诸王,有不按定例使令旗人及滥行治罪者,亦著查参。这所派监察御史,著调旗分派。特谕。"

自是八旗为政府以下之八衙门,非各自为政之八国矣。

八旗都统,旧为八旗臣属,已见前矣。雍正间,每以亲王郡王任各旗都统,皆系不能臣属他王贝勒者。先是康熙末年,屡以皇子办理旗务,即不欲假手于本旗王贝勒,而特命皇子出为代办。其办旗务,正居都统地位,非该旗王贝勒地位,但不能臣属于该旗王贝勒,则无可疑。唯尚非竟任为都统,至雍正间乃明任为都统矣。都统为八旗之行政官,不为臣属。于是旗之行政,尽属都统,该旗王贝勒只受其分得之包衣,受俸饷于旗内。于是旗主不但无耦国之嫌,并不预旗之内政矣。

《清史稿·圣祖诸子传》:"淳度亲王允祐,康熙五十七年十月,正蓝旗满洲都统延信征西陲,命允祐管正蓝三旗事务。"《辅国公允祿传》:"康熙五十七年,命办理正蓝满洲、蒙古、汉军三旗事。"《履懿亲王允祹传》:"五十七年,办理正白旗满洲、蒙古、汉军三旗事。"

此在康熙间,已用各旗王贝勒所不能臣属之亲贵,分别干预各旗之始。

其每一旗色合满蒙汉三旗者,京师八旗宿卫驻地,以旗色分区,而以满、蒙、汉按色相次也。今再考其所以派皇子办事之故:

《八旗通志》敕谕:"康熙五十七年十月三十日,谕议政大臣内大臣等曰:'每旗都统副都统,或有起家微贱,专意徇庇,一应补放官员并佐领等事,恒有迟至数年或十年不奏者。或一官病故已久,数年尚仍给俸者。一切事件漫不稽查,甚是旷废。近闻都统石文英不出门户,亦不见人,有事来奏,每不待事毕,只图早归,亦不瞻仰朕容,甚属不堪! 正蓝旗都统颜信,前往出兵,其满洲、蒙古、汉军三旗之事,着七阿哥办理。正黄旗都统巴赛,署理将军事务,其满洲、蒙古、汉军三旗之事,着十阿哥办理。正白旗满洲都统何礼,差往云南,其满洲、蒙古、汉军三旗之事,着十二阿哥办理。如此办理,别旗各相效法,自必发愤勤事也。'"

观此谕,康熙间旗务掌于都统,而王贝勒不之问,其间正黄、正白,本属上三旗,由天子自将,即派皇子办旗务,亦无权限之分别。而正蓝则为下五旗,旗务废弛,不令该旗王贝勒整顿,乃另派皇子,固已视本旗王贝勒为享有包衣祇候之地,无过问旗务之权矣。

雍正间,则直以亲王为都统,自后更为常制,不必复言。今举雍正时之亲郡王为都统者:

礼亲王后改号康亲王时,崇安雍正间官都统,掌宗人府。

克勤郡王后改号平郡王时,雍正四年,讷尔苏削爵,子福彭袭,授右宗正,署都统。

顺承郡王锡保,雍正四年谕:锡保才具优长,乃国家实心效力之贤王,可给与亲王俸,授都统。

果郡王允礼,《雍正上谕八旗》:三年九月初八日,有谕镶红旗都统多罗果郡王允礼。

此皆见《清史稿》本传及谕旨,盖雍正间始创此例,以后则诸王之历官都统为常事,不足复道。唯康熙末之都统,似以同色旗中满洲都统,有干预蒙、汉二旗之权。当亦是雍正以后始各自为政。其满、蒙、汉各旗之都统、副都统,本不分界限,满人可作蒙、汉旗都统、副都统,蒙、汉旗人亦可作满洲都统、副都统。参领以下，则各自用本族之人。

《上谕八旗》："雍正元年正月初十日，奉上谕：将八旗满洲、蒙古人员，屡放汉军参领，则该旗缺出，反致乏人。汉军旗下，亦还得人，嗣后汉军参领缺出，即将汉军旗下人员，引见具奏。特谕。"

雍正初革除各旗旗主之权，复有专谕。当上三旗下五旗既分之后，所需革除者亦只有五旗，较太宗时本易为力。太宗虽始终握定两黄旗，究亦非太祖遗嘱所许，对诸王较难操切。

又："雍正元年七月十六日，奉上谕：看来下五旗诸王，将所属旗分佐领下人，挑取一切差役，遇有过失，辄行锁禁，籍没家产，任意扰累，殊属违例。太祖太宗时，将旗分佐领分与诸王，非包衣佐领可比，欲其抚循之，非令其扰累之也。从前朕之伯叔为诸王时，虽渐失初意，尚未过甚。至朕兄弟辈，所分包衣佐领之人既少，而差役复多，因而不论旗分佐领，包衣佐领，一概令其当差。其余诸王，遂亦从而效之，或有不肖王等，因渔色之故，多毙人命，人所共知。且护卫等尚无不奏而擅行革退之例。如此日流而下，则五旗之人，竟有二主，何以聊生？所关甚大。嗣后仍照旧例，旗分人员，只许用为护卫、散骑郎、典仪、亲军校、亲军，或诸王挑取随侍之人，或欲令所属人内在部院衙门及旗下行走者兼管家务，或需用多人，以供差役，或补用王府官职，或令随侍子侄，著列名请旨。将奉旨之处，知会该旗都统等，令都统等覆奏。其旗分人员，不许擅行治罪，必奏闻交部。如不请旨，断不可也。倘仍有将旗分人员，妄行扰累，令其多供差役，兼管散职，著该旗都统等奏闻。若都统等隐匿瞻徇，一经御史参劾，即将该都统等治罪。特谕。"

世宗掊制诸王至此，较之太祖吩咐八固山之意，判若天渊。然后来帝所欲掊制之诸王，旗分中人，尚有不顾天威而效忠本主者，则祖制之约束甚久，旗人固视为纲常大义也。天无二日，民无二王，以儒家名分之说压之，始无间言。可知儒教之入人深，过于开国之祖训也。

又："雍正元年十二月初一日奉上谕：'老安郡王（太祖八子饶余郡王阿巴泰子岳乐）居心甚属不善，谄附辅政大臣等，又恃伊辈

196

长，种种触忤皇考之处，不可悉述。皇考宽仁，加以容宥。以如此之深恩，而安郡王之诸子，全然不知感戴竭诚，效力行走，马尔浑、京喜、吴尔占等兄弟之中，互相倾轧，恣行钻营，塞恒图又生妄想，冀得王爵，残害骨肉，以致皇考郁闷等事，系众所共知者。安郡王诸子之中，马尔浑尚属安分，其子华启，亦无恶处。上天不佑，将应袭封王爵之人令其绝嗣，因此皇考稍加踌躇审度，而安郡王之子孙，即怨及皇考，以至吴尔占、塞恒图等，屡次形于辞色之间。夫国家恩施，岂可倚恃而强邀乎？今廉亲王以不袭封安郡王之故，钻营谗害，离间宗室，摇动该王属下人等之心。以累世仰受太祖、太宗、世祖、圣祖恩施之旧人，岂肯倚附此辈，以遂其扰乱国家之意？今强欲令袭封安郡王，则朕从容施恩之本意俱不可行矣。将袭封安郡王之本发回，不准承袭。其属下佐领，朕俱撤出，另赐他人。'将由安郡王之属下撤出给与廉亲王、怡亲王之佐领下人等传集，宣旨谕云：'尔等俱系朕之臣下，国家唯有一主，朕将尔王不准承袭者，其故如此。尔等若知尔王之罪，当即仰遵朕所办理，中心悦服，竭诚为国效力行走。倘仍顾念旧日属王，违背大义，沽取小忠之名，而蹙额致怨于朕，尔等即将尔王屈抑之处，表白声明具奏。若所陈得理，朕即袭封尔王，并将尔等给回旧属；如谓王本无功，其罪案是实，略无游移，则更有何言？不于奉旨赐给之王处，效力行走，仍顾恋旧主，以廉亲王为尔王属下之婿，钻营行走，朕必诛之。'再将赐给廉亲王之安郡王属下佐领，俱撤出给与怡亲王。并降旨与怡亲王：'此所给人内，如有为其旧日属主，致怨于朕及不肯奉尔为主，一心效力行走者，以至形于颜色之间，或有仍瞻顾钻营于其间者，王即奏闻，朕必将伊置之于法。特谕。'"

谕中亦以旗下属人顾恋旧主为效忠，不敢遽以遵守祖训为罪，故有此反复开谕之文。唯其取咎之故，实在廉亲王之欲助安郡王。廉亲王即后来之阿其那。乃安郡王之外孙婿。安郡王功在国史，此忽谓其无功，则挟帝王之势以临之，人亦无敢反驳。要之雍正谕旨，皆支离词费，半由对兄弟有惭德，半由所革除者为祖制，不能不烦琐言之，冀达其意也。

197

又:"雍正三年五月二十日奉上谕,旗下所存之官房,若令各该旗管理,参领等或有作弊之处,亦未可定,相应调旗管理为善。镶黄旗之房,着正白旗管理。正白旗之房,着镶黄旗管理。镶白旗之房,着正蓝旗管理。正蓝旗之房,着镶白旗管理。正黄旗之房,着正红旗管理。正红旗之房,着正黄旗管理。镶红旗之房,着镶蓝旗管理。镶蓝旗之房,着镶红旗管理。特谕。"

虽一房产之微,亦不能由各旗自为窟穴,太祖所命八固山各自为主之制,可云摧灭无余矣。是时乃始开屠戮兄弟之隙,知其助之者寡,然世宗犹刻刻防旧属之戴主,有决无其事而故为周内者。若雍正四年二月初五日,允祉、允祺、允祐奏述康熙年间面奉皇考罪状允禵之旨,中有云:"苏努、马齐自其祖父相继以来,即为不忠。苏努之祖,即阿尔哈图土门贝勒也。在太祖时,因获大罪被诛。马齐之祖,原在蓝旗贝勒属下,因蓝旗贝勒获罪,移置于上三旗。伊等俱欲为祖报仇,故如此结党,败坏国家。"夫苏努可云为祖报仇,马齐特先世为蓝旗贝勒属人,亦云为祖报仇,乃为其祖代报故主之仇矣。考马齐以镶黄旗著籍,姓富察氏,父米斯翰,登朝已在康熙年,祖哈什屯,乃曾隶正蓝旗者,天聪时改隶镶黄旗,即由太宗治兄莽古尔泰弟德格类之罪,而夺其正蓝旗。世之相距远矣,其说已不足信。且按之圣祖原谕,今载《东华录》者,与允祉等所述正相反。今录以互证如下:

《华东录》:"康熙四十八年正月,甲午,谕有曰:'马齐原系蓝旗贝勒德格类属下之人,陷害本旗贝勒,投入上三旗。问其族中,有一人身历戎行而阵亡者乎?乃不念朕恩,擅作威势。朕为人主,岂能容此?马齐之弟李荣保,妄自尊大,虚张气焰,朕屡加警戒而怙恶不悛,亦当治罪。马齐等着诸王大臣会集,速审拟奏。'是日,康亲王椿泰等遵旨审鞫马齐等,覆奏:'马齐系正蓝旗贝勒德格类属下,陷害本旗贝勒,投入上三旗。其族中并无一人行间效死者。今马齐图谋专擅,欲立允禵为皇太子。且马齐于御前拂袖而出,殊为可恶,不可留于斯世者也。李荣保妄自尊大,虚张气焰,亦甚可恶,俱应立斩。马武与马齐、李荣保,系亲兄弟,亦应立绞。马齐、马武、李荣保及马齐之兄马思喀等之子孙，有职者革职，概行枷责。其妻子并发黑龙江。马齐之族护军参领壮图等，有职者革职，其护军披甲及闲散人，俱鞭一百。'奏入，谕曰：'马齐原不谙事，此数年中起自微贱，历升至大学士。其处心设虑，无耻无情，但务贪得，朕知之已久，早欲斥之，乃潜窥朕意，而蓄是心，殊为可恶，理应立斩，以为众戒。朕因任用年久，不忍即诛，着即交允禩严行拘禁。李荣保著免死，照例枷责，亦听允禩差使。马武著革职，其族中职官及在部院人员，俱革退，世袭之职，亦著除去，不准承袭。'又谕：'马思喀在日，曾有效力之处，著将伊子佐领三等侍卫衲尔泰，从宽释放。'"

以上康熙间议马齐罪原文，迭谕及康亲王等审鞠复奏，反复成一谳牍，必非虚假。所云马齐之祖，乃属于德格类，而陷主以归太宗。得收入太宗亲将之镶黄旗者，岂但不为蓝旗贝勒报仇，如果有忠于蓝旗之人，且当甘心于马齐，以为蓝旗贝勒报仇耳。允祉等记忆圣祖谕旨之说，诚亦世宗所授之辞，非其本意，但此矛盾之说，实为世宗唯恐诸王贝勒旧属之为主报仇，且觉诸兄弟之尚有心腹忠党，故有此蛇影杯弓之见解。总之诸王有党，源于旧有主属之分；主属之必应效忠，源于太祖之遗训。明乎此，而世宗朝文烦意曲之处分诸王谕旨，皆有物焉为之梗，不能不曲折以达之者。其梗何在？即太祖八固山之制是已。至马齐之罪案，根本为无意识，亦非圣祖之所深罪。其后李荣保之裔大盛，女为高宗孝贤皇后，子为忠勇公传恒，孙为文襄王福康安等，固与康、雍间偶被之谴责，无影响也。

又：雍正四年五月十四日，谕有云："当时伊等见二阿哥废黜，以为伊等奸计之所致，邪党愈加坚固，公然欲仗邪党之力，以东宫之位为可唾手而得，慢无忌惮，竟有敢与皇考相抗之意。此实朝廷之大患，国家之深忧。是以朕即位以来，百凡经理，费尽苦心，乃三年之久，顽邪尚未尽化，风俗尚未丕变。尔等满洲大臣，急宜醒悟。当日世祖章皇帝御极，正在冲龄。睿亲王辅政，大权在握。一日以黄色衣示在廷大臣，问可否衣着，而比时大臣尚力争以为不可。凡满洲耆旧内,此等行事,不可枚举,刚方正直之风,权势所不能夺者,历历可考。当时上三旗风俗,只知有君上。后因下五旗之人与上三旗之人并用,遂染下五旗卑微之习。然从前下五旗之人,虽各有该管之主,而其心亦只知有君上,不知有管主也。何以至于今日,遂苟且卑靡,一至于此。如昨日都统五格,在朕前奏对,尚将获罪削籍之允禩,称之为主。五格乃一无知武夫,此则风俗颓坏,大义不明之故也。孟子云:'遵先王之法而过者,未之有也。'朕事事效法祖宗,愿尔等亦效法尔之祖宗,忠诚自矢,一念不移。古人云:'天无二日,民无二王。'臣子之于君上乃天经地义,苟怀二心,而存游移瞻顾之念,即为乱臣贼子,天理国法,岂能容乎?如阿灵阿、鄂伦岱等之奸恶,不明大义,其存心行事,尔等当以为戒。当日满洲风俗淳朴,尊君亲上之心,最为肫笃,虽遇天潢宗室,未尝不加礼敬,而君臣之大义必明,金石之心肠不渝。朕今日之谆谆训诚不惮反复周详者,无非欲正人心,化风俗,使国家永享升平之福耳。"

世宗于改革旗制,明明不法祖宗,而偏以法祖为言。又言旗人之祖,如何尊君不尊主,其实乃两黄旗之尊主,其主即君耳。又以世祖初之上三旗为言,世祖之初,何尝定为上三旗?世宗亦含混言之,欺彼旗员,亦不甚明了八十年前故事。至以孔孟之说相压,其时教化无有二义,无人敢于非圣,遂将太祖违理之制淘汰。中国历代草昧时之陋态,经儒家以六经为标帜,以孔子所举之尧、舜为归极,乃渐入于国家之正轨,此所以帝王奉为万世师也。今特以科学为不及人,以为受儒家之毒。古之儒者,六艺兼赅,若欲令人于学问中,通一二科学以应事,自是多能鄙事之一。若孟子言:"天之高也,星辰之远也,苟求其故,千岁之日至,可坐而致也。"则何尝不知推步之术?然岂肯仅仅与畴人子弟争一日之短长哉?

至八旗之效用,在清代实亦有得力之处。能将军阀溶化于其中,无立时裁兵之棘手,而使习斗之兵,积悍之将,安插能满其意。用封建之法,而势力甚微,享用却甚可恃。且部曲不必尽散,包容于旗制之中,其世袭皆以佐领为单位,得一部人即编一佐领。其始于女真各部,其后推之蒙古、汉人。至其不足成旗而但能设佐领者,若俄罗斯佐领,若高丽佐领,皆以安其俘获投顺之人。苟非其遗丁自就衰微,清廷实能长守封建之信,故人亦安之。

蒙古之编为八旗也,其大宗为两次征服所得之众:一为喀尔喀部,二为察哈尔部。此皆兵力所取。其不劳兵力而来附者,则与为盟好,谓之藩部,不收编其人,不设官治其土地也。蒙旗人亦较少,满汉军旗每旗五参领,蒙旗每旗只左右二参领。此其大概也。

汉军编在招徕汉人之时,至入主汉土则旧兵还为地方之兵,别其旗色于八旗之外,谓之绿旗,其兵即曰绿营。而明季宿将之有选锋者,渠魁之有死党者,不可使之散在各地为患,则以八旗之制编之,使分得满洲豢养之利。此清初偃武修文之根本法也。《圣武记》谓:汉军旧名乌真超哈,乃满洲八旗附属之汉人。自尚、耿、孔携来大军,乃编为天祐、天助二军,遂附益之而成汉军八旗。《清史稿·兵志》亦因此说。其实不尽合事实。当其为天祐、天助等军名,即是未能变更其组织,而消化其界限。至三藩既平,而后就其力屈受编者,编为汉军。唯吴三桂所部,除散其裹胁外,悉发边远充军,不编佐领,则以罪人待之。昔在黑龙江,闻台站之军役皆吴三桂旧部之子孙,当可信也。盖观汉军各佐领中,尚、耿、孔三家皆有,独无吴后,知必另有安插矣。

汉人在满洲军中自成为牛录者,名乌真超哈。天聪七年,始编为一旗,前已据《贰臣·马光远传》考定之矣。至《八旗通志》叙汉军缘起,特从崇德二年始,各官书亦从此始。此特由一旗分为二旗之始。既曰一旗,则在满洲八旗中分出为旗,不可不明其始也。而各书不能言之,幸有《马光远传》可据。其自崇德二年以后之演变及清初军事大定以后之措置,清之所以能收拾全国,使数十年纵横之兵匪得告安谧,与汉军之编制实有关系。唯编制八旗,分设佐领,自赖有满洲八旗为之根底。组成汉军八旗以后,又赖有满洲八旗镇压而率领之,故能追随于宿卫之列,听调于驻防之令,前有猎取官禄之阶,后有长养子孙之计。武夫悍卒不散为游手无业之徒,非扰乱无谋生之地,此八旗制之大成就也。三藩以后赖此而定。中叶用兵,不甚添募,不觉安插之苦。至咸、同间,旧兵不可用,清所恃为武力中坚之八旗,尽不可用,于是兵尽招募。事平以后，无旧安插法可用，裁者为会党，觅食于游手之中；存者亦为骈枝，糜饷于旧额之外。故有兵事时，兵尚得将而可用；无兵事以后，兵乃被裁而无可消纳，终致一决而不可收拾也。明之开国，纳兵于卫所；清之开国，纳兵于八旗。今后已见拥兵之多，未定纳兵之计，论者欲纳之于地利实业，是诚然矣。国土日蹙而地利微，民生日凋而实业尽，旋乾转坤，在当国者。刻苦以持己，为国民塞已漏之卮；诚恳于便民，为国民扶仅存之力。无不可救之危局，危局挽而消兵之策行其中，此鉴往以知来之事也。终之以《汉军佐领考略》，为清代尽其八旗之作用，此治清史之实有借鉴者矣。

《汉军佐领考略》载：

崇德二年七月，分乌真超哈（汉文称汉军）一旗为两旗，以昂邦章京（汉文称总管）石廷柱为左翼一旗固山额真；以昂邦章京马光远为右翼一旗固山额真。

四年六月，分乌真超哈二固山官属兵丁为四固山，每固山设牛录十八员，固山额真一员，梅勒章京二员，甲喇章京四员。正黄、镶黄两旗，以马光远为固山额真，马光辉、张大猷为梅勒章京，戴都、崔应泰、杨名远、张承德为甲喇章京。正白、镶白两旗，以石廷柱为固山额真，达尔汉、金维城为梅勒章京，金玉和、佟国荫、佟代为甲喇章京。正红、镶红两旗，以王世选为固山额真，吴守进、孟乔芳为梅勒章京，金砺、郎绍贞、王国光、臧国祚为甲喇章京。正蓝、镶蓝两旗，以巴颜为固山额真，李国翰、土赖为梅勒章京，张良弼、曹光弼、刘仲锦、李明时为甲喇章京。初两固山纛色皆用玄青，至是改马光远纛以玄青镶黄，石廷柱纛以玄青镶白，王世选纛以玄青镶红，巴颜纛纯用玄青（两白旗缺一甲喇章京，原文各书同）。

七年六月，初，乌真超哈止设四旗，至是编为八旗，以祖泽润、刘之源、吴宁进、金砺、佟图赖、石廷柱、巴颜、墨尔根辖李国翰八人为固山额真；祖可法、张大猷、马光辉、祖泽洪、王国光、郭朝忠、孟乔芳、郎绍贞、裴国珍、佟代、何济吉尔、金维城、祖泽远、刘仲锦、张存仁、曹光弼为梅勒章京。

是年七月,以锦州、松山、杏山新降官属兵丁,分给八旗之缺额者,其余男子妇女幼稚共二千有奇,编发盖州为民。又蒙古男女幼稚共四百二十有奇。又汉人八名。分赐恭顺王孔有德,男子十名,妇女幼稚十六口;怀顺王耿仲明,男子十名,妇女幼稚十二口;智顺王尚可喜,男子十名,汉人一名,妇女幼稚十二口;续顺公沈智祥,男子五名,妇女十六口;察罕喇嘛,男子三名,妇女幼稚三口;其余分赐公以下梅勒章京以上养之。

顺治二年十一月,以和硕德豫亲王多铎等招降公、侯、伯、总兵、副将、参、游等官三百七十四员,拨入八旗。三年四月,分隶投诚官于八旗,编为牛录。

十八年十月,户部请将新投诚官员,分旗安置,现到伪汉阳王马进忠之子都督金事马自德,准入正黄旗;伪国公沐天波之子沐忠显,准入正白旗。未到伪延安王艾能奇之子,原镇国将军,今左都督艾承业,准入镶黄旗。

康熙元年三月,允义王孙微淳所请,令属下投诚各官,均拨三旗。

二十年九月,兵部题准耿昭忠等呈称:家口甚多,难以养赡,照汉军例披甲食粮,既可当差效力,又可均赡老幼家口,编为五佐领,令在京佐领管辖,每佐领下设骁骑校一员,小拨什库(汉文称领催)各四名,马甲各五十四名,步军拨什库兵各十三名。此五佐领,俱系耿昭忠、耿聚忠等属下,不便分析,应将伊等本身,一并俱归入正黄旗汉军旗下。

二十一年十二月,户部议准建义将军林兴珠,既归并镶黄旗汉军,令该都统归与缺少壮丁,其佐领下应给地亩籽粒口粮,照例支给,俟支俸后裁去。所居房屋,工部给发。

二十二年十二月,命尚之孝、尚之隆等家下所有壮丁分为五佐领,隶镶黄旗汉军旗下。

乾隆五十五年五月,安南黎维祁及属下人等,奉恩旨令其来京,归入汉军旗,分编一佐领。

摘录尚、孔、耿军收编,以明其非在称天佑、天助军时,沈志祥附。

镶黄旗汉军:第一参领第四佐领,原系定南王孔有德所属佐领,康熙二十二年进京,拨隶本旗(孔有德早亡,而其所属亦至三藩平后乃进京。原有佐领名色而不隶八旗)。

第二参领第二佐领,原系随续顺公沈志祥驻防广东之佐领,初以蒋有功管理,康熙二十二年进京,拨隶本旗。

《贰臣·孔有德传》:"[天聪]八年,三月,诏定有德军营纛旗之制,以白镶皂,别于满洲及旧汉军,号天祐兵。"

又《尚可喜传》:"[天聪八年]四月,诏至盛京,赐敕印,授总兵。军营纛旗,以皂镶白,号天助兵。"

又《耿仲明传》:"是年[天聪八年],秋,从征明,由大同入边至代州,屡败敌兵。仲明每奉命出征,辄与有德偕,其军营纛旗,亦以白镶皂,号天祐兵。"

第二参领第七佐领,原系驻防福建人丁,康熙二十二年进京,始编佐领,分隶本旗。

第三参领第三佐领,原系定南王孔有德所属人丁,康熙二十二年进京,始编佐领,分隶本旗。孔军亦不尽有佐领名色。

第三参领第八佐领,原随续顺公沈志祥驻防广东人丁,康熙二十四年进京,始编佐领,分隶本旗。

《贰臣·沈志祥传》:"崇德六年,率所部随大军围锦县。七年,凯旋,赐貂裘及降户。志祥请全部众隶八旗汉军,于是隶正白旗。"按虽有此文,殊未能符事实,见下各文。

第四参领第八佐领,原系随平南王尚可喜驻防广东人丁,康熙二十二年进京,编为佐领,分隶本旗。

第五参领第七佐领,原系定南王孔有德所属佐领,初以刘进孝管理,康熙二十二年进京,始隶本旗。

正黄旗汉军:第一参领第一佐领,系康熙十八年,将定南王孔有德所属官兵编为佐领。孔部亦有先于平三藩而编佐领者(第二参领第一佐领同)。

又第五佐领,系康熙二十年编设。《通志》案,此佐领系耿昭忠、耿聚忠因所属家口人众,分编为五佐领。雍正十一年,作为世管佐领。乾隆三年,奏定为勋旧佐领。又乾隆三年七月二十九日,正黄旗汉军都统奏:臣旗耿姓三个公中佐领,奉旨改为世管佐领,其佐领下人等,应作为属下,或作为另户,恭请钦定。奉旨:此佐领照前所降谕旨,仍作为世管,其佐领下人等,俱实系另户。著晓谕伊等知之。

第三参领第八佐领,系康熙二十二年编设,初隶镶红旗。三十七年,此佐领拨隶本旗。《通志》案,此佐领原系耿精忠属下,随将军马九玉征云南兵丁一千,于康熙二十一年进京,编为五佐领之一,属苏彦卓、克托公。

第四参领第一佐领,系康熙二十四年,将随续顺公沈熊昭驻防广东之壮丁一百四十八名,编为佐领。沈氏家兵,至易世后犹待编旗。

又第七佐领,系康熙二十年编设。《通志》案,此佐领原系和硕额驸耿昭忠等,因随伊祖投诚人多,不能养赡,部议编为五佐领之一。陈都策(第五任)革退后,因卢世英呈控,经王大臣议,请将五佐领内航海旧人、关东旧人、公主媵人七百余名编为公中佐领三。其福建等省随来壮丁,及耿姓各户下家人三百余名,编为耿姓世管佐领二。此即三公中佐领之一也。乾隆三年,又因耿化祚呈控,复奏请将三公中二世管,俱照镶蓝旗尚维邦佐领例,一体作为福珠里佐领。奉旨:两世管佐领作为福珠里佐领,三公中佐领作为世管佐领。乾隆十五年,奉旨仍为公中佐领。"福珠里"华言勋旧。

第五参领第二佐领,康熙二十年编设。《通志》案,此佐领亦系以耿昭忠等随来壮丁编立。雍正十一年,另编为公中佐领,以金通保管理(金通保本参领,承耿化祚缘事革退后)。乾隆三年,作为世管佐领。乾隆十五年,奉旨仍为公中佐领。

又第五佐领,系康熙十八年,将随定南王孔有德驻防广西之官兵编为牛录。

正白旗汉军:第二参领第三佐领,原系定南王孔有德所属佐领,初以王守仁管理,康熙二十一年进京。

第四参领第四佐领,系康熙十八年,将定南王孔有德所属官兵编为佐领。

又第八佐领，系康熙二十二年，将平南王尚可喜所属官兵编为佐领。

第五参领第二佐领，系康熙二十四年，将续顺公沈熊昭进京之兵丁编为佐领。其第一佐领内，亦有续顺公沈铎、续顺公沈广文两次管理。

又第八佐领，系康熙二十六年，将广东进京之兵丁编为佐领。

正红旗：第一参领第一佐领，系顺治元年，将定南王孔有德所属人丁编为牛录。初隶正黄旗，雍正四年始拨隶本旗。

第三参领第三佐领，系驻防福建佐领，康熙二十二年进京，分隶镶蓝旗。四十六年，拨隶正黄旗，雍正四年始拨隶本旗。

又第五佐领，系康熙二十二年，将驻防广东兵丁，编为佐领。初隶正黄旗，雍正四年始拨隶本旗。

第四参领第四佐领，系康熙二十二年，将驻防广东兵丁编为佐领。初隶正黄旗，雍正六年始拨隶本旗。

第五参领第五佐领，原系定南王孔有德所属佐领，初以陈述林管理。康熙二十二年进京，分隶正黄旗，雍正四年始拨隶本旗。

镶白旗：第三参领第五佐领，系康熙二十二年，将广西驻防兵丁编为佐领。初隶正白旗，雍正四年拨隶本旗。

又第六佐领，系康熙二十二年，将广东驻防兵丁编为佐领。初隶正白旗，雍正四年拨隶本旗。

第四参领第五佐领，系康熙二十二年编设。初隶正白旗，以三品官线缄管理。线缄故，以其弟线绪管理。线绪故，以阿恩哈尼哈番石显爵管理。石显爵故，雍正四年，此佐领拨隶本旗（以后乃均不由线姓）。按线国安于康熙十三年，从吴三桂叛，十五年病死，子成仁复归顺，原系孔部。

又第六佐领，系康熙二十二年，将广东驻防兵丁编为佐领。初隶镶黄旗，雍正九年拨隶本旗。

正蓝旗：第四参领第六佐领，系康熙十八年，将定南王孔有德所属官兵编设佐领。

第五参领第六佐领，原系定南王孔有德所属佐领，康熙二十二年进京,分隶正白旗,雍正九年拨隶本旗。

镶蓝旗:第二参领第三佐领,系康熙二十二年,将福建驻防兵丁编为佐领。

第五参领第五佐领,系康熙二十三年编设。《通志》案,此系康熙年间,赏给尚之隆五佐领之一,于乾隆三十九年,因佐领出缺,奏请调取拟正人员。奉旨:此佐领虽系尚之隆亲子孙,分定三佐领内之一,但既经管理两个,若仍令伊支派管理,未免过优。着将此一佐领作为伊合族内公中佐领。按尚之隆五佐领,皆在本旗内,其孰为之隆亲子孙管理之两个佐领,志未明载,其佐领数如下:

第一参领第六佐领,系康熙二十三年编设。初以王国瑞管理,王国瑞因病辞退,以尚崇垣管理(以下皆归尚氏世管)。

第二参领第五佐领,系康熙二十三年编立。初以田毓英管理,田毓英故,以骁骑校刘思义管理,刘思义故,以尚崇廙管理(以下归尚氏世管)。

第三参领第五佐领,系康熙二十二年编设。初以尚崇志管理(以下皆尚氏世管)。

第四参领第六佐领,系康熙二十三年编设。初以李芳臣管理,李芳臣缘事革退,以拜唐阿尚之缙管理。

(以下归尚氏世管。)

《兵制志》二:

雍正八年上谕:"前汉军恳请出兵效力,朕谕该都统等,汉军骑射生疏,平时不肯演习,而务出征效力之虚名,于事无益,可于每旗操演兵丁千名备用。昨据都统等奏:镶黄、正黄、正白三旗,除常行当差兵外,现在轮流操演,可得千人。正红、镶白、镶红、正蓝、镶蓝五旗,除当差外,不敷千人之数。我朝定鼎,汉军从龙入关,技勇皆可用。今承平日久,耽于安逸,是以武艺远不如前。目今官至提镇副参者,寥寥无几,而在内简用都统、副都统时,亦难其人。朕思汉军生齿日繁,当筹所以教养之道,而额设之兵,为数又少,似应酌量加增,于国家营伍,旗人生计,均有裨益。且如在外驻防汉军,子弟日渐繁衍，即本身钱粮，各有定数，难以养赡，应令余丁回京当差。又如外任官子弟，往往以随任为名，游荡荒废，前曾有旨严禁，悉令回京当差，学习弓马。又如候缺微员，一时难以铨选者，若情愿入伍当差，到选班时，仍许轮流补用。又如内府人丁亦众，于充役当差外，其闲散人丁拨入八旗充锐骑亦可。再五旗诸王之汉军佐领，仍属本王外，其贝勒贝子公等之汉军佐领，实无所用，应撤归旗下公中当差，且可免掣肘之虞。其如何增设汉军佐领，永远可行，著详议具奏。"

嗣议定：汉军镶黄旗，四个三佐领有半；正黄、正白二旗皆四十二佐领；正红旗二十七佐领有半；镶白旗二十八佐领；镶红旗二十七佐领；正蓝、镶蓝各二十八佐领。通计领催、枪手、炮手、棉甲兵、教养兵、铜铁匠、弓匠、听差、护城、守门、守炮、守火药局、守教场以及步军、门军，共万七千五百二十八人。今应于原有之二百六十五佐领及两半分佐领外，增设三佐领，并增两半分为两整分。上三旗每旗定为四十佐领，下五旗每旗补足三十佐领，共二百七十佐领。其新设佐领下，应增领催十五名，步军领催三名，步军四十八名。每佐领增足枪手四十名，棉甲兵八十名。上三旗每旗补足教养兵一百八十八名，下五旗补足教养兵一百四十九名。共增兵二千四百七十二名，以足二万之数。至所增各项兵丁，应于在京闲散壮丁及外省驻防汉军余丁，外官随任子弟愿充骁骑者，并候选未得之微员内选补。再下五旗汉军佐领，除王等仍旧分设外，贝勒、贝子等佐领，悉归各旗，作为公中佐领。

按汉军佐领，皆天下初定时，招纳之叛降骁悍。清既为之编制，始终未尝歧视。历世既久，尚悉心理其传袭之纠纷，使之得所，倚恃朝廷，为世世豢养之计，此亦清之取信于降人，不使生心。观《封爵表》，贰臣所封之爵，多传至辛亥失国乃止。

其所谓诸王贝勒下之汉军，则包衣内之佐领，非汉军八旗之佐领。包衣内汉人投入愿为奴隶者，尚不得与汉军旗比。汉军旗尚以残余武力受编，在国家为息事宁人之计；包衣乃自愿受役而投旗者。又清初汉官过犯免死者，往往令入汉军旗。乾隆时则以汉军生齿繁多，又准其自愿呈请出旗矣。

（原载《"中央研究院"历史语言研究所集刊》第 6 本 3 分,1936 年;后收入《明清史论著集刊》,中华书局 1959 年版）

9 从怛逻斯战役说到伊斯兰教之最早的中文记录

白寿彝

9.1 怛逻斯

唐天宝十年(751年2月—752年1月)中国和大食间的怛逻斯战役,从好几方面说,都是历史上值得注意的一件大事。在未研究这次战役以前,我们应该先知道怛逻斯是怎样一个地方。

怛逻斯是一个城,也是一个川。怛逻斯川大约就是苏联土耳其斯坦(Turkestan)的 Talas 河。怛逻斯城大约就是现在 Talas 河上的 Aulie-ata。怛逻斯 3 字当即 Talas 的对音,或是大食文撰述中 Taraz 的对音。[1]

怛逻斯一名,在中国典籍中的最早纪录见于唐贞观二十年(646)成书的《大唐西域记》。《西域记》卷 1 记此地,作"怛逻私城",说是"城周八九里,诸国商胡杂居"。宝应年间(762—763)或其稍后,杜环著《经行记》,说碎叶川(吹河 Chu River)"西头有城,名曰怛逻斯,石国(Tashkand)人镇,即天宝十年,高仙芝军败之地"。[2]《经行记》成书不久,杜环的诸父杜佑著《通典》卷 185《边防·总序》的自注,也提到这个地方,说是"怛逻斯川"。贞元间(785—805)贾耽撰《皇华四达记》,

---

〔1〕本段系采用布勒士奈得(E. Bretschneider)的考证,见其所著《元明人西域史地论考》(*Mediaeval Res earches from Eastern Asiatic Sources*)上册,第 18 - 19 页注 23,又第 228 页注 585。

〔2〕《经行记》久佚,此据《通典》卷 193"石国"条引。

有自安西（龟兹，今库车）至怛逻斯城的详细路程。[1] 石晋开运三年（946）前成书的《旧唐书》，宋嘉佑五年（1060）成书的《新唐书》和元丰七年（1084）成书的《资治通鉴》，都有关于怛逻斯的记载。除了《新唐书》卷221上《龟兹传》写作"呾逻私"，又卷43下《地理志》写作"怛逻斯"，以及三书的若干地方讹作"恒逻斯"外，都一律写作"怛逻斯"。《新唐书》于天宝十年之怛逻斯战役外，在卷225下之《西突厥传》中，又有另外的关于怛逻斯的记事。《西突厥传》记玄宗时（712—756）苏禄部黑黄二姓的猜忌及大首领莫贺达干与都摩支之争，说都摩支居碎叶城，"引黑姓可汗你微特勤保怛逻斯城，共击达干"。又说："疏勒镇守使夫蒙灵詧挟锐兵，与拔汗那（Ferghana）王掩怛逻斯城，斩黑姓可汗与其弟泼斯。"[2] 蒙古成吉思汗十四年（1219），耶律楚材西游，他的《西游录》中也著有"塔剌斯城"的名字。成吉斯汗十六年（1221）邱长春西游，蒙哥汗九年（1259）常德西使，都经过怛逻斯这个地方。常德《西使记》写作"塔剌寺"，《长春西游记》写作"答剌速没辈"（"没辈"，是蒙古话"河"的意思）。大概从公元7世纪中叶到13世纪中叶，中国旅行家之西游者，都注意到怛逻斯城或怛逻斯川，这就可以看出它们有值得重视的所在。《西域记》所记，更足见怛逻斯城至少在唐初，就是西域的一个商业市场。因为是一个市场，所以就为各国商胡所杂处了。《经行记》及《新唐书·西突厥传》所记，则可见恒逻斯城至少在唐玄宗时，是碎叶川流域的一个军事重镇。所以苏禄部二姓及二首领之胜败，以此城之得失为重要的关键，而石国也要派兵到这里来镇守了。

在西方典籍中，关于怛逻斯的记载，布勒士奈得（Bretschneider）有一扼要的叙述。他说：

---

〔1〕贾耽书久佚，此据《新唐书》卷43下《地理志》引。

〔2〕《新唐书·西突厥传》记显庆初年（应指公元657年）苏定方、萧嗣业等进讨贺鲁，说："定方命嗣业、婆闰趋邪罗斯川追虏。"沙畹（E. Chavannes）以为"邪罗斯川"应为"怛逻斯川"（见沙畹著，冯承钧译《西突厥史料》，商务印书馆1936年版，第54页）。如沙畹说是对的，则怛逻斯在军事上之重要又多一证。

同书卷221上《龟兹传》，称千泉"西（或系东字之讹）赢百里至呾逻私城，亦比国商胡杂居。"此显系抄《西域记》。又卷221下《石国传》称细叶川（碎叶川）"西属'怛逻斯城，石常分兵镇之'"，此显系抄《经行记》。故二条系在本文中未列举。

　　Talas 是土耳其斯坦一个地方的名字，早在第 6 世纪，已见于拜占庭的编年史。史记 569 年查士丁帝（Emperor Justine）派遣到中亚细亚突厥汗的使节，曾牵涉到它。……

　　伊斯兰教著作家称这城为 Taras。在波斯的古史中，常常见到这个名字。……9 世纪的 Ibn Khurdadbil 和 10 世纪的 Ibn Haukal 都认为 Taraz 是伊斯兰人和突厥人间重要的贸易地方。12 世纪的 Edrisi，十三四世纪的 Abulfeda，Ibn Batuta 和别的大食地理家及旅行家，都说到 Taraz 是土耳其斯坦的一个城。拉施特丁也记载着：1210 年，花剌子模的摩诃末（Mohammed of Kharezm）败西辽（Karakhitai）军于 Taraz 附近。

　　Rubruk 在他的行记（1253）中记着 Talas 城，不过他自己没有到那里去。当他从 Volza 往 Cayalic 的时候，他听说 Talas 城位在群山的附近，距他当时所走的路线有 6 天的路程。他听说，有许多日耳曼人（Germans）在 Talas 住着。1255 年，小亚美尼亚（Little Armenia）王 Hai Thon 在从蒙古归来的途中经过 Talas，他在那里见到蒙哥汗的兄弟旭烈兀。

　　现在，一个用 Talas 或 Taraz 作名字的地方，已经不存在了。当 16 世纪的开头，巴比算端（Sultan Baber）写他的回想录（Memairs）。他在拔汗那（Ferghana）记事中说，在他的时代以前，Taraskand 这个城，已经为蒙古人和乌兹别克人（Uzbeks）所毁灭了[1]。

　　在布氏的叙述中，可见怛逻斯城的毁灭，应在 13 世纪蒙古人西征的时期。又可见怛逻斯城不只为中国旅行家所注意，也同样地为西方旅行家所注意。至于怛逻斯城之为贸易市场和军事重镇，则证以西方典籍，不只唐初或唐玄宗时是这样，自唐初以至于怛逻斯城之毁灭，似乎都始终占有这种重要地位的。这很可以使我们明白，天宝十年唐与大食间的战争，所以要在怛逻斯进行的重要原因之一了。

　　怛逻斯城与唐安西都护府间的路程，《新唐书》卷 43 下复述《皇华

---

[1]《元明人西域史地论考》上册，第 18 - 19 页注 23。

四达记》所记者如下：

> 安西西出拓厥关，渡白马河，百八十里，西入俱毗罗碛。经苦井，百二十里至俱毗罗城。又六十里，至阿悉言城。又六十里，至拨换城，一曰，威戎城，曰姑墨州，南临思浑河。乃西北渡拨换河。中河，距思浑河百二十里至小石城。又二十里，至于祝[1]境之胡芦河。又六十里至大石城，一曰于祝，曰温肃州。又西北三十里，至粟楼烽。又四十里，度拔达岭。又五十里，至顿多城，乌孙所治赤山城也。又西北三十里渡真珠河。又西北度乏驿岭。五十里，渡雪海。又三十里，至碎卜戍。傍碎卜水五十里，至热海。又四十里，至冻城。又百一十里，至贺猎城。又三十里，至叶支城。出谷，至碎叶川口。八十里，至裴罗将军城。又西二十里，至碎叶城。城北有碎叶水。水北四十里有羯丹山，十姓可汗每立君长于此。自碎叶西十里，至米国城。又三十里，至新城。又六十里，至顿建城。又五十里，至阿史不来城。又七十里，至俱兰城。又十里，至税建城。又五十里，至怛逻斯城。

这是我们所见怛逻斯与安西间路程之唐时最详细的记载。《西域记》和《经行记》对于这段路程也有记载，《西域记》卷1说：

> 从此（屈支国）西行六百余里，经小沙碛，至跋禄迦国。

> 跋禄迦国，东西六百余里，南北三百余里。国大，都城周五六里，土宜气序，人性风俗，文字法则，同屈支国。语言少异。细氊细褐，邻国所重。伽蓝数十所，僧徒千余人，习学小乘教说一切有部。

> 国西北行，三百余里，度石碛，至凌山，此则葱岭北原，水多东流矣。山谷积雪，春夏含冻。虽时消泮，寻复结冰。经途险阻，寒风惨烈，多暴龙，难陵犯。行人由此路者，不得赭衣，持瓠，大声叫。微有违犯，灾祸目睹，暴风奋发，飞沙雨石，遇者丧没，难以全生。

> 山行四百余里，至大清池。周千余里，东西长，南北狭，四面负山，众流交凑，色带青黑，味带咸苦。洪涛浩汗，惊波汩淴。龙鱼杂

---

〔1〕"于祝"原作"于阗"，依沙畹说校改。见沙畹著，冯承钧译《西突厥史料》，第9页。

处，灵怪间起。所以往来行旅，祷以祈福。水族虽多，莫敢渔捕。

清池西北行五百余里，至素叶水城。城周六七里，诸国商胡杂居也。土宜糜麦，蒲萄，林树稀疏，气序风寒，人衣毡褐。……

素叶城西行四百余里，至千泉，……

千泉西行百四五十里，至呾逻私城。城周八九里，诸国商胡杂其居。土宜气序，大同素叶。

《经行记》说：

从安西西北千余里，有勃达岭。岭南是大唐北界，岭北是突厥骑施南界。西南至葱岭，二千余里。其水，岭南流者尽过中国而归东海，岭北流者尽经胡境，而入北海。又北行数日，度雪海。其海在山中，春夏常雨雪，故曰雪海。中有细道，道旁往往有水孔嵌空，万仞转坠者，莫知所在。勃达岭北行千余里，至碎叶川。其川东头有热海。兹地寒而不冻，故曰热海。又有碎叶城，天宝七年北庭节度使王正见薄伐，城壁摧毁，邑居零落。昔交河公主所居止之处，建大云寺，犹存。其川西接石国，约长千余里。川中有异姓部落，有异姓突厥，各有兵马数万。城堡闲杂，日寻干戈。凡是农人，皆擐甲胄，专相掳掠，以为奴婢。其川西头有城，名曰怛逻斯。[1]

这3段记载，虽是详略不同，地名各异，但记的都是一条路线。

《四达记》、《经行记》的安西，就是《西域记》的屈支。屈支，唐时通写作龟兹，是安西都护府所在地，今早经改写为库车。

《四达记》的俱毗罗碛，大概就是《西域记》的"小沙碛"，现在的Hosol 沙碛。[2]

《四达记》的拨换城，就是《西域记》的跋禄迦国，现在的阿克苏。

《四达记》的拔达岭，就是《经行记》的勃达岭，现在地图上的Bédel。《西域记》的凌山，或者也就是此处。

《四达记》、《经行记》的雪海，就是《西域记》的山谷积雪处，唯不

---

〔1〕《通典》卷193"石国"条引。
〔2〕以下各地之今释，俱用沙畹所著《西突厥史料》第一篇第二节之说。

知在今何地。

《四达记》、《经行记》的热海，就是《西域记》的大清池，现在的 Issyk koul。

《四达记》、《经行记》的碎叶城就是《西域记》的素叶城，在 Tokmak 附近。

自安西到怛逻斯城的路线颇有曲折，但大体上是由东南方走向西北方。

从路程的里数方面说，《四达记》所明白记载的里数，共 1460 里。但安西至白马河，拨换城至思浑河，真珠河至乏驿岭，叶支城至碎叶川口，各距离间的里数，是否已经计算在内，不能确知。《西域记》所记的，至少有"二千三百四十五里"。但《西域记》所述"千泉西"3字，很可能是"千泉东"之误。[1] 如果是这样，则《西域记》所记，至少应是"二千零四十五里"。《经行记》所记只有安西到碎叶川间的距离，共 2000 余里。若把《四达记》所记碎叶川口到怛逻斯城间的距离 380 里加上，至少应是 2380 里。大体说来，《西域记》和《经行记》的里数相差不远，而《四达记》和它们竟相差 600～900 里，这是因为《四达记》脱落了许多里数呢，是它计算里的标准淆乱呢，或是《西域记》、《经行记》太夸大了呢？本文内可惜不能做详细的研究。现在我们所可以说的是，依据唐时的记载，自安西到怛逻斯的路程，至少有一千四五百里，多则要有 2380 里以上。沿途有沙碛，有河流，有高山，有海。高山如拔达岭，海拔达 4224 公尺。海如雪海，仅海中有细道可通。这一条路，可以说是一条很不容易走的路。而怛逻斯战役中的唐军，却就是自安西动身，从这条路上到怛逻斯去的。

另外还有 3 个国或部落是在怛逻斯附近，并且和怛逻斯战役有关系的。

一个是石国。石国和康、安、曹、米、何、火寻、戊地、史，号称昭武九

---

〔1〕如"西"字是"东"字误，则《西域记》所记素叶城到怛逻斯的里数，应是"二百五十六里"，与《四达记》所记里数略同。

姓,有时简称为"九姓"。九姓所居,大抵在药杀水(Yaxartes,Syr dar-ia)流域与乌浒河(Oxus,Amu daria)流域,土地平衍肥沃,宜于禾稼,是中亚细亚最好的地方。石国治拓折(Shash)城,即今塔什干城(Tash-kand),国境周围有千余里,在碎叶河(Chu River)与药杀水之间。俗善战,产良马。东南大山上,生有名为瑟瑟的宝石。[1]

一个是拔汗那,或称破洛那,或称钹汗,或称怖捍。天宝三年(744),唐把它的国号改称宁远。《经行记》:"拔汗那在怛逻斯南千里,东隔山。"[2]《新唐书》卷221下《石国传》载:"石东南千余里,有怖捍者,山四环之。地膏腴,多马羊。西千里距悺利瑟那,东临叶叶水。水出葱岭北原,色浊,西北流入大碛。"又《拔汗那传》:"宁远者,本拔汗那,……去京师八千里,居西鞬城,在真珠河之北。"叶叶水应即Shash水,亦即真珠河,今之锡尔河。大约锡尔河之下游,流经拔汗那之东境,而拔汗那仍有不少领土在锡尔河的北岸,所以《石国传》说怖捍"东临叶叶水",又说"西鞬城,在真珠河之北"。拔汗那应即Ferghana的译音。拔汗那在唐时之领土,以其"东临叶叶水"一点测之,应有不少地方在今Ferghana境内。但唐时的拔汗那和现在的Ferghana,却不必在辖境上完全一致。西鞬城应为大食文的Akhsikand(Akhsikath,Akh-siket),其地在贵山城(Kasan,在Hamangan西北30俄里)以南,锡尔河以北。[3]

又一个是葛逻禄。《新唐书》卷217下《葛逻禄传》:"葛逻禄本突厥诸族,在北庭(吉木萨尔)西北,金山(阿尔泰山)之西,跨扑固振水、喀喇额尔齐斯(Kara Irtyen)色多怛岭,与车鼻部接。有三族,一谋落,或为谋刺;二炽俟,或为婆匐;三踏实力。永徽(650—655)初,高偘之伐车鼻可汗,三族皆内属。……至德(756—757)后,葛逻禄浸盛,与回纥争疆,徙十姓可汗故地,尽有碎叶怛逻斯诸城。"又卷215下《西突厥

---

〔1〕参看《新唐书》卷221下康、石诸国传。
〔2〕《通典》卷192"疏勒"条。
〔3〕参看《元明人西域史地论考》下册,第52-53页Kasan条及注823,又见沙畹著,冯承钧译《西突厥史料》,第110页《拔汗那传》注2。

传》:"大历(766—779)后,葛逻禄盛,徙居碎叶川。"这可见葛逻禄是逐渐向西南发展或迁移的。其徙居碎叶川的时候,距怛逻斯之战约二三十年或二三十年以上;其尽有碎叶、怛逻斯诸城的时候,距怛逻斯之战约 10 年或 10 年以上。当怛逻斯战时,葛逻禄占有的土地当距怛逻斯城不远。它的地望,当在怛逻斯城的东北。

在这三个国家或部落外,当时参加唐与大食间的战争的,当还有别的国家或部落。但在中国载籍中,没有明文可考了。

9.2 怛逻斯的战事

怛逻斯的战事,《新唐书》卷 5《玄宗本纪》仅记:

> [天宝十载]七月,高仙芝及大食战于怛(怛)逻斯城,败绩。

又卷 135《高仙芝传》,也简单地记着:

> [天宝]九载,高仙芝讨石国,其王车鼻施约降。仙芝为俘献阙下,斩之。由是西域不服。其王子走大食乞兵,攻仙芝于怛逻斯城,以直其冤。

《旧唐书·玄宗本纪》对这事未提只字,而卷 104《高仙芝传》只说:

> [天宝]九载,将兵讨石国平之,获其国王以归。

《通鉴》卷 216 于"天宝十载四月"条后"八月"条前记:

> 高仙芝之虏石国王也,石国王子逃诣诸胡,具告仙芝欺诱贪慕之状。诸胡皆怒,潜引大食,欲共攻四镇。仙芝闻之,将蕃汉三万众击大食,深入七百余里,至怛逻斯城,与大食遇。相持五日。葛逻禄部众叛,与大食夹攻唐军。仙芝大败,士卒死亡略尽,所余才数千人。右威卫将军李嗣业劝仙芝宵遁。道路阻隘,拔汗那部众在前,人畜塞路。嗣业前驱,奋大挺击之,人马俱毙,仙芝乃得过。将士相失。别将汧阳段秀实闻嗣业之声,诟曰:"避敌先奔,无勇也。全己弃众,不仁也。幸而得达,独无愧乎?"嗣业执其手谢之,留拒追兵,收散卒,得俱免。还至安西,言于仙芝,以秀实兼都知兵马使,为己判官。

·欧·亚·历·史·文·化·文·库·

　　《通鉴》的记载虽也不能使我们满意,但比较具体一些。我们现在可以《通鉴》所记为骨干参校别的材料,把详略异同的地方一一记下。

　　《通鉴》所谓"虏石国王",在"天宝十载"条下所举,只是略述起因。"虏石国王"的本事,《通鉴》系于"天宝九载十二月"条之后。新旧《唐书·高仙芝传》俱作天宝九载,未记月份,与《通鉴》略同。但《旧唐书》卷109《李嗣业传》说:

　　　　[天宝]十载,又从平石国。及破,九国胡并背叛突骑施。以跳荡,加特进,兼本官。

《新唐书·玄宗本纪》说:

　　　　[天宝十年正月]戊申,安西四镇节度使高仙芝执突骑施可汗及石国王。

这都比《通鉴》、新旧《高仙芝传》所记推后几个月。《旧唐书》卷128《段秀实传》说:

　　　　[天宝]七载,高仙芝代灵詧,举兵围怛逻斯。黑衣救至,灵詧大衄,军士相失。夜中,闻都将李嗣业之声,因大呼责之,曰:军败而求免,非丈夫也。嗣业甚惭,遂与秀实收合散卒,复得成军。师还,嗣业请于仙芝,以秀实为判官。

这以怛逻斯战事系于天宝七年。若依此说,高仙芝之虏石国王,至晚也须在天宝七年间。这又比《通鉴》和新旧《高仙芝传》提前3年,比《旧唐书·李嗣业传》、《新唐书·玄宗本纪》提前3年多。相互间的歧异很大。今按,《旧唐书·段秀实传》的异说,并不是由于虏石国王时期之传说不同,而是由于文字上的含混和错误。"[天宝]七载,高仙芝代灵詧,举兵围怛逻斯"者,是说天宝七年高仙芝代夫蒙灵詧为四镇节度使,而在代灵詧为四镇节度使后,有举兵围怛逻斯一事。考《旧唐书·高仙芝传》,天宝七年六月,仙芝代灵詧,灵詧遂即被征入朝。《段秀实传》所谓"灵詧大衄"的"灵詧",显缘上文"灵詧"而衍。"高仙芝代灵詧",和"灵詧大衄",事实上是不能同时并有的。这两个字的衍文,极易使人误解"高仙芝代灵詧"的使命就是围怛逻斯;而平石国之役,也会跟着被人误解为天宝六七年的事情了。又按《新唐书·玄宗本纪》

的记载,是记突骑施可汗和石国王被俘至阙下的日子,不是记他们最初被擒的时期。《通鉴》卷216说:

> [天宝十载正月]安西节度使高仙芝入朝,献所擒突骑施可汗、吐蕃酋长、石国王、揭师王。加仙芝开府仪同三司。

仙芝在天宝十年正月入京师献俘,当时的史官因记其献俘的日子。《新唐书》也本之而作上引的记载。《新唐书》所记“执突骑施可汗及石国王”的年月,和《通鉴》所记献俘的时期是完全相合的。至于《旧唐书·李嗣业传》的记载,似着重在李嗣业的晋爵。天宝十年正月,高仙芝献俘京师,以功“加开府仪同三司”,而当初参与战役的功臣,当然也要加封。李嗣业之“加特进”,大概就是这时候的事。所谓“又从平石国”云云,大概是追述“加特进”的缘故的。综此所述,虏石国王的时期,以从《通鉴》及《旧唐书·高仙芝传》,认作天宝九年间事,为是。其他记载,虽在文字的表面上看来似有不同,但实际上并没有什么异说。

石国之役,《经行记》说:

> 天宝中,镇西节度使高仙芝擒其王及妻子归京师。[1]

《旧唐书·高仙芝传》说:

> 仙芝性贪,获石国大瑟瑟十余石、真金五六驼驼、名马宝玉称是。

又《李嗣业传》说:

> 初,仙芝绐石国王约为和好。乃将兵袭破之,杀其老弱,虏其丁壮,取金宝瑟瑟驼马等。国人号哭,因掠石国王东,献之阙下。

《新唐书》卷221下《石国传》说:

> 天宝初,封王子那俱车鼻施为怀化王,赐铁券。久之,安西节度使高仙芝劾其无藩臣礼,请讨之。王约降。仙芝遣使者护送至开远门,俘以献,斩阙下。

前引的《新唐书·高仙芝传》也说:

> 讨石国,其王车鼻施约降。仙芝为俘献阙下,斩之。

---

[1]《通典》卷193“石国”条引。

·欧·亚·历·史·文·化·文·库·

《通鉴》卷216于"天宝九载十二月"条后，记云：

> 安西四镇节度使高仙芝伪与石国约和，引兵袭之，虏其王及部众以归，悉杀其老弱。仙芝性贪，掠得瑟瑟十余斛、黄金五六橐驼、其余名马杂货称是，皆入其家。

综合这些材料来说，石国之役的开端是由于石王之无藩臣礼，高仙芝因奏请讨伐。讨伐既见于事实，石国王那俱车鼻施便请愿讲和、投降。仙芝趁着石国未施防备，进兵袭击，把石国王、石国王的妻子、石国的丁壮俘虏了去；把石国的老弱杀得很多。他又把石国的大瑟瑟运走了十余斛，真金子运走了五六驼驼；还有许多价值相等的名马、宝玉和杂货。这些都运到了他自己的家里。在这种骚乱的场合里，仙芝的将官和士卒所劫掠石国的财产，恐怕也要效法他们的主帅，决不止于少数。石国人遭遇了这样大的灾难，都伤心地痛哭。他们的国王，在战事结束的第二年，也被高仙芝带到了唐京都，把脑袋砍了。

当仙芝在石国大肆杀掠时，石国的一个王子跑出来，到有关系的国家去报告。怛逻斯战争跟着就来了。这就要说到前引《通鉴》所谓："石国王子逃诣诸胡，具告仙芝欺诱贪慕之状。诸胡皆怒，潜引大食，欲共攻四镇。仙芝闻之，将蕃汉三万众，击大食，深入七百余里，至怛逻斯城，与大食遇。"《旧唐书·李嗣业传》记这一阶段的事，说：

> 其子逃难奔走，告于诸胡国。群胡怨之，与大食连谋，将欲攻四镇。仙芝惧，领兵二万，深入胡地，与大食战。

《新唐书·李嗣业传》说：

> 初，仙芝特以计袭取石。其子出奔，因构诸胡，共怨之，以告大食，连兵攻四镇。仙芝率兵二万，深入……

又《石国传》说：

> 王子走大食乞兵，攻怛逻斯城。

又《高仙芝传》也说：

> 其王子走大食乞兵，攻仙芝于怛逻斯城，以直其冤。

《新唐书》的《石国传》和《高仙芝传》叙述甚简。它说大食攻仙芝于怛逻斯城，好像仙芝在怛逻斯城素日驻有军队，当时并不知道大食来攻。

但按照《通鉴》和新旧《李嗣业传》的说法，其间颇有曲折。先是石国王子赴大食乞兵；次是群胡与大食联合，想攻四镇；再则是高仙芝听见了这个消息，有点担心，遂率兵迎击。后来深入胡地，在怛逻斯地方遇见了大食等国的军队就打起来了。这个说法，要比前说来得清楚些。前说为了省略的关系，容易使人误会。

据前文所说，怛逻斯距安西都护府至少要有一千四五百里，多则可有二千三四百里，仙芝从安西到怛逻斯城，可以说是悬军深入了。但《通鉴》仅说"深入七百余里"恐怕有讹误的字，说不定"七百"上面脱落了"一千"二字呢。

怛逻斯战役的阵容，在大食方面，当然有大食的正式军队。另外，还有所谓"诸胡"的军队。所谓"诸胡"，恐怕就是昭武九姓胡。如康、安、曹、米、何等国，都是石国的同一血族的国家，同时也是已受大食管辖的国家，并且和壤地相接，是很容易参加这个战团的。这方面的军队数目，在中国史料中未见记载。在我们所知道的大食文撰述中，也仅提到大食军的统帅，是阿波悉林（Abū Muslim）。[1] 在唐军方面，除了中国军队外，还有西域小国的军队。这方面的军队数目，《通鉴》已举出是"蕃汉三万众"，新旧《李嗣业传》都说是"兵二万"。《通鉴考异》说：

> 马宇《段秀实别传》云："蕃汉六万众。"今从《唐历》。

《通典》卷185《边防类总序》的自注说：

> 天宝中二……高仙芝伐石。于怛逻斯川，七万众尽没。

这算是四个说法。[2] 考《旧唐书》卷38《地理志》说：

> 安西都护府治所，在龟兹国城内，管戍兵二万四千人……

《新唐书》卷221上《龟兹传》说：

> 长寿元年，威武道总管王孝杰破吐蕃，复四镇地，置安西都护府于龟兹，以兵三万镇守。

《通鉴》卷213于"开元十四年八月下"说：

---

〔1〕见大食人 Ibn Athir 书。

〔2〕Ibn Athir 说中国军死亡 10 万人。

> 自王孝杰克复四镇，复于龟兹置安西都护府，以唐兵三万戍之。

这可见，自长寿元年（692）到开元十四年（726）的34年间，安西守戍的唐军，少者有2.4万人，多不过3万人。开元十四年到天宝十年的25年间，也没有听说变更戍兵的数目。这次参加怛逻斯战役的唐兵，事实上恐怕连2万人以上的数目都不到。因为高仙芝不能不在安西留相当数目的军队作留守，同时又不能不在焉耆、于阗、疏勒三镇配置相当的兵力，以维持后方的安全。这样一来，能实际参战的唐军如有两万人，已经不算少了。但这话的意思，并不是要赞成《李嗣业传》的说法，却正是疑惑《李嗣业传》的作者有这种类似的顾虑，而有意地把当时见于记载的这种参战的军队改得少了。我的意思以为，当时实际参加战争的唐军虽最多不过两万人，但当时高仙芝所统率的参战者决不只两万人。《通典》的作者杜佑，是《经行记》作者杜环的诸父。杜环是亲身参加这次战争的人。《通典》的作者大概就是根据他这位族子亲历的事实来说的，并且他是唐代一个很有德望的大臣，对于这样的国家大事，也决不肯随便去写的。所以在四个说法中，《通典》所记的参战人数虽多，恐怕反要比较靠得住。《李嗣业传》的说法，在这点上既不可靠，《通鉴》的作者明知道有两种说法，却毫无理由地采取《唐历》的说法，也未能使人置信。至于《段秀实别传》的说法，即和《通典》相近。我们知道，当时高仙芝统辖的军队，有"汉"有"蕃"。汉军虽至多不过两万，蕃军却是可以多多地参加的。我们在《册府元龟》卷999里，可以看见开元六年（718）吐火罗诸国的表文。它开首的几句话说：

> 仆罗克（兄）吐火罗叶护部下管诸国王都督刺史，总二百一十二人。谢飐国王统领兵马二十万众。罽宾国王统领兵马二十万众。骨咄国王、石汗那国王、解苏国王、石匿国王、怛达国王、护密国王、护时健国王、范延国王、久越得建国王、勃特山王，各领五万众。仆罗祖父已来，并是上件诸国之王。

这数或不免夸大，但也可见当时蕃国兵卒众多之一斑了。高仙芝在怛逻斯役战中，对这样的蕃国征它几万兵，应该不是一件稀奇的事。例如蕃兵参加这次战役之见于明文者,葛逻禄部和拔汗那部,其兵卒恐怕都不在少数。这次高仙芝带了蕃汉之众7万人,可见他心目中的大食,也是一个劲敌。而当时情形之严重,也可想见了。

怛逻斯大战的结果,是高仙芝大败。《通鉴》述当时的情形,是:"相持五日。葛逻禄部众叛,与大食夹攻唐军。仙芝大败,士卒死亡略尽,所余才数千人。右威卫将军李嗣业劝仙芝宵遁。道路阻隘,拔汗那部众在前,人畜塞路。嗣业前驱,奋大挺击之,人马俱毙,仙芝乃得过。将士相失。别将汧阳段秀实闻嗣业之声,诟曰:'避敌先奔,无勇也。全己弃众,不仁也。幸而得达,独无愧乎?'嗣业执其手谢之,留拒追兵,收散卒,得俱免。还至安西,言于仙芝,以秀实兼都知兵马使,为己判官。"新旧《唐书·李嗣业传》也有记载,而《新唐书》所记比较简略。《旧唐书》说:

> 仙芝大败。会夜,两军解。仙芝众为大食所杀,存者不过数千。事窘,嗣业白仙芝曰:"将军深入胡地,后绝救兵。今大食战胜,诸胡知,必乘胜而并力事汉。若全军没,嗣业与将军俱为贼所虏,则何人归报主?不如驰守白石岭,早图奔逸之计。"仙芝曰:"尔,战将也。吾欲收合余烬,明日复战,期一胜耳。"嗣业曰:"愚者千虑,或有一得。势危若此,不至胶柱。"固请行,乃从之。路隘,人马鱼贯而奔。会拔汗那兵众先奔,人及驼马塞路,不克过。嗣业持大棒,前驱击之,人马应手俱毙。胡等道,路开,仙芝获免。

《旧唐书》这条记载和《通鉴》详略互见,可以相发。依这两条所说,这次战败,受仙芝统率的蕃军之影响不小。先是葛逻禄部的背叛,弄得仙芝腹背受敌,犯了军事上的致命伤。再则,拔汗那部先奔,弄得驼马塞路,不唯更影响了全军的军心,简直想退军也不容易。我们看李嗣业告高仙芝的话,可以知道高仙芝宵遁的具体情况。在这次战争中,高仙芝所统属参战军队的全体,连背叛的带逃走的、死亡的,总要有6万多人。其中唐的正式戍卒,恐怕要在一万数千人光景,这在高仙芝以及安西四镇,自然是一个严重的损失。但是高仙芝还能"还至安西",大食原来打算潜攻四镇的计划,却因为这次恶斗被无形中搁置了。

·欧·亚·历·史·文·化·文·库·

这次战事的时期，《新唐书·玄宗本纪》作天宝十载七月，《通鉴》则记于是年四月后、八月前。

《旧唐书》对这件事情之所以没有正面记载的缘故，我疑惑是因为当时的史官对于这件事没有接到正式的报告。我们知道在这次战败以前，高仙芝简直是一位常胜将军。连年，讨伐了勃律，擒了突骑施可汗，攻破了朅师，打败了吐蕃，荡平了石国。我们可以想见他的踌躇满志。天宝十年正月，朝廷加他开府仪同三司，优奖他的功勋。在这次优奖不久的几个月间，竟然有这样大的失败。这是怎样地损害他的威严，怎样地使他觉得无面目！《通鉴》于"开元四载"条记着："时边将耻败，士卒死者皆不申牒，贯籍不除。"高仙芝恐怕更不免为这种风气下的实行者。如果真是这样，则当时的史官自无从对这事作正式的纪录。后来高仙芝死了，仙芝的关系人为他作传，自然也要隐恶而扬善，把这件丢脸的事轻轻地揭了去。再到以后，李嗣业死了，为李嗣业作传的人，因为在这个战败的场合中，很能表现他个人的才力，就把这件事写在李嗣业传记里面了。刘昫修《唐书》，事实上不能不因仍旧史，于是因为史料来源之不同，在《玄宗本纪》和《高仙芝传》里都没有提到这次战事的一个字，而却在《李嗣业传》里把这件事写得相当详细。这不是《旧唐书》的作者有意为高仙芝回护，而是没有把史料做整个融和。这大概是《旧唐书》没有对这件事作正面记载的缘故。《新唐书》在这一点上总算进步一点，在《玄宗本纪》和《高仙芝传》里还记了几个字，但修正的工作也并不是容易做的。《旧唐书》的这点缺憾，《新唐书》还是不能真正地弥补，所以仍然使人觉得它的正面记载太不充分。

9.3 怛逻斯战役对于唐在西域地位上的影响

怛逻斯战役的规模既大，死亡又重，很可能影响到唐在西域的地位及唐与大食间的关系。关于第一点，沙畹在他的《西突厥史料》中说：

"由怛逻斯河之败,中国国势遂绝迹于西方。"[1]姚士鳌著《中国造纸术输入欧洲考》也申述:

> 怛逻斯城的战争,中国史家因为高仙芝久镇西域,并且是率师远征,虽然大败,犹录其前功,只说:"与大食战于怛逻斯城,败绩。"实际上,这次战争,不仅是纸从中国传到小亚细亚,也是唐朝与大食在中亚霸权消长之关键。所以《新唐书·西域传》"石国"条说:"王子走大食乞兵,攻怛逻斯,败仙芝军,自是臣大食。"[2]

这些话都相当对,但并不全对。实际上,在人人"津津乐道"的开元年间和天宝初叶,唐朝已显露出它维持中亚霸权的无力。我们不必等怛逻斯战败后,就可看出唐朝霸权之没落的征象了。可是,在怛逻斯战败后,中国国势却也并不遂"绝迹于西方"。

在《册府元龟》里,同时也是在沙畹所收的材料里,可以看见西域诸国上给唐帝的表文。开元七年(719)二月:

> (1)安国王笃萨波提遣使上表论事曰:自有安国已来,臣种族相继,作王不绝,并军兵等,并赤心奉国。从此年来,被大食贼每年侵扰,国土不宁。伏乞天恩滋泽,救臣苦难,仍请敕下突厥施,令救臣等。臣即统率本国兵马,计会翻破大食。伏乞天恩,依臣所请。

> (2)俱密国王那罗延上表曰:臣曾祖父叔兄弟等,旧来赤心向大国。今大食来侵,吐火罗及安国、石国、拔汗那国,并属大食。臣国内库藏珍宝及部落百姓物,并被大食征税将去。伏望天恩,处分大食,令免臣国征税,臣等即得久长守把大国西门。伏望炤临,臣之愿也。

> (3)康国乌勒伽遣使上表曰:臣种族及诸胡国,旧来赤心向大国,不曾背叛,亦不侵损大国,为大国行神益土。从三十五年来,每共大食贼斗战,每年大发兵马,不蒙天恩送兵救助。经今六年,被大食元率将异密屈底波(Amir Khutaiba)领众军兵来此,共臣等斗

---

〔1〕沙畹著,冯承钧译《西突厥史料》,第217页。

〔2〕《辅仁学志》第1卷第1期,第41-42页。

战。臣等大破贼徒，臣等兵士亦大死损。为大食兵马极多，臣等力不敌也。臣入城自固，乃被大食围城，以三百抛车傍城，三穿大坑，欲破臣等城国。伏乞天恩知委，送多少汉兵，来此救臣困难。其大食只合一百年强盛，今年合满。如有汉兵来此，臣等必是破得大食。

开元十五年（727）：

> 吐火罗叶护遣使上言曰：奴身罪逆不孝，慈父被大食统押，应彻天聪。奉天可汗进旨云：大食欺侵，我即与你气力。奴身今被大食重税，欺苦实深。若不得天可汗救活，奴身自己活不得，国土必遭破散，求防守天可汗西门不得。伏望天可汗慈悯，与奴身多少气力，使得活路。又承天可汗处分突厥施可汗云，西头事委你，即须发兵，除却大食。其事若实，望天可汗却垂处分奴身。缘大食税急，不救，得好物奉进。望天可汗焰之。所欲驱遣奴身，及须己西方物，并请处分。奴身一一头戴，不敢怠慢。[1]

《全唐文》卷999亦载"开元［二十］九年（741）石国王伊捺吐屯屈勒表文"云：

> 奴身千代已来，忠赤于国，只如突厥骑施可忠赤之日，部落安贴；后背天可汗，脚底火起。今突厥属天可汗。在于西头为患，唯有大食，莫逾突厥。伏乞天恩，不弃突厥部落，打破大食，诸国自然安贴。

这可略见开元间，安、康、俱密等国，在大食压迫下之困苦艰难中，怎样希望唐家援助他们，替他们打开难关。但是请求的结果呢，《新唐书》卷221下《西域传》于"康国"条记：

> 其王乌勒伽与大食亟战，不胜；来乞师，天子不许。

于"石国"条记：

> 王伊捺吐屯屈勒上言：今突厥已属天可汗，唯大食为诸国患，请讨之。天子不许。

----

〔1〕以上4表，俱见《册府元龟》卷999。

于"俱密国"条记：

> 其王那罗延颇言为暴赋,天子但尉遣之而已。

唐家天子只是安慰他们几句,并不为他们发一兵、派一将。这完全可以看出,唐家在这时已不能发挥一个拥有霸权者的能力,它对于这些国家已不能尽保护的义务了。开元十五年,僧人慧超自天竺回中国,路经西域诸胡国。他看见了"吐火罗王住城,名为缚呾胞,见今大寔兵马在彼镇押。其王被逼,走向东一月程,在蒲持山住,见属大寔所管";他看见了"安国、曹国、史国、石骡国、米国、康国,中虽各有王,并属大寔所管";他并看见了骨咄国、胡密国也并属大寔所管。[1] 这些向来臣服唐家的胡国,就在唐家不能发挥保护能力中,逐渐都滚入了大食势力圈内。大唐在中亚的霸权,在开元年间已是渐渐剥落。到了天宝十年怛逻斯之战,已经是很有些时候了。

但有趣的是:唐在中亚的霸权,在实质上虽已是逐渐剥落,但开元天宝间,西域诸小国来朝贡的却又不能说是不盛。这大概是由于3个原因:(1)诸胡的贡献在本国里不算什么,拿到唐朝去也不致于赔本。因为唐朝皇帝,还要赏赐一些物件。开元七年康国救助的表文,末尾说:"如天恩慈泽,将赐臣物,请付臣下,使人将来,冀无侵夺。"这可见当时的胡人对于皇帝的赏赐,是很希冀的。(2)唐对于胡人,通常没有什么虐待。特别在经济方面,不在胡人身上想办法。而胡人与唐人通商,反可得到许多的利益。胡人在大食的管辖下,则正和在唐人管辖下的情形相反。我们看诸国的表文及慧超所谓"此胡密王见属大食所管,每年输税绢三千匹,住居山谷,处所狭小,百姓贫多",可见大食在诸国课税相当的重。在这种情形相对之下,未受大食约束的小国,也要设法和唐保持相当的联络。(3)当时唐对西域诸胡,虽不能尽保护的责任,但如有胡国对于唐有所妨害,或"无藩臣礼"的时候,安西都护府是会代表唐政府执行讨伐的责任的。例如"小勃律国王为吐蕃所招,妻以公主,西北二十余国皆为吐蕃所制,贡献不通",玄宗就"特敕仙芝

---

[1]见慧超《往五天竺国传》。

以马步万人为行营节度使,往讨之"。[1] 又如朅师国"恃其险阻,违背圣化,……知勃律地狭人稠,无多田种,镇军在彼,粮食不充,于箇失密市易盐米;然得支济,商旅来往,皆著朅师国过,其王遂受吐蕃货求,于国内置吐蕃城堡,捉勃律要路",[2] 玄宗也就应吐火罗叶护之请,于天宝九年二月派安西兵,破朅师,虏其王勃特没。[3] 唐的这种办法,也使西域诸国不敢不来朝贡了。

在这种矛盾状态下,西域诸小国自然是最苦。一方面不能仰仗唐的助力,同时对于唐又不能不有一种适当的表示。如果举措不当,便不免出乱子。唐的安西都护府在这种场合下,也须斟酌情形,妥为适应。如超出了相当的限度,也易招致意外的危险。怛逻斯战役的导火线石国之役,依我的看法,就是由于石国和高仙芝都没有看清楚他们的环境和他们所处的地位。石国之招致高仙芝的讨伐,据说是"无藩臣礼"。这如果不是直接损害了唐的尊严,就是直接损害了高仙芝的尊严。石国王忘记了勃律、朅师的前车之鉴。他似乎没有注意到,唐的安西都护府虽不能帮助他抵抗大食的侵略,却能讨伐他对唐或唐军事领袖的不恭。在高仙芝方面,他固然可对石国发挥安西都护府的威权,但他应该知道西域小国之自称臣唐,并非专因唐四镇兵力之强,也是因为他们所受唐的压迫较小。石国王不知所以自处以致身死国破;高仙芝呢,那样地大杀大掠,又如何能不给群胡以贪残的印象? 我们推想,那时群胡的意思,总以为高仙芝和大食在这一点上没有什么分别。也许他们觉得,高仙芝还不如大食。因为大食虽有一定的课税,却也未必把金石宝货满载而归,也未必这样任意杀戮。而且,大食虽统辖他们,也许能保护他们,更何必去向这个既不能保护于前又肯施毒手于后的大唐讨好呢? 于是他们乐得倒在大食的方面,勾引大食的兵马去潜攻四镇,怛逻斯战争遂就爆发了。这不是群胡和大食为别国人的事情流本国人的血,而是群胡为了怕自己的处境将发生更大的困难,大食为了扩张自己的势

---

〔1〕《旧唐书·高仙芝传》。
〔2〕《册府元龟》卷999"天宝八载吐火罗表文"。
〔3〕《通鉴》"天宝八载十一月",及"九载二月"条。

力,二者互相利用所作出来的。所以我们可以说,怛逻斯战役之发动,是由于高仙芝于唐在西域势力渐趋实质上的衰落中,未能认清其处境,而对于一个不恭的胡国超过适当的限度,采取了过分的行动之故。

怛逻斯战役的影响,大概是把上述的矛盾状态稍为改变了一点。唐在西域势力之实质上的衰落,到这时候大概要发展到形式上的表现了。这时,恐怕要有少数国家撕破入朝进贡的假面,不和唐像以前般地往来了。"石国自是臣大食",是我们在史书中所见到的一个事实上的例子。李嗣业说:"今大食战胜,诸胡知,必乘胜而并力事汉。"可见,这种趋势也是当时参战的高级军官所能立时看到的。姚氏说这次战事是"唐朝与大食在中亚霸权消长之关键"。这话可以修正为:这次战事的结果,是唐朝与大食在中亚霸权消长的表面化。

高仙芝在这次的战事中,虽打了一个大大的败仗,但他的军事根据地(安西四镇)并未受动摇,他手下的唐军也还有相当的数目。在这次战败的第三年,即天宝十二年(753):

> 封常清代高仙芝讨大勃律,师次贺萨劳城,一战而胜。常清逐之。秀实进曰:"贼兵赢,饵我也。请备左右,据其山林。"遂歼其伏。[1]

在第五年,即天宝十四年(755),安禄山反后,李嗣业和段秀实率安西骑步兵5000人,赴朔方勤王,累有战功。[2] 这可见怛逻斯战后,安西的实力仍是不可低估。而封常清讨大勃律一役,尤可见唐在西方之势力仍然存在,决不像沙氏所说"中国国势遂绝迹于西方"。

怛逻斯战后,唐在西域既然仍旧保持相当的势力,因而在安禄山反后,许多小国大概有怵于形势,不得不派兵助唐平乱。也有个别大国以及和唐无特殊关系的小国,是另外有条件使他们乐意去助唐的。

《通鉴》卷218"至德元载(756)九月"条说:

> 上虽用朔方之众,欲借兵于外夷,以张军势。以嗣王守礼之子

---

[1]《旧唐书》卷128《段秀实传》。
[2]《旧唐书·段秀实传》。

·欧·亚·历·史·文·化·文·库·

承寀为敦煌王,与仆固怀恩使于回纥,以请兵。又发拔汗那兵,且
使转谕城郭诸国,许以厚赏,从安西兵入援。

沙畹称这次各国派兵入援,是"中国在西方所执光荣任务之最后遗
响"。[1] 其实大部分却是"厚赏"勾出来的。

9.4　怛逻斯战役
对于唐与大食国际关系上的影响

怛逻斯战役在唐与大食国际史上的意义说,是两国间唯一的最大
的武力接触。

在高宗时,唐在波斯设波斯都督府,拜波斯王卑路斯为都督。不
久,波斯为大食所灭。调露元年(679),高宗命裴行俭领兵护送波斯王
子泥涅师复国,并派行俭为安抚大食使。后来因为路远,行俭中道折
回,泥涅师因而流落吐火罗作客。[2] 这可说是唐与大食势力之最初的
冲突。但波斯离中国甚远,只是在名义上臣服中国。所谓波斯都督府
者,实等虚设。这时,唐对于大食的实力也隔膜得很,所以就贸然地派
了一个安抚大食使。这位安抚大食使大概也觉得无甚意味,中途就回
来了。这种势力上的冲突,也可以说只是名义上的;在实际上,差不多
没有什么关系。

一直到了开元间,唐与大食的冲突才真正地逐渐加重。除上文所
述安、康、俱密等国逐渐入了大食势力圈外,在怛逻斯战前还有别的冲
突。《通鉴》卷211于"开元三年(715)"条说:

拔汗那者,古乌孙也。内附岁久,吐蕃与大食共立阿了达为
王,发兵攻之。拔汗那王兵败,奔安西求救。[张]孝嵩谓都护吕
休璟曰:不救,则无以号令西域。遂帅旁侧戎落兵万余人,出龟兹
西数千里,下数百城,长驱而进。是月攻阿了达于连城。孝嵩自擐
甲,督士卒急攻。自巳至酉,屠其三城,斩俘千余级。阿了达与数

〔1〕沙畹著,冯承钧译《西突厥史料》,第217页。
〔2〕《旧唐书》卷84《裴行俭传》;《新唐书》卷108《裴行俭传》;又卷215下《阿史那传》;卷221下《波斯传》。

骑逃入山谷。孝嵩传檄诸国,威震西域。大食、康居、大宛、罽宾等八国皆遣使请降。

这大概是唐与大食第一次短兵相接。这次,大食是打败了。

开元五年(717),突骑施引大食窥四镇。《通鉴》卷211说:

> [开元五年四月],突骑施酋长左羽林大将军苏禄部众侵疆。虽职贡不乏,阴有窥边之意。……[七月],安西副大都护汤嘉惠奏:突骑施引大食、吐蕃谋取四镇,围钵换及大石城,已发三姓葛禄兵与阿史那献击之。

这是第二次唐与大食以兵戎相见。这次的胜负不明,但四镇未入大食手中,是无疑问的。我们看汤嘉惠仅派三姓葛禄和阿史那献部众往击,这次战争恐怕不见得很严重。

《旧唐书》卷109《李嗣业传》说:

> 天宝七载,安西都知兵马使高仙芝奉诏总军专征勃律。……遂长驱至勃律城,擒勃律王、吐蕃公主,斩藤桥,以兵三千人戍。于是拂林、大食诸胡七十二国皆归国家,款塞朝献,嗣业之功也。

《新唐书》卷221下《大勃律传》说:

> 天宝六载,诏副都护高仙芝伐之(大勃律)。……仙芝约王降,遂平其国。于是拂林、大食诸胡七十二国皆震恐,咸归附。

在高仙芝讨勃律一役中,未闻大食参加。《旧唐书》所说,或许是因那时候凑巧有大食等国的使臣在朝,史臣故加铺张,遂成了这次战役的成果。《新唐书》所说"震恐",恐怕更是过甚其辞了。距怛逻斯战役三四年前的大食国,不至这样泄气。

在怛逻斯战前,除了开元三年、开元五年唐和大食的两次武力冲突外,还有一次军事合作的要约。《全唐文》卷285"敕安西节度王斛斯书"说:

> 敕王斛斯:得卿表,并大食东面将军呼逻散诃密(Amir khurassan)表,具知卿使张舒耀计会兵马回。此虽远番,亦是强国。观其意理,似存信义。若四月出兵是实,卿彼已合知之。还须量意,与其相应。使知此者计会,不是空言。且突骑施负恩,为天所弃。诃

231

密若能助国破此寇仇，录其远劳，即合优赏。但未知事实，不可虚行。卿可观察蕃情，颇有定否，即须随事慰接，令彼知之。若舒耀等虚有报章，未得要领，岂徒不实，当有所惩。绝域行人，不容易也。

这篇敕系出张九龄手笔，当系开元十一年至十四年，九龄为中书舍人时事。从这篇敕可以看出，当时安西节度使王斛斯和大食东面将军呼逻散诃密有合击突骑施的要约。突骑施处于两大之间，依违无常，对唐有时称臣，有时捣乱；对大食或者也如此。所以两国的军事领袖要打算合作，"破此寇仇"。但这种军事上的合作，未见施于事实。后来到开元二十七年，突骑施可汗吐火仙之被擒，还是唐碛西节度使盖嘉运联合拔汗那作出来的。[1] 在怛逻斯战役前的唐与大食间之直接的军事关系，只有上述的两次交手战而已。

怛逻斯战后的第六年，即至德二年。是年正月，大食应唐的邀请，派兵跟着拔汗那、安西的兵开入中国边境，助唐平安禄山之乱。是年九月癸卯，收复西京。十月壬戌，收复东京。至是，唐的两京依赖着大食及诸国的力量，完全克复了。[2] 这是在怛逻斯战后，大食在军事上帮了唐朝一个大忙。这事的第二年，广州奏大食扰乱。《旧唐书》卷10说：

> 至德三载（即乾元元年）九月癸巳，广州奏：大食国、波斯国兵众攻城，刺史韦利见弃城而遁。

《通鉴》卷220说：

> 乾元元年九月癸巳，广州奏：大食、波斯围州城，刺史韦利见逾城走。二国兵掠仓库，焚庐舍，浮海而去。

我疑心这件事情，就是助唐平乱的大食兵作的。说不定，这时西域有特殊情形，即大食兵在陆路上的归途发生障碍，改由海道归国，临走放了这末一个起身炮。《旧唐书》所称"兵众"，最可注意。因这可见，决非

---

〔1〕《通鉴》卷214。
〔2〕新、旧《唐书·玄宗本纪》及《大食传》、《通鉴》卷219。

居广州的大食商人所为。而大食之派兵攻广州,也是毫无意义,决不会有的。我们知道,当克复两京之前,唐的最高军事领袖曾和回纥公开交换过条件,允许回纥于破城之日任意大掠。即使大食和唐没有作过这样的条件,大食人看惯了回纥的这种把戏,照样演习一套也是可能的。所以攻广州这件事情,可以说是没有什么重要的军事意义。至于他们和波斯人之合于一起,则是因波斯在这时早已亡国,事实上,波斯人须受大食人的支配。在援唐的大食军队中,包含许多波斯人,恐怕是难免的。

过了至德三年,更历 29 年,唐宰相李泌向德宗建议结大食以抗吐蕃。《通鉴》卷 233 于"贞元三年(787)九月"条说:

> 回纥合骨咄禄可汗屡求和亲,且请昏。上未之许。会边将告乏马,无以给之。李泌言于上曰:"陛下诚用臣策,数年之后,马贱于今十倍矣。……臣愿陛下北和回纥,南通云南,西结大食、天竺。如此,则吐蕃自困,马亦易致矣。……大食在西域为最强,自葱岭以西论,地几半天下,与天竺皆慕中国,代与吐蕃为仇,臣故知其可招也。"

后来,和回纥成功,离间吐蕃、云南成功。却偏巧贞元五年三月李泌死去,单单结大食、天竺之策没有实现。如果实现了,也是军事上的一种大联合。

贞元十七年(803),唐剑南西川节度使韦皋部将杜毗罗潜袭吐蕃险要。据《新唐书》卷 222 上《南蛮传》所记,是役"虏大奔。于时康、黑衣大食等兵及吐蕃大酋皆降。获甲二万首"。这是在中国史料中所见,唐与大食之最末次的军事上的冲突。这次大食的军队是败了,投降的人数不详。

以上,就唐和大食之直接的军事关系来说,共有两次军事合作的拟议;却只有大食助唐平乱一事,见之实行。共有 4 次军事冲突,有两次是大食打败了,一次胜负不明。只有怛逻斯之战,是大食打胜仗。但怛逻斯一战,却比其余 3 次战争的规模都大得多。

在怛逻斯战役的前后,唐与大食间通常关系并没有什么改变。我

们检查大食使臣来华的次数,见于记载者,有:

(1)永徽二年(651)八月乙丑,大食国始遣使朝献。

(2)永徽六年(655)六月,大食遣使朝贡。[1]

(3)永隆二年(681)五月,大食国遣使献马及方物。

(4)永淳元年(682)五月,大食遣使献方物。

(5)长安三年(703)三月,大食遣使献良马。

(6)景云二年(711)十二月,大食遣使献方物。[2]

(7)开元初(713),大食遣使来朝,进马及宝钿带等方物。[3]

(8)开元四年(716)七月,大食国黑密牟尼苏利漫遣使上表,献金线织袍、宝装玉洒池瓶,各一。[4]

(9)开元七年(719)六月,大食国遣使朝贡。

(10)开元十二年(724)三月,大食遣使献马及龙脑香。[5]

(11)开元十三年(725)正月丙午,大食遣其将苏黎等 12 人来献方物,并授果毅,赐绯袍银带,放还蕃。[6]

(12)开元十三年三月,大食遣使苏黎满等 13 人献方物。[7]

(13)开元十六年(728)三月辛亥,大食首领提卑多类 8 人来朝,并授将郎,放还蕃。

(14)开元十七年(729)九月,大食国遣使来朝,且献方物,赐帛百匹,放还蕃。

(15)开元二十一年(733)十二月,大食遣首领摩思览达干等来朝。并授果毅,各赐绢 20 匹,放还蕃。

(16)开元二十九年(741)十二月丙申,大食首领和萨来朝,授左金吾卫将军,赐紫袍金钿带,放还蕃。[8]

---

〔1〕《旧唐书》卷 4。

〔2〕《册府元龟》卷 970。

〔3〕《旧唐书》卷 198。

〔4〕《册府元龟》卷 971、卷 974。

〔5〕《册府元龟》卷 971。

〔6〕《册府元龟》卷 975。

〔7〕《册府元龟》卷 971。

〔8〕《册府元龟》卷 975。

（17）天宝三年（744）七月，大食国遣使献马及宝。

（18）天宝四载（745）五月，大食遣使来朝贡。

（19）天宝六载（747）五月，大食国王遣使献豹六。[1]

（20）天宝十一载（752）十二月己卯，黑衣大食谢多诃密，遣使来朝，授左金吾卫员外大将军，放还蕃。[2]

（21）天宝十二载（753）三月，黑衣大食遣使献方物。

（22）天宝十二载四月，黑衣大食遣使来朝。[3]

（23）天宝十二载七月辛亥，黑衣大食遣大酋望25人来朝，并授中郎将，赐紫袍金带鱼袋。[4]

（24）天宝十二载十二月，黑衣遣使献马30匹。

（25）天宝十三载（754）四月，黑衣大食遣使来朝。

（26）天宝十四载（755）七月，黑衣遣使贡献。

（27）天宝十五载（756）七月，黑衣大食遣大酋望25人来朝。

（28）至德初（757），大食国遣使朝贡。

（29）乾元元年（758）五月壬申朔，回纥使多乙亥阿波80人，黑衣大食酋长闹文等6人，并朝见。至阁门，争长。通事舍人乃分左右，从东西门并入。[5]

（30）宝应元年（762）五月戊申，黑衣大食遣使朝见。[6]

（31）宝应元年十二月，黑衣大食遣使朝见。[7]

（32）大历四年（769）正月，黑衣大食遣使朝贡。

（33）大历七年（772）十二月，大食遣使朝见。

（34）大历九年（774）七月，黑衣大食遣使来朝。

（35）贞元七年（791）正月，黑衣大食遣使来朝。[8]

---

〔1〕《册府元龟》卷971。
〔2〕《册府元龟》卷975。
〔3〕《册府元龟》卷971。
〔4〕《册府元龟》卷975。
〔5〕《册府元龟》卷971。
〔6〕《册府元龟》卷972。
〔7〕《册府元龟》卷752。
〔8〕《册府元龟》卷972。

（36）贞元十四年（798）九月丁卯，以黑衣大食遣含嵯、焉鸡、莎比3人并为中郎将，放还蕃。[1]

在147年中，共通使36次。其中，怛逻斯战前100年内，共通使19次。怛逻斯战后47年中，共通使17次。而自战后之第二年直至第八年，每年大食均有朝贡使来。天宝十二年之一年内，大食使臣且来4次。怛逻斯战时，虽值大食之转移朝代，但仅就唐与大食间之整个关系说，并未见受到怛逻斯战役的显著影响。

9.5 怛逻斯战役与伊斯兰教之最早的中文记录

以上所述怛逻斯战役的两种影响，都是可能的影响；另外，还有两种影响，只是偶然的影响。一种是中国造纸术的西行，又一种是伊斯兰教义之开始有中文的记录。

原来当怛逻斯战争中，中国有不少的人被大食俘虏了去。其中，有许多技术人才。大食人在这些人中发现了一些造纸工人，于是他们就在飒秣建（samarkand）设立了一个工厂，用中国造纸术来造纸。出货以后，风行一时。有机会得到这种纸的人，都把这种平滑柔和的纸，来代替久已用惯了的粗糙笨硬的纸。接着大食内地各都市也都陆续设立了大规模的造纸厂，供给全国需要，并远销到欧洲去。此后过了相当久的时期，欧洲各地也跟着学习这种造纸的新方法。据说，这不只对于大食和欧洲的造纸术引起了空前的改革，并且对于大食和欧洲的文明也发生了很大的影响。因为用这种新方法所造的纸，比他们旧用的纸太方便了，对于文明的传播和进步，起了非常重大的作用。据说，欧洲人之所以能从黑暗时代转入启蒙时代，中国造纸术的输入实为一个重要原因。这真是当初双方从事怛逻斯战争的人所梦想不到的结果。姚士鳌著有《中国造纸术输入欧洲考》（刊于《辅仁学志》第1卷第1期），对于造纸术的西行有很详细的研究，这里不必再说了。

---

[1]《旧唐书》卷198，《册府元龟》卷976。

除了造纸术外,在这次战争中,也可能把别种专门技术输入大食。《经行记》说大食有"绫绢机杼,金银匠,画匠。汉匠起作画者,京兆人樊淑、刘泚。织络者,河东人乐隈、吕礼"。[1] 这些作画的和织络的汉匠,或许也是在这次战争中俘虏过来的,不过无明文可考了。《经行记》的作者杜环,也在这次战争中被虏。他历行大食各地,到宝应初年(762)才从南海回国。[2] 自天宝十年到宝应初年,他在大食居留并游历了十一二年。他看见了很多大食各地的风土,对于伊斯兰教义有相当正确的知识。他把他所知道的教义记在《经行记》里,遂成了伊斯兰教义之最早的中文纪录。这在中国伊斯兰史上,也是一件应该大书特书的事。这也是当日从事怛逻斯战争者所梦想不到的。

《经行记》原书久佚,现在只能从《通典》所引看到有关教义的记载。《通典》卷193引《经行记》说:

> [大食]一名亚俱罗。其大食王号暮门,都此处。其士女瑰伟长大,衣裳鲜洁,容止闲丽。女子出门,必拥蔽其面。无问贵贱,一日五时礼天。食肉作斋,以杀生为功德。系银带,佩银刀。断饮酒,禁音乐。人相争者,不至殴击。又有礼堂,容数万人。每七日,王出礼拜,登高坐为众说法。曰:"人生甚难,天道不易。奸非劫窃,细行谩言,安己危人,欺贫虐贱:有一于此,罪莫大焉。凡有征战,为敌所戮,必得生天。杀其敌人,获福无量。"率土禀化,从之如流。法唯从宽,葬唯从俭。

同卷又引:

> 诸国陆行之所经,山胡则一种,法有数般。有大食法,有大秦法,有寻寻法。……其大食法者,以弟子亲戚而作判典,纵有微过,不致相累。不食猪狗驴马等肉,不拜国王父母之尊,不信鬼神,祀天而已。其俗每七日一假,不买卖,唯饮酒,谑浪终日。

又同卷引:

[1]《通典》卷193《大食传》下引。
[2]《通典》卷191《西戎总序》自注。

从此至西海以来,大食、波斯参杂居止。其俗礼天,不食自死肉及宿肉。以香油涂发。

以上共引 3 条,我们可以逐条加以解释。

先说第一条。

第一条的亚俱罗,就是苦法(Kufa),是叙利亚文 Akula 的对音。[1] 暮门是 Amir al-Mu'minin 的省译,《旧唐书·大食传》作"噉密莫末腻",《新唐书·大食传》作"徽密莫末腻",意思是"信仰者的首领"。这是哈里发(khalifa)例用的称号,所以说"大食王号暮门"。黑衣大食都苦法,所以说"都此处。"

大食男女,比中国人体格魁梧壮大,注意仪容的整齐和修饰。所以说:"其士女瑰伟长大,衣裳鲜洁,容止闲丽。"

大食妇女有戴面幂的风俗,同时伊斯兰教也要妇女隐蔽面部。所以"女子出门,必拥蔽其面"。

伊斯兰教的最高信仰是 Allāh,在中文中,很难找到一个适当的译名。这所谓"天",《经行记》的原意,应该就是译 Allāh 的。Allāh 无形象,无方所,绝不是"天"字所可表示的。但在"最高的存在"之意义上说,至少在普通中国人眼中,"天"和 Allāh 是比较接近的。

"礼"就是礼拜,是大食文 Salāt 的意译。伊斯兰教规定,每日有 5 次礼拜。第一次在日未出前,是 Salat al-fajr,普通译作晨礼。第二次在日过午时,是 Salāt al-Duhr,普通译作晌礼。第三次在日落前的相当时间内,是 Salat al-Asr,普通译作晡礼。第四次在黄昏时,是 Salāt al-Maghrib,普通译作昏礼。第五次是在既夕之后,是 Salat al-'isha,普通译作宵礼。这五次礼拜是每一个伊斯兰人(无论国王或力役的人),都是应该举行的。这就是所谓"无问贵贱,一日五时礼天"。

伊斯兰教于每年黑蚩拉(Hijira)九月,斋戒一个月,把饮食的时间放在夜间。晨曦之后和日落之前,不能进饮食。但当夜间能进饮食的时候,肉是照旧可以吃的。黑蚩拉十二月十日至十二日,伊斯兰教举行

---

〔1〕Hirth and Rockhill, *Chau Ju-Kua*, p.100。

古尔邦节。在这节期中的一个重要典礼，是凡有余财的人都要宰牲。一个人宰一只羊，或七个人合宰一只牛或一只驼。宰牲后，把肉分作三份：一份自用，一份送亲友邻居，又一份济施贫穷。斋中吃肉和以宰牲为一种典礼，都是普通中国人所诧异的。所以《经行记》特别记出这两件事，说是："食肉作斋，以杀生为功德。"

伊斯兰教对于饮酒和音乐，禁止颇严。《古兰经》第 2 章第 219 节说："凡有人拿喝酒和赌博的事情问你们，你们要回答说：两者对人都有大罪，也有利益。但罪恶是超过利益的。"第 5 章第 90 节说："唉！归信的人们！喝酒，赌博，拜偶像和抽签，都是恶魔的丑恶行为。你们要想到善果，要摒绝它们。"这是禁饮酒的证据。《米失夏特》（Mishkāt）卷 22 第 9 章说："乃非儿（Nafi'）和伊本奥玛尔（Ibn'Umar）在路上听见奏乐的声音。伊本奥玛尔用指头塞住耳朵，走到一边。乃非儿问他为什么。他说：当我年幼的时候，曾有一次在至圣跟前侍立，至圣听见音乐，就用手指把耳朵塞起来。"[1]这是禁音乐的证据。《经行记》说"断饮酒，禁音乐"，是很得其实的。

伊斯兰教每七日有大礼拜一次，普通称为"聚礼日"。按规矩，在城市举行者，须由地方长官领导；在都市举行者，由哈里发领导。在典礼进行程序中，有 Khutab 一项。Khutab 的意思是"讲述"。讲述时，或报告七日间的大事，或训示做人处世的道理。《经行记》所谓"每七日，王出礼拜，登高坐为众说法"，就是聚礼日的情形。至于王所说的一套关于做人处世之道的话，都一一和伊斯兰道理相合。

再说第二条。

第二条所谓"以弟子亲戚而作判典，纵有微过，不致相累"。意思是说：在法律裁判的时候，虽有人和被告人有弟子亲戚的关系，也不至于被累受过。这是伊斯兰教法，只把犯罪的责任加在犯罪者一人身上，和当时中国法律之株连亲友者不同。所谓"不食猪狗驴马等肉"，是伊斯兰教义对于饮食上的禁戒。所谓"不拜国王父母之尊，不信鬼神，祀

---

〔1〕转引自 Hughes, *A Dictionary of Islam*.

天而已"，是说伊斯兰教除 Allāh 外，什么也不拜。"其俗每七日一假"，是说聚礼日。"不买卖，唯饮酒，谑浪终日"，似为"不买卖饮酒，唯谑浪终日"之误。意思是说，聚礼日大家都休息了，也不饮酒，只玩耍一天罢了。

至于第三条，仍是说伊斯兰的最高信仰和饮食禁忌，与以上两条所说的意思几无出入。

综看这 3 条，关于伊斯兰的最高信仰和礼拜斋戒等重要功课，《经行记》都说到了。说得这样正确而具体，不只在《经行记》以前没有过，在《经行记》以后的唐宋记载中也没有过。这也可说，是怛逻斯战役给与《经行记》作者以这样有利机会的。

（原载《禹贡》第 5 卷 11 期，1936 年；1942 年修订；后收入《中国伊斯兰史存稿》，宁夏人民出版社 1982 年版）

10 《元史》、拉失德丁《集史·蒙古帝室世系》所记世祖后妃考

邵循正

世祖后妃,据《元史·后妃表》(卷106)可考者10人:

大斡耳朵——帖古伦大皇后(据《特薛禅传》,见《元史》卷118,知其为弘吉烈氏)。

第二斡耳朵——察必皇后,喃必皇后(皆弘吉烈氏,自有传)。

第三斡耳朵——塔剌海皇后,奴罕皇后。

第四斡耳朵——伯要兀真皇后,阔阔伦皇后。

所守斡耳朵无考者——八八罕妃子,速哥答思皇后,撒不忽妃子。

以上10人,除察必、喃必自有传,及帖古伦一见于《特薛禅传》外,余皆无考,且氏族多佚。《柯史》第四斡耳朵下有乌式真皇后,大抵据拉失德丁《集史》(Djami-el-tévārīkh,以下简称"拉史")所增[1]。波斯文《蒙古帝室世系》(Moezz-el-ansāb)中录世祖后妃共8人,原名如图10-1[2]。

---

[1]《柯史·后妃传》(卷104)所记,率本旧史,独于第四斡耳朵下,不录伯要兀真皇后,而代以"乌式真皇后,许兀真氏,功臣博尔忽女,生子曰脱欢,曰爱牙赤"。余未能纵检群籍,不敢确定此文所本。疑其出处,不外拉史《忽必烈合罕纪》(E. Blochet 校本,Ⅱ,p.367)或《突厥蒙古部族考》旭申(许兀慎)条(Bérézine 校本,*Trudy vost. otd.* Ⅶ,p.224)。然拉史明云脱欢为伯要兀真(Bāyāūčīn)皇后所出(Blochet. p.370;*Trudy vost otd.* Ⅶ,p.237)《柯史》以乌式真皇后子,误。且伯要兀真皇后,名见东西史籍,柯氏亦见此文,然其摒去不录,岂疏漏耶。北京大学所刊柯氏遗著《译史稿》卷6,第12、13页,可参阅。

[2]不列颠博物馆藏写本(Or.467)fol.52v-53r:巴黎国家图书馆藏写本(Ancien fonds Persan,67)fol.51v-52r(下文简称《世系》)。

此书抄缮多讹，又常脱"标音点"，欲正其读，极费斟酌。细玩所载，知其均出拉史，而间有误解，拉史所录世祖后妃如下：

巴黎本	伦敦本	巴黎本	伦敦本
同	بابعو خاتون		حابوی خاتون
同	اوسحن حانون		سبوی حانون
同	دورباحین حانون		باباوحن
بابا خاتون	بابا خاتون	قورقالحسن حانون	قورقالحسن خاتون

图 10 - 1 《蒙古帝室世系》所载世祖后妃名

（甲）Čābūī-khātūn：世祖长子朵儿只（Tūrčī），三子（安西王）忙哥剌（Mīngqalā），四子（北安王）那木罕（Nūmūghān）之母（按亦即次子真金母），宏吉烈氏，按陈那颜（Ilči-noyān = alči(alčīn-)-noyan）[1]女，为世祖诸皇后妃子中最尊贵者[2]。此即《元史》之察必皇后。图 10 - 1 之（1）即此后，-ī 误为 -n，《集史》各写本多然，即 Bérézine 所校定《部族考》中误亦同，[3]不足异。拉史于世祖次子真金（Čīmkīm）条，言其母名 Tāīkhū，义为"合罕之母"。[4]此特华语"太后"之音译，为成宗时追尊察必皇后之称。图 10 - 1 之（2）即拉史之"太后"，拉史此段文句稍混，《世系》以为另系一人，遂致误。然拉史上文明言：

> 忽必烈合罕十二子中，察必可敦所生四子最著，亦如成吉思汗诸子中，孛儿台夫人（Būrta-fūčin）所生四子最显。[5]

其《部落考》亦云：

> 察必（原作Čābūn）可敦生四男五女。[6]

即《世系》本书于察必皇后下亦注云，"氏宏吉烈；真金，那木罕（〔〕ūmānqan = Nūmūqān）忙哥剌（Mangqalān = Mangqalā）之母"。虽遗朵儿只，然当知拉史 Tāīkhū 与察必实为一人。顾又列 Tāīkhū-Khatun，不亦疏乎？

---

〔1〕参阅《元史·特薛禅传》，又《元史》卷2，太宗八年有按赤那颜，即此人。

〔2〕Blochet, pp. 352 - 362。

〔3〕Trudy vost. otd. Ⅶ, p. 202。

〔4〕Blochet. p. 354。

〔5〕Blochet, p. 354。

〔6〕Blochet, p. 354。

（乙）Qūrūqčīn-Khatūn：世祖五子 Qūrīdāī（名不见《元史》，母蔑儿乞（Markit）氏，Tūqtā-Begi（脱脱）弟 Qūtuqū 之女，[1]世祖最先娶之为后。[2] 此后于《元史》无考，《世系》之（7）Qūrqālčīn 即此。《世系》原文曰：

> Qūrqālčīn-Khātūn 又号〔〕ūqčīn，诸后妃中，被娶最先，位亦最高，后被黜。

拉史《突厥蒙古部族考》蔑儿乞条则云：

> Tūrūqālčīn，[3]忽必烈十三岁时，成吉思汗为娶之。其嫁忽必烈虽在众后妃之先，然以无子，位不尊。

拉史两处所记虽似冲突，然可释为此后生一子伤，后遂无出，早婚之子不育，甚近理，后以无子不显，故母子之名，皆不见于《元史》，然后实世祖元配也。太祖崩之岁（1227），世祖年 13，故使《部族考》所记不误，则太祖为世祖娶此后，不能后于此岁，亦不能早于此岁，故定丁亥（1227）年，为世祖始婚之岁，当无疑义也。

前日人箭内亘著《元朝斡耳朵》一文，[4]定察必为世祖元妃，守大斡耳朵，箭内盖未考拉史所记各文，故其论若此。《元史》表谓帖古伦大皇后，守大斡耳朵。于《特薛禅传》则云"帖古伦皇后，按陈那颜之孙脱怜之女"，即察必皇后从孙女；以辈分论，不能居位察必之上，以年龄论，其归世祖，不能在察必之前。于《世祖纪》中统元年条，又云"先朝皇后帖古伦"则竟非世祖之后。其自相矛盾，信如箭内所言。然《世祖纪》之"先朝皇后帖古伦"与脱怜女帖古伦当系二人同名，或异名同译，盖脱怜之女，既不能先察必归世祖，更不能为"先朝后"，其理甚明。又《特薛禅传》所载，颇有讹谬，难尽置信，此亦当注意者。余意 Qūrūqčīn 可敦，以太祖之命归世祖，又在诸后妃之先，当本为大皇后，守大斡耳朵。后生一子夭折，无子遂不贵，且失宠被黜。此时察必已归世祖，守

---

〔1〕《部落考》"蔑儿乞"条作 Qūdū，*Trudy* Ⅶ，p. 92。

〔2〕Blochet，p. 363。

〔3〕"T"为"q"之误。

〔4〕《东洋学报》第 10 卷第 1～3 号，有陈捷、陈清泉两君译本（商务印书馆本），第 87 页。

第二斡耳朵。以按陈国舅之女，又子孙众多，故特尊显。Qūrūqčīn 被黜后，世祖又纳宏吉烈氏女帖古伦立为大皇后，以继守大斡耳朵（或帖古伦本已在大斡耳朵，世祖使袭 Qūrūqčīn 位），亦如察必卒后，世祖继娶喃必为第二斡耳朵主者然，故帖古伦名见简牍，而 Qūrūqčīn 名反湮没。拉史《世祖纪》所录后妃，皆有子嗣者，帖古伦无子，故名不见西书。此虽假定，然视箭内所言，似较近理。《元史·后妃表》所记，虽多脱漏，然均本简牍，[1] 故同名异译之后妃，常复出，观其失可知其得。则其列察必、喃必二后于第二斡耳朵必有所本，非有充分根据，不可轻易抹杀也。

（丙）朵儿边（Dūrbān = Dörbän）女某可敦。世祖六子（云南王）忽哥赤（Hūkāčī）之母。[2] 按此可敦名，拉史《忽必烈合罕妃》诸写本均缺，E. Blochet 校本，据巴黎本《世系》以 Dūrbāčīn 补入，即《世系》之（6）。然 Dūrbā-（= Dūrbān）氏族名，"-〔K〕čīn"为"阴性缀尾语"（feminine suffix）犹云"朵儿边女"，非其名也。Bérézine 校本《蒙古部族考》，朵儿边条云：[3]

> 此部每朝均出名大臣（amir）与大可敦，世祖自此部娶一可敦名 Darīčīn 即 Hūlčī 之母。

按 Hūlčī 即 Hūkāčī 之讹。Darīčīn 另写本作 D-r-qčīn，实均系 Dūrbāčīn 或 Dūrbačīn 之讹写。此后盖守第三斡耳朵者，大抵非塔剌海即奴罕皇后，今不可考矣。

（丁）Dūrbāčīn-Khātūn 世祖七子（西平王）奥鲁赤（ūqrūqčī）母。[4] 按此可敦与忽哥赤母，当系一人。《世系》亦仅有一 Dūrbačīn 可敦。

（戊）Hūšičīn-Khātūn（即柯史之乌式真皇后）：世祖八子爱牙赤

---

〔1〕《元史》卷106《后妃表》云："内廷事秘，今莫之考，则其姓名之仅见简牍者，尚可遗而不录乎。"

〔2〕Blochet Ⅱ, p.364。

〔3〕*Trudy vost. otd.* Ⅶ, p.259；参阅 Ⅴ, p.195 俄译文。

〔4〕Blochet Ⅱ, pp.365-366。

（Ayāčī）九子（宁王）阔阔出（Kūkčū）母。[1]《部落考》旭申（Hūšīn）条
云：[2]

> 忽必烈娶一可敦,博尔忽（Būrghūl）那颜之女,名 ūšičīn,生一
> 子名爱牙赤。

据《忽必烈合罕纪》则爱牙赤与阔阔出同母兄弟也。ūšičīn 即《世系》
之（4）,原本有讹应读 ūšičīn = hūšičīn。

（己）世祖孙忽都鲁帖木儿（Qūtlūq-timūr）之母,佚其名。[3]

（庚）Bāyāūčīn-Khātūn：世祖十一子（镇南王）脱欢（Tūqān）母,伯牙
吾（Bāyāūt,又译伯岳吾）族 Būrāqčīn 之女。[4]《部落考》伯牙吾部
条[5]仅云"忽必烈合罕自此部娶一可敦名 Bāyāūčīn",然 Bāyāūčīn ←
Bāyāūt +čīn 犹云"伯牙吾氏女",名盖无考。即 Būrāqčīn 亦不见《部族
考》。《世系》之（5）即此可敦,无疑;又其（8）注云,"Bāyāūt 氏",当即
（5）之复出,而将 Bāyāūčīn-Khātūn 略为 Bāyā-Khātūn 巴黎写本作 Bābā-,
点音误也。此即伯要兀真皇后,守第四斡耳朵者。

（辛）Nambūī：《拉史忽必烈合罕纪》云：[6]

> 忽必烈合罕第十二子（名,各写本均缺）,Nambūī-Khātūn 所
> 生,可敦为纳陈附马（Nāčīn-gurgan）女,察必皇后卒后一年世祖娶
> 之入主营帐（yūrt）与斡儿朵（ūrdū）,以其为察必皇后之从女也。

其《蒙古部落考》宏吉烈条亦云：[7]

> 察必皇后卒,忽必烈合罕娶其侄女 Nambūī[8]继其位,纳陈驸
> 马女也。生一子名"jargūījī"。

按 Nambūī 即《元史》之南必（喃必）,唯《元史·特薛禅传》谓为

---

〔1〕Blochet Ⅱ, pp. 367 – 369。

〔2〕*Trudy*. Ⅶ, p. 224。此处后原名作 ūšičī,误,-čī 应依另本（V, p. 168 注）作 -čīn。ūšičīn 犹
言:旭申氏女（ūšin +čīn→ūšičīn 或 ūšičīn）。

〔3〕Blochet Ⅱ, p. 369。

〔4〕Blochet Ⅱ, p. 370。

〔5〕Blochet Ⅶ, p. 237。

〔6〕Blochet Ⅱ, p. 372。

〔7〕*Trudy vost. otd.* Ⅶ, p. 202。

〔8〕诸写本皆误,Bérézine 定本作"tajyūī",不可从。

"纳陈孙仙童之女"，此则为纳陈女，察必皇后从女，盖《元史》误也。

《元史·诸公主表》（卷109）云：

> 鲁国公主薛只干，太祖孙女，适斡陈弟纳陈驸马。

是纳陈妻，世祖之姊妹，或从姊妹，顾世祖娶其曾孙女为后，此恐不可能。况世祖女囊家真公主又嫁纳陈子（同上），则纳陈为喃必父说较近理。

喃必皇后所生子，据后传为铁蔑赤，《部族考》作 jarqūījī，-jī = -čī（赤），拉史-"j"–"č"不分；jarqūī-当系"tama-"之讹。Hammer 举太祖十二子，幼子为 tamkan，[1]"tem"即"铁蔑"，"Kan"为"赤"之讹。

察必皇后崩年，据《本纪》及《后妃表》，为至元十八年二月，而传系之于十四年，误。喃必以二十年正月纳为皇后，继守正宫，相去一年多，益证拉史所记可靠。

综上所述，则世祖后妃之见于拉史者仅7人（中佚名一人）。

（1）Čābūi = Tāikhū，即察必。

（2）Qūrūqčīn = Qūrūqālčīn。

（3）Dūrbāčīn = Dūrbačīn。

（4）Hūšičīn = ūšičīn。

（5）忽都鲁帖木儿之母。

（6）Bāyāūčīn。

（7）Nambūi。

姑以此定《蒙古帝室世系》之读如下，备阅者考焉。

tāīghaū=(1)	تايعو خاتون	(2)	čābūī 察必	جابوی خاتون	(1)
ūšičīn	اوشحین حاتون	(4)	Nanbūī 喃必	ننبوی حاتون	(3)
dūrbāčīn	دورباجین خاتون	(6)	Bāyāūčīn 伯要兀真	بایاوجین	(5)
Bāyā=(5)	بایا خاتون	(8)	Qūrqālčīn	قورقالجین	(7)

图 10-2　《蒙古帝室世系》所载世祖后妃名校定

（原载《清华学报》1936年11月4日；后收入《邵循正历史论文集》，北京大学出版社1985年版）

---

[1]Howorth，*History of the Mongole*，Ⅰ，p.280。

11　论宇文周之种族

周一良

　　日者与傅孟真先生论南北朝史事,先生谓北周宇文氏出于鲜卑之说盖不可信。因志斯旨,退而抽绎群书,乃证明宇文周实匈奴南单于远属,载籍斑斑可考,谓出于鲜卑者诬也。《周书》卷1《文帝纪》:

　　　　太祖文皇帝姓宇文氏,……代武川人也。其先出自炎帝神农氏,为黄帝所灭,子孙遁居朔野。有葛乌菟者,雄武多算略,鲜卑慕之,奉以为主,遂总十二部落,世为大人。其后曰普回,因狩得玉玺三纽,有文曰皇帝玺。普回心异之,以为天授。其俗谓天曰宇,谓君曰文,因号宇文国,并以为氏焉。普回子莫那,自阴山南徙,始居辽西,是曰献侯,为魏舅生之国。九世至侯豆归,为慕容晃所灭,其子陵仕燕,拜驸马都尉,封玄菟公。魏道武将攻中山,陵从慕容宝御之,宝败,陵率甲骑五百归魏,拜都牧主。赐爵安定侯。天兴初徙豪杰于代都,陵随例迁武川焉(《北史》卷9略同)。

此中神话成分姑置不论,言“鲜卑慕之,奉以为主”,固未尝谓葛乌菟即鲜卑种。拓跋氏自称鲜卑出于黄帝,而宇文氏乃称出于神农,为黄帝所灭(疑此传说即象征宇文部为慕容氏所灭而构成)。二者同为依托,然亦足证拓拔宇文族类非一。《北史》卷98《宇文莫槐传》明冠以匈奴二字,云:

　　　　匈奴宇文莫槐出辽东塞外,其先南单于之远属也。世为东部大人,其语与鲜卑颇异。……逊昵延父子世雄漠北,又先得玉玺三纽,自言为天所指(《魏书》作相)。……[魏]昭帝……以女妻焉……[慕容]晃伐逸豆归(即《周书》之侯豆归),……逸豆归远遁漠北,遂奔高丽,晃徙其部众五千(《魏书》卷103及《通鉴》卷97

"晋康帝建元二年纪"同，《魏书》卷95《慕容元真（即晃，避恭宗讳）传》，《晋书》卷109《慕容皝载记》及《通典》卷196《边防典十二》皆作万。《元真传》收书之旧，晋《载记》本于崔鸿《十六国春秋》，皆先于李延寿，疑作万为是）余落于昌黎，自是散灭矣（《魏书》卷103此传亡，后人以《北史》补之，文字小有同异，无关宏旨，兹不著。《通典》卷196自注："《后魏史》云，其先匈奴南单于之远属。"君卿时收书未有亡佚，而《史通·正史篇》言其时"称魏史者犹以收本为主"，则君卿所引《后魏史》当即伯起《魏书》卷103《宇文莫槐传》，与《北史》所述相同，知《北史》此传即收书之旧）。

《魏书》卷44《宇文福传》曰：

> 河南洛阳人，其先南单于之远属，世为拥部大人（《北史》卷25同）。

《北史》卷50《宇文忠之传》曰：

> 河南洛阳人也，其先南单于之远属，世据东部，后居代都（《魏书》卷81《忠之传》乃后人以《北史》补）。

是宇文诸族国亡入慕容氏，辗转复入于魏。唯宇文泰之先世入魏复迁武川，而福与忠之先世居平城，再随孝文南迁，遂为洛阳人耳。《福传》称：

> 福……除都牧给事。[太和]十七年车驾南讨，假冠军将军后军将军，时仍迁洛，敕福检行牧马之所。福规石济以西，河内以东，拒黄河南北千里为牧地。事寻施行，今之马场是也。及从代移杂畜于牧所，福善于将养，并无损耗，高祖嘉之。……仍领太仆典牧令。……除太仆少卿。复除太仆卿。

宇文福以善养马见长，而宇文泰之先世自燕归魏亦拜都牧主，似匈奴族人偏善于此，亦足证《周书》记宇文虽不言南单于远属，确与宇文福、宇文忠之同出一源矣。此外宇文分支在河南洛阳者：

> 宇文神庆……河南洛阳人也。祖金殿魏征南大将军，仕历五州刺史安吉侯。父显和夏州刺史（《隋书》卷50）。

> 宇文敳……河南洛阳人也。其先与周同出，祖直觐魏钜鹿太

守,父弥周宕州刺史(《隋书》卷 56。唐宇文融敬之玄孙,又徙为京兆万年人)。

在边地者:

> 宇文贵……其先昌黎大棘人也(此是宇文部亡入慕容氏后贯籍,大棘即棘城,慕容氏所都也)。徙居夏州。父莫豆于,保定中以贵著勋追赠柱国大将军少傅夏州刺史安平郡公(《周书》卷 19。《隋书》卷 40 贵子《忻传》言本朔方人,徙京兆。案《周书·贵传》贵自夏州从军而东,又随魏孝武西迁。《隋书·忻传》所谓朔方,当指出宇文部而言,所谓徙京兆者,周时奉诏以关内诸州为其本望也)。

> 宇文测,太祖之族子也。高祖中山,曾祖豆颓,祖骐麟,父永,仕魏位并显达(《周书》卷 27)。

> 宇文虬……代武川人也(《周书》卷 29)。

《周书》卷 40《宇文神举传》称太祖族子,神举神庆之兄。周时曾一度命东方迁来诸族改用关内诸州为其本望(参考陈寅恪先生论李唐氏族诸文),而神庆至隋犹称河南洛阳人者,或是当时独未改易,或是改后至隋又复其旧。神举当魏末周初,亦必为河南洛阳人无疑。对周文帝犹保持族子之关系,则魏末武川之宇文与洛阳之宇文其支派尚有相去不太远者。周隋书虽不纪诸宇文之出自,其与北周皇室以及宇文福、宇文忠之等同为宇文部之遗迸当可无疑。

《周书》言葛乌菟雄武多算略,鲜卑慕之,奉以为主,遂总十二部落,似宇文氏所统专是鲜卑。今案《北史》(亦即《魏书》)言世为东部大人,其语与鲜卑颇异,又记其风习,亦与鲜卑不同。盖宇文氏所部之众本与鲜卑种族迥别,《周书》沿袭宇文氏建国关西以后夸诞不经之传说,抑鲜卑而扬己族,遂言鲜卑奉以为主。亦犹《北史》言宇文世为魏东部大人,系承魏史旧文,其实宇文部亦未必世世服属拓跋氏也。杜氏《通典》卷 196 以《周书》鲜卑奉以为主之语入之注中,盖知其不可信。《隋书》卷 61《宇文述传》曰:

> 代郡武川人也。本姓破也头,役属鲜卑俟豆归,后从其主为宇

文氏。父盛，周上柱国（《周书》卷29《盛传》；代人也。曾祖伊与敦，祖长寿，父文孤，并为沃野镇军主，盖与宇文泰先世同徙北边者）。

侯豆归即《北史》之逸豆归、《周书》之侯豆归，以鲜卑二字冠侯豆归之上，似认宇文氏为鲜卑矣。然《隋书》修在唐初，不容有此误，盖唐承隋，隋又承北周之后，史臣习闻鲜卑奉葛乌菟为主之传说，以为不论侯豆归之种族如何，既统有鲜卑人，遂以鲜卑二字加之，非必误宇文为鲜卑也。卷70《李密传》可以为证：

密与［宇文］化及（宇文述之子）隔水而语，密数之曰：卿本匈奴皂隶破野头耳（《北史》卷60《李密传》密数之曰云云，全同）。

匈奴之皂隶，是修《隋书》史臣知宇文为匈奴，故不言破野头为鲜卑皂隶。《述传》若非史臣为宇文氏传说所误，则是其字本作匈奴，后人臆改乎？《新唐书》卷84《李密传》曰：

密与［化及］隔水阵，遥谓化及曰：公家本戎隶破野头尔。

戎谓戎狄，隶者言其贱种，较之"匈奴皂隶"4字，远欠精审，故温公《通鉴》卷185"唐高祖武德元年纪"载密语即采《隋书·密传》之文也。

《隋书》而后，唐人著述中尚有误宇文为鲜卑之嫌疑者，杜佑《通典》也。《通典》卷196《边防典十二》"宇文莫槐"条：

出于辽东塞外，代为东部大人。

自注云：

晋史谓之鲜卑。《后魏史》云，其先匈奴南单于之远属。又按《后周书》云，出自炎帝子孙，逃漠北，鲜卑奉以为主。今考诸家所说，其鲜卑之别部？

案凡言别部者，谓种族不同而相隶属。陈寅恪先生谓石勒疑石国人，非匈奴种，而《魏书》卷95《石勒传》云：

其先匈奴别部，分散居于上党武乡羯室（《世说新语·识鉴篇》注引《石勒传》及《太平御览》卷338引王度、石勒《传》俱云"匈奴之苗裔也"，盖汉人不谙胡人规制而致误）。

《魏书》卷23《刘库仁传》曰：

刘虎之宗也。……为南部大人。

是库仁系匈奴,而卷24《燕凤传》曰:

> 请于苻坚曰:代主初崩,臣子亡叛,其别部大人刘库仁勇而有
> 智,铁弗卫辰狡猾多变。

则库仁所部即鲜卑之别部,北朝史中此例数见。故君卿所谓鲜卑之别
部者,谓宇文之于鲜卑,亦犹刘库仁、刘卫辰之于魏,以别种而隶属之。
《魏书·官氏志》曰:

> 东方宇文,慕容氏,即宣帝时东部,此二部最为强盛。

未言与拓拔同出代北。杜氏"别部"二字极精当,而用"其"字以示犹
疑,盖其慎也。后人未达杜氏所云别部之旨,遂滋误会耳。然杜氏称
"晋史谓之鲜卑",亦不尽然。汤球黄奭所辑唐以前诸家晋书佚文中,
不复得见关于宇文氏之记载。钱大昕《十驾斋养新录》卷6"新晋书"
条:

> 唐太宗贞观十八年以前后《晋史》十有八家,制作虽多,未能
> 尽善,乃敕史官更加纂录。……然当时王隐、何法盛、臧荣绪诸家
> 之书具在,故刘知几《史通》有"新晋书"之称。《尚书正义》所引
> 《晋书》今本无之,当是臧荣绪书也。李善注《文选》,备引诸家《晋
> 书》,而不及御撰之本,迨安史陷两京,故籍散亡,唯存贞观新撰
> 书,后世遂不知有"新晋书"之名矣。

王鸣盛《十七史商榷》卷43亦言《晋书》自唐人改修后,诸家尽废。今
案新《晋书》修成后,诸家旧作,或不复如昔者之流行,更经天宝乱离,
自有散佚可能。据《旧唐书》卷147君卿本《传》,贞元十七年自淮南使
人诣阙献所著《通典》,有"自顷缵修,年逾三纪"之语,是其书经始已在
安史乱后。然敦煌所出六朝写残卷有记晋元帝太兴二年事者,罗振玉
疑即邓粲《晋纪》(见《鸣沙石室佚书》),西陲尚有旧晋史流行,则今日
固未可遽谓天宝以后旧《晋书》散亡净尽,如竹汀所论,而断君卿所称
晋史必为本朝所修也。唯唐太宗既重修《晋书》,自有取十八家而代
之之意,以功令言,唐人似宜奉新修书为正。君卿称引止著"晋史",不复
颜其撰人及书名,是与《后魏史》等同为习见者,或即指本朝所修《晋

251

书》乎？苟所谓晋史者系十八家旧文，今日虽不可得见，然东晋南朝人记述北方胡人事十九模糊影响，得之传闻，不足征信，于其种族尤不能辨析明白。即使王隐、何法盛、臧荣绪等纪宇文出于鲜卑，亦难引为准据。若君卿所言晋史即唐修《晋书》，则今本《晋书》中宇文氏事唯见于慕容氏《载记》，《载记》即本诸崔鸿《十六国春秋》（晋《载记》本崔鸿书，尚有抄袭崔氏旧文，妄加改易，以致抵触不可通者。卷121《李雄载记》："雄以中原丧乱，乃频遣使朝贡，与晋穆帝分天下。"雄死于晋成帝成和八年，前于穆帝之即位凡十三年，焉得与晋穆帝分天下？王鸣盛《十七史商榷》卷52亦疑其事，谓穆字误，而未有解说。今案穆字不误，晋字衍也。《魏书》卷96《窦李雄传》："雄以中原丧乱，乃频遣使朝贡，与穆帝请分天下。"收书亦袭崔鸿之旧，则李雄乃遣使于魏，请与魏穆帝猗卢分天下，《载记》抄崔书而未改易，且与上又脱请字，后人妄于穆帝上更添晋字耳。钱大昕《廿二史考异》卷22《晋书五》"冯跋载记"条："燕与魏为敌国，其臣子必多指斥之词，而北燕太史令张穆言大魏威制六合。南燕尚书潘聪言滑台北通大魏，西接强秦。中书侍郎韩范言可以西并强秦，北抗大魏。此皆魏史臣所改。"自注："张穆事见魏收书，潘聪韩范之语当出崔鸿《十六国春秋》，皆魏臣也。"此亦《晋书》载记袭鸿书未改之一例）。当较南人著述为可信赖。卷108《慕容廆载记》：

初涉归有憾于宇文鲜卑，廆将修先君之怨。

宇文与鲜卑并列，不以鲜卑冠宇文。又云：

时东胡宇文、鲜卑段部以廆威德日广，惧有吞并之计，因为寇掠。

宇文与段部并列，又明以宇文为东胡，何尝"谓之鲜卑"耶？综上所述，积极方面诸书皆谓宇文氏匈奴远属，而消极方面，《魏书》、《晋书》言及宇文氏，亦从无以为鲜卑者也。

《新唐书·宰相世系表》叙氏族由来最荒诞不实，其记宇文氏云：

出自匈奴南单于之裔，有葛乌菟，为鲜卑君长（《新唐书》卷71下）。

又云：

> 又有费（当即《隋书·宇文述传》、《新书·李密传》及《通鉴》
> 之破）也头氏，臣属鲜卑佚豆归，后从其主，亦称宇文氏。

"鲜卑佚豆归"5字全用《隋书·述传》之文，其解释尚在疑似间，如上
文所述，姑置不论。明言宇文氏为鲜卑者，当推较《新唐书》稍晚之《资
治通鉴》为始。其卷82"晋武帝太康十年纪"：

> 时鲜卑宇文氏、段氏方强，数侵掠庞。

以宇文、段氏同属鲜卑，照以上文所引《晋书·载记》"东胡宇文鲜卑段
氏"之语，《通鉴》之误不待辨。疑《通鉴》此条亦本《载记》，而加窜易。
又卷84"晋惠帝太安元年纪"：

> 鲜卑宇文单于莫圭部众强盛，遣其弟屈云攻慕容庞。

亦蒙前而误，《晋书·庞载记》止言宇文莫圭遣弟屈云寇边城，无鲜卑
字样也。《唐纪》用《隋书·李密传》，不从《新唐书·密传》之妄改为
"戎隶"，可谓有识，而《晋纪》复与之矛盾者，盖当时修书分属，三国讫
南北朝刘恕任之（全谢山谓汉至隋刘攽任之，非是，辨见陈汉章书《全
谢山分修通鉴诸子考后》），唐则范祖禹任之，温公虽贯串润色，细节出
入难免忽略，此《晋纪》、《唐纪》之所以抵牾欤？

胡三省注《通鉴》亦前后不一其说。其卷81晋武帝太康六年"涉
归与宇文部素有隙"下注云：

> 宇文部亦鲜卑种。

卷82太康十年纪"鲜卑宇文段氏方强"下注云：

> 段氏东部鲜卑也。杜佑曰：宇文莫槐出于辽东塞外，代为鲜卑
> 东部大人。

胡氏误解《通典》，以为杜佑"为鲜卑东部大人"即谓宇文为鲜卑，故引
以为注。然卷94晋成帝咸和四年纪"代王纥那奔宇文部"下注又云：

> 《后周书》言（引《周书·文帝纪》，见篇首引）……余谓此盖
> 宇文氏既兴于关西，其臣子为之缘饰耳。李延寿曰：宇文部出辽东
> 塞外，其先南单于之远属也，世为东部大人。此言为得其实。

所见甚是，然同在《晋纪》中而前后不合，何耶？其辩《周书》所载神话

·欧·亚·历·史·文·化·文·库·

为缘饰亦极当，但《周书》只消极不记宇文出自南单于，于北周种族积极方面固未有记述，以《北史》补《周书》则可，以之驳《周书》则无的放矢矣。

《通志》卷240《夷传七》袭《通典》而删其注，《通考》卷342《四裔考十九》亦全引《通典》，并存其自注，实较郑氏审慎。元修《辽史》，其《世表》云：

> 鲜卑葛乌菟之后曰普回，……九世为慕容晃所灭，鲜卑众散为宇文氏，或为库莫奚，或为契丹（《辽史》卷63）。

此后以宇文为鲜卑者遂多，清顾祖禹《读史方舆纪要》卷3称鲜卑宇文氏国于辽西。丁谦《魏书外国传地理考证·库莫奚传》下云：

> 奚与契丹同为汉鲜卑部酋奇首可汗之后。……迨奇首之裔东部宇文为慕容皝所破，西窜松漠，时二部犹未分也。

又《宇文莫槐传》下云：

> 宇文氏与奚契丹同为鲜卑种，《魏书·库莫奚传》其先东部宇文别种也。又《十六国春秋》宇文氏辽东鲜卑别部。皆可证。《传》谓匈奴南单于远裔（诸本《魏书》、《北史》皆作远属，宋本同。丁氏考证前引传文亦作裔，误）误。盖匈奴鲜卑族类迥别，不容牵混也。

日本内田吟风氏《北朝政局中鲜卑及北族系贵族之地位》文（载《东洋史研究》第1卷第3号）中谓宇文周乃纯粹之鲜卑种，《魏书》以为匈奴者乃曲笔，不知何所据而云然。冯家升先生撰《契丹名号考释》，亦指摘《魏书·库莫奚传》既称东部宇文之别种，《宇文莫槐传》又冠以匈奴二字为矛盾。今案"别种"之称犹"别部"，为政治上相统属而种族上十九不相同之部落。库莫奚为宇文部"别种"，初不必与宇文同是匈奴；亦犹宇文为鲜卑别部，而不必为鲜卑。匈奴与鲜卑信如丁氏所云，"族类迥别，不容牵混"，而丁氏乃自牵混之，《魏书·库莫奚传》与《宇文莫槐传》固不相矛盾也。丁氏引《十六国春秋》宇文氏鲜卑别部之文不见于纂录，乃明人伪托本，或出类书所引，但"别部"二字确不伪，当是崔鸿之旧，杜君卿《通典》自注之说岂亦本于鸿书乎？然其详不可得知，故断言宇文为鲜卑别部者,仍以杜说为嚆矢。亦犹《北史》本于《魏书》,《魏书》既佚,后人以《北史》补之,而今日称引固仍宜先《北史》而后《魏书》也。

复次,《魏志》三十鲜卑传注引《魏书》:匈奴及北单于遁逃后,余种十余万落诣辽东杂处,皆自号鲜卑。宇文氏疑即此类,南单于远属之说未尽可信。其由辽东塞外南迁之时代与路线史无明文。宇文部晋康帝建元二年(334)亡于前燕慕容氏,徙居昌黎,自后其境历经前秦苻氏、后燕慕容氏、北燕高氏冯氏之统治,至宋文帝元嘉十三年(魏太武太延二年,436)入于魏,历92年(亦有在太武帝以前已入魏者,如宇文周之先世)。入魏以后民族上之混淆同化作用未尝少息,迨魏分东西,又将百年。故观察史书所载宇文氏诸人事迹,几不能发现匈奴民族之特征与不同于鲜卑族之痕迹。然有臆测两事,或足供解释此点之参考,姑妄言之。《元和姓纂》上声九麌宇文下:

> 出本辽东南单于之后。有普回因猎得玉玺,以为天授。鲜卑俗呼天子为宇文,因号宇文氏。或云以远系炎帝神农有尝草之功,俗呼草为俟汾,音转为宇文。

不言俟汾之说所出。《广韵》上声九麌宇字下:

> 宇亦姓,出何氏《姓苑》。又虏复姓宇文氏,出自炎帝。其后以有尝草之功,鲜卑呼草为俟汾,遂号为俟汾氏。后世通称宇文,盖音讹也。

较《姓纂》所记为周密,然不言俟汾之说是否亦出《姓苑》。邓名世《古今姓氏书辨证》卷23文略同,不言出《姓苑》。《通鉴》卷81"晋武帝太康六年纪"胡注:

> 何氏《姓苑》曰:宇文氏出自炎帝,其后以尝草之功,鲜卑呼草为俟汾,遂号为俟汾氏。后世通称俟汾,盖音讹也。

胡氏盖本《广韵》,而认《广韵》所载宇、宇文两姓皆出《姓苑》,似得其实。然《姓纂》、《辨证》、《广韵》皆言由俟汾讹成宇文,胡注则由俟汾仍讹成俟汾,必无是理。"后世通称俟汾"之"俟汾"二字必是"宇文"之误矣[日本白鸟库吉氏《东胡民族考》宇文氏条(《史学杂志》第22编第1号）引胡注，而未能辨正第二俟汾字之当作宇文。又引明张鼎思《琅嬛代醉篇》卷4："宇文出自神农之后，以其有尝草之功，自号为俟汾氏，其后讹为宇文氏。"遂据俟汾两字大论语音之迁转。一良案《代醉篇》明人抄撮之书，本不足信，《四库提要》入之杂家类存目，谓其书"体例庞杂，无所折衷考订"。俟之与侯以形近而致误，尤无疑义。白鸟氏不引《姓纂》、《广韵》、《古今姓氏书辨证》俟汾之文，而引最晚之《通鉴》注，已乖史法，不知侯汾乃俟汾之讹，而依以为说，更见其疏忽〕。《新唐书》卷199《柳冲传》柳芳言宋何承天有《姓苑》二篇。隋唐《志》及《崇文总目》俱著录，而卷数不同。陈氏《书录解题》曰，《姓苑》二卷不著名氏，古有何承天《姓苑》，今此以李为卷首，当是唐人所为。今案疑唐人本何书有所增益，重为厘定，大体要是宋以前书。宇文俟汾间音声上何由相通，非所敢论，然魏孝文帝吊比干墓文碑阴有"给事臣河南郡俟文福"（《金石萃编》卷27），孝文以太和十八年十一月自代迁洛，是月甲申过比干墓，为文吊之而刊此碑。据上文引《宇文福传》，福时正官都牧给事，则俟文福即宇文福。《魏韩震墓志》阴有"母东燕俟文氏内行给事俟文成女"之文，亦即宇文成（《八琼室金石补正》卷17所收东魏冯道智等题名有邑子俟文影辉）。是尝草传说虽无可稽考，《姓苑》俟汾讹为宇文确非无据。《北史》卷98《高车传》：

> 高车盖古赤狄之余种也。初号为狄历，北方以为（此4字当从《魏书》卷103《高车传》改作"敕勒诸夏以为"6字）高车丁零，其语略与匈奴同，而时有小异。或云其先匈奴甥也。

疑狄历、敕勒、丁零一声之转，高车丁零者，以其乘高车，故冠此二字以形容之，又省称曰高车耳。《魏书》卷4上"世祖神䴥四年纪"：

> 十一月丙辰，北部敕勒莫弗库若干率其部数万骑，驱鹿数百万，诣行在所。帝因而大狩，以赐从者，勒石漠南，以记功德。

而卷24《邓颖传》曰：

> 驾幸漠南，高车莫弗库若干率骑数万余，驱鹿百余万，诣行在所。诏颖为文，铭于漠南，以纪功德。

又卷7下"高祖太和二十二年纪"：

八月,敕勒树者相率反叛,诏平北将军江阳王继都督北讨诸军事以讨之。

而《北史》卷98《高车传》记此事云:

后高祖召高车之众随车驾南讨,高车不愿南行。遂推表纥树者为主,相率北叛,游践金陵。都督宇文福追讨,大败而还。又诏平北将军江阳王继为都督讨之。

《魏书》卷44《宇文福传》、卷16《江阳王继传》亦皆称高车叛命。是敕勒与高车得互称,《魏书》卷28《古弼传》又云:"世祖使高车敕勒驰击[赫连]定。"高车敕勒犹言高车丁零矣。《北史·高车传》言其种有斛律氏,《北齐书》卷17《斛律金传》云:

朔州敕勒部人也。……金性敦直,善骑射,行兵用匈奴法,望尘识马步多少,嗅地知军度远近。

《北史》卷54《斛律光传》亦言光"行兵用匈奴卜法,吉凶无不中"。似高车族与匈奴族确有关系,而《北史·高车传》记魏孝文时高车之族十有二姓,其九曰"俟分氏"(《魏书》卷103《高车传》同),岂高车之俟分氏与讹成宇文之俟汾氏同出于匈奴乎?宇文一支先处塞内,与其他种族接触亦多,故骎骎讹变,而高车之俟分氏则远居塞表,迄魏道武分散诸部时犹以族类粗犷,故得别为部落,此高车一支之俟分氏所以得存其旧姓乎?(《通典》卷197《边防典十三》"高车"条作"俟斤氏",斤疑分字之误。《太平御览》卷801《四夷部二十二》引《北史》亦作俟分氏。)《北史》卷84《乞伏保传》称:"高车部人也,父居,献文时为散骑常侍领牧曹尚书。"(收书此《传》亡佚)乞伏居以高车人领牧曹,亦未始不可与宇文氏诸人相印证也。

《北史·宇文莫槐传》称"其语与鲜卑颇异",当是指宇文部落犹独立时而言。至北魏末叶将近200年,似宇文氏已不复能保存其"与鲜卑颇异"之匈奴语言矣。然有一事颇可注意。赫连夏之龙升七年(晋安帝义熙九年,魏道武永兴五年)于奢延水之北黑水之南筑大城,名曰统万而都焉(《水经注·河水》)。《元和郡县志》谓赫连勃勃自言方统一天下,君临万方,故以统万为名。《通鉴》亦取其说。今案赵万里先生集《冢墓遗文》卷4之54《元彬墓志》，卷4之57《元湛墓志》，卷4之60《举墓志》俱称"统万突镇都大将"。卷3之23《元保洛墓志》又称"吐万突镇都大将"。吐统一声之转，是本译胡语，故或统或吐（《古今姓氏书辨证》卷27亦言统万亦作吐万），或省去突字，赫连氏当时自无《元和志》所言之义。《水经注》河水又北［迳］薄骨律镇城，子注云：

> 赫连果城也，桑果余林仍列洲上。但语出戎方，不究城名。访诸耆旧，咸言故老宿彦云赫连之世有骏马死此，取马色以为邑号，故目城为白口骝。韵［转］之谬，遂仍今称，所未详也。

薄骨律与统万突皆是胡语，汉人不识其义，强为之说，白口骝与《元和志》解统万突俱失之虚造。然郦氏于统万城下犹不载《元和志》之说，则较白口骝传说为尤晚矣。然则统万突果何种族之语乎？《魏书》卷95《铁弗刘虎传》云：

> 南单于之苗裔，左贤王去卑之孙，北部帅刘猛之从子，居于新兴虑虒之北。北人谓胡父鲜卑母为铁弗，因以为号。

赫连氏之出于匈奴，记载甚明，先世虽有为鲜卑拓跋氏婿者，但非世世皆尔。亦只酋帅娶魏女，必非全部之众皆与鲜卑为婚。铁弗之号当先施于一二酋帅，渐衍为部族称号。然如刘库仁亦以匈奴数世尚魏女，而不蒙铁弗之称。由是知铁弗之称号非表示种族之迥别，赫连氏所部仍以匈奴成分为主，认统万突3字为与匈奴族有关之语言或非牵强？《周书》卷4《明帝纪》：

> 讳毓，小名统万突，太祖长子也。……永熙三年太祖临夏州，生帝于统万城，因以名焉。

北朝人往往先取胡名，其后更取汉名，则以胡名为小字。周明帝之胡名虽因地而取，疑亦因统万突一语与匈奴族有关，故宇文泰用之名子。此外太祖诸子武帝邕曰弥罗突，齐炀王宪曰毗贺突，宋献公震曰弥俄突，卫刺王直曰豆罗突，赵僭王招曰豆卢突，谯孝王俭曰侯幼突，陈惑王纯曰堙智突，越野王智曰立久突，代奰王达曰度斤突，冀康公通曰屈率突，滕文王逌曰尔固突（俱见《周书》）。胡名下咸缀突字，又若突字能独立成义者。鲜卑胡名从无此比，魏宣武帝世高车酋帅亦有名弥俄突者

（《北史》卷98《高车传》）。此岂宇文氏仅存之匈奴特征乎？然《魏书》卷27《穆崇传》其子孙有名吐万者，卷34《卢鲁元传》有子名弥娥，是否亦与吐万突弥俄突为一语不可知矣。《周书》卷1《太祖纪》、卷14《贺拔岳传》载魏末太昌永熙之际有夏州刺史斛拔弥俄突者，斛拔氏未详所出。《北齐书》卷2《神武纪下》作斛拔俄弥突，《通鉴》卷157同，俄弥疑是弥俄误倒。《北史》卷6《神武纪》作贺拔俄弥突，《北齐书》卷16《段韶传》作斛律弥娥突。然《元和姓纂》入声一屋内唯有斛律、斛斯两姓，《古今姓氏书辨证》卷35唯有斛律、斛谷、斛粟、斛斯四姓，皆无斛拔。此外北朝诸史亦不见有姓斛拔者，疑是斛律或斛斯之误也。斛律氏出于敕勒已见上，斛斯氏疑亦源自高车。《姓氏书辨证》斛粟氏下"孔至《姓氏杂录》（原本杂录误作曰曰二字，今据《新唐书·艺文志》改）代北斛粟氏后改为斛斯氏"，是斛粟、斛斯即系一姓。《北史》卷49《斛斯椿传》云：

> 广牧富昌人也。其先世为莫弗大人。父足一名敦，明帝时为左牧令，时河西贼起，牧人不安，椿乃将家投尔朱荣（《魏书》卷80略同，唯少其先世云云一句）。

《元和姓纂·斛斯氏下》云：

> 其先居广汉，代袭莫弗大人，号斛斯部，因氏焉。

"莫弗"乃高车酋帅之称号，记传屡见不鲜，而斛斯椿之父又官左牧令，其间消息盖可推寻。《地形志》无广牧郡富昌县，唯朔州附化郡有广收县，当即广牧之误，《姓纂》之广汉疑亦有误。然《周书》卷26椿子《征传》又称河南洛阳人，盖北族入居中国，籍贯本无定准，不论广牧洛阳，俱无害于斛斯氏之为高车部人也。

复次，宇文氏建国以后，讳言其为匈奴南单于后裔者其故亦可得而言。十六国中前赵刘氏北凉沮渠氏夏赫连氏为匈奴族，前赵之灭在拓跋氏兴盛以前，然沮渠赫连则俱灭于北魏。自魏太祖定中山，统一北方，于是鲜卑族之势力澎湃，而其他诸族悉沦为贱种，夷于皂隶。魏境以外之高车诸部既大为世祖所破，而境内西河离石之山胡（自地望观之，山胡即刘元海部众之后裔），定州安州等地之丁零，河西云中及六镇之敕勒等匈奴及与匈奴有关之民族,皆屡屡变叛,史不绝书。然卒难倾覆鲜卑,重建匈奴族之政权也。《宋书》卷74《臧质传》魏世祖与之书云:

> 吾今所遣斗兵尽非我国人。城北是丁零与胡,南是三秦氐羌。

《魏书》卷50《尉元传》太和十三年上表称:

> 今计彼(彭城)戍兵多是胡人,臣前镇徐州之日,胡人子都将呼延笼达因于负罪,便尔叛乱,鸠引胡类,一时扇动。赖威灵遐被,罪人斯戮。又团城子都将胡人王敕懃负衅南叛,每惧奸图,狡诱同党。阙诚所见宜以彭城胡军换取南豫州徙民之兵,转戍彭城,又以中州鲜卑增实兵数,于事为宜。诏曰:公之所陈甚合事机。

胡人为鲜卑服兵役,冒锋镝,鲜卑不唯无子恤之心,且日以其变叛为虑。从呼延之姓察之,所谓胡人者为匈奴无疑。高祖延兴元年破沃野统万二镇敕勒,斩首三万余级,徙其遗迸于冀、定、相三州为营户。二年连川敕勒谋叛,徙配青、徐、齐、兖四州为营户(俱见《魏书》卷7上《本纪》)。世祖将讨冯文通,诏奚斤发幽州民及密云(即安州)丁零万余人运攻具出南道(《魏书》卷29本《传》)。又《北史·高车传》云:

> 于是高车大惧,诸部震骇,道武自牛川南引,大校猎,以高车为围。骑徒遮列,周七百余里,聚杂兽于其中。因驱至平城,即以高车众起鹿苑,南因台阴,北拒长城,东包白登之西山。

是皆诸族为鲜卑皂隶之证,而宇文周所以讳言其先世出匈奴者,亦以此欤?

宇文周为我国南北朝隋唐间承上启下之一大枢纽,时代虽暂,而影响于后代之政治社会各方面者綦巨,其种姓由来固未可忽视,因就孟真先生之所启迪者,试推论之如此。

(原载《"中央研究院"历史语言研究所集刊》第7本第4分,1938年;后收入《周一良学术论著自选集》,首都师范大学出版社1995年版)

12　成吉思汗十三翼考

韩儒林

《圣武亲征录》云：

> 上（成吉思汗）麾下搠只塔儿马剌（Jūchī Tarmalah，此据《史集·成吉思汗传》波斯文原文转写，下同）别居萨里川（Sārī Kahari），札答阑氏（Jadaran）札木合（Jāmūqah Sachan）部人秃台察儿（Tūqūcār）[1]居玉律哥泉（Ūlāgāi Būlāq），举众来萨里河，掠搠只牧马，搠只麾左右匿马群中，射杀之。札木合以为隙，遂与泰赤乌（Tāījīut）、亦乞剌思（Īkīrās）、兀鲁吾（Ūrūt）、那也勤（Nōyāqīn）、八鲁剌思（Barūlās）、霸邻（Bārīn）诸部合谋，以众三万来战。上时驻军答兰版朱思之野（Ṭālān Bāljūs），亦乞剌部人捏群（Nakūn）之子孛徒（Bōtūn）先在麾下，至是自曲邻居山（Kūlū）遣卜栾台、慕哥（《史集》作 Mulqah 及 Tūtāq，即《元史》卷 118《孛秃传》之磨里秃秃，《秘史》节 129 之木勒客·脱塔黑，唯《史集》为二人，且无卜栾台〔Borōldāī〕）二人逾阿剌乌（Ālāūt）、秃剌乌（Tūrāūt）二山来告变。上集诸部戒严，凡十有三翼……军成，大战答兰版朱思之野，札木合败走。

此答兰版朱思一役之轮廓也。是役为成吉思汗大规模战争之第一次，《史集·部族志》称之曰"泰赤乌之战"。参与此次战役之双方部族及将领大抵不出朵儿勒斤（Derlegin）及尼伦（Nirun）两派之外，故《史集·部族志》于叙述参与此战之两派部族时，必称之曰某族为泰赤兀

---

〔1〕补：据《元史》标点本卷 1《太祖本纪》校勘记（四）："秃台察儿□□按《元朝秘史》作'札木合因迭兀给察儿'，'迭兀'蒙古语，意为'弟'，'秃'即'迭兀'之异写，此处混为专名，系译误。"

·欧·亚·历·史·文·化·文·库·

之同盟，某族为成吉思汗之同盟。其参加成吉思汗方面之部族及人物，自洪文卿《元史译文证补》出版后，柯凤孙、屠敬山、王静安诸前辈，均有所考证，唯洪氏尝改原音及原文，错误实多；柯氏恪从洪译；屠氏于每翼置一统帅，殊非信史；王氏谨严，所得宜多，惜为洪译所误，致使毫无问题之人名、部族名，亦随诸人陷入泥淖，甚可惜也。兹步诸家之后，以从事孛儿只斤（Borjiqin）氏初期史迹之探讨，于往昔所聚讼莫决之点，多可求得解答，唯此乃机会使然，非予之不学，反能有愈前修也。

按《史集·成吉思汗传》与《亲征录》二书之前半部，大抵代表《元朝秘史》外之另一种蒙古传说，二书内容仅有详略之别，而无次序先后之异，唯《录》文讹误，几不可读，自钱大昕以来，学者虽不断校订，然舛错之处，仍所在皆是。《史集》之在波斯，其芜乱难读之情况，亦正与其东方兄弟（《亲征录》）等，故近世蒙古史家纵兼用中国史料与伊斯兰教国史料写史或修订元代史，而乖谬讹误依然不可指数也。盖蒙古史基本史料之误谬不去，蒙古史之研究，即无从进步。正误之法则唯有用中文史料与伊斯兰教国史料直接互校，不然，就伊斯兰教国史料言，人地名如有讹误，或不著音点，即伊斯兰教国人亦不能定其音读。其著音点者，又甚易误置；即无误置，因不著元音，亦往往不能决定其读法，或竟致误读，此稍读波斯、大食之蒙古史料者所周知之困难也。就中国史料言，其讹误无从厘定，与伊斯兰教国材料正同，至于过去中国学者所凭借之外国材料，又多为片断或删节之重译，西方学者如误（人地名译写讹误尤多），中国学者自无法不误，奉讹误为新史料，此柯、屠诸家以来所以往往将《元史》部族名、人名等等愈改愈远事实也。

今吾人研究成吉思汗十三翼，即用直接互校之法，所据之本，《亲征录》用王国维校注本，波斯文《史集》用俄国贝勒津（Berezin）刊本，载《俄罗斯帝国考古学会东方部丛刊》第13册，第151－155页。《录》文既可订正《史集》之误，《史集》亦可订正《录》文之误，彼此比对，往往真伪立辨。数十年来治《元史》者聚讼之问题，常可决定于俄顷。校雠之乐，殆无过于此者。至于人名地名一经勘同，其人其地在蒙古史上之价值，即顿然改观，此诚治《元史》者基本之工作，吾人所当及早从事者也。其目前未能勘同者,仍阙疑。

关于十三翼文字,先列《亲征录》,次《史集》波斯文转写,再次译文,最后洪译。

第一翼

《圣武亲征录》:月伦太后及上昆弟为一翼。

(按,《圣武亲征录》著录不足十三翼之数,诸翼次第亦不明确。本文按《史集》著录之十三翼次第,与《亲征录》相应之文字,互相比勘,逐一考订。)

《史集》波斯文原文:(略)。(补记,本文在1940年《中国文化研究所集刊》第1卷上发表时,每翼之下录有《史集》波斯文原文及拉丁字母译写。现为排印方便起见,将波斯原文删去,仅存拉丁字母译写。以下不再说明。)

《史集》波斯文转写(以下简称《史集》):Avval mādar i Chīngīz Khan Ūālūn Ika aqvām va atbā' va khveshān va oghlānān urdu va khadam va kasānī kih bi-vai mukhṣuṣ va mansūb budeh and 'ala' 'l-infirād

汉译:第一[翼]　成吉思汗母月伦额客,族人、从人、亲属、宫帐之仆从,及各别与特属于彼之人。

《元史译文证补》重译之文(以下简称洪译):第一翼为谔伦额格并其族斡勒忽阑人(即斡勒忽讷之变文)。

(补记,本文初次发表时录有《蒙兀儿史记》及《新元史》修改洪译十三翼之文,今从略。以下不再说明。)

月伦太后,《秘史》节55作诃额伦·兀真(Hö'elün Ujin)。节61作诃额伦·额客(Eke),蒙德合璧《蒙古源流》作 Ögelen Eke。施密德(I. J. Schmidt)注云,Ögelen 或 Öhlen Eke 意为"云彩母亲"。[1] Ūālūn 为 Hö'elün 之波斯文译写。Ika 乃突厥语 eke 之波斯文译写,译言大姐,蒙古语为母亲。ujin 为汉语夫人之蒙语译音。

---

[1]施密德《东蒙古及其诸王室史》(I. J. Schmidt, *Geschichte der Ost-Mongolen und Ihres Fürstenhauses*)即《蒙古源流》德译本,圣彼得堡,1829年,第60、375页。

263

突厥语 oghul,元代音译为斡兀立,意为男孩、男仆从。其复数形式为 oghlan。波斯史家再加其本族语之复数语尾 -an,即成 oghlānān。洪钧译为斡罗忽阑,谓即月伦太后母族斡罗忽讷(Ulqunut),误矣。Ordu 或 Orda、Ordo,为北族宫帐之称。

第二翼

《亲征录》缺。

《史集》:Duvum Chīngīz Khan va farzandān va nukarān va kasānī az amīrān va amīr-zādagān va kubknan kih ba-khuṣūsiyat ba-vai taʿalalluq midāshtand

汉译:第二[翼] 成吉思汗及诸子、伴当、诸将领之随从人员、贵族、特别隶属于彼之护卫。

洪译:二翼为帝及帝之子弟与其从人并各族之子弟。

(补记:kubknan,1952 年斯米尔诺娃(O. I. Smirnova)俄文新译本第 87 页作 kazīktān。与贝勒津刊本比对,波斯文 u 与 z 形近,b 与 n 乃音点错置。kubknan 无意义,kazīktān 元代音译为怯薛丹,此云护卫。)

第三翼

《圣武亲征录》:三哈初来之子奔塔出拔都、秃不哥逸敦、木忽儿好兰统阿答儿斤,察忽兰统火鲁剌诸部。

《史集》:Sivum Būrājū Bahādur az nasli Sam Qāchīun aqa-y-i Qabul Khān az qaum i Jīrgīn kih shuʿba az Karāīt and bā-qaum i Hīdargin kih Muqaddam i īshān Mūqūr Qūrān būd az Nīrūn va Būkūrī kih dar Khrānān bud az nasli ū būdeh va qaum i Qūrlās az darlagīn muqaddam i īshān Chūrūqah

汉译:第三[翼] 出自合不勒汗(Qabul)兄(aqa)三哈初来(Sam Qāchūlai)家之奔塔出拔都(Būltāchū Bahādur),及克烈分部只儿斤部(Jīrgīn),及尼伦(Nīrūn)之阿答儿斤部(Hadargin),其将曰木忽儿好兰(Mūqūr Qūrān),在呼罗珊(Khorasan)之 Būkūrī 即出自其家,及 Dürlegin 之火鲁剌思部(Qūrlās),其将曰 Chūqūrah。

洪译:三翼为撒姆哈准之后人布拉柱把阿秃儿(见前),又有客拉亦特之分族人,又阿答斤人将曰木忽儿忽兰,又火鲁剌思人将曰察鲁哈。

三哈初来,贝本原文作 Sam Qāchīun,故洪氏译为撒姆哈准。但贝氏所引 C 本及 D 本作 Sam Qājūlai,F 本作 Qākhulai,用《录》文校之,ch 之音点有误,均当读为 Sam Qāchūlai,兹据改。《中原音韵》"三"字属"咸监"韵,收声于 -m。故三读作 sam。与三哈初来之"三"字对音密合。洪氏译为撒姆,似无必要。贝本奔塔出作 būrājū,其所引异写虽有多种,但用《录》文校之,音点皆有误,但悉指引吾人读为 Būltāchū,奔塔出即其正规之译读也。盖元代蒙文音节末尾为 l 者,音译绝大部分变为 n,故 Būltāchū 译为奔塔出。

克烈有分族数支,均隶属于王罕,只儿斤其一也(参见《史集·部族志》"克烈"条)。

阿答儿斤,贝本作 Hīdargin,兹据哀德蛮《史集·部族志》德文译本改正。其"阿答儿斤"条首句云:"成吉思汗时代,其统帅为木忽儿·好兰(Mūqūr Qōrān)"。[1]

察忽兰,贝勒津刊本引 E 本作 Jauqūrqah。哀德蛮译本引 Hammer 本作 Dschawerka,足证这个人名原为 Chaqurah,抄写者将 r 与 q 易位,而字母 ch 之音点又错误,遂讹为 Jarugah。

据《部族志》,翁吉刺部分族"火鲁剌思族(Qūrlās)统帅 Chāqūrah,在抗击泰赤兀之战中与成吉思汗结盟"(参见贝勒津刊本,《丛刊》第 7 册,第 207 页;哀德蛮《概况》第 94 页)。

Būkūrī,待考。

呼罗珊,贝本作 Khranan,为 Khorasan 之讹。

第四翼

《圣武亲征录》:鲜明昆那颜之子迭良统火力台、不答安辈为一翼。

《史集》:Chahārum pisarān i Sūrqadū Nōyān Darangī va barādarash

---

[1]哀德蛮《古代突厥、塔塔儿及蒙古民族概况》(F. von Erdmann, *Vollstaendige Uebersicht der aeltesten Türkischen, Tatarischen und Mogolischen Völkerstämme*),喀山,1842 年,此即《史集·部族志》德译本,第 176 页。以下简称哀德蛮《概况》。

·欧·亚·历·史·文·化·文·库·

Qūrīdāī va īshān az qaum i Nīrūn va Qīāt and ba-qaum i Būdāt kih ham az Nīrūn and

汉译：第四［翼］ Sūrqadū 那颜之子迭良及其兄弟火力台，彼等出自尼伦及乞牙惕部，以及亦属尼伦部之不答阿惕部。

洪译：四翼为苏儿嘎图诺颜之子得林赤并其弟火力台及博歹阿特人。

鲜明昆与 Sūrqadū 对音不谐；迭良即 Darangī。二名他处均未见。

Būdāt，《秘史》节46："合阑歹的儿子争粥饭无上下，因此就做了不答阿惕姓氏。"蒙文 budagha（不答安）译言饭。洪钧不用旧译，另译为博歹阿特，似无必要。

《史集·部族志》"不答阿惕"条："成吉思汗时，其统帅为 Ūridāī。在抗击泰赤兀之战中，不答阿惕部为成吉思汗之同盟军。"[1] 此人即本翼之火力台。

不答阿惕为合兰台之子。合兰台乃孛端察儿之曾孙。阿兰·豁阿感光而生孛端察儿等兄弟三人。三子支裔，蒙古人以其禀受之异，称之曰尼伦。故不答阿惕亦属尼伦。

第五、六翼

《圣武亲征录》：札剌儿及阿哈部为一翼。

《史集》：Panjum va shishum pisarān i Sūrqūqtū Būrgī Sachanah Bīgī va'am-zāda-y-i ū Ṭāichū va Jalāīr va Sūrquqtū Ya'ni kih khāl bar andām dārd va Qīāt Būrgīn az nasl i ū and va amir Nūrīn az Urūq i ū būd

汉译：第五、六［翼］ 莎儿合秃·月儿乞（Sūrqūqtū Yūrgī）之子撒察·别乞（Sachah Bīgī）及其从兄弟泰出（Ṭāichū），及札剌儿（Jalāīr）诸部。莎儿合秃者，身上有痣之谓。乞牙惕·月儿斤（Qīāt Yūrgīn）即出自其家，异密（amir）Nūrīn 其后裔也。

---

［1］拉施都丁《史集》（Rashīd ad-Dīn, Jāmi' at-Tavārīkh），贝勒津（I. Berezin）刊本，载《俄罗斯皇家考古学会东方部丛刊》（Trudy Voctochnovo Otdeleniya Imperatorskovo Arkheologicheskovo Obshchestva）第7册，圣彼得堡，1861年，第275页。以下简称《丛刊》。《史集》第2卷有布洛晒刊本，名《拉施都丁的蒙古人史》（E. Blochet, Histoire des Mongols de Fadl Allah Rashid ed-Din），莱顿，伦敦，1911年（以下简称布洛晒刊本）。

266

洪译:五、六翼为莎儿哈秃月儿乞之子薛彻别乞并其从兄弟泰出，及札剌亦儿人莎儿哈秃人。

依《秘史》节 48、49，合不勒汗有七子。长子斡勤·巴儿合黑，其子忽秃黑秃·主儿乞，忽秃黑秃·主儿乞有二子，一为撒察别乞，一为泰出。忽秃黑秃·主儿乞又名莎儿合秃（译言有痣）主儿乞（《秘史》节 122）。依《史集》（洪氏《译文证补》第 6~7 页），泰出为合不勒汗第三子忽秃黑秃蒙古儿之子，乃撒察别乞之族叔，相差一代。主儿乞又名月儿乞（Yūrgī）。帖木真与札木合分裂后，"主儿乞族人的莎儿合秃主儿乞的儿子撒察别乞、泰出二人一圈子……来相合了。"（《秘史》节 122）

乞牙惕·月儿斤意即乞牙惕部之月儿斤氏。依《史集·部族志》分类，合不勒汗之后称乞牙惕。而月儿斤氏为合不勒汗长子斡勤巴儿合黑后裔之部曲（见《秘史》节 139），故有是称。

《秘史》节 120，帖木真与其伴当札木合分裂时，札剌亦儿族人薛扯朵抹黑带领阿儿孩哈撒儿、巴剌两个儿子投奔帖木真。依《史集·部族志》"札剌儿"条，成吉思汗西征时，穷追札兰丁逃渡印度河者，即此巴剌那颜。驻扎起儿漫边界之千户 Ūqān 及其 Nūrīq Aqtāchī 皆其亲属。aqta 译言骟马，aqtāchī《秘史》译为笼马人。其兄阿儿孩哈撒儿那颜（Harqāī Nōyān）为右翼千户（参见哀德蛮《概况》第 30 页）。

第七翼

《圣武亲征录》：忽兰、脱端二人为一翼。

《史集》：Haftum pisarān i Ūtūjūqū Dūārdāngī az jumlah-y-i aqvām Qīāt va kasānī kih bi īshān manṣūb va mukhṣuṣ bāshand

汉译：第七［翼］　Ūtūjūqū Dūārdāngī 诸子，及乞牙惕诸部全体及隶属于彼等之人。

洪译：七翼为握秃助忽、都朵端乞及其麾下。

据《秘史》节 48，忽兰为合不勒汗七子中之第五子。成吉思汗之叔祖。元代著名之巴歹及乞失里黑二答儿罕即其子也客扯连之牧马人（adughuchin）（《秘史》节 169）。

脱端可能为合不勒汗幼子脱朵延·斡赤斤（Todoyan Otchigin）。

267

《史集》所举二名无考，贝本所引异写，亦差误莫辨。

第八翼

《圣武亲征录》：忽都图·忙纳儿之子蒙哥怯只儿哥为一翼。

《史集》：Hashtūm farzandān Mūnkadū Qīān Chingshut va barādarān kih 'amm-zādagān i Chīngīz Khān and va qaum i Bāyā'ūt az Darlagin muqaddam i īshān Ungūr

汉译：第八［翼］　蒙格图乞颜（Mūnkadū Qīān）之诸子敝失兀惕（Chingshut）及诸弟，皆成吉思汗之从兄弟，及朵儿勒斤之巴牙兀惕部（Bāyā'ūt），其将领曰汪古儿（Ungūr）。

洪译：八翼为蒙格图乞颜之子程克索特及其弟，皆为帝之从兄弟。又巴牙兀特酋曰翁古儿。

蒙格图乞颜为把儿坛把阿秃儿长子，成吉思汗之伯父。《秘史》节213："成吉思汗再对蒙格秃·乞颜的子汪古儿厨子说：'在前你与这脱忽剌兀惕三姓、塔儿忽惕五姓、敝失兀惕、巴牙兀惕的两种与我做着一圈子。……如今你要什么赏赐。'汪古儿说：'……巴牙兀惕姓的兄弟每都散在各部落里有，我欲要收集者。'成吉思汗应许了，说：'你收集了做千户者。'"按，元代蒙古、钦察、康里三族均有巴牙兀惕氏（伯岳吾）。据《史集·部族志》"巴牙兀惕"条，蒙古之巴牙兀惕又分为草原与河滨两支。在抗击泰赤兀之战中，大部分巴牙兀惕人与成吉思汗同盟，为组成十三翼之一翼（见贝勒津刊本，《丛刊》第7册，第233页）。

依《史集》（洪补卷1上）："蒙格秃乞颜有子甚多。长曰敝失兀惕（洪译为程克索特）率蒙格秃乞颜部众以助十三翼之战。"此与《秘史》传说不同。依《史集·部族志》"巴牙兀惕"条，汪古儿属巴牙兀惕氏，1206年受封为千户。蒙古破金中都，汪古儿受贿失宠（见哀德蛮《概况》第156页；《秘史》节252）。《史集》与《秘史》所记实为一人。而所以歧异若是者，则所据之传说不同。吾人未可是此而非彼也。

第九翼

《圣武亲征录》：答里台、火察儿二人，及朵忽兰、捏古思、火鲁罕、撒合夷、嫩真诸部为一翼。

《史集》：Nuhum Dārītāī Ūtchigīn 'amm……va Quchar 'am-zādah-y-i ū pisar i Nakūn Tāīshī va Dālū az khveshān i īshān va qaum i Dōqolāt az Nīrūn va aqvam i Nagūz va Qūrqan va Saqāīt va H. jīn az Darlagīn

汉译：第九[翼]　叔父答里台斡惕赤斤(Dārītāī Ūtchigīn)……及其从兄弟忽察儿(Quchar)。忽察儿者捏坤太石(Nakūn Tāīshi)子也。及其族人 Dālū，及尼伦之朵忽兰(Dōqolāt)，朵儿勒斤之捏古思(Nagūz)、火鲁罕(Qūrqan)、撒合夷(Saqāīt)、嫩真(Nūnjīn)诸部。

洪译：九翼为答里台斡赤斤及捏坤太石子火察儿，族人达鲁，并都黑剌特，努古思火儿罕，撒合夷特，委神诸部。

成吉思汗之父，兄弟 4 人。长，蒙格秃乞颜；次，捏坤太石；三，汗父也速该；四，答里台斡赤斤。《秘史》节 122，帖木真离开札木合后，"答里台斡赤斤一圈子也来了"。"那时又离开札木合的……捏坤太石的儿子忽察儿别乞的一圈子，……他们从札木合那里来到乞沐儿合小河的阿亦勒·合剌合纳地方会合了"。

依《秘史》节 46，朵忽剌歹为孛端察儿四世孙，故属尼伦。《史集·部族志》记朵忽剌惕氏在泰赤兀之战时与成吉思汗联盟(参见哀德蛮《概况》，第 181 页)。

Nagūz(捏古思)，依《史集》，相传蒙古遭他族之难，逃入阿儿格乃衮(Argāna Qūn)者仅二人，一曰乞颜 Qīān)，一曰捏古思(Nagūz)。乞颜之后曰乞牙惕；捏古思之后，仍称捏古思，所谓朵儿勒斤(Darlagīn)之捏古思是也。又察剌合领忽娶寡嫂为妻，生子曰建都赤那(Kandū China)，曰玉律赤那(Ūlukchīn Chīna)，其后为赤那思部。赤那思即《元史·宗室世系表》之直拏斯，斯(s)为复数，意为狼之集团也。[1] 此部为尼伦之一支。故依《史集》之说，此乃尼伦之捏古思，虽与朵儿勒斤之捏古思同名，但族属迥异。

Qūrqan(火鲁罕)，《秘史》无火鲁罕，故前人不能定火鲁罕是人名抑或部族名。今据《部族志》考之，知其确为部族名而非人名，盖《部族

<hr>

[1]《丛刊》第 7 册，第 250 页。

269

志》设有专节叙述此部，不仅在第九翼中火鲁罕与其他三部族并列也。《部族志》叙述此部，亦称其于成吉思汗与泰赤兀战时，与汗结为同盟。[1]

Saqāīt（撒合亦惕），《部族志》（贝勒津刊本，《丛刊》第 7 册，第 118 页；哀德蛮《概况》，第 129 页）记其在泰赤兀之战时亦为成吉思汗同盟军。

Nūnchīn（嫩真），洪译为委神，即《元史》之许兀慎，《辍耕录》之忽神，后又译为呼神。王氏不信洪氏之说，以为系《秘史》温真撒合夷之温真。然则所谓委神者究为忽神乎？抑为温真乎？抑另为一部乎？吾人于解答此问题之前，须先订正此字之波斯文写法。洪氏所译之委神在拉施都丁书至少凡三见，除贝本之 H. jin 外，贝氏尚引有 9 种异写。[2]

吾人比较诸本写法，都指引吾人应读为 Nūnjīn。本翼嫩真，与波斯本之 Nūnjīn，对音密合。

嫩真之为部名，又可以《部族志》证之，《部族志》"斡罗纳儿"（Ūrnāūt）条末尾明言 Nūnjin 与 Kelengut 同出一族。[3] 此字贝本作 Qūjin，哀德蛮《概况》作 Nūnjīn，又作 Naubedschin。[4] 据其译例考之，固不难知此字仅 n 母之音点倒置而为 b 也。

至于王氏谓嫩真即《秘史》之温真，其说亦是，唯王氏仅以温真与撒合夷并举为理由，而未言嫩、温差异之故。按嫩（nun）与温（un）之蒙文写法，所差仅一音点耳，盖明初翻译《元朝秘史》，所据抄本，已误嫩真为温真也，此种笔误，在《蒙古源流》蒙文本中例证甚多，可资参照。至于吾人所以是嫩真而非温真者，则以其有波斯文写法 Nūnjīn 作证也。

---

〔1〕《丛刊》第 7 册，第 117－118 页。
〔2〕《丛刊》第 13 册，第 230 页。
〔3〕《丛刊》第 7 册，第 222 页；哀德蛮《概况》，第 110 页。
〔4〕哀德蛮《概况》，第 110、112 页。

第十、十一翼

《圣武亲征录》：忽都剌可汗之子搠只可汗为一翼，按坛为一翼。

《史集》：Dahum Jūchī khān pisar i Qūtūlah Qāān kih ‘am-zādah-y-i Chīngīz khān būd va atbā‘ va ashyā‘i ū Yāzdaham Āltān kih ham pisar i Qūtūlah Qāān būdeh ast

汉译：第十［翼］　忽都剌合罕（Qūtūlah Qāān）三子搠赤汗（Jūchī khān），为成吉思汗之从兄弟，及其从属。

第十一［翼］　按坛（Āltān），亦忽都剌合罕之子。

洪译：十翼为忽都剌哈汗之子拙赤汗及其从人。

十一翼为阿勒坛，亦忽都剌之子。

《秘史》节51：忽图剌合汗生三子。一名拙赤，一名吉儿马兀，一名阿勒坛。《元史译文证补》卷1上第7页，忽图剌合汗长子拙赤罕率部下千人从成吉思汗，次子阿勒坛叛附王罕。（补记：斯米尔诺娃俄文新译本，拙赤罕及阿勒坛皆合答安把阿秃儿之子。意者洪氏改《史集》以迁就《秘史》乎？）

按：按坛贝本作 Ālian，t 之音点倒置，误为 i。此可由中文校改，并有贝氏所引 C、D、E 三本写法作证。

第十二翼

《圣武亲征录》：共吉牙部塔降吉拔都统雪干、札剌吾思为一翼。

《史集》：Duwāzdahum Dā’qī Bahādur az qaum i Qingqīāt kih az Nīrūn and va qaum i Sūgān ham az qaum i Niīrūn

汉译：第十二［翼］　尼伦族共吉牙部（Qingqīāt）之塔吉拔都（Dā’qi Bahādur），及亦属尼伦族之雪干部（Sūgān）。

洪译：十二翼为答忽巴阿秃儿及晃火攸特人速客特人。

此翼今本《亲征录》不具，仅见明《说郛》本，其首先发现之者为柯劭忞氏，[1] 故洪氏称此翼无考。唯此翼虽由柯氏发现，而《新元史》却未采入，殆柯氏于十三翼全袭洪译《史集》之文，为体例所限，所以弃而

---

〔1〕王国维《圣武亲征录校注序》。

271

·欧·亚·历·史·文·化·文·库·

弗取效？

塔降吉,洪译 Dā'qi 为塔忽,惜手头无贝勒津俄文译本,未能知其误译之故。《秘史》节 120 有速勒都思族人塔乞,《元史·后妃表》顺帝有答己妃子,似为 Dā'qi 之音译。然则塔降吉之降,殆为衍文。

Qingqīat,洪译为晃火攸特。柯史《氏族表序》译为亨力希牙特。二人均误,实即本翼共吉牙。柯氏《部族考》,实本哀德蛮之《不动摇之铁木真》一书。其书氏族部分,必为哀德蛮氏所译《史集·部族志》(即《古突厥、塔塔儿及蒙古民族概况》)之节本。在此书中,哀德蛮误译 Kingkiat 为 Kinegkiat,柯氏之亨力希牙特,即本于此。哀德蛮误读 ng 为 neg 之例甚多。如晃豁坛误读为 Kunegketan,柯氏从之,译为昏乃克喝坛;兀良哈误读为 Urianegkah,等等。哀德蛮误读,柯氏踵之。苟不用波斯与中国史料直接校勘,莫能知其为何部矣。

王氏补出此翼,在初期蒙古史料方面实为一种贡献。惜为洪译所误,于部族名称之勘同,仍未得进步,殊可惜也。

拉施都丁《部族志》有 Qingqīat 部专条。大意云,此部亦属尼伦。泰赤兀之战,与成吉思汗同盟。其将曰塔吉拔都(Daqi Bahādur)。[1] Daqi 即塔降吉也。

《秘史》节 120 有轻吉牙歹一人,斡勒忽纳部人。轻吉牙歹即 Qingqiatai,其人以轻吉牙惕部名为名也。此人之名,《秘史》节 202 作轾吉牙歹。轾乃轻之误写。本翼共吉牙当即轻吉牙惕。

雪干,即 Sūgān。洪氏译为速客特亦非无因。Sūgān 在哀德蛮《概况》第 13 页中,正作 Sugat。波斯文音点错置,n 误为 t,乃常事。但贝勒津刊本原文为 Sūgān,洪译未免擅改原音,故意迁就《秘史》速客之名矣。据《史集·部族志》,此族亦出自尼伦,泰赤兀之战,与成吉思汗同盟(哀德蛮《概况》,第 186 页)。

第十三翼

《圣武亲征录》:建都赤那、玉烈贞赤那二部为一翼。

---

〔1〕《丛刊》第 7 册,第 284～285 页。

《史集》：Sezdahum Kandū Chīna va Ūlukchīn Chīna az farzandān i Charaqah Līngqūm va īshān-rā Nagūz gūyand līkin nah Nagūz i avvalin and Chih īshān Nīrūn and chunānchih dar shu'ba-y-i Tāïjīūt

汉译：第十三［翼］　建都赤那（Kandū Chīnah）及玉烈贞赤那（Ūlukchīn Chīnah），出自察剌合领忽（Charaqah Lingqum）之后，彼等号捏古思（Nagūz），但非老捏古思。因彼等为尼伦派，故在泰赤兀部支族中。

洪译：十三翼为更都赤那、乌鲁克勤赤那之后努古思人。

赤那思部虽为泰赤兀族之支派，但泰赤兀之战却与成吉思汗同盟。察剌孩领忽兄死而妻其嫂，生二子，一曰更都赤那，一曰玉律贞赤那。蒙语 chino 译言狼，chinos 乃 chino 之多数。蒙古语 gendu 意为雄，ülükchin 意为雌，故《史集》特别解释二子之名为雄狼（gurg-i nar）及雌狼（gurg-i māda）。赤那思部即此二子之后。此族亦称捏古思。此外，蒙古多儿勒斤系亦有一部号捏古思。见本文关于第九翼之考证文字。

依《秘史》节 47，"察剌孩领忽生子名想昆必勒格，想昆必勒格生子名俺巴孩，就做了泰亦赤兀惕姓氏。察剌孩领忽收嫂为妻，又生一子，名别速台，就做了别速惕姓氏。"依《部族志》（贝勒津刊本，《丛刊》第 7 册，第 185 页；哀德蛮《概况》第 79 页），"更都赤那与玉律贞赤那之后裔，及察剌孩领忽与别妻所生子之后裔，俱为泰赤兀族之祖先"。两种传说，互不相同，姑两存之。

（原载华西大学《中国文化研究所集刊》，第 1 卷 1 期，1940 年；后收入《穹庐集——元史及西北民族史研究》，上海人民出版社 1982 年版）

13　清史语解

郑天挺

读史之难，难于熟知史乘用语之当时涵义，其杂有异文殊俗者为尤甚。清社之覆，去今仅 30 年，然读《史稿·礼志》"堂子祭天"，"坤宁宫祀神"所述，已不识所谓。吾侪生长清季，颇闻其典章往事，且复如此，他莫论矣。清代入关之初，立制多沿旧名，观于开国诸臣与雍、乾以后诸臣列传，及《东华录》所节太祖、太宗与世祖《实录》，可以窥其遭递之迹，而读史者亦殊其难易。往尝有志于读史释词之作，顾惭谫陋，不敢自信。近陈寅恪先生于《读书通讯》论史乘胡名考证之要，读之心喜，因取清史习见满语加以诠释，明其本义，申其蕴潜，广三史语解之简约，异厉氏拾遗之驳芜，聊当初读清史者翻检之助，以言考证则吾岂敢。

13.1　一齐下喇哈番

或作一齐虾喇哈番，官名，就是汉文郎中。崇德三年七月改定官制，定各衙门有理事官，顺治时改称郎中，十五年七月定满字称一齐下喇哈番。初秩三品，后改五品，又改四品，康熙九年定正五品。分司理事，各有专职，所以通称为司官。

13.2　一齐额尔机哈分布勒哈番

官名，汉文称右通政。通政使司初设有左右通政，满员三品，汉员四品，顺治改正五品，康熙九年定正四品，乾隆十三年四月裁。

13.3 一尔希哈番

官名,汉文称少卿。初大理寺少卿满员三品,汉员四品,康熙九年定正四品。太常寺少卿定正四品,光禄寺少卿正五品,鸿胪寺少卿从五品。

13.4 土黑勒威勒

清初凡职官及世爵犯罪较轻者,多罚"土黑勒威勒",就是轻的罚俸。"土黑勒威勒"一词,在《清史稿·刑法志》,《清会典》同《会典事例》的吏部、刑部,《清朝通志·刑法略》,《清朝文献通考·刑考》,全没有提到,所以当初制度不详。王士禛《池北偶谈》卷1"土黑勒威勒"条,只说,"顺治中百官罚俸者有土黑勒威勒之名,康熙中尚沿旧制,未久停止"。也没有说到办法。

天聪七年二月十七日己卯,王氏《东华录》称:

> 先是库尔缠……遣往朝鲜,……及至彼国,复索烟、币诸物,比还,为部中人搜获。法司议革职治罪,上宥之,但罚"土黑勒威勒"(天聪八)。

崇德三年三月初一日甲子,王氏《东华录》称:

> 先是行猎博硕堆时,……席翰、康喀赖二甲喇合围中断,……贝子硕托……令伦拜、屯齐哈二甲喇驻其断处,及回队后见屯齐哈围亦断。……遂……送伊等于兵部议罪。议革席翰、屯齐哈甲喇章京任,罚马,……罚康喀赖"土黑勒威勒"。……上命革锡翰、屯齐哈甲喇章京任,免罚马。仍罚"土黑勒威勒",康喀赖亦罚"土黑勒威勒"(崇德三)。

崇德七年正月初七日丁丑,王氏《东华录》称:

> 召亲王以下,牛录章京以上,集笃恭殿,谕曰:凡和硕亲王、多罗郡王、多罗贝勒、固山贝子及公俱有一定名号,今不遵定制概称王贝勒,何以示别耶? 此后若有违禁妄称者罚"土黑勒威勒",闻

人诣奉僭称而不斥责者俱罚"土黑勒威勒"（崇德七）。

崇德八年六月二十七日己丑（原作己酉误），王氏《东华录》称：

> 上幸马馆，见部臣役民夫修路不分高下皆增土修治。以工部役民无状，罚承政萨木什喀、参政裴国珍，启心郎喀木图"土黑勒威勒"（崇德八）。

此4条《清史稿·太宗本纪》及诸人本传均不见。崇德元年十一月初三日癸卯，王氏《东华录》载：

> 论征明违律将士罪，……杨古利出边时不劝武英郡王殿后，坐是罚"土黑勒威勒"（崇德一）。

此事《史稿》本纪亦不见，《杨古利传》（列传13）仍作"罚土黑勒威勒"，没有解释。天聪四年十月十六日辛酉，王氏《东华录》称：

> 谕曰：时值编审壮丁，……或有隐匿壮丁者，将壮丁入官，本主及牛录额真，拨什库罚"土黑勒威勒"，知情隐匿者每丁罚银五两，仍罚"土黑勒威勒"（天聪五）。

《清史稿·太宗本纪一》叙此事只说，"谕编审各旗壮丁，隐匿者罚之"；《清朝文献通考》卷195叙此事也只说，"今时值编审壮丁，如有隐匿者将壮丁入官，本主及牛录额真，拨什库等俱坐以罪"（第6596页），全没有说到"土黑勒威勒"的本义。崇德三年七月十六日丁丑《东华录》：

> 谕礼部曰：……凡出入起坐有违误者，罚"土黑勒威勒"。一切名号等级久已更定，而仍称旧名者戒饬之（崇德三）。

这分明是两回事，可是《史稿·太宗本纪二》把它连为一起，说："出入坐起违式及官阶名号已定，而仍称旧名者，戒饬之。"崇德三年正月初七日辛末，《东华录》称：

> 叶臣坐其下顺托惠挟仇强夺额克亲俘获妇女，罚"土黑勒威勒"，仍鞭顺托惠一百，贯耳鼻（崇德三）。

此事《史稿》列传20《叶臣传》不载，《清朝文献通考》卷195叙此事，只有"顺托惠鞭一百，贯耳鼻"（刑一），而没有说到叶臣。据此可知"土黑勒威勒"一词，后来的史官已经不大知道它的意义，所以遇着它总是含糊规避，至于处罚的办法更难知了。

蒋良骐《东华录》卷8，顺治十八年四月，有根据红本纪录一条，我们就之勉强可以知道一些罚"土黑勒威勒"法则。原文是：

　　吏部尚书伊图等题："为本年三月奉旨，'部院官员罚土黑勒威勒者，不论有前程与白身，应照职任处罚。或任大罚少，或任小照前程罚多，似属不均。尔部照依职任大小分别议奏。钦此。'臣等谨遵旨议得，凡部院尚书有一品二品者，侍郎有二品三品者，郎中有三品四品五品者，员外郎有四品五品者，主事有四品五品六品者，其品级先后所定之例虽异，俱因除授部院之职支俸，为部院事务罚'土黑勒威勒'，俱各照职俸每十两罚一两。若此内除部院职任之外有大任大前程者，除大任大前程之俸，亦照依部院职任按俸罚处可也。"奉旨"依议"（卷8）。

此谕不见于《清史稿》及王氏《东华录》。所谓部院职任是指现任的本职，所谓大任是指临时的差遣，所谓大前程是指世袭的封爵。同一官职而品级不同是清初政策，满汉官员不一致，职任繁简亦有分别。据此"土黑勒威勒"罚则是十分之一，但是职任品级规定不同，各人兼职不一，俸给标准不免参差，至是始定依现任本职俸给处罚。

　　这种轻微的罚俸，我们推想是满洲旧俗，源于薄扣工资，所以仍用满语旧名，其上更有罚牛马、罚银、罚赎身、革前程等，以治更重之罪。这是一个系统。

　　入关后，另外还有较重的罚俸。顺治九年五月二十八日戊戌，工部侍郎刘昌因奉差事竣不先还朝竟自回家，罚俸一年（《东华录》顺治十八）。顺治十年四月初九日甲辰，大学士陈名夏，尚书陈之遴因议任珍罪主张勒令自尽，不合典例，罚俸一年（顺治二十）。顺治十年十一月二十三日乙卯，吏部尚书朱玛喇等以误诠房之骐为山东驿传道，朱玛喇赎身革尚书，金之俊罚俸一年调用，木成格罚俸六个月（顺治二十一）。顺治十三年四月初二日庚戌，吏、户二部以不深究朱世德亏空额税一案，侍郎海尔图、苏纳海、白色纯等革任，并革世职，罚俸一年，启心郎苗澄、韩世琦等留任，罚俸二年。这种重的罚俸是沿袭明法，本来限于汉官，顺治十一年正月以后，因祁通格之言亦加于满员（顺治二十六）。

277

上面朱玛喇不罚俸,海尔图罚俸,就是这个原因。这又是一个系统。

在同一期间,两种不同系统的罚则并行国内,自然不妥,而且不公。所以康熙十年六月参合两者又定了罚俸自一月递增至一年的法则(《东华录》康熙十一)。凡依律文,公罪应笞一十者罚俸一月,二十、三十各递加一月;四十,五十各递加三月;杖六十罚俸一年。私罪应笞一十者罚俸两月;二十罚三月;三十、四十、五十各递加三月。后来又有抵消办法,凡因功记录一次者抵罚俸六月,因军功纪录一次者作二次计,抵罚俸一年(见《会典》卷6)。自此以后,"土黑勒威勒"一词遂不常见,而它的意义也就湮没了。

13.5　牛录额真

又作牛禄厄真,明人记载作牛鹿。牛录汉语是大箭,额真是主。满洲旧俗,凡出猎行围,每人各出箭一枝,10人中立一总旗,管率9人而行,各照方向不许错乱,此总领呼为牛录额真。清太祖自明万历十一年癸未(1583)五月起兵以后,相从的人日多,但还没有一致的组织,凡出师行军不论人数多寡全依照族党屯寨而行。至万历二十九年辛丑(1601)始将部众每300人编一牛录,每牛录立一牛录额真管属。于是牛录额真成为官名,而牛录亦成为满洲兵民组织之基本单位,八旗制度即基于此。初时满洲人口不足,兵民不分,牛录是行政单位,同时也是军队单位,五牛录设一甲喇额真,五甲喇设一固山额真,固山就是一旗。旗制创始年月现已无考,只知原有四旗,增为八旗。其后兼并渐广,人户增多,无须人人作战,改用选拔军士办法,于是牛录成为单纯之行政单位,牛录额真只"掌稽所治人户田宅兵籍,以时颁其职掌"(《会典》卷95)。又以人户滋生日蕃,每衍殖300人别增一牛录,于是甲喇、固山之组织亦渐改。天聪八年(明崇祯七年,1634)四月定管牛录者称为牛录章京,即前此之牛录额真,顺治十七年三月,又定牛录章京汉字称为佐领,秩正四品,遂永为定制。太祖建国以前,东北地方部落甚繁,种姓不一,凡有挟丁口来归者全籍为牛录,使他为牛录额真领其众,顺治时定汉字称为世管佐领(《史稿》列传14《博尔晋传》),其余的为普通佐领。但各族归附不同,情形不同,牛录编立其牛录额真人选除授亦不同,于是演成不同之制度。《清朝通志》卷68说:"佐领(即牛录额真)之制,有世袭,有公中。世袭佐领有四等:国初各部落长率其属来归,授之佐领以统其众,爰及苗裔曰勋旧佐领。其率众归诚,功在旗常,得赐户口者,曰优异世管佐领。其仅同弟兄族里来归,固授之以职,奕叶相承者,曰世管佐领。其户少丁稀合编佐领,两姓、三姓迭为是官者,曰互管佐领。皆以应袭者引见除授。公中佐领则因八旗户口蕃衍,于康熙十三年以各佐领拨出余丁增编佐领,使旗员统之。"

《清会典》卷97,将优异世管佐领与世管佐领并为一,统称世管佐领,其子孙递袭佐领办法并有详密之规定。《清史稿》列传14《康果礼传》称,"康果礼……为绥芬路屯长,……与其弟……率丁壮千余来归,太祖……分其众为六牛录,以康果礼……世领牛录额真"。这就是所谓勋旧佐领。《清史稿》列传23《逊塔传》称,"逊塔,……安费扬古孙也,父硕尔辉。安费扬古既卒,太祖以所属人户分编牛录,授硕尔辉牛录额真。卒,逊塔嗣"。《清史稿》列传17《武理堪传》,"太祖初起,武理堪来归。……旗制定,……分辖丁户为牛录额真,……二子吴拜、苏拜。……吴拜已代父为牛录额真"。这就是所谓优异世管佐领。至于世管佐领、互管佐领,更不胜举。在天聪八年四月至顺治四年(1647)十二月之间,又有所谓牛录章京世职,如《清史稿》列传17《阿什达尔汉传》,"[崇德]六年,……降世职为牛录章京"。《安达立传》,"天聪九年授牛录章京世职"(《史稿》列传17《附鄂莫克图传》)。这与牛录额真、牛录章京、世袭佐领均无关,而是一种褒叙勋绩,酬庸懋赏的世袭的封爵。牛录章京世职在顺治四年十二月十八日甲申改为拜他喇布勒哈番(《东华录》顺治九)。乾隆元年七月十六日戊申,又改称汉文骑都尉。

13.6　扎兰达

《清朝文献通考》卷195,顺治十六年,"定京城贼盗伤人该管官处

279

分之例。兵部以京城被盗伤人，拟该管扎兰达罚俸，拨什库鞭责。上以所议太轻，命将扎兰达革职，拨什库送刑部拟罪，著为例"。案《清会典》卷99《步军统领》下有捕盗步兵尉掌"缉捕盗贼稽查奸宄"，《清朝通志》卷68作捕盗校，疑即所谓扎兰达。

13.7　扎拦厄真

即甲喇额真。

13.8　扎尔固齐

扎尔固齐为清太祖时官名，又作扎儿胡七，即《元史》之扎鲁忽赤，所谓断事官也（《元史》卷87《百官志三·大宗正府》）。《清史稿》列传13《巴笃理传》，"太祖察巴笃理才，使为扎尔固齐"；又列传15《额尔德尼传附噶盖传》，"太祖以为扎尔固齐，位亚费英东"；又列传15《满达尔汉传》，"父雅虎率十八户归太祖，太祖以为牛录额真，隶满洲正黄旗，擢扎尔固齐"；全没有说到职掌。唯《史稿》列传12《费英东传》说，"扎尔固齐职听讼治民"。

案《清史稿·太祖纪》，乙卯年（万历四十三年），"置理政听讼大臣五，以扎尔固齐十人副之"。《东华录》乙卯年十一月纪其事，说：

> 又置理政听讼大臣五人，扎尔固齐十人，佐理国事。……凡有听断之事，先经扎尔固齐十人审问，然后言于五臣，五臣再加审问，然后言于诸贝勒。众议既定，犹恐尚有冤抑，令讼者跪上（太祖）前更详问之，明核是非，故臣下不敢欺隐，民情皆得上闻（天命一）。

据此，扎尔固齐职掌似乎全在听讼。但费英东于任扎尔固齐后奉命伐瓦尔喀部，巴笃理任扎尔固齐后积战功授游击，雅虎任扎尔固齐后伐东海卦尔察部，并不专司听讼。当时文治武功未尝分离，扎尔固齐是太祖部下综理军民的高级官吏，权秩很崇，一时任其职者，如费英东、巴笃里、噶盖、雅希禅（《史稿》传14）、博尔晋（同上）、阿兰珠（《史稿》传13

《附西喇布传》)、雅虎之流,全是才猷懋著文武兼备的,所以他们的职务不仅限于初审审判,无事时在内理民,有事时率众出征,《实录》及《东华录》不过举其一端而已。

扎尔固齐之设置,《太祖武皇帝实录》及《东华录》全系于太祖天命前一年乙卯(万历四十三年,1615)之末总叙内,《清史稿·太祖本纪》亦如此,但上面加有"是岁"二字。《实录》还是存疑的态度,《史稿》就肯定了。可是我们在诸人本传里看,噶盖任扎尔固齐职在万历二十一年癸巳(1593)以前,费英东任职在万历二十六年戊戌(1598)以前,阿兰珠任职在万历四十一年癸丑(1613)以前(本传称"阿兰珠旋擢扎尔固齐,从伐乌拉",乌拉亡于癸丑),可见扎尔固齐之设不在乙卯年。费英东于乙卯年列五大臣,《清史稿》列传12本传称,"岁乙卯……置五大臣辅政,以命费英东,仍领一等大臣扎尔固齐如故";既言如故,必非初设,可见扎尔固齐设置与五大臣不是同时,而在其前。直到天命十一年丙寅(1626)九月,太宗设置八大臣、十六大臣,扎尔固齐始废。

《清史稿·太祖本纪》所说"扎尔固齐十人副之"一语,亦有可疑。《太祖武皇帝实录》于乙卯年述扎尔固齐只说,"又立理国政听讼大臣五员,都堂十员"(卷2),所谓理国政听讼大臣满语谓之"达拉哈辖",都堂就是"扎尔固齐",并没有说到两者有正副主辅之别。上面所引《东华录》虽有"佐理国事"之语,但其意包括理政听讼大臣而言,是说两者皆佐太祖,而不是扎尔固齐佐理政大臣。扎尔固齐之设远在理政大臣之前二十余年,不应先有副而后有正。费英东戊戌以前已为扎尔固齐,乙卯任理政大臣仍兼其职,及天命五年三月十二日丙戌费英东死,史官仍系其衔曰,"左翼固山额真总兵官一等大臣扎尔固齐费英东卒"(《东华录》天命三),果属副贰,何必终身兼之? 窃疑两者各有职掌,不相统属,而品秩微有高下。在先满洲所属部众不多,以扎尔固齐管理其人民间相互的问题与争议,其后部众日多,相互之关系日益复杂,又有旗与旗间的问题,官署与官署间的问题,这些本来是由太祖自己解决的,所以又设理国政大臣来辅佐。而扎尔固齐的职掌还是在管理其人民间相互的问题与争议,不过他变作第一审,上面更有第二审第三审而已。当然,有战争时还要从征。

扎尔固齐一名,没有确定的汉译。《清史稿·刑法志三》,天聪《东华录》一,均作"理事十大臣",《清太祖武皇帝实录》作"都堂",《史稿·太祖本纪》,诸臣列传及天命《东华录》全用满名。当时满洲称明朝"巡抚"曰"都堂",扎尔固齐亦称都堂的缘故,大约是比照其品秩而定。

《清朝通志》卷3《氏族略·呼尔哈氏》条称,康喀赉授扎尔固齐预十六大臣之列。案康喀赉佐管镶蓝旗预十六大臣,见天聪《东华录》一,但扎尔固齐是十大臣,与此无涉,《通志》以扎尔固齐与十六大臣连书,岂太宗时尚沿扎尔固齐之称,抑史官之误? 待考。

13.9　巴牙喇

巴牙喇又作巴雅喇、摆牙喇、摆呀喇、摆押拉,汉语精锐内兵,后来定汉字译名为护军。《清太祖武皇帝实录》记天命三年四月十三日壬寅,以七恨兴兵攻明事称:

> 次日(十四日)分二路进兵,令左侧四固山兵取东州、马根单二处,亲与诸王率右侧四固山兵及八固山"摆押拉"取抚顺所。

(卷2)

《东华录》记其事作:

> 癸卯(十四日)分两路进,令左翼旧旗兵取东州、马根单二处,上(太祖)与诸贝勒率右翼四旗兵及八旗护军兵取抚顺所(天命二)。

又《东华录》天命六年三月初十日壬子称:

> [明总兵]李秉诚……来援沈阳,营于白塔铺。……我国雅荪率精锐护军二百往侦(天命三)。

《武皇帝实录》作:

> 李秉诚……来援,至白塔铺安营,……满洲雅松领二百健兵探之(卷3)。

同日《东华录》又称：

> ……乃收军，上（太祖）率诸贝勒引护军营沈阳东门外，令诸将率大军屯于城内（天命三）。

《武皇帝实录》作：

> 帝（太祖）收兵，诸王各领健卒于东门外教场安营，令众将率大兵屯于城内。

据此，巴牙喇汉字译名未确定前，尚有健兵、健卒等数称，但全不是后来的法定译名。

太祖时，军队以牛录为基本单位，其上辖以"甲喇"同"固山"，全国共分八固山，即所谓八旗。行军时，若地广则八固山并列，分八路而进，地狭则八固山合一路而行。当兵刃相接之际，披坚甲执长矛大刀者为前锋；披短甲，即两截甲，善射者自后冲击；精兵立于别地观望，不令下马，势有不及处相机接应（《太祖武皇帝实录》及《东华录》乙卯年十一月，天命一）。所以在隶属上军队虽分列八固山，但在军队性质上又分为三等，因此演变成后来的前锋、护军、骁骑、步军等制，其最先形成单独组织的是巴牙喇，就是后来的护军。

巴牙喇是在各牛录选拔的精壮，每牛录 17 人（《清会典》卷 96《八旗都统·兵制》，《广阳杂记》卷 1），据《太祖武皇帝实录》所载：

> ［天命六年］三月初十日，帝（太祖）自将诸王臣领大兵取沈阳，……令右固山兵取绵甲战车徐进击之，红号巴牙喇不待绵甲战车至即进战。帝（太祖）见二军酣战，胜负不分，令后兵助之，遂冲入（卷 3）。

又：

> ［天命六年三月］十八日……率大兵乘势长驱以取辽阳，……遂令［右四固山］绵甲军排车进战东门敌兵，其营中连放枪炮，我兵遂出战车外，渡濠水呐喊而进，两军酣战不退。有红号摆押拉二百杀入，又二白旗兵一千亦杀入，大明骑兵遂走。各王部下白号摆押拉俱杀入夹攻之，其步兵亦败（卷 3）。

可知巴牙喇的职务偏于策应、冲杀与防护，所以能在固山外自成组织。

《清朝文献通考》卷192引天聪七年大阅后清太宗谕八旗护军之言：

> 如敌不战而走，则选精骑追之，追时护军统领勿往，但引蠹结队蹑后而进，倘追兵误入敌伏，或众方四散追逐遇敌兵旁出，护军统领即接战。

用意亦同，更可证明。此事《东华录》天聪七年十月初七日丙寅只有"大阅"两字（天聪八），没有详细记载，但是它的内容与清初的军令相合，应该是有根据的，不过护军统领之名是史官追改的。上面《实录》所称"白号"、"红号"，《东华录》作"白甲"、"红甲"，是甲胄的颜色，不是固山的旗别。当时八固山的巴牙喇多协同作战不分旗，所以称为"八固山摆押拉"，"各王部下白号摆押拉"。

巴牙喇选自各牛录，而各牛录又属于各王公大臣，所以各王公下全有巴牙喇。天聪五年八月初十日辛亥，《东华录》述围大凌河城之役，有"明人有出城刈禾者，布颜图率兵追之斩三十人，莽古尔泰，德格类下摆牙喇兵斩十八人，济尔哈朗下摆牙喇兵斩十五人"的记载（天聪六）。又九月十六日丁亥有"上（太宗）闻锦州增兵来援，亲统兵前行，……上命众军止中途，与多铎率亲随摆牙喇兵二百同往"的记载（天聪六）。这就是《太祖武皇帝实录》所谓各王部下的摆押拉。此种以主管将领姓名称军队的制度，据《东华录》及《清朝文献通考》卷179说，在天聪八年五月五日庚寅始废（天聪九）。

巴牙喇之组织称巴牙喇营，每旗以巴牙喇纛额真统之，其下有巴牙喇甲喇额真（天聪八年四月初六日辛酉改额真为章京），巴牙喇壮达及巴牙喇。《清朝文献通考》卷180说，"天聪年间设巴牙喇营"，又卷179，于天聪八年五月五日庚寅改定诸营名色下说，"巴牙喇为护军营之始"，仿佛巴牙喇营始于天聪八年。但《清史稿》列传14《康果礼传》称"太宗即位列十六大臣，佐正白旗，寻擢巴牙喇纛章京，天聪元年从贝勒阿敏伐朝鲜"；又同卷《扬善传》称，"太宗即位，旗设调遣大臣二，扬善佐镶黄旗，寻授巴牙喇纛章京，〔天聪〕三年从伐明"；则巴牙喇营的设立实在天聪八年前。

巴牙喇虽分旗设纛额真，可是仍然联合作战。《清史稿》列传22

《图赖传》说：

> 顺治二年正月，李自成将刘方亮以千余人出关觇我师，图赖与阿济格尼堪等令正黄、正红、镶白、镶红、镶蓝等五旗各牛录出巴牙喇兵率以击敌，大败之。自成闻败，亲率马步兵拒战，又征镶黄、正蓝、正白三旗兵相助，贼连夕攻我垒皆败走，遂破潼关（《史稿》原文镶均作厢。又刘方亮应作芳亮）。

图赖是正黄旗巴牙喇纛章京，阿济格尼堪是正白旗巴牙喇纛章京，当时还有阿尔津是正蓝旗的（《史稿》列传 22《阿济格尼堪传》），他们协同作战而且不一定用自己本旗的兵。此外还有一个特点，是作战时不以每牛录下全部巴牙喇为单位，使他们全部出马，而以巴牙喇中之每一个人为单位临时挑选。如崇德三年九月二十二日，清兵从密云县北墙子岭毁墙入明境，分为四路，令纛章京图赖率右翼每牛录巴牙喇兵一名，及喀喇沁每旗巴牙喇甲喇章京一员，从岭之右侧步越高峰而进（崇德三）。崇德元年十二月，清太宗亲征朝鲜，二十一日闻朝鲜四道合兵来援，遂选八旗每二牛录巴牙喇一人，每两旗甲喇章京一员，以阿尔津统之截其来路（崇德一）；又遣巴牙喇纛章京巩阿岱等率每牛录巴牙喇一人往助多铎。在每个牛录巴牙喇中选拔一二人，自然是精锐中之精锐，各人不在同一牛录，各不相习，自不能联合退缩或作恶，只有勇往直前了。

顺治十七年三月十九日甲戌，定武职汉字官名，寻又议定巴牙喇纛章京称护军统领，巴牙喇章京称护军参领。巴牙喇壮达，称护军校（见《清朝文献通考》卷 179，《东华录》失载）。乾隆以后定制：护军统领八旗各一人，正二品；护军参领每旗满洲 10 人，蒙古 4 人，正三品；副护军参领如参领数，正四品；委署护军参领每旗 7 人，系五品虚衔；护军校八旗满洲蒙古每佐领下一人，从六品；随印笔帖式每旗各二人；门笔帖式镶黄正黄正白三旗各 10 人；护军满洲蒙古每佐领下各 17 人（《会典》卷 59《兵部·官制》及卷 98《前锋统领》，《通考》卷 180）。至汉军旗则无之。

巴牙喇在清入关前及初入关战功甚著。《史稿》列传 20《齐尔格申传附巴都里传》称"明年（崇德四年）从济南还师，出青山口，明师追至，巴都里率所部还战，巴牙喇兵有被创坠马者，令他兵护以归"，知巴牙喇兵皆用马，所以骁捷善战，所在奏功。顺治以后详定营制，以上三旗（镶黄、正黄、正白）护军参领、护军校、护军等守卫禁门。下五旗（正红、镶白、镶红、正蓝、镶蓝）各守王公府门，遇行围出征八旗一律分拨。雍正三年定八旗护军均司禁卫（《清朝文献通考》卷180），旧日的效用全失。护军之拔补，亦定为由护军统领会同本旗都统于本佐领下骁骑、执事人、教养兵、步兵、闲散壮丁内，遴选善于满语，弓马娴熟，人才壮健者补用（《会典》卷98《护军统领》），所得人才更不如前。

13.10　巴牙喇壮达

壮达或作专达，汉语队长，巴牙喇壮达，汉文官名称护军校。每牛录（佐领）下巴牙喇（护军）17人，巴牙喇壮达（护军校）一人。天命时已有此官。清初名臣若鄂莫克图（《史稿》传17）、博尔辉（《史稿》传33）、舒里浑（《史稿》传13《附达音布传》）、崆古图（同上）、鳌拜（《史稿》传36），皆起自巴牙喇壮达，是满洲一种进身之阶。入关后定护军校由本佐领下前锋、亲军、护军、领催（骁骑步军及驻防全有领催，相当于校），及食四两饷银之执事人内遴选（《会典》卷98），资格大差，升迁亦难，大不如前。

13.11　巴牙喇甲喇章京

或称巴牙喇章京，官名，汉文称护军参领。额亦都之孙陈泰，于天命时授巴牙喇甲喇章京，其设官在矗章京以前。清初道喇以巴牙喇兵从征伐，积功至巴牙喇甲喇章京，在天聪时（《史稿》列传14《附康格里传》）；叶玺以巴牙喇甲喇章京从征喀尔喀，没于阵，赠巴牙喇矗章京，在顺治时（《史稿》传13《附常书传》）；又天聪时，额色赫以巴牙喇壮达授兵部理事官（《吏稿》传25），我们于此更可看出当时之重视巴牙喇（参看《巴牙喇》条）。

13.12 巴牙喇纛章京

官名,汉文称护军统领。刘献廷《广阳杂记》卷1,"每八旗满洲有纛章京一员,职与都统等,止管摆呀喇,掌龙纛",即指此。所谓巴牙喇纛,是一面大旗,颜色各如其本旗旗色(两黄旗,黄色,余同),裁成三角形,镶边作火焰状,直长五尺五寸,斜长七尺三寸。旗上绘龙,竿长一丈二尺,铁顶,有缨,正红旗垂黑缨,余旗用红缨(《清朝文献通考》卷194)。旗上龙形多用织金,所以名为织金龙纛,又名龙纛。巴牙喇纛与八旗之旗不同处在一为方幅,一为三角。《清通考》卷194称:"正黄、正白、正红、正蓝四旗均方幅,镶黄、镶白、镶红、镶蓝四旗,均左幅稍锐。""左幅稍锐",其意不明,但据下文所述,绝非三角形。《广阳杂记》谓,"纛章京一员,职与都统等",实不然。都统兼辖本旗军民,所谓"掌宣布教养,整诘戎兵,以治旗人"(《会典》卷95);而巴牙喇纛章京只掌巴牙喇兵之政令。都统秩正一品,纛章京秩二品。伊尔德于天聪五年(1632)擢巴牙喇纛章京,顺治八年(1651)始授本旗(正黄)固山额真(《史稿》传22本传);阿济格尼堪于崇德四年(1639)擢巴牙喇纛章京,顺治五年(1648)始授正白旗(本旗)满洲固山额真(《史稿》传22本传);阿尔津于崇德二年(1637)任纛章京,至顺治十一年(1654)始迁固山额真;其间相距很远,权秩大不同。

13.13 巴图鲁

巴图鲁又作把土鲁,汉语英雄。即《元史》之拔都(卷156《张弘范传》),拔都鲁(卷174《郝天挺传》),八都(卷120《尤赤台传》),《元秘史》之把都儿。

满洲习俗好以称号加人,大都照其人性行定一美名,清太祖用它表彰部下的才能和功绩,于是有所谓赐号,成了一种恩荣。太祖时,巴雅喇赐号卓礼克图(《史稿》传2),褚英赐号阿尔哈图土门(《史稿》传3),扈尔汉赐号达尔汉辖(《史稿》传12仅作达尔汉),武纳格赐号巴克什（《史稿》传17）；太宗时，多尔衮赐号墨尔根代青（《史稿》传5），多铎赐号额尔克楚呼尔（《史稿》传5），李国翰赐号墨尔根侍卫（《史稿》传23），全是其例。多尔衮、多铎因为天聪二年伐察哈尔多罗特别有功赐号。《东华录》纪其事说，"三月戊辰（初七日），上将还沈阳，于途中大宴。上曰，蒙天眷祐二幼弟随征异国，俘获凯旋，宜赐以美号……"云云（天聪三）。可以看出当时赐号的郑重。

赐号中最习见的是巴图鲁，因为它是表示武勇的，所以又称为"勇号"。巴图鲁勇号有两种：一种只称巴图鲁，不再加别的字，是普通的；一种巴图鲁上再加其他字样，是专称的。

普通的勇号只是清开国初有。太祖以前称巴图鲁的有礼敦（《史稿》传2），太祖时以额亦都为最先（《史稿》传12），其后又有穆克谭（《史稿》传13《附巴笃里传》），喀喇（同上《附达音布传》），鄂莫克图（《史稿》传17），吴巴海（同上《附吉思哈传》），多尼喀（《史稿》传20《附齐尔格申传》），苏鲁迈（同上《附叶臣传》）等。这种普通巴图鲁称号全加在本人原名之下，如《太祖武皇帝实录》丁亥年称，"八月内令厄一都（额亦都）把土鲁领兵取巴里代城"（卷1）。又天命九年称，"大父李敦把土鲁"（卷4，李敦即礼敦，太祖之伯父，此云大父，译文之误），是其证。其后改为加在本人原名之上，如《东华录》之称"巴图鲁额亦都"是。

专称的勇号，如穆尔哈齐赐号青巴图鲁（《史稿》传2），代善赐号古英巴图鲁（《史稿》传3），安费扬古赐号硕翁科罗巴图鲁（《史稿》传12），本科理赐号苏赫巴图鲁（《史稿》传29《敦拜传》）之类全是。最初专称的称号——包括勇号与非勇号——是用以代表本人的名字，所以称称号就不再称原名。《太祖武皇帝实录》卷2癸丑年称：

> 太祖子古英把土鲁，侄阿敏，及非英冻（费英东），呵呵里厄夫（何和礼额驸），打喇汉虾，厄一都（额亦都），雄科落等奋然曰……

古英把土鲁是代善，打喇汉虾（达尔汉辖）是扈尔汉，雄科落（硕翁科罗巴图鲁）是安费扬古，全不写本人原名。《实录》卷2天命元年称："帝遣答儿汉虾（达尔汉辖），雄科落二将领兵二千征东海查哈量部（萨哈连）。"又卷 4 天命八年称："十月二十日大臣搭儿汉虾（达尔汉辖）卒，年四十八。"全是一样。上面所述是清代入关前的旧俗，其后称号之下仍列本人原名。《武皇帝实录》卷 3 天命五年"九月皇弟青巴土鲁薨"，在《东华录》作"九月甲申，皇弟青巴图鲁贝勒穆尔哈齐薨"（天命三），这是史官用后来的制度追改的，与赐号的原意不符了。

专称的勇号和其他称号，同时不应有两个一样，以避重复，但不同时则可。安费扬古于太祖时赐号硕翁科罗巴图鲁，死后劳萨亦于天聪八年赐号硕翁科洛巴图鲁（《史稿》传 13），同年图鲁什亦追号硕翁科罗巴图鲁（《史稿》传 13），因为他们不是同时生存的。这种制度后来亦破坏了。嘉庆初，乌什哈达号法福哩巴图鲁（《史稿》传 136《附惠伦传》），富志那号法福礼巴图鲁（《史稿》传 133），王文雄号法佛礼巴图鲁（《史稿》传 136），三者满字实同。同治六年七年间，赵德光（《史稿》传 216），周达武（《史稿》传 217），李长乐（《史稿》传 218），同时赐号博奇巴图鲁。同治元年，余际昌（《史稿》传 216），滕嗣武（《史稿》传 218），曾国荃（《史稿》传 200），同时赐号伟勇巴图鲁。程学启（《史稿》传 203），郑国魁同时赐号勃勇巴图鲁。这全是赐号不胜其多的缘故，揆之入关前制度是不对的。但赐号的人既不以称号代替本人原名，则重复亦不要紧了。

称号有时亦可更改，太祖长子褚英初号洪巴图鲁，后以破布占泰功赐号阿尔哈图土门（《史稿》传 3）；宣宗时，齐慎赐号健勇巴图鲁，后以从征回疆立功，改号强谦巴图鲁（《史稿》传 155《附杨芳传》）；文宗时，鲍超赐号壮勇巴图鲁，褫夺后又以援曾国藩祁门功，赐号博通额巴图鲁（《史稿》传 196）。凡有新号，旧号即废，不能并存。咸丰八年田兴恕赐号尚勇挚勇两巴图鲁（《史稿》传 207）；同治二年李长乐赐号侃勇巴图鲁，次年又赐号尚勇巴图鲁（《史稿》传 218），这不是典制，而是主政的疏失。

勇号的赐予在表彰武功，所以没有等第，亦无间文武。有的以小官得赐号，有的虽大官而不得。咸丰四年，虎坤元以守备（正五品）赐号鼓勇巴图鲁（《史稿》传 189），同年僧格林沁赐号湍多巴图鲁已是郡王、内大臣（正一品）、参赞大臣（《史稿》传 191）；咸丰三年，戴文英以千总（从六品）赐号色固巴图鲁（《史稿》传 189），同年托明阿赐号西林巴图鲁，已是绥远将军襄办军务（从一品，《史稿》传 190）。又如袁保恒以翰林院编修赐号勒伊勒图巴图鲁（《史稿》传 205）。胜保以内阁学士帮办河北军务赐号霍銮巴图鲁（《史稿》传 190），蒋益澧以知府赐号额哲尔克巴图鲁（《史稿》传 195）。刘腾鸿以知县赐号冲勇巴图鲁（《史稿》传 195），全是文职；而曾贞干赐号迅勇巴图鲁（《史稿》传 200）时，更是从八品的教官——训导。

专称的勇号，初用满语冠于巴图鲁之上，如青巴图鲁、古英巴图鲁之类，是为清字勇号；后来加用汉字，如武勇巴图鲁、壮勇巴图鲁之类，是为汉字勇号。汉字勇号全用两个字，而下一字总用勇字，所以它的变化只在上一个字，在乾隆末柴大纪赐号壮健巴图鲁（《史稿》传 116），蔡攀龙赐号强胜巴图鲁（《史稿》传 115），这种例子后来是没有的。勇号的清字和汉字没有什么分别，满人可以赐汉字勇号，汉人亦可以赐满字勇号。福康安号嘉勇巴图鲁（《史稿》传 117），达三泰号常勇巴图鲁（《史稿》传 136），果权号志勇巴图鲁（《史稿》传 241），是满人赐汉字号；德楞泰号继勇巴图鲁（《史稿》传 131），是蒙古人赐汉字号；罗思举号苏勒芳巴图鲁（《史稿》传 134），张国梁号霍罗绮巴图鲁（《史稿》传 188），唐友耕号额勒莫克依巴图鲁（《史稿》传 217），是汉人加赐清字勇号。

清字勇号和汉字勇号本来没有轩轾，李续宾由知府赐号挚勇，其弟续宜由知府赐号伊勒达（《史稿》传 195）；岑毓英由道员赐号勉勇，其弟毓宝由道员赐号额图珲（《史稿》传 206）。这是最显著之例。穆宗、德宗之时，武臣立功往往由汉字勇号改赐清字勇号，谓之换号，《清史稿》称之为晋号。如郭宝昌以卓勇巴图鲁晋号法凌阿巴图鲁（《史稿》传 215），张文德以翼勇巴图鲁晋号达桑巴图鲁（《史稿》传 216），雷正绾以直勇巴图鲁晋号达春巴图鲁（《史稿》传 217），陶茂林以钟勇巴图鲁晋号爱星阿巴图鲁（《史稿》传 217），其例甚多。这是因为军事正急，不能不强为分别以济爵赏之穷，在前是没有的。杨遇春于乾隆六十年由守备赐号劲勇巴图鲁(《史稿》传134),杨芳于嘉庆五年由参将赐号诚勇巴图鲁(《史稿》传155),皆历阶至大将封侯,40年称号不改,未尝有所谓晋号!

入关前,赐号者甚多,康、雍、乾之间虽有许多次大征伐,可是一时名将如岳钟琪(《史稿》传83),策凌(《史稿》传83),哈元生(《史稿》传85),葛尔弼(《史稿》传85)之流,全没有赐过勇号。乾隆二十年以后,本进忠号法式善巴图鲁(《史稿》传98),海兰察号额尔克巴图鲁(《史稿》传118),舒亮号穆腾额巴图鲁(《史稿》传115),始渐重见,但不是人人可得。如蓝元枚(《史稿》传115),董天弼(《史稿》传116)和隆武(《史稿》传118)等,虽然功勋懋著,赐花翎,赐袍服,赐鞍辔,赐荷包,赐银币,别的赏赐很多,而未尝赐勇号,与咸同以后大不同。这亦可看出赐号风气的先后转变。

13.14　巴克什

清人关前,赐读书识文墨者之普通称号曰巴克什,与武勇之称巴图鲁同。若额尔德尼(《清史稿》传15,下同),达海,尼堪,武纳格(《史稿》传17),希福(《史稿》传19,下同),范文程,硕色(《史稿》传36《索尼传》)等皆是。《史稿·额尔德尼传》称:"兼通蒙古汉文,……从伐蒙古诸部,能因其土俗,语言,文字宣示意旨,招纳降附,赐号巴克什。"希福本传称,"兼通满汉蒙古文字,召直文馆,屡奉使蒙古诸部,赐号巴克什";武纳格本传称"通蒙汉文,赐号巴克什",可知当时所注意的是在通译外族语言文字方面。但得"巴克什"赐号者,并不全是文弱书生,像武纳格就是有名的大将,因为当时文武没有分途。

"巴克什"又作"榜识",或作"榜式"、"巴克式"。最早见于万历十九年(1591),遣巴克什阿林察持书谕叶赫(《东华录》天命一,第14页)。凡赐号的,最初皆系于本人原名之下,其后亦改在原名之上,《太祖武皇帝实录》于太祖建号时称,"厄儿得溺榜识接表",《东华录》作"巴克什额尔德尼接表";《实录》于天命三年(明万历四十六年,1618)

·欧·亚·历·史·文·化·文·库·

四月取抚顺后至明边时称，"乃遣厄儿得尼榜识令二王停兵"，《东华录》作"乃遣巴克什额尔德尼令两贝勒勿进兵"（天命二），是其证。康熙八年五月初七日己亥，准达海立碑，当时谕称，"达海巴克式通满汉文字，于满书加添圈点，俾得分明，……著追立碑石"（康熙《东华录》九）；又《清史稿·达海本传》载"圣祖谘诸大学士，达海巴克什子孙有入仕者乎"（传15，并见康熙二十一年十二月十五日戊子，《东华录》卷30）？可见康熙时"巴克什"称号还写在原名下面。天命《东华录》将"巴克什"写在原名上面，大概是雍正十二年以后校定《实录》时所改。

太宗于天聪三年（明崇祯二年，1629）四月初一日丙戌，设置文馆，分两直，达海、刚林等翻译汉字书籍，库尔缠、吴巴什记注时政得失（王氏《东华录》天聪四，及《史稿》传15《达海传》）。文馆满语曰笔帖黑色（天聪五年十二月二十四日壬辰《东华录》，案《史稿》传19《甯完我传》作笔帖式），其本义原为书房。凡通文史命直文馆者，授官参将游击，皆号榜式，通称儒臣，又称文臣；其以儒生俊秀选入文馆尚未授官者，称秀才，或称相公（《清史稿》传19论，又传25《蒋赫德传》）。于是"巴克式（榜式）"乃近于官名，称者较多。当时官名有笔帖式（天聪三年二月初二日戊子，《东华录》天聪四），天聪五年七月初八日庚辰改官制，立六部，各部又设"办事笔帖式"，遂更定"文臣赐号榜式者许仍旧称，余称笔帖式"（天聪六）。巴克什之称复严。《史稿·达海本传》说他于天聪五年七月赐号巴克什，可是《东华录》在天聪三年四月已称榜式达海，这种赐号以前所称榜式，就是因为入直文馆之故，到五年七月既申非赐号不得称"巴克什"之令，而达海博通蒙汉文字，所以重行赐号。

文馆初设，制度和组织全不完善，甯完我于天聪五年十二月上疏，说文馆是"官生杂处，名器弗定"（《史稿》传19）。王文奎（后复姓沈）于天聪六年八月上疏论及文馆，说，"自达海卒（六年七月），龙什罢（六年六月），五榜式不通汉字，三汉官又无责成，秀才八九哄然而来，群然而散，遇有章奏彼此相诿，动淹旬月，……至笔帖式通文义者惟恩国泰一人，宜再择一二以助不逮"。文奎又说，"帝王治平之道，奥在四书，迹详史籍，宜选笔帖式通文义者，秀才老成者，分任移译讲解"（《史稿》

传26《沈文奎传》)。所谓榜式是赐号之人,笔帖式是直文馆授官之人,秀才是没有授官之人,所谓官是指笔帖式或授其他官职之人,生就是秀才。

文馆分直始于天聪三年四月,可是相类的工作早起于清太祖时。《史稿·希福本传》说他在太祖时召直文馆,《雷兴传》说他在太祖时以诸生选直文馆(《史稿》传26《附马国柱传》),《达海传》说太祖召直左右,命他翻译《明会典》及《素书》、《三略》,可知在太祖时已有同样组织,不过没成正式制度而已。天聪时先后参加文馆的人,可知者有达海,库尔缠,希福,范文程,甯完我,鲍承先,蒋赫德,王文奎,刚林(以上并见《史稿》本传),罗硕(《史稿》传14《附扬善传》),苏开,顾尔马浑,托步戚多,吴把什,查素喀,胡球,詹霸(以上见列传15《达海传》),高鸿中(见传19《甯完我传》),罗绣锦(传26《附马国柱传》),朱延庆(见传27《申朝纪传》),张文衡(见天聪九年二月初三日甲申,《东华录》天聪十),梁正大,齐国儒(以上见天聪九年十月二十七日甲辰《东华录》),龙什,恩国泰,江云深,孙应时,李栖凤,杨方兴,高士俊,马国柱,马鸣佩,雷兴(以上并见《史稿》传26《沈文奎传》)等,亦可谓一时之选,不知时论何以鄙薄若是。苏开以下3人,文馆初设与达海、刚林同任翻译;吴巴什以下4人,与库尔缠共记时政,入文馆甚早。江云深以下数人,即文奎疏中所谓"哄然而来,群然而去"之"秀才八九"。

天聪十年(明崇祯九年,1636)三月改文馆为内三院:一名内国史院,掌记注诏令,编纂书史及撰拟表章;一名内秘书院,掌撰外国往来书状及敕谕祭文,并录各衙门章疏;一名内弘文院,掌注释历代行事,御前进讲,并颁行制度。各设大学士,学士,以希福,范文程,鲍承先,刚林分领之,佐以罗硕,罗绣锦,詹霸,胡球,王文奎及恩国泰(崇德元年五月初三日丙午,《东华录》天聪十一),全是文馆旧人。顺治元年入关,沿袭明朝官制设翰林院,次年以翰林官分隶于内三院,改称内翰林国史院,内翰林秘书院,内翰林弘文院。顺治十五年复改内三院为内阁,重新分设翰林院,并定翰林院满字名称为笔帖式衙门。在制度上虽然是文馆演变成为内阁,可是在满洲名称上,实际是翰林院承继了文馆。

自从天聪五年七月以后入直文馆者不称"巴克什"，顺治五年刚林以后亦没有再赐巴克什称号的（《史稿》传32），其后唯一仅存的只有宿卫内廷宫门的"阅门籍护军"，满文还称为巴克什（《会典》卷98），这是从记注起居递遗下来的。

13.15　包衣大

大，汉语为长，包衣大就是包衣长，意为仆役头。内务府设官有包衣大，汉文名管领，秩正五品。《清史稿·世祖本纪一》，顺治二年正月，"庚戌，禁包衣大等私收投充汉人，冒占田宅，违者论死"。《东华录》作禁内务府管领等私收投充汉人云云，是其证。崇德三年四月十二日乙卯，《东华录》记岳讬新福金诉其大福金事，中有大福金遣包衣大准布录、萨木哈图前往恐吓一事。岳讬是代善长子，崇德元年封成亲王（《稿》传3《附代善传》）。据《八旗通志》镶红旗包衣第二，参领第一、二佐领，全是岳讬分封时所立，所以岳讬亦是当时旗主之一，这些"包衣大"全是他所属包衣下的头目，给使于他家的。《顺治东华录》一，崇德八年八月二十三日甲申，称"有遗匿名帖，谋陷固山额真谭泰者，为公塔瞻母家高丽妇人所得，言于包衣大达哈纳，达哈纳以告伊主公塔瞻及固山额真谭泰，塔瞻因启诸王，王等令送法司质讯"。这是顺治即位一个大狱，兹不详述。所可疑的是塔瞻家何以有"包衣大"？塔瞻为扬古利次子，扬古利，《清太祖武皇帝实录》作杨古里（卷2，第1、3页），是太祖、太宗时名将，崇德二年死于征朝鲜之役，追封武勋王，在清入关前群臣中爵秩最高。塔瞻初袭超品公，后降一等公，父子均未尝作过固山额真。太宗初立，于天命十一年九月设总管旗务八大臣及佐管十六大臣。《东华录》注称，"额驸扬古利前此已授一等总兵官，其秩在贝勒之次，……不预此"。仿佛是因秩高而不入选，但扬古利亦没有同贝勒一样主旗务作旗主。《清史稿》传13《扬古利本传》称，"扬古利手刃杀父者，……时年甫十四。太祖深异焉，日见信任，妻以女，号为额驸"；案《清朝文献通考》卷242《帝系考》，《清史稿·公主表》及《武皇帝实录》，全没有太祖女嫁扬古利的记载，但天聪《东华录》亦称扬古利为额驸，似乎本传所称并非无因。当时所谓额驸，不专指娶太祖、太宗女者，如佟养性娶宗女（《稿》传18），李永芳娶阿巴泰女（同上），均称额驸，扬吉利或亦其类。否则必因获罪不列玉牒，以致失载。塔瞻之母是否即此清代皇室之女，今不能确知，扬古利既为额驸，必有随嫁之包衣大，应无疑问。但我怀疑入关以前一般宗室勋旧无论是否主管旗务全有包衣，有包衣就有包衣大。塔瞻家之有包衣大并不是因为父为额驸。太祖初起兵几年追随的人很多，他们全有给使的包衣，就是仆役。当时旗制未定，所以不会加以限制，旗制既定亦不会因之取消，有一时期勋旧的包衣与分隶各旗包衣佐领下的包衣，同时并存。顺治十四年正月二十一日甲子，谕吏、礼、兵三部，所说"官员子弟及富家世族，……本身不充兵役，尽令家仆代替"，这家仆实在就是私家的"包衣"，因为要分别于旗制里的"包衣"，所以改称。逮后包衣制度日严，私家的"包衣"渐渐改称，成了《户部则例》中所谓"八旗户下家奴"。

13.16　包衣昂邦

昂邦汉语为总管，包衣昂邦是官名，汉字称内务府总管，又称总管大臣。顺治八年三月初五日壬午《东华录》，"先是搜获英王藏刀四口，刑部不行奏上，但告知巽亲王、端重亲王、敬谨亲王，将刀交御前包衣昂邦收之"。所谓御前包衣昂邦就是在御前的内务府总管。内务府管理宫廷的宴飨、典礼、祭祀、库藏、财用、服御、赏赉、帑项、造作、牧厩、供应等事，即所谓皇帝包衣。入关以后，镶黄、正黄、正白三旗由天子自将，谓之上三旗，隶内务府的全是上三旗。内务府制度由包衣演化而成。天聪三年九月初一日壬午，《东华录》有"皇帝包衣下"，顺治八年七月初一日丙子，世祖谕有"朕之包衣下"，这全是所谓内务府。顺治十一年置内十三衙门（《清朝通志》卷66作十三年，误），宫廷给使由宦官主持，设官亦旧臣与宦官并用（《史稿·职官志五》），于是内务府制度中废，世祖遗诏以此自罪。圣祖即位后，于顺治十八年二月才又恢复。其

·欧·亚·历·史·文·化·文·库·

后定制：内务府设广储、会计、掌仪、都虞、慎刑、营造、庆丰七司，广储司设银、段、衣、茶、皮、瓷六库，织染局，江宁、苏州、杭州设织造监督，又有御茶膳房、御药房、三旗纳银庄、官房租库、官学、刊刻御书处、武英殿修书处、养心殿造办处，均统于总管大臣或隶属七司（《清朝通志》卷66）。康熙十三年奉宸苑、武备院、上驷院亦由府兼辖，于是阉宦之权全归内务府。各司的职掌同它与内十三衙门之分合，可参见《清代包衣制度与宦官》。

内务府总管无定员，由满洲侍卫府属郎中，内三院卿简补，或王公内大臣、尚书、侍郎兼摄。初秩从二品，乾隆十四年定正二品；各司设郎中，正五品；员外郎，从五品；主事，正六品；笔帖式，秩与各部同；各库有司库，正六品（《会典》卷3，卷87，《史稿·职官志五》）。织造官由内务府司官兼管。

13.17　厄夫

或作额驸，汉语为女婿，系在人名之下作为尊贵称号。如《太祖武皇帝实录》数称"呵呵里厄夫"，"恩格得里厄夫"，"苔儿汉厄夫"，"查哈量厄夫"等全是。后来改译额驸，又系在本人名字之上，如"苔儿汉厄夫"，《东华录》作"额驸达尔哈"（天命四年八月己巳）。《太祖武皇帝实录》修于天聪，所保存的是当时制度。《东华录》所据是乾隆校订后的实录，可知额驸称号系姓名之上是入关以后的制度。

13.18　王甲

完颜的别译。部族名，又姓，以部为氏。

（原载《清史探微》，1946 年；后由北京大学出版社 1999 年出版）

14 罗布淖尔水道之变迁及
历史上的河源问题

黄文弼

14.1 罗布淖尔名称及位置

罗布淖尔为蒙古语。蒙古呼海为"淖尔","罗布"是地名。源于唐之"纳缚波"。《大唐西域记》云:

> 由且末东北行千余里,至纳缚波故国,即楼兰地也。

据此是"纳缚波"为国名,在唐初已灭亡矣,故称"故"。英国斯坦因(A. Stein)于 1907 年,在密远古堡中发现藏纸甚多;内著录不少地名,中有名大纳布城(Castle of Great Nob)、小纳布城(Castle of Little Nob)者。"纳布"与玄奘之"纳缚波"(Na-fu-pa)译音相近,显然为中古及近古时用于罗布全区之名。[1] 按"纳缚"据法国伯希和说:为梵语(Sanscrit)中"Nava"之对音,犹言新也。[2] 是藏文中之"纳布"与梵文中之"纳缚"不能谓无关系。但近世之"罗布"及元初马可·波罗所经过之"罗不",是否与"纳缚"同一意义,为一问题矣。[3] 又罗布淖尔在中国古代传记中,其名略异。首见于《山海经》者,称为"泑泽"。《西山经》云:

〔1〕斯坦因著,向达译《西域考古记》,中华书局 1936 年版,第 81 页。
〔2〕伯希和说见《远东法国学校校刊》第 6 册,第 371 页;又冯承钧译《马可波罗行纪》,上海:商务印书馆 1936 年版,第 183 页转引。
〔3〕按《河源纪略》云:"罗布为匮语,汇水之墟也;以山南众水之所汇,故云。"与梵语义别,未知孰是。

> 东望泑泽，河水之所潜也。

又以《北山经》云：

> 敦薨之水，西流注于泑泽。

按敦薨之水，即今焉耆河，下流为孔雀河，流入罗布淖尔，是罗布淖尔古名泑泽也。泑音黝，黑色之义。郭注《西山经》云："泑，水色黑也。"据此，是泑泽以水之色言。《史记》则称为"盐泽"，《汉书》则名"蒲昌海"。《史记·大宛传》云：

> 于阗之西，水皆西流注西海；其东，水东流注盐泽。盐泽潜行地下，其南则河源出焉。

又云：

> 楼兰、姑师邑有城郭，临盐泽。盐泽去长安可五千里。

按《史记·大宛传》，作于汉武帝时，所称于阗东流之水，即今塔里木河及车尔成河，均东入罗布淖尔。古代相传塔里木河为黄河初源，至罗布淖尔后即潜行地下，其南出积石山为黄河云。是罗布淖尔在汉武帝时名为盐泽也。后汉班固作《汉书》时，则又颇异其名。《汉书·西域传》云：

> 于阗在南山下，其河北流与葱岭河合，东注蒲昌海。蒲昌海，一名盐泽者也。

《水经注》则又有牢兰海之名，注引《释氏西域记》曰："南河自于阗东于北三千里至鄯善入牢兰海者也。"

按《史记正义》引《括地志》云："蒲昌海一名泑泽，一名盐泽，亦名辅日海，亦名牢兰海，亦名临海，在沙州西南。"是罗布淖尔在唐以前异名甚多。据《水经注》解释盐泽之意曰："地广千里，皆为盐而刚坚也。"是盐泽因其水含盐质而得名。其解释牢兰海之义曰："楼兰国在东垂，当白龙堆，乏水草，常主发导，负水担粮，迎送汉使，故彼俗谓是海为牢兰海也。"据此是牢兰海以事言。我意此乃《水经注》附益之辞。牢兰当为楼兰之转音。因泽在楼兰国北，故以国名名海；并非因迎送汉使之故也。蒲昌海、辅日海、临海未知其取名之由，疑皆以地名名海也。唯汉之"楼兰"或"牢兰"，与唐之"纳缚波"，元之"罗不"诸名称，是否有因袭关系,其变化程序若何,伯希和氏尝提此问题而未加解释。但据斯坦因在楼兰遗址及密远废墟所发现之文献,楼兰在罗布淖尔北部,为魏、晋以前之地名。纳博在罗布淖尔之南,疑为后期之地名。虽同属一国之地,而地点不同,时代亦异,其名称当不能一致。伯希和释纳缚梵语为新,极可注意。新与故对,必在形势转变之后,另立一新名也。

罗布淖尔本为海水之专名,今则以之名地。凡库鲁克山以南,阿尔金山以北,古玉门、阳关以西,铁干里克以东,在三面山丘围绕之中,有一片低地,完全为盐壳所覆盖。据斯坦因氏测量,自西南至东北257.5公里,最宽处为145公里左右,[1]即吾人所称之罗布区域。在史前时代,本为一咸水海。当中亚气候尚未干燥时,容纳塔里木河水流;后渐干涸,仅存一小部分之咸水湖,其余均变成盐层地带或沙漠。

14.2　水道变迁探查之经过

新疆南部塔里木盆地中间有一大河名塔里木河东流。在1921年前与由博斯腾淖尔泄出东南流之孔雀河会合南流,经铁干里克,又南流会车尔臣河东流入罗布淖尔,形成两湖:东曰喀拉库顺,西曰喀拉布郎库尔;在今若羌之北,罗布庄之东。但中国旧地图,则绘罗布海子于北岸,即在库鲁克山麓。[2] 清光绪间(1876—1877)俄人蒲里兹瓦尔斯基(Prejevalski)发现此湖在罗布区域南部,与中国旧地图所绘海之位置,纬度整有一度之差,遂谓中国旧地图上大误。德国地学家李希荷芬(Richthofen)不然其说,谓中国旧地图曾经调查,必非臆造,或另有一支流入罗布区域北部,而为蒲氏所未见也。遂引起地学上不少之争论。如英国斯坦因、美国亨亭登(Huntington)等均对于湖水有所推拟。1900

〔1〕斯坦因著,向达译《西域考古记》,第10页。但据陈宗器所述罗布荒原之范围:东西长度达600里,南北宽度亦达250里。现淖尔面积9500方里,略作葫芦形。南北纵长170里,东西宽度:北部略窄40里,南部向东膨胀处90里。其位置:海之南岸为北纬39°48′。

〔2〕清乾隆《内府地图》绘罗布海于北岸;《西域图志》、《西域水道记》皆从之。清末地图则绘海子于南岸,分为两湖。北岸后出一小海子,称为孔雀海。至1933年申报馆所出之《中国分省新图》,根据西北科学考察团所测改正。

年斯文·赫定博士赴罗布淖尔考察，自库鲁克山南麓阿提米西布拉克南行，测量水准，在楼兰故墟附近发现有一片洼地，推论海水将来有恢复故道之可能。1927年我到新疆考察时，在1930年春于吐鲁番工作完后，向罗布淖尔前进。4月2日，发自鲁克沁直穿库鲁克山。6日至阿提米西布拉克，南望罗布淖尔已水云相接，极目无际，知海水已返北矣。复南行，累过土阜地带，约15公里，即遇溢水，即库鲁克河之末流入海处也。时河未归道，溢水四出，形成若干小池，枯桐、柽柳仍倒置水中，尚未复苏，而芦苇已有新生之象矣。循水东行，水势渐大，累阻行程；终乃达一较宽阔之水面，当地人称为大老坝。坝东北两岸剥蚀之土丘，重叠起伏若城郭，皆作东北、西南向，必为剧烈之东北风剥蚀所成无疑也。绕过大老坝，最后到达一三角洲，三面环海；一洲伸入海之中央，即我所发现之"烽火台遗址"，定名为"土垠"（Tuken）者是也。[1] 东南望，海水无涯际，盖已至海之北端矣。土垠峙立于海中，鱼凫翱翔于水上，洵为海景奇观。又绕海东岸南行，得一古烽敦。五铢钱散布极广。因食粮缺乏，未及再沿海东行，为一遗憾耳。及1934年我第二次复往探查，出库鲁克山之鲁戈斯特，直南行，抵孔雀河岸。河宽二十余丈，两岸柽柳丛生。水深可以行舟。复沿河东行，达我第一次所踏查之地，则水已入河故道；无前次泛溢之患。而河岸之柽柳已欣欣向荣。前之剥蚀土丘渐已溶解于水中，化为泥滩。此第二次发现海水恢复故道之经过也。我两次考察，均困于经济与粮食，未能充分工作，作沿海之测绘。当我第一次考察完后，1930年秋返平；即以发现罗布海水恢复故道之经过，及考察路线略图，报告于北平学术界。复经雷兴教授（T. Lessing）译为德文，转告于欧洲学林。1931年春，郝勒（Hörner）及陈宗器君根据我之报告，重往查勘；并确定我所发现遗址之经纬度（见图14-1）。1934年，赫定博士又往测绘地形，罗布淖尔新海之地形图遂益臻精密。

---

〔1〕此处地名，我因海边地形状况，定名为"土垠"（垠，古恨反），英文为"Tu-Ken"。其后陈宗器、郝勒前往，称宜为"默得沙尔"，及我第二次复往，转询当地人，亦无定名。故我仍援我所定名，特附志于此。

14.3 水道变迁时代之推拟

古海恢复故道已如上述,但何时在北岸,又何时南迁,诚为研究罗布淖尔之切要问题。试检查中国古籍如《山海经》、《史记》、《汉书》所载,甚可相信古海确在北岸。现以地文学上之证据,亦相信涸海沿岸之泥层,为古海水之沉淀物。但古海何时在北岸,其位置若何? 在吾人发现水复故道以前,尚未得一真确之解答。自斯文·赫定博士发现楼兰故址,并在附近发现一大片低地,较喀拉库顺为低(喀拉库顺海拔 815 米,楼兰附近海拔 777～810 米)。[1] 推论从前曾有湖泊,楼兰城在其北岸,证明中国旧地图绘海子于北岸为非误。以后美国亨亭登、英国斯坦因均在楼兰故墟有所考察,据其所发现之文书,皆在公元 263—267 年,相当于晋武帝时。又赫定所获文书中有"水大波深必泛"之语,[2] 是在楼兰兴盛时,孔雀河中尚有水,经流楼兰城附近入海也。又日人橘瑞超氏亦于 1910 年在所获文书中有"海头"二字。由以上古物之证明,则海水在 1600 年前,即公元 3 世纪时,积于楼兰遗址附近,可以确定。但在汉初,即公元前后,水积何处? 斯文·赫定及斯坦因所得古物中,均不足以证明此点。盖楼兰遗址为纪元 3 世纪所遗留,无一汉物。则汉时此地是否有居民,及河水是否经行楼兰以入海? 未可定也。我在 1930 年除见海水复故道之外,又在海北岸发现古烽火台遗址,并掘获木简多枚,有汉宣帝黄龙元年(公元前 49 年)及成帝元延五年(即绥和元年,公元前 8 年)年号,是在罗布古址中所得最早之文书,距今已 1960 余年矣。而此遗址适在海北头一三角洲之海湾中。不唯可以证明此地在西汉时之繁荣,而且可以证明在西汉时海水之位置。又由其附近之大道,更可窥见当时道路绕海北岸及沿河西行之情形。自有此

---

〔1〕郝尔满《楼兰》(A. Herrmann, *Lou-lan, China Indien und Rom im Lochte der Ausgrabungen am Lobnor*, Leipzig, 1931, Fig. 51)。

〔2〕孔拉德《楼兰》(A. Conrady, *Die Chinesischen Handschriften und Sonotigen Kleinpunde Sven Hedin in Lou-Lan*, Stockholm, 1920, p. 119)。

古物之发现，则现所见海水之复故道，可以说所复者为两千年前后之故道，即《汉书·西域传》所称之古蒲昌海之故道也。是不唯赫定所推论海水积北岸之假定实现，且提早四百余年，而其位置亦偏向东北矣；并足以证明《史记》、《汉书》及《水经注》所记正确无误。

至海水何时南迁，其移徙之情形若何？因未赴罗布南部考察，未能得一真确解答。但钩稽中国古籍所述，提出一些意见，以供读者参考。按以古物学上之证明，检查我所发现之文书，终于汉成帝元延五年。时成帝仅元延四年，五年已改元为绥和元年（前8）。由此可知，我所发现之遗址在公元后似已被放弃。赫定所发现之遗址其文书止于永嘉四年（310）。据斯坦因所述，文书上有作"建武十四年"者[1] 建武为东晋元帝年号，仅一年，即位后，改元大兴。照推应为成帝咸和五年（330），乃前凉张氏仍奉元帝年号也。虽石虎亦改元建武，但张氏并不援用后赵年号。如此，则楼兰遗址之放弃，应在公元后330年或以后也。此两地放弃之原因，是否于水道之变迁，固不能确定，但居民必与水有密切之关系。盖水道变迁：一方面由于自然之变化，或河流改道；但间接关于人为之力最多。如有居民之地，则人民谋水利之引导开淤启塞，多有裨益于水道之流通。且植树平沙，亦可以阻风沙之壅塞，而致影响水流。反之，若有水无居民，或有居民无水，均足以引起地理上之变化，使水道变方向或干涸。是遗址被放弃以后，直接间接均可促使水道变迁或改道，此事理之必然也。据此，则海水之移徙，必与遗址之放弃同时，或在后，可以推知。然则移徙于何处，其情形如何？次当论及。

接罗布淖尔所受水：在北者为孔雀河，即海都河之下流；在南者为塔里木河与车尔臣河合流之水。在1921年以前，孔雀河至铁干里克南流入塔里木河会车尔臣河后，东流入罗布淖尔。故淖尔在南，而北部干涸。1921年以后，孔雀河水复故道，至铁干里克附近德门堡转东流入涸海。水即返北，故南部干涸，此最近时事也。在汉、魏时，水积罗布北岸，是当时孔雀河水亦必径向东行。然则自晋、宋以后，河流之情形若

---

[1]斯坦因著，向达译《西域考古记》，第99页。

何？为吾人所研究之问题也。考《汉书》所云：罗布入海之口，仅为一河。《西域传》云：

> 其河有两源：一出葱岭，一出于阗。于阗在南山下，其河北流，与葱岭河合，东注蒲昌海。

据此是和阗河会塔里木河东流入海。海都河与车尔臣河虽未述及，疑亦与葱岭河会流东逝也。及《水经注》所述，则分南北两河入海，其叙北河云：

> 北河，自疏勒径流南河之北。北河又东……径楼兰城南而东注。河水又东注于渤泽，即《经》所谓蒲昌海也。水积鄯善之东北，龙城之西南。

又述南河云：

> 河出葱岭自歧沙谷分流。南河又东与于阗河合，又东，右会阿褥达大水，会流东逝，通为注宾河，注宾河又东径鄯善国北，治伊循城，故楼兰之地也。其水东注泽，泽在楼兰国北。[治]扜泥城，其俗谓之东故城。

又引《释氏西域记》曰：

> 南河自于阗于东北三千里至鄯善入牢兰海者也。

综合郦道元所述，显示塔里木盆地有两大河东流入罗布淖尔：一为北河，一为南河。北河则称："径楼兰城南，东注于渤泽，即《经》所谓蒲昌海也。"南河则称："径鄯善国北，东注泽。"叙北河所入之海，则曰："蒲昌海。""水积鄯善之东北，龙城之西南。"叙南河所入之海，则曰："牢兰海。""泽在楼兰国北（见图14-2）。"其所称之蒲昌海与牢兰海，是否同为一海，或为两海因地而异名，道元均未加以诠释。但如道元所述，罗布淖尔所受水，确系二道入海：一在北，即楼兰城南；一在南，即鄯善国北。其情形甚为显然。郦道元为北魏时人，所据材料必为当时之著述。如《释氏西域记》，我亦疑为晋、宋间作品；则所论之罗布淖尔情形，必为道元当时之情形无疑。由是言之，是罗布淖尔自东晋以后至北魏之末（330—528），水分两道入海：南道之海在楼兰东故城之北，即在今密远县北；北道之海在龙城西南，若南北同注一海也，则北魏时之海水较汉时已南徙。北岸始于赫定所发现楼兰遗址之东南，南岸伸张于密远之北矣。其形势当亦为南北纵长也。

但由其受流海口之不同，影响于海水之伸缩与变迁至大。当其水大时，固可连为一海；及其干涸，或为风沙所阻塞，有截为两海之可能。如道元所述，是否能保持一海之原状，永久不变，固为一大问题也。故自隋、唐以后，罗布淖尔情形如何，次当论及。

过去旅行家之著述，多详于神怪而略于环境。晋释法显由敦煌至鄯善，记沙河中之情形，不言有海。唐释玄奘由西域取经，回程经纳缚波故国，太宗使敦煌官司迎于流沙，亦不言有海。岂讳之而不言欤，抑实未尝见欤？实使吾人苦索不得之问题也。但据《新唐书·地理志》所载，则罗布淖尔又有着矣。《地理志》附载贾耽《道里记》云：

> 又一路自沙州寿昌县西十里至阳关故城，又西至蒲昌海南岸千里，自蒲昌海南岸西经七屯城，汉伊循城也。又西八十里（当据《沙州图经》作"一百八十里"）至石城镇，汉楼兰国也。亦名鄯善，在蒲昌海南三百里。康艳典为镇使以通西域者。

按七屯城据《新疆图志·道路志》密远注云："经处有古城，周三里，北距罗布淖尔一百里。疑即汉鄯善国之伊循城也。"至于石城镇，疑即今之卡尔克里克。《沙州都督府图经》断片云："屯城西去石城镇一百八十里。汉遣司马及吏士屯田伊循以镇抚之，即此城也。城以西有鄯善大城，遂为小鄯善，今屯城也。"据此是密远即汉之伊循城。唐之屯城又称小鄯善，石城镇又称大鄯善；康艳典所据者也。由蒲昌海南岸西经七屯城，是海之南岸在今密远东北。但又称石城镇在蒲昌海南300里，是海水又在卡尔克里克以北300里也。据其所述，若非所指者为两海，则隋、唐时罗布淖尔之情形又大变矣。盖此时海之北岸达阿拉干驿附近，而南岸将及于喀拉库顺矣。其形势则为西北向东南扩展之斜长也（见图14-3）。至如何造成此种形势，贾耽虽未加解释，但亦必与河流有关。若使所推拟形势不误，则当时北岸之孔雀河，至铁干里克时必已不复东入涸海，而转东南流与塔里木河汇流入新海也。车尔臣河则东北流入新海之南岸。水大则两海合而为一。《辛卯侍行记》营盘海子注云:"周约三十余里,西南平沙宽广。相传此处原在泽中,为浣溪河(即孔雀河)淤沙所埋,疑古时此海与蒲昌海合也。"虽所述为清中叶情形,然甚可以之解释隋、唐时之罗布淖尔也。据此,是隋、唐时(即公元7—9世纪之末)罗布淖尔水道较汉时不唯形势变异,亦且东西逆转矣。

宋、元以来罗布形势如何,有无变迁,记载缺乏,无可稽考。但马可·波罗旅行西域,经过罗布镇以至沙州,并未提及有海子事,其《行纪》第5、6章云:"罗布是一大城,在罗布沙漠之边境,处东方及东北方间。……此沙漠甚长,骑行垂一年,尚不能自此端达彼端。狭窄之处,须时一月,方能渡过。沿途尽是沙山沙谷,无食可觅。然若骑行一日一夜,则见有甘水,足供五十人或百人暨其牲畜之饮……渡沙漠之时,至少有二十八处得此甘水。"按罗布大城,疑即今日之卡尔克里克附近旧城,或在其北之罗布村。据此,是元时卡尔克里克之东及东北,完全为沙漠,并无海水;则海水必仍在北岸如隋、唐时之地位,尚未南迁。由沙漠中之甘水区可供50人或100人饮用之语,必指干河中之余水;而沿岸之"沙山沙谷"表示为古河床,现已干涸,变为沙谷矣。据此,是宋、元以来之车尔臣河仍东北流,不入喀拉布朗库尔,可以推知也。

明、清之际,碛路闭。罗布淖尔情形如何,已无可稽考。清初康、乾间,因军事之进展,罗布淖尔复见记述。《河源纪略》卷9云:

> 罗布淖尔为西域巨泽,在西域近东偏北,合受西偏众山水,共六大支。绵地五千里,经流四千五百里。其余沙碛限隔,潜伏不见者无算。以山势揆之,回环纤折,无不趋归淖尔。淖尔东西二百余里,南北百余里,冬夏不盈不缩。极四十度至五分,西二十八度至二十七度。北有圆池三,无名;南方有椭池四:为鄂尔沟海图、巴哈噶逊弩奇图色钦、弩奇图杭阿、塔里木池,错列环拱。登山远眺,亦如星宿海。

按《河源纪略》为清乾隆四十七年命阿弥达往青海穷河源后所记,皆所亲历,想非臆造。据其所述,根据其经纬度,则当时罗布淖尔确在北边;相当今阿拉干以北以东,以阿拉克库尔、达雅克库尔、喀拉库尔、阿瓦鲁库尔及赤威里克库尔为中心。经度87°30′～88°40′,纬度40°05′～40°

·欧·亚·历·史·文·化·文·库·

40′（民国初年参谋部百万分之一地图），东西浸漫，北岸达营盘西南小海子。今以《河源纪略》附图参以今地，可见也。又据《河源纪略》卷2图说2附图，在罗布淖尔东南又绘一海，名噶顺淖尔。据《纪略》卷11云："噶斯淖尔（图说2作噶顺淖尔）周广三百余里。有三源，自西境碛中流出来注入。噶斯淖尔极三十九度六分，西二十六度五分。去罗布淖尔东南二百里。"今据其所述之经纬度，相当于今之喀拉库顺。在其西又绘有一不知名之圆池。推其位置比率，相当于今之喀拉布郎库尔。据此，是在清乾隆时罗布淖尔已南北分流：在北者水积于阿拉干附近，疑仍为隋、唐时之旧道；在南者水积于密远之北及罗布村附近，盖为新海。其移徙之时代，虽不可确知，疑当在明、清之际也。但当时因南北河流之情形尚不清晰，故以后地图家多不注意喀拉库顺，并将南部东西两湖删除，仅将罗布淖尔绘于北部；如《大清一统图》、《西域图志》、《西域水道记附图》皆如此。及清之末叶，左宗棠驻新后，改省置县。光绪初，巡抚刘锦棠、魏光焘先生派刘清和、郝永刚探敦煌古道，而清末之罗布淖尔情形始大白。清光绪十七年（1891）陶保廉据刘清和等探查图说，述其大概云："自敦煌西门渡党河，西北行约一千二百七十里，至黑泥海子。"注云："西北二十里咸滩，有废屋基。导者云：'咸丰时此地亦为水，回民渔于此，今淤为咸地。'又西南三十里，黑泥海子，即罗布淖尔东南隅也。水畔沮洳，人马难近；水咸有芦苇。四十里芦花海子，九十里阿不旦。"据其所述，是刘清和等所经行者正当罗布淖布之南。"黑泥海子"疑即喀拉库顺湖之义译。"芦花海子"皆为喀拉库顺西之小海子。由引导者所云"咸丰时有水，后淤为咸地"之语观之，是在咸丰以前水势较大，至同、光以后遂渐干涸耳。又陶氏转录刘清和云："罗布淖尔水涨时东西长八九十里，南北宽二三里或一二里不等。"据此是较清乾隆间噶顺淖尔周300里其情形已有不同。陶保廉又记由托克逊至若羌道云："……九十里和儿罕渡塔里木河。四十里七克里克庄，庄南涉水。［注云：于阗东之卡墙河（即车尔臣河）东北流，至此会塔里木河。］四十里罗布村。四境多沮洳，即蒲昌海之西畔，古称牢兰海，今回语曰喀喇布郎库尔（言黑风海子也），蒙古语曰罗布淖尔。"据其所述,是塔里木河水南流会车尔臣河水,南积于若羌之北,分为东、西两湖。陶氏记之甚详,并不因袭于西人之发现也。[1] 自陶氏之说出后,《新疆图志·道路志》均本此绘罗布淖尔于若羌之北;民国初年参谋部之地图亦如此;北部仍绘一小海子名孔雀海,我尚未查出其根据,想为臆造。此清代及民国初年关于罗布淖尔记录及绘图变迁之大略也。盖当清人作《河源纪略》时,塔里木河水与孔雀河水俱东流,入北岸之罗布淖尔,即《纪略》所称"六大支水入淖尔"者是也。而南部之噶顺淖尔则称西碛之水注之,虽不言车尔臣河,而车尔臣河亦当注入其中,故当时形成南北两海。此清乾隆以前事也。及刘清和前往调查时,则水道又变矣。时塔里木河与孔雀河水在阿拉干汇合后,不复东行;折而南流,又汇车尔臣河,汇流东逝,形成两湖,如1921年以前之形势。水既南行,故北部之淖尔遂日形干涸,又经风沙之侵袭,当时北部之淖尔,不得不截为一些小湖,即上文所举之喀拉库尔、阿拉克库尔以及营盘西南之小海子,皆旧时罗布淖尔干涸后仅存之小积水池也。当地人相传"营盘西南宽广之平沙,本在泽中,为浣溪河即孔雀河淤沙所埋",此语极可玩味。吾人检查中国旧图自阿拉干之东北,营盘之西南,铁干里克之东,表见一大块东西横长之咸壳低地,尚保存有残余之积水池若干个(参考民国五年参谋部地图),或可拟为旧时罗布淖尔之遗迹也。近者营盘海子已完全干涸,虽阿拉干附近亦有积水,但不南行,亦渐干涸。而所谓喀拉库顺、喀拉布朗库尔者,将来或亦有干涸之虞矣。据此,是清代之罗布淖尔其地位与形势颇类唐时(见图14-4)。不过唐时或为一海,而清代则为两海耳。

综上所述,是罗布淖尔此次变迁,乃自隋、唐以后之大变迁,不唯海水恢复两千年前之故道,而河流亦恢复两千年之旧河床矣。沧海桑田,不期然欤。总之,吾人现时所述,半由推拟;对于罗布淖尔之研究,为长远工作,有待探查之处甚多。现在之所述,其真确如何,有待将来之考察,必可得到证明或修正。

---

[1]陶保廉《辛卯侍行记》卷5"汉玉门阳关路";同书卷6附吐鲁番歧路。

14.4　罗布沙漠之移徙

　　关于罗布沙漠问题，中国古籍数有记述，近代东西人士赴罗布考察者，对于罗布沙漠记载亦详。但吾人检查古记载所述沙漠之位置与现在情形，颇不一致。故拟本古记载所述，推测其移转之情形，借为研究海水迁移之旁证。兹缕述于下，以作参考。

　　吾人试检查英国斯坦因《考古报告》及附图，在楼兰遗址之西南，铁干里克以东，罗布村以北，一大片沙漠地带。据其所述，沿途为荒寂不毛之沙山沙谷。但同时在沙漠中间散布陶片铜钱及石器之类，显然古时为人类居住之地，而且干涸河渠纵横，则当时必有河水流行其间。试检查记载，此一带为汉人屯田楼兰之区，且为孔雀河、塔里木河入海之孔道，不闻有沙碛。然则此沙碛何时移转于此，当为吾人研究之问题。

　　吾人试检《史记·大宛传》："〔宛贵人〕相与谋曰：'汉去我远，而盐水中数败，出其北有胡寇，出其南乏水草。'"宛贵人所称之"盐水"，当即今之罗布淖尔，汉时称为盐泽，又称为蒲昌海。由上面所述，汉时盐泽之位置，即在今楼兰遗址之东北，土垠遗址之南。即在今罗布低地北部，库鲁克山南麓。时匈奴右部，在今哈密、镇西一带。吐鲁番为古车师国，时役属于匈奴，而均在罗布淖尔之北，故云"出其北有胡寇"。又罗布淖尔之南，正为南道所经行，虽"贵人"不云有沙碛，只云"乏水草"，但吾人甚可解释：因有沙碛，所以乏水草。在塞外风沙弥漫地带，凡无水草之区，可能即为沙漠之区。况鄯善东与三陇沙相接，则其南部之沙漠，可能与三陇沙一致。又我于1930年发掘罗布淖尔北部，在古烽火台遗址中掘拾汉简若干枚。有一简云："敦煌去渠犁一千八百里，更沙版，绝水草，不能致。"同时拾有黄龙元年（前49）木简，则所述为西汉时情形可知。时汉代南北两道均须经过楼兰。楼兰以西为汉代屯田之所。则所指之"沙版"，应在楼兰东南。即在敦煌之西，过三陇沙，直至鄯善之伊循城，即今密远，皆为沙漠。由是言之，是汉、魏时之沙漠在罗布盆地东南部。1921年前之喀拉库顺湖当时疑亦在沙漠之中。故当时南道虽开,但通行者甚少,或因此也。至罗布洼地东北部如何,疑均为盐壳地带,古与今同。《水经注》云:"龙城故姜赖之墟,胡之大国也。地广千里,皆为盐而刚坚也。……西接鄯善,东连三沙,为海之北隘矣。"现根据斯坦因地图及吾人所踏查者,在涸海即今新海之东及东北,皆为盐壳地带,与《水经注》所述之龙城情形无殊。所述龙城,并非实有其城,皆指淖尔东北部被风剥蚀之土丘而言,当地人称为"雅尔当"。土丘鳞比,如城郭宫阙,蜿蜒迤逦于涸海之东北边缘。其形如龙,其状如城,故名龙城。《水经注》释龙城曰:"其国城基尚存而至大,晨发西门,暮达东门。浍其崖岸,余溜风吹,稍成龙形。西面向海,因名龙城。"则所述龙城即指剥蚀之土丘,在海之东北面,无可疑也。但若干土丘邻近山边者,固多黄泥土层。但逼近海边,以我所见者,类分3层:上层为黄泥土层,厚约6米至9米不等;中为沙粒层,外表僵结,内含流沙;下为盐层,《水经注》所谓"有大盐方如巨枕"是也。是由于古海之沉淀物与沙泥僵结而成,或即冰河时期所遗留。至于最上层之黄土层,疑为后期之新沉淀物。由于吾人尝在土丘之平顶上捡拾带绳纹之陶片及石器,且有若干墓穴,皆在黄土层与沙粒层之间。由遗物之证明,皆为两千年前所遗留,则土丘最上之黄土层在两千年前尚表现其活力,从可知也。及进入其后时期,因风水剥蚀而黄土层遂变为"余溜风吹"之龙城矣。此两汉以前之情形也。至于魏、晋以后,地形当无较大变化。吾人根据历史所记及近来遗物之发现,楼兰故墟在魏、晋时代,尚称繁荣。楼兰海虽渐南移,但亦无多大变迁。故其沙漠,当亦无迁移之迹,吾人根据法显所述可以知也:法显《佛国记》云:"沙河中多有恶鬼热风,遇则皆死,无一全者。上无飞鸟,下无走兽,遍望极目,莫知所拟,唯以死人枯骨为标志耳。行十七日,计可千五百里,得至鄯善国。"据此,是自玉门、阳关以西至鄯善即今密远,皆为沙碛之地,与两汉无殊。至隋、唐以后,则罗布情形有一剧烈之转变矣。今次述之。

吾人根据上文所述,罗布海水在隋、唐时当移转于罗布西部,北岸在铁干里克之西南,阿拉干驿附近,南岸达喀拉库顺边缘,是海水已西南移矣。然则楼兰涸海情形如何,无疑已变为沙漠。吾人根据塞外经验,沙漠河流与居民尝有相互之关系:凡有居民之地,必有水草;凡无居民之地,此地必为戈壁或沙卤不毛之地。反之,地无水草,或成沙卤,人民亦必迁徙而去,此定例也。楼兰遗址在公元376年被放弃以后,迄今尚未恢复其繁荣。放弃之原因为何,吾人虽未获明文记载,但必与人为之关系及自然环境之变迁有关。盖自沮渠氏占据西域,北魏、隋、唐继之,其至西域通途,均行南道,而以鄯善与车师为中心。且鄯善与车师之交通线,疑亦由营盘、辛地横断库鲁克山而至车师。鄯善与龟兹之交通线,则疑循塔里木河向西北行,至库尔勒,转西行至龟兹。因此,汉、魏以来以楼兰为中心之交通线久已不存在。则楼兰由北魏至隋、唐是否有居民,成一问题。反之,鄯善、尉犁间则为孔雀河、塔里木河、车尔臣河末流之所汇。则当时鄯善居民为水利之运用,迫使孔雀河、塔里木河南流溉地,因此而使两河水道改变其方向,转东南流,停积于阿拉干附近之低地,其势极可能。水既不复东流入楼兰海,则楼兰故海及其西南部变为沙漠,此必然之结果也。《史记正义》引裴矩《西域记》云:"盐泽在西州高昌县东,东南去瓜州一千三百里,并沙碛之地,绝水草难行,四面危,道路不可准记。行人唯以人畜骸骨及驼马粪为标验。"据此,则隋、唐时蒲昌海东及东南即楼兰遗址附近,完全为沙碛之地,与现情形相同。至13世纪时,威尼斯商人马可·波罗经行西域,由罗布至沙州,其《行纪》第5、6章记罗布沙漠情形,本文第三节已引及。马可·波罗为元世祖忽必烈时代人,所记录为宋、元时事。罗布城据斯坦因推论,即今之卡尔克里克。若然,则自若羌以东及东北完全为沙漠矣;较隋、唐时沙漠又向西南漫延也。故在宋、元之际,不特汉蒲昌海沦于沙漠,即唐之蒲昌海亦有一部沦入沙漠,而迫使海水改变其形势。故至明、清之际,罗布淖尔截为南北两海,而南部复被截为两湖,迫向南徙。故海水之变迁虽一因于河流之改道,而沙漠之向西及南移徙亦有重大原因焉。总之现在罗布西部之沙漠,决为后起之情形,两千年来已经几许变迁矣。现海水既复两千年故道,汉代罗布东部景物,吾人睹其地形,尚能领略于万一。但鄯善之白屋、楼兰之屯地以及注宾河河床尚淹埋于西部之流沙中,均有待于考古上之探寻也。

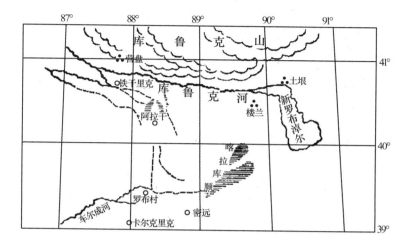

图 14－1　最近水复故道之罗布淖尔

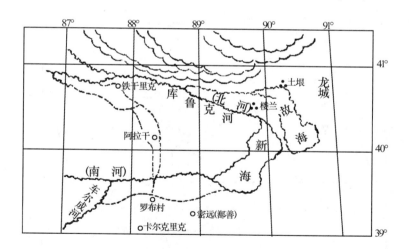

图 14－2　魏、晋以后蒲昌海之推测（据《水经注・河水篇》拟绘）

311

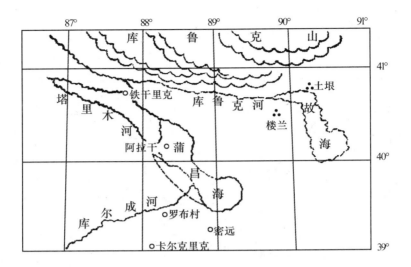

图14-3　唐蒲昌海之推测（据《新唐书·地理志》拟绘）

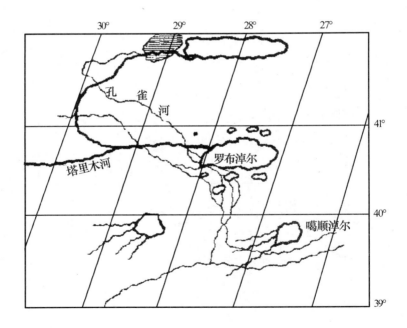

图14-4　清初罗布淖尔形势图

（参考《大清一统图》及斯文·赫定楼兰附图摹绘）

14.5　附论历史上的河源问题

按黄河流贯中国,与中国民族及文化之发展,关系极巨。但源始于何山,流经何地;因山川阻隔,交通不便,为古代学人及旅行者考索焦思之问题。虽近因地形学之进步,交通之开辟,对于前人考思之悬案,早已判明其是非。但由于探索河源之历史关涉罗布淖尔水道问题。故略述梗概,以为读者之助焉。

14.5.1　西域初源说

按黄河初源之说,首见于《禹本纪》及《山海经》,《史记・大宛传赞》引《禹本纪》言:"河出昆仑,其高二千五百余里,日月所相隐避为光明也。"按《禹本纪》,其书不传,今但见《史记・大宛传赞》所引数语而已,未能窥其全豹。《山海经・海内西经》云:

> 昆仑墟在西北,帝之下都,河水出其东北隅以行其北,西南又入渤海,又出海外,即西而北,入禹所导积石山。

又《西山经》云:

> 积石之山,其下有石门,河水冒以西流。

按《山海经》,经后人假合窜益,故不尽可据。但河水出昆仑,潜入积石,为汉初普遍之传说。《淮南子・坠形训》亦言:"河水出昆仑东北隅,贯渤海,入禹所导积石山。"则与《山海经》所述,大致相同。但考《史记》、《汉书》所记,均言河水注渤泽,不云贯渤海。《山海经・西山经》又云"渤泽为河水所潜",与《海内西经》不无矛盾,则其所记必有一误。故述黄河初源,当以《史记》、《汉书》为主也。

《史记・大宛传》云:

> 于阗之西,则水皆西流,注西海。其东,水东流,注盐泽。盐泽潜行地下,其南则河源出焉。

按《大宛传》所述,为张骞使大夏还,具言于汉武帝,今推张骞还汉路线,盖由大夏,并南山,欲从羌中归,而为匈奴所得。大夏在今阿姆河南巴尔克一带,由此东行,必沿阿姆河上溯,过葱岭,经抒采、于阗,而至罗布淖尔，不及青海，即为匈奴所获。则骞之所言，皆为及身所亲历者，当较可据。《大宛传》又云："汉使穷河源，河源出于阗，其山多玉石采来。天子案古图书，名河所出山，曰昆仑云。"此虽不言为张骞语，然以河源出于阗南山，《史》《汉》所言，皆相同。虽后人有訾议张骞"于阗之西，则水皆西流，注西海"之语。但由实地考察所得，印度河与于阗河均发源喀喇昆仑山。于阗河出于其北，东北流。印度河出于其西，西南流。与张骞所言暗相符合。盖张骞使大夏还，过葱岭，传闻身毒等国，必已悉闻印度河源，与于阗河源之同出一山矣。故张骞使西域，虽非专为穷河源，而黄河初源之探查，则自张骞始也。及李广利伐大宛，郑吉破车师，匈奴受挫，西域服从。宣帝为之设都护，元帝更置戊己校尉，西域之土地山川，道里远近，益近翔实。班固作《汉书》，为西域立专传，其叙述河源，亦较《史记》为精密。其说云：

> ［西域］南北有大山，中央有河。……其河有两源，一出葱岭山，一出于阗。于阗在南山下，其河北流，与葱岭河合，东注蒲昌海。蒲昌海，一名盐泽者也。去玉门、阳关千三百余里（原无千字，依王念孙说补），广袤三百里，其水停居，冬夏不增减，皆以为潜行地下，南出于积石，为中国河云。

按其所述，以较《史记》，则详实多矣。班氏承中原、西域交通大开之后，又亲至私渠海，其弟班超久留西域，记其闻见，参以档册，故能言之确凿可据也。盖新疆南部，有一大河，曰塔里木河。汇合南北支水，东流入罗布淖尔。在北者，为喀什噶尔河，出于葱岭，东流。阿克苏河、库车河、海都河，均入焉。在南者，为叶尔羌河，出于昆仑山，东北流。和田河、且末河，均入焉。班氏虽仅举两源，一为葱岭河，一为和田河。盖举葱岭河，则北路诸水皆属之；举和田河，则南路诸水皆属之。揭其大纲，去其枝叶，疑非有意遗漏。唯河水"潜行地下，南出于积石"一语，颇启后人訾议。但说"皆以为"3字，则班氏不过略述当时一般人之推测而已，非班氏私意也。自班氏之说出，而后人之言河源者悉宗之。虽王肃、郑玄注《尚书》，均以河水出昆仑为言。而邓展注《史记》，不信河源出昆仑，而本《禹贡》"导河自积石"语，以为河源出于金城、河关，即今河州之积石山。但《说文》、《风俗通》、《广雅》皆云:"河出昆仑。"而高诱注《淮南子》,郭璞注《山海经》,所述皆同于《汉书》。以及应玚《灵河赋》,成公子绥《大河赋》,所述亦同。是黄河初源在西域之说,已普及于一般注释家及文人矣。自魏、晋以来,中原和西域交通时断时续,而商贾贩运,僧侣往来,仍不绝于途。关于西域地形,耳闻目验,记载亦富。至北魏郦道元作《水经注》,囊括群书,征引详瞻,其述西域河流,核以现势,直同目验。盖郦氏所取者精,故所用亦宏也。然推其所本,亦不出于《史记》、《汉书》与《山海经》所述之范围,而更加详密耳。故西域河源之说,在南北朝以前,均无异词也。

14.5.2　青海河源说

自隋、唐以后,吐谷浑、吐蕃迭据青、藏,势力及于西域,两地交通,地理上之情形渐趋明晰。隋大业中,平吐谷浑置郡设县,据《隋书·地理志》:"隋大业二年,于赤水城置河源郡,以境有积石山。"又河源郡下云:"积石山河源所出。"是隋时已知河源在青海,但尚不知黄河之远源,而以河州之积石山,为河所自出矣。至唐贞观九年(635),诏李靖、侯君集讨吐谷浑,据《新唐书·吐谷浑传》云:"君集与任城王道宗趋南路,登汉哭山,战乌海,行空荒二千里。阅月,次星宿川,达柏海上,望积石山,观河源。"柏海,据清人考证,谓即今之札凌、鄂凌两淖尔,丁谦并实指即今札凌湖。札,白也。凌,长也。柏,即白之转音。今云侯君集在札凌淖尔观河源,则黄河远源之发现,固始于侯君集也。又据《新唐书·吐蕃传》云:"唐贞观十五年,以宗女文成公主妻弄赞,弄赞率兵至柏海亲迎归国,为公主筑一城,以夸后世。"《唐会要》云"弄赞至柏海,亲迎于河源",其所述方位与地形,大致与《吐谷浑传》略同。是黄河真源,出于札凌、鄂凌两淖尔东北之星宿海,唐初人已知之矣。故杜佑作《通典》取河源在吐蕃,力非西域初源之说,职是故也。但当时仅有口头之记述,而无河源经行之详细记载。故当时一般学人,犹持两端之见解;如张守节《史记正义》,李吉甫《元和郡县志》,一方面承认黄河经行大积石山,而以河州之山为小积石,但仍持由蒲昌海潜行地下之说。至唐长庆二年(822),穆宗遣薛元鼎使吐蕃盟会,并探河源,而黄河上源始得较详明之观念矣。

《新唐书·吐蕃传》云：

> 元鼎逾湟水，至龙泉谷，西北望杀胡川，哥舒翰故壁多在。湟水出蒙谷，抵龙泉与河合。河之上流，由洪济梁西南行二千里，水益狭，春可涉，夏秋乃胜舟。其南三百里三山，中高而四下，曰紫山，直大羊同国，古所谓昆仑者也。虏曰闷摩黎山，东距长安五千里，河源其间。……河源东北，直莫贺延碛尾，殆五百里。碛广五十里。北自沙州，西南入吐谷浑浸狭，故称碛尾。……元鼎所经见，大略如此。

据《河源记略》考证，紫山，即闷摩黎山，当为今之枯尔坤山；乃巴颜喀喇山、阿克塔齐沁、巴尔布哈山，三山并峙之总名。按枯尔坤，即昆仑之转音。明僧宗泐《望河源诗》，以为河源出自抹必力赤巴山。其自记云："番人呼黄河曰抹处，牦牛河为必力处，赤巴者，分界也。其山西南所出之水，则流入牦牛河，东北之水，是为河源。"按宗泐之抹必力赤巴山，当即闷摩黎山，摩黎即抹必力之对音，为河源之所自出。又称紫山者，疑为汉人所命名，指山色言也。与回人因山色黑，而呼为喀喇昆仑山用义相同。据此，是唐薛元鼎所见之河源，已知出于巴颜喀喇山矣。此中国第二次所探之河源也。自薛元鼎之说出后，一般人之说河源者，情形大变。若欧阳忞《舆地广记》及元马端临《文献通考》，踵随杜佑之说，皆主吐蕃之河源，而非西域之河源。历宋至元，其说未变。信如《元史·地理志》所云，世之言河源者，皆推本二家之说也。但唐、宋以来，道路未尽通达，信使所过，每迂回艰阻，不能直抵其处，而探其究竟。宋代幅员褊狭，凡河源经流之处，皆远隔西夏，非使节之所能通。故宋三百余年中，儒者所说河源，皆依据传闻及唐人旧说，无所发挥。

至元有中国，开道置驿，使骑往来，交通方便。自元至元二十七年（1290），令笃实往穷河源，而黄河上源，遂臻详实矣。《宋史·河渠志》云：

> 元至元二十七年，令学士蒲察笃实西穷河源，河源在今西番朵甘思南鄙，曰星宿海者其源也。四山之间，有泉近百泓，汇而为海，

316

登高望之,若星宿布列故名。流出复潴,曰哈剌海。东出,曰赤宾河,合忽兰、也里术二河,东北流,为九度河。其水犹清,贯山中行,出西戎之都会,合纳怜河,所谓细黄河也。水流已浊,绕昆仑之南,折而东注,复绕昆仑之北,自贵德西宁之境,至积石,经河州,入中国。

按此中国第三次所探之河源也。《宋史·河渠志》及《元史·地理志·河源附录》,皆出于潘昂霄《河源志》。盖自笃实穷河源后,潘昂霄从其弟阔阔出得其说,撰为《河源志》,故潘氏《河源志》,乃记笃实穷河源之实录也。《宋史》修于元顺帝时,在笃实穷河源后,故其所述《河渠志》乃一循潘氏《河源志》,及朱思本《图说》而著录也。据其所述,星宿海,即《河源志》之火敦脑儿,清人译作鄂登他腊。哈喇海,即《河源志》之阿剌脑儿,清人译作哈勒罕,谓即今鄂楞淖尔。赤宾河,清人指呼兰河(即《河渠志》之忽兰河),额德凌特淖尔诸水,皆为元之赤宾河。《河渠志》之九度河,《河源志》称歧裂八、九股水,名也孙斡伦,译言九度之意。清人指八、九股水,即海尔吉入河之处,言有八、九股水入河,并非一股为八、九支也。《河渠志》之昆仑山,《河源志》称为亦耳麻不莫剌山,其山最高,译言腾乞里塔,即昆仑山也。山腹至顶皆雪,冬夏不消,故又云大雪山。在朵甘思之东北,清人改译为伊拉玛博罗,即清人所称之阿木奈玛勒占木逊山,即唐人所述之大积石山也。虽如清人之批评,止知有星宿海之河源,而不知星宿海以上始发之河源。但其叙述河源之所经行,已较唐人所记更为详实矣。

明代势力不及西陲,虽有一、二僧侣关于河源之记载,然语不赅实,未可即据为典要。清朝入主中夏,抚有西疆,及平准部,西北西南,悉归版图,乃又有第四次探河源之举。据《河源纪略》卷头语所云:

> 清康熙四十三年,命侍卫拉锡等,往穷河源,但至星宿海而止。及乾隆四十七年,后命阿弥达往青海穷河源。据称星宿海西南有一河,名阿勒坦郭勒。蒙古语,阿勒坦,即黄金,郭勒,即河也。实系黄河上源。水色黄,回旋三百余里,穿入星宿海,自此合流,至贵德堡,始名黄河。又阿勒坦郭勒之西,有巨石,高数十丈,名阿勒坦

·欧·亚·历·史·文·化·文·库·

噶达素齐老。蒙古语，噶达素，北极星也。齐老，石也。其崖石黄
赤色，壁上为天池，池中流泉喷涌，酾为百道，皆作金色，入阿勒坦
郭勒，则真黄河之上源也。

据此所述，是较元人所探之河源，又上溯三百余里，而得其源之所出矣。
清廷复令朝臣编为《河源纪略》一书，详记其事，而以御制诗文冠于篇
首，历史上言青海河源者，至清人而极矣。此中国第四次探河源所得之
结果也。

综观以上诸说，摄举大纲，不出二类。一以河源在新疆，塔里木河
为其上源，至罗布淖尔，而潜行地下，南出积石山，为黄河。此说出于
《禹本纪》；《山海经》、《史记》、《汉书》及《水经注》等所述皆同，六朝以
前人悉主之。一以为河源在青海，源于巴颜喀喇山，穿星宿海，至积石。
唐、宋、元、明以来人悉主之。但如《汉书》所述，潜行地下，其潜行之迹
何如，《汉书》亦未详加解释。而元人之以星宿海为河源也，对于与西
域河源有无关系，亦未加以料简。是皆元、明以前人研究河源之疏略
也。至清中叶，乘极盛之势，累遣专使探寻河源，乃于两者极端不同之
中，觅出调和之法，以为河有两源：一为初源，在西域，出昆仑山。一为
重源，在青海、出巴颜喀喇山之噶达素齐老峰。两者之如何联络，乃本
《史记》、《汉书》"潜行地下"一语，而求其经行之迹，其说俱详于《河源
纪略·质实篇》所记。又罗布淖尔《东南方伏流沙碛图说》，叙述亦颇
简明。今参酌其说，举其大要云：

河水自罗布淖尔伏流，以至阿勒坦郭勒重发之处，测其径度，
约一千五百里，若以伏流，随山曲折，东南激荡，当不止两千里而
赢。昔人言盐泽之水，散入沙碛。盖东以诸山，导以诸沙，凝荟潜
流，似散而非散也。故自噶顺淖尔、察罕得勒苏水、察罕托辉水，以
至库库塞水，诸泉仰发，不一而足。其最大者，达布逊淖尔一支
（以上《图说》语），西北望盐泽，八九百里，无连山之隔，东南窜入，
直至拉布拉克岭，与青海相去，仅三十余里。此亦南山中断，大河
伏地，从此流入之明证。前人仅知蒲昌海伏流入中国，而不知所以
伏流者，为众沙之故，又不知其伏而仍行者，亦以连山中断为沙碛，

故河水得以潜入其间也(并上《质实篇》按语)。

据上所述,其解释罗布淖尔水潜行入青海之迹,颇为详明。尤其提出以沙碛伏流,证河流潜行之迹,比之前人纠缠于字纸堆中者,其方法较为进步矣。

自近 50 年以来,世界交通日辟,新疆、青海并入内地,东西学者前往旅行颇不乏人。据其探测之结果,罗布淖尔高出海面约 850 米,札凌海高出海面 4270 米。河源之噶达素齐老峰,当然更高。故欧洲地学家,遂谓两者绝无相通之可能。但察清人叙述河流潜行之迹时,每谓"诸泉仰发",是已知青海河源之高于罗布淖尔也。不过清人仍主张泉水可以仰流耳。盖清人所指黄河初源者,谓塔里木河源于昆仑山。据斯坦因 1906 年之探查叶尔羌河及支流发源于喀喇昆仑山,其通道之河谷,海拔在 5500 米以上。和田河发源于昆仑山主脉之最北部,海拔几达 6100 米。昆仑山向东南绵延,平均高度为 4570 ~ 4880 米。由是言之,是昆仑中分支出之巴颜喀喇山即为青海河源之所出者,仍较塔里木河河源之所出者为低。清人认塔里木河与青海河源有关,又须中经罗布低地,不明物理现象,故有仰发之说也。我于 1929 年赴新疆南路考察,历循塔里木河诸支水,由北道之海都河,库车河、阿克苏河、喀什噶尔河,以至南道之叶尔羌、和田河,探究竟委,咸入塔里木河,而归于罗布淖尔。尤其探叶尔羌河源之所出,深入山中,寻其原委,当地人名山为喀拉达格。又有地名库尔伦,想为昆仑之转音。崖岸耸峙,壁成文理。或奇石接空,中通行人。或高峰围绕,内显平野。奇石怪木,非可言宣。阆风玄圃,不过状其山形景色而已。现喀什噶尔河水流中断,和田河水与克里雅河水中入流沙,而大河之主流,现仅恃叶尔羌河及海都河而已。阿克苏河与库车河,虽间有余水灌入大河,但非主流也。在 1921 年以前,塔里木河水南流,与车尔臣河水汇东流入罗布淖尔,形成喀拉布朗库尔、喀拉库顺两湖,《河源纪略·质实篇》称:"罗布淖尔之南有噶斯淖尔,周广三百余里,为大河潜流伏见之第一迹。"按噶斯淖尔,《图说》作噶顺淖尔,当即今喀拉库顺之异名,实指一海。现海都河汇塔里木河东流入涸海,不复南流。车尔臣河水流亦不长,故旧时之喀拉库顺现已成涸湖。是噶顺淖尔之水,由于塔里木河流之浸入。河流改道,湖水即涸。是河流影响于水道,形迹至为显然。清人不察河流之所经行,讹言和田以东无一河流,故以噶顺淖尔水,为罗布海水之伏水,何其诬也。达布逊淖尔,我虽未亲往查勘,但达布逊淖尔所受之水,中隔峻岭,实与罗布淖尔所受之水无关。札凌、鄂凌两淖尔,更无论矣。河出西域说、重源说虽然都是错误的,但所反映出来的祖国山河相连的观念却是可贵的。

（原载《罗布淖尔考古记》,北平研究院,1948 年;后收入《西北史地论丛》,上海人民出版社 1981 年版;又收入《黄文弼历史考古论集》,文物出版社 1989 年版）

15 四时捺钵总论

傅乐焕

15.1 四时捺钵

以上两文[1]已于四时捺钵个别考论,今再就四时捺钵作一全盘的考察。于此,吾人不得不就各家记载,再一征引。《辽史·营卫志》曰:

> 辽国尽有大漠,浸包长城之境,因宜为治,秋冬违寒,春夏避暑,随水草,就畋渔,岁以为常,四时各有行在之所,谓之捺钵。

> 春捺钵曰鸭子河泺。……夏捺钵无常所。……秋捺钵曰伏虎林。……冬捺钵曰广平淀。

宋王易《重编燕北录》曰:

> 四时捺钵(此原当为标题):春捺钵多于长春州东北三十里就泺甸住坐,夏捺钵多于永安山住坐,秋捺钵无定止,冬捺钵多在靴甸住坐。[2]

《续长编》卷110曰:

> 契丹每岁正月上旬出行射猎,凡六十日,然后并塔鲁河凿冰钓(钩)鱼,冰泮即纵鹰鹘以捕鹅雁。夏居炭山,或上京(陉)避暑,七月上旬复入山射鹿。夜半令猎人吹角效鹿鸣,既集而射之。(《契丹国志》卷23《渔猎时候》同)

---

〔1〕编者按:指《辽代四时捺钵考五篇》之一《春水秋山考》,之二《广平淀考》。

〔2〕王易《燕北录·四时捺钵》条厉鹗《辽史拾遗》卷13引之,后人多就《拾遗》转录。按易原书久佚,唯《说郛》收有不全本。本所(指"中央研究院"历史语言研究所——编者)藏商务印书馆排印本《说郛》所载此条与厉引多有出入。厉氏所引当为明本。兹就两本合校,成此条。厉本谓冬捺钵在边甸住坐,"边甸"商务本作"靴淀",甚是。靴淀即广平淀,详见《广平淀考》。

《大金国志》卷 11 曰：

> 契丹主有国以来承平日久，无以为事。每岁春，放鹅于春水，钧鱼于混同江。夏避暑于永安山，或长岭、豹子河。秋射鹿于庆州黑岭秋山。冬射虎于显州。四时无定，荒于游猎。

诸家之说小异而大同。今据实际考索所得，列为下表：

春捺钵　　主要地点：长春州之鱼儿泺。

　　　　　主要行动：捕鹅$\binom{（鱼儿泺）}{（二月至三月）}$，钧鱼$\binom{（混同江）}{（正月）}$。

　　　　　次要地点：鸳鸯泺。

夏捺钵　　主要地点：永安山，炭山。

　　　　　主要行动：避暑，障鹰，议政。

秋捺钵　　主要地点：庆州伏虎林。

　　　　　主要行动：射鹿。

冬捺钵　　主要地点：永州广平淀。

　　　　　主要行动：避寒，议政，受外国聘使贺，猎虎。

持此以衡诸家记载，虽所言不备，不能该及全体，要亦各得一斑。然则《营卫志》之吐儿山，《燕北录》之泺甸，《大金国志》之长岭、豹子河，宜各有来源，今尚未得其详。

就全盘观察，此等捺钵可大别为"东北"、"西南"两组。东北组为经常游跸处所，西南组则偶一临幸。两组可以简表表之：

东北组

　　春：混同江，鱼儿泺；夏：永安山等（或纳葛泺）；秋：庆州诸山；冬：广平淀。

西南组

　　春：鸳鸯泺；夏：炭山（或纳葛泺）；秋：炭山；冬：南京（或西京）。

大体言之，《营卫志》卷 4 "捺钵"条，即根据东北组而作。西南一组除圣宗前半因对宋交涉频繁，以及天祚末期被迫西幸，两时期数数莅临外，自圣宗后半，历兴道两朝，以迄天祚初期，百有余年，大率盘桓东北组中。然每阅五六年亦必至西南组一行。盖亦窃取巡狩之义,渔猎之外,尚有政治作用也。

一点必须注意者,即此所谓"经常组"捺钵,亦即《营卫志》所述之捺钵,仅足代表圣宗后情形。此尤以春、冬两捺钵为然。圣宗前诸朝与此不同。归纳圣宗前诸帝纪所载,大致情形如下:

太祖　"西楼","东楼","南楼","北楼"。[1]

太宗　春:土河;夏:沿柳湖凉陉(永安山);秋:无考;冬:上京一带。

世宗　无可考。

穆宗　春:潢河;夏,秋,冬:均在上京西北庆州境内。

景宗　春:无定所;夏:沿柳湖燕子城;秋:庆州诸山炭山;冬:上京西京。

世宗一代材料过少,无可考究。景宗朝与圣宗后定制已大体合。景宗多驻南疆,亦缘对宋用兵故也。

一民族之行动,决定于其生活之方式。《游幸表》序曰:"朔漠以畜牧射猎为业,犹汉人之劭农,生生之资,于是乎出。"宋张舜民亦言"北人打围,一岁各有处所,……如南人趁时耕种也",均深切认识契丹民族生活之真面目。捺钵之制,完全为此种生活下产物。《大金国志》诋辽帝"承平日久,无以为事,四时游猎,荒无定所",实乃皮相之论,未识契丹民族之真形耳。

15.2　捺钵释义

捺钵一语意义为何?《营卫志》序云:

---

[1] 太祖每年行踪《辽史》所载不多,唯《契丹国志·太祖纪》云:"渤海既平,又于木叶山置楼,谓之南楼,大部落东一千里置楼谓之东楼,大部落西三百里置楼谓之北楼谓之西楼。……四季游猎,往来四楼之间。"楼即捺钵,刘跂《学易集·使辽诗》"礼为王人重,关亭道路除,荒山初部落,名镇古医闾,习俗便乘马,生男簪负锄,传闻断腕地,岁岁作楼居。"楼亦指捺钵,大部落即西楼营建前太祖居地之称,而西楼一带即日后上京祖州境地。此条记录较早,尚保有原称。至《续长编》卷110引宋《实录》,则径改书以日后地名云:"又有四楼,在上京者曰西楼,木叶山曰南楼,龙化州曰东楼,唐州曰北楼。"(《契丹国志》卷23"宫室制度"条同)辽无唐州,唐字颇疑为庆字之误。

·欧·亚·历·史·文·化·文·库·

有辽始大，设制尤密：居有官卫，谓之斡鲁朵，出有行营，谓之捺钵。

《北盟会编》卷14引马扩《茆斋自叙》云：

次日就营拜辞[阿骨打]。是日已至契丹拔纳行帐（拔纳二字应互倒，历史语言研究所藏抄本《会编》即作"纳拔"，又下引《茆斋自叙》另一段，亦作纳拔），前列契丹旧阁门官吏，皆具朝服，引唱舞蹈，大作朝见礼仪。每入帐门，谓之上殿。

《北盟会编》卷15又引《茆斋自叙》云：

十一日辞朝，阿骨打坐所得契丹纳跋行帐，前列契丹旧教坊乐工，作花宴。

又《元史》卷90《百官志》云：

经正监。秩正三品。掌营盘纳钵，及标发投下草地词讼，则治之。

故捺钵谓"行营"、"行帐"、"营盘"，即辽帝出行时居止之帐幕也（即前文《广平淀考·捺钵志详》节之"皇帝牙帐"）。

宋庞元英《文昌杂录》云：

北人谓住坐处曰捺钵，四时皆然，如春捺钵之类是也。不晓其义。近者彼国中书舍人王师儒来修祭奠，余充接伴使，因以问师儒。答云，是契丹家语，犹言行在也。

《大金国志·熙宗纪》："皇统三年七月，谕尚书省，循契丹故事，四时游猎。春水秋山，冬夏刺钵。"刺下原注音云"芦达切"，"刺钵"下又注义云：

刺钵者契丹语所在之意。

谓捺钵者为"行在"，盖汉人意译之称，如细加推求，则与其原有意义，不无差别也。

《金史·章宗纪》云：

泰和二年五月壬戌，谕有司曰：金井捺钵，不过二三日留，朕之所止，一凉厦足矣。若加修治，徒费人力。其藩篱不急之处，用围幕可也。

又元周伯琦《近光集·扈从诗》前序云：

> 大驾北巡上京，例当扈从。是日启行，至大口，留信宿。历皇后店，皂角，至龙虎台，皆纳钵也。国语曰纳钵者，犹汉言顿宿所也。

又杨允孚《滦京杂咏》（上）云：

> 龙虎台纳宝地也。凡车驾行幸宿顿之所，谓之"纳宝"，又名"纳钵"。

是金元时捺钵渐转为短期宿站之称，犹清代时巡热河沿途之"行宫"。

综上所论，捺钵一语通行于辽、金、元三朝。别尚可译写作"纳拔"、"纳钵"、"剌钵"、"纳宝"。数译音略同，去原音当不远。清高宗以满洲语称"地方"为"巴纳"，与捺钵两音互倒后近似，乃诋南人不晓北语，谓以"捺钵"译"巴纳"，音既未惬又复互倒，殊为悖谬。其"钦定"《三史国语解》，即以"巴纳"易"捺钵"。[1] 是诚强不知以为知，殊可哂已。

日人白鸟库吉尝考此语之源流曰：

> 蒙古语谓游牧人之野营或住所为 nutuk，《元朝秘史》原文之嫩秃黑，译意作营盘。又 Tunkinsk 语谓村落曰 nutuk，Seleginsk 语谓村落曰 nutiük。又据《蒙语类解》，知蒙语称故乡曰 nu-t'uk，则契丹话捺钵之"捺"，剌钵之"剌"，当即上述 nutuk nutük 之对音。

> 又"钵"字似为捺钵，语之语尾。满洲语谓处所曰 ba，女真语谓地方曰卜阿以，谓地面曰卜阿朵（buana），朝鲜语谓处所曰 pa，日本语谓处所曰 ba，捺钵之"钵"或即此等处所之语之对音。

> 如以上所论不误，"捺钵"当为 nutuk-ba 之对音，义行在所也。[2]

愚不谙蒙语，其言当否，未敢置喙。但其牵连太远，恐为治语言学者所不取也。

---

〔1〕其说忆于《热河志》中见之，顷检之未得，但乾隆确曾作语，异日查明，再详查出。

〔2〕白鸟库吉《东胡民族考》，载日本《史学杂志》24 编，第 19－20 页。

15.3 捺钵与辽代政治

综观前论，则有辽一代诸帝，终年盘桓于四捺钵之间，虽别有五京，而临幸盖尠。至此吾人不免发生一至大疑问，即：辽代政治果如何处理？《辽史》于此本有详细记载。第以伦次失当，不叙于《百官志》之首，反次之《营卫志》之中，致后人多未能充分注意及之。此一代永制，遂久湮不明。按，《营卫志》于分述四季捺钵之后，继云：

> 皇帝四时巡守，契丹大小内外臣僚并应役次人，及汉人宣徽院所管百司皆从。汉人枢密院中书唯摘宰相一员，枢密院都副承旨二员，令史十人，中书令史一人，御史台大理寺选摘一人，扈从。每岁正月上旬车驾启行，宰相以下还于中京居守，行遣汉人一切公事。除拜官僚，止行堂帖权差。俟会议行在所，取旨出给诰敕。文官县令录事以下，更不奏闻，听中书诠选；武官须奏闻。五月纳凉行在所，南北（应作北南）臣僚会议。十月坐冬行在所，亦如之。

又"夏捺钵"条下云：

> 四月中旬起牙帐，卜吉地为纳凉所，五月末旬，六月上旬至。居五旬，与北南臣僚议国事。

又"冬捺钵"条云：

> 牙帐多于此坐冬，与北南大臣会议国事。

此数条实为有辽一代施政大法之最忠实的说明，其间屡言及"北南臣僚"，及"'契丹'，'汉人'官员"。今欲解释此数项史料，必须于此等名词，略加说明。

辽代政制有一至为特殊之点，即其官分北南两面，北面治契丹，南面治汉人。

《辽史·百官志》云：

> 至于太宗，兼制中国，官分南北（应作北南），以国制治契丹，以汉制待汉人。

又云：

> 辽国官制分北南院。北面治官帐、部族、属国之政,南面治汉
> 人州县租赋军马之事,因俗而治,得其宜矣。

宋余靖《武溪集·契丹官仪》亦言:

> 胡人之官,领番中职事者,皆胡服,谓之契丹官,枢密宰臣则曰
> 北枢密、北宰相。领燕中职事者虽胡人亦汉服,谓之汉官,执政者
> 则曰南宰相、南枢密。

其北南称谓之来源,初视之似与契丹汉人之地理分野有关,细按之,乃
别有标准。《续长编》卷110记契丹制度云:

> 其官有契丹枢密院及行宫都总管司,谓之北面,以其在牙帐之
> 北,以主蕃事。又有汉人枢密院、中书省、行宫都总管司,谓之南
> 面,以其在牙帐之南,以主汉事。

然则南北之称,盖由其庐帐对辽帝牙帐之相关位置而定(此相对位置,
最初或正由契丹、汉人之地理分野而来)。是条标出牙帐一词,最足注
意。此牙帐应无认为汉人泛称外族君主所在地之名词,乃确指捺钵时
期之庐帐。辽代政治中心不在汉人式的五京,而在游牧式的捺钵,得此
可明。《辽史》不叙施政详情放《百官志》,反次之《营卫志》,其故亦当
在此。

至此,吾人并得以纠正《辽史》一大误点。辽北南两面官(即统治
契丹、汉人之最高机关)即此契丹、汉人两枢密院,亦称曰北南枢密院。
《百官志》中虽无明显记载,然观乎《萧孝忠传》所载"国制以契丹汉人
分北南院枢密治之。孝忠奏曰:'一国两枢密,风俗所以不同,若并为
一,天下幸甚。'"又《刑法志》曰:"太平六年下诏曰:'朕以国家有契丹
汉人,故以南北(应作北南)二院分治之。'"更以全史有关记载证之,绝
无可疑。乃《百官志》记叙辽一代职官分北南面两大部门(北南面各占
一卷),于北面官门列"契丹北枢密院"、"契丹南枢密院",同时于南面
官门列"汉人枢密院"。其契丹北南两枢密院两条原文云:

> 契丹北枢密院。掌兵机武铨群牧之政。凡契丹军马皆属焉。
> 以其牙帐居大内帐殿之北,故名北院。元好问所谓北衙不理民是
> 也。

327

契丹南枢密院。掌文铨部族丁赋之政，凡契丹人民皆属焉。

以其牙帐居大内之南，故名南院。元好问所谓南衙不主兵是也。

复于《北面官门》序论中论曰：

初，太祖分迭剌夷离堇为北南二大王，谓之北南院。宰相、枢密、宣徽、林牙，下至郎君、护卫，皆分北南，其实所治皆北面之事。

似乎与南面汉人枢密院对立之北面契丹枢密院本身，复分为北南两枢密院也。日人津田左右吉尝考辽北南枢密院之制，其结论云：

基于以上理由：余可断言：《辽史·百官志》以枢密之北南二院，与宰相府宣徽院之有北南二者，同认为北面官，另以汉人枢密院认为南面官，实属错误。事实上，北枢密院乃北面最高官衙，南枢密院乃南面最高官衙，所谓汉人枢密院，不外即南枢密院而已。[1]

其论尚不误。今可借捺钵制度，订益其说。《百官志》谓，"契丹北枢密院牙帐居大内帐殿之北，故名北院"；"契丹南枢密院牙帐居大内之南，故名南院"。正为对契丹、汉人两枢密院之写实。而所引元好问"北衙不理民"，"南衙不主兵"之语，亦非辽契丹汉人两枢密院不足以当之。[2] 大致元人之修《辽史》者，见辽北面官中有北南二王府及其宰相、宣徽、林牙等，皆分北南（均属北面），复见枢密院亦分北南，别又有契丹汉人枢密院之称，从而以为辽有对立的契丹汉人两枢密院，而契丹枢密院本身复自分为对立的北南两枢密院也。

据此，今本《辽史》北面官下之"契丹北枢密院""契丹南枢密院"两条应行合并，其下所载一部分事实，应改次于南面官门之"汉人枢密院"条下。[3]

北南两枢密院为当时行政最高机关，故或即以北南面简称之。前

---

〔1〕津田左右吉《辽代制度之二重体系》，载《满鲜地理历史研究报告》第5册，东京帝国大学文科大学1924年，第230页。

〔2〕语见所作《故金漆水郡侯耶律公墓志铭》（《遗山集》不载，今存《元文类》卷51）。原文作"辽人主盟将二百年。至如南衙不主兵，北司不理民，县官专用文吏，其间可记之事多矣。"

〔3〕北南枢密院之制定于世宗，世宗前已有枢密使之官，均汉人为之。盖辽初笼络汉人，袭用南人旧衔耳。今《辽史·南面官》"汉人枢密院"条即据此而写。

引《百官志》之言曰：

> 辽国官制分北南院，北面治宫帐部族属国之政，南面治汉人州县租赋军马之事。

以"院""面"并用，旧疑院为面之误，今悉其固各有涵义也。

明乎契丹官制北南之分，再观《营卫志》所述。辽诸帝于每年冬夏两季，在冬夏两捺钵召开两次大政会议。会议完毕后，即春水秋山将届时，皇帝起牙帐，赴春水秋山地点，契丹官员全体及汉官一部扈跸同行，汉官大部返于中京居守，处理汉人事务。契丹官员既全部扈从，则契丹官所辖之北面宫帐部族属国之政，仍可由辽帝随地随时料理。至是吾人乃明北南面官制之妙用。即辽帝于吞并一部分汉地，宰治一部分汉人之后，旧日渔猎之习，保守未改，从而不能接受汉人式的政制，作汉人式的皇帝。乃设此南面官，以汉人之事，委之汉人。汉宰相可除拜县令录事以下不须闻奏，县令以上亦可先行堂帖权差，然后于大政会议时期取旨，由辽帝加委追认，其权殆不为小。换言之，契丹帝国实包括两个国家，一由契丹人以及汉人以外各族人组成，由辽帝自行统治之；一由汉人组成，由辽帝转委汉大臣统治之[1]。此观于金初情形，尤觉明了。《金史》卷78《韩企先传赞》曰：

> 太祖入燕，始用辽南·北面官僚制度，是故刘彦宗、时立爱，规为施设，不见于朝廷之上。军旅之暇，治官政，庀民事，务农积谷，内供京师，外给转饷，此其功也。

又企先《本传》云：

> 初，太祖定燕京，始用汉官宰相赏左企弓等，置中书省枢密院于广宁府。而朝廷宰相，自用女直官号。太宗初年，无所更改。及张敦固伏诛，移置中书枢密于平州，蔡靖以燕山降，移置燕山。凡汉地选授调发租税，皆承制行之。故自时立爱、刘彦宗，及企先辈，官为宰相，其职大抵如此。斜也、宗干当国，劝太宗改女直旧制，用汉官制度。天会四年，始定官制。

---

〔1〕辽南枢密使初设时尽以汉人充，后亦间用契丹人。其僚属大当发（多）为汉人。

读此，辽北南番汉分治之情况，益明。女真旧制，亦金代之北面官耳。金改旧制，实仅对汉人统治之加强，而女真汉人分治之制，则并未泯除。其事与入关后之满汉人关系正同。孟心史先生论清八旗制度有云：

> 清一代自认为满洲国，而满洲人又自别为旗人，盖即以满为清之本国。满人无不在旗，则国之中容一八旗，即中国之中涵一满洲国，未尝一日与混合也。[1]

金人亦犹是。金人无不隶于猛安谋克，固与汉人不相厮杂也。

至此，并可对契丹民族汉化问题作一新观察。昔人见辽人置州县，建五京，以为弃旧俗，采汉化之明证。今知其虽具五京，固非政治中心之所在。而详考地志，新营州县中明载以汉人、渤海俘户置者占半数以上（其他虽未明载，实亦以处汉人或渤海人，可以推知）。乃知州县之置，特以处汉人渤海，五京之设，则所以压州县。斯仅辽人统驭汉人渤海之措施，无与于契丹民族之汉化也。

近年以来，学人多有赴东北诸省辽代故城，以探考契丹民族之文化者，今按居留于此等城市中者固仍为汉人，则其所代表之文化，仍为汉人之文化，其间固不免杂有契丹色彩，然谓契丹民族文化本色如此，愚意以为未可。

宋辽自澶渊盟后百有余年，始终相安，无大争执。尝思其故，不在两国国力相当平衡，端因辽人无意南下。盖塞北民族饮食居处，不与华同。见中原富庶豪华，掠夺劫取之心有之，据其地，子其民，混一区域之观念，则所罕见。辽太宗南伐，述律太后谓曰："使汉人为胡主可乎？"曰："不可！"太后曰："然则何故欲为汉王？"又曰："妆今虽得汉地，不能居也。"最足代表契丹对汉人之观念。太宗因甘心石晋，虽竟入汴，然不旋踵，即委而去之。宋辽盟后，宋既以岁币縶其在上者之心，复开榷场，通货易，俾宋之宝货，以和平方式，入于契丹众人之手，足祛其掠夺之念。今悉其捺钵之制，二重政制之法，更知辽人于旧有汉人，犹不暇统治，其无心南下也宜矣。

---

[1]孟森《八旗制度考实》，载《"中央研究院"历史语言研究所集刊》，第6本3分，1936年。

15.4 捺钵与金、元、清

四季捺钵不仅为辽一代之制,[1]金、元两朝沿行不衰,迄于清朝,热河避暑,木兰秋狝,以及今北平近郊诸园囿之营建,似亦为此制之遗风。盖同起塞北,生活之方式相似,其习俗行动亦近也。

金有捺钵,由前文《春水秋山考》已可概见。如再作较详之叙述,可大别为4个时期。第一期,可称为都会宁(金上京)期,太祖太宗熙宗三朝属之。太祖太宗两朝,捺钵何在,史未详载。太宗初即位,宋许亢宗见之冒离纳钵。洪皓以"春水秋山"为习用语,[2]足证其事已成惯常。至于熙宗,其制益备。《大金国志》卷11《熙宗纪》曰:

> 皇统三年七月,[金国]主谕尚书省,将循契丹故事,四时游猎,春水秋山,冬夏刺钵。

以《金史》证之,熙宗即位之当年(天会十三年),即建天开殿于爻刺,自后每年春季,临幸其地。《地理志》"上京会宁府"条:"行宫有天开殿,爻刺春水之地。"此其主要是春捺钵也。《地理志》又载,会宁有混同江行宫,临潢有天平山好水川行宫,又有撒里乃地,熙宗尝往避暑。是皆金都会宁时捺钵之可考者。《朱子语类》卷133谓:"金虏旧巢在会宁府,四时迁徙无常。春则往鸭绿江猎,夏则往一山(原注:忘其名),极冷,避暑,秋亦往一山如何,冬往一山射虎。"所述殆此时期情形也。

第二期曰都燕前期。海陵世宗两朝属之。海陵迁都燕京,旧日以会宁为中心之诸捺钵,完全放弃。《大金国志》卷63云:金国酷喜田猎,昔都会宁,四时皆猎。海陵迁燕,以都城外皆民田,三时无时可猎,候冬月则出。一出必逾月,后妃亲王近臣皆随焉。

---

[1]本节以"捺钵"为包括春水秋山,避暑消寒全部行动之名词。间亦用其本义。

[2]洪皓《松漠纪闻》补遗有云"虏中丞唯掌讼谍,若断狱会法,或春水秋山,从驾在外"云云。春水秋山下原注"谓去国数百里,逐水草而居处"(春水秋山原作春山秋水,显误,今改正)。皓以宋建炎三年(金太宗天会七年)使金见留,留金15年方得归国。

·欧·亚·历·史·文·化·文·库·

海陵见杀,世宗继位,每岁夏秋率趋金莲川。《金史·梁襄传》言之最详:

> 世宗将幸金莲川。襄上疏极谏曰:"议者谓陛下北幸久矣。每岁随驾大小,前歌后舞而归。……今者累岁北幸,狃于无虞,往而不止,臣其惧焉。……议者又谓:往年辽国之君,春水秋山,冬夏捺钵,旧人犹喜谈之,以为真得快乐之趣,陛下效之耳。……议者谓:前世守文之主,生长深宫,畏见风日,弯弧上马,皆所不能。……陛下监其如此,不惮勤身远幸金莲,至于松漠。名为坐夏打围,实欲服劳讲武。……"

据是知金莲川为世宗夏秋两捺钵要地。据本纪,大体每年四、五月前往,八、九月返回燕京。其春捺钵则安州、顺州以及蓟州之玉田,涿州之石城均有之,而以石城之长春宫为最要。冬季则驻跸燕京。

第三期曰都燕后期。章宗卫绍王二朝属之。是期春捺钵最要地为燕京近郊之建春宫(时属大兴县),遂州之光春宫等地。夏秋两季鲜去金莲川,改幸燕京北郊之万宁宫,[1]玉泉山行宫,香山蓟州诸山各地(玉泉山、香山即今北平西北郊之玉泉山、香山,万宁宫即今北平北海公园一带。金帝至此不幸塞外,徘徊畿内,可见其游敉旧习已替,汉化程度日深)。春季驻跸燕京。耶律铸《双溪醉隐集》卷1《龙和宫赋》:"布金莲于宝地,散琼华于蓬邸。"注云:

> 金莲川即山北避暑宫,琼岛即山南避暑宫。

即系记章宗朝情形者。

第四期曰都汴期,宣宗以下属之。宣宗迫于蒙古,南迁大梁,地不宜猎,重以侵染华风,春水秋山之文,迄未再见于史。大体言之,金捺钵之风,即随宣宗之南迁告终矣。

金捺钵之制虽袭自辽,然与辽多有不同。辽居留之时期长,金居留

---

[1]《金史·地理志》:"京城北离宫有大宁宫,大定十九年建。后更为宁寿,又更为寿安,明昌二年更为万宁宫。琼林苑有横翠殿、宁德宫、西园,有瑶光台,又有琼花岛,又有瑶光楼。皇统元年有宣和门,正隆二年有宣华门,又有撒合门。"按,万宁宫当为金京北离宫之最要者,故史举以为离宫总名。琼花岛即今北海公园之琼岛。

之时期暂,辽之行动复杂,金之行动简单。尤重要者,辽以捺钵为经常,故政治中心即在于此,金则全出嬉游,无关乎政治也。

元人捺钵亦可分两期:入主中国前是曰前期,完全袭辽之制,入主中国后是曰后期,则大同于金代之都燕前期,即夏秋出塞,春冬在燕京也。

宋彭大雅《黑鞑事略》记元太宗生活云:

> 其居穹庐(即毡帐),无城壁栋宇,迁就水草无常。鞑主徙帐以从校猎。凡伪官属从行,曰起营。……得水则止,谓之定营。……凡鞑主猎帐所在皆曰窝里陀。其金帐(柱以金制故名)凡伪嫔妃与聚落群起,独曰大窝里陀者,其地卷阿负坡阜,以杀风势,犹汉移跸之所,亦无定止,或一月,或一季迁耳。

此窝里陀即辽之捺钵也(窝里陀一语始于辽人,《辽史》作斡鲁朵,用以称固定的宫卫,为临时的捺钵之对(参前引《营卫志》之文)。元人似合两者为一,概以窝里陀(兀鲁朵)称之。日人箭内亘有《元代斡鲁朵考》,所论多有未当,余别有文论之。)多桑《蒙古史》引波斯人 Alai-ed-din Atta-mulk Djouveini 所著《世界征服者传》(Tarikh Djihankuschai)亦记之曰:

> 窝阔台……每年春仅居哈喇和林一月,春季余日则居客儿察罕(Kertchagan)地方之离宫中。地距哈喇和林一日程。……春杪复还哈喇和林。居数日,然后至斡儿葭克秃(Orme Ktoua)之地驻夏。设中国帐幕。……内可容千人,名曰失剌斡耳朵(Sira-Ordou)。秋日则驻阔舍(Keusche)。

湖附近之地,约40日,冬日则驻冬于汪吉(Ongki)之地。[1] 以《元史》证之,其言均合。《太宗纪》屡言春畋揭揭察哈之泽。揭揭察哈无疑即此 Kert chagan。[2] 所畋之对象为何物,原文未明。余谓非走兽也,辽人所谓鹅雁也,可自其就"泽"而畋知之。《太宗本纪》:"九年,作

---

〔1〕冯承钧译《多桑蒙古史》,第2卷,第212页。

〔2〕冯疑多桑拼此字有误。

迦坚茶寒殿。"《地理志》："太宗丁酉,治迦坚茶寒殿。在和林北七十余里。"迦坚茶寒,揭揭察哈,一音异译。迦坚茶寒殿即此揭揭察哈泽旁之殿,亦即太宗之春捺钵也。《地理志》云:殿去和林七十余里,与Djouveini距和林一日程之说切合。《宪宗纪》见春猎怯薛叉罕,亦即此地。其他3名《太宗纪》无可考。《宪宗纪》数见夏驻月儿灭怯土(或月儿灭怯)。无疑即此 Ormektoua Sira Ordou 亦见《宪宗纪》,作"昔剌兀鲁朵",Sira(昔剌)蒙语"黄色",Sira Ordou 可译作"黄金殿"(或宫)。是太宗宪宗之夏捺钵名曰黄金殿(或宫)(犹金称金莲川避暑地景明宫)。Keusche 似即《宪宗纪》秋季驻地之颗颗脑儿或军脑儿。Ongki 汪吉《宪宗纪》亦见之。

张德辉《纪行》(王恽《玉堂嘉话》卷8)记世祖捺钵所在云:

由[和林]川之西北行一驿,过马头山。……自马头山之阴,转而复西南行,过忽兰赤斤。……有水曰塌米河注之。东北又经一驿,过石堰。……自堰之西南行三驿,过一河。……西有峻岭。……岭阴多松林。其阳帐殿在焉。乃避暑夏之所也。迨中秋后始启行。行东道过石堰子,至忽兰赤斤东北迤逦入山。自是且行且止,行不过一舍,止不过信宿。所过无名大川,不可殚纪。至重九日王师麾下会于大牙帐。十月中旬方至一山崦间避冬。林木甚盛,水坚凝,人竞积薪储水,以为御寒之计。……比岁除日,辄迁帐易地,以为贺正之所。正月晦,复西南行。二月中旬至忽兰赤斤。东行及马头山而止。趁春水飞放故也。四月九日,率麾下复会于大牙帐。……自是日始回,复由驿道西南往避夏所也。大率遇夏则就高寒之地,至冬则趋阳暖薪水易得之处以避之。

德辉《元史》有传(卷163),《传》称:史天泽开府真定,辟为经历官,丁未,世祖在潜邸召见。《纪行》首题"岁丁未,夏六月初吉,赴召北上,发自镇阳。"与《传》合。考丁未为元定宗二年,去辽之亡,已百有二十余年。此为世祖入中国前情形,入主中国后又有不同。西人马可·波罗尝有记载。以白话译之,如下:

[世祖]在到达汗巴里克 Cambaluc 京城(元大都,今北平)之

后,停留三天,一天也不多,大开宴享餍,并和他的妃嫔作乐。之后,离汗巴里克往幸前面我告诉你,他所营建的那个叫作上都(今多伦)的城市。上都有广大的园囿,竹木造的帐殿,和养海东青的鹰房。他在上都消夏避暑,因为那里是很凉爽的。他住在上都,自五月初起,至八月二十八日止。以后(即在前面我所告诉你的洒白马乳的时候),起程回汗巴里克京城。在那里他度九月,开他的生辰之宴,并消磨十,十一,十二,一月和二月。二月中,开新年之宴,即前面我已详细说过的"白宴"White-Feast。之后,他又动身往"海子"Ocean Sea[1]去飞放,自三月初以至五月中旬。以后再回京师,住三天,与后妃作乐,大开宴会。这位皇帝在这三天中所表现的铺张华丽,真够惊人的。以后,他又如上所述动身出发[上都]去了。

　　这样,他一年中的光阴,大致作如下分配。六个月停在汗巴里克京城。即:九月,十月,十一月,十二月,一月,二月。以后,向海子出猎:三月,四月,五月。以后,回汗巴里克住三天。以后,去上都,六,七,八月。[2]

此与《元史》所言,不甚相合。据《元史·本纪》,世祖大体每春正月底或二月初赴柳林畋游,未几即返大都。二月或三月起程赴上都,八月或九月返抵大都。在大都过冬(马氏用西历,《元史》用中历,折算后仍不甚合)。

　　耶律铸《双溪醉隐集》卷4《近闻贤王春水因寄》诗云:

　　　　风揭驾(原作鸳,误)鹅扰绿漪,鸣蝉声促越重围。海东青帖翠云起,照夜白侵瑶水飞。玉鹭乱飞梨雪去,彩鸳争绝浪花归,非

---

〔1〕Ocean Sea旧日马氏游记注释多不能得其解。余谓此殆指《元史》诸帝纪每春飞放之潫州柳林海子也。元诸帝《纪》屡见猎潫州,或猎柳林,或猎潫州柳林。《文宗纪》:"至顺元年七月乙丑,调诸卫卒,筑潫州柳林海子堤堰。"是知所谓潫州柳林,实均指此潫州柳林海子也。旧注者以其名Ocean Sea,多向海岸一带求其地。然马氏明言他去汗巴里克仅二日程,其非渤海岸甚明。以史文证之,知必即此柳林海子。前考辽代以潫阴县之延芳淀为春猎要地之一。潫阴县元升潫州。岂潫州柳林海子,即延芳淀之后身乎?又按《金史·地理志》:"大兴府大定四年十月,命都门外夹道重行植柳各百此。"或即柳林之名所从来欤?

〔2〕Yule, H. *Travels of Marco Polo*, vol. I. p. 410-412.

熊未必当时纪,依旧烟波绕钓矶。

卷5又有《秋山》诗二首,云:

> 万骑龙趋两队分,翠华方自发期门。内官急把朱旗飐,传道先
> 教韶虎贲。两龙如雾发璇台。蔽日旌旗四面开,疑自锦林花幛里,
> 建章营骑下天来。

铸,楚材子,尝仕太祖朝,历太祖宪宗,至世祖时官至中书左丞相。《春水诗》中之"贤王"乃称即位前之世祖,故诗当作于世祖即位前。是元初春水秋山尚为习用语。又王恽《秋涧文集》卷28《端门街观乘舆还宫》诗云:

> 龙烟日暖紫氤氲,春水回銮万马奔。櫻杖远挥清跸后,汉仪光
> 动御天门。丽日红翻御路沙,青山回抱汉宫斜,吾皇游豫诸侯度,
> 纵都人看翠华(原注:看一作望)。年年原庙荐驾鹅,春水秋山例
> 一过,安得拱时姚右□,为□□面说汤罗。□□□导鸾旗远,玉辇
> 高□□象驾雄。赐异不□□□□,□贤思得□□□。

此诗作于世祖入燕后,亦沿用春水秋山之语。

袁桷《清容居士集》卷16《天鹅曲》:

> 天鹅颈瘦身重肥,夜宿官荡群成围,芦根嘍嘍水蒲滑,翅足鼈
> 曳难轻飞。参差旋地数百尺,宛转培风借双翮。翻身入云高帖天,
> 下陋蓬蒿去无迹。五坊手擎海东青,侧眼光透瑶台层,解绦脱帽穷
> 碧落,以掌急掴东西倾。远披交旋百寻褭,苍鹰助击随势远,初如
> 风轮舞长竿,未若银球下平坡。蓬头喘息来献官,天颜一笑催传
> 餐。不如家鸡栅中生死守,免使羽林春秋逐水走。

颇可见元代捕鹅情形。桷汉人,不解捕鹅乐趣,故诗多讥讪。元帝以天鹅为珍饈,耶律铸"行厨八珍","天鹅炙"居其一。又专记元人食品之《饮膳正要》,列天鹅为禽品第一味。《饮膳正要》并尝绘天鹅图数帧。

世祖以后诸帝,去大都之时期,向后略延,改于三四月启程(间亦有在五月者),仍于八九月返抵大都(间亦有在十月者)。至

顺帝"时巡上都"则四月启行,八月归来,殆成定例矣[1]

清以金源后裔,入中华后亦相当保留此风习。世祖以下诸帝避暑热河,秋猎木兰,谓为此种旧习之遗留,似无不可。圣祖娴于女真民族哨鹿特技,前论《秋山》文中,已尝述及。其建避暑山庄,自作记事云:

> 朕数巡江干,深知南方之秀丽,两幸秦陇,益明西土之殚陈。北过龙沙,东游长白,山川之壮,人物之朴,亦不能尽述。皆吾之所不取,唯兹热河,道近神京,往来无过两日,地辟荒野,存心岂误万几。因而度高平增远近之差,开自然峰岚之势。……[2]

是乃完全出诸一己之嗜好,毫无政治意味,读此记可明。或以为山庄营建,"乃以监临蒙古王侯,即其来觐,示之以狩猎之华,军容之盛,更自任极北边疆哨兵,以保卫其大帝国"。"决非出于一己之快乐,或有厚爱于热河,全由卓绝政才,高远识见"[3] 又或以为预作一旦北平受攻击时退避地步。[4] 是皆不悉历史背景之论耳。

中叶以后,热河之幸渐减,而近畿苑囿大起。是与金人不去金莲川,改就万宁宫、玉泉山行宫之举,如出一辙。今日游清漪废殿,吊圆明故迹,不推本溯源,又安知其为塞北民族生活方式遗迹之一端耶。

(节录自《辽代四时捺钵考五篇》,载《"中央研究院"历史语言研究所集刊》第10本,1948年;后收入《辽史丛考》,中华书局1984年版)

---

〔1〕周伯琦《纪行诗》云:"乘舆绳祖武,岁岁幸泺京,夏至今年早,山行久雨晴。"据此,顺帝实以夏至启行。

〔2〕《热河志》卷25。

〔3〕Sevn Hedin, *Jehol, City of Emperors*, p.144.

〔4〕鸟居龙藏《辽代文化探察纪》,东京:章华社,1937年版,第59页。

16　糺军考释初稿

陈　述

16.1　绪言

辽金史中常见糺、糺军等名目，钱大昕《养新余录》卷中云："字书无糺字，始见于《辽史·百官志》，有十二行糺军，各宫分糺军，遥辇糺军，各部族糺军，群牧二糺军……《金史·百官志》诸糺详稳一员掌守御边堡，有咩糺唐古糺……"糺军问题，自竹汀先生以下，有日本箭内亘、羽田亨、藤田丰八、松井、鸟山喜等诸氏，国人则王观堂（国维），皆有专篇论列，然至今尚无定说，细读各家所论，间有可取之点，惜是一隅之说，故皆滞塞不得其通，即就其字而言，果是如何写法，犹纷纷其议。按今日现存之史料，欲举此事之各方面，鳌然现于眼前，惬心贵当，实感不足，唯关于糺字之写法，当作糺（纠）及糺字之意义与糺军之性质职事各端，可以推知梗概，所惜论此事者，或以元事解释《辽史》，或以辽初论入金末，复以板本校勘之疏忽，对音译语之牵混，遂致晦涩不明，以述之固陋，自不敢谓于此问题有所创获，不过就粗浅所见，构为假设，求一可能之通解，因摘辽金诸史中相关之事实，试分三面疏释之，即其字其事其人，就时间言，亦是总括辽金元三代，冀得略窥其端绪。非敢谓曰定论，愿与同好商榷之。

16.2　论糺字为契丹文"纠"
作"糺"者为误写或附会

糺字散见于辽金元各史，因传抄板刻之故，亦有不作糺而作糺者，

故有紏紃二字之正讹问题,实此字之写法,当作紏而不作紃。其理由如下:

(1)依钱大昕之语,则钱氏所见之《辽史》作紏不作紃。

(2)今传元祖本《金史》作紏。

(3)今传元朝人文集作紏。

(4)紏字在辽金史中凡百余见,以汉人写汉字,如何恶劣之书手,竟皆以汉文纠字紏字,误为非汉文之紏,此种可能极少,亦可谓曰无此可能,至于紏字加三点作紃,则为极易之事,甚或有意之误改,因紏字不见于字书,而紃为汉文也。

(5)《高丽史》卷19。《明宗世家》有金遣大宗正丞耶律紏来贺生辰事。祖本《金史·世宗纪》"大定十年十月己酉以大宗正紏为高丽生日使",又卷61《交聘表》、卷135《高丽传》,亦并作"紏"不作"紃",此人是金人奉使高丽,并非《金史》记高丽入金之人。此点至为重要。足以说明《高丽史》之缮写者或撰人受汉字影响而误"紏"为"紃"之实例。

唯今百衲本、监本以下《辽史》作紃不作紏,遂有谓紏为紃之误或省者,有谓紏为"纠"者,然皆无确证以使其说可信。盖百衲本《辽史》虽系元时所刻,然非祖本,而《金史》作紏者为祖刻本。大体言之,辽金二史,修于同时,纂修同人,故祖本《金史》之可信程度,较百衲本《辽史》为高。且祖本《金史》字体工整,刻工亦精,百衲本《辽史》,书写刻工俱劣,是此字在辽金时代之通行写法,当以紏字较为可信。至南宋人记北事者作紃,是固由于附会(其理由如前第四条)。特元人翻刻之《辽史》,已以紃作紏,可知其事之晦涩久矣,因其晦涩之久,遂使吾人不能不作更进一步之探求。

第一,严格的历史校勘,在无祖本之时,不能据最古之本,因最古之本或许为最劣之本;亦不能据最多之本,因最多之本可能同出一源,故必须对最古之本或最多之本加以缜密之考查,即其本之来源,与他校理校等工事(此点娴于考证学者不免偶尔疏忽,一般说多不注意于此)。百衲本《辽史》,在此种情形下,虽未完全失证人资格,然其不如祖本

339

《金史》之证人资格更有力。

钱大昕所见之《辽史》，是否祖本不可知，然其所见之《辽史》作"糺"不作"紏"。竹汀先生在历史考证方面，为清代几百年中第一人，从任何角度看，亦不失为第一流，此当为读史者所共认。此字为钱氏特别提出，则钱氏所见之《辽史》必确是"糺"字，所仍不惬于意者，即今日不得钱氏所见之本重读之，故不能不对钱氏所言作一审查。按钱氏《养新余录》之言，其著笔之情形，系记述其直接观察所得，并非推理或论断。推理论断，以观点之不同，可能仁者见仁，智者见智，或者千虑之一失；直接观察之记录，可以相信其不诬。吾人不能揣测钱氏所见之《辽史》作糺，而亡曰紏，诬曰紏，因此为绝无之事。盖古往今来之作伪者，必各有其所为，从无毫无所为而作伪骗人者，以竹汀之博雅，绝无理由揣测其有意的贻诬后学，若揣测其一时之错感或误记，以《金史》为《辽史》，又何能言"糺字始见于《辽史·百官志》有十二行糺，各宫分糺……《金史·百官志》诸糺详稳一员……"之言，此吾人对钱氏之言，不能不重视也（学人不当轻信旧说，然无理由而否认旧说，亦为学者所不取）。

如此，则果得祖本《辽史》必皆作糺，纵有一二作紏者，自可视为笔误或刊误。

第二，今祖本《金史》中虽近百见之糺悉作"糺"，然其记萧紏里之名作"紏"，萧紏里为辽之都统，使不轻信紏字出于板刻之讹，则此字在元人撰史时，已有偶误或偶写作紏者，或更推测元人撰史之时，已有两种写法，再更进而推测元人修史之时，所见辽之旧史写作糺，金之实录写作紏，元人不知其然或所以然，遂沿仍其旧，然《金实录》何以误糺为紏或省糺作紏，以（1）金无紏字之忌讳（此项推测出于萧紏里之"紏"，因此紏之不作"糺"，可知非有忌讳）。（2）笔画之不复杂，（3）糺字非汉字。实不得金人写作紏字之理由，使不以此段讨论为多事，则有两种可能：①辽旧史为汉人误写，《金实录》仍保其旧。②辽人作糺，至金作紏。

如此，则果得祖本《辽史》当皆作糺，纵或有一二作紏者。

在今日未见祖本《辽史》或其他更有力之证据,何以释钱氏直接观察之记录也。且有一相反之事实,即辽释行均所撰之字书《龙龛手鑑》,无乣字糺字,仅有纠字紏字,亦未著乣军之义,行均之书,成于圣宗朝,开国已近百年,不当不著于录。凡此,皆为主张乣为纠糺之误(省)或乣为斜者所未及考虑与说明,附著于此,以明究竟,所望好学深思之士,循此求之。

右两段,如第一所论,则此字固作乣字。如第二所论,而又属第二项之可能,即辽人作"糺",至金作"乣",更强为之辩曰,金无乣字之忌讳,笔画之间无须省,金人嫉恨乣军,遂写乣字不写糺。不惜其不成汉字,而此问题仍未解决,盖如何退步以言,假令辽时之人写作糺,亦当揣其为契丹治下之汉人所传会,不能认曰汉字汉义之糺。其理由如下:

(1)契丹之主要军队尚未有用汉文汉义取名者(即次要之军名,如鹰军、虎军,疑亦是译义)。

(2)乣军之制,既非袭自汉人,而为其本俗之法,则其事当有较远之渊源,不能谓见于阿保机之世,即必起于阿保机之世,如此,则何能取汉字汉义以名其军。

(3)阿保机谓(后唐使人姚坤)曰:"吾解汉语,历口不敢言,惧部人效我,令兵士怯弱故也。"(述辑有姚坤《奉使录》,著于《辽国闻见汇录》,当附论阿保机能说汉话事。)能汉语而尚不用,惧兵士效之习为怯弱,肯以汉字汉义名其军队乎?

(4)倘是汉文"糺"字,似当见于辽时人所撰之字书。

此吾人所以认乣字为正而糺字为讹。盖误为乣字易,误为糺字难,纵令为有意之改写,其改作糺字之理由甚薄弱,其可能性小。其改作乣字之理由较明显,其可能之机会多。纵令正写是糺字,亦是译音,乃不能得"查""敌"之音;令其译意,则不得单称"糺"而不缀军字。

契丹文"扎"字,行书为"扎",不论在传抄或刻板皆易作乣,而"糺"字若传抄间作乣,虽不如糺之更较逼近,亦是仿佛不远,因"士"旁作"幺",最近作"糸"亦有可牵附之点。

近者有谷霁光先生撰《辽金乣军史料试释》(见《史料与史学》下

欧·亚·历·史·文·化·文·库·

册,又重刊于《"中央研究院"历史语言研究所集刊》第 15 本）一文,主张紏字为正,但于右论诸事则未有讨论,乃就《辽史·兵卫志》"紏辖疏远"之文,与《语解》"紏、军名,辖、管束之义"一条,合并释之曰:

> 余意紏有督察之意,辖有管束之义,紏辖合用不能释同军管,而当释为督察或管束。此或《辽史·国语解》撰人,一时疏忽,见紏辖疏远之紏,同于紏军之紏,遂下断语,致有此误,《国语解》之错误问题,可毋详论,然于此可得版本上紏字为正之坚强证据,即《辽史》撰人所见紏军之紏,与紏辖疏远之紏同为一字,如此论断为不误,则《辽史》原本为紏之问题,可以解决。

按此种说法,实有以假设证假设之嫌,不但不足为版本上之坚强证据,实不能依之为证据。《辽史语解》紏辖二字分说,即释紏为军名,辖为管束,甚是。所惜遇于简约,不能藉以明白紏军。

《金史·百官志》云:

> 诸防御州……军辖兼巡捕使从九品。
>
> 诸刺史州……军辖兼巡捕使从九品。

又云:

> 诸防刺州,军辖一员,掌同都军兼巡捕,仍与司候同管城堡。

按金之军辖,似即源于辽"紏辖",即职紏辖之事,军辖之名,亦沿辽紏辖而来,唯改契丹字"紏"为汉字"军"。然此不可与乾隆《金史语解》"紏即军字"之说相互证,因紏之事为军之事,故有此用法,紏字原义则不如此也。于此有当说明者,即谷文取"紏辖"为证,谓紏为纠之讹,并引《辽史拾遗》卷 18"女真"条所引《北风扬沙录》云:

> 官之等者,以九曜二十八宿为号,职皆曰勃极列,犹中国总管,皆纠官也。
>
> 自五户勃极列,推而上之,至万户,皆自统兵,缓则射猎,急则出职。

谷文据此谓纠不作斜,按《北风扬沙录》有《说郛》本,而《说郛》为节抄割裂最甚之书,《三朝北盟会编》所引者较可信据,然《北盟会编》之袁本许本库本各不同,纠字凡作斜、纠、统(《金史详校》卷 4 引会编作

"统"),此以汉人辗转抄写一字书不见之"糺",其易讹为形似文字,如糺、纪、么……即此亦可推见一般,故《扬沙录》撰者之原字,究系"糺"字抑或为宋人附会之"糾"字,在未发现原本以前,已不能凭此为据,即令《扬沙录》原写"糾"字,又何能撼元祖刊本《金史》会屡屡见之"糺"字耶。

李有棠《辽史纪事本末》卷 1"太祖肇兴"目于"北大浓兀分部"一项云:

> 是年以户口滋繁,统辖疏远,分北达宁额(大浓兀)为二部,立两节度使以统之。

陈汉章《辽史索隐》"释糺辖"云:

> 糺辖,见各本《国语解》,皆作糺字,无作糾辖者,糺为糾字别体,字书有之,作糺者或误字。

一则疑"糺"为"糾"即纠之别体;一则径改作"统"字。二氏殆皆不知糺军者,既无证据或理由以支持其意见,故不复加以辩说。

16.3　箭内以下诸家解说之批评

糺字虽见于史书,但糺字之在汉文,实为生疏初见,《康熙字典备考》著之。注曰:"疑即糾字。"

审此注解,只可说明编纂字典之人,曾见"糺"字之无三点,不作"糸"旁,承认"糺"字非"糾",而对于糺字则不得其解,《辽史》及《辽史》附《语解》,对于糺字无详确之说明,故糺字音义问题,为箭内、羽田、藤田诸氏讨论之中心,诸家用力甚勤,尤以箭内用力为多,然讨论未有何结果,是可惜耳,今著各家之论列如次:

16.3.1　箭内亘撰《辽金时代糺军考》(刊于《日本史学杂志》20 编第 7 号)

据邵远平《元史类编》太祖九年:"糺音冥,辽东君也,凡二十五部族。"又《黑鞑事略》关于蒙古之纪事云:"五十骑谓之一糾。"注:"糾、都由切,即一队之谓。"案都由切当音 tu tyu 即糾字为糺字之误,糺为糺之误,都由切为乣字之音。《金史》卷121《温迪罕蒲睹传》有迪斡群牧,《金史地理志·西京路》作乣斡群牧,是"乣"音"迪"或其相近之音。迪字北京音ti、广东音tik,tek朝鲜音chök是乣字之音当与tu,tyu,ti一类之音相近。又从白鸟库吉之说,以蒙古语有战字之义之sago,sari,cherig讹为sache者,故推定其音为tu(tyuti),其义为战或军之意。

16.3.2 羽田亨《论乣军——质箭内学士》(刊于日本《艺文》第六年第9号)

谓《元史类编》之说据《续宏简录》,其原文作:"乣音杳,辽东军也,凡二十五部族。"是"《元史类编》之辽东君"及"辽东军"之误。《辽史》有乣里人名,一作组里,又作爼里。乣字盖与组tsoū,tsü又爼tsu,tsz相通。若紏里果为乣里之误,则乣虽可有如箭内所主张之发音,而紏里果为乣里之误否。又乣字有军字之意,满洲语女真语谓军曰cooha,可视为与乣同义之语,《辽史语解》云"乣军名",而辽诸军中之一有名乣军者,是乣字非有军字之义也。以乣为军之义解之,则其军之名似可假定为与辽之护驾军,属珊军等之"护驾""属珊"相对应之名称,然其原语憾无所知。

继而箭内答羽田之驳论,又谓辽代乣字之音与得查二字相似,有相通之形迹,《续宏简录》之"乣音杳",杳当为"查"之误,羽田又申问难,箭内再答羽田,论乣字有če,se,tse,te,tu及其类似等音,并论《辽史语解》"乣军名"即军字之义,列举《辽史语解》之五事,以为例证。

(1)"暴里也恶人名也"。

(2)"斡鲁朵宫帐名"。

(3)"炒伍侕尀名也"。

(4)"堕瑰门名"。

(5)"撒剌酒樽名"。

今按(1)、(4)两条,不可为例。(2)条"名"字可能为"也"字之误。(3)条所解已误。唯第(5)之例,使非误字,即语解文例,可有此一种用法,后详。

16.3.3 藤田丰八《释迦、塞、赭羯与纠军》(刊日本《史林》第 2 卷第 4 号)

谓中央亚细亚之 Sogdiana 地方有突厥(Turk)或突厥混血种之依兰(Iran)人称佣兵于他国之勇健战士曰 Saca,saka 汉字译写为"赭羯"或"柘羯",契丹之纠军,当为柘羯遗制,其名称当亦由柘羯而来者也。《三朝北盟会编》卷 3 言金人官名,谓:"孛极烈者,斜官也,犹中国言总管云。"《黑鞑事略》之纠字,即斜字之误,斜字音"都由切",极合理解,斜字为突厥人蒙古人通用之 Tuk,Tugh 一语之音译,中国之"纛"即是也,一斜者,即一纛,乃一队之称,牌子头之"牌子",亦与纠纛同出自 Tuk,其人数不定,故《黑鞑事略》之斜,颇难以纠之音义释之,想《辽史·兵卫志》之纠辖,《金史·兵志》"东北路部纠军"条所见之"石合",《蒙鞑备录》"诸将功臣"条谓"大葛相公,乃纪家人"之"纪""家"等,同为 Saka Chaka Taka 一类之音的对译,皆纠军之转讹。

按 Tuk 一语,拟曰一纛或一队,其事近于纠之事,但非斜即纠军也。《高丽史》卷 9:"文宗二十七年五月丁未,西北面兵马使奏:西女真酋长曼豆弗等诸蕃,请依东蕃例,分置州郡,……"蕃帅又言:"……告论三山村中尹夜西老等三十徒酋长,亦皆响应。"原注云:"东蕃黑水人,其种三十,号曰三十徒。"此三十徒,即三十族、三十氏,或三十部落,此义与纠之事亦甚近,但纠之初义不如此。因斜字可讹为纠,而不能使祖本《金史》皆讹为"纠"也。

16.3.4 松井等撰《契丹之国军编制及战术》(刊于《满鲜地理历史研究报告》第 4 期)

谓纠为纠字之误,可以推知。《辽史》纠里作祖里,一作俎里,为推定纠字音之有力依据。箭内论纠之音近迪,亦能助于此说者,藤田考定《续宏简录》纠音杳,其正确写法为"查",更与祖迪之音相近,于纠字之推定为便,但未明邵远平氏如何而得纠音杳之解释,或因与纠同乙之札字音 Cha 遂推定纠之音为查(Cha)者欤? 又纠字《辽史》亦通迪敌,如乌古敌烈部亦作乌古迪烈部,即其一例。余谓迪烈部居于今嫩江下游之绰尔河边,绰尔(Cho'-erh)河名,与迪烈部名之间颇有关联,然而纠音与迪（Cho）相近之说，与乣音与祖（Chu）俎（Chu'）相同之说，可以相助明矣。藤田论乣军为柘羯遗制，其称呼亦相因，不失为最可注意之一说。因此假定乣之音为 Chu、Chu' 或 Cha。

箭内又于其所撰《元代之官制与兵制》文中论藤田松井之说，谓斜官为纠官之讹，不与蘒同，即非北族通用之 Tuk，并详论牌子头之牌子非蘒。又就松井之说论之，谓北监本《辽史》李怀秀之契丹名迪辇乣里之乣作组（述按百衲本作组），若果可据，则羽田所谓祖俎之说，松井所谓乣为乣之讹，乣与祖俎有类似之音之说失其根据。

藤田丰八又于日本《史学杂志》37 编第 9 号《汇报》栏论及乣字，谓箭内、羽田所论皆不能提出证据，又读鸟山喜一之论文，亦具此憾。兹译藤田之言于左：

> 在女真语谓军为钞哈（Ca'o'-hāh）女真字写作"𡷍中"（Grube, pp. 16, 91），《金史》"石合"，或即汉译钞哈之异字。在满洲语谓军为 Cooha 与女真语未全合（固然或为国语之讹转），而女真字"𠂉"之音为出（Grube, pp. 68, 16, 19, 30, 33, 41, 42, 43, 53），此 𠂉 之字形与乣微有差异，但如见女真文之实际写法，颇与乣字相似。

在 Grube 书中第二册，有：

> 𡷍盂玍殳讣昊吏佈昆舌史军
>
> 芭乣朱矢杀右（女真文）
>
> 海西兀者桃温千户所指挥佥
>
> 事出加谨（汉文）（按此见于罗氏编次之《女真译语》第 2 编第 1 页）

出加（人名）女真字写作"乣朱"，此"乣"字形与乣相似，但亦如札，知女真字为汉人就汉文中作成，若于雕印之时，或以乣为乣，或以乣为札，皆未可知之事也。固然，所谓乣军之起源在契丹，女真人不过承嗣，今契丹字"纥"是否有出 Čúh 音，不得而知，设女真字袭用契丹字，视为契丹字已有其音，或非全是空想。若此乣或札为汉人写女真字"乣"之误（多半雕印之误），关于乣军遂可认有两种说法。一视为乣甼Ču'h-hāh

之汉名,且此语有军之义,与满洲语之 Cooha 为一语。但如前言在女真语别有仚甲 Cao'-hāh 一语为军之义。是则有军义之契丹语较女真语更近于满洲语也。

再者,此乣字在汉语为翠,即后世绿旗之先踪也。自然,在女真语以出卫 Ču'h-wei 为青绿色,写作"乣为",此由汉字之翠而来也(Grube,pp.33,91)。若然,则乣军以旗色而为军名,与《辽史》语解所谓"乣军名也"相合,但不能证实。故不能放弃乣军为汉名 Cooha 之见解。

右为钱大昕之后,日本人讨论乣字之大概,国人尚少有言之者,有之则王国维先生。

16.3.5 王氏撰《元朝秘史之主因亦儿坚考》:"疑主因一语,即乣军之对音。"又致《藤田书》二通论之。

第一书略云:

> 顷从《华夷译语女真语》中见一"尒"字(Grube,p.13),其女真字为"尒兊",其音为"叉安",其义为"床",以此尒字当《辽金元史》中之乣字,似较乢字为近,此说若中,则乣之音当读如"叉",此于《秘史》与主因对乣军之说合。何则?蒙古译中爿母之字读若英语之 j,亦读若 y,如《秘史》卷1译文之主儿乞,直译作禹儿乞,卷4又作主儿勤,又《亲征录》作月儿斤,《元史·太祖纪》作要儿斤,《世系表》作岳里斤,……是蒙古语中"主"与"叉"同读也。契丹女真语虽无可考,然如耶律亦为世里,闻剌亦为押剌,则此事当与蒙古语无殊。由是言之,则乣之音读如"主",亦读如"欧",与"杏"声转最近,邵氏《续宏简录》"乣音杏"之注,殆有相当之根据,羽田博士疑邵氏但据乣字之偏旁以拟其音,国维宁信昔人取契丹或女真此字以入汉籍者,正以此字合于汉字谐声之法则故也。……乣字于"主"、"杏"二者外,有"敌"、"迪"之音,此又与《黑鞑事略》"都由切"之音相关。……

其致藤田第二书云:

> 箭内博士《鞑靼考》中征引多桑及贝勒津书中六种鞑靼之名

347

……Couyin（多氏）、Kiuin（贝氏）之为主因塔塔儿，……然则塔塔儿之一种，明初译《秘史》时，以"主因"二字表之者，其在拉施特哀丁书中乃为 Couyin（多氏）、Kiuin（贝氏）虽多、贝二译此语首音有 Cou Kin 之殊，然其同为牙音则一也，……波斯用表音文字，视汉语之用主因、竹因、竹温、只温等字表之者，或得其实，然则辽金元三史中之"乣"字绝非误字，其或作"糺"者，乃"乣"字之省，其音当读"居黝反"，其或与"主"、"竹"、"敌"、"迪"等字相通用者，乃其讹变之音。我辈前日之推较比定，未得其正鹄也。此拙著《主因考》之结论，必当如此。未知有当与否？

按王氏谓主因来自乣军是也。但以乣军之为"居黝反"之"乣"，则殊为失考。盖史源版本诸事，王氏固是熟知，然竟未检《辽金史》中之"乣"不容为"糺"字之误文。已于前节论之，兹不复赘。故此字于辽金以至元修三史时代，在北方虽有一、二作"糺"者，大体上，皆当写作"乣"，而乣之讹"糺"，在南宋方面，以汉字之传统关系，则皆以乣为糺，至于乣军之转为主因，乃后期之事（下详）。

今总诸家之说，乣字音近查，有 Ča，cbu，cou，kin，te 等音。通于迪敌，至于乣字之义，箭内谓即当为军，其依据则《辽史语解》"乣军名"一语，然就"乣军名"之言推求，则当为辽之诸军中，有一种名曰乣军，此点羽田固以之质于箭内，谷文同于羽田之意，但其对《辽史语解》未能详读，箭内列举《辽史语解》中五事以资例证，今按此五事中，仅"斡鲁朵宫帐名""撒剌酒樽名"两条，略可资说明"考《辽史语解》乃集纪传之文以成"，斡鲁朵在《辽史语解》中之另一条，即解曰"宫帐也"，不作"宫帐名"，而撒剌之语乃本之《斜涅赤传》，箭内尚未之觉，故仅就方言比较之，不知《辽史》有直接记录。按传文实作"辽言酒樽曰撒剌"，故《辽史语解》中此两"名"字，可认为误字，今退一步说，姑认其非误字，而为特别用法，则《辽史语解》之文例，此"名"字有两种用法：

（1）挞林官名。挞林为官之一种，契丹有一种官名曰挞林。

（2）撒剌酒樽名。契丹语酒樽曰撒剌，即撒剌之义为酒樽。

依箭内之意，此乣军名即循第二种解释，乣军也。然《辽史》有明著曰纠军者,箭内已无可为解,今纵令其有契丹语汉语可有重复,实不能不承认纠亦可为诸军中之一种。乃另有一事实,即纠如为军之义,则契丹之军队皆可代之以纠,事实上,则有之称纠,如遥辇纠,五院纠,黄皮室纠……有之绝不称纠,如属珊、皮室、拽剌等,以是知《辽史语解》中之"名"字纵非误字,而是特殊之用法,此"纠军名"者,仍必属第一种解释,即纠为军之一种而非纠字即当于军字。且《燕北记》云:

[契丹]旗上错成番书"旧"字,注曰:"汉语正军字。"

是汉语军字,契丹文写作"旧",与"纠"字字形固远不相同,以是知此纠字,在辽时之初义,不当于汉文军字。

16.4　纠字之音义

纠字之义,既不当于汉文"军"字,已论如前,则纠字之音义,仍待推求,兹分5点论之:

16.4.1　契丹字中之消息

纠字既非汉文,因先求于现存之契丹字中,检《宣懿哀册》由右而左第29行,其第5第6两字,作:

仐乣

此乣字正楷颇近于辽金史中之纠字,唯乡作土若行书连笔如纠,则纠乣固无区别。且有助于纠字误糺之说明,试以汉册求其字义,当为解决此事之便捷途径,按此字在册文中如第29行,册文第30行即末行,其最末4字,为:

叉甞燮共捄

此4字在两册文中凡十见(《宣懿册》五、《道宗册》五),依其在册文中之位置,正当于汉册之"呜呼哀哉"4字(亦是《宣懿册》五、《道宗册》五),"叉"字为大,"甞"字为哀,亦可于册内见之,即此4字之汉义为"大哀呜呼",参之王静如先生《辽道宗及宣懿哀册初释》与罗氏释文亦合,今姑认此4字为已识,在《宣懿册》第28行亦有此"大哀呜呼"4字,"仐乣"两字,正夹于二"大哀呜呼"之间,而"仐"字王罗并释为汉

文"天"字,覆按之亦合,于是吾人遂以此种限制求于汉册。于此吾人须有说明两点:

（1）契丹文法或契丹语中之字的次序,本不同于汉文,其语亦非一字一音,洪迈《夷坚丙志》卷18云:

> 契丹小儿初读书,先以俗语颠倒其文句而习之,至有一字用二、三字者,如"鸟宿池中树,僧敲月下门"两句,其读时则云:"月明里,和尚门子打;水底里树上老鸦坐。"大率如此（别详拙撰《辽史补注语文考》）。

（2）册文非直译。因此典故雅奥之文字,即两呜呼哀哉间之一段,其文云:

> 载念宠渥,失于奸臣,青蝇之旧污知妄,白璧之清辉可珍,如金石之音,黩而复振;如镜鉴之彩,昏而复新;茂集徽册,缅播芳尘,庶乎千载之下,望神华于閟宫兮,验声实于哀文。此段雕饰文字,即令今日用通行之英文译之,亦必不能完全按字翻译,因按字译之,则转失其真意,故契丹册文必是译其大意,可以推知。

先有此两点基础,故吾人于汉册契丹册对勘之工作,亦必须求其大意,而不能拘泥于字句。检汉册此段之含义,即辩白或洗刷宣懿与赵惟一私通一事（事详王鼎《焚椒录》,读者可参看之）,称后实如白玉、明镜、清辉,而淫私乃受奸臣即耶律乙辛等之污诬。此一幕悲剧,乃是"大黑蔽天,白日不照"。（王鼎语）"关"之汉义既为天,则"扎"之汉义,不能不揣之为:"清,青,苍,黑"等意。此吾人就契丹字中所得之概念或消息,固不谓其必定如此,试再说《辽史》所记纠军者考之。

16.4.2 《辽史》记纠军为青帜军

《辽史》卷82《耶律隆运传》云:

> 宋兵取河东,侵燕,五院纠详稳奚底,统军萧讨古等败归。

又《辽史》卷82《萧讨古传》云:

> 乾亨初,宋侵燕,讨古与北院大王奚底拒之,不克,军溃。

《耶律奚底传》不载其战败事。《景宗纪》记云:

> 乾亨元年三月,诏北院大王奚底、乙室王撒合等戍燕,六月甲

午,宋主来侵。丁卯,北院大王奚底、统军使萧讨古、乙室王撒合击之,战于沙河,失利。

按五院即北院,六院为南院(其详见《皮室考》)北院大王,即五院糺详稳也。《耶律休哥传》亦记此事云:

乾亨元年,北院大王奚底、统军使萧讨古等败绩,南京被围,帝命休哥代奚底将五院军往救,遇大敌于高粱河……

北院大王耶律奚底将五院糺而败归,耶律休哥复受命将五院军往救,可知五院军与五院糺不同,亦可为糺字不即当军字之一佐证,此役于《耶律斜轸传》记之,《斜轸传》云:

乾亨初……是年秋,宋下河东,乘胜袭燕,北院大王耶律奚底与萧讨古逆战,败绩,退屯清河北,斜轸取奚底等青帜军于得胜口以诱敌,敌果争赴,斜轸出其后,奋战败之,及高粱之战,与耶律休哥分左右翼夹击,大败宋军。

按糺字不全当于军字,已论于前,则奚底所将之五院糺军,糺者,可以推定其指青帜言。奚底所将者为五院下之青旗军,休哥所将者为五院下之非青旗军,故前者曰五院糺,而后者曰五院军。虽同隶五院,然二者有别,至于何等军队用青旗而称糺一点,下详。

《道宗纪》云:"寿昌五年十一月甲戌,振南北二糺。"此南北二糺,即谓五院六院之青旗军,以此两院皆有青帜之军称糺与不用青帜之余军也。

《高丽史》卷97《金富佾》附弟《富仪传》云:"富仪未显时,家僮治圃,得铜印,文曰:'青幢之印',后考新罗故事,青幢乃左军也,至是果为左军帅。"是新罗曾有青幢之左军也。契丹金山王子窜入高丽之时,曾有女真黄旗子军者,与高丽赵冲战于麟州,亦是以旗色名军之例。糺军当是青帜之军,因军用黑旗得名,故以黑(青)旗呼其军,迨夫沿用既久,原义渐失,遂转具军之义,因亦简曰糺。

16.4.3　契丹重黑色(青)黑读 Kha-ra

契丹祭天,用青牛白马,祭天为其原始之萨满教,天色青苍,故青为契丹所重。《魏书·契丹传》云:"其俗以青毡为上服。"即是重青之实例。在流行萨满教之草原民族，多以青、苍、黑为高贵之色，故契丹之遥辇五院六院以至各部族诸军，有用青帜之劲旅。蒙古曰"库克蒙古勒"见《蒙古源流》卷3，张尔田笺证云："库克，青也。"突厥曰"阔克突厥"，见《阙特勒碑》（友人韩儒林先生、朱延丰先生并有考释），白鸟库吉《东胡民族考》释宇文氏之名义，有云：

土耳其语谓青碧曰 Kuk

蒙古语谓青曰 Koko

可知土耳其语谓天曰 Kuk 云者，亦因天空之苍苍而起之语也。

今可见之史料中，不得"青契丹"之名，然称"黑契丹"之例甚多，如拉施特《集史》称辽曰"黑契丹"，《高丽史》称辽遗人曰"黑契丹"，西史凡言西辽者，皆称"黑契丹"（此名亦见《西使记》），至其所以称曰黑契丹，正以青色即黑色，别详《哈剌契丹说》。波斯文写纠军或主因作 Couyin（多氏）、Kiuin（贝氏），其音与 Kuk Koko Kha-ra Čara 皆不相远。征于青色之实例，如青牛青毡，实际上，当是黑牛黑毡，殆无容疑。严格的区别颜色，青黑自有不同，但世俗称说，则以黑布称青布（《华英字典》《华俄字典》等一类之对译，青黑间亦相混）；而指天之颜色，则是青、苍、玄、黑通用。故青帜之青，当是指黑而言。青帜军即是黑旗军。五院纠为隶于五院之黑旗军；六院纠则是隶于六院之黑旗军也。纠为黑色，黑读 Kha-ra，亦即纠之音为 Kha-ra Ča-ra，其义为黑色、青色。于此吾人更得一坚强佐证，即契丹遗纠，入元称曰"黑军"，见于元许谦《白云集》、黄缙《金华文集》、《元史》……等（其事详见下节），此关于字义方面者。耶律仁先，字纠邻，小字查剌，见《辽史》本传；保卫金都而又降元之纠帅有札剌儿；黑军仍多名曰"查剌"者，如黑军总管也先之长子曰查剌，查剌即袭父职领黑军之人；袭黑军总管明里帖木儿之第五子曰哈剌；又黑军孛迭儿之子曰纠查剌、查茶剌，见《元史》卷151《石抹孛迭儿传》。《新元史》卷135本传不载，《蒙兀儿史记》卷49本传谓曰："子札查剌。"又注云："旧传此下更有查茶剌三字，似杂采碑志以声同异译而误衍。"今姑就此点推绎，有值讨论者3项：

（1）不论是屠氏之误改纠作札或笔误、刊误，皆可见纠字之易讹而本字原形是纠。

（2）设纠查剌与查茶剌是二人，即字迭儿之二子，其二子并用一同音不易辨别之名，应是缘黑军得名殆无疑。

（3）设纠查剌、查茶剌是一人，即一名之重复，则纠、查、茶 3 字同音，亦足证纠音查之说不诬与纠之义为黑色。

积此种种暗示与各方面之相合，遂使吾人恍然于"哈剌""查剌"，即纠之音读 Kha-ra Ča-ra。《续宏简录》之"纠音查"（杳为查之讹，箭内亘氏已曾指出，其精思为可佩）一说，为中日史家审思博考而不得确解者，亦得其根据。关于历来纷纭不解之写法与音义，至此可谓证合（identify），得非读史之大快乎！

16.4.4　女真字中之参证

女真字"乩为"，在 Grube 书中第 33 页，第 627 号，其音读"出卫"汉义翠也。此"乩"字，在 Grube 书中第 53 页、音 Č'uh 出。考金王寂《辽东行部志》云：

> 甲戌，次叩畏千户营，叩畏，汉语，清河也。

此"叩畏"Cou-wei 之语，亦与 Grube 书中所著义为青翠色之"出卫"Č'uh-wei 相合。唯此女真字"乩"果否与契丹字"纠"有沿袭关系，不能确定。

另女真字"纵兊"在 Grube 书中第 13 页、第 240 号，其音读"又安"，义"床"也。此"纵"字在 Grube 书中第 52 页、音 Yeú 又。王国维但知此"纵"字字形近"纠"，不知此实女真字之纠也。述检罗氏所编《女真译语》第乙编第 16 页有女真馆来文：

> 海西建州纠卫都指挥使哈出哈男琐奴谨
>
> 㪷盂更孓纵为肖岳史芭甲乩申爪朱厎矢杀右

又同书第 26 页女真馆来文：

> 建州卫都指挥使哈出哈谨
>
> 更孓为肖岳史芭甲乩甲矢杀右

此两段，皆不见于 Grube 书中，今就此两段参校，因其都指挥使之同是哈出哈，可知建州卫亦得称曰"建州纠卫"，而此"纠"字之女真文写法，即作"纠"，亦即 Grube 书中注曰音又 yeú 之字。唯此又音之女真字"纠"，其义固当于"乣"字，读音方面，尚有当讨论者 3 层：

（1）此女真字"纠"，在 Grube 书中之音"又"，颇疑"又"字本是"乂"Ča 字之形误。因误为又形，遂误成 Yeú 音。本当作"纠音乂Ča"，多半是 Grube 之误。

（2）设女真字"纠"，是音又，而非 Grube 之讹，或是以"纠"之字形近于汉文"幼"，于制字之时，牵连用之。亦许因"幼"而误，即错认"纠"字为幼字，因误音曰"又"。

（3）设女真字"纠"音又 Yeú 正确无讹。而契丹字"乣"之读法，仍不能定其必是音又 Yeú。因女真制字之时，虽参契丹之字，当用女真语音，此可由日本文借用汉字而不读汉音之例以证明。如鸟居龙藏读 Ryuzo Torii 不读 Niao – Chü – Lung – tsang。

至于明时之以"乣"字排入汉文行列者，仍以习用已久，已具专义，故以冠于卫所之上，正见其为军为旗之意，同于元人修史之用此字于史。辽金时代，或即以此字通用于公私文书。

箭内亘《再论辽金时代之乣军》（答羽田学士刊于日本《史学杂志》第 26 编第 10 号），其《乣字音补考》一节中第 2 条云：

乣字则自元末以后，绝迹不用。

又第 4 条云：

乣字行于辽金时代及元中叶，其后全亡。

今读《女真译语》，则知箭内之言不然也。

16.4.5　乣字意义之演变

乣字原义，虽为青（黑）色，以名青帜（黑旗），因有指旗之意，自亦可以指旗下之人，即军用黑旗，则有指黑旗军或兵之意；此辈军人，由辽入金，为防边之劲旅，金源政府，亦甚倚重，其人屯戍边陲，自相聚结。未与内地多所同化，竟自成一特殊之部族，乣字渐有指民族之意，此点后详。至于部勒部众，仍用黑旗，亦即青帜，乣字之音，仍读Ča-ra查剌，且仍称之曰乣，即写作"乣"字，由金而元，其事可考。唯有一部分乣军与未降金之一支乣人，在元人记载中直称曰"黑军"。又以时间的积习,乣字用法渐已与军相当,而非完全的符合初义,如称"一队之谓"。亦当有径称曰军者。元时以辽金旧属曰"汉人"即"札忽歹",此名乃与"蛮子"之"囊家歹"相对而言,拉施特《集史》作 Djarkout,此辈乣人,因是辽金旧属,故亦称曰"札忽歹"或"汉人"。陶九成《辍耕录》所举汉人八种:(1)契丹;(2)高丽;(3)女真;(4)竹因歹;(5)竹里阔歹;(6)竹温;(7)竹亦歹;(8)渤海(参看陈寅恪先生《元代汉人译名考》,刊清华《国学论丛》第 2 卷第 1 号),即当时所谓"汉人"者,包有此 8 种之人,亦即此八种之人并有"汉人"之号,契丹、高丽、女真为人所悉知,竹因、竹温史书未明着其为何种之人,此王国维所以谓主因即乣军之对音。按主因之人,为乣军之遗人,但亦有乣汉并列之称法,如《永乐大典》所存《经世大典·站赤》"太宗元年十一月制"所言"乣汉众官暨降民"之例,或可说乣未包于汉内,然此处之"乣汉众官"乃指武官文官而说(亦可说汉乃狭义之汉),最低一部分的乣人,应有札忽歹之号。而主因二字,则非"乣军"之对音,非如王氏所主张之"居黝反之乣"。因乣字在金人之写法,皆作"乣"而不作"紏"。明时女真馆来文,"建州卫"亦作"建州乣卫",更可知此字正确写法作"乣"为确不可疑,又因女真馆来文之例,可知此字在以后除用于专名种族之义外,仍有称军或旗之用法。愚意主因一词设非由Ča转来,或为军字缓读,如鲜卑语读"汉"曰"染干"之例,倘是乣字音读转为"主",亦是"乣人"之对音,较乣军为主因对音之说为胜。

16.4.6　附:乣字辗转讹歧及乣军分合表(见表 16-1)

就以上推论,姑从乣字上溯其原形,下寻其误歧,约略表列如次,其间辗转关系,如纸字果以乣而讹抑由扎致误,札字果由扎而讹抑由乣而讹之类,虽略用虚实线条,仍望读者勿过拘泥。

16.5　乣军之起源及其性质

契丹官制有北面南面之分,北面即北方或北边之意,南面即南方或南边之意。所谓北方或北边的,即其本俗传统之办法,游牧生活之旧办

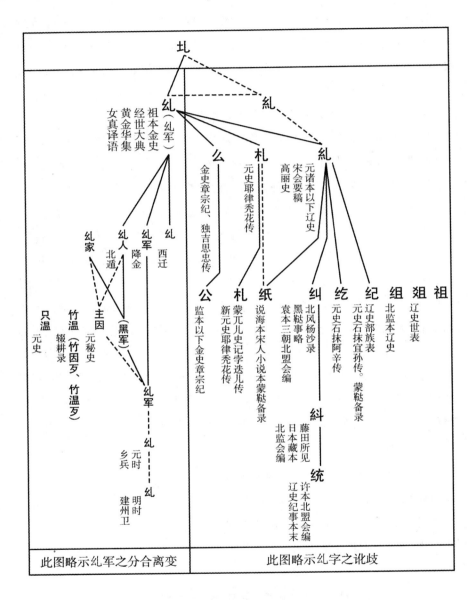

图 16-1　乣字辗转讹歧及乣军分合图

法也,在阿保机建国以前,已是自成体系。及太宗南得燕云,旧俗不足以震慑汉人,遂有南边的一套办法,即所谓南面者,乃习自汉人,此则中原法度也。唯契丹南面诸官,仅为招徕汉官统摄汉人,已详拙撰《契丹史论证官制篇》,其军国所倚之主要官职,包括军官在内悉为北面,即全用旧办法。至于军队之部勒,亦一仍本俗,此乣军者,在《辽史》之记载,虽始见于天赞,然并非天赞始有乣军也,故乣军之起源,今虽不知其初始,其必源于建国以前,殆无容疑。

契丹之部勒军队,沿用游牧旧俗之头下办法,即一头领之所属,皆是首领之私兵。头下之制,吾已于《头下考》论之,唯是此种私兵,属于皇帝个人者,不论职事禁卫或防边应战,皆服役国事,至其诸大首领之头下兵,对于国事亦非无何任务,《辽史·兵卫志》"大首领部族军"条:

> 辽亲王大臣,体国如家,征伐之际,往往置私甲以从王事,大者千余骑,小者数百人,著籍皇府,国有戎政,量分借得三五千骑,常留余兵为部族根本。

按所谓"著籍皇府"之头下兵,虽是隶于某大首领,为某大首领所私有,然国有戎政,则须出动应敌,故此种办法,亦可谓曰寓国军于私甲。唯是此等私甲,有皇府著籍与不著籍之别。

《辽史》附《语解》云:

> 遥辇乣、遥辇帐下军也。其书永兴官分乣、十二行乣、黄皮室乣者仿此。

按元修之《辽史》,对于头下每多隐讳或文饰,如皮室为太祖之头下,属珊为太后述律氏之头下,皆易曰帐下、幕下或部下,此遥辇帐下军,可例推之曰遥辇头下军也(《高丽外记》之遥辇帐阿果达即遥辇乣详稳),黄皮室乣,黄皮室头下军也。此辈乣军,虽各自有其主,即其主(首领)之私兵,然皇府(即国家或中央)有籍,在防内御外之责任上,似有更重于无籍之余兵也;其无籍之余兵,乃真其主(首领)之私兵,亦可拟曰狭义之头下。不过此种著籍,要亦不过一数目,最低初期当如此。而契丹之法,丁年十五至五十,全民皆兵,故其不著籍之余兵,亦可有相当数目,实此著籍与不著籍皆属头下,亦即乣军仍是头下兵,唯此种头下兵独用最崇贵之青(黑)色为帜,以示其优异与重要也。

乣军既为头下兵之著籍者,其任务方面,有无特殊之点,《辽史》无明显记载,今就事例求之,似以边防之用为重,《兵卫志》云:

> 天赞元年,以户口滋繁,乣辖疏远,分北大浓兀为二部,为两节度使以统之(《食货志》略同)。

是北大浓兀原统于一节度之下,即原为一部,隶一首领,因户口滋繁,乣辖不便,遂分为二部,设二节度,由二节度分摄之。按节度使之官始于李唐,赵翼《二十二史劄记》尝论之。唐之节度,既有其人民,又有其财赋。能自成一单位,终于尾大不掉。契丹之节度,实以旧日大首领之基础,略参突厥吐屯与唐节度之事(其详已论于别篇),故吾人仍可目之曰大首领,《太祖纪》:"天赞元年分迭剌部为二,斜涅赤为北院夷离堇,绾思为南院夷离堇。谓分北大浓兀为二部,立两节度以统之。"迭剌部之分为二院,即五院六院,意在分化其强大,北大浓兀之立二节度,亦为便于震慑,措辞未同,实际无异,节度使亦同夷离堇,夷离堇为番语之号,且后改曰大王,故知其为大首领;节度,则以唐官官名,每为读史者所忽,考乣军设官,有:(1)司徒;(2)详稳;(3)都监,其都监为监军之官,可缓论。司徒、详稳之事,颇有助于乣军性质之了解,《营卫志》"品部"条云:

> 凡戍军隶节度使,留后户隶司徒。

节度使较详稳为优崇,但有九部都详稳之目,此见于《辽史》者,《金史·地理志》乌古里部族节度使,《奥屯襄传》作乣详稳。节度详稳皆领兵军官,今乣军有司徒,有详稳,可知乣军有留后户,有戍军。所谓留后户者,即戍军以外之余丁,是则乣军之为戍军可知矣。此辈乣军在责任上,是分镇边圉,以为王室爪牙。

《辽史》卷104《耶律昭传》云:

> 统和中,坐兄国留事,流西北部,会萧挞凛为西北路招讨使……挞凛曰:"今军旅甫罢,三边晏然,唯阻卜伺隙而动,讨之则路远难致,纵之则边民被掠,增戍兵则饷馈不给,欲苟一时之安,不能

终保无变,计将安出?"昭以书答曰:"……夫西北诸部,每当农时,一夫为侦候,一夫治公田,二夫给纠官之役,大率四丁无一室处,刍牧之事,仰给妻孥。……"

耶律昭所言给纠官之役,当即纠丁,此等人户,即屯戍西北之纠军。又《萧韩家奴传》载:圣宗时,制问徭役不加于旧,征伐亦不常有,年穀既登,帑廪既实,而民重困,岂为吏者慢,为民者惰欤?今之徭役,何者最重,何者尤苦?何所蠲省则为便益?补役之法,何可以复,盗贼之害,何可以止?萧韩家奴对曰:

> 臣伏见比年以来,高丽未宾,阻卜尤强,战守之备,诚不容已。乃者,选富民防边,自备粮糗,道路修阻,动淹岁月,比至屯所,费已过半,双牛单毂,鲜有还者,其无丁之家,倍直佣僦,人惮其劳,半途亡窜,故戍卒之食,多不能给,……或逋役不归,在军物故,则复补以少壮,其鸭绿江之东,戍役大率如此,……方今最重之役,无过西戍,虽遇凶年,困弊不至于此,若能徙西戍稍近,则往来不劳,民无深患,……他日南方有变,屯戍辽邈,卒难赴援,……

《圣宗纪》:"统和十四年四月甲戌,东边诸纠各置都监。十五年九月丙寅,置东边戍卒。"此即萧韩家奴所称鸭绿江之戍。《耶律术者传》言其曾为咸州纠将,即屯驻咸州之纠详稳。《营卫志·部族下》云:

> 特里特勉部,初于八部各二十户以戍奚,侦候落马河及速鲁河侧,置二十详稳,圣宗以户口蕃息,置为部,设节度使,隶南府,戍倒塌岭,居骆驼冈。

按此防奚之戍户二十详稳,就其性质上即可拟曰纠详稳,其使命为防奚,同咸州之防女真。此等戍军,虽在北边者,亦可南调应战也。

16.6 《辽史》所见之各种纠军

《辽史·百官志》"北面军官"条,列纠军5种:(1)十二行纠军;(2)各宫分纠军;(3)遥辇纠军;(4)各部族纠军;(5)群牧二纠军。试略论释于次:

·欧·亚·历·史·文·化·文库·

16.6.1　十二行糺军

《辽史》卷90《耶律义先传》云：

> 重熙初，补祗候郎君班详稳，十三年，车驾西征，为十二行糺都监，战功最。

《耶律独颠传》卷92云：

> 重熙初，为左护卫，将禁兵，从伐西夏有功，授十二行糺司徒。

《百官志》"北面军官"条有十二行糺军，似即本此而著。箭内亘引《百官志》之文谓："十二行糺军为保等军队，未详，由其有十二之数观之，似与十二宫有关系。但又有各宫分糺军，则知其无关也。"按重熙十三年之时，尚无十二宫之数，箭内殆未究《百官志》之史源，然此十二行糺者，又果为何等军耶？

检《圣宗纪》：

> 太平六年二月戊午，以萧柳氏徒鲁古领西北路十二班军，奚王府舍利军。

此萧柳氏所领之西北路十二班军，应与以后之十二行糺有关系，疑所谓十二行糺者，平时即屯戍西北，因亲征西夏，遂调用此军。至于十二之数，亦可讨论，《仪卫志国仗》有云：

> 十二神纛
>
> 十二旗
>
> 十二鼓

又云："遥辇末主遗制，迎十二神纛；天子旗鼓，置太祖帐前，诸弟剌葛等叛，匀德实纵火焚行宫，皇后命曷鲁古救之，止得天子旗鼓，太宗即位，置旗鼓神纛旗于殿前。"又《燕北录》记辽俗每年正月一日，令巫十有二人，鸣铃执箭，绕帐歌呼以惊鬼（此事《辽史》著于《礼志·杂仪》），皆用十二数之例，知必有相连之关系，然不得其所以，考《礼志·再生仪》有云：

> 凡十有二岁，皇帝本命前一年，季冬之月，择吉日。……（行《再生仪》）

按此十有二岁之数，所言本命云云，当是（子）鼠（丑）牛（寅）虎

（卯）兔（辰）龙（巳）蛇（午）马（未）羊（申）猴（酉）鸡（戌）狗（亥）猪之十二属甚明，据此，则巫用十二之数，或亦代表十二属，十二神纛者，殆每属为一神也。十二神纛，十二旗，为契丹旧俗之大汗（天子）仪仗，此十二班或十二行乣，似即隶于十二旗之下者，兴宗以天子亲征，故调十二行乣赴战，又就十二行乣军之司徒、都监，皆以可汗护卫祗候之人充任，亦可令人想象其为隶于十二旗之军，然此十二行乣军，平时则不必为禁卫，即由司徒之官可以知之。

16.6.2　宫分乣军

《百官志》载"各宫分乣军"一条，求之纪传，仅《排押传》，一见永兴宫分乣之目，当是撰史者以此例彼，故曰各官分乣也。

《辽史》卷90《萧排押传》云：

> 统和初，为左皮室详稳，……四年……凡军事有疑，每预参决，寻总永兴宫分乣及舍利、挞剌二皮室等军，与枢密使耶律斜轸收复山西所陷城邑。

检《圣宗纪》：

> 统和四年五月庚辰，诏遣详稳排亚率弘义宫兵及南北皮室郎君，挞剌四军与……同御宋兵在山西之未退者。

纪传所记为同一事，而彼此歧互，传作永兴宫分乣，纪作弘义宫兵，弘义宫为太祖之算斡鲁朵，永兴宫为太宗之国阿辇斡鲁朵，二者必有一误，是永兴宫分乣之名，果否误写尚不能无疑问，纵令排押所统者确为永兴宫乣，或排押所统纵非永兴宫乣，而仍有各宫分乣军，即承认各宫分乣之存在；而此等宫分，为可汗殁后之守陵军，非生时之宫卫，其护卫之意已淡，而同于部族；同于部族，即须著籍为乣。

《金史》卷65《郓王昂传》云：

> 天辅六年监护都部降人，处之岭东，……过上京，诸部皆叛去，唯章愍官小室韦二部达内地。

即视宫分同于部族之例，且《营卫志》载营卫3项：

（1）居有宫卫谓之斡鲁朵；

（2）出有行营谓之捺钵；

（3）分镇边围谓之部族。

若循此意推之，则是中央亦有屯驻边陲之军队，非仅边部之为中央捍蔽也，故此宫分纠一项，纵非误记，亦是边防军也。

16.6.3　遥辇纠与各部族纠

箭内之言："遥辇者，辽皇室祖先之姓氏也，其帐数有九而甚贵，位在御帐之上，遥辇纠军，殆护卫此九帐之纠军之谓。"此语似是而实含混，遥辇为耶律（移剌）之前朝，非皇室祖先之姓氏。史称周武克殷，封纣子武庚以续殷祀，以今言之，可谓曰殷之属国改服周。或天下改属于周，殷仍自有其国。阿保机之存遥辇，事正相同，所谓"尊遥辇于御营之上"。为史家之辞，实际则契丹诸部，改服迭剌（移剌亦即耶律），遥辇仍保有其部，曩虽为共主，后则为部落。《百官志》分列遥辇纠军与各部族纠为二，即未审遥辇之性质。遥辇为前朝可汗之姓氏，亦即前朝大汗之部名，阿保机以迭剌部而代遥辇，是为耶律之朝，遥辇族帐仍存，族属虽似尊贵，实则亦是部落，同于五院、六院之为部族也。

《辽史》卷73《耶律海里传》云：

> 耶律海里，遥辇昭古可汗之裔，太祖传位，海里与有力焉，初受命，属籍比局，萌觊觎，而遥辇故族瓦解望，海里多先帝知人之明，而素服太祖威德，独归心焉。以故太祖托为耳目，数从征讨，既清内乱，始置遥辇敞稳，命海里领之，天显初，征渤海，海里将遥辇纠破忽汗城。

按此遥辇敞稳（详稳）之设与遥辇圤之名，当为《百官志》列遥辇纠军之所本，箭内以遥辇纠军为护卫遥辇九帐之军，同于宫分军之任护卫，实宫分纠遥辇纠，性质上殆同于五院、六院及其他部族之纠也。

部族军之称纠者，除前引之《耶律隆运传》有五院纠外，又《耶律隆运》附弟《德威传》云：

> 统和初，党项寇边，一战却之，赐剑，许便宜行事，领突吕不迭剌二纠军，以讨平稍古功，真授招讨使。

《耶律奴瓜传》云：

> 统和四年，杨继业来侵，奴瓜为黄皮室纠都监，……及伐宋有

功,迁黄皮室详稳。

突吕不迭刺黄皮室皆是部族,《百官志》所谓各部族纠军者,盖即谓此,部族军之任边戍者,用青旗曰纠军。其不任边戍者,如撒离葛部备畋猎,稍瓦部掌罗捕,曷木部之冶铁,固无纠军,是则部族而非纠者也。

16.6.4 群牧纠军

《辽史·百官志》"北面军官"条有"群牧二纠军",但无征于纪传,唯《穆宗纪》"应历十五年五月壬申":"雅里斯以挞凛苏二群牧兵追至柴河,与[室韦]战,不利。"此二群牧兵,或即群牧二纠军之所本耶?又"北面军官"条有特满军详稳司,考《金史·地理志》列举纠军十二处,特满群牧次第八。金之群牧,乃沿辽之群牧而来;《金史·章宗纪》:"承安元年十一月庚寅有特满群牧契丹陁锁德寿反"云云(同年正月,有大盐泺群牧使移剌觌败死事),故《辽史·百官志》"北面军官"之特满军详稳司,应是特满群牧军详稳司也。乃《辽史·百官志》"北面边防官"又有特满军详稳司、群牧军详稳司并列,且《百官志》"北面宫官"有某宫马群司、北面牧厩等官有西路群牧使司、倒塌岭西路群牧使司、浑河北马群司、漠南马群司、漠北滑水马群司、牛群司等目。以是知《辽史》所谓群牧军详稳司,并未包举所有之群牧。

《金史·兵志》云:

> 金初因辽诸抹而置群牧,抹之为言,无蚊蚋美水草之地也。天德间,置迪河斡朵、斡里保(斡里本)、薄速斡、燕恩、兀者(《地理志》作乌展)五群牧所皆仍辽旧名。

是迪河斡朵等五群牧,本是辽之群牧也。且金人所得群牧,只是漠南部分。群牧事别详,今欲说明者,群牧并非只二纠。又准《金史·兵志》之言,群牧亦略同部族,只是名目之别,最低应如明时卫所之外,有所谓"地面"者,或如今日内地行省与西藏、蒙古之比。

综上4段,吾人可仿《营卫志》之说法,谓曰有纠而部族者,如十二行纠,有部族而纠者,如突吕不纠之类。

·欧·亚·历·史·文·化·文·库·

16.7　金之乣军及其官长

女真以辽之属部而代辽,其军队组织为(其本俗之)猛安谋克法,不同于契丹,此固为读史者所知,然契丹兵马则未悉为女真体系之改编;反之,在若干方面,转有袭用契丹之旧制或沿旧制而略变更之。乣军之名,即沿契丹之旧,乣军之人,亦是旧日乣军之族。简言之,金之乣军乃承袭契丹之乣军而来,唯非契丹全部之乣军,此点前人殆未注意,而实至关重要者,兹特说明于下。当辽亡之顷,乣军由于现实之要求,遂自然地分裂为两部分:一部为不甘投降者;一部分为降附于金者。而不肯降金之乣,又分为两股:一股北遁,由库烈儿领导;一股西迁,由大石统率。故亡辽诸乣,实际上分化为3支:

(1)远走西域者;

(2)北遁穷朔者;

(3)降附于金者。

金之乣军,即属于此第三支者。在契丹之世,乣军为抽调出戍之军,故有管理留后户之司徒,有管领戍军之详稳。至金则固定其任务,专防北边,尤以西北之蒙古为对象。此辈屯戍之军,以久在北边,故金世无所谓留后户也,因亦无司徒之需要,而仅有统领之节度或详稳。契丹之遗人遗乣,亦有编为猛安谋克者,故金之乣军,虽沿自辽代,在性质上与辽之乣军不同。

《金史·百官志》云:

> 诸部族,节度使一员,从三品,统制各部,镇抚诸军,余同州节度,副使一员,从五品。

> 诸乣,详稳一员,从五品,掌戍边堡,余同谋克。

《金史·兵志》云:

> 东北路部族乣军,曰迭剌部(原注:承安三年改为土鲁浑尼石合节度使),曰唐古部(原注:承安三年间改为部鲁火扎石合节度使),二部五乣。其他若助鲁部族、乌鲁古部族、石垒部族、计鲁部

族、孛特本部族,数皆称是。

西北西南二路之乣军十:曰苏谟典乣,曰耶剌都乣,曰骨典乣,曰唐古乣,霞马乣,木典乣,萌古乣,哶乣,胡都乣,凡九。

东北路称部族,当是设节度,西北西南二路不言部族,但称乣,当是仅有详稳也。

检金源之制,除乣军之外,无部族节度与详稳之官,亦即部族节度与详稳者,为乣军所专有,此乃沿袭辽制而未改,固非新设之官。至人选方面,虽间有用女真人之例,仍是多求自乣人,《金史》卷94《内族襄传》云:

> 故事:诸部节度使及其僚属,多用乣人,而颇有私纵不法者,议改用诸色人,襄曰:"北边虽无事,恒须经略之,若杜北门,其后有劳绩,何以处之?请如旧"……并嘉纳之。

是金廷对于乣军之管制,乃以乣人统乣人,但求防北之效,未有进一步之统驭。此亦使其得自凝聚之一因素也。

《宋会要稿·兵》卷17载:

> 建炎四年十一月十六日,刘光世奏:招到女真契丹渤海汉儿一十八人,女真撒哥主系千人长,契丹屈烈系乣官,渤海高质系百人长,汉儿千人长于坤乣官,刘公亮百人长吕祥,队首张宽、李用,队下郑进,卢顺,于安仁,张彦,杨盖,寇春儿,宋彦,崔兴,李实,乞补授官资,欲发付光世使唤。诏女真撒哥主与补秉义郎,契丹屈烈补承信郎,渤海高质补进武校尉,汉儿于坤补承信郎,刘公亮、吕祥补进武校尉,张宽、李用并补进义校尉,郑进……李实并补下班祗应,金军张青、元通并补进义校尉,并送刘光世,收管使唤,内女真撒哥主,契丹屈烈仍赐姓赵,并先解到招降女真三宝、胡都、胡束、永寿四人,已赐姓李,并改赐姓赵。

按宋人所称之乣官,当是乣详稳,就其叙次在千人长之下百人长之上,千人长即猛安,百人长即谋克,略与《金史·百官志》所谓"余同谋克"者合,汉儿千人长于坤与女真撒哥分列,则乣官刘公亮者,亦可能是汉人。《宋会要》又载云:

绍兴元年正月二十一日,刘光世言:招降到女真等自去年十二月二十三日,至今年正月三日,又节次招收到六百六十六人,内签军头着首申解前去,乞验实依例补授名目,优赐犒设及支赐盘缠月粮,乞付光世使唤,诏女真等补官,自中训郎至下班祗应有差,签军糺官并补效用甲头,内无姓人赐姓赵,仍并送光世收管军前使唤。

按宋建炎四年,当金太宗天会八年(宋绍兴元年即金天会九年),时正宋金交战,故有来降之糺官,又可见糺军在女真兵力中亦占相当数目。《潜研堂集》卷34《三答简斋书》云:

> 《金史·百官志》诸糺详稳一员,在部族节度使之后诸移里董司之前,则糺亦部落之称。

按以金之糺详稳所统之糺,拟曰部落可也,谓其已是以糺而部族矣。犹之满清旗人,谓其自成一集团,即自成一部落或部族可也,但旗非部族之称。

16.8　金代糺军之分布及离叛

辽时有东边之糺,旧戍于鸭绿江一带,至金已失其对象,故不复见于《金史》,唯《元史》有辽东糺军,亦无佐证以定其必为旧日之东戍,至若驻于东北、西北、西南三路之糺军,则分隶于泰州(东北)、应州(西北)、桓州(西南)三招讨司,此三路之分布,实即两路,因所谓西南路者,并非国境之西南,而是间于东北西北之偏南,三路皆在北边,亦即金之糺军,皆聚集于北边也。

诸圮之名,复见于《金史·兵志》及《地理志》,略有异同,箭内尝比较之,谓曰:

> 今将二者比较观之,部族之名,《兵志》有萌古而无乌昆神鲁,《地理志》有乌昆神鲁而无萌古《兵志》有乌鲁古,《地理志》作乌古里,《兵志》有迭剌,《地理志》作迪烈女古。至于糺名,《兵志》有萌骨而无移典,《地理志》有移典亦无萌骨。《金史详校》卷20曰:"岂先有移典后改萌骨,抑刊讹耶?"殆存疑也。然《兵志》谓

"乣军十而终则谓凡九",似甚疏漏,而蒙骨、移典二乣并存之事实,则似在此间暗示者。但《百官志》有失鲁乣之名,《内族襄传》有胡疋乣之名,《奥屯襄传》有乌古里乣,皆为《兵志》、《地理志》所未载,则金之乣军之数,似非必限于九处或十处者,要之,此等乣军,如何分配于各部族之间,殆全不可知。

按乌古里之名见于《地理志》,《兵志》曰乌鲁古,实即一名,汉语无与英语中"l"适当之音,故有"里""鲁"之歧,《奥屯襄传》所谓乌古里乣,即谓乌古里部族之乣,至于失鲁乣、胡正乣,虽未明著于《兵志》,然《兵志》东北路部族,迭剌唐古之下,有"二部五乣"之言,则其一部不只一乣,固显然可知,《金史》卷94《内族襄传》曰:

> [明昌元年]时左丞相夹谷清臣北御边,描画乖方,属边事急,命襄代将其众,时胡疋乣亦叛啸聚北京临潢之间,襄至遣人招之,即降,遂屯临潢。

东北路招讨司置泰州,胡疋乣既在其附近,且又叛而复降,当是东北路诸乣之一,可推知也。

《金史》卷93《独吉思忠传》云:

> 初大定间修筑西北屯戍,西自坦舌,东至胡烈么,几六百里,中间堡障,工役促迫,虽有墙隍,无女墙副堤,思忠增缮用工五十万,止用屯戍军卒,役不及民。

此事曾见《章宗纪》"承安五年"条亦作"胡烈么",就此段纪事,可知胡烈么者,当即胡烈乣之误,监本以下之《金史·章宗纪》之"胡烈么"误为"胡烈公",施国祁《金史详校》已言之,谓曰:

> 东至胡烈么,公、元本作么,是。案《独吉思忠传》作么,或即《兵志》之移剌乣。

是此胡烈乣亦当为东北路诸乣之一,兹为便于省览,表举其名如次(见表16-1)。

表 16-1　东北、西北、西南三路诸乣表

	《兵志》	《地理志》	《百官志》	备注
东北路部族节度使	迭剌 承安三年改为土鲁浑尼石合节度使	迪烈又作迭剌女古		《内族裹传》有胡乣，《独吉思忠传》有胡烈么
	唐古 承安三年改为部鲁火札石合节度使 以上二部五乣，户五六八五以下六部数亦称是	唐古		《金史·食货志》，户口，迭剌唐古二部五乣户5585口127544（内正口109463，奴婢口18081）垦田16024顷又17亩，牛具5066。
	助鲁	助鲁		
	乌鲁古	乌古里		
	石垒	石垒	失鲁乣	
	萌骨			
	计鲁	计鲁		
	孛特本	勃特本		
		乌毗神鲁		
西北西南二路乣详稳	苏谋典乣	苏木典乣	慈谋典乣	《吴僧哥传》："僧哥，西南路唐古乙剌乣上沙燕部落人。"
	耶剌都乣	耶剌都圠	移剌乣	
	骨典乣	骨典乣	骨典乣	
	唐古乣	唐古乣	唐古乣	《温迪罕蒲觌传》作霞木乣
	霞马乣	霞马乣	霞马乣	
	木典乣	木典乣	木典乣	
	萌骨乣			
	咩乣	咩乣	咩乣	《伯德宏哥传》："宏哥西南路咩乣奚人。"
	胡都乣	胡都乣	胡都乣	
			移典乣	《百官志》引《士民须知》某年有慈谋典乣、胡都乣、霞马乣，无失鲁乣、移典乣
				《温迪罕移室满传》："改移典乣祥稳迁乌古里部为节度使。"

368

此辈屯驻北边之乣军,章宗泰和南伐时,曾调用南侵。

《大金国志》卷21《章宗纪》云:

> 泰和八年……先是泰和六年,帝大发兵侵西北,诸乣、生蕃也,
> 邻接比,号曰骁骑,有众三万,尽数起发侵江南,次年,罢兵,和好如
> 初,诸乣还归,因赏不均,皆叛北归。太学生李藻言宫中事,主大
> 怒,敕断一百,午逢辰、白纶、田广明者,亦上书劝北伐,主以为擅欲
> 兴师,窥图进用,皆杖一百,四人挈其家亡之北地,相与献谋,又有
> 诸乣输其力,于是大军益锐,恐西夏议其后,乃大举兵攻之。

《金史·章宗纪》不载南伐用乣军事,然《杨云翼传》卷110言云:
"时金倡议南伐,宣宗以问朝臣,云翼曰:'……泰和举天下全力,驱乣
军以为前锋,今能之乎?……'"可知《大金国志》所记为不诬。此等乣
人,虽是屯戍北边,然亦应调赴战,同于辽时之旧也。《蒙鞑备录》云:

> 章宗筑新长城,在静州之北,以唐古乣人戍之,酋首因唐古乣
> 结耶剌都乣、木典乣、咩乣、骨典乣等俱叛,金人伐兵平之,乣人散
> 走,投于鞑人。

此言乣人散走投于鞑人,正与《大金国志》所言"皆叛北归"者合。
唐古乣、耶剌都乣等属西北西南两路,即西方之一部分,当于泰和以后,
离金而附于蒙古矣。此等北附蒙古之乣人,自随其叛金而变其防边之
任务,至于东北路之诸乣,仍是依然如旧。然迪烈乣人有自始未肯降金
而以兴复为志者,别详下章。

《金史》卷106《术虎高琪传》云:

> 大安三年,累官泰州刺史,以乣军三千屯通化门外,未几,升缙
> 山县为镇州,以高琪为防御使,权元帅帅右都监,所部乣军赏赉有
> 差。

按泰州为东北路治所,是则泰和叛金之乣无东北路者,甚明,王国
维据《卫绍王纪》大安三年十一月纥石烈沙虎走还京师,请兵二万屯宣
德,诏与三千人屯妫川,崇庆元年正月,右副元帅胡沙虎请退军屯南口,
诏数其罪,免之(《纥石烈执中传》同),谓高琪之屯缙山,当在胡沙虎免
职之后,即崇庆元年之春。又谓此时中都西北,唯恃此一军为重镇,于

369

至宁元年(癸酉,元太祖八年)会与元兵接战于怀来缙山,是其平时屯守,有事应敌,同于往时也。

16.9　辽亡以后未肯降金之纠军

女真亡辽,诸纠分化为 3 支,其中未降于金之两支:北遁者与西迁者,各自有其光荣经历,大石一支,以其复国者八十八年,每为史家所称道,但言西辽者,多未指明为遗纠。而北遁之一支,从未为言纠军或辽金史者所论及,是诚一段逸史矣。姑著其略如下:

16.9.1　北遁之纠军及其入元以后之世勋及汉化

元许谦《白云集》卷 1《总管黑军石抹公行状》云:

> 公讳库禄蒲,姓石抹氏,辽阳大宁人,契丹太祖后萧氏,能用兵,太祖并一诸部,击灭邻国,侵轶中夏,以大其国家,后与有力焉,故世后皆萧氏,而萧遂为右族。金灭契丹,易萧为石抹氏。公四世祖库烈儿,闵宗国沦亡,誓不食金粟,率部落远徙穷朔,以复仇为志。曾祖脱罗华察,且招来怀辑,徒众益盛。祖野仙,饶智略,善骑射,年少任侠尚气,金闻之,欲靡以爵,深晦匿以自全。太祖皇帝龙兴,挺身而归,出奇计,单骑掩取金东京,金一旦失于重镇,遂震袭莫能抗王师,从下北京,定幽燕,席卷青齐,收地数千里,拜御史大夫上将军,持将击蠡州,死之。父查剌,刚勇善射,有父风。先是大夫募豪勇士为前行号"黑军",所向无敌,常自将之,至是仍受(授)查剌公御史大夫领黑军,从下平阳太原,降益都,南征,力战克敌,直取汴州,从征南京,先登,以功除真定路达鲁花赤兼北京路达鲁花赤,公其长子也。……袭父职,授总管黑军,上知其才,降制略曰……黑军素畏服,公既领事,推诚抚下,不弛不苛,练习淬砺,常若赴敌,戊午岁,攻宋襄阳、樊城,昼夜苦战,与从弟度剌立云梯上,直冲其堞,公手杀千余人,度剌死之。中统三年,李璮反淄青,公从东讨璮济南,分地以守,璮剧贼皆精悍,数出兵奔突,公常陷阵斩获以钅坐其锋,后独不敢犯公所部,帅众攻城,尽锐而进,城上矢石雨注,

公不肯避,中飞矢卒。

按石抹库烈儿之英勇表现,即率部北迁一段,由库烈儿、脱罗华察以至野仙,祖孙三代,招来怀辑,念念不忘宗国,其精诚坚定,实足比美于大石之西迁。唯大石得西方外缘环境之方便,遂得恢复宗国于万里之外者近百年,而库烈儿祖孙,虽内在之信念坚强,独立穷朔者三代,终不能不依附蒙古以图恢复,读史者观于库烈儿与大石之经过,能不益信外缘环境影响于历史之重要耶?野仙所募豪勇士为前行号“黑军”者,当即库烈儿所率部落与脱罗华察所招来之徒众,虽未明著曰纠人,实即契丹之遗纠,此为历来史家所未注意,亦即本论所欲揭发之覆也。

黄缙《金华文集》卷27《浨海上副万户石抹公神道碑》云:

公讳明里帖木儿,别名继祖,字伯善,迪烈纠人。其先出于梁萧氏,隋萧后以族人入于突厥,至辽为述律氏,仕辽多至显官。金灭辽,改命为石抹氏,曰库烈而者,于公为六世祖,义不仕金,望日再拜而卒。曰脱罗华察耳者,于公为五世祖,承先志,亦不仕。其第二子曰也鲜,公高祖也,问父何为不仕,父语以其故,慨然曰:“儿必复之!”金主闻其才武多智,召为奚部长,固辞弗获,乃俾兄瞻德纳姑受之,以全其宗,遂遁,去之北山,射狐鼠以食,誓不食金粟,闻太祖皇帝龙兴朔漠,乃杖策来归,谒拜于九斿白旗之下,言东京金人根本之地,得东京则金何(可)图,上即命取东京,……得地千里,户十万八千,胜兵十万。进攻北京,三年而克之,得其守将四十有七,城邑二十二,有旨以北京旅(屡)拒王师,当屠,力谏止焉。特授御史大夫,领北京达鲁花赤。别募精锐之士万二千号“黑军”,以其籍来上。赐金虎符,加上将军,提控诸路元帅府便宜行事,太祖西征,俾统纠汉黑军,偕诸将经略中原,徇地至蠡州,死焉。曾祖讳查剌,继为御史大夫,统黑军,定河东陕西诸郡,移师攻益都,城破,众欲尽歼降者,坚持不可,益都之人,生为立祠,以黑军长驱入汴,进拔睢阳,太祖皇帝畤(酬)其劳,授真定兼北京两路达鲁花赤。祖讳库禄蒲,以黑军与从弟度剌攻襄阳、樊城,世祖皇帝念其祖父之功,降制褒谕,赐金符为总管,与叛将战于济南,死焉。考讳良辅,以黑军攻五河及湖南诸部。宋平,论功行赏,赐金虎符,历蔡州弩军万户,遂以为沿海上万户府副万户,累阶昭毅大将军。由昭毅而上,四世有传在国史……[公]大德七年,以门功入备宿卫,事成宗皇帝为舍利别赤。……十一年昭毅公以老谢事,诏以公嗣其职。方是时,承平日久,黑军散落之余,多已他属,武宗皇帝即位,仁宗为皇太子,上命悉括黑军以卫东宫,宗戚贵臣弗便,事遂寝。……

据此,多可补前引《行状》所未备。库烈而(《行状》中称库烈儿)一支,原为迪烈乣人,子脱罗华察耳(《行状》中省曰"脱罗华察",《元史》卷150《石抹也先传》误为"脱罗毕察儿",《新元史》卷135、《蒙兀儿史记》卷49、《石抹也先传》并沿《元史》之误,作"脱罗毕察儿")即也鲜(《行状》中作"野仙")之父,也鲜《元史》本传作也先,所叙奇计致功及死蠚州等事略同,不复赘。唯记黑军于张鲸事后,以黑军为张氏所私养,与碑状未合。传云:

>……监张鲸等军征燕南未下州郡至平州鲸称疾不进,也先执鲸送行在所,帝责之曰:"朕何负汝?"鲸对曰:"臣实病,非敢叛。"帝曰:"今呼汝弟致为质,当活汝。"鲸诺而宵遁。也先追戮之,致已杀使者应其兄矣。致既伏诛,也先籍其私养敢死之士万二千人号"黑军"者上于朝,赐虎符,进上将军,以御史大夫提控诸路元帅事,举辽水之西,浺水之东,悉以付之。

按《库禄蒲行状》与《明里帖木儿神道碑》所记者虽未明晰说出黑军为石抹氏旧部,然此辈黑军,乃也先之祖若父所统率而来,并经招来怀辑者,其人当全数或绝大多数是遗乣。招募之言,只可认为是纠合遗乣,不能视为普通之招募。《新元史》、《蒙兀儿史记》并沿《元史旧》传皆以黑军为张氏所私养者,殊为失考。

《元史·太祖纪》云:

>太祖十二年八月,招以木华黎为太师,封国王,将蒙古、乣、汉诸军南征,拔遂城、蠚州。冬,克大名府,遂东定益都、淄、登、莱、潍、密等州。

木华黎统率之糺,即也先私养之黑军,亦即库烈儿统率北遁之遗糺也。所惜《元史·也先传》竟误记其黑军,又忽略其系出迪列糺,但含混称之曰"辽人",亦未详考其辽亡前后之历史,几令人不知其为遗糺矣。甚者竟未勘详也先之事迹,乃于同书中又别著一《石抹阿辛传》。可见当日史臣对于元事之隔阂与纂修之疏忽也。

《元史》卷152《石抹阿辛传》云:

> 石抹阿辛,迪烈糺人,岁乙亥,率北京等路民一万二千余户来归,太师国王木华黎奏授镇国上将军御史大夫,从击蠡州,死焉。子查剌,仍以御史领黑军,初其父阿辛所将军皆猛士,衣黑为号,故曰"黑军"。

明修《元史》,不知阿辛即也先,无可讨论,此迪烈糺之误为"迪烈纥",不正启示吾人糺字易为传统汉字所讹误欤?率一万二千余户来归之言,正可说明其为遗糺结合之集团,并非泛泛招募可比。至"黑军"之号,因猛士衣黑一点,应是后人见其衣黑以为之解或撰史者之补充;而黑军之名,当与其悠远传统所彤之黑旗(青帜)有关。因旗为军中标帜亦即军队之象征代表,糺军即黑旗军者,可能亦衣黑色,因青毡为契丹上服,旧习固是如此也。清魏源撰《元史新编》合也先、阿辛两传而一之,改曰"耶先",其他人名,亦从改译,"儿"字并作"尔",脱罗华察耳"华"字亦沿误为"毕",不著也先系出迪烈糺,黑军改曰黑衣军(辨东京为北京事,非本题范围,不具论)。殆未悉糺军历史者也。金季豪强啸聚为乱,见于《金史》记载者,有红袄贼、黑旗贼、花帽军等。此黑旗一股,疑有遗糺混杂其间,或以欣羡糺军之雄勇,遂假用黑旗以为识也。

箭内亘《再答羽田论糺军》(刊于日本《史学杂志》第27编第3号),因商榷"五十骑谓之一糺"问题,自谓露骨的叙其想像:

> 蒙古之糺,或为太祖或太宗时,闻契丹人或女真人述辽金糺军事,而为蒙古朝廷之一种计划,抑或因耶律楚材、黏合重山之徒所提议,知辽金糺军之勇武,遂称蒙古兵以五十骑而成一队为"糺"欤?不然,则仿辽金糺军之制,编成军队而称以"糺"者。

箭内殆不知蒙古之乣乃契丹遗乣之北遁者，其间不但存有连续关系，且库烈儿以下，世次可序，事迹可征也。据明里帖木儿《神道碑》所载，成宗、武宗之世，黑军已式微，多散落他属。当是承平日久，屯驻农耕之区，健儿无用武之地，遂渐渐同化也。而同化显著之例，亦可于该《神道碑》见之。碑文云：

> 公（明里帖木儿）初以泲海军分镇台州，皇庆元年，又移镇婺、处两州，驭军严肃而恩意周浃。当拣放而老且贫不能归者，曲为之地，使有以自给而达于乡里，旅殡者累数百，择地为丛冢，聚瘗而时祭之……昭毅公（良辅）既老，每怀乡土之念；捐馆之日，家仅存遗书数千卷，公粥其故庐，为舟车之费，奉枢还葬柳城……公初从昭毅公在四明，师事前进士史先生蒙卿，……四明之学，大抵学六氏而宗杨袁，唯先生上接晏氏之传，为学一本朱子，公天资颖悟，凡先生所指授，闻辄领解，然不徒守其空言，而务在明体以达用，自经传子史，下至名法纵横天文地理数术方技，异教外书，靡所不通，而韬钤之秘，则家庭所夙讲，商榷古今，亹亹忘倦，治法征谋，如指诸掌……自号（北野兀者），年逾强仕，即请纳禄……乐台州山水之胜，买田筑室而居焉。扁宴休之所曰"抱膝轩"，雅歌赋诗以自娱，……更自号"太平幸民"……所著《抱膝轩吟》若干卷，清新高古，有作者风。

今就"良辅""继祖""伯善"等名字，与《抱膝轩吟》之遗著，安知其是乣军总管？由库烈儿至继祖，七代之间，截然两段，前五世，仍存契丹遗风，良辅而下，殆同汉人，继祖尤称博学能诗，此是同化之实例。而其他之不能重返北荒者，亦当化于汉人群中无疑也。萧氏本是旧改之汉姓，而石抹后又称石氏（参看拙撰《契丹女真汉姓考》或钱大昕《诸史拾遗》卷5），既化其习尚，又改其姓氏，殆与汉裔无别矣。

16.9.2 追随大石之乣军

大石西迁建国事，《辽史》附叙于《天祚纪末》，记云：

> 耶律大石者，世号为西辽……自立为王，率铁骑二百宵遁，北行三日，过黑水，……西至可敦城，驻北庭都护府，会威武、崇德、会

蕃、新、大林、紫河、驼等七州，及大黄室韦、敌剌、王纪剌、茶赤剌、也喜、鼻古德、尼剌、达剌乖、达密里、密儿纪、合主、乌古里、阻卜、普速完、唐古、忽母思、奚的、糺而毕十八部王众……（宣谕复国）……遂得精兵万余，……整旅而西。

关于大石得以远迁西域之基本武力，此段之记叙，尚是比较详细，余则更嫌简略。如耶律楚材《湛然集》谓"大石挈众而亡"，《西游录》谓"率众走西北"。赵子砥《燕云录》言"大石林牙，结集兵马，已及数十万。"并是短短数言，语意笼统。西方史家记西辽事者，如《世界侵略者传（Tarikh Djihan Kushai）》记载："相传黑契丹的可汗离契丹时，从者仅七十人。又据别一说，率军甚众，诸突厥部落，相率聚其麾下。"剌失德（Rashid-eddin 前引写拉施特）《集史》记西辽事，但称："讷失太傅（大石林牙）者，西奔，逾乞儿吉思之地，旋至畏吾儿突厥斯单，曾在其地纠集重兵，尽取突厥斯单全境。"（并见冯译多桑《蒙古史》卷 1 引）并未言其西行大军，果是由何纠集，唯《松漠纪闻》有云：

> 沙子者，盖不毛之地，……大实之走，凡三昼夜，始得度，故女真不能穷追，辽御马数十万，牧于碛外，女真以绝远未之取，皆为大石所得。

所谓御马数十万，当即漠北群牧也。

《谋夏录》云：

> ［天祚］入夹山，有司悉以群牧献之金人，唯松漠以北者，悉为大石林牙所有。

《辽史·食货志》所谓："松漠以北，旧马皆为大石林牙所有。"即本此而修。群牧之马归大石，群牧糺军，应亦随大石以去。刘祁撰《乌古孙北使记》云：

> 昔大石林麻，辽族也，太祖爱其俊辩，赐之妻，而阴蓄异志，因从西征，挈其孥，亡入山后，鸠集群糺，径西北，逐水草，居行数载，……入回纥，攘其地而国焉。

是乌古孙、仲端奉使之时，尚知大石曾鸠集山后之糺。群糺云者，或竟是群牧糺军之省。大石得此依凭，遂能兵行万里。参之《辽史·

375

天祚纪》所记,则七州十八部云者,应指辽之西北诸乣也(十八部中有普速完。检《辽史·营卫志》有"蒲速盌斡鲁朵,应天皇太后置,兴隆曰'蒲速盌',是为长宁宫。"《金史》所载群牧十二处有蒲速斡群牧。又大石之女曰普速完。此名号之相合,或不只是同取一语,即取兴隆之义,也许有遗部遗人之关系存于其间)。

俄人 E. Bretschneider 撰《中世纪研究》有论西辽事云:

> 关于哈剌契丹一名,并非创用于亚洲西部,而似起源于蒙古人或突厥人,蒙古语和突厥语,哈喇(Ka-ra)一字都训"黑",为什么蒙古人把这种人称为"黑契丹",那就没法知道了。因为创建黑契丹帝国的是辽的子孙,所以中国记载中称之为"西辽",至于"黑契丹"一名,中国书中都未用过。

Bretschneider 之书,有梁园东先生所译哈喇契丹一段为《西辽史》,并附译注(商务印书馆刊入《史地小丛书》),梁氏虽指出"黑契丹"之名曾见于《西使记》,但何以称曰"黑契丹"或"哈喇契丹",则历来史家未有说明,今知大石西迁之武力为乣军,又知乣军即黑军,则其所以称为"黑契丹"或"哈喇契丹"之故,亦可因以明白。兹略著其意,别详《哈喇契丹说》。

16.9.3　北遁西迁之分野含有民族之因素

天祚朝中,有尖锐对立之党派,燕王耶律淳以萧幹与大石之支持,遂自立于燕,号"天锡皇帝",其事《辽史》附叙于《天祚纪末》,所谓"北辽"者也。此北辽政权,与天祚对立,淳死(淳妻)德妃,犹以皇太后称制,直至金兵入居庸,始被迫出奔。《契丹国志》卷 11 记其出奔之事云:

> 初萧后东归,以避金人,驻松亭关议所往,耶律大石林牙,辽(契丹)人也,欲归天祚,四军大王萧幹,奚人也,欲就奚王府立国,有宣宗驸马都尉萧勃迭曰:"今日固合归天祚,然而有何面目相见。"林牙命左右牵出斩之,传令军中,有敢异议者斩,于是辽、奚军列阵相拒而分矣。辽军从林牙挟萧后,以归天祚于夹山,时奚渤海军从萧幹留奚王府,幹据府自立,僭号为"神圣皇帝",国号"大

奚"(《三朝北盟会编》卷 12 引《亡辽录》略同)。

大石与萧幹同为拥护耶律淳之人,反对天祚朝中之诸萧,竟于松亭关会议之时列阵分立。自然是政见之不合,然双方之分野,最低在两个领导人间,乃以契丹与奚之种族关系。奚人于宗国绝望之会,转生民族之自觉,加演一幕"奚国",不顾客观环境之恶劣,而恃主观之信心,必欲建国称号,亦北方民族史上一昙花也。

《金史》卷 67《奚王回离保传》曰:

> 太祖入居庸关,萧妃自古北口出奔,回离保至卢龙岭,遂留不行,会诸奚吏民于越里部,僭称帝,改"天复",改置官属,籍渤海、奚、汉丁壮为军(《辽史·回离不传》谓设奚、汉、渤海三枢密院)。

越里部即遥里部,亦即奚王府之所在。此遥里部之新政府,虽号国"大奚",然萧幹曾是四军(契丹、奚、汉、渤海)大王,则其属下非单纯之奚人,应是包有契丹不在少数,且经 200 年之婚媾,事实上,亦不易辨析甚清。萧幹自立凡八月,为其党耶律阿古哲与其甥乙室八斤等所杀,大奚遂亡。《辽史》不著其后事,《金史》谓"回离保死,奚人以次附属"云云。今按库烈儿一支之史实,具有以下 3 条件:

(1)未肯降金而北遁;

(2)萧氏(亦即石抹氏);

(3)金廷曾招也先为奚部长。也先不肯就,俾其兄瞻德纳姑受以全其宗。

准此 3 点推之,则库烈儿一支,当是奚王回离保之遗落也。然则大石西迁之一支,与北遁一支之分野,乃分于松亭关会议之破裂,殆有民族之因素存于其间。

16.10 糺之由军而族及其与塔塔儿之关系

库烈儿所统率之遗糺,既独立穷朔者三世,又经招来怀辑,在也先投降蒙古之时或以前,蒙古人当知其声势,且泰和以后,留金之西北西南两路糺军亦已背金而附于蒙古,此若干骁骑,实已自成一部族,虽投

·欧·亚·历·史·文·化·文·库·

服蒙古，仍不失为一单位，由蒙古视之，此辈乣人，当自是一民族，故有"乣家"之号，尤其是着重奚人言。《蒙鞑备录》称成吉思之大臣元勋：

> ……又其次曰大葛相公，乃"纪家"人，现留守燕京，次曰刘八者，乃回鹘人。

此"纪家"与回鹘相对应，显指民族之意，"家"字在当时更是特定用法，即指民族之称。如范仲熊《北记》有鞑靼家、黑水家、奚家之类，纪字为乣字讹写。沈曾植《元秘史注》卷10引《备录》此文，于纪字下注曰"疑字讹"。

王国维《蒙鞑备录笺证》云："纪家，当作乣家，《辽史·天祚纪》之乣而毕，《部族表》作纪而毕，其证也。"曹元忠《蒙鞑备录校注》谓"纪家疑乣军之讹"，并谓："大葛相公，即石抹也先。"王国维《主因考》以大葛相公为石抹明安，应以王说为是。乣为纪为误，殆无容疑，唯藤田谓"纪家"当于乣辖石合，按以纪字为乣是也。乣家非乣辖对音，非石合对音，以乣为民族而称乣家，此为晚金初元之事，不能混为辽时之乣辖。（又《蒙鞑备录》言："同任事燕京等处有乣蜡儿元帅、史元帅、刘元帅等甚众。"曹元忠校注曰："乣蜡儿元帅，《说海》本宋人小说本并作纸蝉儿无师，乃传写之讹。"又曰："《耶律秃花传》所谓统万户札剌儿、刘黑马、史天泽伐金之事，乣蜡儿即札剌儿之驳文也。"）

西北西南之诸乣既先背金而去，其东北路诸乣留于金源之分（瞻思纳即在此部分内），《元秘史》称曰主亦纳、主回、主因。此被称曰主因者，仍为金朝武力中鼎足之一，但未与金相终始。《元史·石抹也先传》所称："瞻德纳后亦弃金官来归，为别失八里达鲁花赤，即是一例。"瞻德纳即也先之兄，也先俾其姑受金官以全其宗者也。

《金史·完颜纲传》云：

> 至宁元年，纲行省事于缙山，徒单镒使人谓纲曰："高琪驻兵缙山，士皆思奋，与其行省亲征，不若益兵为便。"纲不听，徒军镒复使人止之曰："高琪措画已定，彼之功即行省之功。"纲不从，纲至缙山，遂大败（《徒单镒传》略同）。

此役见于《圣武亲征录》，《元史·太祖纪》。《圣武亲征录》云：

癸酉(即金章宗至宁元年,蒙古太祖八年)秋,上复破之,[宣德德兴]遂进军至怀来,金帅高琪将兵与战,我军胜,追至北口,大败之。死者不可胜计,时金人堑山筑寨,悉力为备,上留怯台薄察顿兵据守,遂将别众西行,由紫荆口出,金主闻之,遣大将奥屯拒隘勿使及平地,比其至,我众渡关矣。乃命哲别率众攻居庸南口,出其不备,破之,进兵至北口,与怯台薄察军合。

《元史·太祖纪》云:

八年癸酉,秋七月,克宣德府,遂攻德兴,拔之,帝进至怀来,及金行省完颜纲,元师高琪战败之,追至古北口,金兵保居庸,诏可忒薄刹守之,遂取涿鹿,帝出紫荆关,败金兵于五回岭,拔涿易二州,契丹讹鲁不花献北口,遮别遂取居庸,与可忒薄刹会。

此当日金蒙会战之经过。按高琪既为措划之将领,则金之军队必有高琪所统率之朹军,可以推知。王国维更于《亲征录》所称金方主师为高琪一点(《蒙鞑备录》同),即以军中措划本出高琪,至称完颜纲者,乃以纲为大帅,其言亦颇合理。

《元史》卷179《萧拜住传》云:

萧拜住,契丹石抹氏也。曾祖丑奴,……仕金为古北口屯戍千户。岁庚午,国兵南下,金将招灯必舍遁,丑奴于暮夜潜领兵三千人力战,不克,矢中其胸,遂开关,遣使纳降,太祖命丑奴袭招灯必舍,追及平泺,降之。因攻取平泺澶顺深冀等州……(《新元史》卷183《萧拜住传》同,唯不著庚午之年;《蒙兀儿史记》卷124《萧拜住传》改庚午作辛未。)

《元秘史续集》卷1云:

羊儿年,成吉思征金国,先取了抚州,经过野狐岭,又取了宣德府,使者别古亦古捏(克)做头哨,至居庸关,见守御的坚固,者别说"可诱他战",于是将军马佯回了,金家见了,果然尽出军马追袭,直至宣德府山嵒行,者别却翻回来了,将金国陆续来的军马杀败,成吉思中军随后来到,将金国的契丹女真(按:原文此下有"主亦讹"3字)等紧要的军马都胜了,比至居庸,杀了的人,如栏木般堆着，者别将居庸关取了，成吉思入关，至龙虎台下了营，遣军攻取北平等郡（明译）。

又云：

北平被攻时，金王京丞相对金主说："天地气位大位子交代的时节敢到了，达达每好生强盛，将咱勇猛的（按：原文此下有契丹女真主亦纳）军马杀绝，可倚仗的居庸关取了。"（明译）

王国维论曰："《秘史》记此事承羊儿年成吉思伐金而下，其实此节所记，包含辛未、壬申、癸酉三年之事，即下二节记金人议合，西夏纳女事，亦承羊儿年书之，不复纪年。缘《秘史》本非编年之书，记一事但欲具其本末，而于系年之法，则所不讲，就此点亲征之记事自为辨析也。成吉思初次伐金之役（自辛未至甲戌），其取居庸也，《亲征录》系之癸酉，《秘史》亦无两度取居庸之事，而《金史·卫绍王纪》则一书于辛未九月，再书于癸酉七月，《承裕传》亦于辛未岁书大元兵入居庸。《元史》从之。固无论其为一取或再取，而《秘史》书败契丹女真主因等紧要兵马，在克宣德之后取居庸之前，则《秘史》此项记事，正与《亲征录》癸酉岁记事相当。其为怀来之役，而非辛未会河之役，其所记取居庸事为癸酉之事，而非辛未之事，可断言也。"王氏推定此事为癸酉怀来之役甚是。主亦纳为主因之语尾变化，主因即乣军，质言之，即石抹丑奴所将之屯戍军也。

《新元史》卷153《石抹明安传》曰：

石抹明安，桓州人……太祖七年，大军克金抚州，金主命纥石烈九斤来援，明安为裨将，阵于温根达坡，九斤谓明安曰："汝尝至蒙古，识其汗，可往见之，问举兵之故，彼若不逊，即诟之。"明安如所戒，太祖使缚以俟命，既而大败金兵，太祖召明安诘之曰："我与汝无怨，奈何众（重）辱我？"明安曰："臣欲归顺，恐九斤见疑，故如所戒，得乘机至上前，不然，何以自达？"太祖善其言，释之。八年，金复遣明安乞和，太祖允之，后来降。

《元史》卷150《石抹明安传》曰：

石抹明安，桓州人，岁壬申，太祖率师攻破金之抚州，将遂南

向,金主命招讨纥石烈九斤来援,明安在其麾下。九斤谓之曰:
"汝尝使北方,素识蒙古国主,其往临阵,问以举兵之由,不然,即
诟之。"明安初如所教,俄策马来降。

按两史所记虽少歧,然石抹明安于元太祖攻抚州之时投降,为确切
史实。而明安为桓州纥人,即尝受命三合拔都将兵由古北口徇景蓟檀
顺诸州者。

《元史》卷151《石抹孛迭儿传》曰:

> 石抹孛迭儿,契丹人,父桃叶儿,徙霸州……仕金为霸州平曲
> 水寨管民官,太师国王木华黎率师至霸州,孛迭儿迎降。……丁
> 丑,从平益都、沂、密、莱、淄。戊寅,从定太原、忻、代、平、阳、古、
> 隰、岢、岚、汾、石、绛州,河中潞、泽、辽、沁。辛巳,木华黎承制升,
> 孛迭儿为龙虎卫上将军霸州等路元帅,佩金虎符,以黑军镇守固安
> 水寨,既至,令兵士屯田,且耕且战,披荆棘,立庐舍,数年之间,城
> 市悉完,为燕京外蔽,……(《新元史》卷135《石抹孛迭儿传》略
> 同)

按石抹桃叶儿以契丹之奚人仕金,为管民官,则其管下之人,度必
契丹之遗纥也。惜不知其纥名。其子孛迭儿于元兵攻霸州时投降,又
从元兵攻略内地,积功为上将军,佩金虎符,而以黑军镇守固安水寨。
此辈黑军,当是桃叶儿以来之旧部,亦可推知。且此辈黑军之新任务,
乃屯戍以为燕京屏藩,参以前引石抹丑奴屯戍北口为金外蔽之事,当是
利用纥军传统习惯上之方便。益信前论纥军主要任务为屯戍之说不
诬。黑军即纥军之意,亦得因此例以更明白。《元史》本传谓孛迭儿之
子纥查剌、查茶剌,《新元史》本传谓是一名之衍,即一人,已于前《音
义》章引之。检《元史》卷99《兵志》"宿卫"条:"世祖中统元年四月,谕
随路管军万户,有旧从万户三哥西征军人,悉遣至京师防城军,……纥
杳剌军一百四十五人……"又"镇戍"条云:"世祖中统元年五月诏汉军
万户各于本管新旧军内摘发军人,备衣甲器杖,差官领赴燕京近地屯驻
……纥叱剌四百六十六人……"《新元史》卷99《兵志》仅著纥叱剌事,
此纥叱剌之军,应即孛迭儿之军。

·欧·亚·历·史·文·化·文·库·

先后附元之遗乣，多是契丹（奚）健儿，纵有非契丹人屠于其内。在蒙古看之，乣军或黑军者，直是契丹（奚）军。

《元秘史》卷 1 云：

> 捕鱼儿海子、阔连海子两个海子中间的河名兀儿失温那河边住的塔塔一种人，俺巴孩将女儿嫁与他，亲自送去，被塔塔儿人（原文塔塔儿中之主因种）拿了，送与大金家（明译）。

日本那珂通世《成吉思汗实录》（即日译《秘史》）卷 1 云：

> 居于不余儿纳兀儿、阔连纳兀儿二湖间之兀儿失温木连者，有阿亦里兀惕、备鲁兀惕之塔塔儿之民。俺巴孩合罕与之以女，自送其女前往时，塔塔儿主因之民拏俺巴孩合罕乞塔惕之阿勒壇合罕率而往时……

乣军为契丹之军，其人为契丹（奚）之人，日译以塔塔儿主因并列，明译乃谓曰塔塔儿中之主因种，是又何说也？考《金史·内族襄传》曰："方德寿之叛，诸乣亦剽掠为民患，襄虑其与之合，乃移诸乣居之近京地，抚慰之，或曰：'乣人与北俗无异，今置内地，或生变，奈何？'襄笑曰：'乣虽杂类，亦我之边民，若抚以恩，焉能无威，我在此，必不敢动，后果无患。'"设明译为不误，则乣军之被称曰塔塔儿，岂以俗同塔塔耶？又乣为杂类一点，亦可想象其种属之不单纯，如非契丹人之混于乣军者，且久戍北边应有婚媾混合之事。

《圣武亲征录》云：

> 甲戌（金贞祐二年，元太祖九年）夏四月……斫答遣裨将塔塔儿帅轻骑千潜渡水复背击守桥众，大破之，尽夺衣甲器械牧马之近桥者，由是契丹军势渐震。

拉施特《集史》亦记此事，但所记未同，《集史》云：

> 叛众联合河之彼岸塔塔儿众千人前后夹攻，大破守桥兵（原注云"塔塔儿人驻于此地服属金主"）。

王氏释之曰："拉施特《集史》中之《太祖纪》与《亲征录》同出阿儿壇《脱卜赤颜》。""塔塔儿一语《亲征录》译为人名，拉施特译为种名，且加以注释，盖录误也。如拉氏所记，当时乣军盖分驻于永定河左右，其西畔之契丹人先叛,而东畔之塔塔儿人复起而应之,此军来自泰州,其兼有此二种人,固自不足异也,蒙古遣三模合、拔都、明安太保与之合师,亦自有故,盖三模合为散只兀人,本与塔塔儿人同居呼伦、贝尔二湖之东,而石抹明安,《元史》云桓州人,《蒙鞑备录》则云纠家人(原作纪误)。盖西北路诸纠中之契丹人,蒙古所以遣此二人者,亦当以其与契丹塔塔儿有连故也。"(按桓州为西南路招讨司治所。)是纠军以远戍塔塔之区,与塔塔杂居,及其南来应战,又与塔塔偕,则其被称塔塔儿者,亦略可解。

16.11　纠军之独立运动

《元史・太祖纪》云:

> 九年六月,金纠军斫答杀主帅率众来降,诏三模合、石抹明安与斫答等围中都。

《新元史・太祖纪》云:

> 九年夏五月,金主迁于南京,留其太子守忠守中都,帝闻之,怒曰:"既和而复迁,是有疑心,特以和议愚我耳。"遣阿剌浅往诘责之。会金纠军扈金主南迁,至良乡,金主命输铠仗入官,纠军怒,杀其帅详衮,推斫答、比涉儿、札剌儿三人为帅,来请降。时帝避暑于鱼儿泺,遣石抹明安、撒木合入古北口,与斫答等围中都。

又李心传《建炎以来朝野杂记》乙集卷19云:

> [贞祐]二年……冬,燕京之纠军叛,与鞑靼共围燕京。

此辈保卫中都之纠军,即东北路诸纠,《金史・兵志》所谓:"宣宗南迁,纠军叛去,兵势益弱。"即指此贞祐二年之事。

《金史・术虎高琪传》云:

> [完颜]素兰奏曰:……去岁都下书生樊如一诣高琪言纠军不可信,恐生乱,高琪以刀杖决杀之。自是无复敢言军国利害者,使其党移剌塔不也为武宁军节度使,招纠军(按:《移剌塔不也传》亦记招徕中都纠军无功)。初,宣宗将迁南京,欲置纠军于平州,高

琪难之，及迁汴，戒象多（即抹撚尽忠）厚抚此军，象多辄杀乣军数人，以至于败，宣宗末年尝曰："坏天下者，高琪、象多也。"终身以为恨云。（《尽忠传》亦记其杀乣军数人，致中都受围云云。）

此金源晚季，失云最后一批乣军，即斫答、比涉儿、札剌儿等所统者，竟致亡国，可见乣军在当日之地位，而金室之屡谋招致，亦足说明其重视与恐惧之心情。在金朝说，未能善于处理，致成此变。就乣军方面言，背金而后，乃与其已分之乣合兵，此新结合，为契丹遗人之重聚，是亦促其有新的酝酿或旧的民族意义复兴之一重要因素也。

《金史·宣宗纪》云：

> 贞祐三年二月，武清县巡检梁佐，柳口镇巡检李咬住，以诛乣贼张晖、刘永昌等功，进官有差，皆赐姓"完颜"。

又《完颜佐传》云：

> 佐本姓梁氏，初为武清县巡检，完颜咬住本姓李氏，如柳口镇巡检，久之，以佐为都统，咬住副之，屯直沽，贞祐二年，乣军遣张晖等三人来招佐，佐执之，翌日，刘永昌率众二十人持文书来，署其年曰"天赐"，佐掷之，麾众执永昌及晖等，并斩之。

按乣军背金之后，虽《元史》记其纳款于蒙古，《金史》则有自署"天赐"年号之记事，且《亲征录》记其通好辽王之使与遣蒙古使同发，显然为独立复国之运动。张晖、刘永昌二人，不详其身世，但有二点可以注意：

（1）此二人皆汉姓汉名；

（2）署年号为汉式办法，而"天赐"又是汉文汉义之号。

基于此两点，参以乣官有刘公亮之人，则张晖、刘永昌者，疑是韩延徽、康默记一流人物也。

推源乣军之所以背金独立，固由于金廷之未善处理，然自度兵马之雄强，故国之念益盛，加以蒙古之依凭，与大石建国之前例，积内因外缘等条件，又有汉人为之策划，遂而不能安于金源也。《金史·移剌福孙传》云：

> 兴定二年，福孙上书曰："为今之计，唯先招徕乣人，选择乣中

旧有宿望雄辩者，谕以恩信，彼若内附，然后中都可复，辽东可通。"

是则乣军于背金之后，金源朝臣，仍念念不忘招抚之意，然乣军终附蒙古以亡金；而"天赐"年号，亦仅此一见而已，乣军之众，遂为蒙古之驱民。

《元秘史·续集》卷 2 云：

> 成吉思又对二人（孛斡儿出、木合黎）说："金国的百姓不曾分与你，如今有金国的主因种，你两人均分，凡好的儿子，教与你擎鹰，美的女子，教与妻子整衣，已前金主曾倚仗着他做近侍，将咱达达祖宗废了，你二人是我近侍，却将他每来使唤者。"（按：原文作"已前金主的倚仗的宠任的又将咱达达的祖宗父亲杀了的这契丹的主因种如今赏与我所依仗的宠任的孛斡儿出、木合黎二人者。"）

乣军之众，既为孛斡儿出、木华黎所分，遂隶于其麾下，追随从征。

右论乣军背金附元之事。独立之意，则因张晖、刘永昌而得其消息。独立之议，张、刘应亦参与，或许是主动人物也。因太学生李藻与午逢辰、白伦、田广明四人，既先挈其家亡之北地，相与献谋，又有诸乣输其力，于是大举伐夏，是则唐古乣、耶剌都乣等背金之时，已有汉人北逃相与献议之事。晋惠帝时，代人卫操与族子雄及同郡箕澹往依拓跋，拓跋尝任以国事，温公著此事于《通鉴》，胡三省注曰："卫操、箕澹辈，何为去华就夷如是其早计也，中国之人可为凛凛矣！……晋之无政，亦可知矣！"身之慨乎言之，殆亦重有感者焉。

自汉末中原离乱，袁绍据河北，汉人颇有投依轲比能者，永嘉之乱，又多往投于慕容，唐季衰乱，汉人多流于契丹，筹谋划策，献身于夷，推其委身于夷之故，固有多端，主要的殆不外中原无政，不能人尽其才，为渊驱鱼，为丛驱雀，终之坐受其制。由部落言之，则强悍雄勇，固其本色，唯于政治经验感缺憾，嘉得参谋，乐有顾问，一旦时机成熟，遂得起而生事。然此是历史上之旧事，晚进则有甚者矣。边陲之族，邻接文明强国，参谋划策，无须汉人，况又进而诱之以利，胁之以威，乃所谓边疆大员者，较之高琪、象多或加剧倍蓰，此近数十年来边族之所以离心也。方今世趋大同，当如何弘我教化，昌我民治，以得各安其生也。

16.12　结论

乣军之事，为辽金史上之重要问题，以记载之不详，版本之窳劣，又无详明之注解，乣字散见于辽金以来史册者，凡写乣纪纠统纥么公……等字，字愈歧而事愈晦，几为辽金史上不解之问题矣。治史者以史料之限制，语言之隔阂，不能逃于暗中摸索之研求，故此段工事，至为艰苦而不易有所创获，此竹汀先生而下，箭内、羽田诸人，虽多有讨论，而仍莫得其解也。今由版本勘比，事例参验，证以突厥、蒙古之语言，契丹、女真文字之碑志译语，与辽金时代之兵马制度，可得下列诸点：

（1）乣军之乣字不是汉文"糺"字，诸史作糺字者，为勘误或附会。

（2）乣字即代表契丹语 Kha-ra 喀喇或哈喇，汉义为黑色，亦即青色。Kha-ra 音转为 Ča-ra 查剌，乣字明人注曰"音查"，查即 Ča-ra 之首音。今契丹文有"扎"字，或是乣字之原形，即辽金元史中之乣字。

（3）辽金时，乣字与"迪""敌"对音，因迪字朝鲜音读 Chök，不同于今日北平音之读 di, ti，故在当时之迪字音读，实与 Kha-ra, Ča-ra 相近。

乣字女真文作"纱"，在 Crube 字典中注曰音又，"又"字当是"义"字之形误，即当读曰 Ča 不读 Yeú，设非"义"字之误而确是又，即在女真字读又，不同于契丹"乣"字之读查，如日本借汉字而不读汉音之例。

（4）乣军之名，本取旗色，因有指旗或旗下人之意；以军用青帜，故曰青帜军，亦即黑旗军。乣军中人，多有名曰查剌者，当是因乣而名。

（5）乣军之名，因沿用日久，渐具专义，即以乣为军师或兵之意，乃至乣字指军指人之意渐著，指色指旗之意转轻。辽亡北遁之乣，自成独立之集团；而附金之乣，亦是屯戍北边，旗类集结，乣虽为军队之称，民族之意尤重，故史谓曰乣家或乣人。

多桑书中有 Kouyin，贝勒津之画作 Kiuin，推之拉施特《集史》之写法,必亦相去不远,此称汉译曰"主亦"曰"主因",即指乣人而言。

乣虽用为专名,直至明时,仍有称军或旗之用法。

（6）辽之乣军,即著籍王府之头下军,亦即分镇边圉之部族也。因辽之部族有不任防边者,故乣不正当于部族。此辈乣军,平时屯戍边陲,有事则出而应敌。

遥辇乣、五院乣、六院乣等,性质上皆是部族乣,不得与皮室埒。

（7）女真亡辽,诸乣分为 3 支：一支由库烈儿统率,祖孙独立穷朔者三代,不忘宗国,后附于蒙古,似仍沿用其黑旗,故号曰黑军；一支由大石领导,远迁西域,建国西辽,当亦用其光荣传统之黑旗,所以有黑契丹之号。另一支降附于金。

（8）降金诸乣,分屯于西北、西南、东北三路,为金防边,亦调用作战,仍沿辽时办法,由节度使、详稳统领之。此降金之三路乣军,先后背金投附蒙古。

（9）降金诸乣,其最后一批背金者,在金末兵力中为比较有力之一部,对于晚金局势具有决定性之重要。背金以后,合前后附元之乣,威势益盛,曾有独立建国之运动。且已有汉人羼与其间,或有筹谋策划之事,但所图未成。

（10）辽之一乣即一详稳,所统领者,似无固定之人数。金之详稳,其地位在千户之下,百户之上,则其统领之人数,亦当在千百之间。至于五十骑为一乣,即一队者,或二十五部族云云,则是元初之事,然不必是全体一致之编制。明时建州卫亦称建州乣卫。

乣军问题,虽自竹汀先生提出,但未作解答,核补《辽金史》诸家与夫改修《元史》诸家,并是消极的阙而不论,直至日本人箭内、羽田、藤田等人,始集中讨论,仍有白鸟参加之意见,乃未有正确结果,右论诸点,多是前人所未讨论,或讨论而未惬者,始著其梗概如此,用备进而研求之资。故名曰初稿云。

所望方闻博雅,不吝谠正。

（原载《"中央研究院"历史语言研究所集刊》第 20 本下册,1949 年）

17　论唐朔方军

王永兴

唐玄宗天宝十四年十一月，安禄山、史思明的幽燕胡骑，自范阳出发，进攻洛阳，指向长安。当时颜真卿所纠集的民兵没能挡住，哥舒翰所率领的从西边国防上召回来的健儿，也是一触即溃。潼关失陷，长安不守。在这种土崩瓦解的情势中，能与幽燕胡骑对抗以及收复两京的，只有郭子仪、李光弼、仆固怀恩率领的朔方军。如杜甫在《洗兵马》一诗中所云：

> 中兴诸将收山东，捷书夜报清昼同。河广传闻一苇过，胡危命在破竹中。只残邺城不日得，独任朔方无限功。

者，乃诗人纪实之作。

《旧唐书》卷120《郭子仪传》略云：

> ［宰相房琯］自为统帅以讨贼。帝（肃宗）素重琯，许之。兵及陈涛，为贼所败……唯倚朔方军为根本。

又云：

> 子仪闻之，因兵部侍郎张重光宣慰回，附章论奏曰："……间者羯胡构乱，九服分崩，河北、河南，尽从逆命。然而先帝（肃宗）仗朔方之众，庆绪奔亡；陛下藉西土之师，朝义就戮。"

《旧唐书》卷121《仆固怀恩传》略云：

> 肃宗虽仗朔方之众，将假番兵以张形势。

又云：

> ［怀恩］乃上书自叙功伐，曰："……且臣朔方将士，功效最高。为先帝（肃宗）中兴主人，是陛下蒙尘故吏。"

可以证明，朔方军在战败安史、恢复李家政权的过程中，起了决定作用。

朔方军何以能勇敢善战呢？一般唐朝官兵遇到安史的幽燕胡骑，都是望风败北,何以朔方军能与之抗衡而且可以战胜了呢？今就其将校和兵士的种族来讨论。

17.1　将校方面

《旧唐书》卷 120《郭子仪传》略云：

郭子仪,华州郑县人。父敬之,历绥、渭、桂、寿、泗五州刺史。[子仪]始以武举高等补左卫长史,累历诸军使。[天宝]十三载,改横塞[军]为天德军,子仪为之使,兼九原太守、朔方节度右兵马使。

《旧唐书》卷 110《李光弼传》略云：

李光弼,营州柳城人。其先,契丹之首长。父楷洛,开元初,左羽林将军同正、朔方节度副使。[光弼]少从戎,起家左卫郎。天宝初,累迁左清道率,兼安北都护府、朔方都虞侯。

《旧唐书》卷 121《仆固怀恩传》略云：

仆固怀恩,铁勒部落仆骨歌滥拔延之曾孙。贞观二十年,铁勒九姓大首领率其部落来降,分置瀚海、金微等九都督府于夏州,别为蕃州以御边。拔延生乙李啜拔,乙李啜拔生怀恩,世袭[金微]都督。天宝中,加左领军大将军同正员、特进。历事节度王忠嗣、安思顺,皆以善格斗,达诸蕃情,有统御材,委之心腹。

又云：

至[代宗宝应二年]七月改元广德。怀恩以寇难已来,一门之内死王事者四十六人,而为人媒孽。蕃性犷戾,怏怏不已。乃上书自叙功伐,曰:"洎乎禄山作乱,大振王师。[臣]阖门忠烈,咸愿杀身,兄弟死于阵敌,子侄没于军前,九族之亲,十不存一。臣男玢尝被同罗虏将,盖亦制不由己,旋即弃逆归顺,臣斩之以令士众。臣及男瑒不顾危亡,身先行阵。"

《旧唐书》卷 134《浑瑊传》略云：

浑瑊，皋兰州人也，本铁勒九姓部落之浑部也。高祖大俟利发浑阿贪支，贞观中为皋兰州刺史。曾祖元庆，祖大寿，父释之，皆代为皋兰都督。大寿，开元初历左领卫中郎将。释之，少有武艺，从朔方军，积战功于边上。瑊本名曰进，年十余岁即善骑射，随父战伐，勇冠诸军。累授折冲果毅。

《旧唐书》卷161《李光进光颜传》略云：

李光进，本河曲部落稽阿跌之族也。父良臣，袭鸡田州刺史，隶朔方军。光进姊适舍利葛旃，杀仆固瑒而事河东节度使辛云京。光进兄弟少依葛旃，因家于太原。肃宗自灵武观兵，光进从郭子仪破贼收两京。

《旧唐书》卷110《王思礼传》略云：

王思礼，营州城傍高丽人也。父虔威，为朔方军将，以习战闻。思礼少习戎旅，随节度使王忠嗣至河西。

《旧唐书》卷121《李怀光传》略云：

李怀光，渤海靺鞨人也。本姓茹。其先徙于幽州，父常为朔方列将，以战功赐姓氏。怀光少从军，以武艺壮勇称，朔方节度使郭子仪礼之益厚。

根据以上所引史料可知：（甲）朔方军将领除郭子仪一人外，都是北边少数民族。尤以铁勒部族人最多、最重要，如仆固怀恩一部落、浑瑊一部落、阿跌光进一部落都是。（乙）所有少数民族将领在朔方军中皆父死子继，世袭为将。这是胡人的部落制，不是华夏制度。（丙）朔方军中的铁勒三部落都是全部落皆在军中的，因为上引《仆固怀恩传》说世袭金微都督，而他上代宗的书里一再地说"一门之内死王事者四十六人"，"阖门忠烈，咸愿杀身，兄弟死于阵敌，子侄没于军前，九族之亲，十不存一"。这些事实证明了整个仆固部落都是参加了战斗的。浑部落世袭皋兰州都督，阿跌部落世袭鸡田州刺史，也都隶于朔方军。则其全部落参加战斗，也必定和仆固部落的情形相同，这种全族参加军队也是胡人的部落制，不是华夏制度。

17.2　兵士方面

《旧唐书》卷 121《仆固怀恩传》略云：

> 郭子仪为帅，以宽厚容众，素重怀恩，其麾下皆朔方蕃、汉劲卒，恃功怙将，多为不法。

《旧唐书》卷 200 上《史思明传》略云：

> ［至德元载］四月，朔方节度郭子仪以朔方蕃、汉二万人自土门而至常山。

《通鉴》卷 217"唐肃宗至德元载"云：

> 子仪引兵自井陉出。夏，四月，壬辰，至常山，与光弼合，蕃、汉步骑共十余万。

《唐大诏令集》卷 59 上元元年九月《郭子仪都统诸道兵马收复范阳制》略云：

> 宜令子仪都统诸道兵马使，仍遣射生衙前六军英武长兴宁国左右威远骁骑等，左厢一万人：马军三千人，步军七千人；右厢一万人：马军三千人，步军七千人；渭北官健一万人：马军二千，步军八千；朔方留后蕃、汉官健八千人：马军八百，步军七千二百人；蕃、汉（疑当作浑）部落一万人：马军五千人，步军五千人；鄜坊等州官健一万人；宁州官健一万人。

《通鉴》卷 221"唐肃宗乾元二年三月九节度败于相州"条《考异》引《邠志》云：

> 三月六日，史思明轻兵抵相州。郭公使仆固怀恩以蕃浑马军邀击破之。

同书同卷"乾元二年七月"条云：

> ［李］光弼以数千骑东出氾水，仆固怀恩继至，光弼引坐与说。须臾，阍者曰："蕃浑五百骑至矣。"（胡注：蕃浑谓诸蕃种及浑种。）光弼变色，怀恩走出，召麾下将，阳责之曰："语汝勿来，何得固违？"光弼曰："士卒随将，亦复何罪？"命给牛酒。

《旧唐书》卷154《孔巢父传》略云：

> 兴元元年，李怀光拥兵河中。七月，复以巢父兼御史大夫，充宣慰使。既传诏旨，朔方蕃浑之众数千皆在行列，颇骄悖不肃。闻罢怀光兵权，众咸忿惹。

《旧唐书》卷134《马燧传》略云：

> ［李］怀光将徐廷光以兵六千守［长春］宫城，御备甚严。燧挺身至城下呼廷光，乃喻之曰："公等皆朔方将士，禄山以来首建大勋，四十余年，功伐最高。奈何弃祖父之勋力，背君上，为灭族之计耶？"

《通鉴》卷231"唐德宗贞元元年五月"云：

> 韩游瓌请兵于浑瑊，共取朝邑。李怀光将阎晏欲争之，士卒指邠军曰："彼非吾父兄，则吾子弟，（胡注：朔方军分屯河中邠州，故云然，时韩游瓌将邠军以讨李怀光。）奈何以白刃相向乎？"语甚嚣，晏遽引兵去。

根据以上所引史料可知：（甲）朔方军的兵士是蕃、汉混杂的。几条史料中说到朔方军都是蕃、汉并提，尤以《唐大诏令集·郭子仪都统诸道兵马收复范阳制》中与其他军队比较，朔方军之为胡、汉混杂而成，更为明显。《通鉴》"乾元二年三月"条《考异》引《邠志》及"七月"条说到仆固怀恩的麾下兵都是胡卒，《孔巢父传》说到李怀光的麾下兵也是胡卒。蕃、汉并提，一定是番兵在军中的人数或地位的轻重与汉兵相等，这是就常理而论。上引《唐大诏令集》的史料中，朔方军的骑兵较其他军队多。更如《唐大诏令集》卷118至德二年正月《谕西京逆官敕》云：

> 使郭子仪领朔方精骑三万、步卒五千。

是朔方军中骑兵极多。胡、汉相较，自然是胡善于骑，则朔方军的骑兵很可能都是胡卒。就中唐时代的战术而论，骑兵优于步卒。这样讲起来，骑兵是朔方军的精锐所在，主力所在，也就是说，少数民族的兵队是朔方军的精锐所在，主力所在。（乙）朔方军的兵士也是父死子继，世袭为兵。父兄子弟皆在军中，也就是说一族一家皆在军中。上引《马燧传》说朔兵将士"奈何弃祖父之勋力"，《通鉴》"贞元元年五月"条说

"士卒指邠军（朔方军之戍于邠州部分）曰：'彼非吾父兄，则吾子弟'"，都是最明白的证据。这种世袭兵，全族参军，是胡人的部落制，不是华夏制度。

总之，根据以上两段分析，就朔方军的将校和兵士而论，朔方军乃是蕃、汉混杂，以胡兵为主力的部落制的军队。它所以能抵抗安史的幽燕胡骑，而且可以战胜它，就是因为这个道理。

朔方军何以就成为蕃、汉混杂以胡兵为主力的部落制的军队呢？现在就它的地理环境来讨论。

《通鉴》卷218唐肃宗至德元载五月"上（玄宗）将发马嵬"条《考异》引《幸蜀记》曰：

> ［高］力士曰："朔方近塞，半是蕃戎，不达朝章，卒难教驭。"

则朔方军所在之地本是蕃、汉混居。军中多有胡卒，必是因此。更如《唐会要》卷78《节度使》云：

> 朔方节度使。开元元年十月六日敕："朔方行军大总管，宜准诸道例，改为朔方节度使。其经略定远，丰安军，西、中受降城，单于、丰、胜、灵、夏、盐、银、匡、长、安乐等州，并受节度。"

"经略定远，丰安军"皆在灵州，"西、中受降城"皆在丰州，所以不必单讲。

现在就朔方军节度使所统辖的丰、胜、灵、夏、盐、银、匡、长、安乐九州和单于都护府来讨论。《旧唐书》卷38《地理志·关内道》略云：

> 丰州下，贞观四年，以突厥降附，置丰州都督府，不领县，唯领蕃户。十一年废，地入灵州。二十三年，又改丰州。天宝元年，改为九原郡。乾元元年，复为丰州。

同上引又略云：

> 灵州大都督府，［贞观］二十年，铁勒归附，于州界置皋兰、高丽、祁连三州，并属灵州都督府。永徽元年，废皋兰等三州。调露元年，又置鲁、丽、塞、含、依、契等六州，总为六胡州。开元初废，复置东皋兰、燕然、燕山、鸡田、鸡鹿、烛龙等六州，并寄灵州界，属灵州都督府。天宝元年，改灵州为灵武郡。

·欧·亚·历·史·文·化·文·库·

燕然州　寄在回乐县界,突厥九姓部落所处。户一百九十,口九百七十八。

鸡鹿州　寄在回乐县界,突厥九姓部落所处。户一百三十二,口五百五十六。

鸡田州　寄在回乐县界,突厥九姓部落所处。户一百四,口四百六十九。

东皋兰州　寄在鸣沙县界,九姓所处。户一千三百四十二,口五千一百八十二。

燕山州　在温池县界,亦九姓所处。户四百三十,口二千一百七十六。

烛龙州　在温池界,亦九姓所处。户一百一十七,口三百五十三。

同上引又略云:

夏州都督府　旧领县四:朔方、德静、宁朔、长泽。

云中都督府　党项部落,寄在朔方县界,管小州五:合利(应依《新书》卷 43 为舍利州)、思璧州、阿史那州、绰部州、白登州。户一千四百三十,口五千六百八十一。

呼延州都督府　党项部落,寄在朔方县界,管小州三:贺普州、那吉州、跌跌州。户一百五十五,口六百五。

桑乾都督府　寄朔方界,管小州四:郁射州、艺失州、毕失州、叱略州。户二百七十四,口一千三百二十三。

定襄都督府　寄治宁朔县界,管小州四:阿德州、执失州、苏农州、拔延州。户四百六十,口一千四百六十三。

达浑都督府　延陀部落,寄在宁朔县界,管小州五:姑衍州、步讫若州、嵺弹州、鹘州、低粟州。户一百二十四,口四百九十五。

安化州都督府　寄在朔方县界。户四百八十三,口二千五十三。

宁朔州都督府　寄在朔方县界。户三百七十四,口二千二十七。

仆固州都督府　寄在朔方县界。户一百二十二，口六百七十三。

同上又引云：

　　银州下

　　归德州　寄治银州界，处降党项羌。

同上引又云：

　　宥州　调露初，六胡州也。长安四年，并为匡、长二州。神龙三年，置兰池都督府，仍置六县以隶之。开元十年，复分为普、丽、契、塞四州。十一年，克定康待宾后，迁其人于河南、江淮之地。十八年，又为匡、长二州。二十六年，自江淮放回胡户，于此置宥州，及延恩、怀德、归仁三县。

《新唐书》卷37《地理志·关内道》云：

　　威州　中。本安乐州。初，吐谷浑部落自凉州徙于鄯州，不安其居，又徙于灵州之境。咸亨三年，以灵州之故鸣沙县地置州以居之。

同上引又云：

　　单于大都护府，本云中都护府，龙朔三年置，麟德元年更名。

　　根据以上所引史料，可知朔方节度使所统辖之九州内，丰州、匡、长二州及安乐州所居住的都是蕃户。夏州、银州是蕃汉杂居。单于都督府就是夏州境内的云中都督府，所处的是党项部落，《新唐书》卷43记载云中都督府所析颉利右部也全是蕃户。这样讲来九州之内有四州全处蕃户，二州蕃、汉杂居，单于都督府也全是蕃户。

　　更如《唐风楼碑录》册23《原藏氏碑录·臧怀恪碑》云：

　　由是深为（朔方）节度使王晙所器，奏充都知兵马使。尝以百五十骑遇突厥斩啜八部落十万余众于狼头山。虏矢如雨，公徒且歼。时仆固怀恩之父设支适在其中，独遮护之。由此获免，遂与设支部落二千帐来归。

《新唐书》卷43下《地理志·羁縻州·关内道》云：

　　回纥州十八，府九。（贞观二十一年，分回纥诸部置。）

金微都督府(以仆固部置。)

《新唐书》卷 215 上《突厥传》略云：

默啜负胜轻中国,有骄志,大抵兵与颉利时略等,地纵广万里,诸蕃悉往听命。岁入边,戍兵不得休。

根据以上所引史料,可知贞观末年于塞外所置的金微都督府,在武则天时,因默啜强大,又为突厥所并。直到开元初重降于唐。而这次投降是进入朔方节度使所统辖的塞内来。因为上引《臧怀恪碑》里说,"遂与设支部落二千帐来归"。仆固部落随着朔方都知兵马使归降,自然是处于朔方节度使统辖的区域内。这样讲来,仆固部落也与它的同族人六胡州的铁勒一样,都处在朔方节度使的辖区内。

总而言之,朔方节度使的辖区内多为蕃戎。我们又确知这些蕃戎部落中的仆固、浑、阿跌三部落都参加朔方军,而且都是它的最主要的斗将。根据第二段所引《唐大诏令集》卷 59 上元元年《郭子仪都统诸道兵马收复范阳制》里所说的"[朔方]蕃、汉(疑当作浑)部落一万人:马军五千人,步军五千人",又确知这些蕃戎部落也参加了朔方军,则朔方军将校与兵士的主要来源,就是这些蕃戎部落了。因此得到的结论是,朔方军的地理环境,所居住的多为以铁勒部族为主体的少数民族部落,这些部落就是朔方军的将校和兵士的主要来源,所以朔方军就成了以铁勒人为主力的部落制的军队。唐朝官兵遇到安史的幽燕胡骑便即溃败,朔方军独能与之抗衡,而且可以战胜了,就是因为这个道理。

(原载《周叔弢先生六十生日纪念论文集》,1950 年;后收入《陈门问学丛稿》,江西人民出版社 1993 年版)

18　莫高、榆林二窟杂考

——瓜沙谈往之三

向　达

18.1　叙言

敦煌千佛洞古名莫高窟,安西万佛峡古名榆林窟。二者创建之年代既相去不远,壁画之系统亦复同流共贯。1942 年 10 月至 1943 年 5 月,余居莫高窟凡七阅月,朝夕徘徊于诸窟之间,纵观魏、隋、李唐以及五代、宋、元之名迹。1943 年 5 月初复往游榆林窟,摩挲残迹,几逾旬日。神游艺苑,心与古会,边塞行役之苦,尘世扰攘之劳,不复关情,平生之乐无逾于此也。两窟壁画塑像蕴蓄繁富,自经变中之佛经故事以至于历代宫室服饰之制度,皆属考古者无上可信之资料,为云冈、龙门之所不逮者也。余于艺术、考古皆无所知,兹唯杂记数事,琐屑微末,聊以供治敦煌学者之参观而已!

18.2　武周《李君修佛龛记》中之东阳王事迹考

自来论莫高窟创建时代者,多据武周《李君修佛龛记》,谓始于苻秦建元二年(366)。《李君修佛龛记》纪此云:[1]

莫高窟者厥垂秦建元二年,有沙门乐僔戒行清虚,执心恬静。

---

〔1〕《李君修佛龛记》原碑尚在莫高窟,碑文两面刻,今石已残破只余 3 块。碑阴为进香人摩刊成槽十余道,字迹全毁。此据罗叔言《西陲石刻录》。近甘肃张鸿汀先生获一旧拓本,存字视罗录为多,行款亦可校罗录之失。张本具载于其所著《陇右金石志》中。

当杖锡林野行至此山，忽见金光，状有千佛。□□□□□造窟一龛。次有法良禅师从东届此，又于傅师窟侧更即营建。伽蓝之起滥觞于二僧。复有刺史建平公、东阳王等（中阙）乐傅法良发其宗，建平、东阳弘其迹。推甲子四百他岁，计窟室一千余龛。

说者谓清乾隆时在莫高窟积沙中尚发现乐傅所立碑残石，[1]信否不可知也。莫高窟 P17/C300 号窟窟外北壁上有唐末人书《莫高窟记》，其文云：

莫高窟记

右在州东南廿五里三危山西，秦建元之世有沙（1行）门乐傅杖锡西游至此，遍礼彝山，见三危如千佛（2行）之状，遂□窟□严□□龛。□□有法建窟（下阙。3行）多诸□□复于傅师龛侧又建一窟（下阙。4行）二僧晋司空索靖题壁号仙岩（下阙。5行）可有五百□龛，又（中阙）灵迹与（下阙。6行）。大像高一百二十尺，又开元年中□处□百六十尺（中阙）造（7行）大像高一百二十尺。开皇时中使□灵喜建于□使（以下阙）

所记莫高窟创建情形，与《李君修佛龛记》同。巴黎藏石室本 P. 2691号残《沙州土镜》卷首纪莫高窟创建有云：[2]

今时窟宇并已矗新。从永和八年癸丑岁创建窟，至今大汉乾祐二年己酉岁，笇得五百九十六年记。

乾祐二年己酉为 949 年。永和癸丑为九年非八年，盖 353 年。自永和九年至乾祐二年正得 596 年。据《晋书》卷 60《索靖传》，靖卒于晋惠帝太安末（303）。靖于莫高窟曾题仙岩二字，意其时梵宇琳宫或已辉映山阿，故靖题记云尔。则其卒后 50 年凿建石窟，殊为可信也。《李君修佛龛记》中之乐傅、法良及刺史建平公俱无可考。东阳王则贺君昌群在其《敦煌佛教艺术的系统》[3]一文中曾举出《魏书》卷 10《敬宗孝庄

---

〔1〕《西域水道记》卷 3 记乐傅碑云：彼土耆士赵吉云：乾隆癸卯岁岩畔沙中掘得断碑有文云：秦建元二年沙门乐傅立。旋入沙所没。

〔2〕石室本残《沙州土镜》见伯希和、羽田亨合编《敦煌遗书》第一集。《遗书》题曰《沙州志》，此依残卷文中《沙州城土镜》之语，为改定此名。

〔3〕贺君文见《东方杂志》第 28 卷第 17 号。

帝纪》永安二年（529）八月"丁卯，封瓜州刺史元太荣为东阳王"一事，证明《李君修佛龛记》中之刺史东阳王乃元太荣，其说是也。太荣刺瓜州时，曾广写佛经以为功德。贺君文引日本中村不折藏太荣所写《律藏分》第 14 卷经尾题记云：

> 大代普泰二年岁次壬子三月乙丑朔二十五日己丑，弟子使持节散骑常侍都督岭西诸军事车骑将军开府仪同三司瓜州刺史东阳王元荣，唯天地妖荒，王路否塞，君失臣礼，于滋多载。天子中兴，是得遣息叔和，早得回还，敬造《无量寿经》一百部：四十部为毗沙门天王，三十部为帝释天王，三十部为梵释天王。造《摩诃衍》一部百卷：三十卷为毗沙门天王，三十卷为帝释天王，三十卷为梵释天王。《内律》五十五卷，一分为毗沙门天王，一分为帝释天王，一部为梵释天王。造《贤愚》一部为毗沙门天王，《观佛三昧》一部为帝释天王，《大云》一部为梵释天王。愿天王等早成佛道。有愿元祚无穷，帝嗣不绝，四方附化，恶贼退散，国丰民安，善愿从心，含生有识之类，咸同斯愿。

案太荣所写经除中村氏所藏外，北京图书馆尚藏有菜字 50 号石室本《大智度论》残卷，亦太荣写本，经尾题记云：[1]

> 大代普泰二年岁次壬子□□乙丑朔二十五日己丑，弟子使持
> 节散骑常（中阙）西（中阙）阳王元荣（下阙）

盖与《律藏分》为同日所施写者。伦敦藏石室本 S.4528 号《佛说仁王般若波罗蜜经》残存第五品末至第八品，又 S.4415 号《大般涅槃经》卷31，两卷皆太荣所施写者，经尾题记完好无缺，并录如次：[2]

> 大代建明二年四月十五日，佛弟子元荣既居末劫，生死是累，离乡已久，归慕常心。是以身及妻子奴婢六畜，悉用为毗沙门天王布施三宝，以银钱千文赎。钱一千文赎身及妻子，一千文赎奴婢，

---

〔1〕参看许国霖《敦煌石室写经题记》上辑。又同书记殷字 46 号《仁王护国般若波罗蜜经》经尾题记云："永安三年七月二十三日佛弟子元□集为梵释天王（缺）若经一百部合三百部并前立须乞延年（缺）"，元字下缺一字，此卷疑亦是太荣所写施者。

〔2〕Lionel Giles, "Dated Chinese Manuscripts in the Stein Collection", Bulletin of the School of Oriental Studies, vol. Ⅶ part 4, pp. 820, 822, 935.

一千文赎六畜。入法之钱即用造经。愿天王成佛。弟子家眷奴婢六畜滋益长命，及至菩提，悉蒙还阙，所愿如是！（S.4528）

大代大魏永熙二年七月十五日，清信士使持节散骑常侍开府仪同三司都督岭西诸军事斗骑大将军瓜州刺史东阳王元太荣，敬造《涅槃》、《法华》、《大云》、《贤愚》、《观佛三昧》、《祖持》、《金光明》、《维摩》、《药师》各一部，合一百卷，仰为毗沙门天王，愿弟子所患永除，四体休宁。所愿如是！（S.4415）

建明二年为公元 531 年，普泰二年为公元 532 年，永熙二年为公元 533 年。由以上诸卷题记，可知自永安二年以后以至永熙二年（529—533），历时五载，太荣犹守瓜州。元太荣亦写作元荣，并非有脱文也。

太荣事迹又散见《周书》申徽、令狐整诸传。《周书》卷 32《申徽传》云（《北史》卷 69《徽传》同）：

[大统]十年迁给事黄门侍郎。先是东阳王元荣为瓜州刺史，其女婿刘彦随焉。及荣死瓜州，首望表荣子康为刺史，彦遂杀康而取其位。属四方多难，朝廷不遑问罪，因授彦刺史，频征不奉诏。又南通吐谷浑将图叛逆，文帝难于动众，欲以权略致之，乃以徽为河西大使，密令图彦。徽轻以五十骑行，既至，止于宾馆。彦见徽单使，不以为疑。徽乃遣一人微劝彦归朝，以揣其意，彦不从。徽又使赞成其住计，彦便从之，遂来至馆。徽先与瓜州豪右密谋执彦，遂叱而缚之。彦辞无罪，徽数之曰："君无尺寸之功，滥居方岳之重，恃远背诞，不恭贡职，戮辱使人，轻忽诏命，计君之咎，实不容诛。但受诏之日，本令相送归阙，所恨不得申明罚以谢边远耳！"于是宣诏慰劳吏人及彦所部。复云大军续至，城内无敢动者。使还迁都官尚书。十二年瓜州刺史成庆为城人张保所杀，都督令狐延等起义逐保，启请刺史，以徽信洽西土，拜假节瓜州刺史，徽在州五稔，俭约率下，边人乐而安之。

《徽传》所云之瓜州豪右即令狐整也。《周书》卷 36《令狐整传》云（《北史》卷 67《整传》同）：

令狐整字延保，敦煌人也，本名延，世为西土冠冕。……整幼聪敏，沉深有识量，学艺骑射，并为河右所推。刺史魏东阳王元荣辟整为主簿，加荡寇将军。整进趋详雅，对扬辩畅，谒见之日，州府倾目。荣器整德望，尝谓僚属曰："令狐延保西州令望，方城重器，岂州郡之职所可縻维。但一日千里，必基武步。寡人当委以庶务，画诺而已！"顷之魏孝武西迁，河右扰乱，荣仗整防捍，州郡获宁。及邓彦窃瓜州，拒不受代，整与开府张穆等密应使者申徽，执彦送京师，太祖嘉其忠节，表为都督。

荣婿，《申徽传》作刘彦，《令狐整传》作邓彦，不知孰是。就以上诸传观之，自永安二年至大统十年太荣守瓜州前后凡 16 年。荣大约卒于大统十年，子康嗣位婿彦篡乱，当在大统十年至十一年之间，申徽定乱即在大统十一年。太荣为瓜州刺史，疑在永安二年以前，二年始封东阳王。令狐整为西州人望，太荣能辟为僚属，委以庶务，其器识自不可及，是以能守瓜州历十余年，未闻变乱。顾于其婿以枭獍之质，竟引之于卧榻之侧而不之知，卒之祸延子孙，族姓倾覆。常人蔽于所亲，其此之谓欤？[1]

元太荣或元荣之名，不见《魏书·宗室传》，初疑其即烈帝拓拔翳槐第四子武卫将军元谓之后。及得读《中德学志》第 5 卷第 3 期赵万里先生所作《魏宗室东阳王荣与敦煌写经》一文，根据新出墓志及《元和姓纂》，于元荣家世考证详确。余旧说可以覆瓿，因不更赘。

又魏时高昌麹氏如麹嘉、麹光、麹坚所带官勋俱有瓜州刺史之号，而麹光之为瓜州刺史且在永安元年，即封元太荣为东阳王之前一年，[2] 疑此皆是散官，并无职事也。

18.3 榆林窟小记

榆林窟俗名万佛峡，在今安西南 140 里。1943 年 5 月往游榆林

---

〔1〕谢启昆《西魏书》卷 12《诸王列传》，有《东阳王元荣传》，大都据《周书·申徽传》。唯首云："东阳王荣大统十一年为瓜州刺史，与其婿邓彦偕行。"置太荣刺瓜州之岁于大统十一年。案据《周书·令狐整传》已可见太荣之刺瓜州在魏孝武西迁之前。《西魏书·太荣传》只采《申徽传》而遗《令狐整传》，遂有此失。

〔2〕关于高昌麹氏官勋俱带瓜州刺史一事，可参看罗叔言著《高昌麹氏年表》。

401

窟,出安西西门,西南行逾十工山(即三危山之俗名),70里至破城子,汉之广至、唐之常乐也。[1] 古城周垣完整,城外遗址迤逦不绝。自破城子南行,过戈壁,40里至水峡口。踏实河自南北流,至是折向东南,斯坦因书中所云之小千佛洞即在此。[2] 小千佛洞亦名下洞,位于踏实河转向处之两岸峭壁上;南岸存10窟,北岸存一窟。南窟大率为五代及宋时所开或重修。自西向东第五窟有中心座,榆林窟张大千所编19号、20号构造亦与此同,以莫高窟形式证之,皆元魏遗制也。颇疑榆林窟创建时代与莫高窟应相去不远。莫高窟地处敦煌,去沙州城只二十余里,是以文献石刻流传綦夥。榆林窟距大道过远,巡礼者罕至,遂不见记载,亦无一石刻可资考证。唐释道宣《集神州三宝感通录》卷中《北凉沮渠丈六石像现相缘》十六文末有云:

> 今沙州东南二十里三危山,崖高二里,佛像二百八十龛,光相亟发云。

或据此以为沮渠蒙逊始创榆林窟,亦有谓沮渠氏所造凉州石窟盖在敦煌者,皆非也。[3] 道宣所纪自是敦煌莫高窟,错入纪沮渠丈六石像之后,说者不察,因以致误耳。小千佛洞水北只存一窟,窟内南壁门东绘菩萨赴会像,东壁近南绘三身佛下绘供养天女,线条刚健婀娜,赋色沈丽,盖晚唐高手所作,非宋人所能企及也。

　　榆林窟即在水峡口南30里。自水峡口沿河谷南行,20里蘑菇台子,更南10里即榆林窟。踏实河发源南山,蜿蜒北流。石窟位于河之两岸,东西相距不及100公尺,峭壁矗立,有若削成,石窟错落点缀于两岸壁间。河水为石峡所束,奔腾而出,砰磅訇礚,其声若雷。春夏之际两岸红柳掩映,杂花蒙茸,诚塞外之仙境,缁流之乐土,莫高窟所不逮也。东西两岸石窟为数四十,有壁画者张大千氏凡编29号。东岸20窟,上下二层,下层自北往南凡5号,上层自南往北起6号讫20号。西

---

[1]参看《辛卯侍行记》卷5。
[2]M. A. Stein, *Serindia*, Vol. Ⅲ pp. 1109。
[3]参看伊东忠太著《支那建筑史》(《东洋史讲座》第11册),东京:雄山阁,1931年,第201页。

岸 9 窟,自南至北起 21 号止 29 号。

东岸 17 号窟窟门外南壁天王像下方有唐光化三年题名,文云:

> 光化三年十二月廿二日,悬泉长史龛乞达、宁膺柱、龛萐磨,都
> 知兵马使冯钵略,兵马使王仆奴,游奕使龛钵罗赞,兵马使杨仆奴,
> 随从唐镇使巡此圣迹,因为后记。

唐昭宗光化三年正为公元 900 年。光化三年题名之北又一题记
云:

> 壬子年五月十五日,榆林□□□人田周石、阿力拙马军安清
> 子、贺萧、朱安、石乍奴、田□奴、郭苟奴、候一德、黄再德,同到人金
> 都衙娘女及女□孙,刘儿女人充子、友定、高阿朵。

此壬子不知是何年,就题名字迹而论,或为元人所题也。东岸 13 号窟
窟门外南龛西壁又有宋雍熙时题名云:

> 雍熙伍年岁次戊子三月十五日,沙州押衙令狐住延下手画□
> 监使窟。至五月三十日……具画此窟周□□君王万岁,世界清平,
> 田赞善□众……孙莫绝直主……严长发大愿,莫断善心,坐处雍
> 护,□□通达,莫遇灾难,见其窟严□也。

宋太宗雍熙只 3 年,五年戊子是为端拱二年,公元 988 年也。17 号窟
为中唐高手所作,保存极佳,为全榆林窟冠。13 号窟经宋人重修,重修
痕迹尚可见,原来当亦是唐末或五季所开也。10 号窟窟门外甬道北壁
上有西夏人所书榆林窟记一长篇,其文云:

阿育王寺释门赐紫僧惠聪俗姓张住持窟记

> 盖闻五须弥之高峻,劫尽轮王;四大海之滔深,历数潜息。轮
> 王相轮,无逾于八万四千;释迦装严,难过于七十九岁,咸归化迹,
> 况惠聪是三十六勿有漏之身。将戴弟子僧朱什子、张兴遂惠子弟
> 子佛兴、安住及白衣行者王温顺共七人,往于榆林窟山谷住持四十
> 日,看读经疏文字,稍薰习善根种子。洗身三次,因结当来菩提之
> 因,切见此山谷是圣境之地,古人是菩萨之身。不指锥门,就寺堂
> 瑞容弥勒大像一尊,高百余尺。三十二相,八十种好端严,山谷内
> 霄水常流,树木稠林,白日圣香烟起,夜后明灯出现。本是修行之

界,昼无恍惚之心,夜无恶觉之梦。所将上来圣境,原是皇帝圣德圣感,伏愿皇帝万岁,太后千岁,宰官常居禄位,万民乐业,海长清,永绝狼烟,五谷熟成,法轮常转。又愿九有四生,蠢动含灵,过去现在未来父母师长等普皆早离幽冥,生于兜率天宫,面奉慈尊足下受记。然愿惠聪等七人及供衣粮行婆真顺小名安和尚,婢行婆真善小名张你,婢行婆张听小名朱善子,并四方施主普皆命终于后世,不颠倒兑离地狱,速转生于中国,值遇明师善友,耳闻好法,悟解大乘,聪明智慧者。况温顺集习之记。□□□□之理,韵智不迭后人切令怪责千万退迹缘人莫□之心佛。国庆五年岁次癸丑十二月十七日题记。

国庆为天赐礼盛国庆省书,乃西夏秉常年号,癸丑为国庆三年,当宋神宗熙宁六年,公元 1073 年,五年为乙卯非癸丑也(榆林窟 9 号窟窟门外门楣上有元至正十三年五月十五日书《大元重修三危山榆林窟记》,即全袭西夏惠聪《住持窟记》,仅首尾略易数字,不知何故也)。惠聪所修之弥勒大像疑即是 5 号窟之大佛,今尚保存完好,金碧如新,则近人之所重装者耳。17 号窟壁画作于中唐,时在光化三年以前,日本人松本荣一以为造于光化三年,盖由误以巡礼人之题名为窟主之题记。17 号窟窟外门楣上自有《功德记》一篇,文字十九漫漶,文末"……《功德记》推官保达撰敦煌郡□刺史……龙家十四人"诸字尚清晰可辨,此则是造窟人之题记也。[1] 至于榆林窟开创时代,虽乏石刻或文字上纪载以为考较之资,然如 19 号、20 号诸窟形制与莫高窟诸魏窟同,以此推之,疑亦始创于六朝,唯以迭经后人重修,遂致魏隋画迹悉归泯没耳。各窟题名,其有年代可考者,自光化三年以至国庆三年,俱在 9—10 世纪之间。斯坦因谓榆林窟创于 9—10 世纪,题名率为元代云云。[2] 由上举诸证观之,其说不足据也。

又榆林窟 1 号至 3 号以及 20 号四窟壁画,笔调与莫高窟 P117/

〔1〕参看松本荣一著《敦煌画の研究图像编》,第 420 页。
〔2〕M. A. Stein, op. cit. vol. Ⅲ pp. 1109－1114.

C75 号窟门洞 P171a/C160 号窟内四壁及 C.307、C.309 号诸窟同,出于元人之手,所用线条皆是世所称兰叶描,清新飘逸,远胜于莫高、榆林诸宋人画之沈滞板拙。或以上举诸窟供养人像题名多用西夏字,遂目为西夏时代画,矜为创获。[1] 然榆林窟 3 号窟窟内门西壁画下供养人像与其上所绘水月观音俱属同一时代,并无补修痕迹。女供养人像皆戴姑姑,乃是蒙古服饰,与莫高窟 P146/C134 号窟门洞元代所绘供养人像同,时属元代,毫无可疑。元平西夏,河西以旧隶西夏,仍行西夏文,故西夏文亦曰河西字。上述诸窟壁画,虽成于西夏人之手,然已是元代之西夏,与天水一朝之西夏盖有别矣。诸窟大都绘密教曼荼罗,是亦可为属于元代之证明也。

18.4　敦煌佛教艺术与西域之关系

敦煌之西千佛洞、莫高窟,安西之小千佛洞、榆林窟,在历史上既彼此互有关系,就艺术言亦为同一系统作品,故可总名之曰敦煌佛教艺术。关于敦煌佛教艺术在中国艺术史上之地位以及与云冈、龙门、天龙诸石窟雕刻之关系,时贤讨论甚多,兹不备论。至于敦煌佛教艺术之渊源,则说者不无异议,亦有倡为源出汉画之说者。案中国之有壁画不知始于何时,唯战国、西汉已有画屋之风。屈子《天问》即见楚人神庙壁画有感之作。而汉广川王去殿门有成庆画,短衣大袴长剑,又命画工画其幸姬陶望卿舍;广川王海阳亦画屋为男女裸交接,置酒请诸父姊妹饮,令仰视画。[2] 是皆在秦以前及武帝、昭、宣之世,盖公元前第四世纪及前第一世纪之上半叶也。战国以及汉代画屋在技术方面之情形如何? 是否可以后世之壁画目之? 史文缺略,俱无可考。若夫武梁石室一类之画像石,则属于浮雕,与壁画殊科。又其中时杂以跳丸及都卢寻橦之伎,树则左右交缠对称,与伊兰古代之浮雕手法相同,富于异国情调,非纯粹汉族文明所能解释。故谓敦煌壁画为继承汉代画屋之风,固

〔1〕近人张大千之说如此。
〔2〕参看《汉书》卷 53《景十三王列传》广川王诸传。

·欧·亚·历·史·文·化·文·库·

近于臆测，以为出于汉画像石，亦有未谛也。夫敦煌佛教艺术导源西域彰彰明甚，兹就技术以及画理方面略举数证，以为解纷理惑之助，世之治敦煌佛教艺术者或有取焉！

18.4.1 论画壁制度

唐段成式《酉阳杂俎》续集卷5、卷6《寺塔记》，张彦远《历代名画记》卷3记"两京外州观画壁"记两京寺观画壁甚详，唯于画壁制度初未之及。宋李诚《营造法式》卷13"泥作制度画壁"条记画壁造作制度，文云：

> 造画壁之制，先以粗泥搭络毕，候稍干再用泥横被竹篾一重，以泥盖平。又候稍干，钉麻华以泥分披令匀，又用泥盖平（以上用粗泥五重厚一分五厘，若栱眼壁只用粗细泥各一重上施沙泥收压三遍），方用中泥细衬。泥上施沙泥。候水脉定收，压十遍，令泥面光泽。

> 凡和沙泥，每白沙二斤用胶十一斤，麻捣洗择净者七两。

盖先用粗泥夹竹篾麻筋将壁遍涂盖平，次加中泥细涂，最后施以和胶之沙泥，候干压平，摩治光洁。然后再于其上绘画。唐以前画壁制度，尚未在唐人著作中发现何种记载。唯石室本《坛经》记五祖弘忍大师堂前有三间房廊，五祖欲于此廊下供养，画楞伽变，并画五祖大师传授衣法，流行五代为记。画人卢玲看壁了，明日下手。此一段记载虽不甚明了，然大致可以推知者：画壁已先整治完好，画师只需看定壁之大小情形，明日即可下手绘画。此与《营造法式》所记皆属于西洋壁画中之Tempera一种，盖待壁面干后始施彩绘者。今莫高、榆林诸窟壁画，俱先以厚约半寸之泥涂窟内壁上使平；敦煌一带不产竹篾，故泥内易以锉碎之麦草及麻筋以为骨骼。泥上更涂一层薄如卵壳之石灰，亦有极薄如纸者。彩色施于干燥之石灰面上，初未透入石灰面下之泥层。敦煌画壁之石灰面应相当于《营造法式》中和胶之沙泥，石灰面中是否亦和以胶，现尚未经检查，不得而知。其画法亦应属于 Tempera 而非 Fresco。[1] 印度阿旃陀（Ajanta）等处石窟画壁，大都于磊砢不平之壁上涂以厚约 1/8 至 3/4 英寸用泥牛粪淡黑色石粉和成之泥一层，泥中时杂以斩切极细之碎草及谷糠末，其上复涂以一层薄如卵壳之石灰，然后画师施彩其上。印度画壁制度与新疆库车、吐鲁番以及敦煌所见者相同，唯所用材料因地域出产不同而略有出入，大体固不殊也。阿旃陀石窟最早者为第 9、第 10 诸窟，约创于公元 1 世纪左右，早于敦煌者凡 3 世纪。[2] 此种画壁技术自印度经新疆以传至敦煌，唐代两京外州寺观画壁制度，则又承袭敦煌而加以恢宏扩大耳。

18.4.2　论粉本比例以及其他

印度绘制壁画，先由画工将所欲画者在石灰面上用红色打一粗样，粗样打就后加一层半透明之绿色，使所画轮廓从绿色中可以隐约透现。然后上手画师于半透明之绿色地上用黑或棕色为之描摹修正。粗样线条可以草率，修正者则必须明快深厚，线条修正藏事始施彩绘。因一画出于众手，故往往可见修正痕迹。壁画以及普通绘画，俱有粉本，画家收藏粉本，父子相承，往往视为至宝。此种备摹拓用之粉本或画范制以鹿皮，于所画人物轮廓上刺成细眼，铺于画纸或画壁上，洒以炭末。画纸或画壁经此手续留下黑色细点，再用墨或朱笔连缀，即得所欲画之轮廓。印度画家绘制壁画及普通绘画，其初步手续大概如此。[3] 中国自六朝以迄隋唐画家亦用粉本。张彦远《历代名画记》卷 2《论画体工用拓写》有云：

> 好事家宜置宣纸百幅，用法蜡之，以备摹写（顾恺之有摹拓妙法）。古时好拓画十得七八，不失神采笔踪。亦有御府拓本谓之官拓。国朝内库翰林集贤秘阁拓写不辍。承平之时此道甚行，艰难之后斯事渐废。故有非常好本，拓得之者所宜宝之，既可希其真踪，又得留为证验。

---

〔1〕参看 M. A. Stein, op. cit, vol. Ⅱ pp. 846 – 847 引 F. H. Andrews 论敦煌壁画制作文。
〔2〕关于印度阿旃陀诸石窟壁画制度，可参看 Percy Brown, *Indian Painting*, pp. 98 – 101。
〔3〕参看 P. Brown, op. cit. pp. 101 – 104.

唐弘文馆有拓书手 6 人，集贤殿书院有拓书 6 人。[1] 是拓写书画之法自六朝以至于唐相承不替也。段成式《酉阳杂俎》续集卷 6《寺塔记》下记诩善坊保寿寺之先天菩萨帧云：

> 寺有先天菩萨帧（一作幀），本起于成都妙积寺。开元初有尼魏八师者，常念大悲咒，双流县百姓刘乙名意儿，年十一，自欲事魏尼，尼遣之不去。常于奥室立禅，尝白魏云：先天菩萨见身此地，遂筛灰于庭，一夕有巨迹数尺，轮理成就，因谒画工随意设色，悉不如意。有僧杨法成言能画，意儿常合掌仰祝，然后指授之，以近十稔工方毕，后塑先天菩萨，凡二百四十二首，首如塔势，分臂如意，蔓其榜子有一百四十日鸟树，一凤四翅水肚树。所题深怪，不可详悉。画样凡十五卷。柳七师者崔宁之甥，分三卷往上都流行。时魏奉古为长史进之，后因四月八日赐高力士。今成都者是其次本。

所谓拓本或画样，皆粉本之别称也。敦煌石室所出经卷绘画中时杂有画范之属，而刺以细孔上施朱墨之画稿亦复不少，[2] 当是利用画范故刺有细孔也。莫高窟魏、隋、李唐诸窟以历年过久，彩色剥落，露出最初用朱墨画成之粗样者为数颇多。至于起稿用淡墨，修正用浓墨，以致浓淡两种线条参差呈露者亦数见不鲜。凡此皆可见古代敦煌制作壁画或普通绘画，其初步手续几与印度全同也。[3]

清乾隆时西番学总管漠北工布查布译《佛说造像量度经》并为之解，于绘制幀像时自发至足各部分之比例叙述极详。兹录一段以见梗概：[4]

> 分别其节目则肉髻发际颈喉各纵四指，共凑成满一拃也。面

---

〔1〕参看《旧唐书》卷 43《职官志二》及《新唐书》卷 47《百官志》。

〔2〕关于敦煌石室所出画范及画稿可参看 M. A. Stein, op. cit. vol. Ⅱ, p. 969, Ch. 00159 条，及 Arthur Waley, *A Catalogue of Paintings recovered from Tun-huang by Sir Aurel Stein*, p. 110 LXXⅡ—LXXⅢ。

〔3〕莫高窟 P76/C41 号窟西龛外两侧文殊、普贤像下之天女，面部衣服线条，俱有修改痕迹，可为证明。

〔4〕工布查布译解之《佛说造像量度经》解有乾隆时刻本，及《大正新修大藏经》第 21 卷本。余又见一旧抄本，文字繁缛，与《大正藏》本异同甚多。兹据《大正藏》本，取其习见也。此处所引见《大正藏》卷 21，第 941－942 页。

轮及自喉至心窝,由是至肚脐,由是至阴藏各一拃,是上身之五拃也。脾枢(即胯骨也)膝骨足踵各纵四指,共凑一拃,股胫各二拃,是下身之五拃。合较满十拃。十拃即一寻,每拃十二指,十个十二,即一百二十,此乃比量竖纵之分法也。度横广之法则自心窝而上比至六指处(胎偶则六指零一足处),从正中横量至两腋各一拃。由是顺手至肘以里两臑各长二十指,由是至手腕两臂各十六指,由是两中指梢各一拃。共计亦百二十指也。若造座像,其法阴藏中为正中,即身之半也。其下添四指处平弹绯线(绯音伻,以绳直物也)而彼与梵绯(窨像之主心准绳曰梵绯)相接处即跏跌交会之下隅也。又加四指为法身之下边宝座之上面也。从跌会下隅起,直上立弹绯线,比至眉间白毫中之分量,与其跌坐双膝外边相去间阔分长短平等,而两踵相离分得四指焉。

绘制佛像者以自手指为度量单位,十二指曰一拃,全身纵长横广各分为十拃。下手绘样之前,先用朱墨纵横画成比例格,然后依照规定绘画身体各部。《佛说造像量度经》附图 12 幅,俱有比例格,所以示制作之矩范也。又据工布查布说,佛及菩萨像量度谓之十拃度;自初地菩萨以下,总摄世间圣及出世圣二种圣像之常制为九拃度;一切威怒像通作八拃度;诸矮身像度如吉祥王菩萨等则为六拃度,一名侏儒量。凡夫身量则竖八十四指,横九十六指,纵广不等。[1]

　　印度古代一书曰《画论》(*Citralaksana*, *The Theory of Painting*, or *The Essential Marks or Characteristics of Picture*)者,中论人物画像制度,亦以为神祇帝王之像较之常人应远为雄伟云云。案公元 3 世纪时印度 Vatsyayana 著《爱经》(*Kamasutra*)论画有六法(Sadanga, or Six Limbs of Indian Painting),其二为 Pramanam,意即感觉量度结构俱须正确之谓,即近代所谓比例也。[2]《爱经》中之画有六法,乃推阐前人之说,则绘画人物须有比例之观念在印度起源甚早。唯据《画论》及工布查布说,

　　〔1〕参看《大正藏》卷 21,第 945－948 页,一、菩萨像,二、九拃度,三、八拃度诸节。
　　〔2〕参看 P. Brown, op. cit. pp. 20－21.

更证以阿旃陁诸窟壁画，比例固有等差，佛菩萨帝王以及凡夫各有不同，不可以等量齐观。印度种姓（caste system）观念渗入于印度社会生活各方面，此亦其一端也。

莫高窟魏、隋诸窟彩色剥落以后，往往露出用红土所绘之粗样，其贤劫千佛像及释迦像粗样大都有用红土画成之比例格，如 P116bis/C238 号窟即其一例。又魏、隋、李唐诸窟壁画中尊比例俱视旁侍诸弟子以及菩萨天龙八部为大。不仅佛菩萨像比例有等差，即供养人像亦复如是。如 P16/C20 号窟门洞北壁乐庭瓗南壁庭瓗夫人王氏像视其后随之子女仆婢像约大 1/3。又 P17bis/C300 号窟窟内南壁壁画下方绘张议潮收复河西图，北壁壁画下方绘议潮夫人宋氏出行图，议潮夫妇人马倍大于余像。敦煌当日画家接受印度绘画之技术及理论，即此所举可见一斑也。

18.4.3　论天竺传来之凹凸花法

印度画与中国画俱以线条为主。唯印度画于线条中参以凹凸法，是以能于平面之中呈立体之势。其画人物，如手臂之属，轮廓线条干净明快，沿线施以深厚色彩，向内则逐渐柔和轻淡，遂呈圆形，是即所谓凹凸法也。阿旃陁以及锡兰之 Sigiriya 诸窟壁画，其表现阴阳明暗，皆用此法。[1] 印度画传入中国，其最引人注意与称道者亦为此凹凸法一事，与明、清之际西洋画传入中国之情形正后先同辙。[2] 故六朝以来画家以凹凸法作者，后人著录辄注明其为天竺法，如梁张僧繇在建康一乘寺寺门画凹凸花，唐许嵩《建康实录》谓是天竺遗法，即其例也。[3]《酉阳杂俎》续集卷6《寺塔记》下记长安宣阳坊奉慈寺普贤堂尉迟画云：

> 普贤堂本天后梳洗堂，蒲萄垂实，则幸此堂。今堂中尉迟画颇有奇处。四壁画像及脱皮白骨匠意极崄，又变形三魔女，身若出

---

〔1〕参看 P. Brown, op. cit. p. 65.

〔2〕参看向达《明清之际中国美术所受西洋之影响》一文，原载《东方杂志》第21卷第1号；收入《唐代长安与西域文明》，三联书店1957年版，第495–531页。

〔3〕许嵩《建康实录》卷6。

> 壁,又佛圆光均彩相错乱目成讲。东壁佛座前锦如断古标,又左右
> 梵僧及诸蕃往奇。然不及西壁,西壁逼之摽摽然。

所谓身若出壁,逼之摽摽然,皆言其有立体之感耳。此处之尉迟指尉迟乙僧。乙僧于慈恩寺塔画千臂千钵文殊亦用凹凸一法。尉迟乙僧及其父跋质那并为于阗质子,故画用西域法。然此种印度传来之作画技术,唐代大家当亦有采用之者,如吴道玄画怪石崩滩若可扪酌,颇疑其用凹凸法,不然不能至此也。又世之论吴画者每谓其用笔如屈铁盘丝,又谓其如莼菜条。所谓莼菜条,盖融合中国固有之旧法与西域传来之新知而另成一派者,此吴生之所以为古今一人也。以不在本文范围之内,兹不俱论。敦煌魏、隋、唐、宋诸窟壁画人物大都用铁线描,纤细之朱墨线条描绘轮廓,然后以浓朱沿轮廓线条内部晕染一遍,如手臂之类,至中渐淡渐浅;远视中间突起,即之俨然如真。魏窟诸画朱色大都转黑,佛菩萨及力士像往往胸部成二大圆圈,腹部成一大圆圈,形如倒品字。然如 P120e/C83 及 P116bis/C238 诸窟,壁画尚保存原来颜色,胸腹诸部乃以粗朱线描成轮廓,内复用朱色晕染,渐中渐浅,遂成胸腹突起之形(朱色变黑,乃成三大圆圈)。诸窟佛像面部用晕染法,变色之后亦成圆圈)。此即所谓凹凸法也。用浅深晕染之。凹凸法技术自印度传至新疆,由新疆以至于敦煌,东西文化之交流,此其一端也。

18.4.4　论绘画中之空间观念

谢赫论画有六法,其五曰经营位置,此即近代所谓结构(Composition)也。宋以后之山水画,不仅山水本身须惨淡经营,使其一一停当,即画面所留空间,亦包罗于经营位置之内。空间与画面配置得当,则全画为之生色;失其均衡,名手亦因而减价。高日甫《论画歌》曰:"即其笔墨所未到,亦有灵气空中行。"清笪重光《画筌》有云:"虚实相生,无画处皆成妙境。"[1]山水画中空间之为用,一方面在保持全画之平衡,一方面则画家一段不尽之意,胥恃此空虚寥廓之境以为寄托。马远、夏

---

〔1〕高日甫诗及笪重光《画筌》,俱据宗白华先生《中国艺术意境之诞生》一文转引,宗文见《时与潮》文艺副刊。

圭之作最足以见此种境界。魏晋以降以至于唐则不然。张彦远《历代名画记》卷1《论画山水树石》曰：

> 魏晋以降，名迹在人间者，皆见之矣。其画山水，则群峰之势若钿饰犀栉；或水不容泛，或人大于山，率皆附以树石，映带其地，列植之状，则若伸臂布指。详古人之意，专在显其所长，而不守于俗变也。国初，二阎擅美匠学，杨、展精意宫观，渐变所附。尚犹状石则务于雕透，如冰澌斧刃；绘树则刷脉镂叶，多栖梧菀柳。功倍愈拙，不胜其色。

据彦远所论，六朝人画山水人物树石，其比例观念专在集中表现，亦不用空间平衡画面，是以山水画中，"率皆附以树石，映带其地"。今即以敦煌壁画证之，莫高窟魏、隋诸窟所绘佛本生故事甚多，其中如鹿王本生大都作狩猎之状，因其所欲表现者为鹿王，是以所绘群鹿往往驰突于峰峦之间，高大几逾半山，彦远人大于山之论于此数见不鲜，又因画家欲表现画中情景之紧凑，于是峰峦之上必植丛树，"列植之状，则若伸臂布指"，可谓为最恰当之形容。总而言之，六朝人画象征的意味多而写实的意味少也。唐以后则约定俗成（Conventionalised），规矩日趋紧严，塑像如金刚力士之属，其肌肉表现亦极合于解剖学学理。盖已渐趋于写实，而不复如六朝人之挥洒自如矣。然于空间观念则仍循魏、隋以来之旧轨，未予以重视。其绘经变，佛坐中央，绕以菩萨罗汉天龙八部，上下左右隙地别绘与经变有关故事。如弥勒下生变，宝池下于七宝供养外，附以穰佉王子及王妃剃度之像，上方左右则为宝城及一种七收等故事。必使画面所有隙地几乎全部填塞充满而后已。此在宋以后以山水画为正宗之中国画中便甚罕见。然而印度阿旃陁诸石窟壁画则与我国六朝、隋、唐之作，若合符契。此种作风自印度传于西域，如高昌、龟兹诸国，复由西域东被以至敦煌，其间传布途径斑斑可考。则敦煌佛教艺术之导源西域，固可深思也。

以上所举画壁制度、粉本、比例、凹凸法诸事属于技术，空间观念属于理论。敦煌系统之佛教艺术，自技术以讫于理论，在在受有印度之影响，就上举诸证可明大较。然如龟兹诸石窟壁画中有所谓画家窟

（Painter's cave）者,有西域画家 Mithradatta 之自画像及题名,斯坦因在磨朗（Miran）所得壁画亦有系出罗马名为 Titta 之印度画家题名[1]。敦煌自古以来为中外交通门户,西域各国人士流寓其间者往往有之。中国佛教史上有名之敦煌菩萨竺法护,其先世即为月氏人而流寓敦煌者。与法护翻经之帛元信、帛延则为龟兹人。至于隋、唐,河西内附历六七百载,犹杂蕃、浑,言音不同,羌、龙、嗢、末,杂居共处。敦煌石室所出书,具备西域各种文字,各种宗教,毡罽之类亦复掺杂中国、伊兰以及希腊作风。凡此皆可以反映汉、唐间敦煌人种文化之复杂也。莫高、榆林诸窟巡礼人题记,汉文而外,梵、藏、婆罗谜（Brahmi）、西夏、回纥、蒙古文字不一而足,种姓繁复于此可见。莫高窟 P129/C89 号窟原为魏代所开,唐人重修,窟内供养人像上题名一面书回纥字,一面书汉文"商胡竺……"诸名,是莫高窟诸窟中亦有西域人施割财物之所修者矣。莫高窟诸窟亦有画家题记,如 P156/C186 号窟南壁上之上元二年题记即其一例。唯有姓名可稽者则只 P63/C305 号一窟,此为索勋时所修窟,门洞南壁有索勋供养像,题名结衔尚清晰可辨。窟内南壁上绘不知何经变,已塌毁过半,下绘菩萨赴会像,自东至西第六尊为南无大慈大悲观音菩萨像,像下西侧绘朱衣人幞头长跪供养像,下有题记云:

> 弟子宋文君敬画菩萨四躯:一为已亡慈母,二为已息已亡索氏娘子。

字画拙劣,颇疑其即为画工所自题也。榆林窟第6、第7号窟亦有元代画工题记,文云:

> 临洮府后学待诏刘世福到此画佛殿一所计耳。至正二十七年五月初一日计。

刘世福为元人,唐、宋画家题记尚未之见。唯榆林窟诸窟大都重修于瓜、沙曹氏之世,其供养人像题名结衔颇有可以考曹氏所设画院制度之梗概者,兹为汇录于次:

---

[1] 关于龟兹画家窟,可参看羽田亨著《西域文明史概论》,第 77–81 页。斯坦因在磨朗所得有画家题名之壁画,其大概可参看拙译斯坦因《西域考古记》（中华书局 1936 年版）,第 88–89 页。

　　　　清信弟子节度押衙□□相都画匠作银青光禄大夫白般緃一心
供养（23号窟）

　　　　□主沙州工匠都勾当画院使归义军节度押衙银青光禄大夫检
校太子宾客筻（竺?）保（25号窟）

　　　　□□节度押衙知画手银青光禄大夫检校太子宾客武保琳一心
供养（同上）

以上三则为与绘事有关之题名。又24号窟窟内东壁门南供养人像第
二躯题名云：

　　　　社长押衙知金银行都料银青光禄大夫检校太子宾客郁迟宝令
一心供养

由以上诸题名结衔推测，疑瓜、沙曹氏之世盖设有画院，掌院事者曰都
勾当画院使；而都画匠作当亦为知绘事之官。知金银行都料则或是掌
制作金银器如金银平脱之类者，略如唐制中尚署之金银作坊院，盖亦与
艺术有关也。银青光禄大夫乃是散勋，依唐制为从三品。唯莫高、榆林
二窟供养人像之在曹氏一代者题名结衔十九有银青光禄大夫以及检校
太子宾客勋阶，疑多属僭窃自娱，非真受自朝廷也。郁迟一姓在伦敦藏
石室本《新乡众百姓王汉子等谢司徒施麦牒》中尚有新乡监使郁迟佛
德其人。[1] 郁迟即尉迟之异译，为于阗国姓 Visá 一字之对音。其为系
出西域确然无疑。而龟兹王室俱以白为其国姓，自汉至唐一系相承，历
七八百载未之或替。其国人入中国并以白为姓。白一作帛，上述与竺
法护译经流寓敦煌之帛元信、帛延以及晋高座法师帛尸黎密多罗，皆籍
隶龟兹，故以帛或白为姓也。[2] 榆林窟23号窟之供养人白般緃，其姓
既与龟兹国姓同，名亦不类汉人，必是流寓敦煌之龟兹国人，以知绘事
而为曹氏画院供奉者。筻保疑是竺保之俗写，当为印度人。敦煌诸窟
壁画中虽至今尚未发现西域画家题名，然而勾当画院者为印度人，都画
匠作为龟兹人，而知金银行都料亦籍隶于阗。有此种种旁证，则假设以

────────────

〔1〕王汉子等牒子见《沙州文录》。

〔2〕法国故 Sylvain Lévi 教授研究龟兹语，于龟兹王室历史亦有极详细之讨论，冯承钧先生
《史地丛考》所收之《龟兹语考》，即教授所著之节译也。

为制作莫高、榆林诸窟壁画之艺人中亦有西域画家从事其间,汇合中西以成此不朽之作,或者与当时事实不甚相远也!

（原载《文物参考资料》第 2 卷第 5 期《敦煌文物展览特刊》下册,1951年;后收入《唐代长安与西域文明》,三联书店 1957 版）

19 上古中晚期亚欧大草原的游牧世界与土著世界（公元前1000—公元570）

雷海宗

在1956年1月高等教育部委托复旦大学在上海召开的世界上古史教学大纲讨论会中，曾谈到大纲中是否需要亚欧草原游牧部族与土著世界关系一章的问题，主张要此一章的理由有二：

（1）世界史应当是全世界的历史，由于史料的关系，我们不得不侧重土著国家的历史，但游牧世界大约在公元前1000年以后，最少在个别地方，已开始超越了原始社会的阶段，已开始有了初步的阶级分化，已开始有了国家的雏形。既然如此，我们在名为"世界史"的课程中，就不当把它漏掉。

（2）上古史的一个重大问题，就是难以捉摸各国各区之间相互联系的问题。由于当时生产力的低下和交通工具及交通方法的简陋，恐怕在很大程度上又由于史料的缺略，最少从表面上看，各国各地似乎主要是在各自发展，不仅没有近代交往频繁、世界基本上一元化的现象，连中古时代那种比较密切的相互联系也不容易发现许多。但即或是在上古时代，世界的发展在很高的程度上仍然是脉络相通的。关于这个问题，我们已另文论及，此处不赘，见《南开大学学报》（人文版）1956年第1期《对世界上古史改分区教学法为分段教学法的体会》一文。除根本原则问题外，我们又有把整个旧大陆的所有重要部分联系为一体的一个现成媒介，就是游牧部族，尤其是公元前1000年以下开始特别活跃的游牧部族。土著国家的居民一般是固定不动的，相互之间的征伐也往往局限于世界的一隅。只有游牧部族是自由自在地东西驰骋,同一个部族可以在先后不远的两段时期与中国和欧洲都发生直接关系,东西的交通路线也在很大程度上经过这个游牧世界。所以我们如果以游牧世界为主而观察全世界,会发现永远站在土著立场所不能见到的许多历史景象和历史关系,这对于全面掌握历史是有帮助的。因而,以此为内容的一章,应当列入上古史的教学大纲中,最好是编为最后的一章,在某些方面使它有概括全局的性质。

会中经过讨论,承认这样的一章是需要的,但由于资料缺乏,认为目前就把这一章列入,会造成实际教学中的困难,最后会中决定把与此章有关的内容定为"参考资料",并建议在此方面曾作尝试的教研组把已经掌握的资料撰成论文,提供大家参考。南开大学在过去 3 年中曾就此问题作过初步的试探,会中委托南开先行撰写。我们接受了这个任务。我们的经验仍然极不成熟,没有把握的地方很多,下面勉强写出,无论在思想性方面,在整个的结构和取材方面,或在任何细节细目方面,都诚恳地希望能够得到大家的帮助和指教。

19.1　性质与目的

本章以游牧世界及游牧土著之间的关系为主题。此前的学习都是以土著世界为主,对于游牧部族最多是附带论及。现在我们要换一个方向,要试图站在游牧部族的立场来看土著世界以及整个世界。这个问题是有它一定的复杂性的。土著居民都在固定的国家疆界之内生活活动,一国一地的历史有它比较分明的轮廓。国界当然不是长久不变的,居民当然不是永世不移的,但土著世界的变动面和固定面之间可说是有比较容易捉摸的辩证统一性可寻的。游牧世界的历史则不然。它当然也是有规律性的,但它的规律性最少在表现的形式上是与土著世界不同的。要全面地了解游牧部族的历史,我们就必须随时东西穿插,由中国经中央亚细亚、印度、波斯而达西亚及东欧的这一个广大的原野,这是大大小小的游牧部族出没无定、相互激荡、由极东到泰西往往形成牵一发而动全身的一个整体世界。不仅各游牧部族内部的关系如

·欧·亚·历·史·文·化·文·库·

此,它们与土著世界的关系也往往是如应斯响地东西呼应,往往在东西相隔万里以上的两端先后同时形成土著国家的严重威胁。这恐怕不是偶然的巧合,其中必有根本的原因存在;只是因为游牧部族没有文字的记载,我们仅能由土著各国的内部情况解释这个问题,而无法通过掌握双方的情况而全面地了解这个问题罢了。

我们今天实际只是通过游牧土著的关系而认识游牧部族的历史,游牧部族本身的历史我们是所知甚少的。这种关系史的意义极为重要,它帮助我们体会远在上古时代世界各国各地之间的密切联系。

本章特别着重上古时代中期以下的一段历史。公元前 1000 年以前的游牧土著关系,我们所知更少,可在土著国家有关的各章中附带论及,无需另辟专章。但自公元前 1000 年左右起,游牧世界内部开始发生比较根本的社会变化,阶级对立和国家机器开始出现,自此不再是较小的游牧部落与土著国家发生接触或冲突,而是具备国家雏形的较大部族联盟在漫长的疆界上与土著国家对立斗争。这个局面,一张一弛,前后延续了 1000 年以上,到公元 4、5 世纪间而土著世界的堤防全部被突破,由中国到西欧形成了一个世界性的游牧部族大迁徙,在这个大迁徙的过程中也就在全世界范围内结束了世界史的上古阶段。

19.2　游牧地带在世界史上的地位

由蒙古到乌克兰的草原地带,其中包括干燥的平原、高原和一些错综复杂的山岳丘陵,但大体上是一望无际的深草原野,就是上古时代的游牧世界;以今日的政治地理而论,其主要部分都在中国和苏联两国的国境之内,另外又包括蒙古人民共和国的全境、阿富汗的大部和伊朗的一部。

这一个大的世界,没有固定的和清楚的名称;如有名称,一般地也是土著国家为它起的。中国自汉代起,称它为西域。西域一词有广狭的两种含义;狭义的西域是由河西走廊到葱岭以东之地,大致等于今日的新疆;广义的西域意义不定,随着中国政治势力、文化影响、对外贸易关系的时伸时缩,一切中国以西的地方都是西域。[1]

印度对游牧世界,似乎没有定名。希腊罗马称它为塞其提亚(Scythia),称其人为塞其提人(Scythae),"塞其提"可能是当地人的自称,希腊人不过是模仿当地的发音而把它希腊化而已。中国也知道这个名词,特称葱岭以西的许多部族为塞种或塞人。希腊的所谓塞其提亚也有广狭二义:狭义所指,限于喀尔帕提山(Carpates)至顿河(Tanis)之间的草原,广义的塞其提亚东延无定,正如中国的西域一词的广义范围西延无定一样。[2]

以上是地名。关于族名,中国历代所接触的游牧部族甚多,各有专名。希腊当初虽然泛称一切游牧部族为塞其提人,但到晚期,特别到罗马兴起之后,也是不同的部族各有专名。这都待下面交代。

游牧部族在历史上的重要性,主要的可说是在于它们入侵土著世界后而引起的世界历史变化。史学研究的对象,以土著地带为主,自新石器时代晚期以下,土著地带是人类历史发展的中心,历史的主要发展和文化的主要贡献均在此地带。此一地带的发展虽然也不平衡,但当时最先进的社会都在此出现。最早进入阶级社会的,是土著世界的一些地方,而游牧世界此后仍然长期处于氏族社会的阶段。

公元前 3000 年左右,可作为土著游牧两大世界最后分化对立的时限。中国、印度、两河流域、埃及四大河流地区,至此都已进入以农业为主的氏族社会晚期或阶级社会初期的阶段,而同时亚欧大草原的自然景象也确切出现,个别孤岛式的地方虽然仍可保留一点农业,但基本上

---

〔1〕《史记》中有《大宛列传》而无《西域列传》,《大宛列传》中提到西北诸国时称为"西国"或"西北国"。宣帝时,初置都护,任都护的为郑吉,宣帝嘉勉郑吉的诏书说:"都护西域骑都尉郑吉,拊循外蛮,宣明威信……"(《汉书》卷70《郑吉传》)这是西域之名初次见于官书,据《汉书》卷96上《西域传上》,此为神爵三年(公元前59年)的事;正式或非正式的西域之名可能尚早于此。待考。

〔2〕塞其提亚的名称,见于希腊最早的成套史著,即希罗多德(Herodotos,公元前484—前425年)的《波斯大战史》(Historia)。在中国文献中,《汉书》卷96《西域传》屡次提到塞人:"罽宾国"条:"昔匈奴破大月氏,大月氏西君大夏,而塞王南君罽宾。塞种分散,往往为数国,自疏勒以西北休循捐毒之属,皆故塞种也。""乌孙国"条:"乌孙国……本塞地也。大月氏西破走塞王,塞王南越县度,大月氏居其地。后乌孙昆莫[王]击破大月氏,大月氏徙西臣大夏,而乌孙昆莫居之,故乌孙民有塞种大月氏种云。"

农业生产已成为不可能,旧有的畜牧也不能维持,唯一的出路就是改为逐水草而居的生活方式。游牧世界出现了。

随着游牧世界的出现而来的,就是游牧土著的对立和斗争,游牧部族是经常要侵掠土著国家的。游牧世界生活较苦,部落之间惯于互相侵略,对于在它们看来是特别富庶的土著国家进行掠夺,那更是当然的事情了。除了经常的边境纷扰外,在上古时代游牧对土著的侵伐曾经出现过 3 次高潮:第一次在公元前 2000 年左右以下的几个世纪,第二次在公元前 1500 年以下的几个世纪,第三次在公元 300 年以下的几个世纪。前两次是否曾影响到中国,待考,但由印度到欧洲都曾引起了翻天覆地的变化。这两次部族移徙,可与由印度到欧洲各土著国家的历史合讲。第三次的移动,并且上溯到公元前 1000 年左右阶级开始分化时期以下的游牧部族发展史及其与土著地带的关系史,是本章所要说明的主题。

游牧地带,就自然条件言,是自成一个世界的,南北都有屏障:往北不是难以穿过的原始森林,就是令人难以为生的苔原,往南则是延绵不断的山脉。过了南界的大山,就是富于诱惑力的土著世界。由东而西,沿着山脉有一些隘口可以通过,也是历史上游牧部族侵入土著国家的必经之路。在中国的北边,经过阴山,通过雁门,可以进入晋北;在西北,通过玉门、阳关,可以进入黄河上中游以及部分蒙古平原的地方。经过今日阿富汗境内的兴都库什的各山口,可以进入伊朗高原和印度河流域。经过高加索山,可以进入亚美尼亚高原以及更南更西的地方。最后,经过多瑙河下游的河谷,可以进入巴尔干半岛,由巴尔干又可以很容易地转入小亚细亚。在上古时代,以至到了中古时代,这都是游牧部族不只一次地向土著世界涌进的通路。

使游牧部族能够经常在边境向土著世界侵掠的,主要的是它们牵挂较少的来去自如的生活方式,他们可以主动地选择比较弱的据点进行袭击,所以也就可以以少胜多,小股的人甚至可以一掠而逃,使土著国家较大但是也较集中的队伍处在措手不及的被动状态之下。除了这种生活方式的基本情况外,马的使用更加增强了游牧部族的袭击能力。

草原世界的文化，由一个重要方面而言（即由交通动力方面而言），可称为"马的文化"。马为游牧世界驯服的畜种。马的使用，可能在游牧生活方式出现之前已经开始，但马的潜在力量的彻底发挥，则是公元前3000年后游牧部族的贡献，土著世界的各国当初似乎都未驯马，土著国家的用马都是先后由游牧部族学来的。[1]

野马本是人类渔猎采集生活阶段的一个猎取对象，后来到了驯畜时，驯马在最初也只是为吃马肉，不久又发现马乳可食。马既已驯服之后，就又成了一个重要的劳动力，可以驮物载重。有车后，马又挽车。但在上古时代，马仍是特别贵重的畜类，土著地带一般的车辆，用牛或驴拉的较多，只有在中国普遍用马拉车。

至于在游牧世界，用马挽车是当然的事。游牧部族居住营幕，移动时一般是把整个的营幕驾在车上，成为"行屋"。游牧部族又用马拉一种轻便的车辆，上阵打仗，就是中国所谓"戎车"。这似乎是大草原西部各族于公元前2000年左右发明的，此时他们开始入侵西亚各土著国家，战车一时成了他们所向无敌的一种武器，许多大大少少的土著国家都被征服。中国同时或稍晚也有了战车，似乎是自制的，并非学自游牧部族。中国在上古时代大概是独自发明战车的唯一土著国家。[2]

最后，游牧部族开始骑马，并且骑在马上作战，就是中国所谓"骑射"。这也是西方游牧部族、特别是塞人的一种发明。骑射大约是公

---

〔1〕作为生物学的一个研究对象，马种、马属以至马科的发展史是知道得特别清楚的；但作为人类使用的一种驯畜，马的历史至今仍有许多的缺页，本篇只就已经确定的重要部分，加以论列。关于驯马史的各种问题，可参考以下各书：

Duerst, J. U. , "Animal Remains from the Excavations in Anau, and the Horse of Anau in its Relation to the Races of Domestic Horses", *Carnegie Institution Publication* 73, pp. 339 – 442（Washington, 1908）.

Antonius, O. , *Stammesgeschichte der Haustiere*, Fischer, Jena, 1922.

Hilzheimer, M. , *Naturliche Rassengeschichte der Haustierwelt*, De gruyter, Berlin, 1926.

Thevenin, R. , *L' Origine des animaux domestiques*, Presses Universitaires de France, Paris, 1947.

〔2〕《诗经·大雅·大明篇》歌颂周灭殷的牧野之战，有："牧野洋洋，檀车煌煌"之句。"檀车"就是作战的戎车。此时及此后与中国斗争的匈奴并无战车，中国的战车至少不是从东方的游牧部族学来的；至于究竟是完全出于自创，或间接地与西方游牧部族有关，根据现有的资料尚不能断定。

·欧·亚·历·史·文·化·文·库·

元前 1000 年左右出现的一种新的作战技术。在此以前，一般无人骑马，骑驴的也不多见。至于牛，由于躯体构造的关系，根本难以乘骑。到公元前 1000 年，塞人初次解决了乘骑的一切技术问题，除作战外，马从此成了游牧世界有革命性的一个交通工具。在近代科学交通工具发明以前，马是人类最快的交通工具。善骑的人骑着良马飞跑，在短距离内是可以与火车竞赛的。在生产力低下、地广人稀的游牧世界，生活中一个严重的问题就是交通问题，人们经常相互隔绝；虽然可以相互侵扰，但若要大规模地组织联系，那就极为困难了。交通问题的解决，是在广阔范围内组织联系的一个先决问题。自从骑马之后，游牧的人们可以在一望无际的草原上自由驰骋。至此，游牧部族才有可能建立具备国家雏形的较大部落联盟，至少在西方塞人的地方此时开始见到阶级的分化和早期国家的建立。游牧世界建立国家，是比土著世界最先进的地方要晚 2000 年以上的。

已是土著世界经常威胁的游牧部族，至此成了土著各国防不胜防的大患。现在他们骑在马上，来去如飞，土著军队的被动地位更为加深了。

以下我们先讲西方的游牧部族，就是与希腊人接触较多的塞人或塞其提人。

19.3　塞人与希腊

塞人的语言属于何一体系，不详；他们内部的语言是否统一，甚至是否属于一系，也待考。我们只知道由中央亚细亚到黑海北岸，称为塞人的部族甚多，各部相继得势。与希腊人最早接触的一种称为其美里人（Cimmerii），至公元前 7 世纪又称为塞其提人，到公元前 3 世纪开始盛强的部族又称为萨马提人（Sarmatae）。三种人都泛称塞其提人或塞人。[1]

　　由希腊人的记载中,我们可以知道塞人生活的轮廓。他们的物质生活主要靠牲畜,马牛羊是他们主要的财富。由于树木缺乏,畜粪就是他们的燃料。衣服为皮制或呢制,营帐也是如此,原料都来自牲畜。

　　他们的军事生活也以牲畜、特别以马为主要物质条件。他们吃马肉,饮马乳,但马的关键地位是它的军事工具资格:先拉战车,后备乘骑。塞人作战的武器,以弓箭为主:车战阶段已是如此,骑战阶段更是如此,飞马急驰时而准确发箭,成了塞人以及其他游牧部族的一种特殊技能。另外,他们有短刀、长矛、斧钺,供作交手战之用。

　　塞人的服装与他们的军事生活密切相关,特别是到有了骑射之后,服装的制造原理完全是为了适应马上作战的要求。绔、长靴、马褂、尖帽或风帽构成塞人的全套戎装。头饰或是高而尖的小帽,或是紧护头部而披于背后的风帽,两者都不兜风,没有阻力,利于骑马奔驰。马褂护卫上身,保持温暖,同时又不阻挠两腿的动作。长靴为两脚及胫部御寒,同时又挡住了内胫与马腹的摩擦。绔为骑射战术所必需,一般的骑马可无需有绔,经常骑在马上疾驰的生活则要求穿绔。

　　人类服装的历史,看似复杂,原理实际甚为简单。较宽的一条腰带,是有了编织技术之后遍世各地的普遍服装及基本服装,冬季在寒冷的地区或者再披上一件兽皮。这种最原始的衣服,进一步发展,或者成为整体的长袍,或者成为上下两分的衫裙,就是中国古代所谓"上衣下裳"。服装不分男女,基本上是一致的。在热带和温带,服装长期停留在这个阶段上。在较寒之区,就亚欧大陆而言就是温带的北部及接近或进入寒带的地方,两腿后来加上胫衣,左右各一。胫衣,中国原称为绔,就是后日所谓套裤。再后,套裤加腰,连为一体,成为开裆裤。较北的土著地带,下衣的发展到此为止,再进一步的发展就是亚欧草原游牧

---

　　〔1〕关于西方塞人的历史,古希腊文献中记载最详细的为希罗多德的《波斯大战史》卷4,第1～142章(此书近代欧洲的重要文字都有译本)。关于近代作品,早期的可参考 Gibbon, E., *The Decline and Fall of the Roman Empire*,第26章(此书版本甚多);较近的书有 Minns, E. H., *Scythians and Greeks*(Cambridge,1913)。

部族的事了。大约在公元前 1000 年左右，塞人在骑射的同时又制成了合裆裤，就是中国古代所谓裈或穷裤。这当初虽是一种军事性质的发明，但塞人很快就发现穷裤的高度御寒功用。穷裤和骑射不久就传遍了整个的游牧世界。[1]

以上是塞人物质生活各方面的情况。在政治方面，我们只知道与希腊人接触的塞人的政治中心在后日俄罗斯南部的地方，即黑海北岸的乌克兰一带。公元前 8 世纪他们已开始与希腊通商。他们是纯游牧部族，但同时他们又征服了当地一些经营农业的土著部族，并向他们征贡。塞人活动的范围向西达到匈牙利高原，向南虎视希腊，马其顿人经常在边境上与他们斗争，特拉其（Thrace）东部是双方主要的争夺对象。

在社会性质上，塞人已进入氏族社会末期，阶级分化已经开始，部落联盟的管理机构已开始转化为国家机器，对于土著部族的征服和征贡更加强了这种发展的趋势。但与土著国家的希腊各城邦比较起来，他们仍是落后的，所以与希腊的商业关系是一种不对等的贸易。他们由希腊输入纺织品和其他奢侈品；他们自己只有皮料和呢料，所以贵族特别欢迎希腊的纺织成品。作为向希腊交换的，以麦为主，这都是被征服的土著部族所纳的贡粮。他们自己所养的牛马，也输往希腊。塞人世界经常见到希腊商人的足迹，远达里海以东也有发现。

较东的塞人，我们知道得很少。有一批塞人曾穿过高加索山脉，进入小亚细亚东北部，在公元前 300 年左右建立了滂陀国（Pontus）。他们改游牧为土著，但主要不是从事农耕，而是从事畜牧，以养马为生。

在里海以南也有一些塞人，与波斯人接触，成为波斯的一个边疆问题。在波斯历史和印度历史上，塞人称为塞卡（Saca），与希腊文的塞其提是同一个名词。

再往东的一批塞人，部族的名称为大夏（Daha），于公元前 3 世纪中期占领了中央亚细亚药杀水（Jaxartes）及乌浒水（Oxus）流域的地方，

---

〔1〕关于塞人以及全世界各族的服装史参考：Racinet, A. C. A., *Le Coutume historique*（Paris, 1877—1886）。此书的著者 Racinet（1825—1893）为服装设计专家兼服装史专家，理论和实践是密切结合的。全书 6 巨册，彩图 500 种，在 70 年后的今日仍为此方面的权威作品。

建立国家,就是中国史籍中的大夏国。此地原为最东边的希腊化地区。公元前 2 世纪是大夏的最盛时期。但到该世纪的后期,原处在当时中国西北的边外、被匈奴驱逐而辗转西迁的大月氏人最后到了这个地方,征服了大夏。这就是不久之后张骞所到的大夏。这个大月氏的大夏后来发展到印度河流域,公元 1 世纪中期建立了印度历史上的贵霜王朝。

在公元前 3 世纪,以南俄为中心的塞人国家内部发生了政变,同种的萨马提人攻败了塞人,建立了新的政权。失败的塞人,一部南逃到克里米亚半岛。此后数百年此区的历史不明,经过日耳曼人一度占领后,到上古末期和中古初期它成了斯拉夫世界的一部分,塞人和萨马提人都成了斯拉夫人,特别是东斯拉夫人的组成部分。

19.4　中国上古史上的游牧部族

在上古时代与中国接触最多的游牧部族就是匈奴。正如塞人的种族和语言体系问题,今日仍难解决,匈奴人的种族和语系我们也仍不能判明。在生活方式上,他们基本与塞人一致,只在有些方面较塞人发展得稍为迟缓。

自中国有文字记载以来,匈奴就在北方和西北方与中国接壤,由殷商到两晋,前后 1500 年以上,双方的斗争始终未断。殷代称匈奴为鬼,称其地为鬼方,殷高宗武丁(公元前 1250 年左右)曾与鬼方大战 3 年。周当初在西北,称匈奴为昆夷、混夷、串夷、犬夷、畎夷,有时也用殷名称为鬼方或鬼戎;殷周之际,周人在西北也经常与匈奴作战。周太王(公元前 1125 年左右)大概一时曾为匈奴所败,王季继续作战,到文王时周人才开始占上风。[1]

---

〔1〕殷高宗伐鬼方的事,见《周易》"既济"卦九三爻词:"高宗伐鬼方,三年克之。""未济"卦九四爻词"震用伐鬼方,三年有赏于大国"(现存《周易》一书中最早的文字就是卦爻词部分,都是根据殷代和殷周之际的重要卜辞编写而成的,保存了一些当时的史料)。殷周之际周三王与匈奴的关系:关于周太王,《诗经·大雅·绵》:"混夷駾矣"(《说文》"哣"下引作"犬夷哣矣",本今文家齐鲁韩三家诗)。关于王季,《竹书纪年》说他曾"伐西落鬼戎"。关于文王的记载,不只一处:《大雅·皇矣》:"串夷载路。"《大雅·荡》:"覃及鬼方。"《孟子·梁惠王》:"文王事昆夷。"《史记·齐世家》:"文王伐犬夷。"《史记·匈奴传》:"周西伯昌伐畎夷氏。"

·欧·亚·历·史·文·化·文·库·

西周时代（公元前1027至前771年）中国称匈奴为猃狁、犬戎、西戎。穆王曾败匈奴（公元前900年左右）。厉王时（公元前850年左右）匈奴入侵，一部分诸侯及卿大夫乘机把王驱逐。宣王（公元前827至前782年）曾与匈奴发生过剧战。幽王时（公元前781至前771年）匈奴卷入了中国内部的斗争，最后与一部分诸侯战败并杀死了幽王，结束了西周时代。[1]

以上的这些名词，如鬼、昆、混、犬、畎、串、猃狁，实际都是同一名词的音转，只是汉字的写法不同而已。西戎的西字，当然是就方位而言，不牵涉到音转问题。这些同一名词的各种音转，就是战国以下的匈奴。

春秋时代（公元前771至前473年），在中国与匈奴的关系上，秦晋成了首当其冲的国家。秦仍用旧名，称匈奴为戎或西戎，秦文公败匈奴，收复了西周末年被匈奴侵占的岐西之地（公元前753年）。秦穆公（公元前659至前621年）降服了西北的许多匈奴部落，这就是历史上所谓秦穆公"霸西戎"。[2]

晋国在习惯上开始采用匈奴各部族的专名而分别称呼，如鲜虞、狄、无终等等。在春秋时代的300年间，晋国屡屡与遍布在今山西省北部的匈奴作战，其中一次战役的经过，特别帮助我们了解殷商到春秋8个世纪间中国与匈奴关系的一个关键问题，我们此处可具体交代一下。公元前541年，晋与匈奴在大卤（今山西中部，包括太原在内）作战，战场狭隘，匈奴只有步兵，而晋军以戎车为主，在狭隘的战场上施展不开，晋军的主帅于是临时变通，叫所有的人都下车，编为步兵，结果大败匈奴。[3]

在战国以前，无论是在当时中国的边外或畿内与匈奴作战，中国的记载中没有一次提到匈奴以戎车或乘骑作战，而由春秋晚期的大卤之战中，我们知道匈奴只有步兵。这是匈奴与草原西部游牧部族大不同

---

〔1〕西周时代，穆王伐犬戎，见《国语·周语》；厉王、幽王与西戎或犬戎的关系，见《史记·周本纪》及《匈奴列传》。宣王伐匈奴的事迹，除《史记》外，又见当时作品的《小雅》各篇：《采薇》篇（猃狁）；《出车》篇（猃狁，西戎）；《六月》篇（猃狁）。

〔2〕见《左传》及《史记·秦本记》。

〔3〕见昭公元年《春秋》及《左传》。

的一点,西部的人在一千多年以前已经运用车战,并且把车战法传入西方的土著国家。而在东方,至迟到殷周之际,中国已有车战法,而与中国接触的游牧部族反倒长期仍只步下作战。此中的原因仍待研究,但它的影响却是极端重要的。由殷到战国初期,将近 1000 年的时间,中国基本上处在铜器时代,生产力不高,对于适于农耕的边远地区无力开发,所以雁门以南,玉门和阳关以东的大块土地并未成为中原国家的田园,而是匈奴部族的牧地。只能作为牧地的干旱之区不能改成田园,田园之区却是可以作为牧地的。此时匈奴深入田园之区的内地,中国可说是处在劣势的。但反过来讲,中国善于车战,在一般的战场上中国的军队总是处于优势的。所以匈奴尽管深入田园之地,却不能形成生死攸关的威胁,大部分的时期主动权仍然操在中国手里。假定匈奴也有车战法,特别假定在公元前 1000 年后匈奴也开始骑射,历史的局面就会大有不同了。下面讲到战国时代,我们更可明了此理。

进入战国,中国开始用匈奴或胡的名称,两词也只是不同的音转。匈奴问题的严重化,是进入战国以后的事。匈奴没有经过一个车战的阶段,在春秋战国之交或战国初期,匈奴开始骑射。关于此事的年份和经过,我们完全不知道,一定是公元前 500 到前 400 年之间的事,大概是由西方游牧部族学来的。匈奴骑射,中国的边疆从此就多事了。中国现在不仅在地势上处于劣势,在军事技术上也处于劣势了。过去匈奴徒步,行动迟缓,尚可防御。现在胡骑倏来倏往,行动如飞,边防几乎可说已成了不可能的事。唯一的出路,就是中国在军事上也匈奴化。

中国胡服骑射,何时开始,何地开始,已难稽考,所谓赵武灵王胡服骑射,其中必有误会。赵王改制,据传为公元前 307 年事,但《战国策》前此已屡次提到各国的骑兵。中国的胡服骑射,当在公元前 400 年左右,最初必是北方近胡的国家倡导的,后来遍各国。骑射必须胡服,胡服就是匈奴学自西方部族一整套马上作战的装束。[1]

---

[1]军队中胡服骑射之后,胡服逐渐成为一般的服装,到汉代,女子也开始穿穷绔。《汉书》卷97上《外戚上》"孝昭上官皇后"条:"光欲皇后擅宠有子。帝时体不安,左右及医皆阿意,言宜禁内,虽宫人使令皆为穷绔,多其带。后宫莫有进者。"

所谓赵武灵王胡服骑射,大概是公元前 307 年赵国大规模扩充骑兵的误传。此后不久,赵就以强大的骑兵进攻匈奴,占有了今日晋北及一部分更北的土地。[1]

但中国终究是土著国家,虽有骑兵,在漫长的疆界上对于胡骑仍有穷于应付之感。平坦之地不必说,即或是山地也仍有路可通,胡骑仍可入袭。北边的秦、赵、燕三国于是又采取了第二种措施,就是修筑长城。步步驻军为不可能,只有步步设防,长城就是延绵不断的防御工事,在一定的距离间设立防哨。马不能逾墙而过,胡骑近墙时,哨兵总可见到,有足够的时间调集相当的兵力抵御或反攻。

胡服骑射对中国内部的战术也发生了反作用,列国间的战争也成了闪电式的,不再像过去那种比较慢条斯理的战争。国与国的交界处也必须设防。春秋时代,列国间的疆界上,除少数重要据点外,根本空虚,国境线也不十分清楚。现在不同了,内地各国的国境线上也都筑起了长城。[2]

公元前 221 年,秦并六国,中国初次出现了真正大一统的局面。秦始皇计划彻底解决边疆的问题,前 215 年命蒙恬伐匈奴,占取河套,就是当时所谓河南之地。次年,增筑长城,就是把过去秦、赵、燕三国防胡的长城连而为一,并相应地增修,把河套也圈入长城之内。这就是所谓万里长城。同时,秦始皇又销毁了战国时代内地各国间的长城。

秦代中国对匈奴尚能采取主动,但秦末和楚汉之际情况大变,中国的大一统之局出现后不久,匈奴也初次实现了内部的统一。匈奴的单于冒顿(约公元前 209 至前 174 年在位)西并大月氏,占西域,压迫月氏人西迁;东灭东胡;北吞漠北;南向夺回河南之地,由辽东到河西建立了与中国并行的一个游牧大帝国。公元前 200 年,方才又把中国统一的汉高帝攻匈奴,失败,在平城(今大同)被困 7 日。此后六七十年间,中国无力解决边疆问题,虽经常与匈奴和亲,边境之上始终得不到安宁。

---

〔1〕赵武灵王胡服骑射,见《战国策》卷 19《赵策二》;赵王破胡拓土,见《史记》卷 43《赵世家》,卷 110《匈奴列传》。

〔2〕顾炎武《日知录》卷 31"长城"条,对战国时代有关长城的资料,辑录甚详。

经过 70 年的休养生息,到汉武帝时中国才有反攻的能力,10 年之间(公元前 129 至 119 年)屡败匈奴,又占取了河套(前 127),夺匈奴右地,即原大月氏之地,并进而经略西域(前 121),最后又断匈奴左臂,即原东胡之地(前 119)。至此中国方有在安定的环境下发展生产的可能。[1]

匈奴的问题至此可算解决,公元前 53 年单于正式降汉。王莽时(公元 9 至 23 年)匈奴又与中国对立。但不久匈奴内乱,分为南北,公元 50 年南匈奴又降汉,自此就经常驻防在今日晋北及呼和浩特一带。此后中国又经略西域,并会同南匈奴合攻北匈奴,公元 89 至 91 年间北匈奴彻底失败,逐渐西迁,从此就不再见于中国的史乘了。[2]

此后二百多年间,经过汉末、三国、魏和晋初,南匈奴大致驻防原地,大概是过一种半游牧半土著的生活。3 世纪末,中国由于阶级矛盾尖锐化,全国动荡,统治阶级内部形成了八王之乱。304 年南匈奴乘机南下,引起了中国历史上所谓五胡乱华。[3]

北匈奴西移经过的详情,无考。他们部族复杂,分合无定,沿路时常作或长或短的停留。有些部族到达中央亚细亚后,长期未再移动,后来与印度和波斯发生了严重的冲突。继续西进的一支,于 4 世纪晚期,即中国方面南匈奴南下中原之后的 70 年,到了黑海北岸和西北岸,就是当初塞人以及萨马提人政治中心所在的地方。此时此地已为哥特族(Gothi)的日耳曼人所占。375 年匈奴战败并吞了偏东的东哥特,进而威胁隔多瑙河与罗马帝国为邻的西哥特。

西哥特及罗马帝国都对匈奴深怀恐惧,经过磋商,376 年罗马容许西哥特人渡河,入居帝国境内,说是双方合同抵御匈奴。但罗马官吏贪污腐败,对西哥特人欺压奴役,结果到 378 年引起西哥特人的起兵反抗,在君士坦丁堡附近的哈吉安诺堡(Hadrianopolis)大败帝国的军队,

---

〔1〕秦与西汉时代中国与匈奴的关系,见《史记·秦始皇本纪》及《史记》、《汉书》的《匈奴传》和有关的帝纪及列传。

〔2〕东汉时的中国与匈奴关系,见《后汉书·南匈奴传》及有关的帝纪列传。

〔3〕五胡乱华,见《晋书》有关各帝纪及载记各篇。

皇帝也阵亡,帝国的弱点整个暴露。此时沿着多瑙河和莱茵河的帝国国境线上,满是不同部族的日耳曼人,他们看到有隙可乘,于是蜂拥而入,引起了与五胡乱华相似的日耳曼人大闹罗马。

19.5　科尔提人、日耳曼人、匈奴人与罗马帝国

科尔提人(Celtae)大概属于公元前 1500 年以下向外迁徙的游牧部族的一种,他们进入欧洲,逐渐西移,到公元前 900 年左右已到了高卢(Gallia),即今日法兰西、瑞士、比利时 3 国的国境。他们向南越过高山,一方面进入意大利,占有了半岛的北部,一方面进入西班牙,蔓延到西境各地。公元前 5 世纪,又逾海入占不列颠南部,并由此发展到北部的苏格兰山地和又隔海水的爱尔兰。在罗马强大以前,科尔提人已成为西欧大部分土地的主人,进入意大利北部的科尔提人并曾长期与罗马斗争,但到公元前 3 世纪初期他们已基本上被罗马人打败了。公元前 1 世纪中期,高卢和西班牙都并入罗马的疆土,公元 1 世纪罗马又征服了不列颠的大部分。至此,科尔提人的世界只剩下苏格兰和爱尔兰了。[1]

移入西欧之后,科尔提人已成为农业土著的部族,但生产和文化仍然比较落后,没有能够超越国家雏形的部落联盟阶段,所以当他们为罗马所并后,很快地就接受了罗马的生活方式。也就是说,在文化上,在语言上他们不再是科尔提人,而已成了与罗马人同化的拉丁人了。

紧随科尔提人之后而向欧洲移动的就是日耳曼人(Germani),到公元前 1000 年稍前,他们已到了斯堪的那维亚半岛南部及易北(Albis)、奥得(Viadus)两河之间,易北河以西此时仍为科尔提人聚居之地。此后 1000 多年之间,日耳曼人不断向外发展,最后形成西、东、北 3 支。西支就是自公元前 1000 年左右开始渡过易北河与科尔提人争

---

〔1〕恺撒(Julius Caesar)为罗马征服高卢后所写的《高卢战争史》(*Belli Gallici*)是现存有关科尔提人最详细的史料。此书欧洲各国学者校订的版本甚多,重要的欧洲文字也都有译本。关于科尔提人早期的历史,只有考古学的资料,散见于多种考古学杂志和考古报告中。

土地的一支,此支特称为条顿人(Teutones)。他们的势力后来达到莱茵河,到公元前100年已占领了后来的德意志的南部,并已开始与罗马人争夺高卢。西日耳曼人当初为畜牧及农业兼营的部族,但进入公元1世纪,也就是罗马帝国成立后,他们已完全为农业部族,政治组织仍为部落联盟的形式。

东日耳曼人于公元前600至前300年间越过波罗的海,沿着维斯瓦河逆流而上,发展到喀尔帕提山地一带,成了后日的伯根第人(Burgundi)、哥特人(Gothi)、汪达里人(Vandali)、朗巴第人(Longobardi)和一些其他名称的部落联盟,其中的哥特人在公元214年前不久移居到黑海北岸和西北岸,取代了当地萨马提人的地位。这就是160年后首当其冲地为匈奴所败的那一种日耳曼人。东日耳曼人的社会情况大致与西日耳曼人相同。

最后,北日耳曼人未向大陆移动,他们除仍居斯堪的那维亚半岛南部(即后日丹麦地方)以外,又向北填满了整个半岛及冰岛,形成了历史上的丹麦人、瑞典人、挪威人、冰岛人。这一支日耳曼人特别落后,到中古初期之末才开始建立国家。[1]

罗马帝国成立后,创业皇帝奥古斯督(Augustus)计划征服日耳曼人,正如在帝国成立的前夕曾经征服了科尔提人一样。但他这个计划失败了,公元9年在今日的德国西北角的地方日耳曼人给予入侵的罗马大军一个歼灭性的打击,自此罗马就放弃了并吞日耳曼世界的计划,在与日耳曼人交界的地方,甚至后来在不列颠岛与科尔提人交界的地方,也如中国北疆一样修建起了长城(Limes)。而与中国大不相同的一点,就是中国后来有能力越过长城,使边防更为稳定,而罗马基本上未能踏过长城线,始终处在防守和挨打的境地。恰巧再经过在东方失败而移到西方的匈奴一冲,罗马帝国的边防一时就整个土崩瓦解了。

公元378年,西哥特人战败罗马皇帝亲自率领的军队之后,由于人

---

〔1〕关于进入罗马帝国以前日耳曼人的社会情况,公元1、2世纪间塔其屠(Tacitus)所著《日耳曼纪》(Germania)为最重要的文献。此书也是版本和译本甚多。早期日耳曼人的历史,也只有考古学的资料。

·欧·亚·历·史·文·化·文·库·

民起义,由于日耳曼人侵扰,由于统治阶级内部的争夺,罗马帝国又混乱了十几年,至394年才由皇帝提沃窦舍一世(Theodosius I)把帝国再度统一。次年他就去世了,临死前指派两个儿子在东西两部分别即位为皇帝。此次的分立,事实证明为最后一次和永久性的分裂,帝国东部自此较为稳定地建立起封建局面,帝国西部则不久全为日耳曼人所占,通过了几百年的氏族社会转入阶级社会的过渡时期,封建社会才开始成立。

第一种在帝国内部建国的日耳曼人就是西哥特人。他们378年在东方败杀罗马皇帝后不久,就转向西方,最后于410年8月在亚拉利克(Alaricus)的领导下攻陷了罗马城。罗马城的攻陷,除了日耳曼对罗马斗争的一面外,尚有奴隶起义的一面:城不是直接攻破的,而是由于城内的奴隶打开城门而被冲入的。在罗马城抢劫一阵并在意大利继续游掠后,412年西哥特人进入高卢,并越山与早几年到达的汪达里人争夺西班牙(415—419)。最后他们在西班牙和高卢的西南部建立了自己的国家,419年罗马皇帝正式承认它为帝国国境之内的一个附属国家。这是第一个如此合法化的日耳曼王国。

汪达里人于400年后渡过莱茵河,侵入高卢,又转西班牙。不久又被西哥特人所逐,逾海而入北非并立国(429—431),到435年也得到罗马皇帝的正式承认。439年,他们攻取了迦太基,定为都城。他们以北非的港口为基地,在西地中海从事海盗的生活,455年越海攻劫罗马城。他们此次对罗马城的搜劫,特别对建筑文物的破坏,远较45年前的西哥特人更为粗暴彻底,帝国的古都从此就开始呈现中古初期的残破景象了。[1]

伯根第人也于400年后侵入高卢,在东南部的罗丹诺河(Rhodanus),即今隆河流域立国。

东哥特人,最后在帝国境内立国的一种东日耳曼人,所占领的是意

---

〔1〕各种日耳曼人实际都因无知而破坏文物,但汪达里人大概是由于此次对罗马的破坏,在后世特别背了恶名,各种欧洲文字中都有了"汪达里作风"一词,意即对于文物的野蛮破坏。此词在法文为Vandalisme,其他欧洲文字写法相同,只字尾稍异。

大利半岛。进入 4 世纪后,罗马城实际已不再是帝国的首都:凡只有一个皇帝时,他总是在东方;如有两个皇帝,西帝开始坐镇米丢兰依(Mediolanum),即今日的米兰,这个阿尔卑斯山脚下的城镇是较罗马更适于作为指挥西部边防的神经中枢的。进入 5 世纪,自 402 年起,西帝的大本营又迁往临海的拉分那(Ravenna)。所以当 410 年罗马城被日耳曼人攻下时,皇帝本人根本不在城内,整个的军事政治机构实际都在拉分那,5 世纪的一些皇帝都是傀儡,实权操在武人手中,并且都是投降罗马的日耳曼武人。皇帝由他们自由废立,意大利实质上也等于一个日耳曼王国。476 年日耳曼军人奥窦瓦卡(日耳曼拼音:Odovacar;拉丁音转为 Odoacer)废掉最后的一个幼帝罗穆卢·小奥古斯督(Romulus Augustulus),干脆决定不再立有名无实的皇帝。他通过元老院请求东帝承认他为罗马主(Patricius),实际上就是意大利王。现在等于又添了一个帝国正式承认的国境之内的附属国。这就是 19 世纪资产阶级历史学者在思想上是形式主义的、在事实上是错误的夸大为罗马帝国灭亡或西罗马帝国灭亡的那件纯粹幻想的"惊天动地"的大事。实质上无论在当时或对后世,它的意义和影响都是微不足道的[1]。

奥窦瓦卡所建立的小朝廷只维持了 13 年,489 年原被匈奴人征服吞并而现在又恢复独立的东哥特人攻入意大利,到 493 年占领了整个的半岛。此后半个多世纪之间意大利就形成了东哥特王国,它的国王对帝国仍沿袭罗马主的称号。

以上这 4 个国家都是东日耳曼人建立的,另外,西日耳曼人也在罗马帝国境内开辟地盘,创设了两个王国。

益格娄、萨克森、犹提(Angli,Saxones,Jutae),三种原处在今日德国北中部的西日耳曼人,于 5、6 世纪间占领了不列颠岛的大部分。到 400 年左右,多瑙河和莱茵河上的帝国门户大开,到处都是日耳曼人打开的缺口,帝国开始有穷于应付之感,对于边远而隔海的不列颠无力照管,决定自动撤守。前后 35 年间(407—442),罗马驻军和拉丁移民都

---

〔1〕这个问题,此处不能深论,将来拟专文探讨。

·欧·亚·历·史·文·化·文·库·

陆续撤回大陆。至此,不列颠岛上已经没有强大的有组织的政治力量,政治上形成真空状态,441年,罗马人撤净的前一年,撒克逊人开始渡海移入不列颠岛。此后150年间,直到6世纪末,三种生活语言相近的西日耳曼人一批一批地移居岛上,一方面夺占原来科尔提居民的土地,一方面相互争夺,混战状态长期笼罩岛上,没有统一的王国出现。

到5世纪末,西方只剩下高卢北部在名义上仍然直属于罗马帝国(当然是属于拜占庭的皇帝,西方此时已无皇帝),但这块地方也不能维持很久。486年原在莱茵河下游的法兰克人(Franci)西侵,一鼓而占此地,并且很快把势力扩充到高卢的大部。[1]

总结以上,到500年时,罗马帝国西部的全部领土已经被6种日耳曼部族所夺占:在非洲的为汪达里人,在西欧大陆的为西哥特、东哥特、伯根第、法兰克人,在不列颠岛上混战的为3个相近的部族。拉丁语部分的帝国土地已经全部陷落了。但希腊语部分的东方则基本上仍然完整,正如五胡乱华后的中国淮水流域以南仍然完整一样。

19.6　游牧部族的结局

公元300至500年的两个世纪间,由太平洋岸到大西洋岸亚欧大陆的所有土著帝国都遭受到游牧部族或半游牧部族的严重破坏,远东的中国和泰西的罗马并且丧失了大量的土地。暂时地看,由表面现象上看,游牧部族的威力是锐不可当的。但游牧部族有它基本的弱点,决定它在与土著国家的斗争中最后往往要沦入劣势。

游牧部族的根本弱点就是人口太少、生产力太低,整个的经济基础过度脆弱。以游牧或畜牧为主或仅有初步农艺的部族由于生产力低下,与土著国家相较,人口根本不成比例。它们唯一的优点是牵挂较少、流动性较大,所以当土著地带由于内部矛盾尖锐化而各种力量互相牵制、互相抵消,以致不能团结对外时,甚至一部力量联合外力而对内

---

〔1〕关于日耳曼人入侵罗马的史料,多而凌乱,不予列举。在后世历史学者的叙述中,Gibbon的书(见前)仍是详尽、生动而基本可靠的(见该书第30~39章)。

斗争时,游牧部族才可比较容易地乘虚而入,征服人口众多,经济比较雄厚的土著大国,否则它们就只能扰边,而不能深入内地。

一般来讲,游牧部族只有在把较弱的土著地区征服后,才有可能另创新局。生产尚低、人口不密的古代国家如被征服,人口可以大部被屠戮、被奴役、被驱逐流亡,经济政治文化中心的城市可以全部被破坏,成为丘墟,原有的政治机构以及社会机构可以全被毁灭。在这种情况下,征服者可以另起炉灶,再经氏族社会而进入一种新型的国家阶段。如公元前2000年以下历届征服两河流域的各部族,如公元前2000至前1000年征服古印度北部的雅利安人,如公元前1400年以下征服爱琴世界的希腊人,都属于此类:原来当地的人口基础、经济基础、政治基础,以及包括语言在内的全部生活方式都被彻底粉碎,等于一种巨大的天灾把一个地方削平,原地的残余人口和残余物质条件只能作为新局创造中的原始资料,创造的动力全部的、最少是大部的来自比较落后而社会机体完整的征服者部族。这在上古前半期,即生产力一般低下的铜器时代,是曾经不只一次发生过的使历史临时倒流的现象。

反之,对于经济基础富厚,人口稠密的土著国家,游牧部族是只能摇撼而不能根拔的。他们可乘虚入侵,但最后或是被驱逐,或是被消灭,而最普通的则是被同化。在上古前半期的世界中,经济最为富裕,人口最为繁盛的国家大概是埃及,尼罗河的特殊条件使埃及在当时富甲天下,所以公元前1700年前后入侵的喜克索人(Hyksos)可以统治埃及100多年,但最后仍被驱逐,埃及仍然完整如故。

这在上古前半期是一种例外的情况。到上古后半期,进入铁器时代之后,情形大变,个别的土著地带虽仍有被游牧部族彻底毁灭的可能,但一般来讲,特别是较大的国家已根本没有这种危险了。上古晚期的中国和罗马两大帝国都曾大量丧土,但征服者最后都没有能逃脱被逐、被歼或被同化的命运。

先看一看匈奴。公元375年到达黑海北岸,征服并吞并了东哥特人的匈奴继续西进,占据了匈牙利高原,并以此为中心而在东欧和中欧建立了一个与罗马帝国的北疆并行的帝国。到亚提拉(Attila)在位时

·欧·亚·历·史·文·化·文·库·

(约433—453)匈奴帝国大强,败取后日的南俄(435),攻君士坦丁堡(445),罗马皇帝被迫纳贡。西转,攻入高卢(450—451),不仅威胁罗马帝国,并且也威胁了已经进入帝国的日耳曼人。帝国与日耳曼人临时结为联盟,于451年6月在高卢东中部的卡塔罗尼之野(Campi Cata-launi)进行了一次大战,匈奴失利,但并未失败。[1]次年,亚提拉的大军侵入意大利。再次年,亚提拉死,匈奴帝国瓦解。至此,被迫编入匈奴队伍将近80年的东哥特人才又恢复了独立,又过了30多年才征服意大利,建立了东哥特王国。[2]

453年后,西方匈奴的政治中心移到南俄,不久分裂消散。从此,以匈奴为名的游牧部族就不再见于欧洲历史。

由中国边外西迁而最后停留在中央亚细亚的一股匈奴,于455年左右冲入印度,不久破灭了印度北部的笈多帝国。大约在484年,匈奴又大败波斯,并夺取了一部分领土。但到500年以后,匈奴人失败了,他们先被逐出印度,不久又被逐出波斯。波斯仍不放松,又联合突厥人,驱逐占有乌浒水流域的匈奴人(563—567)。此后数百年间,虽间或仍有小股的匈奴人在此一带活动,但对波斯和印度已不再是严重的问题了。[3]

---

〔1〕此战的战场在今日法国的马恩河上的沙浪(Chalons-sur-Marne)附近,所以近代的书上有时称它为沙浪之战。自19世纪起,欧洲各国的历史学者多把此一战役歪曲夸大:①夸大罗马日耳曼联军的胜利,实际次年匈奴大军侵入意大利,如入无人之境,前一年的胜利是很有限的;②歪曲它为"挽救欧洲文明"的大战,是荒唐至极的,这是19世纪反动的种族优秀论反射到1400年前的一种表现,是把所谓"欧洲"和"亚洲"做一种绝对的、机械的、形而上学的划分的说法的表现,好似罗马和日耳曼就自古至今永恒地代表"欧洲",而"欧洲"就等于"文明",而匈奴就当然地代表亚洲,而亚洲就等于"野蛮"。这在立场上是反动的,在思想方法上是错误的,是资本主义国家控制了全世界之后统治思想和种族狂妄在学术上的反映。5世纪时的日耳曼人与匈奴人是同样野蛮的,罗马人虽比较先进,但已处在社会发展的下坡路上,谈不到什么积极的保卫文明。只有当为游牧土著长期斗争中的一个细目看,才是正确的。对于资产阶级学者这一类的歪论,我们要多加警惕,不要叫它流入我们的写作或讲授中。

〔2〕亚提拉事迹见 Gibbon,第34,35章。

〔3〕关于匈奴侵印度及印度驱逐匈奴的斗争,见 Majumdar,R. C.,Raychaudhuri,H. C.,Datta,K.,*An Advanced History of India* Macmillan,London,1953,pp. 150 - 156。关于匈奴侵波斯及波斯与匈奴的斗争,见 Sykes,P.,*A History of Persia*,I. Macmillan,London. Third edition,1930,第38 - 40章。与波斯印度斗争的这一支匈奴,我们中国也知道,称它为嚈哒,《魏书》中有传。

在西方和中亚的匈奴尚未形成强大势力以前,中国方面的南匈奴已经入主中原,至329年匈奴与羯人合流,统一黄河流域,称为赵国。此种局面只维持了20年,350年以冉闵为首的中国势力由内部攻袭胡羯,胡羯人大部被杀,一部逃散,从此以匈奴为名的有组织的力量就不再见于中国的历史。[1]

由中国到罗马,强大一时的匈奴,不是被歼灭就是被驱散,在历史上并未留下显著的痕迹。

匈奴人以外,侵入土著地带的游牧或半游牧部族,在中国方面有氐、羌、鲜卑,在罗马方面有各种日耳曼人。在5世纪间,罗马帝国全部的西方领土已被各族日耳曼人分别割据为王国。帝国政府(现在只有君士坦丁堡的一个政府)对此当然是不会甘心的,只要有可能,它必企图收复西土,正如东晋和后继的南朝屡次北伐中原一样。天下大一统的政治理论,在远东和泰西两大帝国中都已深入人心,不仅表现为统治阶级的政治欲望,也表现为一般人民的政治感觉,晋宋的北伐和拜占庭的西伐可说都是历史的必然。过去许多历史学家富有事后的卓见,说他们根本没有长久成功的希望。这种事后的聪明,实际并不说明任何问题,历史的发展如果是按照百分之百稳妥的估计而进行,也就不成其为历史了。我们只能说,假定南朝没有北伐,假定拜占庭没有西伐,那反倒是不可思议的,反倒成为必须解释的奇特现象了。至于说北伐和西伐都有扩大剥削面的因素在内,那也是不言而喻的。过去的统治阶级,只有要有机会,无不企图扩大剥削面,所以此一方面的概括之论也不能说明什么问题,我们必须具体地了解每一次的特殊情况。

我们上面不厌其烦地反复申说,是因为新旧的历史书中都充满了对于拜占庭西伐的不着边际之论(关于南朝北伐,过去和今天似乎还都未有怪论发生),唯一无人提出的就是西伐的必然性,而这正是此一问题的主要方面。制定并且推行西伐政策的皇帝为茹斯廷年诺(Justinianus,527—565),在他的推动下,帝国又收复了汪达里人占领的北

---

[1]冉闵杀胡羯事,见《晋书》卷107《载记》第7《石季龙传下》。

非洲(533—534)和东哥特人占领的意大利(535—553)，并从西哥特人手中夺回西班牙的东南角和西班牙东岸外的岛屿。高卢的全部和西班牙的大部，帝国无力收复。我们由茹斯廷年诺一生的事迹来看，他是一个有通盘筹划的人。当时波斯盛强，罗马与波斯交界处的边防是相当严重的，西伐可能包含着以西方的人力物力支持东境边防的一种想法。但他即或有此想法，那也是附带的，主要的是因为他认为西土必须收复，而现在在能力上有此可能，所以当然一试。[1]

所收复的西土，没有能够长久保持。北非洲保持最久。565年茹斯廷年诺死后没有几年，西班牙岸上的复土大部就又为西哥特人夺回了。568年另一种日耳曼人，即朗巴第人，由今日的德国进入意大利，很快就占有了半岛内地的大部，帝国的势力主要限于沿海的城市。

到570年左右，我们可以说，局面已经清楚，帝国是没有驱逐或歼灭西方日耳曼势力的希望了，这就最后确定了东西两部的发展将要不同，东方可在稳定的中央集权统治下建立中古式的封建制度，而西方则需在落后的日耳曼部族统治下经过氏族社会转入封建社会的一个相当长的过渡时期。

西方虽未为拜占庭所确切收复，但日耳曼人仍然不能逃脱第三种

---

〔1〕西欧各国的历史学家一直否定拜占庭收复西土的企图，一方面讥笑他根本没有成功之望，一方面又说这是阻碍西欧自由发展的一种"反动"措施。讥笑的部分根本无聊而庸俗，可以不论；所谓"反动"云云，那又是西欧种族优秀论和文化优秀论的变相表现，此说背后的思想是一口咬定日耳曼人征服下的西欧前途无量，任何改变这一局面的企图都是违反历史发展大势的"反动"行为。这是毫无根据的假定。我们当然无法判断，如果拜占庭真能长久恢复罗马帝国的统一，此后欧洲历史的局面究竟如何，我们既不能绝对地肯定，也不能绝对地否定。我们只能说，大一统500年以上、经济文化基本上已成一体的一个大帝国，势必会有一种力量出来企图恢复外族侵占的土地的。这如果是"反动"，历史上"反动"的事就未免太多了！

新的历史书中，已不再见上面的说法，但与此说表面不同而实质相同的一种说法，近年颇为流行：说茹斯廷年诺是要恢复奴隶主帝国，不言而喻地是一种反动措施了。此说令人非常难以理解。奴隶制和农奴制之间的不同，是我们今日研究几千年的历史之后所下的论断。6世纪人的心目中根本没有这个概念，所以拜占庭皇帝不可能有意识地拟定一个恢复奴隶主帝国的政策。撇开主观意识不谈，就客观形势而言，当时拜占庭直接统治的东方，在封建化的发展上并不亚于西欧，恐怕只有高于西欧，在客观形势上拜占庭绝无通过收复西欧而加强奴隶制的可能，事实上他也未如此去做。在征服西欧各日耳曼王国的过程中，拜占庭不只没有奴役拉丁人，连对日耳曼人也未加以奴役，所以所谓"恢复奴隶主帝国"之说，具体究何所指，令人无法捉摸。我们只能说，这是西欧学者旧说的一种改头换面的说法。

命运，就是同化的命运：意大利、西班牙、高卢的日耳曼人最后在语言上、在生活方式上都拉丁化了，实际变成了拉丁人。因为他们人少，生活简单，最后必须接受多数人较为复杂较为丰富的生活方式。

但不列颠、德意志、斯堪的那维亚3地的情况不同，所以发展也不同。不列颠岛上的拉丁人已经全撤，当地的科尔提人似乎人数不多，无力抵抗强敌，最后都被屠杀、被奴役或被驱逐，结果岛的大部成了清一色的日耳曼族地区，所以同化的问题根本不存在。德意志和斯堪的那维亚向来不是罗马帝国的领土，没有拉丁人，拉丁化的问题当然也不会发生，而只有较为缓慢地转入阶级社会的问题。

中国方面，匈奴消灭后，经过一度混乱，鲜卑又统一了华北。南朝收复中原的企图，每次都失败了。但为数稀少而生活方式简单的鲜卑人，处在中国人口和中国文化的大海中，只有浸化于中国机体之内的一条道路。439年鲜卑人的魏朝才把华北完全平定，此后不过30年的时间，鲜卑人的同化进程已经很深，所以就已有条件使魏孝文帝（471—499）有意识地、全面地、彻底地推行同化政策，用法律方式命令鲜卑人在语言、衣着、婚姻以及日常生活上都认真地追随中国原来的居民。一些鲜卑遗老消极地甚至积极地表示反对，都不能阻止历史的发展。后来边地的鲜卑武人尔朱荣虽到洛阳大肆屠杀放弃鲜卑生活方式的王公大臣（528），也不能挽回历史的大势。[1] 此后又经过几十年的政权变换，到577年北周统一中原时，北朝根本已是中国的政权，与南朝没有分别。语言及生活方式的差别消除之后，南北统一的阻碍已不存在。南朝由于门阀势大，中央虚弱，而北朝则中央集权的趋势较强，所以最后（589）是北朝并吞南朝，分裂了270年的中国通过中国王朝身份的北朝再度实现了大一统的局面。

经过游牧部族的一度侵扰和征服之后，到公元570年左右，罗马、

---

〔1〕关于魏孝文帝的中国化政策，见《魏书》卷7及《北史》卷3《魏高祖孝文帝纪》，《魏书》卷108《礼志》，卷113《官氏志》；关于鲜卑遗老的反对，由《北史》卷15《武卫将军谓传》、《常山王遵传》，卷18《任城王澄传》，卷19《咸阳王禧传》，以及《北史》、《魏书》其他多篇的列传中都可看到。尔朱荣对王公大臣的屠杀，见《魏书》卷74《尔朱荣传》。

波斯、印度、中国四大古国的局面都已澄清了。罗马帝国已无重新统一的可能,东西两部已注定要通过不同的途径转入封建社会。波斯、印度、中国在游牧部族入侵以前都已先后形成封建局面,游牧部族的入侵在三国都引起人民的迁徙和垦殖,而在入侵的游牧部族方面则都经过了定居和封建化的一个过程,在三国封建的发展都加广和加深了。印度和波斯的匈奴最后被驱逐,但也留下一部分人口,使两国原有的封建局面更丰富多彩了。

19.7　游牧部族的历史地位

以上我们把上古后半期1600年间的游牧世界史和游牧土著关系史做了一个概括的交代。最后,我们试图估量一下游牧部族在全部世界史上的地位。关于此点,我们可分两个方面来考虑:(1)游牧部族对世界文化的贡献;(2)游牧土著关系与上古史的结束。

关于游牧部族的贡献,主要有3点。第一,就是驯马的传遍世界。除中国早期用马,问题尚多不明,须待进一步研究外,其他古代世界所有土著国家的用马,都是直接或间接地由游牧部族学来的,而中国最末一步的对马使用,即骑射法,也来自游牧世界。

马的使用,特别是马的乘骑,不仅根本解决了游牧世界的交通问题,也在极高的程度上改变了土著世界的交通面貌。在此以前,不只游牧世界尚无具有国家雏形的较大部族联盟出现,在土著世界也没有创立过土地辽阔的大帝国。主观上自认为概括全世、客观上也的确统一了一个复杂庞大的自然区的世界性帝国,都是骑马之后的事。公元前550年左右波斯帝国成立,疆域由中亚达地中海海岸。公元前221年,秦并六国,随后又南北拓土,大一统的中国初次显露了后日的宏伟面貌。公元前31年罗马帝国成立,除了把地中海变为帝国的内湖不计外,在陆地上统一了整个的西欧、南欧、西亚和北非。

这3个大帝国的成立,当然各自有它的经济基础,但无论帝国的创立或帝国的维系都另有一个必需条件,就是战马和驿马,尤其是驿马。

三大帝国成立后,都大修驰道或驿道,作为维系帝国的交通网和神经系统,而在这个神经系统中日夜不停地来往飞驰的就是经过精选的良骑驿马。交通不是一个国家建立和维持的决定条件,但却是一个必需条件;一个大国而没有解决迅速传达消息和递送公文的问题,即或勉强建成,也必然很快瓦解。没有近代交通工具,我们很难想像近代国家,尤其近代大国如何维系;经济基础比较落后,民族意识比较薄弱的古代大国,如果没有驿马,我们将难以想像它们怎能存在。游牧部族的骑马术,是推进土著世界历史发展的一个重大力量。

游牧部族的第二个贡献就是服装。以古代世界历史重心的亚欧大陆而论,进入公元前 1000 年时,在服装上,偏北的游牧世界是上衣下裤(穷裤),偏南的土著世界是上衣下裳(裙或套裤)。经过此后 1000 年以上的发展,游牧世界的服装已成为世界服装的主要形式:通过骑射的传入,通过游牧部族的大量移入土著地区和参加了土著世界的历史创造,整个温带的服装都已形成了游牧世界的风味。只有热带和部分亚热带地区仍然保留上衣下裳的古风。

以上两点我们前面都已提到。游牧部族的第三个贡献就是他们作为亚欧大陆东西之间交通媒介的地位。自中国而中亚、伊朗、印度,而西亚、欧洲,交通和通商都需通过大草原的一部或全部。游牧部族维持东西的交通,对他们自己也是有利的,过路税形成他们一种重要财源。同时东西文化的沟通和交流,当然也经过这一地带。陆上交通线外,还有经中国海、印度洋而达波斯湾或红海的海上交通线,但海线成为东西之间主要的交通线,是 16 世纪后东西航线打通之后的事。在此以前,陆上交通线始终具有一定的重要地位。

上面是对游牧部族历史贡献的估量。游牧部族历史地位的第二个方面,就是有关世界上古史结束的问题。上古时代各重要土著国家的历史发展,尽管是有一定重要程度的联系性和一致性,但由于生产力的低下,由于交通工具和交通技术的简陋,各国各区各自具有较高程度独立发展和分别发展的一点,也是不能忽视的。与近代不同,在古代世界一系列较大国家或较大地区中,我们不能说何地何区是具有典型性或主导性的,所以在上古时代结束的问题上也不能以任何一地为标准,而只能抓住重大的承前启后作用的一种关键性变化,作为上古、中古的断代标志。6 世纪末,570 年左右,由中国到罗马扰攘了几百年的游牧土著关系的澄清,是最恰当的此种标志,所以我们把上古史的学习就结束在公元 570 年的分界线上。

（原载《南开大学学报》1956 年第 1 期;后收入《伯伦史学集》,中华书局 2002 年版）

20　丁零的人种和语言及其与漠北诸族的关系

周连宽

苏联南西伯利亚的古代悠远的历史中曾出现过许多种族,丁零即是其中之一。自《史记》以下,诸史书有的称为"丁灵",有的称为"丁零",也作"丁令"。当它最盛的时候,曾奄有南西伯利亚的广大区域,东起贝加尔湖,西达鄂毕河流域,在汉代已成为匈奴的劲敌。惜中史记载简略,欲单凭现存文献资料以追溯此一族的发展历史,几不可能,幸而近代考古学、人类学和语言学多所发现,足与文献资料互相参证,仅就鄙见所及,述其概略。

20.1　汉以前的丁零

汉代丁零族的活动中心是在苏联南西伯利亚叶尼塞河中游米努辛斯克(Минусинск)盆地,但汉以前该地的居民已经过许多变化,约当公元前3000年至前2000年间,米努辛斯克的古代文化被称为阿凡纳谢夫(Афанасьевский)期,据苏联考古学家的发现,证明那时的居民是长头的(Долихокранный)欧洲人种,或称为"原欧洲人"(Протоевропеоидный)。到了纪元前1700年至前1200年间,被称为安得洛诺夫(Андроновский)期,该地的居民虽然已传播了一种新的文化,但从人类学来考察那时墓葬的遗骨,基本上仍然与阿凡纳谢夫居民有相同的特征。纪元前1200年至前700年间,又被称为加拉苏克(Карасукский)期,该地的居民突然增加,由于考古学和人类学的发

欧·亚·历·史·文·化·文·库·

现,证明大量增加的居民是来自中国的北部,原来阿凡纳谢夫期和安得洛诺夫期长头的欧洲人种与中国北部移民逐渐混杂起来,因而在长头的欧洲人种中渗入蒙古利亚人种的因素。这种混杂,苏联学者认为就是中国编年史上所称"丁零"之结盟。

考丁零之名,最早见于《史记》,《逸周书·王会解》的伊尹朝献商书有旦略一名,虽与丁零的发音略近,但《王会解》是战国时人所作,抑是秦汉以后人所伪造? 尚成疑问。《山海经海·内经》又有"钉灵之国",与丁零之音相符,但《海内经》多载秦汉后地名,是否为先秦作品,也成问题。据《史记》卷110《匈奴列传》:"……后北服浑庾、屈射、丁灵、鬲昆、薪犁之国,于是匈奴贵人大臣皆服,以冒顿单于为贤,是时汉初定中国……"可见比较可靠的中国史书第一次记载丁零在汉初,距南西伯利亚的加拉苏克期在500年以上。一个种族之形成,自然需要相当长的时间,但与其说是丁零之结盟,不如说是丁零的祖先与中国北部移民之结盟。

约当公元前700年,米努辛斯克盆地的文化又转入塔格尔(Тагарский)期,此时的居民基本上仍接近于阿凡纳谢夫人的类型,但在许多方面表现复杂化了,已混杂着圆头的(或称广头的Брахикранный)欧洲人种的因素。塔格尔人虽然是长头和圆头的两种欧洲人的混合,可是以前来自中国北部的人种特征已逐渐削弱了,塔格尔的圆头人似乎已失去中国人种的因素,而回复到单一的欧洲人种。[1]

20.2 汉代的丁零

米努辛斯克盆地的塔格尔期到公元前2世纪又开始被塔什特克(Таштыкский)期所代替,从整个南西伯利亚的古代文化来说,也就是

---

〔1〕С. В. Киселев《Древняя История Южной Сибири》,издательство Академии Наук СССР Москва, 1951 Стр. 34－44,103, 142－145, 456, 494。张全新等译《吉谢列夫讲演集》,新华书店 1950年版,第81页。

匈奴——沙尔马特（Гунно-сарматский）时代，在中国历史上正是两汉时代，米努辛斯克盆地的居民在这个时期不断与南方的匈奴接触，并且曾经长时间被它统治，因而原来比较单一的欧洲人种的丁零族又被匈奴人混杂了。我们要了解这一混杂的因素，必先研究匈奴的人种问题。

匈奴人究竟属于何种？东西学者曾经有过许多不同的意见：有的说是突厥种，有的说是蒙古利亚种，有的说是芬种，也有的说是斯拉夫种。[1] 麦哥芬（W. M. McGovern）则主张匈奴原是突厥种，也就是说匈奴出自白种，因为长期与中国人接触，而混杂了蒙古利亚人种的因素。[2] 可是根据现代考古学和人类学的发现，已经证明匈奴是属于蒙古利亚人种。据巴尔图克斯（L. Bartucz）研究的结果，在匈牙利古墓中所发现的千数以上的匈人（Huns）和阿哇尔人（Avars）的头骨，特别是在摩逊谦特雅诺斯（Mosonszentjànos）所发现的纯粹属于蒙古利亚人种的类型，并没有欧洲人种的混杂。巴尔图克斯又把这些头骨分作两种不同的蒙古类型：第一种称为 A 型，是由长头种至中头种，平均头盖指数（Cephalic Index）男子为 75.5，女子为 77.0。第二种称为 B 型，也是纯蒙古利亚种，但是圆头的，平均指数为 83（包括男女）。A 型可以在今日的通古斯族中发现，它在西伯利亚有很长远的历史。B 型是属于蒙古语族，特别是现今贝加尔湖东边的布里亚特（Buryats）族中显得更加纯粹。在多数匈人和阿哇尔人的墓地中，其遗骨属于 B 型者较 A 型为显著。A 型发现于匈人的墓地，B 型则发现于阿哇尔人的墓地，但在许多阿哇尔人的墓地中又发现中间类型，这说明了阿哇尔人已开始与白种人相混杂，但当匈人和阿哇尔人统治期间，他们的统治阶级一直保存着纯粹的蒙古利亚人的类型。[3] 多数学者又认为 5 世纪中叶侵入西罗马帝国的以阿提拉（Atila）为首的匈人，就是中国史上后汉和帝永

---

〔1〕林惠祥《中国民族史（上册）》，商务印书馆 1936 年版，第 222－224 页。

〔2〕William Montgomery McGovern, *The Early Empires of Central Asia*, Chapel Hill The University of North Carolina Press, 1939, pp. 95－96。

〔3〕Carleton Stevens Coon, *The Races of Europe*, N. Y. The Macmillan Co. ,1939, pp. 229－232. 羽田亨也主张蠕蠕为蒙古利亚种，见张宏英译《中央亚西亚的文化》，商务印书馆 1924 年版，第 36 页。

元元年至三年间(89—91)被汉将窦宪和耿夔先后击溃而西窜的北匈奴的后裔。[1]

关于阿哇尔人的来源问题,亦有两说:一谓公元461—465年间驱逐沙比尔(Sabires)族而入侵欧洲的阿哇尔,即中国史书所称的蠕蠕(柔然),主要说者有圣—马丁(Saint-Martin),马尔瓜尔特(Marquart)和沙畹(E. Chavannes)。[2] 一谓阿哇尔即中国史书所称的悦般,主其说者为派克尔(E. H. Parker),他说:"余以为悦般即欧洲史上之阿华尔人,其证有:(1)中文'悦'字音常著'E'字,如嚈哒之于(Ephthalite),即其例也。(2)唐高宗显庆三年(658)大破突厥,立西域十六都护府,移安西都护府于龟兹,以节制西域,十六都护府之一即为悦般都护府,位于今阿姆河上游,而阿乏尔人(Avars or Evars)位于突厥与嚈哒之间,是在历史上实有可寻也。"[3]

我以为第一说的可能性较大,理由是:(1)"悦"字音虽若"E",但"般"字如果若"Var"?似不能仅从首音决定全字;(2)蠕蠕盛时势力及于阿姆河,据《北史》卷97《西域传》:"大月氏国都胜监氏城,在弗敌沙西,去代一万四千五百里,北与蠕蠕接,数为所侵,遂西徙都薄罗城。"按薄罗城即大夏都城Bactria,则蠕蠕亦正是居突厥与嚈哒之间,与西史所说阿哇尔所处位置相符。所以巴尔图克斯研究匈牙利古墓中匈人和阿哇尔人的遗骨,在人类学上所得的结论,正适用于中国史书所称的匈奴和蠕蠕。

白鸟库吉说:"余于蒙古之起源一文中曾谓匈奴亦如今之达瑚尔(Dakhur)人,乃含有多量通古斯种成分之蒙古种。"[4]据施罗柯罗罗夫(S. M. Shirokogoroff)的调查,巴尔固金(Barguzin)的通古斯人平均头盖指数为81.10,但亚库梯斯克(Yakutck)和黑龙江的通古斯人平均头盖

〔1〕姚从吾《欧洲学者对匈奴的研究》,载《北京大学国学季刊》第2卷第3号,1920年。*The Early Empires of Central Asia*, pp. 356 – 394,467 – 468. 马长寿《中国兄弟民族史》,复旦大学历史系印,1955年,第361页。

〔2〕沙畹著,冯承钧译《西突厥史料》,商务印书馆1934年版,第163 – 164页。

〔3〕E. H. Parker著,向达、黄静渊译《鞑靼千年史》,商务印书馆1937年版,第113 – 114页。

〔4〕白鸟库吉著,方壮猷译《东胡民族考(上篇)·东胡考》,商务印书馆1934年版,第17页。

指数较此为低,则 A 型当即发现于此等区域中。布里亚特人的平均头盖指数为 85.66,而达瑚尔人的平均指数为 81.41,则 B 型当即发现于此等区域。[1] 我们既然确定了匈奴的人种类型,那么,我们就可以知道在塔什特克期渗入丁零族中的就是蒙古利亚人种的因素。

自从苏联考古学家在米努辛斯克盆地的土坟中发现许多用石膏或白瓷土塑成的面具,丁零人的真正面貌才获得了实物的证明。这些面具是直接从死人的头部或从它的雕像上用手工巧妙地塑制出来的,然后再放入火中烧炼,所以能坚固而不受地下潮湿之破坏。从发现面具的位置来判断,它是被戴在死者脸上的,这是当时丁零人所行的一种葬礼仪式。按照面具的构造,可以分作 4 类:

(1)脸部的面具(见图 20 - 1)

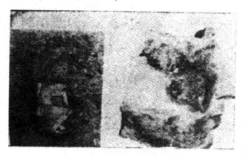

图 20 - 1

(2)头前半部的面具,连耳朵(见图 20 - 2)

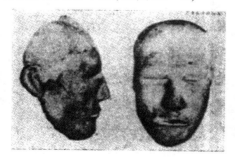

图 20 - 2

---

〔1〕S. M. Shirokogoroff, *Anthropology of Northern China*, Shanghai, Kelly & Walsh,1923, p. 26, Table xxlll.

（3）头前半部的面具，连颈（见图20-3）

图20-3

（4）半身的面具（见图20-4）

图20-4

按照脸部的类型，又可分作3类：

（1）圆脸，稍微显著的颧骨，颇丰厚的嘴唇，直视的眼睛，向前突出的下巴，细长而钩的鼻子。

（2）圆脸，较阔，颇丰厚的嘴唇，直视的眼睛，直鼻。

（3）较薄而长的脸，稍微显著的颧骨，薄嘴唇，直视的眼睛，适度的下巴，轻微地翘起的直鼻。

从上述的种类，我们可以看出塔什特克人的面貌，还保存旧的欧洲人的一些特征，但圆而阔的脸，稍微显著的颧骨，有时还用切孔的方法，做成斜视的眼睛，并在突起的眼皮上绘成斜纹，所有这些已经显出蒙古利亚人种的混杂。苏联人类学家遮别赤（Г. ф. Дебец）把乌伊巴特

（Уйбат）出土的面具，用人类学分析方法加以测定，并恢复了原形。他在研究后得出的结论是："在一般的塔什特克面具上都有欧洲人和蒙古利亚人混杂的特征，首先提示了现代的索尔人（Шорцев）和哈卡斯人（Хакасов），但从最后的比重来说，蒙古利亚人的成分较多。"这样，我们对于塔什特克期丁零族在人种上所经过的复杂的变化过程就很清楚了，它是从旧的单一的欧洲长头人种，先后经过中国人和匈奴人的混杂，结果变成一种新的类型，具有显著的蒙古利亚人种的特征，已比较接近于现代哈卡斯人的外貌。[1] 但同时我们也要承认塔什特克期丁零人的蒙古利亚人因素是比现代哈卡斯人为少，因为塔什特克面具不特在许多地方还代表具有长的头盖，狭而钩的鼻和窄脸的人种，并且这些塑料中往往还带些金色的毛发，是从胡须上粘下来的，就在骸骨上也往往留下棕色的头发，有时还在眼缝里染上蓝色。[2] 只有承认这一点，才能与历史的事实相符。

20.3　魏晋南北朝时代的丁零

匈奴自东汉以后，复分南北，南匈奴降汉，沦为藩属，北匈奴屡为汉兵所败，远走西方，于是东胡族的乌桓、鲜卑代之而起。鲜卑于公元 1 世纪末占领漠北的匈奴故地，至 2 世纪中叶，檀石槐的势力扩张更大，据《三国志·魏志》卷 30《鲜卑传》注引《魏书》："南钞汉边，北拒丁零，东却夫余，西击乌孙，尽据匈奴故地，东西万二千余里，南北七千余里。"当时檀石槐的北境与丁零为邻，可见鲜卑虽盛，只能抗拒丁零，而不能像匈奴一样把它征服。又据同书注引《魏略·西戎传》："丁令国在康居北，胜兵六万人……或以为此丁令，即匈奴北丁令也，而北（此）丁令在乌孙西，似其别种也。又匈奴北有浑窳国，有屈射国，有丁令国，有隔昆国，有新棃国，明北海之南，自复有丁令，此非乌孙之西丁令也。"可见当时丁零最盛，分作东西两部，雄踞南西伯利亚，

---

〔1〕《Древняя История Южной Снбирн》，Стр. 446 – 461.
〔2〕The Races of Europe, p. 170.

449

·欧·亚·历·史·文·化·文·库·

蔚为大国。晋初塞外大水，匈奴部落约 30 万众逃灾降晋，分布于中国的北部和西北部，其中当亦杂有丁零。留居塞北的丁零曾与敕勒同侵中国边境。

敕勒即铁勒，据《北史》卷 99《铁勒传》："铁勒之先，匈奴之苗裔也。种类最多，自西海之东，依山据谷，往往不绝。独洛河北有仆骨、同罗、韦纥、拔也古、覆［罗］，并号俟斤；蒙陈、吐如、纥（疑为奚纥，漏一"奚"字，见新、旧《唐书·回鹘传》）、斯结、浑、斛薛等诸姓，胜兵可二万；伊吾以西，焉耆之北，傍白山，则有契弊、薄落职、乙咥、苏婆、那曷、乌护、纥骨、也咥、于尼护等，胜兵可二万；金山西南有薛延陀、咥勒儿、十盘、达契等一万余兵；康国北，傍阿得水，则有诃咥、易截、拨忽、比干、具海曷比悉何嵯苏（？）、拔也末谒达等，有三万许兵；得嶷海东西有苏路羯、三素咽、篾促、萨忽等诸姓八千余；拂菻东则有恩屈、阿兰、北褥九离、伏嗢昏等近二万人；北海南则都波等，虽姓氏各别，总谓为铁勒，并无君长，分属东西两突厥。"[1]此传列举铁勒部落甚多，包括区域亦甚辽阔，多属以前匈奴活动的范围，我相信在这些部落当中，有不少是匈奴解体后流落于各地区的余族。

匈奴是蒙古利亚人种，但不能说，所有匈奴的部落都是蒙古利亚人种。匈奴君长传位很重血统，[2]其统治氏族无疑是保存比较纯粹的蒙古利亚人种的类型。但它征服了许多种族，并统辖了它们，所以从被统治的部落来说，是包含着许多人种的。例如《三国志·魏志·鲜卑传》注引《魏书》："后乌丸校尉耿晔将率众王出塞击鲜卑，多斩首虏，于是鲜卑三万余落诣辽东降，匈奴及北单于遁逃后，余种十余万落诣辽东杂处，皆自号鲜卑兵。"据此，则魏时鲜卑中亦包含匈奴部落。又据《册府元龟》卷 968"魏明帝太和五年（231）四月，鲜卑附义王轲比能率其种人及丁零大人而禅诣幽州贡名马"，又可见鲜卑族中也

---

〔1〕《隋书》卷 84《北狄·铁勒传》同，关于铁勒所属各部的解释可参考张星烺编《中西交通史料汇篇》（第 1 册），辅仁大学 1926 年版，第 122 – 148 页。

〔2〕周连宽《苏联南西伯利亚所发现的中国式宫殿遗址》，载《考古学报》，1956 年第 4 期，第 56 – 66 页。

有丁零部落。所以当我们研究某一族的人种问题时，必须把该族的统治氏族与被统治的部落分别开来。

一般人都认为铁勒是突厥种，但据我的看法，铁勒诸部虽多属突厥种，但也有蒙古种，例如《魏书》卷103《蠕蠕》传："其西北有匈奴余种，国尤富强，部帅曰拔也稽。"此拔也稽即《北史》及《隋书·铁勒传》的拔也古，亦称拔也固，塞北诸族，往往以部帅之名称其部落，拔也稽在魏时本是部帅之名，至隋时已变成部落的名称。拔也固部究属何种？据唐杜佑《通典》卷199《边防》15《北狄·拔也固传》："拔也固者，亦铁勒之别部，在仆骨东境……其地东北千余里曰康干河……人皆著木脚，冰上逐鹿……风俗与铁勒同，言语稍别。"考仆骨居今土拉河北，康干河即今额尔古纳河，可见拔也固的原住地是在土拉河以东及额尔古纳河以西之间，与鞑靼为邻，鞑靼之北即为室韦，故其东北境应与室韦相接，其人着木脚及冰上逐鹿，正与室韦同俗，其言语又与铁勒有别，凡此均足证拔也固非突厥种，而是与东胡同种，也就是蒙古利亚人种。《北史·铁勒传》又有于尼护，也称乌罗护或乌洛侯，《新唐书》卷219《室韦传》说它是室韦的一部，则其人亦属蒙古利亚种。同传又有薛延陀，据《通典·北狄·薛延陀传》："薛延陀，铁勒之别部也。原注：前燕慕容儁时，匈奴单于贺剌头率部三万五千来降，陀其后。"延陀既然是匈奴单于之后，自然也是蒙古利亚种。延陀之属蒙古种，尚有旁证。考延陀本为铁勒一部分的小帅，唐太宗特别把他提拔出来做铁勒的可汗，但他与铁勒杂姓不同种，诸杂姓心怀不服，他想巩固自己的统御地位，非倚靠中国的势力不可，这正是太宗"以夷制夷"的妙策。据《册府元龟》卷978："贞观十六年九月延陀真珠毗伽可汗遣其叔父沙钵罗泥熟俟斤来请婚……帝许以女妻之，征可汗备亲迎之礼。帝志怀远人，于是发诏幸灵州，与之会。可汗大悦，谓其国中曰：我本铁勒之小帅也，蒙大国圣人树立我为可汗，今复加我以公主，车驾亲至灵州，斯亦足矣。"其后太宗以延陀误期，停幸灵州，群臣或劝太宗仍以公主妻延陀，以息边患，太宗说："君等进计皆非也。君等知古而不知今。昔汉家匈奴强而中国弱，所以厚饰女子嫁与单于；今时中国强而北狄弱，汉兵一

·欧·亚·历·史·文·化·文·库·

千堪击其数万。延陀所以匍匐稽颡，姿我所为，不敢骄慢者，以新得立为君长，杂姓本非其属，将倚大国，用服其众。彼同罗、仆固等十余部落，兵数万，并力足制延陀，所以不敢发者，延陀为我所立，惧中国也。"太宗把延陀与铁勒诸杂姓对立来说，显然是指种族上的不同。延陀是蒙古种的匈奴单于之后，故视突厥种的同罗、仆固等为杂姓，所谓"杂姓本非其属"，即"杂姓本非其种"的意思。

综上所述，则铁勒诸部中也有蒙古利亚种，所以我们不能笼统地说铁勒是突厥种，或者蒙古利亚种。又据同传谓铁勒"并无君长"，即是说铁勒诸部之间并无共同的统帅（薛延陀只是铁勒诸部中十余部落的可汗，并且是中国所强立，而不是铁勒全部共同推戴的统帅），在政治上不是一个强固的部落联盟，只是当时对往昔曾役属于匈奴的余族的一种通称，与单一的丁零族截然不同。据《晋书》卷110《慕容儁载记》"升平元年正月……遣其抚军慕容垂中军慕容虔与护军平熙等率骑八万，讨丁零、敕勒于塞北，大破之"，这里显然把塞北的丁零与敕勒分别并举，尤足证晋时丁零与敕勒各为一族。由此可见，近代东西学者所谓丁零即铁勒，或谓丁零与勒铁是同名异译，[1]把两者等同起来，都是不正确的。

南北朝时代，北魏拓跋氏统治北中国，蠕蠕则崛起于漠北，为北魏的劲敌，蠕蠕的统治氏族是蒙古利亚人种，已详上文。蠕蠕的北边则有高车，据《魏书》卷103《高车传》："高车，盖古赤狄之余种也。初号为狄历，北方以为敕勒，诸夏以为高车、丁零，其语略与匈奴同，而时有小异，或云其先匈奴之甥也。其种有狄氏、表（袁）纥氏、斛律氏、解批氏、护骨氏、异奇斤氏。"后世学者把丁零、高车和铁勒三者混同起来，即以《魏书》此传为根据。我们要知道《魏书》这种说法是否可靠，必先研究两个问题：

（1）高车是否即铁勒？关于这个问题，我以为高车与铁勒有别，理

---

[1] Otto Maenchen-Helfen, "The Ting-ling", *Harvard Journal of Asiatic Studies*, vol. 4, No. 1 1939, pp. 77-86. 林惠祥《中国民族史》（下册），商务印书馆1936年版，第2-3页；马长寿《中国兄弟民族史》，第434-446页。

由有五：

①高车六部中的狄氏，不见于《北史》及《隋书·铁勒传》。袁纥即韦纥，见于《铁勒传》。斛律氏虽不见于《铁勒传》，但据《北齐书》卷17《斛律金传》曰"斛律金字阿六敦，朔州敕勒部人也"，则斛律亦属铁勒之一部。解批氏即《铁勒传》的契弊，护骨氏或即《铁勒传》的纥骨。异奇斤氏与《铁勒传》的俟斤音近，但《铁勒传》所谓"并号俟斤"应为官号，似与异奇斤氏不同。然则高车六部中见于《铁勒传》者有四，不见于《铁勒传》者有二。此外，据《魏书》卷2《太祖纪》"讨高车豆臣部于狼山"，又据同书《高车传》"北袭高车余种袁纥，乌频破之"，则高车的豆臣和乌频二部也不见于《铁勒传》。又据同传："高车之种，又有十二姓：一泣伏利氏，二曰吐卢氏，三曰乙旃氏，四曰大连氏，五曰窟贺氏，六曰达簿干氏，七曰阿仑氏，八曰莫允氏，九曰俟分氏，十曰副伏罗氏，十一曰乞袁氏，十二曰右叔沛氏。"此十二姓中，除阿仑氏似即阿兰，副伏罗氏似即复罗之外，其余十姓均为《铁勒传》所无，而铁勒部不见于《高车传》者居多数，可见两者所包含的部族大有不同。

②铁勒诸部的居地极为辽阔，从蒙古草原一直至里海，但高车诸部的活动范围，向西不出于准噶尔的西界。

③高车因车轮高大，辐数至多而得名，但《铁勒传》并未说有此俗。

④铁勒本来是匈奴余族的统称，无统帅，在政治上不是一个强固的部落联盟，故无所谓统治氏族。但高车的六部十二姓中六部是客族，十二姓是高车本族，而十二姓中之副伏罗就是高车的统治氏族。[1]

⑤《北史》即有《高车传》也有《铁勒传》。《魏书·高车传》说"北方以为敕勒，诸夏以为高车、丁零"，但《北史·高车传》只说"北方以为高车、丁零"，并未说"北方以为敕勒"。《魏书》虽成于《北史》之前，但《魏书》原缺卷103，后人取《北史》之文补入，《高车传》即其中的一部分，[2]补辑的人反而将《北史·高车传》原文修改，才添上了这么一句。

---

〔1〕冯承钧《高车之西徙与车师鄯善国人之分散》，载《辅仁学志》，第11卷第1、2合期，1942年，第1—12页。

〔2〕沙畹著，冯承钧译《西突厥史料》，第80页。

《隋书》和《旧唐书》(卷 199 下《北狄》)《铁勒传》都不说铁勒在北魏时为高车，《旧唐书》卷 195《回纥传》只说回纥在后魏时为铁勒部落，依托高车，也就是说它在后魏时为铁勒的一个部落，役属于高车，明显地把铁勒与高车区别开来，至《新唐书》卷 217 上《回鹘传》始完全把回纥、高车和铁勒混同为一，据该传说："回纥，其先匈奴也，俗多乘高车，元魏时号高车部，或曰敕勒，讹为铁勒。"《新唐书》的著书显然想综合以往的记载，不加甄别，以凑成其文。冯承钧说："盖《新唐书》哀集诸名，以多为贵，而符其'事增于旧'之本旨。"信然![1] 综观上述，则高车与铁勒有别，其理甚明。

(2)丁零是否即高车？关于这个问题，我也以为高车与丁零有别，其理由是：

①据《三国志·魏志》注引《魏略·西戎传》："丁令国在康居北，胜兵六万人，随畜牧，出名鼠皮，白昆子青昆子皮……"并未说丁零有乘高车之俗，《史记》及两《汉书》言及丁零处亦从无此项记载。

②三国魏时丁零强大，故《魏略》有西丁令和北丁令之称，并且说北丁令在北海之南，但《魏书·高车传》则说："后徙于鹿浑海西北百余里。"可见高车的原住地应在鹿浑海东南。鹿浑海究在何处？据白鸟库吉考证为鄂归池(Ugei-noi)，此池乃在弱洛水(今喀尔哈河)之西，頞根河(今鄂尔浑河)之东，[2] 则高车的原住地即在该处，后来才徙于池之西北，仍不出鄂尔浑流域。《魏书·高车传》又说："后世祖征蠕蠕，

---

〔1〕冯承钧《高车之西徙与车师鄯善国人之分散》。白莱脱胥乃窦(E. Bretschneider)也说高车与铁勒有别，高车只是包今许多种族的铁勒之一部，见他所著的 *Medieval Researches from Eastern Asiatic Sources*，London，Kegan peul Trench，Trübner & Co，pref，1887，p. 238 footnote，596。

〔2〕白鸟库吉著，方壮猷译《东胡民族考(上篇)·乌桓鲜卑考》，第 37 - 38 页。王日蔚君谓：高车主弥俄突与蠕蠕主伏图战于蒲类海北，且为伏图所败，西北走三百余里，因认蒲类海西北为高车根据地，蒲类海即今新疆之巴里坤湖，弱落水即今之图拉河，图拉河西，巴里湖之西北大湖布伦托海也就是鹿浑海。此说我未敢赞同，据《北史》卷 98《高车传》："太和十一年豆仑犯塞，阿伏至罗等固谏不从，怒率所部之众西叛，至前部西北，自立为国。"所谓前部，即车师前部，车师前部的西北，也就是阿伏至罗和其弟穷奇西叛后所徙的根据地，这已经是高车第二次西迁。据同传前文："徙于鹿浑海西北百余里。"此为高车第一次西迁，在阿伏至罗未叛蠕蠕之前，其根据地仍应在蠕蠕之北，故本文宁取白鸟库吉之说(王日蔚《丁零民族史》，载《史学集刊》，1936 年第 2 期，第 83 - 114 页)。

破之而还,至漠南,闻高车东部在已尼陂,人畜甚众,去官军千余里。"
考《魏略》所谓北海,即《魏书》所谓已尼陂(见《魏书》卷100《乌洛侯传》),也就是今贝加尔湖,则高车东部诸落已在贝加尔湖以南,与《魏略》所说北丁令在北海之南的位置相合,王日蔚即据此以为高车即丁零的论证之一。我以为这一论据尚有疑问。因为魏世祖在遣军追击已尼陂的高车东部之前,魏太祖已在鹿浑海西北百余里击溃高车诸部,后来蠕蠕的社仑战败又侵入高车,其后高车余种袁纥、乌频又被魏将伊谓所破,高车余众因屡次战败,不得不向西北迁移,而入于丁零住地,此其可能者一。《魏略》所言北丁令在北海之南,是当匈奴衰落以后,蒙古草原的北部空虚,故丁令得以向南扩张,及高车崛起,南为强大的蠕蠕所阻,不得不向北发展,丁令于是被迫退回西北方的原根据地,此其可能者二。高车强大后,丁令归其役属,成为高车的一部,故魏人对北海之南的丁令统以高车称之,此其可能者三。如果承认以上任何一种可能的情势,即不能确证漠北的丁零不复存在,而完全变为高车。

③《魏书》卷3《太宗纪》泰常三年(418)正月丁酉"诏护高车中郎将薛繁率高车、丁零十二部大人众北略至弱水",可见北魏军中的高车和丁零兵众各有区别。

④《太平御览》卷796《四夷部》17《丁零传》:"《后魏书》曰丁令在康居北……"又曰:"丁令北有马脑(胫)国……"考今本《魏书》乃宋刘恕、范祖禹所校定,据《四库全书总目》卷45"史部正史类魏书"条:"恕等序录谓隋魏澹更撰《后魏书》九十二卷,唐又有张太素《后魏书》一百卷,今皆不传……然《御览》所引《后魏书》,实不专取一家……盖澹书至宋初尚不止仅存一卷,故补缀者所取资,至澹书亦阙,始取《北史》以补之。"据此,则《御览》所引《后魏书》或即出于魏澹遗文,澹书既载《丁零传》,又足见丁零在后魏时仍与高车并存。

⑤《魏书·高车传》追溯高车的起源,只说"古赤狄之余种"或"其先匈奴之甥",与叶尼塞河中游从远古时代长头欧洲人种演变而来的丁零族,殊不相牟。

综观上述,足证高车与丁零有别,把它们混同起来是不对的。但这并不等于说,它们之间没有什么关系,相反,它们之间是有密切关系的。丁零在北魏时可能役属于高车,成为高车客部之一,因而魏人对丁零也统称之为高车。高车既统御了丁零,则高车军中自有丁零兵众供其驱使,据《南齐书》卷59《芮芮虏(蠕蠕)传》:"江景元使丁零,道经鄯善、于阗,鄯善为丁零所破,人民散居。"当日江氏所见的或即是高车属下的丁零兵众,故仍以丁零称之。且南朝人与高车之间,因被北魏和蠕蠕所隔绝,极少接触的机会,故对蠕蠕以北的种族仍沿用晋时丁零之称,《魏书·高车传》所谓"诸夏以为高车丁零",其用意或即在记述当时南北称谓之不同,而不在说明高车即丁零。

至于高车究属何种?东西学者几乎都认为是突厥种,其主要理由有二:

第一,高车所说的是突厥语,例如白鸟库吉引《魏书·高车传》阿伏至罗自立为王的称号曰侯娄匐勒,侯娄是突厥语"Ulu"或"Ulug"的对音,意为大。匐勒为突厥语"Beglik"的对音,意为王者,因而认为高车为突厥种。[1] 麦哥芬也说:"我们已确知回鹘说突厥语,高车及匈奴也说同一语言的早期形式。"[2]冯承钧也说:"高车所徙之地,似在今迪化一带,其语言似为一种突厥语。"[3]但据《魏书》卷86《乞伏保传》:"乞伏保,高车部人也,父居显祖时为散骑常侍。"乞伏即今蒙古语族Nineudinsk语的köbung,Tunkinsk语的 köbün,xübün,有儿子之义。又据同书卷103《高车传》有侄利曷莫弗敕力犍和解批莫弗幡豆建,其中之莫弗,或作莫贺弗(《隋书》卷84《室韦传》),或作莫贺咄(《新唐书》卷219《室韦传》),突厥语族中虽亦有此号,即今突厥语的 Batur,但以蒙古语族(包括室韦、乌桓、忽吉、黑水靺鞨、乌洛侯、契丹)用此号者为多,即今蒙古语的 Baghatur,Buryat语的 Bätur,有勇力或勇敢之义。《高车传》中又有吐卢氏,疑与拓拔族中豆卢为同姓,即今突厥语的 Törü,但蒙古语也有此称,即 Türü,均有法律或习惯之义(见白鸟库吉《东胡

---

〔1〕白鸟库吉著,方壮猷译《东胡民族考(下篇)·羯胡考》,第58页。

〔2〕*The Early Empires of Gentral Asia*, pp.405,472.

〔3〕冯承钧《高车之西徙与车师鄯善国人之分散》。

民族考》第 109 – 111、155 – 157 页,《失韦考》第 42 – 47、52 – 56 页）。足见高车名号中也包含蒙古语的因素,单凭几个突厥语名号来决定高车为突厥种,未为确论。

第二,据《新唐书·回鹘传》说唐代的回鹘,即元魏时的高车,而《元史》则说康里即汉高车国。由于康里是突厥种,因而推定回鹘和高车也是突厥种。例如派克尔说:"康加里（Kankalis）一词,在匈奴时代是为丁零,在后魏时称为高车,突厥时称为回纥,入元又称为康里（Kenkly）,康里为突厥语,亦有车义也。"[1]张星烺释《元秘史·康邻》说:"康邻即元史上之康里（宽按:《金史》卷 121《粘割韩奴传》已作康里）,伊斯兰教著作家之康喀里（Kenkalis = Kankly）,13 世纪初叶居于札牙黑河（Iaik,即乌拉尔河,Ural）之东,花剌子模湖（Lake of Khorazm,即阿拉耳海,Aral Sea）之北,大平原上,钦察国（Kipchaks）为其西邻。拉施特（宽按:当即指 Fazel-oullah Raschid,亦称 Raschid-ed-devlet,Raschid-el-hakk-vébed-din 所撰《史集》"Djamiut-Tevarikh"中关于回鹘起源的传说）谓其人始造有轮车,故曰康喀里,突厥人谓轮车曰康喀里。拉施特所言正符中国史也。《元史》卷 130《不忽木传》云:"康里,即汉高车国也……"王日蔚也说:"回纥种族中,关于车之传说甚多,拉得洛夫（Radloff）在其回鹘研究中,谓阿古斯汗（回纥传说中之神圣雄主）征服各国所得财宝甚夥,不便携带,有一将甚聪颖,乃制车转运,阿古斯大加赞许,因车行坎坎,乃赐地封王为坎克里（Kankly）,按（Kankly）即元时之康里,康里之为高车亦多一明证也。"[2]我以为唐时的回鹘,即元魏时的袁纥;原为高车所属六个客部之一,明著于《魏书》及《北史·高车传》,不能把它与高车等同起来,回鹘也是铁勒的一个部落,称为韦纥,明著于《北史》及《隋书·铁勒传》,也不能与铁勒等同起来,它与高车

─────────

〔1〕E. H. Parker 著,向达、黄静渊译《鞑靼千年史》,第 111 页。

〔2〕张星烺《中西交通史料汇编》（第 5 册）,《辅仁大学丛书（第一种）》,1936 年,第 322 – 333 页。清洪钧《元史译文证补》卷 24 附《康里补传》亦引此说云:"又或谓古时其部侵掠他族,卤获至多,骑不胜负,有部人能制车,车高大,胜重载,乃尽取卤获以返,故以高车名其部（语出阿卜而嘎锡）。"按洪氏所引,虽谓出自阿卜而嘎锡（Abulghazi）,然文中所谓"车高大","故以高车名其部",恐已用中国史料加以附会,仍以拉施特和拉得洛夫所言为可信。

的关系,正如薛延陀之与铁勒的关系,《新唐书·回鹘传》的记载混淆不清,殊不足取。至于说元时的康里,即北魏时的高车,我以为此说亦属可疑。根据回鹘族关于车的传说,我们可以看出康里俗乘有轮车,并且相信该族善于制造此种车,它的远祖可能是突厥的车工,后来逐渐成为一个氏族,正如突厥的远祖在蠕蠕国中以冶铁为业一样,故教务大总管俄古斯汗(Oguz Khan)记突厥四部中有康里(Kankli)一部[1]。并因车行坎坎,乃被称为坎克里。但谓康里人始造有轮车,则不足置信。因为古代东方美索布达米亚的苏美尔—阿卡德时代第三个时期,考古学家称为捷姆迭特—那色时期(约当公元前4000年)已发现有轮车;远古埃及浮雕、喜特浮雕和乌拉尔图浮雕,都有六辐轮战车;而公元前500年波斯波里城克谢尔克斯宫的浮雕,且有12辐轮战车[2]。古代的东欧,西伯利亚草原和中亚西亚的斯基泰(Scythians)和沙尔马特(Sarmatians)族更把帐幕设于四轮车上,用牲畜挽之而行。至于中国方面,远在殷代车乘之制已很完备,从甲骨文车字🐎(《殷虚书契菁华》第1片),就可以看出当日的形制。后来漠北诸外族,乘有轮车者亦不少,例如匈奴在战斗行阵中虽骑马,但转运辎重则用四车,[3]又据《北史》卷94《勿吉传》"其国无牛有马,车则步推",又《契丹传》:"其莫贺弗勿干率其部落车三千乘。"又《室韦国传》:"衣服与契丹同,乘牛车。"同书卷98《蠕蠕传》:"道武谓尚书崔宏曰:蠕蠕之人,昔号为顽嚚,每来抄掠,驾牸牛奔遁,驱犍牛随之。"又《南齐书》卷57《魏虏传》:"宏自率众至寿阳,军中有……牛车及驴骆驼载军资。"据此,则有轮车又何待于康里人始行制造?我们虽则相信康里人俗乘有轮车,并且善于制造或以制车为业,但并未说"车轮高大、辐数众多",而这一点正是高车族所用有轮车的特点,也就是高车得名的原因所在。所以坎克里(Kankly)在突厥语有车的意义及因车行坎坎而被称为坎克里等说法,都不能说

---

〔1〕张星烺《中西交通史料汇篇》(第一册),《辅仁大学丛书(第一种)》,1936年,第111页注14。

〔2〕阿甫基耶夫著,王以铸译《古代东方史》,三联书店1956年版,第48页,106页附图38,258页附图66,384页附图111,522页附图154,612页附图185.

〔3〕*The Early Empires of Gentral Asia*, p. 387.

明金元时代的康里即是元魏时代的高车。

如果上述两个主要论据发生动摇，那么，从这些论据出发以断定高车为突厥种，亦成问题。总之，关于高车的人种问题，目前还不能下正确的结论，但丁零与高车是两个不同的种族，已经可以肯定了。

蠕蠕自从丑奴被高车击溃（520）以后，国势大衰，至阿那瓌兵败自杀（552），遂一蹶不振。高车与蠕蠕互争雄长，结果两败俱伤，自伊匐战败（522），高车亦溃不成国，代之而起的是突厥。

20.4 隋唐时代的丁零

隋唐时代，突厥雄视塞外，据《北史》卷99《突厥传》："其地东自辽海以西至西海万里，南自沙漠以北至北海五六千里皆属焉。"考突厥发展，分向东西，实始于土门和室点密（6世纪中叶），而在政治上正式分作东西突厥，则始于大逻便与沙钵略之内讧。西突厥不特据有今之新疆的天山南北，且征服中亚西亚诸国，而与东罗马帝国为邻[1]。

突厥的起源如何？学者意见亦不一致，但据苏联考古学家在郭尔诺—阿尔泰省区（Горно-Аетайской Области）所获的材料，已证明在突厥发祥地的阿尔泰山南部，远古的居民也像米努辛斯克盆地一样属于长头的欧洲人种，至公元前5—6世纪时始渗入蒙古利亚人种的因素，于公元初即已形成突厥人的类型。在楚累什曼（Чулышмам）河区的库得尔金幕葬（Кудыргинского Могилъника）中还保存下来三个男子和两个女子的骸骨，经专家研究之后，获得如下的结论："他们本质上与阿尔泰古代居民的高大躯干及长头的人种已有所不同，而是具有铁器时代广泛地流行于西部亚细亚和东欧人种的一般特征，许多体质上的特点使库得尔金人同样也接近于现代的东方阿尔泰居民。"[2]

中国史书追溯突厥的起源也有几说，据《北史》卷99《突厥传》："突厥者，其先居西海之右，独为部落，盖匈奴之别种也，姓阿史那氏。

〔1〕沙畹著，冯承钧译《西突厥史料》，第153－186页。
〔2〕《Древняя история южной Сибири》，стр. 494－500.

后为邻国所破，尽灭其族。有一儿年且十岁，兵人见其小，不忍杀之，乃刖足，断其臂，弃草泽中，有牝狼以肉饵之，及长与狼交合，遂有孕焉。彼王闻此儿尚生，重遣杀之，使者见在狼侧，并欲杀狼。于时若有神物投狼于西海之东，落高昌国西北山。山有洞穴，穴内有平壤茂草，周回数百里，四面俱山，狼匿其中，遂生十男。十男长，外托妻孕，其后各为一姓。阿史那即其一也，最贤，遂为君长。故牙门建狼头纛，示不忘本也。渐至数百家，经数世，有阿贤设者，率部落出于穴中，臣于蠕蠕。"从这个记载，我们可以看出突厥是匈奴人与狼交合所生，这与《魏书·高车传》所说高车始祖是匈奴单于之女与狼交合所出的传说相类。突厥的发祥地在阿尔泰山的南部，而该处的远古居民是长头的欧洲人种，所以说突厥出自匈奴的传说是不可靠的，但同时我们也要承认突厥族的形成，与匈奴必有密切的关系。传里又说"其先居西海之右"，中国史书所谓"西海"，可有很多解释，但此处若指蒲类海（今巴里坤湖），则此湖在高昌国（今吐鲁番县境）之东，与传中所说"于时若有神物投狼于西海之东，落高昌国西北山"的话不符。由方位度之，或系指额毕湖而言，因高昌国适在此湖之东。且据《隋书》卷84《西突厥传》："每五月八日相聚祭神，岁遣重臣向其先世所居之窟致祭焉。"考西突厥王廷有二：一为南廷，据《西域图志》卷12《疆域五·天山北路二》空格斯"条："按今由哈喇沙尔西北至空格斯六百里，即《突厥传》所谓由焉耆西北七月行得南廷者，则今之空格斯当为西突厥南廷"；一为北廷，其地殊难确指，然据沙畹考证："仅有二地可取，其一在今伊犁城附近，其一在额皆湖（Ebinor）附近。"我们既然知道西突厥王廷所在，则同时也可以推定其每年遣重臣往祭的先世所居之窟，必离王廷不远。由以上所据材料测之，此窟当在空格斯河和额毕湖以东，及吐鲁番以西诸山中，正与传中所说"落高昌国西北山"的地望相合，这是西突厥所传先世阿贤设的故居所在。传里又说始祖是阿史那，阿史那的后裔阿贤设才臣属于蠕蠕，成一部落。以上是关于突厥起源的第一说。

同传又说："或云：突厥本平凉杂胡，姓阿史那氏。魏太武皇帝灭沮渠氏，阿史那以五百家奔蠕蠕。世居金山之阳，为蠕蠕铁工。金山形似兜鍪,俗号兜鍪为突厥,突厥因以为号。"从这一段我们又可以看出突厥的祖先是出于平凉的杂胡。考北魏时匈奴族沮渠蒙逊建都于甘肃的张掖,国号北凉,魏太武帝灭沮渠氏,事在太延五年九月,因此,我们知道阿史那是匈奴沮渠氏北凉国的部落之一。凉州的人种最为复杂,因为这里是西域商胡与中国互市的中心,又是氐羌等族杂居的地方。据《三国志·魏志·东夷传》注引《魏略·西戎传》:"赀虏本匈奴也。匈奴名奴婢为赀。始建武时匈奴衰分去,其奴婢亡匿在金城、武威、酒泉北、黑水、西河,东西畜牧,逐水草,抄盗凉州,郡落稍多,有数万,不与东部鲜卑同也。其种非一,有大胡,有丁令,或颇有羌杂处,由本匈奴婢故也。"阿史那处在这样一个人种复杂的地方,其部落自然是一群混杂的人种。从传中又可以看出阿史那是善于铸铁的,所以为蠕蠕的铁工,其根据地则在阿尔泰山之南。此外,又可以知道突厥一名的来历,因为金山(阿尔泰山)形似兜鍪,而其俗称兜鍪为突厥,故以为号。以上是关于突厥起源的第二说。

同传又说:"或云:突厥之先,出于索国,在匈奴之北。其部落大人曰阿谤步,兄第十七人,其一曰伊质泥师都,狼所生也,谤步等性并愚痴,国遂被灭。泥师都既别感异气,能征召风雨,娶二妻,云是夏神冬神之女也,一孕而生四男:其一变为白鸿;其一国于阿辅水剑水之间,号为契骨;其一国于处折水;其一居践斯处折施山,即其大儿也。山上仍有阿谤步种类,并多寒露,大儿为出火温养之,咸得全济。遂共奉大儿为主,号为突厥,即讷都六设也。讷都六有十妻,所生子皆以母族为姓,阿史那是其小妻之子也。讷都六死,十母子内欲择立一人,乃相率于大树下,共为约曰:向树跳跃,能最高者,即推立之。阿史那子年幼而跳最高者,诸子遂奉以为主,号阿贤设。此说虽殊,然终狼种也。"这是关于突厥起源的第三说。此说最值得注意。19世纪前半叶俄国著名汉学家毕丘林(H. Я. Ьичурин)曾把这个传说译成俄文,[1]后来阿利斯妥夫

---

〔1〕H. Я. Бнчрин（иакинф）《Собрание Сведений о Народах, Обитавших в Средней Азии В Древние Времена》, Том 1 издательство Академии Наук СССР Москва,1950, стр. 220－222.

（H. Аристов）更把它分析研究,颇有独到的见解。从阿利斯妥夫的说明,我们可以看出突厥的远祖是出自匈奴以北的索国,突厥的图腾是狼。始祖伊质泥师都有4个儿子,各自立国,其一变为白鸿,今阿尔泰山北部居民称天鹅为"库基施"（Кукижи）,可能与此儿有关。其一国于阿辅水剑水之间,号为"契骨",阿辅水即今阿巴干河,剑水即今叶尼塞河上游的乌鲁克穆河,契骨即纥骨,唐时称黠戛斯,亦即古之坚昆。这一点非常重要,因为由这一传说就可以把叶尼塞河上游的古代居民,与阿尔泰山的古代居民联系起来。其一国于处折水,即今楚雅（Чуя）河,为卡通（Катунь）河上源的一支。其一即大儿子,居践斯处折施山,或即指阿尔泰山,这就是突厥的直接祖先,名叫纳都六,号叫突厥。纳都六所生子皆以母族为姓,可见当时尚在母权时代。纳都六死后,10个儿子互推继位,以向树跳跃高低为断,结果小儿子阿贤设跳得最高,遂奉为主。由此又可以看出那时突厥还以虞猎为生,在树林里面捕捉鸟兽,自然要靠攀缘猱捷的本领。[1]

《周书》卷50《异域下·突厥传》所载关于突厥的起源,也有两说,第一说略采《北史》的第一、二说,第二说则采《北史》的第三说。《隋书》卷84《北狄·突厥传》亦载两说,其第一说即《北史》的第二说,而第二说即《北史》的第一说。

综合以上关于阿尔泰山南部的考古材料及中国史书关于突厥起源的传说,我们可以得出如下的结论:突厥的图腾是狼,其发祥地在阿尔泰山的南部,其始祖姓阿史那氏,其时突厥的社会仍处在母权时代。传至阿贤设,始臣属蠕蠕,而以铁工为业。阿尔泰山南部在突厥族形成之前,已有长头的欧洲人种的远古居民,这些居民可能与叶尼塞上游的远古居民有密切的关系,其后不断地被匈奴、鲜卑、蠕蠕等族所役属,因而混杂了蒙古利亚人种的因素。北魏时又有一批凉州杂胡投来,混入族中,因而构成隋唐时代新的突厥人种的类型。而突厥一名的来历,是因为阿尔泰山形如兜鍪,其俗称兜鍪为突厥,因以为号。至于高昌国西北

---

〔1〕《Древняя История Южной Сибири》,стр. 493 – 498.

山的先世洞窟,或是西突厥一支关于远祖起源的另一传说,将东突厥原来的传说加以渲染,使其族人敬祖崇祀有所依托。

我们不能简单地说突厥是匈奴的别种,或匈奴的苗裔,因为匈奴是蒙古利亚人种,而突厥的远祖是长头的欧洲人种,后来经过蒙古利亚人及其他种族的混杂,才形成这样的一种独特的类型。从人种分类来说,许多学者把突厥族划入大陆蒙古利亚种的北系,称为蒙古鞑靼系(Mongolo-Tatar)或蒙古突厥种(Mongolo-Turki)。但从突厥的起源来说,应该划入高加索种的混血族,故本文所谓蒙古利亚人种,是指比较纯粹的蒙古本族,如喀尔喀族(Khalka)、卡尔马克族(Kalmúk)和布里雅特族(Buryat);通古斯人的黑斤族(Golds)和鄂伦春族(Oronchons);以及东部亚伯利亚比较纯粹的蒙古利亚种,如犹卡既儿族(Yukaghirs)、朱克察族(Chukchi)、利科雅克族(Koryaks)、塔察达族(Kamchadales)和奇利雅克族(Gilyaks)等,而突厥种则指比较能代表原来突厥人的耶库特族(Yakuts)。[1] 突厥种和蒙古利亚种究竟有什么区别?据斯密司(G. E. Smith)说:"突厥人的脸部不像蒙古人那样是极平板的,突厥人的头发是波浪形的,截面是椭圆的,身上是多毛的,并且是世界上最多毛的人种。而蒙古人的头发是直的,截面是圆的,身上是无毛的。"[2]但我们也不能简单地说突厥是欧白种,因为它在长远的历史过程中已经过许多复杂的变化。那么,我们能不能够说丁零是突厥种?如果突厥种是广泛地指欧洲人种与蒙古利亚人种混合的一种特殊类型,我以为可以这样说;但我们不能说丁零就是突厥,或突厥就是丁零,正如许多人简单地把它们等同起来,说是同名异译。[3] 因为这两个种族各有各的发祥地,各有各的发展历史,尽管两者在历史发展的过程中如何相似,但决不能把它们混而为一。[4]

自突厥衰微,代之而兴的是薛延陀和回鹘。薛延陀是铁勒诸部之

---

[1]林惠祥《世界人种志》,商务印书馆 1932 年版,第 26－35 页。

[2]*The Early Empires of Gentral Asia*,p. 95.

[3]林惠祥《中国民族史》下册,第 2 页;马长寿《中国兄弟民族史》,第 436 页。

[4]《Древняя История Южной Сибири》,стр. 494.

一,居金山(阿尔泰山)西南。大业元年(605)西突厥处罗可汗击铁勒诸部,并杀薛延陀部帅数百人,于是铁勒诸部相率叛去,奉契苾和薛延陀二部落的酋长为可汗。契苾部莫何可汗称强于隋时,薛延陀部至唐太宗时,其酋长夷男始强大,雄踞突厥之北,奄有古匈奴故地。传至其子拔灼,为唐与回纥联军所灭。回纥在北魏时原属高车六客部之一,蠕蠕自被魏太祖击败后,其酋帅社仑遁入高车,并征服高车,于是回纥亦同属蠕蠕;及蠕蠕为突厥所破,又转属突厥;及突厥衰微,复隶薛延陀。但回纥无论在高车、蠕蠕、突厥或薛延陀中,均属客部,即被统治的部落而不是统治氏族,只有在它击灭薛延陀之后,才夺得了漠北诸族的统治地位。

关于回纥的人种问题,东西学者差不多都认为是突厥种,但关于回纥的起源问题,仍属一谜。[1] 沙畹引弥南(Menandre)的希腊史残卷及 *Theophylacte Simocatta* 谓558年间出现于欧洲的假阿哇尔(Psudavares)为回纥两部落的代表,一名乌罗(Ouar),一名浑(Khoun),皆以古回纥酋长之名为部落之名。当隋末时,欧洲的假阿哇尔族中,尚别其为乌罗族与浑族,亦合称之曰乌罗浑(Ouarchonites),因而以为回纥就是乌罗与浑两族所合成。[2] 这种说法,未必可信,因为乌罗即《北史·铁勒传》的乌护,与浑与韦纥(回纥)同时为铁勒的部落,决不能说回纥是乌罗和浑所合成。回鹘盛时曾统辖了该两族,后来被黠戛斯所破,两部随同西走,遂冒称阿哇尔,可能因为同属回鹘余族,遂被误认为组成回鹘的两个氏族。匈奴和蠕蠕的统治氏族虽则保持纯粹的蒙古利亚种,但跟随它们远征欧洲的部落已大量地吸收阿尔泰语的白种人。[3] 可能就是这些阿尔泰语的白种人,逐渐与蒙古种族混杂,因而形成后来的回

---

〔1〕关于回鹘起源的传说,详见冯承钧译《多桑蒙古史》(上册),商务印书馆1934年版,第179-185页,并参考 E. Bretschneider, *Medieval Researches from Easton Asiatic Sources*, Vol. 1. pp. 236-263。这些传说主要在于说明新疆的维吾尔族是来自蒙古鄂尔浑河源的回鹘,至于回鹘本身的起源,事属神话,难于征信。并参考中央民族学院研究部编《维吾尔族史料简编》(上),中央民族学院1955年版,第17-19页。

〔2〕沙畹著,冯承钧译《西突厥史料》,第164,167页。

〔3〕*The Races of Europe*, p. 239.

纥和突厥。鄂尔浑的突厥文苾伽可汗碑里面说的："九姓回纥者,吾之同族也。"[1]这里所谓同族,当是指同出一源的意思。

在这个时期,叶尼塞河中游丁零族的情况又怎样？我们要了解这一点,又必先对丁零西南的坚昆加以说明。坚昆在南北朝和隋时称为"纥骨",或曰"契骨",亦曰"纥扢斯"。唐时称"结骨",又曰"黠戛斯"。据《北史》卷99《突厥传》:"俟斤……北并契骨。"又《新唐书》卷217下《黠戛斯传》:"始隶薛延陀,延陀以颉利发一人监其国……回鹘授其君长阿热官为毗伽顿颉斤。"可见突厥盛时,坚昆为所役属,及薛延陀兴起,又转归延陀,延陀败后,复隶回鹘。汉时坚昆的根据地原在乌孙西北,其地约当塔尔巴戛台山以北至鄂毕河一带,丁零则在坚昆之东北,约当叶尼塞河中游。由汉至魏晋,其方位无甚变动。但据《北史·铁勒传》:"伊吾以西,焉耆之北,傍白山,则有……纥骨。"此处所谓白山,是指库车城北之白山,亦称阿羯田山,《西域水道记》卷2谓即今额什克巴什山。[2] 可见坚昆在后魏时已扩展其势力至天山以北。《北史·突厥传》谓木杆可汗北并契骨,考突厥的根据地是在今鄂尔浑河上游的都斤山,亦称乌德犍山,或郁督军山,冯承钧考定为今之额鲁赫特山（Orgotu）。[3] 则后魏之末,坚昆的根据地已移至叶尼塞游河上游地区,此时高车与蠕蠕相继衰微,而突厥尚未臻全盛,正给坚昆以向东发展的一个好机会,遂与原住叶尼塞河流域的丁零族混合起来,结成一个部落的联盟。苏联学者把两族结盟的时间,放在第8世纪初期,[4]未知何据。若依《北史》的记载考之,则结盟似应早在第6世纪的上半叶。其后突厥势力迅速发展,木杆可汗为解除北方的威胁,卒把纥骨征服。到了唐代,当9世纪上半叶,回鹘转衰,纥骨的根据地复向南移,据《新唐书·黠戛斯传》:"阿热驻牙青山……阿热牙至回鹘牙所橐它四十日行……回鹘牙北六百里,得仙娥河,河东北曰雪山,地多水草,青山之东有

〔1〕汤姆生（V. Thomsen）著,韩儒林重译《突厥文苾伽可汗碑译释》,载《禹贡》第6卷第6期。并参考《维吾尔族史料简编》（上）,第10页。
〔2〕沙畹著,冯承钧译《西突厥史料》,第18页注14,又第88页注2。
〔3〕冯承钧《考古随笔》,载《史学年报》,第5期,1933年。
〔4〕《Древняя История Южной Сибири》,стр.561.

水曰剑河,偶艇以渡,水悉东北流经其国,合而北,入于海……阿热自将焚其牙(按即回鹘可汗牙)……遂徙牢山之南,牢山亦曰睹满,距回鹘旧牙度马行十五日。"剑河即今叶尼塞河上游的乌鲁克穆河,剑河既在青山之东,则青山应在剑河之西,此处适为萨颜山西脉。可见纥骨在击溃回鹘之前,其根据地仍在叶尼塞河上游地区,自击溃回鹘之后,即南迁至牢山之南,依方位言之,牢山相当于今之唐努乌拉山。清洪钧《元史译文证补》卷26下"吉利吉思撼合纳谦州益兰州等处"条也说:"贪漫、睹满音同字异,皆当今之唐努山。"山之南有黠戛斯泊,今称吉尔吉斯泊。此时阿热牙帐或即居唐努乌拉山与此泊之间,因以黠戛斯名其泊,前人往往不从坚昆的发展历史去推断它的境界,以致混淆不清。

　　关于坚昆族的来源问题,据《元史》卷63《地理志》:"吉利吉思者,初以汉地女四十八人与乌斯之男结婚,取此义以名其地……乌斯亦因水为名,在吉利吉思东,谦河之北。"此文当系据元时吉利吉思人的传说转录而来,而唯一价值在于说明吉利吉思人乃中国人与乌斯本地人的混杂种,于追溯其族的起源,无甚可取。唯卡路提尔斯(Dauglas Garruthers)谓克烈(Kirei,Kirai,Kerait,Grit)是吉尔吉斯族的一部,为突厥种中最纯粹的一支,在蒙古种和突厥种尚未分派之前,起源于叶尼塞盆地的克穆乞克(Kemchik)谷[1]。按此说把克烈部与吉尔吉斯混同起来,考元时吉尔吉斯与克烈部(kèraites)有别,详见冯承钧译《多桑蒙古史(上册)》(商务印书馆1934年版,第29页),且既谓克烈是突厥种中最纯粹的一部,则应属突厥本族,而不应与来源不同的吉尔吉斯族混为一谈。至于黠戛斯一名的来历,据《新唐书》本传说"后狄语讹为黠戛斯,盖回纥谓之若曰黄赤面云",显然是受蒙古利亚人种的影响。吉谢列夫说是前汉时受郅支单于及其兵众的影响,而坚昆又把这种蒙古利亚人种的因素带给叶尼塞的丁零,因而形成塔什特克时期面具的类型[2]。我以为郅支兵众给坚昆以一定的人种混杂,这是很可能的,但

〔1〕Douglas Garruthers, *Unknown Mongolia: A Record of Travel and Exploration in North-West Mongolia and Dzungaria*, Vol. II, London Hutchinson & Co., 1914, pp. 351–352.

〔2〕《Древняя История Южной Сибири》, стр. 459.

那时坚昆族中蒙古利亚人种的因素还不很显著,据唐杜佑《通典》卷200《结骨传》:"结骨,在回纥北三千里……其人并依山而居,身悉长大,赤色,朱发,绿睛,有黑发者以为不祥。"又唐段成式《酉阳杂俎》卷4曰:"坚昆部落非狼种……其人发黄目绿,赤髭髯。其髭髯黑者,汉将李陵及其兵之胤也。"我们知道,朱发、绿睛,或发黄、目绿、赤髭髯,只有长头的欧洲人种,即"Nordics"种,才有这种特征,所以坚昆部落中基本上仍保持原来的欧洲人种,而蒙古利亚人种的混杂成分尚少,故认为不祥,或误传为李陵及其兵众的后裔,其实就是由于郅支及其兵众影响的缘故。坚昆比较接近于中亚西亚,早期与蒙古族接触较少,比塔什特克时期的丁零更能保持欧洲人种的类型。杜、段两氏不像是记载唐代当时黠戛斯人的情况,而是转录唐以前关于坚昆或纥骨人面貌的特征,故杜氏称纥骨,而段氏则仍称坚昆,都不用黠戛斯一名。《新唐书·黠戛斯传》:"黠戛斯,古坚昆国也……或曰居勿、曰结骨,其种杂丁零,乃匈奴西鄙也……人皆长大、赤发、晳面、绿瞳,以黑发为不祥,黑瞳者必曰陵苗裔也。"这一段记载,也是追述以前的坚昆或纥骨,所以说是匈奴西鄙,否则,即应说是突厥或薛延陀或回鹘的北境,方合唐时的形势。洪钧《元史译文证补》"吉利吉思撼合纳谦州益兰州等处"条谓"《元史》、《唐书》解黠戛斯为黄赤面,自与晳面之说矛盾",其实《新唐书》所谓"晳面",是追述汉时坚昆人的特征;而"黄赤面",则记坚昆东迁与丁零混合以后的特征,正合坚昆人种发展的过程,并无矛盾之处。《新唐书》"其种杂丁零"的话,最关重要。因为一方面既然知道坚昆人原是长头的欧洲人种,那么所谓"其种杂丁零",就有混杂了不纯的丁零种的意思,尤足证古代坚昆人较丁零人更能保持原来的欧洲人种的特征。因此,我们不能说坚昆把匈奴的蒙古利亚人种的因素带给丁零。但同时我们也要承认在后魏以前,坚昆与丁零接境,两者在人种上已经有一定程度的互相影响。坚昆根据地愈向东移,愈多机会与蒙古族接触,在人种上则愈趋混杂,最后在叶尼塞河流域与丁零混合,因而形成一种新的,更接近于现代叶尼塞吉尔吉斯(Енисейских Кыргызов)或哈卡斯（Хакассии）人的类型。[1]

近年来苏联考古学家在东哈萨克斯坦（Восточный Казакстан），从谢米列契（Семиречье）至阿尔泰（Алтай）一带，发现许多古代居民的遗骨，被称为安得洛诺夫人，是属于中头的（Мезокранный）欧洲人种。较后的遗骨则属于塞克（Сакский）期，在中头的欧洲人种中，已出现轻微的蒙古利亚人种的特征，再后的遗骨则属于乌孙（Усунский）期，在很大的程度上已混杂着圆头的欧洲人种的因素，接受于中亚西亚麦日杜列奇耶（Среднеазиатский Междуречье）的类型，也有少数与蒙古利亚人种混杂。[2] 依汉代乌孙、乌揭和坚昆三国的位置来看，这些遗骨可能与乌孙和乌揭的关系较多，但不能代表坚昆的人种，因为根据中国史料，坚昆人在汉代仍能基本上保持长头的欧洲人种的特征。这一个区域的考古材料，也可以说明谢米列契与天山的古代文化的关系，尤其是对于天山区吉尔吉斯族的来源问题，有很大的贡献。别伦施坦（А. Бернштам）在这方面的努力，很值得我们注意。[3]

1951年和1953年苏联考古学家在额尔济斯河（Иртыш）右岸所发现的遗骨，即所谓"额尔济斯人"（Иртышский Человек），可能与坚昆族的起源有关。[4] 此外，又在鄂毕河（Объ）上游地区先后发现许多遗骨，但属于安得洛诺夫期者大多数是婴孩和儿童，属于加拉苏克期者只有遗骨二具，男女各一，男子是欧洲人种，女子是蒙古利亚人种，还不能充分说明古代居民的人种特征。[5] 此地是坚昆与丁零的接境，与坚昆族的起源问题可能也有相当关系。总之，关于追溯汉以前坚昆族的起

---

〔1〕《Древняя История Южной Сибири》，стр. 459.

〔2〕В. В. Гинзбург《Древнее Население Восточных и Централъных Районов Казахской ССР По антропологическим Данным》，Антропологи ческий Сборник Ⅰ ИЗД. АН СССР，Москва 1956 стр. 238－298.

〔3〕А. Бернштам《К Вопросу О П Роисхождении Киргизского Народа》，Советская Этнография 1955 No. 2 с тр. 17－26.

〔4〕Н. Н. Панова и Э. Р. Рыгдылон《О Так Называемом Иртышском Человеке》，Институт Этнографии Краткие Сообщения ⅩⅩⅤ 1956 стр. 67－70.

〔5〕М. П. Грязнов《История Древних Племен Верхней Оби по Раскопкам Близ С. Большая Речка》，Материалы И Исследования По Археологии No. 48 СССР ИЗД. АН СССР Москва，1956.

源,尚有待于考古学和人类学的进一步发现和研究。

20.5　丁零的语言

语言的族系不能绝对决定人种的族系;反之,人种的族系也不能绝对决定语言的族系。可是,我们也要承认语言之发展及其形成,与人种之发展及其形成有密切的关系。我们已经知道丁零人的远祖在阿凡纳谢夫期和安得洛诺夫期是长头的欧洲人种,这种米努辛斯克的北欧种(Nordics),与新石器时代晚期出现于南俄的柯尔底(Corded)人有关。所谓柯尔底人,是以他们的绳纹陶器得名的,基本上是属于高雷山(Galleyhill)族的极端长头种的变形。柯尔底人向西迁移,与地中海类型的人种混淆,在多瑙河区形成西方的北欧种。他们向东迁移,可能也与少数地中海类型人种相混杂,像在阿诺(Anau)那样,在米努辛斯克形成东方的北欧种。近代学者相信最早把印—欧语言(Indo-european Language)带到多瑙河区的就是柯尔底人,而印—欧语言里面主要包含两个因素:(1)芬—乌格剌(Finno-Ugrian)语和(2)高加索(Gaucasian)语。芬—乌格剌语又是乌拉尔—阿尔泰(Ural-Altaic)语的一支。乌拉尔—阿尔泰语分作两支:(1)乌拉尔语,包括芬—乌格剌语和萨摩伊(Samoyedic)语;(2)阿尔泰语,包括突厥语、蒙古语和通古斯语。所以从人种和语言的渊源来看,丁零人的远祖可能与柯尔底人有关,而他们的语言也可能与芬—乌格剌语有关。[1]

米努辛斯克盆地的文化到了加拉苏克期,忽然来了大批的中国移民与当地居民混杂,人种上的影响已见于上文,但语言上的影响如何,尚待研究。苏联考古学家在乌伊巴特(Уйбат)的第二号黠戛斯土坟里发现一个残破的圆形瓦罐,罐上有波浪纹,纹下有符号一组,见图20 - 5:

---

〔1〕*The Races of Europe*, p. 236 – 237. 并参考 *Encyclopedia Britannica*, vol. 9; *Finno – Ugrian Languaes*; vol. 22, "Ural Altaic Languages", 14th ed. , 1948。

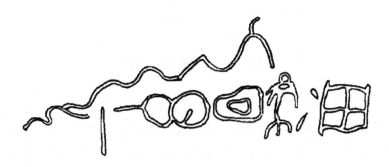

图 20 - 5　黠戛斯土坟出土瓦罐上的符号

这个瓦罐虽则是属于黠戛斯时期的遗物，但从符号来分析，颇与中国的殷周文字相似，并且是用双钩的方法写成的。从左方起，长而弯的线条像金文弓字，虢季子曰盤作 ，不嬰敦作 ，直的一线像金文十字，斡尊作 ，或代表箭的数目，葫芦形和重圈像古文"墉"字，金文作 ，国差蟾铸西畺宝蟾作 ， 或即 的变形，代表守望的亭， 代表城郭，金文原是两亭相对，中有城郭，此字则平置，省去下方一亭。其次是金文戈字，父丁敦作 ，觯文作 ，家父庚卣作 ，最末的 ，疑是 字的变形，古文 从田从川，作 ，此处则简作 ，并左右换置作 ，《说文》："水小流也，《周礼·匠人》为沟洫，枱广五寸，二枱为耦，一耦之伐，广尺深尺，谓之 。"从整个符号来看，似表示用弓箭和戈来保卫城郭田园的意思。这种符号不像是 7、8 世纪时黠戛斯人所创造的，很可能是从加拉苏克期中国移民所沿袭下来的中国古字，因为年代悠远，转相传授，遂致变形。[1]

　　当米努辛斯克的塔什特克期，丁零族被匈奴统治了很长的时间，它的语言自然也不免受匈奴的影响。匈奴究竟用哪一种语言？近代学者的意见亦极不一致。19 世纪时有一部分学者主张匈奴是用芬兰语或一乌格刺语，但现在这种主张已不为人所注意。一般学者都认为匈奴语是阿尔泰语的一种，不是突厥语就是蒙古语，或者是通古斯语。又有少数学者主张匈奴语不能单独归入上述任何一种语言，而是它们的

---

〔1〕《Древняя история Южной Сибири》，стр. 571 таб，L，Ⅲ. стр. 611.

共同祖先；也有人主张，与其说是他们的父辈，不如说是他们的叔辈，所以认为在阿尔泰语系中应该另立一族，称为"原阿尔泰语族"，而与上述三种语言并列。[1] 根据现代人类学和考古学的材料已证明匈奴是蒙古利亚人种，所以我相信匈奴的语言主要仍然是属于蒙古语族，但因为长期与阿尔泰其他语族的居民接触，自不免杂有他种语言的因素。白鸟库吉把中国史书所载有关匈奴的特有名称，与上述3种语言进行比较研究，结果认为在匈奴语中，蒙古语和通古斯语多于突厥语，又特别举出匈奴名称中以"鞮"（Tai）作语尾者颇多，此尤为蒙古语言的特征。[2] 这种说法与人类学和考古学上的结论基本一致。那么，匈奴语言对丁零语言的影响，主要也就是蒙古语言和通古斯语言对丁零语言的影响。

在乌伊巴特土坟中又发现塔什特克期用绵羊距骨制成的游戏骰子，其中一部分刻有印纹，原来就是一种简单的文字符号，见图20－6：

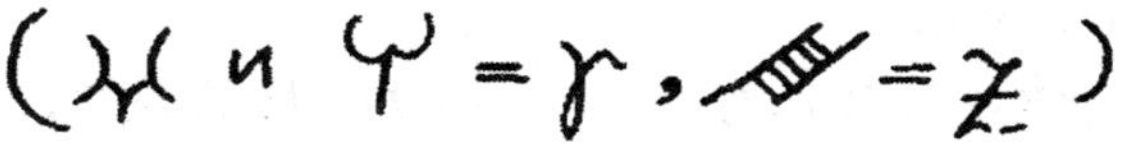

图 20 - 6　乌伊巴特土坟中绵羊距骨上的印纹

此外，在阿巴干（Абакан）发现中国式宫殿遗址，其遗物中有板瓦数片，瓦上也有几个文字符号，见图20－7：

图 20 - 7　阿巴干中国宫殿遗址出土板瓦上的符号

所有这些符号都与鄂尔浑—叶尼塞（Орхоно、енисеейский）字母相

〔1〕*The Early Empires of Central Asia*, pp.468 - 470. 并参考马长寿《中国兄弟民族史》，第119 - 202 页。

〔2〕白鸟库吉《蒙古民族起源考》，载《史学杂志》第18 编第 2～5 号，何健民译文改名为《匈奴民族考》，中华书局1939 年版。

类。[1]

关于鄂尔浑—叶尼塞字母的来源问题，近年来苏联学者已从花剌子模钱币上的文字证实了这种字母一方面是叙利亚北部阿剌美亚（Арамейский）文，借花剌子模和粟特两种文字传播于东方而形成的，但从上述骰子和板瓦上的文字符号却证明另一方面又有叶尼塞本地固有的字母因素。差不多在3000多年以前，叶尼塞已有刻在崖壁和墓石上的符号，其中有不少是为了叙述著名的事件——战役，大狩猎，建立新的住区及经过新的地方等。有的还表达抽象的概念，主要是宇宙观。常见的符号是斜或直的十字形、正方形、圆形、星形等，这些符号都是刻于加拉苏克期，至塔格尔期（约相当于公元前700—前200年间）这些符号又增加了，并且表现为各种印纹，到了塔什特克期又进一步表现为计算的符号。[2] 我们既然知道丁零的文字符号是构成鄂尔浑—叶尼塞文字的因素之一，那么，我们就可以推断丁零语言也是构成鄂尔浑—叶尼塞语言的因素之一。

丁零的文字符号又具有卢（Runes）文字母的因素，例如Ⴘ见于盎格鲁撒逊人（Anglo - Saxon）的卢文，Ⴤ、Ⴑ、Ⴇ见于北欧卢文，Ⴕ见于亚洲卢文。这种卢文字母的因素究竟从什么地方传来的，苏联学者相信以阿剌美亚文为基础的大多数塔拉斯—叶尼塞（Таласо-Енисейский）文字，既然借粟特文和花剌子模文，通过中亚西亚而传播至东方，那么，与花剌子模有关系的谢米列契（Семиречье）地方（也称七河区）原来住着粟特人，在第6至第7世纪间被西突厥所占领，并把阿剌美亚文纳入突厥语中，所以谢米列契可能就是最早使用卢文的地方。[3] 也就是说，亚细亚卢文像鄂尔浑—叶尼塞文字一样，是从中亚西亚借粟特文和花剌子模文一同传到东方的。可是，上面所说在叶尼塞发现的卢文符号，却是属于塔什特克时代，早于西突厥占领谢来列契4个世纪以上。那么，丁零的卢文又从哪里传来的呢？考欧洲发现最早的卢文遗迹是

---

〔1〕《Древняя История Южной Сибири》，стр. 463，481таб，LV.

〔2〕《Древняя История Южной Сибири》，стр. 461 - 464.

〔3〕《Древняя История Южной Сибири》，стр. 610.

属于第 3 世纪中叶的,发现的地点是在丹麦西南区,所以一部分学者认为那里就是卢文的发源地。但另一部分学者则以为卢文起源于东南欧,最先通行于哥德人(Goths)中间,然后再传入斯堪的那维亚,并认为卢文就是哥德人所创造的。[1] 如果这一说是可靠的话,那么,哥德人与东方文化有无关系? 这一问题,很值得我们研究。当公元前 1 世纪至公元后 1 世纪间,北欧日耳曼人的一族哥德人已有一支向东迁移,在黑海北岸建立他们的根据地,其东界扩张至顿河流域,与奄蔡(阿兰)为邻。由于叶尼塞河流域的考古发现,已经证明塔格尔期文化与东欧的斯基泰文化有密切的关系,因此,叶尼塞塔什特克期的丁零文化很可能与哥德人的文化发生关系。也就是说,叶尼塞的卢文符号可能是来自黑海北岸的哥德人。丁零人有无文字? 这一问题尚待研究,但最低限度可以说:丁零人已通行一种字母符号,这种符号里面包含着许多因素,迄今已获得证明的有叶尼塞本地固有的符号,外来的中国古文字符号和卢文符号,并且很可能在一定程度上用这种符号来代表他们的语言。

坚昆人把中亚西亚的突厥语因素,也就是粟特语和花剌子模语中的阿剌美亚语因素带到叶尼塞河流域,与丁零人的语言混杂起来,因而构成鄂尔浑—叶尼塞文字及其所代表的语言。所以丁零的语言虽已不复存在,但它的血液仍保持在鄂尔浑—叶尼塞文字的语言中。所谓鄂尔浑—叶尼塞文字,即古突厥文字,最先流行于叶尼塞河流域的黠戛斯族中,近代发现于蒙古鄂尔浑河及和硕柴达木湖(Koso Tsaidam)附近的突厥苾伽可汗碑、阙特勤碑、九姓回鹘可汗碑等,都有这种文字。在现存的语言中,图瓦(Тувинского)语和卡拉加斯(Карагасского)语最接近于古突厥文字的语言。[2]

---

〔1〕*Encyclopedia Britannica*, vol 19 "Runes"。

〔2〕Н. А. Баскоков《 Классификация Тюркских Языков в связи с исторической Периолизацией их Развития и Формирования》, Трулы Института Языкознания, АН СССР том I 1952 стр. 50.

20.6　结语

匈奴北边的丁零，在人种的发展历史上经过长远而又复杂的变化过程。当公元前 3000 至前 2000 年间，丁零的远古祖先是单一的长头欧洲人种。那时在米努辛斯克居民中所通用的语言，可能是属于一种原始的乌拉尔—阿尔泰语。到了公元前 1200 至前 700 年间，忽然来了大批的中国移民，于是在原来的长头欧洲人种中，渗入蒙古利亚人种的因素。丁零远祖的语言自不免受到中国语言的影响。苏联考古学者在黠戛斯土坟中发现瓦罐上有一组符号，与中国殷周古文字很相类似，可能就是从加拉苏克期的中国移民沿袭下来的。

至公元前 700 至前 200 年间，丁零的蒙古利亚种的特征削弱了，塔格尔期的圆头人已回复到单一的欧洲人种的类型。从加拉苏克期起，丁零人即在崖壁和墓石上刻着各种符号，后来又渗入外来的中国文字符号和卢文符号，他们很可能在一定程度上曾经使用这些符号来代表他们的语言。当塔什特克期，丁零因受匈奴的影响，又掺杂了蒙古利亚人种的因素。从米努辛斯克土坟中所发现的用石膏或白瓷土制成的面具，足以证明当时丁零人的形貌，虽则基本上还保持着欧洲人种的特征，但蒙古利亚人种的成分已很显著了。同时在语言方面也不免受匈奴的影响，因而掺杂了蒙古语和通古斯语的因素。

从公元后第 3—6 世纪，丁零又不断被来自东南方的种族如鲜卑、蠕蠕等所侵扰，因而蒙古利亚人种的因素更加显著。当高车盛时，丁零归其役属，高车的人种问题尚难确定，但高车与丁零原为两族，不能把它们等同起来。蠕蠕和高车相继衰微之后，突厥始称雄于漠北。突厥与丁零有密切的关系，它们的发祥地密迩，它们在发展过程上也极相类似，但它们各自为族，不能混同为一。早在 6 世纪上半叶，丁零西南的坚昆向东迁移，在叶尼塞河流域与丁零结成联盟，从此两族混合为一，形成一种新的人种类型，回鹘称之为黠戛斯，也就是现代叶尼塞吉尔吉斯（哈卡斯）人的直接祖先。

丁零族在人种上发展的整个过程就是这样。

由此可见,诸史书所说丁零是匈奴的别种,或高车就是丁零,或丁零就是铁勒,或高车就是铁勒,或丁零就是突厥,或回鹘就是高车,都是不正确的。这种混淆,其主要原因有三点:

一是对音太滥。例如说丁零是"Türk"一字的对音,无论从发音部位或声韵关系来说,殊觉牵强。清季洪钧在其《元史译文证补》中谓高车与康居音近,疑为同族,则对音太滥之习由来已久。

二是把部族的统治氏族与被统治部落的人种混为一谈。例如匈奴的统治氏族是蒙古利亚种,但它所统治的丁零和坚昆则出自长头的欧洲人种,在人类学上绝不能互相混淆。

三是把部分当为全体,例如高车只是铁勒的一部,回纥只是高车的一部,都不能把它们等同起来。

在语言方面,坚昆人的东迁,把中亚西亚粟特语和花剌子模语中的阿剌美亚因素带到叶尼塞,与丁零的文字符号和语言相结合,因而形成鄂尔浑—叶尼塞文字及其所代表的语言。

（原载《中山大学学报》1957 年第 2 期）

21 汉简所见居延边塞与防御组织
（上篇）

陈梦家

在《汉简考述》[1]两篇中，我们曾根据调查报告所记述的遗址和见于简上的邮程的记录，概略地叙述了额济纳河两岸汉代障隧分布的位置。利用出土地，将全部居延简中有关防御设置的记录系统地分条排比，可以部分的恢复汉代居延边塞的防御组织。这样，不但可以补足史籍上记载不多、不全的边塞防御组织，并可以对将来分地区、分时代的研究汉简有不少便利。

汉代北边诸郡，由于地理上、军事上和经济上的关系，和内郡在组织上稍稍有所不同。两汉之世，北边常与匈奴、羌胡和其他北方民族相接触，郡守对于防御武备有着特别重大的任务；而在边郡，一方面是人口较稀少，一方面是民族较复杂。同时，屯田和转输都是直接和武备相联系的。因此边郡守除了直辖诸县民政外，还要管辖二或二以上的部都尉，而在其境内存在有受制于中央大司农、典属国的农都尉和属国都尉。边郡太守府和内郡一样，有一套治事的官僚组织，即阁下和诸曹，另外又有仓库。太守所属的部都尉，也是开府治事的，它也有略同于太守府的官僚组织，即阁下和诸曹；除官僚系统外，它有候望系统（候、塞、部、隧），屯兵系统（城尉、千人、司马），屯田系统（田官），军需系统（仓、库）和交通系统（失、驿、邮亭、置、传、厩等）。后者或者属于郡。

以下所述，限于防御组织中的候望系统，亦兼述屯兵系统的一部

---

〔1〕陈梦家《汉简考述》，载《考古学报》，1963年第1期。

分。其他部分,另详别篇。分为十节叙述,而附以相应的十表,以便互相参阅。本篇以居延简为主,也部分的附录了敦煌和酒泉两地简(即著录于《沙氏》、《新获》和《马氏》三书的),以资补充比较,它们的制度是相同的。居延简的释文,凡号数前冠以甲字者见《甲编》,凡号数后有分号的见《居延汉简甲乙编释文》初稿(将由考古研究所编辑出版)。简号后括弧内所注"破""A21"等是出土地代号,参《汉简考述》。

本篇文献资料,集中于《汉书》的《百官公卿表》简称《百官表》)和《地理志》,《续汉书》的《百官志》和《郡国志》。其《汉旧仪》、《汉官仪》等,除特别注出出处外,余皆直引孙星衍所辑本《汉官七种》。[1]其他参考书目及其简称,详《汉简考述》文末所列。以下分为上下篇。[2]

21.1　太守—太守府

郡之首长为郡守或太守,其下有丞治民,在边郡又有长史掌兵马。《百官表》曰:"郡守,秦官,掌治其郡,秩二千石。有丞;边郡又有长史,掌兵马;秩皆六百石。景帝中二年(公元前148年)改名太守。"丞、长史之下似有"郡司马",表、志所未述。《汉书·冯奉世传》曰:"奉世长子谭,太常举孝廉,为郎,功次补天水司马";《汉书·西南夷传》曰:"大将军凤于是荐金城司马陈立为牂柯太守。"《封泥考略》4·38－40有"豫章司马""琅琊司马""□西司马"等,吴式芬曰"印谱有胶西司马、建安司马。……汉书亦屡见",即指上所引两传。郡司马与都尉下之司马,应有分别,但它亦可能属于郡都尉。

以上所述,与下列汉简相符合:

　　……即下将屯张掖大守莫府卒……227·43(破)
　　宣德将军张掖大守苍、长史丞旗告督邮掾　16·4(A7)
　　张掖大守奉世、守郡司马行长史事、库令行丞事　505.3甲

〔1〕《平津馆丛书》甲集,槐庐家塾刻本。
〔2〕本书只节选了陈梦农先生该篇文章的上篇。——编者注

1952（大）

  文德大尹章诣大使王威将军莫府　《沙氏》367

  文德长史印诣大使王师将罩莫府　《沙氏》367

  辅平司马　53.2甲364（地）

简称大守为将军，盖因其兼领武事。又于名衔前冠以"将屯"者，《汉书·赵充国传》曰"迁中郎将，将屯上谷"，师古云"领兵屯于上谷也"。"长史丞"似是东汉建武十四年（公元38年）长史领丞职以后的称谓。文德（后又改敦德）、辅平，乃王莽时敦煌、酒泉二郡的改名，此三简均属新时，故称大守为大尹（见《汉书·王莽传》中），而此时犹有长史。甲1952简以郡司马摄行张掖郡长史之职，长史掌兵马，故以郡司马摄代。大守兼为军职，故大守府亦称"莫府"，简文"卒"下所阙当是史字，《汉印文字征》1·21"横野大将军莫府卒史张林印"，可以为证。

  都尉是太守下专佐武职者，边郡武事重要，亦开府置曹辟吏，因此都尉府的组织和太守府的组织虽略小而相仿，试比较如下：

	[大守府]	[都尉府]
官员	太守、丞、长史、郡司马	都尉、丞、候、千人、司马
阁下	掾卒史、属、书佐……	掾、卒史、属、书佐……
诸曹	主簿、功曹……	主簿、功曹……
仓库	仓、郡库	居延仓、肩水仓……
所属	部、郡都尉	候、塞尉、城尉
	农都尉（属大司农）	部候长
	属国都尉（属典属国）	隧长
	县	其他

因此，两府属吏（阁下和诸曹）在汉简上有时不易分辨，但其直系防御组织即大守—都尉—候—部候长—隧长则是分别清楚的。

21.2　都尉—都尉府

  西汉边郡内，往往设置不只一个都尉，不只一种都尉。

《百官表》曰："郡尉，秦官，掌佐守典武职甲卒，秩比二千石。有丞，秩皆六百石。景帝中二年改名都尉。"又曰："关都尉，秦官；农都尉、属国都尉皆武帝初置。"又典属国下曰："武帝元狩三（应作二）年昆邪王降，复增属国，置都尉、丞、候、千人。"《汉旧仪》曰："边郡……置部都尉、千人、司马、候、农都尉，皆不治民。"

汉武帝以前，已有属国之官，《汉书·文帝纪》曰"属国悍为将屯将军"。《史记·卫霍传》述元狩二年（公元前 121 年）秋浑邪王来降"乃分徙降者边五郡故塞外，而皆在河南，因其故俗为属国"；《汉书·武帝祀》谓"五属国以处之"，《百官表》误作元狩三年。《汉书·宣帝纪》曰"神爵二年（公元前 60 年）置金城属国以处降羌"，"五凤三年（公元前 55 年）置西河、北地属国以处匈奴降者"。金城、北地两属国，《地理志》失载，而张掖郡两属国则见录于《续汉书·郡国志》：

张掖属国　武帝置属国都尉以主蛮夷降者，安帝时别领五城。……候官，左骑千人〔官〕，司马官，千人官。

张掖居延属国　故郡都尉，安帝时别领一郡（城字之误）。……居延，有居延泽，古流沙。献帝建安末立为西海郡。

此二属国，实置于西汉，《汉书·匈奴传》昭帝时匈奴"入日勒、屋兰、番和，张掖太守属国都尉发兵击"，此张掖属国都尉或兼指张掖、居延二属国。"左骑千人官"，据《郡国志·武威郡下》"左骑千人官"补"官"字。今本既遗一字，又将"左骑"与"千人"分隔为二，中空一格以求符合五城之数，应予校正。

《地理志》所载九十余都尉中，以郡"都尉"和边塞的"都尉"占多数。凡一郡只有一都尉而在县名下注"都尉治"的共 32 郡，这些都是郡都尉。[1]

据《地理志》所列，大致说来，凡一郡只有一都尉（郡都尉）的俱属内郡，而边郡则多有二或二以上的都尉。北边边塞西自敦煌、东至乐浪凡 21 边郡，它们的都尉数字如下：敦煌四；酒泉三；张掖三；武威二；金

---

〔1〕参所作《西汉都尉考》，此不详述。又都尉亦称将军，见《史记》灌夫、田蚡传。

城无（《赵充国传》有西部都尉，《河水注》有广武都尉，"允吾西四十里小晋兴城故都尉治"）；陇西一；天水二；安定二；北地二；上郡四；西河四；朔方三；五原四；云中三；定襄三；雁门二；代郡三；上谷二；辽西二；辽东三；乐浪二。

上述21边郡的都尉，少部分是属国、骑、农都尉和郡都尉，大部分称为东、南、西、北部都尉，就是《汉旧仪》所说边郡的"部都尉"（《汉官仪》作"部尉"），《汉书·咸宣传》称"诸部都尉"。汉简（甲1261）曰"东部北部塞"，可知塞也分部。据敦煌、酒泉、张掖三郡故塞出土汉简来看，则敦煌郡的四都尉、酒泉郡的三都尉自东经93°至99°东，在北纬40°30′上下没置于疏勒河塞上；张掖郡的居延、肩水两都尉设置于沿额济纳河岸的塞上。河西三郡9个都尉，全在塞上。兹列出汉简中所见河西四郡都尉如下：

敦煌郡　阳关都尉　《沙氏》275

玉阴都尉　《沙氏》137，305，428，451；《新获》14·3

中部都尉　《沙氏》274，695；《马氏》60

［宜禾都尉］　未见

酒泉郡　［西部都尉］　未见

北部都尉　44·16，484·20（破）；308.35B（瓦）残"酒泉北……"

［东部都尉］　未见

张掖郡　肩水都尉　见下第二表

居延都尉　见下第二表

武威郡　北部都尉　42·6（破）

它们和《地理志》所载大致相同，唯志失载肩水都尉，《盐铁论·复古篇》有扇水都尉，扇应是肩之误。

居延汉简所见都尉的种类，约如下述：

（1）部都尉　敢告部都尉卒人甲　12.1甲2554（地）

下属国、农、部都尉　10.32甲34（地）

丞相史下领武校、居延属国、部、农都尉　65·18

（地）

　　　……史告居延属国、部、[农都尉]……　216.1 甲
　　　1199（大）

　　　……谒部、农都尉官　16·4（A7）

　　　循城部都尉　《沙氏》136（此据沙释无图版，"城"疑
　　　当作"诸"）

（2）属国都尉　属国都尉千秋、丞充　66·48，227·44（破）

　　　　　　　余见上所引　10.32，216.1，65·18

（3）农都尉　敢告张掖农都尉、护田校尉府卒人　4.1 甲11（破）

　　　守大司农光禄大夫臣调昧死言一……[敦煌]以东至
　　　西河十一农都尉官二调物钱谷转籴

　　　　□民困乏愿调有余给不……　214.30（甲1175）
　　　（破）

（4）郡都尉　张掖都尉章　54.25（甲386），74.4（甲456）

　　　北书一封张掖都[尉章]……　103.17 甲595（破）

　　　肩水候_{张掖都尉章}　54·25，74·4（地）

（5）关都尉　……[中]二千石、关都尉、郡大[守]……　56·7
　　　（破）

　　以上5类与《地理志》所属诸类，大略相同，但有需加说明的地方。

　　简云"属国、农、部都尉"，又云"居延属国、部、农都尉"，是指居延
的属国都尉、部都尉和农都尉。《史记·大宛传》"北置居延休屠以卫
酒泉"集解引"或曰置二部都尉以卫酒泉"。"部、农"或作"农、部"，可
证如此逗断是正确的。216.1 和 65·18，68·48，227·44 诸简都是西
汉时代的，是当时已有"居延属国都尉"。65·18 简的开端有"[御史]
大夫广明下丞相……"乃是诏书，据《百官表》田广明为御史大夫在元
平元年至本始二年（公元前74—72年）是在昭帝末、宣帝初。[1]　瓦因
托尼出土 148.1＋148.42 简（甲838＋839）曰"征和三年（公元前90

————————

〔1〕劳幹《居延汉简考释·考证之部》（以下简《考证》）1·15 对此简有考。

481

年）八月戊戌朔己未第二亭长舒付属国百长、千长"，应指居延属国，是武帝末已置。《郡国志》以为张掖属国置于武帝时，居延简曰：

> 张掖属国司马赵蒙　53.8 甲 370（地）
>
> 元凤五年尽本始元年九月以来大禾……
>
> ［张掖］属国胡骑兵马籍　512.35 甲 2112（大）
>
> 张掖大守寿下属［国］……　314·2（地）

由此可知张掖属国见存于昭帝元凤五年（公元前 76 年）以前。《汉书·匈奴传》述昭帝时"张掖太守属国都尉发兵击"匈奴，"属国都尉郭忠封成安严侯"在元凤三年二月封（见《汉书·功臣表》），此是张掖或居延属国都尉。《汉印文字征》，8·19 有"张掖属国左卢小长"。有关它们的简出于于地湾和大湾，则张掖属国似在弱水上游。

甲 1175 乃汉元帝永光二年（公元前 42 年）诏，据《百官表》"永光二年光禄大夫非调为大司农"，《汉书·沟洫志》曰"遣大司农非调调均钱谷河决所灌之郡"，或即简所述之事。简云"□□以东至西河十一农都尉官"，所缺当为敦煌，沿边自敦煌至西河郡恰为第 11（参前述边郡 21 郡）。如此似边郡每郡各一农都尉。[1] 据此简，十一农都尉受制于大司农，而各郡的都尉受制于太守，不可等同。居延汉简所见，有"居延农都尉"和"张掖农都尉"，如此则一郡可有二农都尉。后者于王莽时称"设屏农尉"，《汉印文字征》3·6 有"设屏农尉章"。

地湾出土封检上以及破城子出土北书上的"张掖都尉章"，可以说明张掖"郡都尉"在地湾之南。《地理志》曰"日勒（今山丹县东南）都尉治泽索谷"，可能为郡都尉所在，与此地望相符合。

破城简 56·7 是一诏书残文，关都尉位于中二千石与二千石郡太守之间，高于比二千石的都尉。

以上各类都尉，部都尉和郡都尉属于郡太守，属国都尉属于典属国，农都尉属于大司农；而敦煌郡的玉门关和阳关都尉实际上也是部都尉，应属于郡。属国、农都尉大约也受所在郡太守的节制，故郡太守亦

---

〔1〕《考证》1·70 据此简以为"似边郡属国都尉之外，皆农都尉"。这种说法是不正确的。

率属国都尉出击。

居延、肩水两都尉,在汉简上尚有以下的问题:

诣上都尉　242・36(地)

居延都尉北部掾　127・12(破)

以邮行北部仓　204・9(金)

……都尉□□都尉北部　101・5(破)

北部卒　甲16(破,绥和二年);393・11(A2)

张掖肩水都尉□、兼行丞事肩水北部都尉□　甲1909(大)

似居延都尉和肩水都尉都分出有北部都尉,故地湾简的"上都尉"可能
指肩水北部都尉或居延都尉,此事尚待研究。此外,"居延都尉"前或
冠以"将屯"或"将兵护屯田官"(40.2 = 甲286,278・7),表示都尉兼
将屯之事,犹"张掖大守"前冠以"将屯"一样,"将屯"即将兵屯田。居
延是武帝时名将路博德所经营,约在太初元年至天汉四年(公元前
97—104年),"为强弩都尉,屯居延,卒"。故居延都尉或冠以"将
屯"。[1]《百官志》说"边郡置农都尉主屯田殖谷",然部都尉似亦有兼
管屯田者。敦煌郡的宜禾都尉,据其塞墙序列来看,应是部都尉而称宜
禾,宜禾最初为屯田之义,故《后汉书・西域传序》谓永平"十六年明帝
乃命将师北征匈奴,取伊吾卢地,置宜禾都尉以屯田"。

21.3　都尉属官

《百官志》注引《汉旧仪》曰:"元狩六年罢太尉,法周制置司马,时
议者以为汉军有官、候、千人、司马,故加大为大司马,所以别异大小司
马之号。"《汉官仪》及《汉旧仪》并韶边郡"置部都尉、千人、司马、候",
《汉书・冯奉世传》注如淳引《汉注》曰:"边郡置都尉及千人、司马,皆
不治民也。"由此可知边郡部都尉有都尉、候、千人、司马四官,当为西
汉制。《百官表》带元狩三(应作二)年"复增属国,置都尉、丞、候、千

---

〔1〕《考证》1.65以为路博德卒后"将屯者当为居延都尉矣"。

人"，而《郡国志》记武帝初置张掖属国"安帝时别领五城""候官、左骑千人[官]、司马官、千人官"，则第五城应为都尉府所在。由此可知属国都尉有都尉、候、千人，另有丞为都尉之副职，此西汉制；东汉制则更有左骑千人官，所谓"官"是官署，治于城。东汉建武六年以后，省简都尉，有些郡不置都尉而仅有低于都尉的候官或左骑千人官，如《郡国志》武威郡"十四城"，最后为左骑千人官。武威与张掖属国俱属凉州，志总之曰"右凉州刺史郡国十二，县、道、候官九十八"，98城中计入了张掖属国五城和武威左骑千人官。又上郡"十城"，最后为候官；会稽郡"十四城"，最后为"东部候国"，《吴志·虞翻传》曰"到东部候官，候官长闭城不守"，候国是候官之误。

汉简所见都尉、候、千人、司马四者的官职，约如下述：

（1）都尉承　甲692（地）；甲1589（大）；265·13（破）

　　　居延都尉德、丞延寿　甲941（破）；86·8（破）残辞

　　　居延都尉万岁、丞嘉永　甲1492（破）

　　　张掖居延都尉旷、行丞事骑司马敏　16·10（A7）

　　　居延都尉德、康丞登兼行丞事　甲788（破）

　　　居延城令史明以近次行都尉事、丞禁　甲1363（破）

　　　肩水都尉政、千人宗兼行丞事　甲1866（大）

　　　[斛]得仓丞吉兼行丞事　司马丞登行丞事　甲2554（地）

附　酒泉玉门都尉护众、候畸兼行丞事　《新获》14·3

　　　敦煌玉门都尉子光、丞万年　《沙氏》137

　　　玉门都尉阳、丞罗　《沙氏》451

　　　[敦煌中部]司马□行[都尉丞]　《沙氏》55

由此可知在公文上都尉与其丞常常并列为正副之职。都尉丞出缺时可由近次之官兼行，详下第9节。据《百官表》都尉"有丞，秩皆二百石"。属国都尉有丞（68·48，227·44），与部都尉同。

（2）候　详下节。

484

（3）千人[1]

　　给征千人丞苏奉亲行塞南马三匹、匹二束　73·17（破）

　　居延千人令史长则校系甲渠第廿三名籍　2·21（破）建始二
年

　　……卅井守候骑千[人]……　454·24（博）（以上居延都尉
千人）

　　……□□[守]候千人竟……　215·5（地）

　　昭武骑士益寿里王疆，属千人霸、五百偃、士吏寿　560·13
（地）

　　觗得骑士成功彭祖，属左部司马宣、后曲千人尊　564.9 甲
2392（地）

　　肩水都尉政、千人宗兼行丞事　495.9＋503.7 甲1866（大）

　　千人令史居延广都里公乘屈地　75·23（金）

　　上计佐史郝卿诣卿千人令史　503.12 甲1935（大）（以上肩
水都尉千人）

　附　大始三年闰月辛酉朔己卯玉门都尉护众谓千人尚、尉丞某署
就　《沙氏》305

　　始建国天凤四年……库守宰尹、千人忠　《沙氏》369

　　……宰事尹、骑千人秉　《沙氏》370（以上玉门都尉千人）

由上可知千人有“千人”与“骑千人”二种，其属吏有丞与令史。大始三
年（公元前94年）是敦煌简中较早的武帝时简，则当年已有千人之职。
《汉书·灌夫传》曰“请孟为校尉，夫以千人与父俱”，孟康注云：“官主
千人如候司马也。”称骑千人则当为骑兵。地湾一简千人下一级为五
百。千人与五百俱见于汉印中：

　　中骑千人　《封泥考略》1·46

　　定襄千人　《齐鲁封泥集存》22.5 定襄郡有二都尉《中部东

---

[1]《流沙坠简》薄书类第十二简考释，以为“千人主兵之官”。都尉属官之司马、千人，参《考证》1·12、1·45 等页。

部》

　　骑千人印　《汉印文字征》3·2

　　折冲千人印　《十钟山房印举》2·50

　　千人督印　《金索》五

　　文德左千人印　《十钟山房印举》2·50（文德为王莽时敦煌）

　　骑五百将　《汉印文字征》14·11

　　募五百将　《汉印文字征》3·20,14·11

骑士王疆属于千人霸、五百偃的部下,则此千人、五百或当为骑千人、骑五百。骑士成功（复姓）彭祖属于左部司马下后曲千人,此与上述的千人恐有所不同。《百官志》谓"大将军营五部……军司马一人比千石,部下有曲,曲有军候一人比六百石,曲下有屯,屯长一人比二百石。……其别营领属为别部司马。"此左部司马下至少有前后二曲,曲千人,相当于大将军下的别部司马,职位较尊。但大湾简491.10（甲1853）曰"四月乙未左部司马……肩水都尉府敢言之……"似肩水都尉下有左部司马。王莽时的简、印上都有千人,《汉书·王莽传》中有车骑将军千人扈云。

　　（4）司马

　　①司马

　　司马宜昌将骑百八十二人从都尉追　57.29甲410（破）

　　□司马诣府　188·18（破）（以上居延都尉司马）

　　张掖肩水司马　14.3甲131;[1]213·43,558·3（地）

　　……[公]乘赵吉年卅,为故司马官不转输□□　75·8（金）

　　遣尉丞、司马数循行严兵……　12.1甲2554（地）

　　取司马监关调书　10.14甲73（地）（以上肩水都尉司马）

　　司马丞登行丞事　12.1甲2554（地）

　　将屯司马丞　266·27（破）

---

　　[1]14.3甲131简曰:"肩水候,即曰张掖肩水司马,三月丁丑驿北卒乐成以来。"《考证》1·12曰"此为肩水司马致书肩水候者,足证司马与候不在同城也"。案驿北与金关俱在肩水候官所在的地湾之北。

司马令史　90.2＋90.12＋90.60甲536（大）始元六年

附　中部司马　《沙氏》55,275

其假候如品,司马以下与将卒长吏屯要害处　《沙氏》60

司马王□督烽　《沙氏》438

止寇司马　《马氏》138

司马丞　《沙氏》461,549

司马令小史　《马氏》32

②骑司马

张掖都尉旷、行丞事骑司马敏　16·10（A7）

·凡出所受将骑司马丞常安与卒死……　148.33甲847

（瓦）

③假司马

叚司马爱汤马二匹　560.18甲2342（地）

司马与骑司马,犹千人与骑千人。《汉书·赵充国传》曰"武帝时以假司马从贰师将军击匈奴";《汉书·西域传下》桑弘羊奏言"遣假司马为斥候,属校尉";《后汉书·段颎传》曰"乃分遣骑司马田晏将五千人,假司马夏育将二千人"击羌,是骑司马高于假司马。《百官志》将军下曰"又有军假司马、假候皆为副贰",是假司马是司马之副（假候见上所引《沙氏》60）。司马之属吏有丞和令史,与千人同。

④属国司马:

张掖属国司马　53.8甲370（地）

⑤左部司马　564.6甲2392（地）;491.10甲1853（大）

⑥郡司马见上第一节。

⑦城司马见下第四节。

以上所述是居延与肩水两都尉下的四种属官,都尉丞与都尉同在都尉府,而候、千人、司马各以候官、千人官和司马官为其治所。候与其所属的部候、隧在塞上司候望与烽火,另成一系统。千人与司马应为屯步兵骑兵的首长,而千人所辖有骑兵。候、千人与司马,除职司不同外,或许是有高下等级的。诸书所载,千人介于候与司马之间,唯《郡国志》张掖属国（都尉）所辖以候官、左骑千人官、司马官、千人官为序，多出最后千人官一级，乃是东汉制。《百官表》中尉下"有两丞、候、司马、千人"，西域都护下有"丞一人，司马、候、千人各二人"，戊己校尉"有丞、司马各一人，候五人，秩比六百石"，次第稍异。

属国都尉的编制同于部都尉，但也有它自己的官名。《史记·卫将军骠骑传》说元狩二年昆邪王降，"因其故俗为属国"，《史记·匈奴传》和《汉书·西域传》所记"千长、百长"亦见于瓦因托尼简148.1＋148.42（甲838＋839）"属国百长千长"。《汉书·匈奴传》昭帝元凤二年"张掖太守，属国都尉发兵击"匈奴，"属国千长义渠王骑士射杀黎汙王"，师古注云"千长、千人之长。"《汉印文字征》所录夷、胡、氐、羌的"佰长""仟长"印甚多，不备举。

以上但述都尉府的属官，至其属吏，将另详别篇。

21.4　城尉—城官

前已考定破城子与大湾分别为居延与肩水都尉府所在。候官所在称鄣，都尉所在应称城。居延简中有南北两城的设置，见于以下各简：

[张]掖居延城司马安　485·60（破）

居延城司马□以秩次行都尉事　140·2（金）

居延城司马□以近次行都尉事　262.26 甲1363（破）

[居延]城仓长禹兼行（居延都尉）丞事　278·7（瓦）

居延城仓佐王禹　62·55（金）

居延都尉德、库丞登行丞事下库、城仓　139.13 甲788（破）

甲渠守候城仓……　317.22 甲1679（破）阳朔四年

候史徐辅迁补城仓令史　142.34 甲800（破）

甲渠令史宗使城仓令史谭　84.27 甲486（破）建平二年

张掖肩水城尉谊以近次兼行都尉事下候、城尉承书从事下当用者　10.29 甲88（地）

檄到禹等诣城尉官　306.25 甲 1633（地）

守城尉广国病书　512.3 甲 2109（地）

仓石候长婴齐受守城尉毋害　216.3 甲 1188（大）元凤六年

橐他守候护移肩水城官吏　506.9 甲 1995（大）元延元年

城官二亭吏兼次书　503.10 甲 1932（大）

补肩水城官亭啬夫　214・96（破）

・始元五年六月所受城官墼簿　204・3（金）

城官中亭治园条　506.10 甲 2001（大）

南单檄，诣城官，都吏郝卿印　505.19 甲 1963（大）

・右凡十二两输城官　505.36 甲 1981（大）

城官致敢言之　　以檄候史残日食常得官廪，非得廪城官

284.4 甲 1525（地）

　　张掖城司马毋起日诣投屏右大尉府　288・30（金）王莽时简
由上各简，可知张掖居延城司马可以秩次或近次代行居延都尉事，居延
城仓长可以兼行居延都尉丞事，则此城司马与城仓长俱属于居延都尉，
而城仓与都尉府同在一地，故得兼行。张掖肩水城尉可以近次兼行肩
水都尉事，则城尉属于肩水都尉，城尉官与都尉府同在一地，故得兼行。
"肩水城官"之官，犹候官之官，乃治事之所，简化为城官，有吏，有亭
吏。王莽简中有张掖城司马，犹西汉简中的居延城司马。据 10.29 甲
88 简，城尉位次在候下，今为方便计，述城官于候官前。

　　城尉与城司马之"城"，似指居延与肩水都尉府所在的破城子与大
湾两城。都尉所在之城的特殊机构，文献所未载，唯《汉书・西域传》
于阗国有左右城长，渠黎国有城都尉，与此恐不相同。

21.5　候—候官

　　候与候长皆居塞上警戒，乃是军候、斥候之候。据第四表所列，候、
障候、塞候是一，因候皆驻于障城之内，而障在塞上与诸部候、诸隧构成
一条防御战线。居延汉简中，以属于甲渠与肩水两候官者居多数，故对

・欧・亚・历・史・文・化・文・库・

此二候官的组织,稍见规模,详第三表、第四表。由此可以约略排列出两候在任的时期:

公元前56年五凤二年	甲渠候汉疆	40.4 甲 287;6·5
55年五凤三年	汉疆	159.14 甲 941
	杜君	3·8
50年甘露四年	甲渠鄣守候望	283.44 甲 1510
48年初元元年	甲渠鄣候喜	283·26+36十65
45年初元四年	甲渠鄣候喜	68·14;267.10 甲 1398
44年初元五年	甲渠鄣候喜	227·3
43年永光元年	甲渠鄣候喜	甲附 36
25年河平四年	甲渠鄣候谊	28.15 甲 215
24年河平五年	甲渠鄣候谊	35·22
17年鸿嘉四年	甲渠鄣候光	220·19
16年永始元年	甲渠鄣候显	160.6 甲 947
14年永始三年	甲渠候杨君	229·1+2
11年元延二年	甲渠候隆	214.30 甲 1174
王莽时	甲沟鄣候放	312.23 甲 1673
公元后24年更始二年	甲渠守候循	286.15 甲 1565
31年建武七年	甲渠鄣守候宪	161.24 甲 2418
公元前68年地节二年	肩水候房	7.7 甲 45
65年地节五年	肩水候房	10.35 甲 97
25年河平四年	肩水候月	284.2 甲 1524
24年阳朔元年	肩水候月	284.8 甲 1526

由此可见候的任期有长至五年、六年的。汉简称太守为府君(如502.9+505.22=甲1914,495.2=1917),称刺史为某君(214·37,破城),称都尉为都君(306.4+5.9 甲1618),而候亦称某君,乃是尊称。

据第四表,有甲渠鄣候汉疆、甲渠候汉疆,故障候即候;又有甲渠塞候即鄣候。甲渠候、肩水候于简又省称为甲候、肩候;王莽时则称甲渠为甲沟。据第三表,居延候官又称"小居延候官","小居延"犹金关简

（119·67）云"葆小张掖有义里"之"小张掖"。《资治通鉴》建安三年胡注云"沛郡治相县而沛自为县,时人谓沛县为小沛";张掖郡治觻得县,故称张掖县为小张掖;[1]居延都尉治破城子（A8）,故称居延城为小居延。若此说不误,则可以解释居延城官所在地的问题。我们在《汉简考述》中曾假定破城子东北的 K710 为居延城,而称此城四围为居延区域,并以为居延候官在此区域内。小居延可能即指此城,而居延都尉府所在的破城子可能也叫居延城,居延城官与城仓在内,故于 K710 的居延城加小字以区别之。

史书上所载候官之候不多,《汉书·扬雄传》下引其《解嘲》曰"东南一尉,西北一候",注引"孟康曰敦煌玉门关候也"。《后汉书·西域传》述阳嘉四年"乃令敦煌太守发诸国兵及玉门关候、伊吾司马救车师",《隶续》卷12"刘宽碑阴"门生题名（东汉中平二年）亦有玉门关候之名。史书所记候,往往冠以郡名而不举其候官名,如《汉书·赵充国传》有"酒泉候奉世",《董贤传》你贤父恭为"云中候",《律历志》有"酒泉候宜君",凡此酒泉、云中皆郡名。此犹《韩长孺传》之武州尉史,《匈奴传》之雁门尉史,皆以郡名,而此尉史实为塞上的尉史。

候所在的官署称"候官",或简化为"官"。候所直辖者为一段候官塞（约百里）上的若干候长与各候长所率之若干隧长。候官的属吏则有丞、掾、令史、尉史等,分述于下。

（1）候丞　49.8甲322,262.9甲1371,甲2443（破）;50·4（金）

甲渠鄣候丞迁敢言之　285·2（破）

乙未遣尉史赦之治丞　33.10甲231（破）

肩水候丞更得敢言之都尉府　306·20（地）

候丞定国始元四年十月庚寅除　90.32＋90.3＋90.21甲540（大）

张掖肩水都君丞卿　306.4＋5.9甲1618（地）神爵元年

肩水庚候守丞　516.37甲2262（大）

〔1〕参《考证》1·73。

附　玉门关候蒲、候丞与、尹君　《沙氏》317

大煎都候丞　《沙氏》142,150,317

敦煌鱼泽候守丞王子方　《沙氏》398

候之有丞和令史,与千人、司马同。敦煌玉门关候下有候丞又有尹,而居延肩水都尉下有尹,似尹低于丞。

（2）掾　见下文书签署事。又破城简（3·8）有"甲渠候杜君掾"

（3）令史

居延令史　28·21（破）;15·13（金）

张掖居延甲渠候官令史　525·6（破）

居延甲渠候官令史　167·7（破）

甲渠候令史　198.20甲1120（破）;216.9甲1198（大）

甲渠令史　26.1甲187,35.6甲247,84.27甲486,142.35甲815,185.27甲1065;258·11（破）元延元年

甲渠候斗食令史　42.16甲297（破）

甲渠鄣候令史　270.20甲1421（破）

卅井候官令史　3·8（破）五凤五年

肩水广地令史　118·27（地）

橐他令史　62·44（金）;183.15甲1049（地）;192.18＋303.41甲1099（大）元凤六年

肩水候官令史　36.17甲244,387.12＋562.1甲1802（地）

肩水候官守令史　183.14甲1048〈地〉

张掖肩候守令史　7·7（地）

附　大煎都令史　《沙氏》138,142

以上令史皆是候官的令史。令史是主文书的职名,两府官僚组织中和千人、司马及仓、库、厩等官署中皆有此职。部和隧则无令史。

（4）士吏

小居延候官守士吏　173·29（破）

居延甲渠士吏　34·26,203·33（破）

甲渠士吏　282.7甲1511（初元三年）,507.5甲2017（鸿嘉六

年）;157・11,229・16;287・25（破）

　　卅井士吏　　465・4(博)

　　肩水候官士吏　　10・17(地)

　　　肩水士吏　　10.31甲90(地);62・47(金)

　　橐他士吏　　178.9甲1005（破)

（5）尉史

　　居延甲渠尉史　　76・47(破)

　　　甲渠候官尉史　　76・38,78・48,158・3(破)

　　　甲渠官尉史　　30・19;326・23（破）建始元年

　　　甲渠尉史　　143.12甲805;57・9,283・54（建始二年）,285

　　　　　・3（破)

　　肩水尉史　　512.34甲2163（大);97・10＋213・1(地)

　　广地尉史　　49.11甲336（破)

尉史、士吏与令史都是候官的属吏,唯尉史与令史仅限于候官一级（塞尉下亦有尉史）,而士吏也是低一级塞和部候的属吏,见第七表中。《汉书・匈奴传》师古注引《汉律》曰:"近塞郡皆置尉,百里一人,士史、尉史各二人,巡行徼塞也",《史记・匈奴传》索隐所引略同,唯将"百里"二字误植"士史"下。士史即士吏。汉简（465・4)曰"士吏主亭隧候望,通烽火,备盗贼为职",故又有"督烽燧士吏"（516.26＝甲2255)。汉简叙次,士吏位在尉之下、候长候史之前,285.17甲1542曰"《功令》第卅五,士吏、候长、烽燧长常以令秋试射"。汉简叙次,尉史位在令史之下,汉律叙次,尉史在士史之下。《汉旧仪》曰"更令吏曰令史,丞吏曰丞史,尉吏为尉史,捕盗贼得捕格",此据孙星衍辑本,《史记・项羽本纪》集解引"晋灼曰《汉仪注》曰令吏曰令史,丞吏曰丞史",无"更"字。汉武帝已有尉史,《史记・匈奴传》曰"是时〔武帝〕雁门尉史行徼",《史记・游侠传》记武帝时郭解事"乃阴属尉史曰",《汉书・田广明传》圉县有尉史苏昌。

　　（6）适士吏・造史

　　□适士吏张博闰月丁未持致籍诣尹府〔1〕　《沙氏》375

　　　　适士吏羽山　486·106（破）

　　　　……坐力粪事毋官，可补造史，唯……　479·5（破）

　　　　……士年□岁姓□为造史以……　482·34（破）

　　　　附　……闲田武阳里，年三十五岁，姓李氏，除为万岁候造

史以掌领吏卒为职　《沙氏》574

　　　　玉门候造史龙勒周生萌，伉健可为官（或适字）士吏　《沙氏》

378

以上皆王莽时简，故称太守府为尹府，又有"闲田"见《汉书·王莽传》。
造史之伉健者可升为适士吏（适字简皆不甚晰，姑如此释），则造史位
在士吏下，王莽简又有"甲沟候史"（203·13），则造史既非候史，亦非
士吏，当为西汉的尉史。王国维《流沙隧简考释》卷2（第14页）曰：
"候官当即校尉下之军候。……此与下斥候之候名同而实殊。斥候之
候仅有候长、候史皆百石以下之官，候官则有候有候丞，其下又有造
史。"王氏分别候与候长，是正确的。造史为候官属吏，乃王莽之制，相
当于西汉和东汉初简上的尉史。〔2〕

　　以上所述候丞、掾、士吏、令史、尉史五者是候官主要的属吏，而后
四者亦为候官文书的签署者。汉简曰：

　　　　……□□以私印兼行候文书，下尉、部、士吏□、候长□等下当

用者明□……知之如诏书，书到言　240·2+22（A21）

　　　　印行候文书……　486·75（破）

此为诏书行下之辞的残文，"候文书"即其他行下之辞中的"承书从
事"。候文书末尾签署的属吏有以下诸例：

　　　　甲渠候官　掾—令史—尉史　160.6甲947（破）

　　　　　　　　　　　　　　　　　　　　　　　　　　　　　　　　　　　　　

　　〔1〕《流沙坠简》薄书类第四十八简，即此简，王国维曰"适士吏殆被谪为士吏者，然古人多假
适为敌，□适或如却敌，破敌之类，疑亦隧候之名也。致籍未详。尹府者大尹之府，则此简亦王莽
时物也。"据居延简（486·106）"适士吏"似应为一个名词。

　　〔2〕《流沙坠简》烽隧类第六简考释，王国维说"候官则有候、有候丞，其下又有造史"，以为候
官之下有造史而斥候之下有候史，此种分别是不确的。造史是王莽时特有之制，不能与西汉制混
同。

	掾	229·36,267·25,276·1（破）
	令史	160.15 甲 951,57.1 甲 2553;3·12,40·4,68·6,285·48（破）
	令史—尉史	35·22（破）
	尉史	35.8 甲 384,312.23 甲 1673（破）
	士吏—令史	139·36+142·33（破）;甲附36
□□候官	掾	240·2+22（A21）
殄北候官	尉史	206.9 甲 1138（破）
肩水候官	令史—尉史	10.35 甲 97,284.2 甲 1524;29·7（地）
	令史	7.7 甲 45,10.31 甲 90,284.8 甲 1526（地）
大煎都候官	令史	《沙氏》138,142

由此可见,候官文书签署者多为令史与尉史,掾与士吏亦间或签署。塞尉与候长的文书签署者则分别为尉史与候史,与此不同。

21.6　塞尉—塞

汉代称其所筑的北边长城为"北边塞"（《汉书·匈奴传》）,为"边塞"（《汉书·高帝纪》）,为"障塞"（《汉书·匈奴传》）,为塞;皆指一条长长的北边塞墙。其称某某塞者,则指长百里的一段障塞,如《汉律》所说"近塞郡皆置尉,百里一人",瓦因托尼简（88·3）曰"各塞可百里"。塞尉,《百官表》失载,《百官志》曰"边县有障塞尉,本注曰掌禁备羌夷犯塞",又曰"诸边障塞尉……皆二百石"。破城简（282.15 甲 1509）曰"右塞尉一人秩二百石",汉简塞尉乃是边郡的塞尉。《汉书·

王莽传》中曰"缘边又置竟尉"，是新时改称塞尉为竟尉。敦煌汉简（《沙氏》483）曰"建武十九年四月一日甲寅玉门障尉"，则又称之为障尉，即障塞尉。据《汉律》，塞尉下置士吏、尉史各二人，故《汉书·韩长孺传》曰"单于入汉长城武州塞……得武州尉史"，而《汉书·匈奴传》之"雁门尉史行徼"应是雁门某塞塞尉下的尉史。

据第六表、第七表，可知居延、肩水两都尉下十个候官各治一塞，西汉简各以候官名塞如甲渠塞，王莽简则改称为"甲沟候官塞"，东汉建初简又改称为"甲渠候官塞"或甲渠塞。每塞各设塞尉，塞尉常试守候事，故有"甲渠障守候塞尉"，谓塞尉某权守甲渠候事。汉简，塞尉秩二百石，月奉二千钱；障候秩比六百石，月奉三千钱，塞尉乃候的属吏，位次在候长之上，故候官行下文书皆经塞尉而下达于士吏、候长等，其例如下：

甲渠候长汤以私印行候事告塞尉谓士吏辅、候长段、贤等 182.38 甲 482；167·1（破）

甲渠障候汉强告尉谓士吏当、安主候长 38.17 甲 275（破）

甲渠候官告尉谓士吏、候长写移檄到［官］ 42.18 甲 320（破）

［甲渠候官告］尉谓士吏亲、候长谊、寿等写移［檄到官］ 173.7 甲 978（破）

居延丞竟告尉谓东西部 484·23（破）（此当为居延候丞）

告尉谓第廿三候长建国 145.2 甲 809（破）

肩水都尉府移肩水候官告尉谓东西南北部 97.10＋213.1 甲 564（地）

甲渠士吏强以私印行候事下尉、士吏□章、候长毋害等承书从事下当用者 160.15 甲 951（破）

肩水士吏横以私印行候事下尉、候长承书从事下当用者如诏书 甲 90（地）

……□□以私印行候文书事下尉、士吏□、候长□等下当用者明□……知之如诏书，书到言 240·2＋22（A 21）

由此可知尉即塞尉,位在部士吏、候长之上,故破城简(206·26)曰"旦明烽火,尉、士吏、候长、候史警戒便兵,如诏书法律"。候长可以代行塞尉之职,故破城简(231·91)曰"诚北部守尉萌、士吏区"者谓试守塞尉的诚北候长萌与士吏区。173.7甲978诏书中谓"令长、丞、候、尉",270.27甲1432"吏员百八人,百四人见,其二人候、尉不食,其二人劾系",尉皆在候之下。

　　破城简270.21(甲1419)有"尉卿治所"可能就是塞尉治所。破城简(167·7)曰"居延甲渠候官令史诣尉"尚是诣塞尉。破城简18.20(甲2419)曰"出钱四千给尉一人四月五月奉",则塞尉月奉二千钱,秩二百石。《封泥考略》4.55有"呼陀塞尉"。塞尉的属吏有以下数类:

　　(1)尉丞　　……尉丞男□……　　159·30(破)

　　　　　　　遣尉丞、司马循行严兵……尉丞以下毋忽如法律

　　　　　　　令　12.1甲2555 4(地)

　　　　　　　遣尉丞赦将施刑五十人　118.17甲678(地)

　　附　玉门都尉护众、千人尚、尉丞某　《沙氏》305

　　(2)士吏　见下节。

　　(3)尉从史　尉史富盖邑调为尉从史　206.20甲1140(破)

　　　　　　　尉史王并二月甲辰调尉从史　254·3(破)

　　(4)尉史　珍北守塞尉广移甲渠候官书/尉史宣、博　157.5

　　　　　　　甲902(破)

最后一简之尉史为塞尉的文书签署者。尉史可升任为尉从史,则从史或为塞尉之从史。

　　由上所述,塞尉介于候与候长之间,与候官同辖若干候长,为候之属官。

21.7　候长一部

　　根据第七表所排列的8个候官下的52名候长,[1]可以看到候长

---

　　[1]《流沙坠简》烽隧类第六简考释,王国维分别军候与斥候,即候与候长,他说"斥候之候仅有候长、候史,皆百石以下之官。"

497

组织的完整结构,应该像甲渠候官下的万岁候长一样:其机构称"部",部有候长、候史和士吏。部为候长一级的机构,犹都尉、候、城尉、塞尉和隧长的机构分别称府、候官(或官)、城、塞和署。每一候官统辖一个(段)塞,其长为候而塞尉为其属官,副为候丞与塞丞;候与塞尉一同统辖几个部,其长为候长、其副或属吏为候史,而士吏是塞尉属吏遣驻于部的。[1]破城出土各简曰:

第四、万岁部候长 267.10 甲 1398

其输物适部候长 231·108

甲渠候官建昭四年六月部候长伐钱…… 145.19 甲 819

第二十三部候长定敢言之 157.29 甲 923(永光五年)

……下部士吏放、候长弘等承书从事下[当用者] 267·25

第七部士吏 159·17＋283·46

第七部候史 159.17＋283.46 甲 942(余例见第七表)

第十部吏 95·12

第廿三部卒十二月廪名 24.2 甲 182

鸿嘉元年诚北候史—谨案部卒少四人 265 ·11

附 大煎都候丞罢军别治富昌隧谓部士吏 《沙氏》150(部,旧误释为郡)

由此可以说明,士吏、候长、候史、吏、卒是属于"部"的。简虽称某某部士吏,但士吏似直属于塞尉,分驻各部。据《汉律》,每塞尉下役士吏、尉史各二人;汉简中尉史为塞尉文书的签署者,不见有属于部的尉史,他们应是驻于塞尉治所治事。候官下达文书,如前节所引诸简,经塞尉下于所属各部的士吏、候长,而汉简士吏、候长都是月奉一千二百钱,在候史之上,则士吏不可能为候长的属吏。汉简所引《功令》及简上叙次,士吏常在候长之前,然则士吏应为塞尉派驻于部的武吏,督烽火、候望、盗贼之事。

---

[1]《流沙坠简》烽隧类第四十简考释曰"士吏者主兵之官,所辖不止一隧,故序于候长之上"。《考证》1·38 曰"候官缺,士吏行其事,不言近次,是则士吏之于候官,亦犹长史之于太守,分所当摄,不更言资历也。"此二说俱不甚确切。

每一部吏、卒的人数及所辖隧数，约如以下诸简所记：

给鉼庭部卒卅人闰月食　28.13 甲 214（破）阳朔五年

吞远候长一主吏七人，卒十八人　127.27 甲 714（破）建昭二年

临木部吏九人，五十六　101.26 甲 582（破）

诚北部吏十一人，六十六　101.26 甲 582（破）

第廿三部十二月廪名廿二人（共八隧，廿二卒）　24.2 甲 182（破）

·右吞远部六所　194.2 甲 1126（破）

第十部主隧主所　70·16（破）　参 141·10（地）

南部隧六所　232.28 甲 2460（地）

……□□六所　甲 2471

由此可知各部大小不同：部吏或主吏有 7 人、9 人、11 人者，部卒有 18 人、22 人、30 人或数十人者，隧有六所、八所者。数所中有一隧为主隧主所，或为部治所。主吏、部吏当指士吏、候长、候史和隧长。由 24.2 甲 182 知第廿三部所属八隧，一隧之卒少者一二人，多者三人。此为一时的记载，吏卒有增减，不能以此为定例。

甲渠候官下的部与隧有一特殊命名法，即编号顺序与专名并用，如 267.10 甲 1398“第四、万岁部候长”指第四部与万岁部候长。破城出土有第一隧至第卅八隧顺序记数的诸隧名，完整不缺，而称部的只有第四、七、十、十一、十七、十八、廿三、卅七等 8 个部。甲渠候官下不可能容纳第一至第三十七部的候长的，因此，它们原不相连续，而其得名由于序数的隧名，详下节。

此外，候官、部、隧有同名的，如甲渠候、甲渠候长、甲渠隧长同以甲渠名。这就发生了两个问题：（1）甲渠候长可以是甲渠候官下某一部的候长，也可以是甲渠部的候长；（2）甲渠士吏可以是候官的士吏，也可以是塞尉下驻于某部的士吏。关于前者如地湾简 20.12，20.11（甲 179，178）曰“元康元年十二月辛丑朔壬寅东部候长长生”，“元康二年六月戊戌朔戊戌肩水候长长生以私印行候事”，是长生于元康元年十

二月为肩水候官东部候长，次年六月代行候事，其称"肩水候长"应是肩水候官的东部候长，不是肩水部的候长。这种称谓与史籍上称"候"而冠以郡名、称"尉史"而冠以塞名，是同例的。我们在第七表中，对此类未能一一加以分别，仍将 20.11 甲 178 列入"肩水候长"下。

关于第二问题，令史只属于候官，尉史和士吏只属于候官与塞，而士吏分驻于部故可以附着于部名之后。但以下各简为例外，应加以说明：

肩水武昌令史　45・7（破）　（武昌二字待酌，或应释仓石）

破胡令史　11.9 甲 106（地）　（广地候官有破胡隧）

万世令史　552・3 十 4（查）　（肩水候官有万世隧）

延水令史　26・16（破）神爵二年　（175.13 ＝甲 990 有延水塞候）

令史三人并居第三隧　89・18（破）

俱起士吏　283・26＋3・6＋65（破）初元元年　（甲渠候官有俱起隧）

收虏士吏　68・87（破）　（甲渠候官有收虏隧）

南界士吏　132・24（破）　（卅井候官有南界隧）

附　厌胡守士吏　《沙氏》134,139　（《沙氏》136 有厌胡隧长）

广昌候史　《沙氏》62　（《沙氏》63 有广昌隧）

以上破胡、万世令史，可能如简所云"令史三人并居第三隧"，乃候官令史之下驻于隧的。俱起、收虏、南界和敦煌的厌胡、广昌可能为部候，故有士吏和候史。破城简（135・7）有"收虏仓河平元年七月谷出入簿"，当为部仓，如吞远部有仓。至于延水塞，待考。

在《汉简所见奉例》[1]一文中，我们曾推定候长和士吏为秩比二百石，因为在神爵三年益奉之前，他们月奉皆一千二百钱，低于秩二百石塞尉月奉二千钱，高于佐史级隧长月奉六百钱。到了王莽时代，士吏和候长之秩减为百石，下列汉简可证：

---

〔1〕陈梦家《汉简所见奉例》，载《文物》，1963 年 5 期。

·右庶士士吏、候长十三人　210.27甲1149（破）

庶士候长王訾　110.39甲631（破）

甲沟候官庶士候长　110.18甲627（破）

辅平居成甲沟候官塞庶士候[长]　156·4（破）

为辅平属居成卅井候官塞庶士……　156·4（破）

为辅平居成殄北候官塞庶士候[长]　156·4（破）

　附　敦德步广尉曲平望塞有秩候长敦德亭闲田东武里五士王参秩
　　　庶士　《沙氏》592新始建国地皇元年

《汉书·王莽传》中始建国元年"更名秩百石曰庶士,三百石曰下士,四百石曰中士,五百石曰命士,六百石曰元士"。是候长、士吏为秩百石,至五士王参则"秩庶士"而实授为"有秩候长",又低一级。据《汉书·地理志》,莽改酒泉、敦煌、张掖郡为辅平、敦德、设屏,改居延为居成,则以上诸简皆莽时之简无疑[1]。西汉之甲渠而此改为甲沟,西汉之某某塞而此改为某某候官塞,西汉居延属张掖郡而此改属于辅平（即酒泉）。东汉对此新制又重加推翻,改回西汉旧制而不免受新制的影响。下述诸简可推定为东汉建武时期的:

张掖居延甲渠塞有秩士吏　57·6（破）

张掖居延甲渠候官塞有秩候长　160·11,185·10（破）

肩水候官有秩士吏　239·82（地）

有秩候长公乘王宪　484·76（破）

今三无塞有秩候长　62·27（金）

诸简改回了西汉地名,但承用新制称塞为候官塞,而于士吏、候长之前冠以秩名"有秩",即比百石。如此则东汉初的士吏、候长之秩为比百石,低于西汉的比二百石,略同于新制。西汉简候史月奉为六百钱,与隧长同。

　　"有秩"于西汉为乡官之一,见《百官表》及破城简（45·1）金关简（32·17,62·53）。乡官以外官吏,仅见《汉书·外戚传》述元帝时加

---

　　〔1〕参阅《流沙坠简》簿书类第四十二简考释。

昭仪十四等号,最后一等"上家人子、中家人子视有秩、斗食",《百官志》曰"诸侯公主家丞秩皆比百石",与之相当。《汉官》大祝、大宰之下并有百石与有秩,《隶释》卷4"西狭颂"刻于建宁四年而有"衡官有秩李瑾",《汉印文字征》7·10"有秩狱史富纳",凡此或皆东汉之制。

21.8　隧长一隧·署

根据第八表所排列,分属8个候官的隧约在260名左右。和候长一样,它们并不齐全,实际存在过的隧名还要多些。在防御组织的候望系统中,隧是最基层的哨所,[1]即烽火台和它的屋舍。从残存的简文看来,每隧的人数不多,少者一二人,多者五六人。因此除了隧长外,属吏很少见,只有以下破城简诸例:

> 十一月癸巳士吏强付卅五吏张疆　214·101
>
> 高沙吏　308·38(瓦)　(同简有高沙卒,82·29有高沙隧)
>
> 第六隧助吏东郭尊见　助吏王□　110.20甲629
>
> 诣隧史问卒襃安在　84.17甲479　(简不清晰,史或应释吏,
>
> 马衡释史)
>
> ……隧长延年　/隧□临　238·18
>
> 其一人伍百,二人养,一人病。右解隧四人　132·40
>
> □第一伍百□□　104·30
>
> ……三月钱,癸巳,虏人五伯众尹谊　262·16

"卅五吏"当指第卅五隧之吏,犹"第卅七卒"之例;同例,"第一伍百"即第一隧伍百。隧史、助吏当是隧长下极小之吏。所谓"伍百""五伯"应与前述千人官千人下的"五百"分别,后者乃五百人之长,而"伍百"乃同伍中五人之长。《汉书·韩延寿传》"又置正五长",师古云"同伍

---

[1]《流沙坠简》烽隧类第三十至三十四简考释曰"右五简中隧候之名五。……又上诸简之文或云隧或云候……隧候之事虽殊,其地则一也。"此说未当。《考证》1·24纠正王说,曰"候长大而隧长小,候可以统隧,故候与隧实为相隶属之两级,非职事之不同也。"此处候应为候长,不当混同。

之中置一人为长也"。崔豹《古今注》曰:"伍伯,一伍之伯也。五人为伍,伍长为伯,故称伍伯。一曰户伯,汉制兵吏五人一户灶,置一伯,故户伯亦曰火伯,谓一灶之主也。汉诸公行则户伯牵其伍以导引也。"《后汉书·曹节传》"越骑营五百妻有美色",注引"韦昭辨释名曰:五百字本为伍伯,伍、当也,伯、道也,使之导行,当道陌中以驱除也。"汉简之伍百、五伯为隧中的伍长,汉简之"伯使"则为驱除道路的小吏,二者有别。但汉世亦有以伍百为行杖人或开道人的记载,如《后汉书·弥衡传》曰"江夏太守黄祖……怒,令五百特出,欲加箠",又《宦者传》注云"案今俗呼行杖人为五百"。《望都汉墓壁面》门下小吏之右有"辟车伍百八人"及"伍百二人",《唐六典》卷14引《汉旧仪》曰"太常驾四马,主簿前车八乘,有铃下、侍阁、辟车骑吏、五百等员"。《续汉书·舆服志》曰:"车前伍佰、公八人;中二千石、二千石、六百石皆四人;自四百石以下至二百名皆二人。黄绶、武官伍伯、文官辟车。铃下,侍阁,门蘭、部署街里走卒,皆有程品,多少随所典领。"

《说文》曰"燧,塞上亭守烽火者",是燧所在的烽火台即守烽火之亭,《汉书·匈奴传》谓武帝时"建塞徼,起亭燧",故隧亦可以称亭。汉代所谓亭非常夏余,另详别篇。以下但列亭、隧同名之例:

𢖉北第二隧长舒 213.16 甲 1164(瓦)	通泽第二亭长舒 148.1 甲 838 等(瓦)	
灭寇隧 114·20(A18)	灭寇亭 114·20(A18)建昭二年	
广地破胡隧 128·1(查)	广地破胡亭 103·42(破)	
骓北隧 77·79(金)	肩水骓北亭 339·3(地)	

以上4处,可能隧、亭同名同实。汉书"居延亭长""月奉六百钱"(178.30 = 甲 1013)与隧长同。

在《汉简考述》中曾述及额济纳河两岸烽火台四围有矮小的墙垣,

即所谓坞。《说文》曰"鸡，小障也，一曰庳城也"，《后汉书·马援传》曰"起坞候"，注引《字林》曰"坞，小障也，一曰小城，字亦作鸡"。《后汉书·西羌传》曰"缮作坞候六百一十六所"，又《西羌传》曰"于扶风、汉阳、陇道作坞壁三百所"，又《顺帝纪》永和五年作"坞三百所置屯兵"，又《皇甫规传》曰"复设营坞"，《一切经音义》卷 11 引服虔《通俗文》曰"营居曰坞"。由此知坞、坞壁、营坞及坞候之坞皆指亭隧。汉简所称坞，共例如下：

> 第三隧卒桥建省治万多坞　　214·118（破）
>
> 望禁奸坞上烽火　　288·11（金）
>
> ……令史光敢言之遣中部坞长始昌送诏狱所还　　218·3（金）
>
> 福禄仓丞敢移肩水金关、居延坞长王玟　　15·18（金）建平三年
>
> 附　凌胡隧坞乙亥已成，谨罢卒　　《沙氏》66

据第八表，甲渠候官有万岁隧，肩水候官有禁奸隧，则坞可能即隧，坞长即隧长。除一部分亭长和坞长可能为隧长外，以下三名亦都是隧长：

> ……[督]隧长胡钱六百……年四月己亥士吏强付督隧长贵　　214·113（破）
>
> ·功令第卅五，士吏、候长、烽隧长常以令秋试射　　285.17 甲 1542（破）
>
> 尉、候长、武隧长　　308.27 甲 1542（瓦）

隧长月奉为六百钱，此督隧长亦领钱六百，故推定也是隧长的月奉。烽隧长、武隧长次在候长下，故自必为隧长。隧长而加称为武，所以区别于文隧长。士吏、候长和隧长都可以是武吏，也可以是文吏，以下诸名籍所记，可以为证：

> 文吏万岁候长　　173·6（破）
>
> ……候长公乘蓬士长当　能书会计治官民颇知律令，武 562.2 甲 2359（地）
>
> 肩水候官执胡隧长公大夫奚路人　能书会计治官民颇知律令，文　179.4 甲 1014（地）
>
> 肩水候官并山隧长公乘司马成　能书会计治官民颇知律令，

武　13.7 甲 114（地）

肩水候官始安［隧］长许宗　能书会计治官民顿知律令，文
37・57（金）

张掖居延甲渠塞有秩士吏公乘段尊能书会计治官民颇知律
令，文　57・6（破）

最后一简是东汉初期的，而西汉士吏实以督烽火、候望、盗贼之事为职，乃是武职。至于文、武吏之别，似不以通文法为标准，《汉书·何并传》述并为颍川太守时"求勇猛晓文法吏且十人，使文吏治三人狱，武吏往捕之"，可知文、武吏职责有别而皆晓文法。然武吏或有不谙文法的，《汉书·朱博传》曰"博本武吏，不更文法"。据汉简名籍，文吏、武吏的候长、隧长都同样的"能令会计、治官民、颇知律令"，则似乎更文法乃一切吏所必需。

在第七表中，对于 8 个候官、53 个候长、候史的隶属，有 4/5 是根据简文本身（冠以候官名或其他的联系）而决定的，有 1/5 是根据出土地推定的。后者之中可能有出入，如推定为甲渠候官的候长，可能属于殄北或卅井候官；推定为肩水候官的候长，可能属于仓石或庚候官。

在第八表中，多列了 260 名左右的隧名，分乘于 7 个候官（仓石候官无可隶属的隧）。其中，属于居延都尉的占 2/3，属于肩水都尉的占 1/3。这些隧名可分为 3 类：甲类 103 名，系由简文本身（冠以候官、部名或其他的联系）而决定的；乙类 45 名，系顺次序数的隧名；丙类 112 名，系由出土地推定的。甲、乙类简的出土地，约如下述：

殄北候官：多数出于破、瓦，少数出于宗、博。

居延候官：多数出于破，极少数出于地、金。

甲渠候官：大多数出于破，少数出于 A2、A3、A6、布（即 A22）、瓦、宗、博，也有少数出于地、大。

卅井候官：多数出于 A18、A21、布、博和破，极少数出于大、金。

广地候官：出于破、地、查、大、布和 A25，都很少。

橐他候官：出于地、金、查、大和布，都很少。

肩水候官：大多数出于地，共次出于金、大，极少数出于破、博。

由此可知,绝大多数的甲渠和肩水所属隧名分别出于两候官所在的破城子和地湾。卅井候官所属隧名多数出于 A21、A22 和博多松治,后者是候官所在。瓦因托尼和宗间阿玛皆属于殄北候官,后者可能是候官所在,故殄北所属隧名多出此二地。破城子又是居延都尉府所在,所以此地也出属于它所管辖的殄北、居延、卅井三候官所属隧名。大湾是肩水都尉府所在,所以此地也出属于它所管辖的橐他、肩水二候官所属隧。地湾、金关和广地、橐他二候官相近,所以此二地也出此二候官所属隧名。北部的候官如甲渠、卅井所属隧名,偶然也出现于南部的大湾、金关简中;南部的候官如肩水所属隧名,偶然也出现于北部的破城子、博多松治简中。这种偶然交叉出现的例子极少,因此我们可以用出土地来大致推定丙类隧名应隶属的候官,共例如下:

殄北候官:凡瓦、宗出土的和一部分破、博出上的属之,可能有属于甲渠的。

甲渠候官:凡破城子及其近邻出土的属之,可能有属于殄北、居延、卅井的。

卅井候官:凡 A18、A21、A22 和博出土的属之,可能有属于甲渠的。

广地候官:凡 A25 出土的属之。

橐他候官:凡金关出土的属之,可能有属于肩水的。

肩水候官:凡金、大、地出土的属之,可能有属于橐他、广地的,也有可能属于仓石和庚候官的。

上述甲、乙两类隧名与出土地的关系,和候长表的情况是相类同的。

甲类隧名之前,往往冠以候官名,但亦有冠以部名、都尉名的,举例如下:

［都尉］	［候官］	［部］	［隧］
居延	殄北候官		殄北隧
居延	殄北		察北隧
居延	甲渠候官		当曲隧
居延	甲渠		第六隧

居延		甲渠隧
	居延候官	定居隧
	卅井	降虏隧
	广地候官	广地隧
	广地	万年隧
	橐他	延寿隧
	肩水候官	如意隧
	左后部	如意隧

由此可知,隧名和部名一样,其前多冠以候官名,因此只能确定某隧属于某候官和某部属于某候官,而不易确定某隧属于何部。居延都尉所属诸隧,冠以都尉名的较多,此例不见于肩水都尉所属诸隧;肩水候官所属诸隧或冠以部名,此例则不见于居延都尉所属诸隧。

南北二都尉各属百数以上隧,因此有同名者,约有十名以上,其例如下:甲渠和广地,并有万年、破胡、乐哉隧;甲渠和肩水,并有驷望、执胡、望虏、万多隧;卅井和肩水,并有辟非、欢喜、受降、破虏隧;殄北和肩水并有要虏、要害隧。由此可见同一都尉所属隧,皆不同名。唯有一例外,甲渠、广地并有破胡隧而地湾简又有"肩水破胡隧",表中广地与肩水二候官遂同具破胡隧。根据同都尉不能有同隧名之例,"肩水破胡隧"似应解说为肩水都尉所属破胡隧,与广地破胡隧是一。

与部名同例,甲渠候官下的隧名有两令系统:一种用专名,如临木隧;一种用编号顺序,即第一隧至第卅八隧。后者有年号的,最早见于五凤二年(公元前 56 年)简(6·5,101·33),最晚见于天凤三年(公元后 16 年)简(225·11),可知序数隧名存在甚久。225·11 简记第三隧长补为止北隧长,则两种隧名并存,与序数部名同例。

甲渠第一至第卅八隧,常冠以候官名"甲渠"或"居延甲渠",应在额济纳河下游两岸破城子南北三十余烽台遗址所在。在《汉简考述》中,已述就出土简知 AZ 是第卅五隧,A6 是第十六隧。A6 以北至 T3 共十二烽火台,则 T3 应为第廿八隧。T3 至 A2 约为 10 公里,甲渠塞各隧间距皆为 1300 米,则 T3 至 A2 之间原应有 6 个隧,遗址已湮没,是为第廿九隧至卅四隧。A2 为此塞今存最北一烽台,第卅六隧至第卅八隧应在其北,试为排列出三个地位。A6 以南现存 13 个烽火台和一个障（A8）遗址,后者即破城子,是居延都尉和甲渠候官所在。T21 是最南一个烽火台,其南遗址无存;但 T21 与 T20 之间,据其间距,知其间原应有两个隧,试为排列出两个地位。如此 A6 以南至 T21 加两空位,共可排列 15 个隧,即第一隧至第十五隧。由上所述,可以复原甲渠候官第一隧至第二隧的位置如下:

T11	A6‖	T12	T13	A7	A8‖	T14	T15	T16	P1	A9	T17	T18	T19	T20	×	×	T21
第十七隧	第十六隧	第十五隧	第十四隧	第十三隧	甲渠候官	第十二隧	第十一隧	第十隧	第九隧	第八隧	第七隧	第六隧	第五隧	第四隧	第三隧	第二隧	第一隧

×	×	×	A2‖	×	×	×	×	×	T3	T4	T5	A3	A4	T6	T7	T8	T9	A5	T10
第卅八隧	第卅七隧	第卅六隧	第卅五隧	第卅四隧	第卅三隧	第卅二隧	第卅一隧	第卅隧	第廿九隧	第廿八隧	第廿七隧	第廿六隧	第廿五隧	第廿四隧	第廿三隧	第廿二隧	第廿一隧	第十九隧	第十八隧

以上作×号者是据空位所增补,其他 A、T 等号的遗址可参阅《汉简考述》所附"亭障分布图"。此 38 个隧,大致分为汉简所已见到的 8 个序数部,约如下所推定:

［部名］	第四部	第七部	第十部	第十一部	第十七部	第十八部	第廿三部	第卅七部
［隧名］	1—4	5—7	8—10	11—13	14—17	18—22	23—30	31—38
［隧数］	4 所	3 所	3 所	3 所	4 所	5 所	8 所	8 所

这主要根据第廿三部复原的。24.2 甲182"第廿三部卒十二两廪名廿二人",下列第 23～30 隧卒名,可证第廿三部包括了第 23～30 隧共 8 所隧。此部由第廿三隧得名,故部候之仓称为第廿三隧仓,见176.38＋190.10＋193.7甲992（河平四年）、286.7甲1551（建平五年）和317.12甲1693。破城简有吞远仓（133.13＝甲755,136.48＝甲775,136.16＝甲776,198.3＝甲1159,附9;176·34有建昭、甘露年号）和收虏仓（135·7,河平元年）,都是属于部的。据此则160.5甲946一札的残辞可稍加复原如下:

　　　　［第廿三］　　廿六隧　　奉□百

　　　　　　　　　　　廿八隧　　奉六百

·······························第□□

　　　　　　　　卅一隧　　奉三百

［第卅］　　　卅三隧　　奉四百

　　　　　　　　卅四隧　　五日奉

　　　　　　　　□□隧　　□□□

可证 31、33、34 以至 38 诸隧属于第卅七部；26、28 诸隧属于第廿三部。合于 24.2 甲 182 所述。第卅七部是序数最北一部，在 A2 南北，今唯有 A2（第卅五隧）尚存遗址。北部与北仓相近，故 174·31 简曰"第卅七士吏宣所受北仓"。此部北与鉼庭部相接，故 24.15 甲 180 曰"候长武光、候史拓，十月壬子尽庚辰积廿九日，日迹从第卅隧北尽鉼庭隧北界，毋阑越塞天田出入迹"；又 33.22 甲 235 曰"鉼庭隧还，宿第卅隧，即日旦发第卅，食时到治所，第廿一隧……"此可证鉼庭在第卅隧之北，而第廿二隧在第卅隧之南。鉼庭之北为珍北，故 161·6 简曰"积薪日入三分，鉼庭隧长周安付珍北。"

　　第廿三部在第卅七部之南，而第廿三部之南则为第十八部，包括第 18～22 隧。兹据破城 168·19 札的残辞稍加复原如下：

　　　　［□□□□□□□□］　第十八卒陈隐　第二十卒张□（下缺）

　　　　［□□□□□□□□］　第十九卒成仪　第二十卒毋丘

　　　　［第十八卒□□］　　第十九卒华直　第二十一卒翟□

　　　　［第十八卒□□］　　第十九卒张寿　第二十一卒夏□

　　　　［第十八卒□□］　　第二十卒□弘　第二十一卒□□

下缺当有第 22 卒名。此 5 所隧，第二十二隧在北，第十八隧在南，故简（188·25）曰"第二十二隧南到第十七隧二十一里"。自第二十二隧南至第十七隧以北为第十八部，其遗址在 T7、T8、T9、A5、T10，各相距 1300 米，而汉简以为它们各相距 4 汉里，是 1 汉里仅折合 325 米，与近世学者推定 1 汉里为 400 米左右者不同。

　　以上推定甲渠候官最北（第三十七、二十三、十八）三部所统辖的二十一个隧，其南五部应从第十七隧南至第一隧，因第十八部最南为第十八隧。根据部名与隧名相应的关系，推定以下各部的隧次：

509

123④｜66⑦　｜89⑩｜⑪12　13｜14 15 16⑰｜⑱……22｜㉓……30｜31……⑦38

凡有圈的数字皆为部名，则第十部应如上列为8～10三隧，下推第七部为5～7隧，第四部为1～4隧。第十一、十七两部应为11～17隧，各有三四所隧，今暂以第十一部为三所，十八部为四所。凡此皆没有其他简文为证。131·11简曰"收虏隧长田彭兼领第一"，则第一隧应与收虏隧相邻。6.7甲46简曰"……候长光，六月甲子尽癸巳三十日，日迹从第四隧南界北尽第九隧北界，毋越塞阑出入天田述"，依朔闰推之，六月甲子朔癸巳晦是甘露元年六月，候长充即267.20甲2422"甘露四年七月甲子甲渠候长充"及135·26简"居延甲渠候长戴充"。由此知第七、第十两部傍于甲渠部。

由上所述甲渠序数38隧统于八部，各部所辖隧数不一，多者八所，少者三四所或五所。若以同数之隧为候长治所，如第四部治第四隧，第二十三部治第二十三隧，则各部治所相距不等。

少数甲渠候官的专名候长，也可以推求其所属各隧，举例如下（皆破城简）。

（1）甲渠吞远部

194.2甲1126　·右吞远部六所

112·29　吞远部：候史、吏已取，吞北隧长为已取，万年隧长已取。今取三千六百。

267.7甲2434　居延候史李赦之三月辛亥迹尽丁丑积廿七日，从万年隧北界尽次吞隧南界，毋人马阑越塞天田出入述（当在建昭四年）

276.17甲1491　……［候长］八月丁酉尽乙卯积十九日，日迹起吞远隧、莫山隧至不侵隧，毋阑越塞天田出入迹（当在竟宁元年）居延候史李赦之或即258.7甲1354之"吞远候史季赦之"，李字不清，马衡释李，或是季字。吞远部六所中应有吞远、次吞、吞北，可能有吞奴。汉简有万年、莫山和不侵候长，故知万年、莫山和不侵不属于吞远部而俱与之相邻。

（2）甲渠止害部

133.25甲　752　　□□隧卒王博　　当曲隧卒王安世

止害隧卒王宪　　驷望隧卒王□□

止北隧卒陈□　　□□［隧卒］□□□

此可能为止害候长所属六所，所缺或为化胡隧，参68·113简，化胡隧与驷望隧并列。

（3）甲渠俱起部

40·20　　候长胡霸二百　　　　　　惊虏隧长富□……

执胡隧长范安世四百伏地　　俱南隧长王□……

□虏隧长屯仁五百　　　　　　俱起隧长孟昌六百

武疆隧长□应□五百五十

157·12　　步光见为俱南隧长不为执胡隧长

40·20简两排上有"出钱三千三百五十"，则惊虏、俱南两隧长应得一千五十。73·23简曰"第四　　惊虏张米　　望虏李盖"，则上所列屯仁应是望虏隧长。此六隧属于俱起候长。

除了上述甲渠八个序数部和三个专名部以外，其他候官也有少数表明部、隧的隶属的。卅井候官的累虏、降虏两隧简出于A21与A22，后者可能是累虏候长治所，据25·12（A21）使降、欢喜两隧并列；据214·34（破）欢喜隧属于卅井候官；据170·5（A21）欢喜隧属于累虏候长。因此卅井累虏部至少有累虏、降虏、使降、欢喜四隧。232.28甲2460（地）记"南部隧六所"，而甲1（查）所述广地南部候长下有破胡、涧上两隧。金关简（288·6）并列临利、驷望、临莫、伏胡、要虏、要害六隧卒各一名，可能是肩水一个部。

破城简所记甲渠三十八个序数隧，甚为完整。以序数名隧，亦不限于甲渠候官。如瓦因托尼简（273·28，308·24）有殄北第二隧，破城简（214·129）有殄北第十五［隧］，是殄北候官有序数隧名。地湾、金关简中序数隧名，属于肩水候官，其例如下：

□□候官第六迹候簿　36.16甲234（地）

……食第六卒蔡毋畏等八人十月食　41.9甲298（地）

511

第六隧长氏池长乐里徐更申　255.4甲1320（地）

……武马□坞第五卒　513.16甲2148（大）

……［第］廿七隧　廿……131·53（地）

·右第一隧四人　37·19（金）

橐矢千五十，其卅四听呼：三辟非，十二如意，二第廿，八临渠，廿一完军。

茧矢千二百，其卅呼：獯胡十八，辟非三，如意二，第六八，临渠六，完军三。　75·17（金）

第一例似应补足为"肩水候官"，肩水候官的隧名前常加"肩水候官"，但甲渠所属亦或作"甲渠候官第几隧"。末例记检验诸隧弩矢损坏数字，橐矢1050枚中折裂者34枚，下分记五隧各坏若干，合之为46枚；茧矢1200枚中折裂者40枚，下分记六隧各坏若干，合之适为40枚。由此可证与辟非、如意、临渠、完军并列之"第六"、"第廿"皆隧名，而如意、临渠等隧于地湾简中明记它们属于肩水候官，则地湾、金关所出第六、第廿等隧亦应属于肩水候官。

兹将上述三类隧名，并部候、遗址所数，列表21-1如下：

表21-1　隧名、部候、遗址所数表

候官	部	甲类隧	乙类隧	丙类隧	隧小计	遗址
殄北候官	1	7	2	15	24	隧5、障1
居延候官	1	4	0	0	4	隧11、屋1、小堡1、障2、城4
遮虏候官	0	0	0	0	0	并见上居延区域
甲渠候官	28	34	38	38	110	隧26、障1
卅井候官	9	11	0	16	27	隧40
广地候官	3	7	0	1	8	隧17、障1
橐他候官	2	5	0	0	5	隧18、障1
肩水候官	8	35	5	43	83	隧39、障4、城2
仓石候官	1	0	0	0	0	并见上肩水区域
庾候官	0	0	0	0	0	并见上肩水区域
总计10	53	103	45	113	261	174所（隧156所）

由表可知已见隧名多于现存遗址中的隧址,而汉代居延、肩水二都尉所辖隧数,应多于表 21-1 所列,因出土简究非完整。其中以甲渠候官简较齐备,可略作推测。28 部名中,约 20 部确属于甲渠,甲乙类隧名共 72 隧确属于甲渠,大约甲渠候官有 20 部 80 隧(或许再多一些)。如此则甲渠候官的吏员至少有候长 20 人、隧长 80 人,此外尚有士吏、候史若干人,总数在百人以上。一隧若为三卒,则 80 隧应有 240 人以上。甲渠候官所在的破城所出简曰:

吏员百八人,四人见,其二人侯、尉不食,其二人劾系。271.22 甲 1434

吏员百…… 112·15

卒员三百七[十□人] 112·16

这可能为某一时期甲渠候官吏、卒的总数。肩水候官所在的地湾所出简,则有以下记述:

凡吏八十一人,用谷百七十石 387.15 甲 1807

最凡吏卅…… 536·20

□候以下九十一人,其册二人已得三[月奉]…… 118·3

则肩水候官吏员当为八九十人。如《汉简考述》所述金关以南有东西两部百里塞,共有三候官,则肩水候官所属只能在百里塞上置隧。据上表,确属肩水的隧约 40 名,部约 5 名(其他 3 名不确属),大约相差不大。甲渠的部、隧所以较多,或由于它不止设隧于百里的塞墙上,塞内外也有;因为汉制塞为百里,而隧与隧的间距为三四里,则百里塞上无法容纳 80 个隧。[1] 甲渠、肩水是这条边塞上南北两个较重要的候官,规模应较大,其他的候官组织或许要小些。但居延、卅井、广地、橐他四候官部、隧名不足数,仓石、庚候官未见隧名,则由于没有发掘到。

21.9 兼行·调补·除授

居延简有很多记述官吏原任某职的升迁与兼行或除授某职的,可

---

〔1〕此说恐有问题。甲渠塞的专名隧和序数隧二者或有代用的可能,如此则此塞的隧数将减去一半。关于此事,因都缺乏直接的证据,不能肯定何者为是。

以说明官职的大小与隶属关系，分述于下。

21.9.1　行太守、丞、长史事

张掖长史延行大守事、肩水仓长汤兼行丞事　10.32 甲 34（地）

……[肩水仓长]汤兼丞事　37·21（金）

酒泉库令安国以近次兼行大守事、丞步迁　102.6 甲 589，303.12 甲 1584（大）元凤三年

酒泉库令安国以次行大守事、丞步迁　19·8（大）

张掖大守福、库丞承熹兼行丞事　4.1甲11（破）

张掖大守奉世、守郡司马行长史事、库令行丞事　303.21 甲 1952（大）

由上可知长史、库令以近次兼行大守事，仓长、库令、库丞兼行丞事，郡司马行长史事。比较诸简，可见"兼"即"兼行"，"以次行"即"以近次行"。此丞是太守之副，不是都尉丞。

21.9.2　行都尉、丞事

张掖肩水城尉谊以近次兼行都尉事　10.29 甲 88,633（地）

居延城司马□以秩次行都尉事　140·2（金）永始三年

居延城司马□以近次行都尉事　262.26 甲 1363（破）

张掖肩水司马德行都尉事、尹胜胡　558·3（地）

神爵元年四月癸未朔乙酉张掖肩水候以私印行[都尉事]　306.4+5.9 甲 1618（地）

兼行都尉事，□官到，若有代，罢如律　509.11+513.1 甲 2042（大）

张掖居延都尉旷、行丞事骑司马敏　16·10（A7）

张掖肩水都尉贤、司[马□兼行丞事]　7.29 甲 58（地）

……兼行都尉事、司马丞登行丞事　12.1 甲 2554（地）

肩水都尉政、千人宗兼行丞事　497.2 甲 1886（大）

将兵护屯田官都尉渭、城仓长禹兼行[丞事]　278·7（瓦）

居延都尉德、库丞登兼行丞事　139.13 甲 788（破）

［觥］得仓丞吉兼行丞事　12.1 甲 2554（大）

张掖肩水都尉□、兼行丞事□肩水北部都尉　502.10 甲 1909（大）

　　附　酒泉玉门都尉护众、候畸兼行丞事　《新获》14.3

［敦煌中部］司马□行［都尉丞］事　《沙氏》55

由上可知，都尉出缺时可由近次的司马、城司马、城尉兼行，若有代即罢如律，则"兼行"或"行"都尉事是暂时摄行都尉职。都尉丞出缺时，可由武职的候、千人、骑司马、司马、司马丞兼行，亦可由文职的城仓长、仓丞、库丞兼行。558·3 简都尉下有"尹"胜胡，此字地位应是"丞"，而马衡释尹，都尉丞下之尹犹玉门关候（《沙氏》317）下有候丞与尹。又破城简（312·16）曰"初元五年四月壬子，居延库啬夫以小官印行丞事"，此或为库啬事兼行库丞事，也有可能仍为都尉丞。

21.9.3　行候事

肩水候长长生以私印行候事　20.11 甲 178（地）元康二年

甲渠候长汤以私印行候事　82.38 甲 482（破）

甲渠候长放以私印兼行［候事］　224.2 甲 1229（破）

甲渠候长充以私印行候事　267.20 甲 2422（破）甘露四年

肩水士吏横以私印行候事　10.31 甲 90（地）

甲渠士吏疆以私印行候事　160.15 甲 951（破）;57.1 甲 2553（破）永光二年

肩水关啬夫成以私印行候事　10.6 甲 70（地）

肩水关啬夫光以小官印众行候事　199.1 甲 1125（地）甘露元年

关啬夫王光今调兼行候事　237.25 甲 1266（地）

肩水驿北亭长敏以私印兼行候事　29·7（地）

殄北隧长宣以私印兼行候事　206.9 甲 1138（破）

候行塞谓第七隧长由兼行候事　264·1（破）

·候诣府谓第七隧长由兼行候事一封　214·35（破）

逐胡隧长徐昌，今调守候　210·7（破）

第三丞定众以私印行候［事］　303.44甲1606（大）

□□以私印行候文书事　240·2＋22（A21）参486·75（破）

残辞

由上所述,则候出缺时可由候长、士吏、关啬夫、亭长及隧长兼行。候即塞候,一般出缺时常由塞尉试守,详上第六节。关、驿、置皆有候,故肩水关啬夫、驿北亭长兼行之候,也可能是关、驿之候。附"以私印行候文书事"于末。

以上是兼行,以下是调、补、除、授之例。

21.9.4　调尉从史

尉史富盖邑调为尉从史　206.20甲1140（破）

尉史王并二月甲辰调尉从史　254·3（破）

尉史张寻,文毋害,可补……　110.22甲628（破）

21.9.5　调尉史

谭欲补广地尉史,不长于□　49.11甲336（破）

文等补尉史、隧长、亭长、关佐　97.10＋213.1甲564（地）

修行孔山里公乘范弘,年廿一,今补为甲渠尉史,代王辅　285.3甲1534（破）

尉史李凤自言故为居延高亭亭长　178.30甲1013（破）

庚申隧长武兼尉史问……　231·31（破）

21.9.6　调候长

……纪褒今调为第十候长,代邢忠　282.12甲1521（破）

居延甲渠士吏——窦敞能不宜其官,今换补靡谷候长,代吕修　203·33（破）

橐他移故士吏辅将射未备,谓不侵候长辅　178.9甲1005（破）

……次迁为甲渠候长,今遣寿之官　40·2（破）

附　高望隧长贾苍,今守候长　《沙氏》377

止奸隧长蛮宣,今调守当会候长,代张彭　《马氏》45

由上可知,候长多由隧长升任,士吏不能胜任其官的,则降为候长,可见士吏高于候长。

21.9.7　守士吏

乘要庑隧长薛立秉,今守士吏　308.38 甲 1644(瓦)

……二年十一月戊辰除为[守]士吏,[代]□年　339·17(地)

显美传舍斗食啬夫——谢横——今肩水候官士吏,代郑昌成　10.17 甲 78(地)

附　玉门候造史龙勒周生萌,伉健可为官士吏　《沙氏》378

——李氏除为万岁候造史以掌领吏卒为职　《沙氏》574

所附敦煌两简中造史,是王莽时的尉史,详第五节。

21.9.8　补令史

移居延第五隧长辅,迁补居延令史,即日遣之官　40.21 甲 290(破)

候史徐辅迁补城仓令史,即日遣之官,移城仓　142.34 甲 800(破)

故乐哉隧长张中实——今中实见为甲渠令史　35.6 甲 247(破)

万世隧长至,其六月甲子调守令史　15·2(金)

……今居延甲渠候令史,代段利　198.20 甲 1120(破)

·右授补令史,除视事　262.25 甲 1349(地)

[永]光二年六月丙戌除,迁缺令史　498.13 甲 1901(大)

·甲渠言,吏迁缺,今居延备补,言府　33.2 甲 2416(破)

21.9.9　调主官

令史范弘,今补主官　326.13＋185.16 甲 1697(破)

·右一人主官令史　71·43(破)

主官即主官令史,由令史升任。

21.9.10　调候史

第廿二隧长褒,调守临木候史　286.24 甲 1566(破)

居延击胡隧长——乐喜——补甲渠候史,代张赦　3.19甲4

（破）

……愿复为候史　214·57（破）

21.9.11　补授亭长

第十八隧长郑疆,徙补郭西门亭长,移居延　238.15甲1356

（破）

……史宜其官以令授为橐他石南亭长　118.5甲685（地）

21.9.12　除补隧长

周严愿徙补第五隧　110.27甲626（破）

今徙补襄泽隧长,代田延年　116·6（地）

今授为登山隧天,代功之明　303.11甲1816（地）

二月癸亥除为肩水破房隧长　183·10（地）

以今年五月廿八日戊戌除卅井降房隧　163·7（布）

居成甲沟第三隧长——冯建——除补止北隧长　225·11

（破）天凤元年

第一隧长赵并,初除诣官　287·22（破）

三塸隧长徐宗,自言故霸胡亭长　3·4（破）

第六隧长徐审兼宁通　103.9甲590（破）

收虏隧长田彭兼领第一　133.11甲764（破）

21.9.13　举通问官

……使第廿五隧长安世告……官不催援,举为通问官　44.17

（破）

21.9.14　除骑士卒

今除为觚得骑士　510·3（大）

甲渠士吏孙根自言,去多官调根为卒　157.11甲910（破）

21.9.15　除田官

驿马田官,元凤六年三月辟除　187·16（大）

根据上列诸简,可将兼行与调授的关系做如下排列:

太守	长史、库令
太守丞	仓长、库令、库丞
太守长史	郡司马
都尉	司马、城尉、城司马
都尉丞	候、千人、司马、骑司马、司马丞、仓长、城仓丞、库丞
候	士吏、候长、隧长、关啬夫、亭长（以上兼行）
候官令史	隧长
城仓令史	候史
主官令史	令史
尉从史	尉史
尉史	亭长、脩行
士吏	传舍斗食啬夫、隧长、（王莽）造史
候长	隧长、士吏（降）
候史	隧长
通问官	隧长
亭长	隧长
隧长	隧长、亭长（以上调补）
卒	士吏（降）

由此可知以下诸事：（1）都尉以下各级官吏出缺时，由都尉系统内的官吏兼行或调补。（2）都尉、都尉丞、候秩为比二千石、六百石、比六百石，属于高级官吏，所以汉简上出缺时有以次兼行的记录；候以下为二百石以下低级官吏，汉简上只有调补、除授的记录。由此知比六百石以上由中央任命，兼行者临时兼摄，代者到即罢，律有规定；二百石以下则由都尉辟除，皆本郡人。汉制，郡国属吏皆自辟除，《百官志》曰"或曰汉初掾史辟皆上之，故有秩为命士，其所不言则为百石属。其后皆自辟除，故通为百石云"。亦见《汉旧仪》，又曰"旧制……郡国百石，二千石调"。都尉属吏，当亦如此。（3）候秩比六百，月奉三千钱，隧长不入秩而月奉仅六百钱，二者悬殊甚，但候出缺时问亦由隧长兼行，可见边郡官吏补充的困淮。（4）城官、仓库的令丞、关啬夫和邮驿亭长可以兼

·欧·亚·历·史·文·化·文·库·

行都尉、丞事，传舍斗食啬夫可以调充士吏，可见交通系统的关、驿，军备系统的仓、库以及城官都是隶属于都尉府的。(5)兼行都尉事的，可以是武职也可以是文职，文武职的分别尚待研究，但汉简中候长、隧长和士吏皆有文有武。(6)吏不胜任其职，或迁或降，如士吏降为候长或卒。(7)官吏初除，须经试守一年的阶段，于职名前加"守"字。《汉旧仪》丞相刺举三科"皆试守，小冠，满多为真，以次迁"，《汉书·平帝纪》注"如淳曰诸官吏初除皆试守一岁乃为真，食全奉"，《汉印文字征》3·5 有"试守阴密令印"。(8)"以次"即"以近次""以秩次"，《汉书·江充传》曰"令各以秩次输钱北军"。《汉书》又有"以功次"之语（见冯奉世、平当、薛宣、田广明等传)，汉简有残辞：

    ……以功次迁为肩水候　62·56（金）

    ……利以功次迁，……　478·11（破）

关于汉简所记秩次和奉例，详所作《汉简所见奉例》。

21.10　结语

综上所述，边郡太守兼理本郡的屯兵，故于其太守名衔上加称"将屯""将军"，其所属长史专主兵马之事。史籍记载边郡被侵时，太守往往与都尉一同领兵往击。在其境内的属国、农都尉，虽在系统上属于中央典属国与大司农，当亦兼受所在郡的节制。至于部、郡都尉，则直属于郡太守。部都尉兼主屯兵、屯田之事，故其名衔上加称"将兵护屯田"。张掖郡的两个部都尉，各守塞四五百里，凡百里塞设一候官，由候统辖而与塞尉直属若干部；部有候长、候史，下辖数隧；隧有隧长，率卒数人。候与塞尉共同管辖若干部，然塞尉是候的属官，凡候官下达文书至部、隧，皆经过塞尉。因此，都尉下虽为候、部、隧三级，而候、部之间实有塞尉为其中介，塞、部之间以驻部的士吏为其联系。百里之塞，以甲渠候官为例，约有 20 部、80 隧，则此候官所辖吏员约百人，卒员约300 人。其他候官，或较小。都尉所在之城设城尉，其治所为城官，有城仓。都尉之下所属城官、千人官和司马官，均与候官并列而稍低，千人、司马可能为屯兵官,而另外又有田官为屯田官。城尉、千人、司马三官与都尉府的仓库及驿、置、关等同属于都尉系统,故与候官可以兼行都尉、丞、候之事。边郡官吏,二百石以上由中央任命,出缺时由都尉系统官吏兼行;二百石以下由都尉辟除、调补。

括上所述,试为简列如下。

(1)张掖太守系属简列

太守——丞、长史

①太守府——[阁下
　　　　　　 诸曹

②部都尉:居延都尉、肩水都尉——[阁下
　　　　　　　　　　　　　　　　　 诸曹

③郡都尉:张掖都尉——(丞)、司马

④属国都尉——丞、司马、千长、百长

⑤农都尉

⑥仓、库

⑦县

(2)张掖部都尉系属简列

都尉——丞

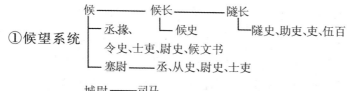

③屯田系统:田官

④军需系统:仓、库

⑤交通系统:驿、置、关……

本篇所述仅限于太守下的②—④和部都尉下的①—②,其他别详

它论居延职官之篇。

本篇所述居延边塞的防御组织，不外乎两事：一是张掖郡二都尉的结构及其所属、所关联的其他机构的分布位置，不同等级的机构之间彼此隶属的关系；二是各个机构的官吏职别，不同等级的官吏之间彼此隶属的关系。

上述二事中的隶属关系，王国维在《流沙坠简考释》中簿书类和烽燧类诸简下有所论述，他是第一个首先初步论及都尉下候官、候长、士吏、候史和士吏的职别及其关系的人。他以为"汉制都尉秩视校尉，其下有二候官，盖视军候，则候官盖即校尉下之曲矣"。"都尉之下各置候官以分统其众，亦谓之军候，亦单谓之候。……斥候之候仅有候长、候史皆百石以下之官，候官则有候、有候丞，其下又有造史"。"隧候之官有士吏、有候长、有候史、有隧长，士吏者主兵之官，所辖亦不止一隧，故序于候长之上"。"又上诸简之名，或云隧，或云候，……则隧、候之事虽殊，其地则一也"。"候长、候史虽以候望为职，然亦司缴巡传书之事"。依王氏之说则都尉、候官（候、军候）、隧候（斥候、候长及隧长）为三级相统辖，候长与隧长乃职事的分别，并不相录属。关于后者，劳干在其《考证》中修订之曰"候与隧突为相隶属之两级"，又曰"边塞职官自都尉以下，凡有候官、候长、隧长三级"；并作一表罗列了居延、肩水两都尉下候官、候和隧三级的隶属关系。汉简的候长与隧长应为上下隶属关系，他有所纠正是对的，但他又混淆了候官之"候"与候长之"候"为一，因此表中所列诸"候"有时指候官之候，有时指候长之候。后者在简上称"候长"，不能单你为"候"，单称为候者是候官之长的候，不是候长。《考证》表中三级的隶属关系缺乏根据，甚多错误。后来伊藤道治在《汉代居延战线之展升》一文后，[1] 附有"居延烽隧表"，企图修改劳表，但仍然因袭了以候长为候的错误。他和劳氏一样，皆不载序数的部名和隧名，都没有从出土地和简文本身上审慎地决定各级隶属关系，仅仅将劳表显然不足据的另列除开，因此仍然极多错误。本篇所

---

[1] 载《东洋史研究》第 12 卷第 3 号。

附第八表,对于以上二表的错误,甚多订正与补足。

关于汉简中的官吏识别,王氏亦稍有论及,如关于千人之官、候史月奉等,皆甚简略。劳氏曾论及都吏、司马和文武吏等事。除此以外,藤枝晃所作《汉简职官表》[1]曾以索引的方式排列了居延、敦煌和罗布淖尔出土汉简的职官,分为郡太守、都尉、属国都尉、农都尉和县五部分,后三部分比较简略。他所分都尉之机构为四:(1)都尉府(阁下、诸曹、库、武官);(2)哨戒组织(候官、候、隧);(3)兵站设施(仓);(4)交通管理设施(关、亭、驿),尚为妥实。但该表所引资料未称完备,亦有误释之处,所录官职颇有遗漏。除引列简文外,缺少解述。其系属关系,与此篇有所不同。

附记:居延出土汉简,大部分属于武帝末以来的西汉简。本文对东汉简和王莽简已尽可能的分别指出。自王国维以来,开始区别出王莽简,学者续有增定;最近森鹿三所作《居延出土之王莽简》,[2]在此文写到后见到。该文除总述前人所已审定者外,亦有他增益之处。关于汉简之如何分期,除出土地外,还应从整个年历谱的排定、编册的复原等等,始能作好。

(原载《考古学报》1964 年第 1 期;后收入《汉简缀述》,中华书局 1980 年版)

---

[1]京都大学人文科学研究所《创立廿五周年纪念论文集》,即《东方学报》第25册、《人文学报》第5册合并本。

[2]载《东方学报》京都第32册。该文第三节论"禄""斛"及数目字三(四)柒(七)作为王莽简的特征,似可商榷。

欧亚历史文化文库

林悟殊著:《中古夷教华化丛考》 定价:66.00 元

赵俪生著:《弆兹集》 定价:69.00 元

华喆著:《阴山鸣镝——匈奴在北方草原上的兴衰》 定价:48.00 元

杨军编著:《走向陌生的地方——内陆欧亚移民史话》 定价:38.00 元

贺菊莲著:《天山家宴——西域饮食文化纵横谈》 定价:64.00 元

陈鹏著:《路途漫漫丝貂情——明清东北亚丝绸之路研究》

定价:62.00 元

王颋著:《内陆亚洲史地求索》 定价:83.00 元

〔日〕堀敏一著,韩昇、刘建英编译:《隋唐帝国与东亚》 定价:38.00 元

〔印度〕艾哈默得·辛哈著,周翔翼译,徐百永校:《入藏四年》

定价:35.00 元

〔意〕伯戴克著,张云译:《中部西藏与蒙古人
　　——元代西藏历史》(增订本) 定价:38.00 元

陈高华著:《元朝史事新证》 定价:74.00 元

王永兴著:《唐代经营西北研究》 定价:94.00 元

王炳华著:《西域考古文存》 定价:108.00 元

李健才著:《东北亚史地论集》 定价:73.00 元

孟凡人著:《新疆考古论集》 定价:98.00 元

周伟洲著:《藏史论考》 定价:55.00 元

刘文锁著:《丝绸之路——内陆欧亚考古与历史》 定价:88.00 元

张博泉著:《甫白文存》 定价:62.00 元

孙玉良著:《史林遗痕》 定价:85.00 元

马健著:《匈奴葬仪的考古学探索》 定价:76.00 元

〔俄〕柯兹洛夫著,王希隆、丁淑琴译:
　　《蒙古、安多和死城哈喇浩特》(完整版) 定价:82.00 元

乌云高娃著:《元朝与高丽关系研究》 定价:67.00 元

杨军著:《夫余史研究》 定价:40.00 元

梁俊艳著:《英国与中国西藏(1774—1904)》 定价:88.00 元

〔乌兹别克斯坦〕艾哈迈多夫著,陈远光译:
　　《16—18 世纪中亚历史地理文献》(修订版) 定价:85.00 元

成一农著:《空间与形态——三至七世纪中国历史城市地理研究》

定价:76.00 元

杨铭著:《唐代吐蕃与西北民族关系史研究》 定价:86.00 元

殷小平著:《元代也里可温考述》 定价:50.00 元

耿世民著:《西域文史论稿》 定价:100.00 元

殷晴著:《丝绸之路经济史研究》 定价:135.00 元(上、下册)

余大钧译:《北方民族史与蒙古史译文集》 定价:160.00 元(上、下册)

韩儒林著:《蒙元史与内陆亚洲史研究》 定价:58.00 元

〔美〕查尔斯·林霍尔姆著,张士东、杨军译:

《伊斯兰中东——传统与变迁》 定价:88.00 元

〔美〕J.G.马勒著,王欣译:《唐代塑像中的西域人》 定价:58.00 元

顾世宝著:《蒙元时代的蒙古族文学家》 定价:42.00 元

杨铭编:《国外敦煌学、藏学研究——翻译与评述》 定价:78.00 元

牛汝极等著:《新疆文化的现代化转向》 定价:76.00 元

周伟洲著:《西域史地论集》 定价:82.00 元

周晶著:《纷扰的雪山——20 世纪前半叶西藏社会生活研究》

定价:75.00 元

蓝琪著:《16—19 世纪中亚各国与俄国关系论述》 定价:58.00 元

许序雅著:《唐朝与中亚九姓胡关系史研究》 定价:65.00 元

汪受宽著:《骊靬梦断——古罗马军团东归伪史辨识》 定价:96.00 元

刘雪飞著:《上古欧洲斯基泰文化巡礼》 定价:32.00 元

〔俄〕Т.Б.巴尔采娃著,张良仁、李明华译:

《斯基泰时期的有色金属加工业——第聂伯河左岸森林草原带》

定价:44.00 元

叶德荣著:《汉晋胡汉佛教论稿》 定价:60.00 元

王颋著:《内陆亚洲史地求索(续)》 定价:86.00 元

尚永琪著:

《胡僧东来——汉唐时期的佛经翻译家和传播人》 定价:52.00 元

桂宝丽著:《可萨突厥》 定价:30.00 元

篠原典生著:《西天伽蓝记》 定价:48.00 元

〔德〕施林洛甫著,刘震、孟瑜译:

《叙事和图画——欧洲和印度艺术中的情节展现》 定价:35.00 元

马小鹤著:《光明的使者——摩尼和摩尼教》 定价:120.00 元

李鸣飞著:《蒙元时期的宗教变迁》 定价:54.00 元

·欧·亚·历·史·文·化·文·库·

〔苏联〕伊·亚·兹拉特金著,马曼丽译:

《准噶尔汗国史》(修订版) 定价:86.00元

〔苏联〕巴托尔德著,张丽译:《中亚历史——巴托尔德文集

第2卷第1册第1部分》 定价:200.00元(上、下册)

〔俄〕格·尼·波塔宁著,〔苏联〕B.B.奥布鲁切夫编,吴吉康、吴立珺译:

《蒙古纪行》 定价:96.00元

张文德著:《朝贡与入附——明代西域人来华研究》 定价:52.00元

张小贵著:《祆教史考论与述评》 定价:55.00元

〔苏联〕K.A.阿奇舍夫、Г.A.库沙耶夫著,孙危译:

《伊犁河流域塞人和乌孙的古代文明》 定价:60.00元

陈明著:《文本与语言——出土文献与早期佛经词汇研究》

定价:78.00元

李映洲著:《敦煌壁画艺术论》 定价:148.00元(上、下册)

杜斗城著:《杜撰集》 定价:108.00元

芮传明著:《内陆欧亚风云录》 定价:48.00元

徐文堪著:《欧亚大陆语言及其研究说略》 定价:54.00元

刘迎胜著:《小儿锦研究》(一、二、三) 定价:300.00元

郑炳林著:《敦煌占卜文献叙录》 定价:60.00元

许全胜著:《黑鞑事略校注》 定价:66.00元

段海蓉著:《萨都剌传》 定价:35.00元

马曼丽:《塞外文论——马曼丽内陆欧亚研究自选集》 定价:98.00元

〔苏联〕И. Я. 兹拉特金主编,М. И. 戈利曼、Г. И. 斯列萨尔丘克著,

马曼丽、胡尚哲译:《俄蒙关系历史档案文献集》(1607—1654)

定价:180.00元(上、下册)

华喆著:《帝国的背影——公元14世纪以后的蒙古》 定价:55.00元

П. К. 柯兹洛夫著,丁淑琴、韩莉、齐哲译:《蒙古和喀木》 定价:75.00元

杨建新著:《边疆民族论集》 定价:98.00元

赵现海著:《明长城时代的开启

——长城社会史视野下榆林长城修筑研究》(上、下册) 定价:122.00元

李鸣飞著:《横跨欧亚——中世纪旅行者眼中的世界》 定价:53.00元

李鸣飞著:《金元散官制度研究》 定价:70.00元

刘迎胜著:《蒙元史考论》 定价:150.00元

王继光著:《中国西部文献题跋》 定价:100.00元

李艳玲著:《田作畜牧

——公元前2世纪至公元7世纪前期西域绿洲农业研究》

定价:54.00元

〔英〕马尔克·奥莱尔·斯坦因著,殷晴、张欣怡译:《沙埋和阗废墟记》

定价:100.00 元

梅维恒著,徐文堪编:《梅维恒内陆欧亚研究文选》　定价:92.00 元

杨林坤著:《西风万里交河道——时代西域丝路上的使者与商旅》

定价:65.00 元

王邦维著:《华梵问学集》　定价:75.00 元

芮传明著:《摩尼教敦煌吐鲁番文书译释与研究》　定价:88.00 元

陈晓露著:《楼兰考古》　定价:92.00 元

石云涛著:《文明的互动

　　——汉唐间丝绸之路中的中外交流论稿》　定价:118.00 元

孙昊著:《辽代女真族群与社会研究》　定价:48.00 元

尚永琪:《鸠摩罗什及其时代》　定价:70.00 元

薛宗正著:《西域史汇考》　定价:136.00 元(上、下册)

张小贵编:

　《三夷教研究——林悟殊先生古稀纪念论文集》　定价:100.00 元

许全盛、刘震编:《内陆欧亚历史语言论集——徐文堪先生古稀纪念》

定价:90.00 元

石云涛著:《丝绸之路的起源》　定价:94.00 元

〔英〕尼古拉斯·辛姆斯－威廉姆斯著:

《阿富汗北部的巴克特里亚文献》　定价:170.00 元

李锦绣编:《20 世纪内陆欧亚历史文化研究论文选粹》(第一辑)

定价:108.00 元

李锦绣编:《20 世纪内陆欧亚历史文化研究论文选粹》(第二辑)

定价:100.00 元

李锦绣编:《20 世纪内陆欧亚历史文化研究论文选粹》(第三辑)

定价:98.00 元

李锦绣编:《20 世纪内陆欧亚历史文化研究论文选粹》(第四辑)

定价:86.00 元

马小鹤著:《霞浦文书研究》　定价:115.00 元

林悟殊著:《摩尼教华化补说》　定价:140.00 元

余太山、李锦绣主编:《古代内陆欧亚史纲》　定价:118.00 元

王永兴著:《唐代土地制度研究——以敦煌吐鲁番田制文书为中心》

定价:70.00 元(暂定)

王永兴著:《敦煌吐鲁番出土唐代军事文书考释》　定价:84.00 元(暂定)

淘宝网邮购地址: http://lzup.taobao.com

·欧·亚·历·史·文·化·文·库·